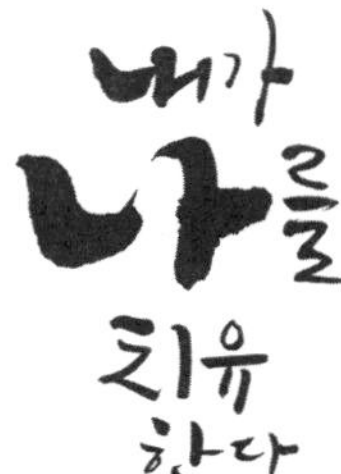
내가 나를 치유한다

Neurosis and Human Growth

The Struggle Toward Self-Realization

by Karen Horney

1950

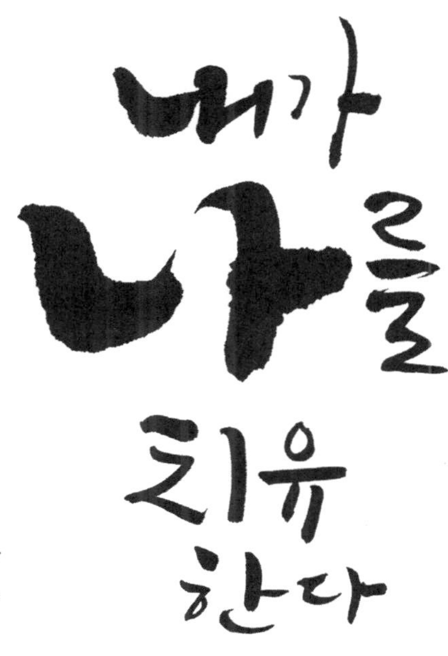

신경증 극복과 인간다운 성장

Neurosis and Human Growth

카렌 호나이 지음 • 서상복 옮김

연암서가

옮긴이 **서상복**

서강대학교 철학과를 졸업하고, 동 대학원에서 「W. Sellars의 통관 철학: 과학 세계와 도덕 세계의 융합」으로 박사 학위를 받았다. 서강대학교에서 인식론, 윤리학, 서양철학사 등을 가르쳤다. 현재 '철학 개론'과 '논리와 비판적 사고' 등을 강의하면서 의미 이론과 진리 이론에 관해 연구하고 있다.
『러셀 서양철학사』, 『예일대 지성사 강의』, 『왜 세상이 잘못 돌아가나』, 『부모와 자식 어른과 아이 길동무로 살아가기』, 『현대 언어철학』, 『정신 분석의 새로운 길』 등을 우리말로 옮겼다.

내가 나를 치유한다

2015년 3월 15일 초판 1쇄 발행
2016년 12월 15일 초판 2쇄 발행
2024년 4월 20일 초판 3쇄 발행

지은이 카렌 호나이
옮긴이 서상복
펴낸이 권오상
펴낸곳 연암서가

등록 2007년 10월 8일(제396－2007－00107호)
주소 경기도 고양시 일산서구 호수로 896번지 402－1101
전화 031－907－3010
팩스 031－912－3012
이메일 yeonamseoga@naver.com
ISBN 978-89-94054-66-7 03180
값 20,000원

미국정신분석연구소의 동료들, 학생들에게 바친다.

● 감사 글

히렘 하이든 님께 진심으로 감사한다. 그는 이 책에 필요한 자료를 체계가 서도록 분류하고, 건설적인 비평으로 몇 가지 쟁점을 명료하게 드러냈으며, 시간이 많이 드는 다른 일에도 발 벗고 나서 주었다.

내가 신세를 졌다고 생각한 작가들은 본문의 각주에서 언급했다. 몇몇 주제 토론을 함께 한 헤롤드 켈먼 박사와 동료 이시도르 포토니 박사, 프레더릭 바이스 박사에게 특별히 고마운 마음을 전하고 싶다. 나의 친구이자 비서로서 수고한 게르투르드 레더러 에카르트에게도 정말 감사한다. 그녀는 총명한 머리로 흥미를 잃지 않고 꾸준히 수고한 끝에 원고 정리와 색인 작업을 마무리했다.

카렌 호나이

● 옮긴이 서문

카렌 호나이는 현대 심리학과 임상 심리 분야에서 탁월한 업적을 남긴 여성 심리학자이자 정신 분석가이다. 1931년 베를린정신분석학회와 갈등을 빚으며 여러 가지 이유로 미국에 정착하여 정신 분석가이자 교육자로서 대중에게 사랑받았고, 풍부한 경험에 근거해 유익한 저술을 여러 권 출간했다. 그 가운데 결정판이라고 해도 좋을 마지막 저술이 『신경증과 인간다운 성장 *Neurosis and Human Growth*』이고, 이 책의 번역서가 바로 『내가 나를 치유한다: 신경증 극복과 인간다운 성장』이다. 카렌 호나이의 독창적인 사상은 이 책뿐 아니라 『정신 분석의 새로운 길 *New Ways in Psychoanalysis*』과 『인간의 내면 갈등 *Our Inner Conflicts*』, 『자기 분석 *Self-Analysis*』에도 들어 있는데, 특히 프로이트 이론의 오류를 지적해 수정함으로써 모든 여자뿐 아니라 모든 인간의 심리 이해에 새로운 지평을 열었다. 카렌 호나이는 프로이트의 사상을 대부분 이어받았으나, 몇 가지 점에서 다른 이론을 전개했다.

우선 카렌 호나이는 오이디푸스 강박 관념이 아이의 인격 발달에 핵심 역할을 한다는 프로이트의 본능 이론에 동의하지 않고, 아이가 사랑받는다는 느낌이 훨씬 중요하다고 주장했다. 프로이트는 모든 아이가 오이디푸스 강박 관념과 형제간 경쟁을 보편적으로 경험한다고 단언했다. 그러나 카렌 호나이는 문화와 역사 배경, 경제 상황, 가족사의 차이에 따라 다양한 성장 과정을 겪는다고 반박하고, 오이디푸스 강박 관념은 특수한 문화에 속한 특별한 가정에서만 형성된다고 결론지었다. 카렌 호나이의 통찰에 따르면 유리한 조건에 놓인 아이는 부모나 양육자에게 사랑받는다고 느껴서 건강하게 성장한다. 반대로 불리한 조건에 놓인 아이는 부모나 양육자에게 버림받았다고 느껴서 근본 불안에 시달리며 순응, 공격, 냉담 가운데 하나를 억지로 선택해 갈등을 해결한다.

둘째로 프로이트는 모든 사람이 사랑 본능뿐 아니라 파괴 본능을 타고났으며 인간의 폭력 성향이 자기 파괴적인 죽음 본능에서 기인한다고 생각했다. 그러나 카렌 호나이는 우리가 타인에게 상처를 주고 죽이고 싶은 감정이 생긴다면, 그것은 본능 탓이 아니라 우리 자신이 위험에 빠지고 모욕당하고 이용당했거나 그렇다고 느꼈기 때문이라고 반박했다. 인간에게 보편적으로 나타나는 가학 성향과 피학 성향도 단지 본능으로 타고나지 않고, 사회 문화 요인이 영향을 미쳐서 이차 성질로 나타나는 것이므로, 정신 분석과 자기 인식을 거치면 바뀔 수도 있다는 말이다.

셋째로 프로이트는 모든 심리 문제를 신경증이라 부르고, 심리 문제는 육체의 본능을 만족시키려는 욕구와 육체의 본능적 충동을 조절하려는 시도에서 비롯된 내면 갈등이라고 주장했다. 그러나 카렌 호나이는 신경증이 인간관계에서 압박을 받을 때 발병한다고 반박했다. 특히 어린 시절 인간 관계를 맺을 때 겪는 장애가 어른 신경증 구조를 형성하는 데도 영향을 미친다. 어린 시절의 근본 불안과 어른이 되어 겪는 인간 관계의 장애가 복합적으로 영향을 미쳐 신경증 구조가 형성된다. 특히 신경증은 본능뿐만 아니라 문화와 계급 요인도 반영하며, 신경증의 진행은 이런 외부 요인이 계속 영향을 미쳐서 결정된다. 따라서 신경증은 문화마다 다르게 정의해야 하며, 모든 사람에게 적용되는 정상 심리는 존재하지 않는다. 카렌 호나이는 서양 문화권에서 일반적으로 적용할 수 있다는 단서를 달고, 신경증에 걸린 인격을 대체로 확장 지배 유형, 자기 말소 의존 유형, 체념 독립 유형으로 분류했다.

넷째로 카렌 호나이는 프로이트가 주장한 무의식과 본능적인 욕구의 의미와 가치를 인정했으나, 사회 문화 조건에 따라 각양각색으로 형성되는 인간 관계가 인간의 심리 역학에서 중심 역할을 한다고 선언했다. 이러한 선언에 뒤따르는 결과는 둘이다. 하나는 각 사회마다 고유한 문화가 있으므로 신경증이 발병하는 원인이 다르고, 각 문화에서 나고 자란 구성원이 기대하는 행동 방식의 차이에 따라 상응하는 신경증의 모습도 다양하다는 귀결이다. 다른 하나는 인간에게는 자신의 삶을 지배하는 근본 불안과 신경증 경향을 극복할 힘과 의지가 있다는 귀결이다. 카렌 호나이에 따르면, 정신 분석가의 과제는 "환자가 자신의 본능을 지배하도록 돕는 것이 아니라 자신의 신경증 경향을 스스로 처리할 수 있을 만큼 불안을 덜어 주는 것이다." 분석가는 프로이트의 전통적인 자유 연상 치료법의 수동적 역할을 넘어서, 환자가 스스로 자기를 분석하고 치유하도록 충고하고 지침도 제공하며 능동적인 역할을 해야 한다.

마지막으로 카렌 호나이는 정신 분석을 거치면 인간다운 성장이 가능하다고 했는데, 인간다운 성장이란 바로 본성의 자연스러운 계발로서 도덕적인 성장을 의미한다고 주장했다. 전통 철학과 종교의 관점이나 프로이트의 비관주의 관점에 따르면, 인간은 이성의 명령과 신의 명령, 초자아의 명령에 따라 자신의 본성을 길들여야 한다. 그러나 카렌 호나이의 진화하는 도덕 관점에 따르면, 인간에게 진화할 수 있는 구축 기력이 내재하므로 인간이 자신의 본성과 일치해서 자기 실현에 힘을 쏟으며 노력하는 과정에서 여러 가치가 진화할 수 있다. 그러니까 여자는 여자대로 남자는 남자대로 본성에 적합한 가치를 계발하고 키워 나간다. 따라서 자기 인식과 정신 분석은 도덕성의 진화와 인간다운 성장에 기여할 수 있다.

카렌 호나이는 『내가 나를 치유한다: 신경증 극복과 인간다운 성장』에서 신경증의 원인이 무엇인지 밝혀냈고, 신경증의 일반적 특징을 설명하면서 신경증에 걸린 성격 유형을 독창적으로 분류했으며, 전문 분석가뿐 아니라 일반 독자도 응용할 수 있는 탁월한 치유 방법까지 차근차근 제시했다. 그래서 이 책을 처음부터 끝까지 읽는 독자는 누구나 스스로 자신과 타인의 정신과 성격 유형을 분석할 줄 알게 될뿐더러, 자신이 겪는 갈등의 원인을 찾고 갈등에서 생긴 문제에 직면해 스스로 해결할 수 있을 터이다. 그러니까 내가 나를 치유할 수 있게 된다.

카렌 호나이가 이 책에서 인간 이해의 새로운 지평을 열고 정신 분석의 의미와 가치를 보여 주는 데 기여한 점은 셋으로 간추릴 수 있다.

첫째, 카렌 호나이는 심리와 행동의 상호 관계를 드러내고 아이부터 어른에 이르기까지 심리 갈등은 대부분 인간 관계에서 장애를 겪을 때 생겨난다고 주장했다. 도토리가 적당한 조건이 갖추어지면 자연스럽게 상수리나무로 자라나듯이, 인간도 유리한 조건에 놓이면 자신의 특별한 잠재력을 실현하고 진실한 나와 더불어 자연스럽게 성장한다. 그러나 안타깝게도 수많은 사람들은 불리한 조건에 놓여 진실한 나를 망각한 채 헤매고 떠돌며 기력을 낭비한다. 아이든 어른이든 건강하게 성장하려면 유리한 조건이 필요하다.

유리한 조건이란 안전하다는 느낌, 자신의 감정을 스스로 표현할 수 있는 자유가 허용되는 따뜻한 분위기, 타인의 선의를 느끼면서 타인과 건강한 마찰을 빚는 가운데 '우리'라는 연대감을 형성할 수 있는 환경이다. 유리한 조건에 놓인 아이는 좋은 인간 관계를 맺으며 접근 행동과 반항 행동, 회피 행동이 한쪽으로 치우치지 않아서 진실한 나와 더불어 건강하게 성장한다. 그러니까 자신의 진짜 감정, 진짜 소망, 진짜 생각을 자발적으로 계발하고 자유롭게 자신의 잠재력을 키워 나간다.

불리한 조건이란 주변 사람들이 신경증에 매몰되어 너무 응석을 받아 주거나 과잉보호하거나 학대하고 위협해서 주눅이 들게 하는 환경이다. 불리한 조건에 놓인 아이는 좋은 인간 관계를 맺지 못해 근본 불안에 시달리며 상상으로 만들어낸 세계에 갇혀 건강하게 성장하지 못한다. 그러면 아이는 진실한 나에게서 멀어지고 자신의 기질에 따라 각기 다른 방식으로 갈등을 해결하는데, 접근 행동에 치우쳐 순응 유형이 되거나 반항 행동에 치우쳐 공격 유형이 되거나 회피 행동에 치우쳐 냉담 유형이 된다.

둘째, 카렌 호나이는 어린 시절 인간 관계에서 장애를 겪으며 선택한 초기 해결책이 어른의 신경증 구조에도 영향을 미쳐서 신경증 해결책으로 바뀐다고 간파했다. 그녀는 신경증에 걸린 인격의 일반 특징을 드러내고, 성격 유형을 독창적으로 분류해 자신과 타인을 이해하는 새로운 관점을 제시했다.

한마디로 모든 신경증은 현실에 근거하지 않은 이상에 맞춘 자아상을 만들어 내고 그것에 집착하는 데서 발병한다. 아이는 고통스러운 경험을 하게 되면, 공상에 빠져 자신을 완벽한 존재로 여기는 경향이 있다. 이것을 자기 이상화라고 부르는데, 자기 이상화는 아이의 정서와 심리 발달에 중요한 역할을 한다. 건강한 아이는 자기 실현 과정, 곧 진실한 나를 찾아 키워 가는 과정에 잘 적응해서 어른으로 성숙함에 따라 자기 이상화의 역할이 줄어든다. 그러나 건강하지 못한 아이는 자기 이상화가 자기 실현을 대체해서 점점 강박에 사로잡히고 공상에 빠져들어 어른 신경증 환자가 된다. 특히 자기 이상화는 현실에 근거하지 않은 자아상을 만들어 내므로, 아이는 진실한 나에게서 멀어진다. 신경증 환자는 이상을 좇는 나와 현실의 나를 조화시킬 수 없기 때문에 내면의 갈등은 더욱 커질 수밖에 없다.

신경증 환자는 남들이 자기를 자신이 생각하는 완벽한 존재로 여겨 주기를 바라고, 남들이 자신의 공상에 동조하지 않으면 세상이 불공평하다고 분개한다. 언제나 남에게 이용당했다고 느끼며 세상에 화를 내면서 다양한 사회 문제를 격렬하게 체험한다. 신경증 환자는 타인과 함께 살기 어려울뿐더러 자신과도 잘 지내기가 힘이 든다. 그는 자신의 가치를 비현실적인 자아상에서 찾지만, 공상에 지나지 않는 자아상에서 비롯된 자부심은 현실에서는 허약하기 이를 데 없다. 설상가상으로 신경증 환자는 이상에 맞춘 완벽한 자아상을 실현할 수 없어 자책에 시달리고 자기 혐오에 빠진다. 자기 혐오가 온 마음에 퍼져 내면의 불화가 끊이지 않아서 무슨 일이든 인내심을 갖고 끝까지 성취하지도 못한다. 그래서 신경증 환자들은 자기 이상화와 자기 혐오로 생긴 내면의 압박과 부담을 줄이려고, 세 가지 성격 유형 가운데 하나를 선택하는데, 이것이 바로 포괄적인 신경증 해결책이다.

확장 지배 유형은 진실한 나를 억압하고 이상을 좇는 나와 온전히 일체가 되어 내면 갈등을 해결한다. 이 유형은 모든 것에 통달해야 직성이 풀리며, 모든 면에서 우월해야 할 필요에 내몰리고, 타인을 조종하거나 지배하고 자신에게 의존하게 만들려는 경향이 강하다. 반면에 순응하거나 유화 행동을 하거나 의존한다는 생각 자체를 몹시 싫어한다. 그에게 달성하지 못할 일은 없으며, 그런 일이 있어서도 안 된다. 어찌 되었든 그는 운명의 주인이거나 운명의 주인이라고 느낀다. 그래서 아무도 자신에게 이래라저래라 해서는 안 되며, 무력해지는 순간을 끔찍하게 싫어한다. 세상을 지배하겠다는 야망을 실현하려고 고군분투하는 확장 지배 유형은 어떤 책임과 의무도 면제받을 권한이 있다고 느낀다. 그래서 타인을 괴롭히고 이용하고 공격하면서도 아무것도 신경쓰지 않아도 된다는 권리 주장을 내세운다. 그는 모든 책임과 의무를 면제받고 무소불위의 권력을 행사해 타인과 세상을 멋대로 지배할 수 있다는 망상에 사로잡힌다. 확장 지배 유형에는 세 가지 하위 유형이 있는데, 자기 도취 유형과 완벽주의 유형, 오만한 복수 유형이다.

자기 말소 의존 유형은 이상을 좇는 나에게 경도되어 진실한 나를 망각함으로써 내면 갈등을 해결한다. 이 유형은 자신이 타인보다 우월하다고 느끼지 않으며 행동에서도 우월감을 드러내지 않고, 타인에게 쉽게 복종하고 의존하면서 타인과 잘 지내려고 유화 행동을 하는 경향이 강하다. 또 무력하고 괴로운 조건을 혐오하기는커녕 도리어 계발하고, 의식하지 못한 채 과장한다. 우월한 처지에 놓이면 오히려 불안해진다. 그는 도움과 보호를 원하고 자신을 내던지는 사랑을 갈구한다. 모든 것을 사랑해서, 곧 사랑으로 남을 포함한 세상과 하나가 되어야 한다는 당위에 부응하지 못하면, 죄책감과 열등감, 자기 혐오에 사로잡히기 쉽다. 자기 말소 의존 유형에게 사랑의 호소력은 불안을 누그러뜨리는 수단만이 아니다. 사랑이 없으면, 자기 말소 의존 유형의 인생은 가치도 의미도 없다. 그에게 사랑은 숨을 쉴 때 필요한 산소 같은 요소이다. 그래서 자신이 타인을 사랑하는 만큼 타인도 자신을 이해해야 한다는 권리 주장을 내세운다. 그는 사랑이라는 이름으로 자신이 타인이 되고 타인도 자신이 될 수 있다는 망상에 사로잡힌다.

체념 독립 유형은 모든 갈등에서 물러나 내면 갈등이 없는 듯이 살아간다. 이 유형은 이상을 좇는 나와 현실의 나, 진실한 나 사이에서 오지도 가지도 못한 채 자유와 독립을 얻으려고 야망도 사랑도 포기하고 고독하고 냉정하게 살아간다. 체념 독립 유형은 내면의 싸움터에서 물러나 아무 관심도 없다고 선언한다. '아무 상관없다'는 태도로 능동적 삶을 포기하고 물러나서 모든 갈등을 해결하려 한다. 신경증 환자에게 체념이란 건전한 의미의 투쟁과 분투도 포기하고 작은 것에 만족하고 안주한다는 뜻이다. 체념의 분위기는 모든 신경증 환자에게 조금씩 나타나지만, 체념 독립 유형에게는 두드러진다. 체념 독립 유형은 자신과 인생의 방관자가 되거나 삶에 참여하려 하지 않고 노력을 꺼리며 타성에 젖어 산다. 또 목표 세우기와 계획 세우기에 무능하며 무엇이든 소망하거나 기대하지 않는 편이 차라리 낫다고 믿는다. 따라서 체념 독립 유형이 내세우는 권리 주장은 둘이다. 하나는 삶이 쉬우면서 아픔이 없고 노력할 필요가 없어야 한다는 권리 주장이고, 다른 하나는 아무도 자신을 성가시게 하거나 귀찮게 해서는 안 된다는 권리 주장이다. 특히 체념 독립 유형은 정말로 필요한 것까지 포함하여 아무것에도 애착을 갖거나 집착하지 않으려고 애쓴다. 아무것도 아무도 자신의 행동을 제약할 만큼 중요해져서는 안 된다. 그래서 어떤 종류이든 영향이나 압력이나 인연에 신경 과민 반응을 나타낸다. 다른 어떤 사람도 자신을 필요한 존재로 느껴서는 안 되며, 양측의 관계는 당연시되어서도 안 된다. 이런 생활 방식에 조금이라도 의심이 생기면 움츠러들고 물러나려는 경향을 보인다. 인간은 사회적 동물이라는 엄연한 현실을 무시한 채 홀로 고고하게 자유와 독립을 누리며 살 수 있다는 망상에 사로잡힌다.

카렌 호나이에 따르면 우리의 내면에 자리한 확장 충동과 자기 말소 충동이 조화를 이루지 못해서 온갖 갈등이 생긴다. 확장 지배 유형은 확장 충동을 전면에 드러내고 자기 말소 충동은 억압한다. 반대로 자기 말소 의존 유형은 자기 말소 충동을 전면에 드러내고 확장 충동은 억압한다. 두 유형과 달리 체념 독립 유형은 확장 충동도 자기 말소 충동도 억압하지 않아서 복잡한 특징을 나타낸다. 체념 독립 유형은 확장 충동을 드러내더라도 능동적 힘을 발휘하지 못하는데, 그 까닭은 모든 야망을 포기했기 때문이다. 따라서 세상을 경멸하고 세상에 도전하거나 반항할 따름이다. 체념 독립 유형이 자기 말소 경향을 드러내면 자신을 낮게 평가하고 소심해진다. 또 타인의 필요에 민감해서 인생을 대부분 남을 돕거나 대의에 봉사하며 살게 된다. 결론적으로 체념 독립 유형은 자기가 좋을 때 좋아하는 일만 하고 싶어 한다. 그러나 이 유형이 품은 자유 관념은 무엇을 하려는 적극적 자유가 아니라 무엇에서 벗어나려는 소극적 자유이다. 체념 독립 유형은 갈등을 해결하려고 갈등의 소지가 있는 활동을 중단하는 것처럼 어떤 당위에서도 벗어나려고 노력한다. 이렇게 체념하는 유형은 세 가지 하위 집단으로 나뉜다. 끊임없이 체념하는 집단과 반항하는 집단, 피상적으로 생활하는 집단이다. 피상적으로 생활하는 집단은 다시 재미를 추구하는 부류와 특권이나 기회주의에 편승해 성공을 추구하는 부류, 잘 적응한 자동 기계처럼 사는 부류로 나뉜다.

그런데 이러한 신경증 해결책은 가짜 해결책으로 일시적으로 압박감이 줄어들 뿐이어서, 신경증에 걸린 사람들은 내면에 갈등이 더욱 심각해져 불안과 공포에 시달리거나 우울증에 걸리거나 무력감과 절망에 빠지거나 자아 본위가 되거나 신경 과민 상태에 빠지거나 타인에게 잔인해진다. 따라서 정신 분석의 과제는 환자가 겪는 내면 갈등의 실체를 드러내 보여 주고, 환자가 진실한 나를 찾아 갈등과 문제에 직면해서 스스로 해결하도록 돕는 것이다.

셋째, 카렌 호나이는 진실한 나의 실존을 밝혀내, 영광을 좇는 탐색으로 기력을 낭비하지 않고, 자발적으로 성장하며 즐기는 참다운 인생의 가능성을 열었다. 신경증에 걸린 사람들은 자기 이상화로 영광을 좇는 탐색에 나섬으로써 진실한 나에게서 점점 멀어져, 정체감을 상실하고 마치 안개 속을 걷는 것처럼 정처 없이 떠돈다. 정신 분석 치료는 환자들이 선택한 주요 신경증 해결책을 넘어서도록 돕는 것, 다시 말해 환자들이 이상에 맞춰 만들어 낸 자아상이 환상에 지나지 않음을 깨우치고 진실한 나를 찾아서 내면 갈등에서 해방되도록 돕는 것이다. 환자가 진실한 나를 찾아 스스로 문제를 해결할 때 비로소 치료는 완료되며, 진정한 성장도 가능해진다. '진실한 나'는 우리를 살아 있는 존재로 만드는 유일무이한 인격의 중심, 성장할 수 있고 성장하기를 원하는 유일한 부분이다. 우리에게 '삶 속으로 뛰어드는 두근거림'을 선사하고, 자발적 감정을 불러일으키며, 진짜로 소망하고 의지하는 능력이고, 스스로 성장하고 성취하기를 바라는 우리 자신의 참다운 일부이다.

하지만 지성으로 깨닫기만 해서는 인격의 방향 전환이 가능하지 않고, 생활 방식이 바뀌지 않으면 신경증도 극복할 수 없다. 개인이 신경증을 극복하고 진실한 나와 더불어 건강하게 성장하려면, 비판 이성으로 자기를 분석하고 진실한 나에게서 우러나는 감정과 욕구를 정말로 느껴야 한다. 애초에 신경증은 인간의 유한성을 망각한 채 지성 능력과 의지력을 과신하고 상상력이 무한으로 뻗어 나갈 때 발병하는 정신 질환이었다. 우리가 진실한 나를 찾아 새롭게 방향을 설정한다는 것은 우리 자신이 우주 안에 거주하는 하찮은 존재임을 인정하고 타고난 잠재력의 범위 안에서 겸손하고 고요하게 자기를 실현해 나간다는 뜻이다.

진짜 인생은 현실에서 스스로 책임지며 담담하게 살아가는 것이다. 책임을 지는 일은 본디 자신과 자기 인생을 담백하고 정직하게 받아들이고 살아간다는 뜻이다. 그것은 세 가지 방식으로 작용한다. 우선 자신을 축소하거나 과장하지 않고 있는 그대로 공명정대하게 인정한다. 둘째로 자신의 행동과 결정의 결과를 기꺼이 받아들이고, 빠져나가거나 다른 사람에게 책임을 전가하지 않는다. 셋째로 자신의 곤란한 처지를 둘러싼 무슨 일이든 자신에게 달려 있음을 깨닫고, 타인이나 운명 또는 시간이 해결해 줄 것이라고 주장하지 않는다. 이것은 도움의 수용을 배제하지 않고, 될 수 있는 한 모든 도움을 받는다는 뜻이다. 그런데 누구든 스스로 인격을 구축하는 방향으로 자신을 바꾸겠다고 결단하지 않으면, 바깥에서 오는 최선의 도움도 아무 소용이 없다.

우리는 상상의 마력으로 인생을 살아 낼 수 없고, 인생의 모든 고난을 신통력으로 한꺼번에 해결할 수도 없다. 신경증은 현대인이 대부분 앓는 정신 질환이다. 신경증 환자는 자신의 마력으로 살아가는 마법사처럼 살 수 있는 양 꿈꾸는 사람인데, 마법사는 상상 속에서는 종횡무진 활약할 수 있어도 현실에서는 속수무책이다. 신경증을 극복하고 진실한 나를 찾아서 성장하려면, 상상의 세계에서 빠져나와 고단한 현실에 직면해야 한다. 그리하여 고단한 생활 속에서 진짜 자유와 진짜 행복, 진짜 평화를 찾으려 노력할 때, 건강하고 인간다운 성장도 가능하다.

인간은 어떻게 살든 제각기 타고난 잠재력을 실현하며 성장한다. 그런데 내면에서 죄어오는 압박에 지나치게 많이 시달리는 사람, 그러니까 신경증에 걸린 사람은 진실한 나와 멀어져 기력을 낭비하고 괴로워하며 살 수밖에 없다. 우리 주변에는 진실한 나를 잃어버리고 자신이 진정으로 느끼고 바라고 생각하는 것이 무엇인지 모른 채 방황하는 사람들이 많다. 옮긴이도 사춘기 시절 진실한 나 찾기에 나선 이후 거의 20여 년이 지나서야 비로소 진실한 나를 찾았다. 진실한 나를 확인하는 일은 신경증에 사로잡힌 나를 극복하고 진실한 나를 실현하겠다는 결단이자 내면에서 일어나는 방향 전환이다. 그러나 진실한 나를 확인했다고 하여 모든 갈등과 문제가 한꺼번에 해결되지는 않는다. 상상의 세계나 이상계가 아니라 현실에서 자신의 자리를 찾고 고요한 마음으로 진실한 나에게 끊임없이 물으면서 진짜 문제를 하나씩 풀어 갈 따름이다.

카렌 호나이는 사람이 살아가면서 맞닥뜨리는 온갖 심리 갈등을 탁월하게 묘사하고, 누구나 진실한 나를 찾아 갈등을 스스로 해결하려고 노력하면 마음의 병도 치유할 수 있다고 역설했다. 그녀의 탁월한 통찰이 드러난 이 책을 처음부터 끝까지 읽는 독자는 스스로 자신이 어떤 신경증을 앓고 있는지 판단하고, 자신의 진짜 문제가 무엇인지도 깨달아 해결하면서 소중한 인생을 멋지게 살아 낼 수 있으리라. 위대한 여성 심리학자가 저술한 이 책이 마음의 병을 앓으며 고뇌하는 수많은 사람들, 특히 섬세한 영혼을 지닌 사람들에게 따뜻한 선물이 되었으면 좋겠다.

서상복

● 차례

서론

•

진화하는 도덕

도덕, 인간 본성에서 진화하다

A MORALITY OF EVOLUTION

신경증은 현대인들이 대부분 앓고 있는 정신 질환이다. 우리가 일평생 감기를 앓고 낫기를 반복하듯이, 신경계를 기반으로 감각하고 욕구하고 생각하는 인간은 모두 가볍거나 심각하게, 길거나 짧게 신경증을 앓고 낫기를 반복할 수밖에 없다.* 신경증神經症 neurosis**은 인간이 성장하고 발달하는 과정에서 독특한 경로로 생겨나며, 구축 기력constructive energies***이 낭비되

* 옮긴이가 독자의 이해를 돕기 위해 추가했다.

** 흔히 독일어 발음에 따라 '노이로제'라고 하지만, 신경증으로 번역하는 것이 적절하다. 오늘날 정신 의학에서는 심신증과 신경증, 정신병을 구분한다. 신경증은 현재 신체 기관의 결함과 상관없는 기능상의 심리 장애를 가리키는 정신 신경증의 의미로 쓴다. 신경증의 증상으로는 불안과 방어, 내면의 갈등과 타협할 때 나타나는 행동 장애, 감각 장애, 사고 장애 들이 있다. 신경증에 걸린 사람은 인격의 정체성을 상실하고 타인과 좋은 관계를 맺지 못하고 만족스러운 내면의 균형을 이루지 못한다. 신경증으로 분류되는 장애로는 공포증과 강박증, 신경발작hysteria, 식욕 부진 들이 있다. 사실 신경계에 의존하는 인간의 정신에 발생하는 크고 작은 모든 장애가 다 신경증에 포함된다.

*** '에너지energy'는 우리말로 옮길 때 맥락에 따라 적합하게 번역할 필요가 있다. 이 책에서는 기력, 기운, 원기, 정력, 활기 등으로 문맥에 적합한 말을 찾아 썼다. 기운이 넘친다거나 기운이 없다고, 또는 기력이 달린다고 말하곤 하는데, 이때 사용하는 용어가 바로 여기서 말하는 기력과 관련이 있다

므로 특히 불행한 정신 질환이다. 신경증의 진행은 건강한 성장과는 질적으로 다르며, 생각보다 훨씬 넓은 범위에 걸쳐 건강한 성장과 대립한다. 인간은 조건이 유리할 경우 잠재력을 실현하는데, 그 과정은 획일성uniformity을 띠지 않는다. 인간은 제각기 특별한 기질, 능력, 성향, 초기 생애와 후기 생애의 조건에 따라서 다양한 성격으로 성장하기 마련이다. 싹싹한 성격으로 자라거나 까다로운 성격으로 자라기도 하고, 타인他人 others*을 너무 경계하거나 신뢰하지 못하는 성격이 되기도 한다. 자기自己 self에게 의존하는 경향이 강하거나 약해서, 내향적인 사람이 되거나 외향적인 사람이 되기도 한다. 인간은 누구나 으레 특별한 재능special gifts을 계발하면서 성장한다. 제각기 인생에서 어떤 과정을 겪으며 성장하든, 자신이 타고난 일정한 잠재력을 실현하고 키워 나간다.

그런데 내면에서 죄어오는 압박壓迫 stress**에 너무 많이 시달리는 사람은 진실한 나real self와 멀어질 수 있다. 이렇게 진실한 나를 잃은 사람은 양심이나 이성에 따른 내부 명령inner dictate에 얽매여서, 절대 완벽한 존재가 되려고 모든 기력energies을 써 버리기 쉽다. 왜냐하면 신에 버금가는 완벽성을 갖추지 못한 인간은 이상에 맞춘 자아상idealized image을 실현할 수 없고, 자신이 가졌거나 가질 수 있거나 가져야 할 고상한 속성을 끌어다 대더라도 자부심pride***을 다 채우지 못하기 때문이다.

---

* 'others'는 타인이나 타자로 번역한다. 타인은 나를 뺀 다른 사람들을 가리키고, 타자他者는 나 아닌 다른 사람, 사물, 제도를 비롯해 절대자 같은 신까지 포괄해서 가리키는 말이다. 문맥에 따라 타인, 타자, 남들, 다른 사람들로 번역했다.

** 'stress'는 물리학에서 물체가 외부의 힘에 저항하여 원형을 유지하려는 힘을 가리키고, 생물학과 심리학에서는 유기체의 기능을 교란하거나 장애를 일으켜 정신과 신체에 나타나는 긴장이나 압박 상태를 가리킨다. 문맥에 따라 압박이나 압박감으로 번역했다.

*** 맥락에 따라 긍지, 자긍심, 자부심, 자존심, 자만으로 번역했다. 이 번역어들은 모두 자신의 능력과 행위, 소유물을 자랑스러워하고 소중히 여기는 마음을 가리킨다.

이 책에서 자세히 다루겠지만, 신경증이 발병하고 진행되는 경향은 병리 현상과 관계가 있는 임상 측면과 이론 측면이 아니더라도 우리의 이목을 끈다. 왜냐하면 근본적인 도덕 문제, 즉 인간의 욕구欲求 desire와 충동衝動 drive의 문제를 비롯해 완벽성을 추구해야 하는 종교 의무 같은 문제도 포함하기 때문이다. 인간이 성장하고 발달하는 과정에 관심을 가지고 진지하게 연구하는 사람이라면, 지나친 자부심이나 오만이 바람직하지 않다는 사실, 또 자부심이 동기가 될 경우에 완벽성을 추구하는 충동이 바람직하지 않다는 사실도 믿어 의심치 않을 것이다. 그러나 도덕에 따른 내면의 규율 통제가 바람직한지, 또 필연성이 있는지를 두고 내놓은 의견은 천차만별이다. 예컨대 내부 명령이 인간의 자발성을 속박하는 결과로 이어지면, 우리는 "하늘의 아버지가 완벽하신 것처럼 너희도 완벽하라"는 그리스도교의 명령에 따라 완벽해지려고 노력해서는 안 되는가? 이러한 명령을 없애면 오히려 인간의 도덕 생활과 사회 생활이 위험에 빠지거나 파괴되지는 않을까?

나는 여기서 인류의 역사가 시작된 이래 계속 문제를 제기하고 답변한 수많은 방식을 모두 검토할 생각은 없으며, 그렇게 할 준비도 되어 있지 않다. 앞서 제기한 질문에 답변할 때, 우리가 인간 본성에 관해 좋은 신념을 받아들이느냐, 나쁜 신념을 받아들이느냐가 본질적으로 중요하다고 지적하고 싶을 따름이다.

대체로 도덕의 목표를 설명하는 세 가지 주요 개념은 인간의 본성을 다르게 해석한다. 인간이 본성에 따라 죄를 타고나며 프로이트처럼 원초 본능原初本能 id의 지배를 받는다고 믿는 사람이라면, 누구든 과도한 견제牽制 checks와 통제統制 controls를 포기할 리 없다. 그렇다면 도덕의 목표는 **본성 상태**status naturae의 발달이 아니라 본성을 길들이거나 극복하는 문제가 된다.

인간이 본래 선한 본성을 타고나지만 동시에 '악'해서 죄를 짓는 파괴적 본성이 있다고 믿는 사람들에게는 도덕의 목표가 다를 수밖에 없다. 인간이 타고난 본성의 이중성을 수용하는 사람들의 목표는 내재하는 선의 최종 승리를 보장하는 데 있다. 여기서 내재하는 선은 특별한 지배 종교나 윤리와 일치하도록 신앙, 이성, 의지, 은총 같은 요소로 세련되게 다듬어지고 방향이 잡히고 강화된다. 여기서 투쟁하고 억압하는 악을 배타적으로 강조하지 않는 까닭은, 긍정하는 적극적인 계획이 있기 때문이다. 긍정 계획은 초자연적 원조supernatural aids나 이성과 의지로 만들어낸 불굴의 이상에 의존하는데, 그 원조와 이상 자체는 금지 명령을 내리고 견제하는 내부 명령과 관련이 있다.

마지막으로 도덕 문제는 진화할 수 있는 구축 기력이 인간에게 본래 내재한다고 믿을 때 달라지며, 그러한 구축 기력이 인간에게 주어진 잠재력을 실현하도록 촉구한다. 이러한 믿음이 인간은 본질적으로 선하다는 의미는 아니다. 왜냐하면 인간의 본질이 선하다는 주장에는 선과 악을 분별하는 지식이 이미 전제되어 있기 때문이다. 진화할 수 있는 구축 기력이 인간에게 내재한다고 믿는 것은, 인간이 자신의 본성에 따라 자발적으로 자기 실현self-realization에 힘을 쏟으며 노력하는 과정에서 여러 가치가 진화한다는 뜻이다. 예컨대 인간은 자신에게 진실하지 않거나, 적극적으로 무엇을 생산하려고 노력하지 않고, 또 서로 돕는 정신으로 다른 사람과 자신을 연결하지 못하면, 결단코 잠재력을 충분히 실현하지 못한다. 인간은 셸리*Percy Bysshe Shelly, 1792~1822의 말처럼 '어둠 속의 맹목적 자아 숭배dark idolatry of self'에 빠지면 성장하지 못하며, 자신의 모든 결점을 처음부터 끝까지 다른 사람들

---

* 낭만주의를 대표하는 영국 시인으로 인습과 압제에 반항하고 이상적인 사랑과 자유를 갈구하는 시를 썼다. 극시 「사슬에서 풀린 프로메테우스」와 서정시 「종달새」가 유명하다. '어둠 속의 맹목적 자아 숭배'란 시구는 그가 쓴 「이슬람의 반역Revolt of Islam」에서 인용한 것이다.

의 부족함 탓으로 돌려 버릴 수도 없다. 인간은 참다운 의미에서 자기 자신을 책임의 주체로 가정할 경우에만 성장할 수 있다.

여기서 우리는 진화하는 도덕morality of evolution의 의미를 이해한다. 우리가 자신을 계발하거나 거짓을 거부하는 기준은 '어떤 특정한 태도나 충동이 나의 인간다운 성장을 유도하는가, 또는 방해하는가'라는 질문과 맞닿아 있다. 신경증의 빈도가 보여주듯, 모든 억압은 우리의 구축 기력을 너무 쉽게 비구축적이거나 파괴하는 경로로 돌려 버릴 수 있다. 그러나 자기 실현으로 나아가는 자율적 노력을 제외하고, 자발성을 구속하는 내부의 죄수복은 필요하지 않으며, 완벽을 추구하라고 밀어붙이는 내부 명령의 채찍도 필요하지 않다. 내부 명령으로 규율하는 방법이 바람직하지 못한 억압 요인이라는 점은 의문의 여지가 없을뿐더러 분명히 인간다운 성장에도 해롭다. 우리는 파괴력을 다룰 수 있는 훨씬 나은 가능성을 찾았기에, 내부 명령에 따른 규율 방법에 매달릴 필요가 없다. 실제로 그러한 규율 방법에서 벗어날 수 있다. 이러한 목표를 달성하려면 우리 자신을 더 많이 자각하고 이해해야 한다. 그래서 자기 인식self-knowledge은 그 자체로 목표가 아니라 자발적으로 성장할 힘을 끌어내는 구체적 수단이다.

이러한 점에서 정신 분석은 일차 도덕 의무인 동시에, 진정한 의미에서 일차 도덕적 특권privilege이다. 자신의 성장을 진지하게 받아들이면 우리는 스스로 바라기 때문에 정신 분석에 참여할 터이다. 그리고 우리는 자기에게 홀려 집착하는 신경증에서 벗어나 스스로 자유롭게 성장할 때, 자신을 자유롭게 사랑하고 타인도 진심으로 만날 것이다. 그렇게 되면 어린 아이에게는 구속받지 않는 성장의 기회를 주고, 발달 장애를 겪는 사람에게는 진실한 나를 찾고 실현할 수 있는 방법을 강구講究해 도우려고 할 터이다. 자신을 위하든 타인을 위하든, 우리가 좇아야 할 참다운 이상理想은 자기 실현에 필요한 힘의 해방과 양성養成이다.

건강한 성장에 해로운 여러 장애 요인을 명료하게 밝혀냈으니, 이 책에 드러난 고유한 방식이 자기 실현에 필요한 힘을 기르는 데 도움이 되리라 기대한다.

카렌 호나이

제1장

●

영광을 좇는 탐색

신경증 환자, 영광을 좇다가 길을 잃다

THE SEARCH FOR GLORY

아이는 어떤 조건에서 성장하든 정신에 특별한 결함이 없다면, 십중팔구 어떻게든 다른 사람과 맞서 사는 법을 배운 끝에 자기만의 삶의 기술skill을 습득한다. 그런데 아이의 내면에는 학습을 통해 습득하거나 발달시킬 수 없는 힘들이 존재한다. 당신은 도토리가 상수리나무로 자라도록 도울 필요가 없고 도울 수도 없다. 적당한 기회가 오면 도토리가 본래 지닌 잠재력潛在力 potentialities은 발현되기 마련이다. 마찬가지로 인간도 기회를 만나면 자신의 특별한 잠재력을 어렵지 않게 발휘한다. 이때 진실한 나the real self, 곧 참다운 나의 유일하고 생동하는 힘도 계발한다. 자신의 감정과 사유, 소망과 관심을 명료하고 깊이 이해하는 능력, 자신의 소질을 계발하는 능력과 의지력의 강화, 특별한 능력과 재능, 자신을 표현하고 자연스러운 감정에 따라 타인과 관계를 맺는 능력 같은 힘들이 나타난다. 인간은 이러한 힘들에 의지해서 일련의 가치와 인생의 목표를 찾게 된다. 간단히 말해 인간은 잠재력의 범위 안에서 **자기 실현을 향해**toward self-realization 나아가며 성장한다. 그것이 바로 내가 지금 이 책 곳곳에서 참다운 나, 곧 모든 인간이 공통으로 지녔으나 각자에게 유일무이한 내면의 중심을 잡는 힘이자 심층에 자리한 성장의 원천the deep source of growth을 말하는 이유이다[1]

우리는 타고난 잠재력을 스스로 계발하지만, 인간 개체에게도 살아 있는 다른 유기체와 마찬가지로 '도토리에서 상수리나무로' 성장하도록 돕는 유리한 조건favorable condition이 필요하다. 인간은 내면에서 우러나는 안전하다는 느낌과, 자신의 감정을 스스로 표현할 수 있는 내면의 자유가 허용되는 따뜻한 분위기가 필요하다. 또 누구나 타인의 선의善意 good will가 필요한데, 타인의 선의는 여러 상황에서 우리를 도울뿐더러 소질을 충분히 발휘해 성숙한 인간이 되도록 이끌고 용기를 북돋워 준다. 더불어 우리는 타인의 소망이나 의지와 건강한 마찰을 겪을 필요가 있다. 이처럼 우리가 타인과 더불어 사랑하고 마찰摩擦 friction을 빚으면서 자랄 수 있다면, 진실한 나와 일치해 성장할 터이다.

그런데 운이 너무 나쁜 아이는 자신의 필요와 가능성에 따라 성장하지 못한다. 불리한 조건unfavorable condition은 여기서 다 열거할 수 없을 정도로 다양하다. 요컨대 불리한 조건이란 아이가 살아가는 환경에서 만나는 사람들이 각자 자신의 신경증에 매몰되어 아이를 사랑할 수 없거나 심지어 아이를 특별한 개인으로 생각조차 하지 못하는 조건을 말한다. 아이를 대하는 사람들의 태도는 자신들의 신경증에서 비롯된 필요와 반응에 따라 결정된다.[2] 간단히 말해 사람들은 위압적 태도를 보이거나 과잉 보호하고, 위협해서 겁을 주거나 걸핏하면 화를 내고, 지나치게 꼼꼼하거나 응석을 너무 받아주고, 변덕을 심하게 부리거나 다른 형제를 편애하고, 사사건건 비판하거나 무관

---

1 앞으로 성장을 말할 때는 언제나 여기에서 제시한 뜻으로, 어떤 사람의 일반 본성과 개별 본성에 따른 잠재력과 일치하는 자유롭고 건강한 발달을 의미한다.

2 이 책의 12장에서 요약한 인간 관계에서 비롯된 모든 신경증 장애가 발생할 수 있다. 카렌 호나이의 『인간의 내면 갈등』 제2장 근본 갈등과 제6장 이상에 맞춘 자아상 참고.

심할 수 있다. 아이의 성장에 나쁜 영향을 미치는 요인은 단 한 가지일 경우는 결코 없으며, 언제나 별자리 같은 배열constellation이 한 덩어리로 문제를 일으킨다.

마침내 아이는 소속감, 즉 '우리'라는 연대감을 형성하지 못하고 심각한 불안감과 막연한 걱정에 시달리게 되는데, 이러한 불안감과 걱정을 **근본 불안** basic anxiety이라 부른다. 근본 불안은 아이가 적의敵意 hostility가 잠재하는 세상에서 느끼는 고립감과 무력감이다. 아이는 근본 불안의 바싹 죄는 압박stress 탓에 타인과 관계를 맺을 때 자신의 진실한 감정을 자발적으로 드러내지 못하며, 남들과 맞서 사는 방법을 억지로 찾게 된다. 또 무의식적으로 자신의 근본 불안을 자극하거나 더하지 않고, 누그러뜨리는 방식으로 타인을 대할 수밖에 없다. 이렇게 무의식 차원의 전략적 필요에서 생긴 특별한 태도는, 아이의 기질과 환경 같은 우연적 요소가 결정한다. 간단히 말해 아이는 자기 주위에서 힘이 제일 센 사람에게 애착을 보이며 떨어지지 않으려 할 수도 있다. 또 타인이 자기 내면 생활에 접근하지 못하도록 마음의 문을 닫은 채 타인과 감정을 교류하지 않으려 할 수도 있다. 요컨대 아이는 다른 사람을 향해 나아가고, 다른 사람과 맞서고, 다른 사람에게서 물러날 수 있다.

건강한 인간 관계에서는 타인을 만났을 때 나타나는 접근 행동move toward과 반항 행동move against, 회피 행동move away from이 상호 배타적이지 않다. 애정을 바라거나 주고 양보하는 능력을 비롯해 다른 사람에게 맞서 싸우는 능력, 또 혼자 지낼 수 있는 능력은 모두 좋은 인간 관계에 필요하며 서로 보완한다. 그러나 아이가 위태로운 처지에 있다고 느끼면 근본 불안의 영향으로 세 가지 행동들이 극단에 치우치고 경직된다. 예컨대 애정affection은 집착clinging이 되고, 순응compliance은 유화 행동宥和行動 appeasement이 된다. 마찬가지로 아이는 자신의 진짜 감정과 관계맺지 않고, 또 특정 상황에서 보인 태도의 부적절성도 상관하지 않고 반항하거나 동떨어져서 행동한다. 아이의 태도에서 드러나는 맹목성과 경직성의 정도는 마음속에 잠복한 근본 불안의 강도強度 intensity에 비례한다.

이렇게 나쁜 조건에서 생활하는 아이는 위에서 말한 세 방향 가운데 한 방향이 아니라 모든 방향으로 움직여, 타인과 만날 때 모순된 태도를 보일 수밖에 없다. 그러므로 타인과 만났을 때 나타나는 세 가지 행동, 즉 접근 행동과 반항 행동과 회피 행동은 한 가지 갈등, 즉 타인과 자신의 근본 갈등을 이룬다. 이때 아이는 세 가지 행동 가운데 한 행동을 꾸준히 눈에 띄게 해서 갈등을 해결하려 애쓴다. 예컨대 순응順應 compliance, 공격攻擊 aggressiveness, 냉담冷淡 aloofness 가운데 하나가 아이를 지배하는 태도가 된다.

이렇게 신경증으로 생기는 갈등을 해결하려는 첫 시도는 결코 피상적이거나 하찮은 것이 아니다. 반대로 아이의 신경증 발병neurotic development의 다음 단계에 결정적 영향을 미친다. 갈등을 해결하려는 첫 시도는 타인에게 접근하는 태도에만 배타적으로 관여하지 않고, 전체 인격人格 personality에도 변화를 일으킬 수밖에 없다. 아이는 자신이 선택한 제일 중요한 방향에 따라 적당한 필요, 감수성, 억제와 도덕 가치의 실마리를 찾아내기도 한다. 예컨대 눈에 띄게 순응하는 아이는 타인에게 스스로 복종하고 기댈뿐더러 이기적이지 않고 착해지려 한다. 마찬가지로 공격형 아이는 힘이 세지는 것과 참고 싸우는 능력에 가치를 두기 시작한다.

하지만 생애 초기에 선택하는 첫 해결책의 통합 효과는, 나중에 논의할 신경증 해결책만큼 확고하지도 않고 포용하는 힘도 크지 않다. 예컨대 어떤 소녀는 순응 경향이 우세했다. 순응 경향은 확실하게 권위가 있어 보이는 인물을 맹목적으로 숭배할 때, 남을 즐겁게 하거나 서로 용서하고 좋게 지내려는 유화 행동을 할 때, 자신의 소망을 드러내며 수줍을 때나 우발적으로 희생하려 할 때 드러난다. 그 소녀는 여덟 살이었을 때, 가난한 아이들이 발견하도록 거리에 자기 장난감을 몇 개 놓아두고는 아무에게도 말하지 않았다. 열한 살에는 아이다운 방식으로 기도 중에 일종의 신비주의가 연상되는 포기를 시도했다. 소녀는 홀딱 반한 선생님에게 벌을 받는 터무니없는 공상fantasies에 빠진 적도 있었다. 그런데 열아홉 살까지 다른 학생들이 교사들에게 앙갚음하려고 세운 계획에 쉽게 가담할 수 있었다. 대개 어린 양처럼 온순하게 살았지만, 이따금 학교에서 일어나는 반항 행동에 앞장서기도 했다. 또 교회 목사에게 실망했을 때 허울뿐인 종교적 헌신에 등을 돌리고 잠시 냉소주의cynicism로 기울었다.

위에서 든 전형적인 사례처럼 성취한 통합이 느슨해진 까닭은, 일부는 성장하는 개인이 미성숙한 탓이고, 일부는 생애 초기에 선택하는 해결책이 주로 다른 사람과 맺는 관계에서 일체감을 이루려 하기 때문이다. 따라서 더욱 견고한 통합을 실현해야 할 여지가 있고, 실제로 통합해야 할 필요가 생긴다.

지금까지 묘사한 발달은 획일적이지 않다. 불리한 환경 조건의 자세한 내용은 각 경우마다 다르며, 발달이 일어나는 과정과 결과도 마찬가지이다. 그러나 불리한 조건은 언제나 개인이 지닌 내면의 힘과 일관성을 손상시키고, 그 결과 결함을 치료해야 할 확실하고 생생한 필요가 생겨난다. 이러한 필요는 몇 가지 측면으로 구분할 수 있다. 첫째로 자신과 타인의 갈등을 해결하려고 초기에 시도하지만 여전히 분열되어서 이전보다 더욱 견고하며 포용력이 훨씬 더 큰 **통합**統合 integration이 필요하다. 둘째로 진정한 자신감自信感 a real self-confidence이 발달할 기회를 얻지 못해서 내면의 힘은 방어에 매달려 분열되고, 초기 해결책이 한 방향으로만 발달한다. 그 결과 인격의 넓은 영역을 구축의 용도로 쓸 수 없게 된다. 따라서 개인은 필사적으로 자신감을 얻으려고 하거나, 아니면 자신감의 대체물이라도 소유하려 투쟁한다. 그렇게 되면 개인은 고립되어 무력하다고 느끼지 않지만, 명확하게 타인보다 실력과 재력을 덜 갖추었고 인생을 살아갈 준비가 덜 되었다고 느낀다. 만약 소속감을 가진다면, 타인에게 느끼는 열등감이 아주 심각한 악조건a handicap이 되지 않는다. 그러나 경쟁 사회에서 살면서 실제로 고립되고 적의敵意를 느끼면, 자신을 타인보다 높은 자리에 올려 놓으려는to lift himself above others 절박한 필요에 따라 행동할 수밖에 없다.

앞에서 말한 것보다 훨씬 근본적인 요인은 자기에게서 멀어져 소외되기 시작한다는 점이다. 그렇게 되면 진실한 나real self가 바르게 성장하지 못할 뿐더러 타인과 맞서 살기 위해 인위적이고 전략적인 방법을 찾아야 할 필요에 매몰된다. 그래서 자신의 진짜 감정, 진짜 소망, 진짜 생각을 짓밟고 만다. 안전이 최고 자리를 차지하면, 개인이 마음 깊숙한 곳에 간직한 감정과 생각의 중요성은 줄어들고, 사실상 침묵 속으로 가라앉아 희미해진다. 안전하기만 하다면 무엇을 느끼든 문제 삼지 않는다. 따라서 자신의 감정과 소망은 의사 결정에 영향을 미치는 요인이 아니다. 말하자면 조종당하는 사람이 되어버린다. 또 자기 분열은 개인을 일반적으로 나약하게 만들뿐더러 혼란이라는 요소를 보태어 소외감을 강화한다. 결국 그는 자신이 어디에 있고, 또 자신이 누구인지 더는 알지 못한다.

이렇듯 자기 소외의 시작은 여러 가지 결함에 해로움을 덧붙인다. 서로 다른 과정들이 살아 있는 중심, 곧 진실한 나에게서 소외되지 않고 착착 진행될 경우에 무슨 일이 벌어질지 상상하면, 이 점을 분명하게 이해할 수 있다. 자기에게서 소외되지 않은 사람은 갈등을 겪을 테지만, 갈등으로 흔들리지 않는다. 자신감에 손상을 입겠지만, 뿌리째 뽑혀 나가지도 않는다. 한 사람과 다른 사람의 관계는 마음속 깊이 아무 관련이 없어져 버리지 않고서는 방해받지 않는다. 따라서 자신에게서 소외된 개인은 특히 발붙일 곳, 곧 정체감a feeling of identity이 필요하다. 여기서 진실한 나real self의 대체물을 말하는 것이 불합리한 까닭은 이러한 대체물은 없기 때문이다. 개인은 진실한 나를 찾음으로써 의미 있는 존재가 되고, 심리 구조가 취약하더라도 힘과 의미가 있다고 느낄 터이다.

운이 따라주고 생활 형편이 좋아져 불리한 조건에서 생긴 필요에 얽매이지 않을 만큼 내면의 조건이 성숙하지 않으면, 인간은 여러 필요를 충족하거나 한꺼번에 모든 필요를 충족시켜 줄 한 가지 방법, 곧 상상력에 의존하는 수밖에 없다. 상상력은 무의식적으로 점점 상상의 나래를 펴기 시작하고 마음속으로 **이상에 맞춘 자아상**idealized image을 만들어 낸다. 이 과정에서 개인은 자신에게 무한한 권력과 고상한 능력을 부여해 영웅, 천재, 최고의 연인, 성자, 신이 된다.

자기 이상화self-idealization는 언제나 자기 미화self-glorification를 동반해서 개인에게 다른 사람들보다 중요하고 우월하다는 느낌을 더 많이 필요하게 만든다. 그러나 자기 이상화가 맹목적인 자기 과장a blind self-aggrandizement은 결코 아니다. 사람은 제각기 자신만의 특별한 경험special experiences, 생애 초기의 환상, 특별한 필요particular needs, 타고난 능력을 재료로 삼아 이상에 맞춘 인격상personal idealized image을 만들어낸다. 만약 이상에 맞춘 인격상이 그것을 소유한 개인의 성격과 맞지 않으면, 당사자는 정체감正體感 a feeling of identity이나 일체감一體感 a feeling of unity을 얻지 못한다. 개인은 처음에는 자신의 근본 갈등을 풀어줄 특별한 '해결책solution'을 이상理想에 맞춰 다듬는다. 순응compliance은 선 자체가 되고, 사랑은 성인의 덕이 된다. 공격성aggressiveness은 강한 힘, 지도력, 영웅의 자질, 전능이 된다. 냉담하고 초연한 태도aloofness는 지혜, 자족, 독립이 된다. 단점이나 결점처럼 보이는 것은 특별한 해결책에 따라 언제나 희미해지거나 바뀐다.

신경증 환자는 자신의 모순된 경향들contradictory trends을 서로 다른 세 방식 가운데 하나로 처리할 수도 있다. 모순된 경향들을 아름답게 꾸미기도 하지만, 그러한 경향은 배경으로만 머물 수도 있다. 예컨대 사랑을 유약함으로만 여겨 용납하지 못하는 공격형 사람이 이상에 맞춘 자아상 속에서는 빛나는 갑옷을 입은 기사일뿐더러 위대한 연인이기도 하다. 이런 사실은 정신분석을 거쳐야 비로소 드러난다.

둘째로 모순된 경향들은, 아름답게 꾸미는 것에 더하여 당사자의 정신 안에서 각각 분리되어 더는 혼란스러운 갈등을 일으키지 않을 수도 있다. 어떤 환자는 이상에 맞춘 자아상 속에서는 인류의 은인이고, 자족으로 마음의 평정을 얻은 현자였지만, 동시에 양심의 가책 없이 적들을 죽일 수 있는 냉혈한이었다. 당사자가 모두 의식했던 여러 측면은 그에게 모순이 아니었을 뿐 아니라 갈등조차 일으키지 않았다. 문학 작품 속에서 모순된 여러 측면을 분리해서 갈등을 없애는 방식은 스티븐슨의 『지킬 박사와 하이드 씨』에 등장한다.

마지막으로 모순된 여러 경향은 풍부한 인격a rich personality과 양립 가능한 긍정적인 능력이자 성취로 격상되기도 한다. 내가 다른 책[3]에서 사례를 인용했듯이, 이런 쪽으로 재능을 타고난 사람은 순응 경향을 그리스도와 닮은 덕으로, 공격 경향을 정치 지도력의 발휘에 적합한 독특한 능력a unique faculty으로, 냉담하고 초연한 태도를 철학자의 지혜로 바꾸었다. 따라서 그 환자가 부딪치는 근본 갈등의 세 측면은 한꺼번에 미화되고 각 측면은 다른 측면과 조화를 이루었다. 그는 자신의 마음속에서는 문예부흥기the Renaissance의 **보편인**普遍人 l'uomo universale; universal man과 맞먹는 현대인이었던 셈이다.

마침내 개인은 자신을 이상에 맞춘 통합된 자아상과 동일하게 여길지

---

3 카렌 호나이, 『인간의 내면 갈등*Our Inner Conflicts*』 국내에 『카렌 호나이의 정신 분석』(학지사, 2006)이란 제목으로 번역되었다.

도 모른다. 그러면 이상에 맞춘 통합된 자아상은 은밀하게 간직한 환영幻影 vision으로 머물지 않는다. 그는 알아채지 못하는 사이에 이러한 환영과 같아지고, 이상에 맞춘 자아상이 곧 **이상을 좇는 나**idealized self가 된다. 또 개인에게 이상을 좇는 나가 진실한 나real self보다 더욱 현실성現實性 reality을 지니는 까닭은, 절박하게 필요한 것들과 모두 맞아떨어지기 때문이다. 이러한 중력 중심의 이동은 온전히 내면으로 향하는 과정이다. 그에게 일어나는 외면의 변화는 두드러지지 않는다. 변화는 존재의 핵심, 곧 자기 자신에 관한 느낌 속에서 일어난다. 바로 이러한 변화가 호기심을 자아내며 인간에게만 나타나는 과정이다. 코커 스패니얼에게는 자신이 '정말로' 아일랜드 산 사냥개라는 생각이 전혀 떠오르지 않을 터이다. 그리고 어떤 사람 안에서 전이轉移 transition가 일어나는 까닭은 진실한 나가 미리 분명하게 드러나지 않은 탓일 따름이다. 이러한 발달 국면에서, 또 어떤 국면에서나 건강한 과정은 어떤 사람이 진실한 나를 찾아가는 접근 행동일 테지만, 분명히 이상을 좇는 나 탓에 진실한 나를 포기하는 쪽으로 움직인다. 이상을 좇는 나는 개인이 실제로 어떠한 사람이고 어떤 잠재력을 지니고 있는지, 말하자면 어떤 사람이 될 수 있고 어떤 사람이 되어야 하는지 대변하기 시작한다. 이상을 좇는 나는 바로 개인이 자신을 바라보는 관점이자 자신을 평가하고 판단하는 측정 단위가 된다.

자기 이상화自己理想化 self-idealization는 다양한 이유로 내가 **포괄적 신경증 해결책**comprehensive neurotic solution이라고 부르는 개념이다. 특별한 갈등뿐 아니라 특정한 시기에 개인의 내면에서 발생하는 모든 필요를 만족하는 해결책이다. 더욱이 이런 해결책은 고통스럽고 견디기 힘든 감정, 곧 상실감과 불안감, 열등감과 고립감에서 벗어나게 할뿐더러 자신과 자기 인생이 궁극의 신비한 성취에 이를 수 있다고 약속한다. 그렇다면 포괄적 해결책을 찾았다고 믿을 때 죽을 각오로 집착하는 현상은 조금도 이상한 일이 아니다. 적당한 심리학 용어로 표현하면 포괄적 해결책은 강박에 사로잡혀 있다.[4] 신경증을 앓는 경우 자기 이상화의 규칙적 발생은 신경증을 일으키기 쉬운 환경에서 생겨난, 강박에 사로잡힌 필요의 규칙적 발생이 야기한다.

나는 유리한 두 가지 주요 논점 때문에 자기 이상화에 주목한다. 자기 이상화는 초기 발달 과정의 결과이고, 새로운 발달의 시작이기도 하다. 자기 이상화가 생애 초기 이후에도 계속 영향을 미칠 수밖에 없는 까닭은 진실한 나를 포기하는 것 말고는 달리 선택할 수 없기 때문이다. 그러나 자기 이상화가 혁명적 효과를 낸다고 보는 주요한 근거는 진실한 나를 포기하는 단계에 다른 의미가 포함되어 있기 때문이다. **자기 실현에 쏟아야 할 기력**energies**은 이상을 좇는 나의 현실화라는 목표로 방향이 바뀐다.** 이러한 방향 전환shift in direction은 개인의 전 생애와 발달 과정에 일어나는 변화 이상도 이하도 아니다.

이 책 곳곳에서 기력의 방향이 바뀌어 전체 인격人格 personality이 변화를 겪는 다양한 방식을 확인할 터이다. 기력의 방향 전환이 초래하는 훨씬 즉각적인 효과는 자기 이상화를 순수 내향 과정에 머물지 않게 하여 생애의 전체 순환 경로 속으로 밀어 넣는 점이다. 개인은 자신을 표현하고 싶어 하거나 표현할 수밖에 없다. 이는 곧 이상을 좇는 나를 표현하고 행동으로 증명하기를 원한다는 뜻이다. 이상을 좇는 나는 인생의 포부와 목표, 처세, 타인과 맺는 관계에 스며든다. 이렇게 자기 이상화는 점점 커져서 더욱 포괄적인 충동a more comprehensive drive이 될 수밖에 없는데, 나는 그러한 충동의 본성과 인격적 특질에 적합한 이름으로 **영광을 좇는 탐색**the search for glory을 제안한

---

4 이런 해결책과 얽힌 몇 단계를 충분히 살펴본 다음 강박 성향의 정확한 의미가 무엇인지 논의하겠다.

다. 자기 이상화는 영광을 좇는 탐색의 핵심이다. 개인마다 세기와 자각의 정도가 다르고 바뀌어도, 영광을 좇는 탐색에 늘 나타나는 다른 요소는 완벽해져야 할 필요, 말하자면 신경증에서 비롯된 비현실적인 야망과 복수의 승리감a vindictive triumph을 만끽해야 할 필요이다.

이상을 좇는 나를 현실에 구현하려는 충동들 가운데 **완벽해져야 할 필요**는 대단히 급진성을 띤다. 완벽해져야 할 필요는 바로 이상을 좇는 나의 틀에 전체 인격을 끼워 맞추게 만든다. 신경증 환자는, 버나드 쇼의 피그말리온처럼, 이상에 맞춘 자아상의 구체적 특징에 따라 규정되는 특별한 완벽성에 비추어 자신을 손질하고 개조하려 한다. 그는 이러한 목표를 당위와 금기의 복잡한 체계에 따라 성취한다. 이 과정은 혹독하고 복잡하기 때문에 여기서 다루지 않고 다른 장에서 논의하겠다.[5]

영광을 좇는 탐색에서 노골적이고 뻔히 드러나며 외향성이 두드러지는 요소는 **신경증에서 비롯된 야망**, 즉 외면의 성공으로 치닫는 충동이다. 현실에서 탁월해지려는 충동은 몸에 배어들어 모든 일에 탁월하려는 경향을 나타낸다. 동시에 으레 남보다 탁월한 능력이 일정한 시기에 제일 잘하는 일로 나타날 때 특히 강력하게 작용한다. 따라서 야망의 내용은 일생 동안 여러 번 바뀌기 마련이다. 어떤 사람은 학교에 다닐 때 반에서 최고 점수를 얻지 못하는 일을 참을 수 없는 불명예로 여길지도 모른다. 그 후에는 멋진 소녀들과 만날 약속을 마지못해 수도 없이 해야만 하는 처지에 놓이기도 한다. 나중에 그는 돈을 제일 많이 벌거나 정계에서 걸출한 인물이 되려는 야망에 사로잡힐 수도 있다. 이것은 확실히 자기 기만self-deception이다. 어느 시기에 열광적으로 위대한 운동 선수나 전쟁 영웅이 되겠다고 결심한 적이 있었던 사람이, 다

---

5 제3장 당위의 폭정 참고.

른 시기에 똑같이 열광적으로 위대한 성인이 되겠다고 결심하기도 한다. 그 때 그 사람은 야망을 '잃었다'고 믿을지도 모른다. 아니면 운동 경기나 전쟁에서 탁월한 능력을 발휘하는 일이 자신이 '진실로' 원했던 것은 아니었다고 할지도 모른다. 따라서 그는 자신이 야망의 배를 타고 이전에 그랬듯이 똑같이 항해하다가 항로를 바꿨을 뿐이라는 점을 실감하지 못할 수도 있다. 물론 분석가들은 그가 무엇 때문에 특정 시기에 항로를 바꾸었는지 낱낱이 분석하지 않으면 안 된다. 내가 이러한 항로 변경을 강조하는 까닭은, 야망의 마수에 걸려든 사람들이 자기들이 하는 행동의 내용content과 거의 아무 관계도 맺지 못한다는 점을 보여주기 때문이다. 셈에 넣을 가치가 있는 것은 탁월함뿐이다. 만약 우리가 이러한 관계 결여를 인정하지 않으면, 여러 항로 변경도 이해할 수 없을 터이다.

이러한 논의에서 구체적인 야망을 성취하는 특별한 활동 영역은 별로 중요하지 않다. 각 활동 영역의 특성은 공동체의 지도자가 되는 문제든, 빛나는 이야기꾼이 되는 문제든, 음악가나 탐험가로서 최고 평판을 얻는 문제든, '사교계'에서 눈에 띄는 역할을 하는 문제든, 훌륭한 책을 쓰거나 옷을 제일 잘 입는 사람이 되는 문제든 모두 똑같다. 하지만 야망의 그림은 바라던 성공의 종류에 따라 여러 방식으로 바뀐다. 어림잡아 말하면 야망의 그림은 직권, 왕의 배후 권력, 영향력, 조작 같은 힘의 범주와 더 잘 어울릴 수도 있고, 평판과 갈채, 인기와 찬미, 또는 각별한 주목 같은 특권의 범주와 더 잘 어울릴 수도 있다.

이러한 야망 충동ambitious drives은 확장 충동expansive drives 가운데 비교적 현실reality에 가장 가깝다. 적어도 충동에 사로잡힌 사람이 탁월해지겠다는 목표를 이루기 위해 현실에 참여하고 노력하는 점에서 그렇다. 이러한 확장 충동이 현실에 더 가까운 것처럼 보이는 까닭은, 행운만 충분히 따르면,

충동의 소유자가 갈망하던 신비한 매력과 명예, 영향력까지 실제로 얻기도 하기 때문이다. 다른 한편 이런 유형은 돈을 더 많이 벌고, 특별 대우를 더 많이 받고, 권력을 더 많이 거머쥔 순간에 욕망 추구의 무상함을 느끼고 충격에 휩싸인다. 아무도 마음의 평화를 얻지 못하며, 내면의 안정을 찾을 수도 없고, 삶의 기쁨을 누리지도 못한다. 내면의 고뇌inner distress를 줄이기 위해 영광이란 허깨비를 좇기 시작했으나, 고뇌는 줄어들지 않고 여전히 크기만 하다. 이런 일은 누구에게는 일어나고 누구에게는 일어나지 않는 우연이 아니라, 누구에게나 냉혹하게 일어나는 필연이다. 그래서 성공을 추구하는 행위는 모두 본래 현실과 아무 상관 없다고 말해야 할지도 모른다.

우리는 경쟁 문화 속에서 살기에, 앞서 언급한 논평이 낯설고 속세를 떠난 천상의 소리처럼 들릴 수도 있다. 누구나 바로 옆 동료보다 앞서 나가고 더 나은 삶을 살고 싶어 할뿐더러, 그것을 자연스런 경향으로 받아들인다는 생각이 우리 모두에게 너무나 깊이 스며들었다. 그러나 성공을 좇는 강박 충동이 단지 경쟁 문화 속에서 발생한다고 해서 신경증이 아니게 되지는 않는다. 경쟁 문화 속에서도 특히 인간다운 존재human beings가 되는 성장 가치를, 타인보다 앞서 나가려는 경쟁 가치보다 더 중시하는 사람도 많다.

다른 요소보다 파괴력이 훨씬 강한, 영광을 좇는 탐색의 마지막 요소는 **복수의 승리감을 만끽하고 싶은 충동**이다. 이러한 충동은 현실에서 성취하고 성공하고 싶은 충동과 밀접하게 연계되기도 한다. 그렇더라도 복수의 승리감을 만끽하고 싶은 충동의 주요 목표는 자신만 성공하려고 타인에게 창피를 주고 패배감을 안겨 주는 것이다. 아니면 두각을 나타내 지배력을 얻은 다음, 대체로 타인에게 굴욕감 같은 고통을 주는 것이 목표이다. 다른 한편 타인을 능가하고 싶은 충동은 환상으로 가라앉기도 한다. 그런 때에도 복수의 승리감을 만끽해야 할 필요는 으레 저항하기가 무척 어려워서, 대체로 무의식적 충동에 휩싸일 때는 주로 인간 관계를 맺는 타인에게 좌절감을 안겨 주고, 꾀를 내어 타인을 이기거나 짓밟으려는 태도로 나타난다.

내가 이러한 충동에 '복수의 vindictive'란 수식어를 붙인 까닭은 동기를 부여하는 힘이 어린 시절에 당한 굴욕에 복수하고 싶은 충동, 그러니까 유년기 이후의 신경증 발병 과정에서 강화된 충동들에서 유래하기 때문이다. 십중팔구 나중에 강화된 충동이 원인으로 작용하여, 복수의 승리감을 만끽해야 할 필요가 마침내 영광을 좇는 탐색으로 발달한다. 복수의 승리감을 만끽해야 할 필요의 위력威力 strength과 당사자가 자각하는 정도는 다양해서 주목할 만하다. 사람들은 대부분 이러한 필요를 전혀 의식하지 못하거나 스쳐지나듯 잠깐 동안 인지할 따름이다. 게다가 공공연하게 드러나는 때도 가까스로 위장된 채 삶의 주요 동기로 작용한다.

최근 역사 속의 인물 가운데 히틀러*Adolf Hitler, 1889~1945는 굴욕을 경험한 사람의 좋은 사례인데, 전 생애에 걸쳐 대중을 지배하고 승리를 쟁취하기 위해, 미친 욕망에 사로잡혀 살았다. 히틀러의 경우 복수의 승리감을 만끽해야 할 필요가 끝없이 커지는 악순환이 뚜렷하게 반복된다. 악순환 가운데 하나는 그가 오로지 승리와 패배의 범주 안에서 생각한다는 사실에서 기인한다. 여기서 패배를 두려워하는 공포심이 더 큰 승리를 언제까지나 필요하게 만들었다. 더욱이 승리할 때마다 커져 가는 웅장한 느낌the feeling of grandeur은 어느 누구도, 어떤 국가도 인정해서는 안 되는 지경에 이르러서 더는 참고 견뎌 낼 수가 없어졌다.

여러 경우에 역사는 더 작은 규모에서도 유사하다. 최근 문학 작품에서 예

* 독일의 나치Nazi, 곧 독일 민족 사회주의 노동당 소속 정치가로 1934년 총통으로 취임하여 1938년 오스트리아 병합과 1939년 폴란드 침공으로 제2차 세계대전을 촉발했고 반유대주의 정책으로 수백만 유대인들을 학살했다. 1945년 연합군의 승리로 독일이 패배하자 자살했다.

를 들자면, 『지나가는 기차를 감시하는 남자*The Man Who Watched the Train Go By*』[6]가 있다. 여기서 우리는 양심에 따라 살고, 가정 생활과 사무실에서 감정을 억누르며, 겉으로 보기에 자신의 의무 말고는 아무것도 생각하지 않는 회사원을 만난다. 사장이 저지른 부정 행위가 발각되면서 회사는 파산하고 그 회사원의 가치 척도scale of values는 무너진다. 무슨 일이든 해도 되는 우월한 존재와 자신처럼 오로지 바른 행동을 하며 좁은 길만 가야 하는 열등한 존재를 갈라놓은 인위적 구별은 사라진다. 그는 자신도 '위대하고' '자유로운' 사람이 될 수 있음을 깨닫는다. 그는 바로 성적 매력이 넘치는, 전 사장의 내연녀mistress까지도 소유할 수 있었다. 자부심을 갖게 된 회사원은 이제 실제로 사장의 내연녀에게 접근하다 거절당하자 여자의 목을 졸라 죽인다. 경찰의 추적을 받는 회사원은 두려워 떨기도 하지만, 그를 자극하는 중요한 동기는 경찰에게 패배를 안기고 승리하는 것이다. 승리하려는 의지는 자살을 시도할 때도 동기를 부여하는 중요한 힘이다.

복수의 승리감을 만끽하고 싶은 충동은 숨어 있어서 드러나지 않는 경우가 훨씬 더 많다. 사실 이러한 충동은 파괴 성향 때문에 영광을 좇는 탐색의 제일 깊숙한 곳에 숨어 있다. 어느 정도 광란에 이른 야망만 겉으로 드러날 터이다. 정신 분석을 거쳐야 비로소 배후의 추진력이, 위로 올라섬으로써 남들을 쳐부수고 그들에게 굴욕감을 안겨 주어야 할 필요였음이 드러난다. 말하자면 우월감優越感 superiority이라는 덜 해로운 필요가 훨씬 파괴적인 강박증을 만들어 낸다. 그래서 당사자는 자신의 필요에 따라 행동하면서도 자신이 옳다고 느끼게 된다.

---

6 조르주 심농*George Simenon, 『지나가는 기차를 감시하는 남자』(레이널과 히치코크, 1932).

* 벨기에 출신 범죄 추리 소설가로 프랑스에서 활동했고, 우리나라에도 매그레 반장이 주인공으로 활약하는 추리 소설이 다수 번역되었다.

영광을 좇는 탐색에 참여하는 개인의 경향individual trends이 드러내는 구체적 특징은 언제나 별자리 같은 배열로 나타나기 때문에 분석해야 하고, 이 점을 인정하는 일은 당연히 중요하다. 그런데 구체적 특징들이 모여서 정합성을 띠는 집합체a coherent entity의 부분이라고 보지 않는 한, 우리는 영광을 좇는 탐색에 참여하는 개인의 경향에 고유한 본성도 이해하지 못하고, 그 경향들이 일으키는 충격과 영향도 결코 이해할 수 없다. 알프레드 아들러Alfred Adler는 영광을 좇는 탐색을 포괄적 현상으로 보았을 뿐만 아니라 신경증에서 영광을 좇는 탐색이 어떤 결정적 의미와 가치significance를 갖는지 보여 준 최초의 정신 분석학자이다.[7]

영광을 좇는 탐색이 포괄성과 정합성을 띠는 집합체라는 사실을 보여 주는 확실한 증명이 다양하게 제시되었다. 첫째로 위에서 묘사한 개인의 경향들은 모두 규칙적으로 어떤 사람 속에 한꺼번에 등장한다. 물론 한 요소 또는 다른 요소가 지배권을 가지고 우세해지면, 우리는 느슨하게 야심가라고 말하기도 하고 몽상가라고 말하기도 한다. 그러나 한 요소가 지배하되 다른 요소가 결여된다는 뜻은 아니다. 야심가는 과장된 자아상도 가질 터이다. 몽상가는 타인의 성공으로 자존심에 상처를 입기 때문에, 겉치레에 지나지 않더라도 현실속에서 최고가 되기를 원할 것이다.[8]

게다가 개인의 경향은 모두 관계가 밀접해서 특정한 사람이 살아가는 동안 우세한 경향이 바뀌기도 한다. 그는 성적 매력에 끌린 백일몽daydreams

---

7 이 책 15장에서 논의한 아들러의 개념과 프로이트의 개념을 비교해 보라.

8 인격은 흔히 우세한 경향에 따라 달라 보여서 인격마다 나타나는 경향을 각각 분리된 것으로 보려는 유혹이 크다. 프로이트는 대체로 이렇게 비슷한 현상을 단독의 기원과 속성을 지닌 분리된 본능에 따른 충동으로 여겼다. 처음 신경증 안에서 강박에 사로잡힌 충동을 하나하나 가려내려고 했을 때, 개인의 경향은 내게도 각각 분리된 '신경증 경향neurotic trend'처럼 보였다.

속에서 완벽한 아버지이자 고용주가 되었다가 다시 모든 시간에 속한 위대한 연인이 되기도 한다.

마지막으로 개인의 경향은 모두 **두 가지 일반적 특성**을 공통으로 가지는데, 둘 다 전체 현상의 발생과 기능의 측면에서 이해할 수 있다. 강박에 사로잡히는 본성과 상상력에서 기인하는 특징이다. 둘은 앞에서 언급했으나, 의미를 드러낼 조금 더 간결하고 완전한 그림을 그려보자.

강박에 사로잡히는 본성compulsive nature은 자기 이상화와 영광을 좇는 탐색이 전부 신경증 해결책이라는 사실에서 나온다. 강박에 사로잡힌 충동은 자발적 소원이나 무엇을 얻으려는 노력의 정반대를 뜻한다. 후자는 진실한 나의 표현이지만, 전자는 신경증의 구조에 속한 내면의 필요에 따라 결정된다. 개인은 걱정과 갈등, 고통을 느끼지 않고 죄의식罪意識 guilt feelings에 압도당하지 않으며 타인에게 거부당했다고 느끼지 않으려고, 자신의 진정한 소원이나 감정, 관심 들을 전혀 고려하지 않은 채 살아간다. 달리 말해 자발성spontaneity과 강박强迫 compulsion의 차이는 "나는 원해! want"와 "위험을 피하려면 어쩔 수 없었어! must in order to avoid some danger"의 차이이다. 설령 개인이 완벽해지려는 야망이나 완벽성의 기준을 자신이 도달하고자 **원하는 것**으로 의식하더라도, 현실에서 그는 원하는 것을 할 수밖에 없는 상황에 **내몰린다**. 그는 영광을 좇아야 할 필요의 마수에 걸려든다. 신경증 환자는 스스로 원하는 행동과 필요에 몰리는 행동의 차이를 자각하지 못하므로, 우리가 둘의 구분에 필요한 평가 기준을 세우지 않으면 안 된다. 가장 중요한 기준은 개인이 **자기 자신과 자신의 최대 이익은 철저히 무시한** 채 영광에 이르는 길로 내몰린다는 사실이다. 예컨대 내가 기억하는 야심에 찬 열살 소녀는 반에서 1등을 못하느니 차라리 장님이 되는 것이 낫다고 생각했다. 우리는 더욱 인간다워야 할 삶이, 글자 그대로든 비유든, 다른 어떤 이유 때문이 아니라 영광의 제단에 희생되고 있지는 않은지 의심해볼 필요가 있다. 욘 가브리엘 보르크만John Gabriel Borkman*은 자신의 장대한 임무 실현의 타당성과 가능성에 의혹을 갖기 시작할 즈음 죽었다. 여기서 진짜 마법의 요소가 영광을 좇는 탐색의 그림 속으로 들어온다. 만약 건강한 사람들이 대부분 인류에게 가치가 있어서 진실로 세상을 구축하는데 기여한다고 생각할 수 있는 대의를 위해 우리 자신을 희생한다면, 그러한 희생은 분명 비극이지만 역시 의미가 있다. 우리가 자신도 알지 못하는 이유로 영광이란 허상을 좇는 노예로 전락해 인생을 가치 없이 어리석게 보낸다면, 비극으로 치닫는 기력의 낭비가 엄청날 것이다. 이렇게 낭비의 규모가 크면 클수록 영광을 좇는 삶은 잠재적으로 더욱 가치가 있다.

영광을 좇는 충동이 강박에 사로잡히는 본성의 또 다른 평가 기준은 다른 모든 강박 충동에도 마찬가지로 나타나는 **무분별**indiscriminateness이다. 어떤 일을 추구하는 당사자의 내면에서 우러난 진정한 관심은 문제가 되지 않으므로 그는 세상의 주목을 받아야 하고, 누구보다 매력이 넘치고, 지성이 뛰어날 뿐더러 독창성을 보여 주어야 한다. 상황이 요구하든 그렇지 않든, 그는 자신에게 주어진 이러한 속성들 때문에 1등을 할 수 있다. 그는 진리가 어디에 놓여 있는가와 무관하게 승리를 쟁취하지 않으면 안 된다. 이 문제에 관한 그의 사유는 소크라테스의 사유와 정반대이다. "……왜냐하면 확실히 우리는 지금 그저 나의 견해나 자네의 견해가 우세할 수도 있음을 밝히려고 논쟁하지 않고, 둘 다 마땅히 진리를 위해 싸워야 하기 때문이라네."[9] 신경증을 앓는 사람은 무분별하게 최고가 되어야 할 필요에 매달리는 강박증 탓에, 자신에 관

* 노르웨이 극작가 헨리크 입센Henrik Ibsen, 1828~1906이 1896년에 쓴 희곡의 제목이자 주인공 이름이다. 입센은 근대 사실주의 희곡의 창시자로 주요 작품으로는 『페르 귄트*Peer Gynt*』(1867), 『인형의 집*Et dukkehjem*』(1879), 『유령*engangere*』(1881), 『헤다 가블러*Hedda Gabler*』(1890)가 있다.

9 플라톤, 『필레보스*Philebus*』, 조엣의 영어 번역본 『플라톤의 대화』(랜덤 하우스, 뉴욕)에서 인용.

해서든 타인에 관해서든 사실에 관해서든 진리에 무관심할 수밖에 없다.

게다가 영광을 좇는 탐색에는 다른 모든 강박 충동과 마찬가지로 **만족할 줄 모르는 성질**이 있다. 자신이 알지 못하는 힘들이 밀어붙이는 한, 영광을 좇는 탐색은 계속될 수밖에 없다. 일이 유리하게 돌아감, 쟁취한 승리, 인정이나 칭찬의 신호에 만족을 느끼기도 한다. 그러나 만족감은 오래가지 않는다. 애당초 성공을 거의 경험하지 못하고, 아니면 적어도 성공을 거둔 바로 다음에 틀림없이 의존성을 드러내거나 두려워한다. 어쨌든 쉴 틈 없이 더 많은 특권, 더 많은 돈, 더 많은 여자, 더 많은 승리를 좇으면서 정복은 계속된다. 그러나 만족이나 휴식은 먼 나라 이야기일 뿐이다.

마침내 충동이 강박에 사로잡히는 본성은 **충동의 좌절에 따른 반응**reactions to its frustration에 나타난다. 충동을 느끼는 주체에게 충동이 더 중요할수록 목표에 도달해야 할 필요는 더 강하게 몰아대서 좌절에 따른 반응도 더욱 격렬하다. 이러한 좌절 반응이 충동의 강도intensity를 측정할 수 있는 한 방법이다. 이 점을 언제나 분명히 알아볼 수 없더라도, 영광을 좇는 탐색은 매우 강력한 충동이다. 영광을 좇는 탐색은 악마에 사로잡힌 망상과 비슷하며, 자신을 창조한 개인을 삼켜버리는 괴물과 흡사하다. 그래서 좌절에 따른 반응도 역시 맹렬할 수밖에 없다. 좌절에 따른 반응은 많은 사람들에게 실패했다는 인상을 풍기는 나쁜 운명과 불명예를 두려워하는 공포로도 나타난다. 실패로 생각되는 상황에 직면하면 공황恐慌 panic, 우울憂鬱 depression, 절망絶望 despair, 자기와 타인에게 보이는 격노激怒 rage 같은 반응이 자주 나타나는데, 이러한 반응은 특정한 때에 일어난 사건의 실제 중요성과 균형이 전혀 맞지 않는다. 고소 공포증은 자주 환상 속 까마득히 치솟은 높은 곳에서 떨어지는 상황을 두려워하는 증세로 나타난다. 고소 공포증을 앓는 어떤 환자의 꿈을 보자. 그는 의문의 여지가 없이 우월한 존재라는 확고한 믿음을 의심하기 시작할 때 꿈을 꾼다. 꿈속에서 그는 산꼭대기에서 떨어질 위험에 빠져 정상 끄트머리에 필사적으로 매달려 있었다. 그는 "나는 지금보다 더 높은 지위에 오를 수 없어요. 그래서 내 인생에서 해야 하는 일은 그것을 꼭 붙드는 것이 전부입니다"라고 말했다. 그는 의식적으로 사회적 지위를 언급했으나, 심층 의미에서 "나는 어디든 더 높이 올라갈 수 없습니다"는 말은 자기 자신을 둘러싼 환상과도 들어맞는다. 신 같은 전능과 우주의 의미를 마음속에 지닌 것보다 더 높은 무엇을 얻을 수 있겠는가!

영광을 좇는 탐색을 떠받치는 모든 요소가 본래 지닌 둘째 특성은 **상상력**想像力 imagination이 펼치는 위대하고 고유한 역할이다. 상상력은 자기 이상화 과정에서 도구로 쓰인다. 그런데 상상력이 결정적 요인으로 작용해서 영광을 좇는 탐색 전체가 어쩔 수 없이 환상을 품은 요소의 지배를 받게 된다. 어떤 사람이 스스로 진실한 존재라고 얼마나 자부하든, 성공과 승리와 완벽성을 향해 나아가는 행진이 얼마나 현실에 근접하든, 상상력은 그를 따라 다니며 실물real thing을 신기루로 착각하게 만든다. 누구나 자기 자신에게 진실하지 않으면서 다른 점들에서만 온전히 진실하게 살 수는 없다. 사막의 방랑자는 현실에서 실제로 신기루에 도달하려 노력할 수도 있지만 그가 보는 영광의 신기루는 비탄으로 끝나고 마는 상상력의 산물일 따름이다.

실제로 상상력은 건강한 사람의 영혼, 정신, 마음의 모든 기능에도 고루 스며들어 영향을 미친다. 우리가 친구의 슬픔이나 기쁨을 같이 느낄 때, 그렇게 느끼는 원천은 바로 상상력이다. 우리가 소망하고 희망하고 두려워하고 믿고 계획을 세울 때, 상상력은 우리에게 실현 가능성을 보여준다. 그러나 상상력은 생산적일 수도 있고 비생산적일 수도 있다. 그러니까 상상력은 꿈이 그렇듯이 우리 자신의 진상에 더 가까이 데려가기도 하고, 더 멀리 떨어뜨려 놓기도 한다. 상상력으로 우리의 실제 경험은 더 풍성해지기도 하고 더 빈약해지기도 한다. 대체로 이러한 차이 때문에 신경증에 따른 상상력과 건강한 상상력을 구별한다.

수많은 신경증 환자들이 서서히 전개하는 거창한 계획, 또는 그들의 자기 미화自己美化 self-glorification와 권리 주장權利主張 claim*이 환상에 빠져드는 본성을 생각할 때, 우리는 신경증 환자가 상상력이라는 고귀한 재능을 다른 사람보다 더 풍부하게 부여받아서 길을 잃기 쉽고 방황한다고 믿고 싶은 유혹에 빠질지도 모른다. 그러나 내 경험에 비추어 볼 때 근거 없는 생각이다. 타고난 재능endowment은 건강한 사람들과 마찬가지로 신경증을 앓는 사람들마다 다르다. 하지만 나는 신경증 환자가 본래per se 다른 사람들보다 더 풍부한 상상력을 타고난다는 증거를 아무 데서도 찾지 못했다.

그렇더라도 위에서 언급한 생각은 정확한 관찰에 따라 도출한 거짓 결론이다. 사실 상상력이 신경증에서 하는 역할은 훨씬 더 크다. 하지만 여기서 상상력의 역할은 구성 요인이 아니라 기능 요인으로 설명한다. 신경증 환자의 상상력은 건강한 사람과 마찬가지로 작용하지만, 정상일 때는 갖지 않는 기능들도 이어받는다. 그리하여 신경증에서 생겨난 필요에 봉사하게 된다. 이미 알고 있듯이 강력한 여러 필요의 영향으로 유발되는 영광을 좇는 탐색에 특히 명백하게 드러난다. 정신 의학을 주제로 쓴 문학 작품에서 상상력에 기인하는 현실 왜곡distortions of reality은 '소망 사고wishful thinking'로 알려진다. '소망 사고'라는 용어는 지금은 이미 정착된 용어이지만 부정확한 데가 있다. 너무 협소한 느낌을 주기 때문에, 정확한 용어라면 사고뿐 아니라 '소망을 담은wishful' 관찰, 믿음, 특히 감정까지 포함해야 한다. 게다가 사고나 감정은 우리의 **소망**wishes이 아니라 **필요**needs에 따라 결정된다. 또 상상력에다 신경증에 나타나는 집착執着 tenacity과 위력威力 power을 부여하고,

---

* '권리 주장'은 상대방의 동의 여부와 무관하게 재산이나 지위, 자격이나 권리를 자신의 것이라고 주장하는 경우에 사용하는 말이다.

상상력을 풍부하게 만들고 비구축적인unconstructive 방향으로 기능하게 만드는 원인이 바로 신경증에서 생겨난 필요이다.

상상력이 영광을 좇는 탐색에서 하는 역할은 백일몽daydreams 속에서 분명하게 곧바로 드러나기도 한다. 10대 소년은 백일몽 속에서는 솔직하고 대담한 성격의 소유자일 수도 있다. 예컨대 평소에 소심하고 수줍음을 타지만 백일몽 속에서는 이름을 날리는 운동선수나 천재, 심지어 돈 후안Don Juan* 이 되는 고등학생들이 있다. 이후 몇 년 동안 보바리 부인Madam Bovary**처럼 거의 매일 낭만적 사랑을 경험하는 꿈, 신비주의자의 완벽성과 불가사의한 거룩함에 도달하는 꿈에 탐닉하는 사람들도 있다. 이러한 꿈은 때로는 다른 사람이 감명을 받거나 창피를 당하는 가공의 대화 형태로 나타난다. 성격구조가 더욱 복잡한 다른 사람은 잔혹함과 지위 강등으로 창피를 당하거나 숭고한 고통을 겪는다. 백일몽은 흔히 정교한 이야기가 아니라 오히려 일상의 지루한 과정에 동반되는 공상이다. 예컨대 어떤 여자는 자기 아이들을 부드럽게 어루만지고 피아노를 치고 머리를 묶을 때, 동시에 영화 속의 상냥한 어머니, 열광적인 피아니스트, 황홀한 매력을 지닌 미인으로 등장한 자신을 볼 수도 있다. 어떤 경우에 백일몽은 어떤 사람이 월터 미티Walter Mitty***처럼 항상 두 세계에서 살 수도 있다는 사실을 분명하게 보여준다. 또 한편 영광을 좇는 탐색에 참여하는 다른 경우에는 백일몽에 빠져드는 경우가 드물고 중단되기 때문에, 당사자의 주관적 관점에서는 솔직히 공상에 빠진 삶을 살지 않는다고 할 수도 있다. 말할 필요도 없이 백일몽은 잘못된 판단의 산물

---

* 스페인의 민간 전설에 등장하는 인물로 스페인의 극작가 티르소 데 몰리나Tirso de Molina, 1584~1648가 쓴 비극 『세비야의 호색가*El burlador de Sevilla*』(1630)에서 주인공으로 처음 선을 보였다. 이후 다양한 희곡, 소설, 시 등에서 방탕을 상징하는 주인공으로 등장했다.

** 플로베르Gustave Flaubert, 1821~1880가 1897년 실증주의 정신에 따라 사실을 그대로 묘사하는 방식으로 쓴 소설의 제목이자 주인공 이름이다. 플로베르는 사실주의 문학의 창시자로 평가되며 이후 사실주의 작가들에게 큰 영향을 미쳤다.

이다. 닥칠지도 모르는 가능한 불운과 재난을 걱정할 뿐이라고 해도, 상상력으로 우연한 일을 억측하고 꾸며 낸 망상에 지나지 않는다.

백일몽에 빠져드는 순간에는 중요한 뜻과 계시를 받는 느낌에 사로잡히기 마련이다. 그러나 여기서 작용하는 상상력은 정신 건강을 제일 많이 해친다. 왜냐하면 어떤 사람은 대개 자신이 백일몽에 빠져든다는 사실, 즉 공상에 빠져 경험한 대로 일어나지 않았고 일어날 법하지도 않은 일을 상상하고 있다는 점을 자각하기 때문이다. 적어도 당사자에게 백일몽의 존재와 비현실적 특징을 자각하는 일이 그렇게 어렵지 않다. 상상력이 더욱 해롭게 작용하는 경우는 조작을 자각하지 못할 정도로 미묘하면서도 포괄성을 띠는 현실 왜곡distortions of reality과 관련이 있다. 이상을 좇는 나는 한번의 창조로 완성되지 않는다. 일단 창조되면, 계속 이어지는 주목이 필요하다. 당사자는 이상을 좇는 나의 현실화를 위해 쉴 새 없이 노동하며 현실을 외면하고 속일 수밖에 없는 처지에 놓인다. 그는 자신의 필요를 미덕이나 정당하게 기대할 수 있는 것 이상으로 바꾸지 않으면 안 된다. 그는 정직하거나 마음씨 좋은 사람이 되려는 자신의 의도를 정직하거나 마음씨가 좋다는 사실로 바꾸어야 한다. 논문을 쓰기 위해 떠오른 좋은 착상으로 그는 벌써 위대한 학자가 된다. 잠재력은 실제 업적으로 둔갑한다. '옳은' 도덕 가치를 인식함으로써 유덕한 사람, 흔히 실제로 일종의 도덕 천재가 된다. 물론 그의 상상력은 방해가 되는 모든 반대 증거를 제거하기 위해 초과 근무를 하지 않으면 안 된다.[10]

*** 제임스 서버James Thurber, 1894~1961가 1939년 첫 출간한 단편 소설『월터 미티의 은밀한 생활*The Secret Life of Walter Mitty*』의 주인공으로 현실처럼 생동감이 넘치는 공상에 빠져들곤 하지만, 현실에서는 온순하고 무기력한 남자로 묘사된다. 이 소설은 1930년대 대공황의 여파로 위축된 남성상을 반영했다는 평가를 받으면서 대중의 공감과 지지를 얻기도 했다. 1947년에 영화로 제작되어 큰 성공을 거두었고, 2013년에도 다시 영화로 만들어져『월터의 상상은 현실이 된다』는 제목으로 국내에 개봉되었다.

10 조지 오웰의『1984년』에서 진리부 장관의 작업을 참고하라.

상상력은 신경증에서 비롯된 신념을 바꾸기도 한다. 신경증 환자는 남들이 굉장히 훌륭하거나 아주 사악하다고 믿어야 할 필요가 있다. 그러나 보라! 그들은 가끔 자선과 호의를 베풀거나 조금 위험해 보이는 사람들의 행렬 속에서 걸어가고 있을 따름이다. 상상력은 감정에 변화를 일으키기도 한다. 신경증 환자는 상처를 입지 않는다고 느껴야 할 필요가 있다. 그러나 보라! 그의 상상력은 고통과 괴로움을 없앨 충분한 권능을 발휘한다. 그는 자신감, 공감, 사랑, 괴로움 같은 심오한 감정을 느껴야 할 필요가 있어서 온갖 감정을 과장한다.

영광을 좇는 탐색에 봉사하게 될 때 상상력이 내면과 외면에서 현실을 왜곡한다는 사실은 우리에게 대답하기 쉽지 않은 질문을 제기한다. 신경증에 걸렸을 때 신경증 환자의 상상력이 펼치는 비상飛上 flight은 어디에서 끝나는가? 신경증 환자는 어쨌든 현실감sense of reality을 완전히 잃지는 않는다. 그렇다면 신경증 환자를 정신병자와 분리하는 경계는 어디인가? 만약 상상력의 위업과 관련지어 경계선을 긋는다면, 어떤 선이든 흐리고 모호할 수밖에 없다. 우리는 이렇게 말할 수 있을 따름이다. 정신병자는 자신의 정신 안에서 일어나는 과정을 훨씬 배타적으로, 가치가 있는 유일한 현실로 여기는 경향을 나타낸다. 반면에 신경증 환자는 이유가 무엇이든 바깥 세상에 적정한 관심을 가지고 세상 안에서 자신의 자리도 잊지 않고 살기 때문에, 세상 속에서 적정한 대강의 소재 인식a fair gross orientation도 할 수 있다.[11] 신경증 환자는 눈에 띄게 소란을 피우지 않고 기능을 발휘하고 직분을 다한다는 점에서 충분히 지상에 머물 수도 있지만, 신경증에서 비롯된 상상력이 날아오를 정상에는 한계가 없다. 사실 영광을 좇는 탐색에서 무엇보다 이목을 끄는 특징은

11 이러한 차이를 보여주는 근거는 복잡하게 얽혀 있다. 이들 가운데 결정적 근거는 무엇인지, 정신병자 측에서 진실한 나를 과격하게 포기한 탓인지, 아니면 이상을 좇는 나로 나아가려는 급한 방향 전환 탓인지는 검토해 볼 만하다.

상상력이 공상의 세계로, **무제한으로 펼쳐진 가능성**unlimited possibilities의 영역으로 거침없이 나아간다는 것이다.

영광을 좇는 모든 충동은 공통으로 인간다운 존재들human beings에게 부여된 잠재력의 한계를 넘어서 더욱 위대한 지식, 지혜, 덕, 또는 권능으로 뻗어나간다. 말하자면 **절대자**the absolute, 무제약자the unlimited, 무한자the infinite를 향해 나아간다. 영광을 좇는 충동에 사로잡힌 신경증 환자에게는 절대 두려워하지 않음, 절대 지배력, 절대 거룩함이 아니라면 어떤 것도 별로 마음에 들지 않는다. 그러므로 신경증 환자는 참다운 종교인과 정반대 태도로 산다. 참다운 종교인이 볼 때 신에게만 모든 일이 가능하다. 이에 대한 신경증 환자의 해석은 "나에게 불가능한 일은 아무것도 없다"는 것이다. 신경증 환자의 생각 속에서는 의지력이 마법에 가까운 균형을 유지해야 하고, 추리는 오류가 없어야 하고, 예견은 틀리지 않아야 하고, 지식은 모든 것을 포괄해야 한다. 이 책을 관통해 흐르는 악마와 맺은 계약이라는 주제가 여기서 등장한다. 신경증 환자는 아주 많이 알지만 만족할 줄 모르고 모든 것을 알아야만 직성이 풀리는 파우스트Faust*이다.

이렇게 무제약자로 비상하는 행위는 영광을 좇는 충동의 배후에 놓인 필요의 위력이 결정한다. **절대자**the absolute와 **궁극 목적**the ultimate에 도달해야 할 필요들은 절박해서, 으레 우리의 상상력이 현실現實 actuality에서 크게 벗어나지 않도록 막는 저지선沮止線 checks을 타고 넘는다. 인간은 제 역할을 잘 수행하려면 가능한 일들을 꿰뚫어 보는 통찰력과 무한의 범위를 정하는 관점이 필요할뿐더러, 한계limitations와 필수 요소necessities와 구체적

---

* 서유럽의 민담과 소설에 자주 등장하는 인물로 지식과 권력을 얻으려고 자신의 영혼을 악마에게 팔았다고 한다. 많은 작가들이 문학 작품 속에서 재현했으나 독일의 대문호 괴테 Johan Wolfgang von Göthe가 말년에 완성한 소설이 제일 유명하다.

인 사물the concrete의 실정을 깨달을 필요가 있다. 만약 어떤 사람의 사고와 감정이 일차로primarily 무한자와 가능한 일들의 통찰에 집중되면, 그는 구체적인 사물 곧 지금 여기에 무엇이 존재하는지 알아보는 감각을 잃는다. 결국 지금 여기에서 사는 능력을 잃어버리고 만다. 그는 자기 자신에게 필요한 것, 즉 '누구의 한계라는 것에' 더는 복종할 수가 없다. 그는 무엇을 이루기 위해 현실에서 무엇이 필요한지 알아보는 감각을 잃는다. "아무리 적은 가능성이라도 현실에서 생존하려면 어느 정도 시간이 필요하리라." 사람의 생각은 너무 추상적인 차원까지 높아지기도 한다. 또 지식은 '수많은 사람들이 피라미드의 건설에 인생을 허비하고 삶의 기회를 놓친 것과 흡사하게 어떤 사람의 자기self도 기회를 놓치고 마는, 인간다움과 거리가 먼 지식'이 되기도 한다. 다른 한편 사람이 되어서 구체성the concrete, 필요성the necessary, 유한성the finite의 좁은 지평을 넘어선 곳까지 내다보지 못하면, '마음이 좁고 정신이 비루한narrow-minded and mean-spirited' 존재로 작아지고 만다. 그러니 성장하려면, 이것이냐 저것이냐 가운데 하나를 선택하는 양자택일이 아니라 둘 다 중요하다. 한계, 법칙, 필수 요소의 인정은 무한으로 넘어가지 못하게 막고 '가능성 속에서 허우적거리지' 않게 막는 저지선이 된다.[12]

상상력을 제한하는 견제가 영광을 좇는 탐색에서는 제대로 작용하지 않는다. 필요한 것이 무엇인지 알아보지 못하고 묵묵히 따르지도 못해서 모든 면에서 무능하다는 뜻은 아니다. 신경증이 더욱 진행되어 특정한 방향으로 발달하면, 많은 사람들은 삶을 제한하는 것이 더욱 안전하다고 느낄 수도 있는데, 그러면 사람들은 공상의 세계에 빠질 가능성을 위험으로 여기고 피하기

12 이러한 철학 논의에서 나는 대체로 쇠렌 키르케고르가 1844년에 쓴 『죽음에 이르는 병 *Sickness unto Death*』(프린스턴 대학교 출판부, 1844)을 따른다. 위 구절의 인용 출처는 바로 이 책이다.

도 한다. 그들은 공상처럼 보이는 것은 무엇이든지 마음을 열지 않고, 추상적 사고에 반감을 품고, 눈으로 보고 손으로 만질 수 있는 것이나 직접 사용 가능한 것에 불안해 보일 정도로 집착하기도 한다. 그런데 앞에서 말한 여러 문제를 의식하는 태도가 다양하게 바뀌어도, 신경증 환자라면 누구나 마음속으로는 자신이 기대하고 도달할 가능성이 있다고 믿는 것의 한계를 인정하려 들지 않을뿐더러 한계를 몹시 싫어한다. 이상에 맞춘 자아상을 현실에 구현해야 할 필요가 너무도 단호하게 명령하기에 상상력을 제한하는 저지선을 적절치 않거나 실존하지 않는 것처럼 옆으로 밀쳐내 버린다.

신경증 환자가 비합리적인 상상력의 지배를 많이 받으면 받을수록, 진실하고 명확하고 구체적이고 최후가 있는 것은 무엇이든지 단호한 태도로 끔찍하게 여길 가능성도 더욱 높아진다. 시간은 명확하게 규정된 것이라서, 돈은 구체성을 대표해서, 죽음은 최후를 보여주어서 혐오하는 경향이 있다. 그러나 명확한 소망이나 의견a definite wish or opinion을 가지는 일에 혐오감을 느낄 수도 있어서, 명확한 확언a definite commitment이나 결단a decision을 회피할 수도 있다. 예를 들면 한 줄기 달빛 속에서 춤을 추는 빛의 정령이라는 생각을 마음속에 고이 품은 환자가 있었다. 그녀는 거울을 보다가 공포에 질리곤 했는데, 그 까닭은 그런대로 봐 줄 만한 단점들 탓이 아니라 자신이 명확한 외형을 가졌고, 실체가 있고, '구체적인 모양을 갖춘 몸에 속박되어 있다was pinned down to a concrete bodily shape'는 깨달음에 주의를 돌렸기 때문이었다. 그녀는 날개가 판자에 못 박힌 새가 된 것처럼 느꼈다. 또 이러한 감정들이 자각되어 드러날 때면 거울을 때려 부수고 싶은 충동에 사로잡혔다.

신경증이 진행되는 과정은 확실히 언제나 극단으로 치닫지는 않는다. 그러나 신경증 환자라면 누구나 피상적으로는 건강한 방향으로 나아갈 수 있더라도, 자신을 둘러싼 특별한 환상에 빠질 때 증거에 비추어 견제하는 일은 싫어한다. 그러지 않으면 자신을 둘러싼 환상이 다 깨져버리기 때문이다. 외부에 존재하는 법칙laws과 규제regulations를 대하는 태도는 각양각색이지만, 신경증 환자는 언제나 자신 안에서 작용하는 법칙을 부정하고, 영혼, 정신, 마음의 문제에서도 유효한 원인과 결과, 또는 한 요인이 다른 요인에 뒤따라 일어나거나, 한 요인이 다른 요인을 강화하는 법칙의 불가피성inevitability을 무시하려는 경향이 있다.

신경증 환자가 증거를 무시하는 방식은 끝이 없다. 신경증 환자는 증거가 중요하지 않거나 우연히 발생해서, 또는 상황을 고려하거나 다른 사람들이 약을 올리거나 도발했기 때문에 잊어버린다. 그가 증거를 잊어버릴 수밖에 없는 까닭은 증거가 '당연當然했기natural' 때문이다. 그는 부정에 개입한 부기계원bookkeeper이 이중 장부를 기재하듯이 이중 설명을 하기 위해 어떤 노고도 마다하지 않는다. 그러나 신경증 환자는 부기계원과 달리 오로지 호의를 보이는 사람과 같이 있을 때만 자신을 신용하고, 그 밖에 다른 사람들은 자기도 모른다고 무지를 선언한다. 나는 지금까지 현실reality에 맞서 노골적으로 반항할 때, 『하비*Harvey*』*에 나온 대사처럼 귀에 익은 가락을 읊조리지 않는 환자를 아직 본 적이 없다. 『하비』의 주인공은 "20년 동안 나는 현실과 맞붙어 실랑이를 벌이며 싸웠고, 마침내 극복했지"라고 말한다. 아니면 어떤 환자의 고전이 될 만한 표현을 다시 인용하면 다음과 같다. "현실만 아니라면, 나는 더할 나위 없이 괜찮을 텐데. If it were not for reality, I would be perfectly all right."라고 고상하게 말했다.

영광을 좇는 탐색과 무엇을 얻으려 애쓰는 건강하고 인간다운 노력의 차

---

* 『하비*Harvey*』는 메리 체이스Mary Chase의 같은 제목 희곡을 헨리 코스터Henry Koster가 1950년에 만든 영화이다. 중년에 접어든 상냥한 주인공 엘우드 다우드lwood Dowd와 그의 눈에만 보이고 다른 사람들의 눈에는 보이지 않는 180센티미터가 넘는 하비라는 토끼의 우정을 그렸다.

이를 더욱 선명하게 드러내는 일이 아직 남아 있다. 표면상 양자는 차이가 정도의 변이로만 보일 정도로 유사해서 속기 쉽다. 신경증 환자는 마치 건강한 사람보다 단지 야심이 더 많고, 권력을 비롯한 특권이나 성공에 관심이 더 많을 뿐인 것처럼 보인다. 신경증 환자의 도덕 기준은 일상의 평범한 기준보다 단지 더 높거나 더 엄격한 것처럼 보인다. 마치 보통 사람들보다 그저 자부심이 더 강하거나 자신을 더 중요한 존재로 생각하는 것처럼 보일 뿐이다. 또 사실 누가 감히 "건강한 사람이 아니고 신경증 환자가 되는 종착점과 시작점이 바로 여기이다" 라고 경계선을 분명하게 그을 수 있겠는가!

건강한 노력과 신경증에 따른 충동 사이에 나타나는 유사점은 인간에게 고유한 잠재력에 공통의 뿌리를 두고 있다. 인간은 자신의 정신 역량capacities의 덕택으로 자기 자신을 넘어서는 특별한 능력faculty도 발휘한다. 인간은 동물과 달리 상상하고 계획을 세운다. 인간은 자신의 특별한 능력을 여러 방식으로 서서히 확대해 나갈뿐더러, 역사가 보여주듯이 현실에서 다양한 능력을 확대했다. 개인의 삶에서도 마찬가지이다. 인간이 자신의 생명으로 만들어 낼 수 있는 것, 계발할 수 있는 자질이나 능력, 창조할 수 있는 것에는 고정된 한계가 없다. 이런 사실을 고려할 때, 인간은 자신의 한계를 확실히 알지 못하는 까닭에 너무 낮든 너무 높든 목표를 쉽게 세울 수밖에 없는 불가피한 상황에 놓이는 것 같다. 이렇듯 엄존하는 불확실성은 영광을 좇는 탐색의 기반으로, 불확실성이 없다면 아무리 해도 영광을 좇는 탐색에 나서지 못한다.

무엇을 얻으려는 건강한 분투奮鬪 strivings와 신경증에 사로잡혀 영광을 좇는 충동의 근본적인 차이는 양자를 자극하는 힘들에 있다. 무엇을 얻으려는 건강한 분투는 인간다운 존재에 본래 내재하는, 일정하게 타고난 잠재력을 계발하는 경향propensity에서 생긴다. 성장을 재촉하는 충동urge이 내재한다는 믿음은, 언제나 이론과 치료를 연결하는 우리의 접근 방식이 의지하고 따르는 기본 신조였다.[13] 이러한 믿음은 늘 새로운 경험과 더불어 성장했다. 유일한 변화는 더욱 정확한 공식화 방향에서만 일어난다. 이제 나는 이 책의 첫 부분에서 지적했듯이 진실한 나the real self의 생동하는 힘들이 우리를 자기 실현으로 나아가도록 재촉한다고 말할 것이다.

다른 한편 영광을 좇는 탐색은 이상에 맞춘 자아상the idealized image을 현실에 구현해야 할 필요에서 솟아난다. 이 차이가 근본인 까닭은 유사하지 않은 다른 모든 점이 이것 하나에서 따라 나오기 때문이다. 자기 이상화 자체가 신경증 해결책이고 본래 강박에 사로잡힌 특징을 갖기 때문에, 자기 이상화의 결과로 일어나는 충동들 역시 모두 필연적으로 강박에 사로잡힌다. 신경증 환자가 자신을 둘러싼 환상에 매달리는 한, 한계를 인정할 리 없기 때문에, 영광을 좇는 탐색은 무제한의 영역까지 뻗어 나간다. 온 힘을 다해 이루려는 목표는 영광을 달성하는 것이기 때문에, 그는 배우고 해보고 차근차근 단계를 밟아서 얻는 과정에는 관심도 흥미도 없다. 사실 그런 과정을 비웃는 경향이 있다. 그는 산에 오르기를 원하지 않는다. 그러나 정상에는 오르고 싶어 한다. 따라서 신경증 환자는 진화나 성장이 무엇을 의미하는지 대화를 나눈다 해도 분별력을 잃는다. 마지막으로 이상을 좇는 나의 창조는 자신에 관한 진리를 대가로 지불해야 하기 때문에, 이상을 좇는 나의 현실화에는 한층 더한 진리 왜곡과, 목표를 위해 노예가 되기를 마다하지 않는 상상력이 필요하다. 이런 과정 속에서 정도가 더 크든 작든, 신경증 환자는 진리를 찾는 일

---

13 여기서 '우리'는 정신 분석 진보 협회Association for the Advancement of Psychoanalysis 전체의 접근 방식을 가리킨다. 『인간의 내면 갈등*Our Inner Conflicts*』의 서론에서 나는 이렇게 말했다. "나는 인간이 자신의 타고난 잠재력을 실현할 역량뿐 아니라 그렇게 하려는 욕구도 느낀다고 믿는다." 쿠르트 골드슈타인 박사Dr. Kurt Goldstein의 『인간 본성*Human Nature*』(하버드 대학교 출판부, 1940)을 보라. 그렇지만 골드슈타인은 인간다운 존재가 되는 데 결정적인 구분, 즉 자기 실현과 이상에 맞춘 자아상의 현실화를 구분하지 않는다.

에 흥미를 잃고 무엇이 참이고 무엇이 거짓인지 분별하는 능력도 잃는다. 따라서 신경증 환자가 다른 사람들과 함께 있을 때 자신과 타인에게 나타나는 진짜 감정과 진짜 신념, 진짜 분투를, 인위적으로 꾸며 내거나 무의식적으로 가장한 가짜 감정과 가짜 신념, 가짜 분투와 구별하지 못하게 되어 버린다. 존재보다 외양이 강조되는 것이다.

그렇다면 무엇을 얻으려는 건강한 분투와 신경증에 걸려서 영광을 좇는 충동의 차이는 자발성自發性 spontaneity과 강박强迫 compulsion의 차이이다. 한계 인정과 한계 부정의 차이이자 영광스러운 최종 생산물에 초점을 맞춤과 진화하려는 감정의 차이이고, 겉으로 드러난 현상과 존재의 차이, 환상과 진리의 차이이다. 이러한 차이는 상대적으로 건강한 개인과 신경증에 걸린 개인의 차이와 같지는 않다. 전자는 진실한 나의 실현에 온 마음을 바쳐 참여하지 않으며, 후자도 이상을 좇는 나idealized self의 현실화에 완전히 내몰리지 않는다. 자기 실현을 향해 나아가려는 경향은 신경증 환자의 경우에도 나타난다. 만약 자기를 실현하려는 분투가 신경증 환자에게서 시작되지 않으면, 우리는 치료할 때 환자의 성장에 아무 도움도 줄 수가 없다. 그런데 건강한 사람과 신경증 환자의 차이는 단순히 정도의 차이일 뿐이지만, 진실한 분투와 강박에 사로잡힌 충동의 차이는 표면상 유사점이 있다고 해도 양이 아니라 질의 측면에서 나타난다.[14]

내 생각에 영광을 좇는 탐색으로 시작된 신경증의 발병 과정에 제일 적합한 상징象徵 symbol은 악마와 맺은 계약devil's pact이 등장하는 여러 이야기를 바탕으로 그려 낸 내용이다. 악마나 다른 어떤 악의 화신化身 personification이, 정신이나 물질을 둘러싼 근심과 걱정으로 고민하다 혼란

14 이 책에서 말하는 '신경증 환자'는 신경증에서 비롯된 충동이 건강한 분투를 압도하거나 지배하는 사람을 의미한다.

에 빠져 당혹스러워하는 사람에게 다가가서는 무제한의 권능을 주겠다면서 유혹한다. 그런데 누구든 자신의 영혼을 팔거나 지옥으로 간다는 조건을 받아들일 때 무한한 권력을 얻을 수 있다. 정신이 풍요롭든 빈약하든 누구에게나 악마의 유혹이 찾아들 수 있는 까닭은 강력한 두 욕망, 즉 무한에 도달하려는 열망과 쉬운 출구를 찾으려는 소망이 개입하기 때문이다. 종교 전통에 따르면, 석가모니와 그리스도처럼 인류에게 귀감이 되고 영성이 뛰어난 위대한 지도자들도 비슷한 유혹을 체험했다. 그러나 그들은 스스로 땅 위에 굳건히 서 있었기에 그것을 유혹으로 인정하고 거부할 수 있었다. 더욱이 악마가 제안한 계약서에 명기된 조건은 신경증의 발병 과정에서 치러야 할 대가에 해당되는 적합한 표상이다. 상징이 포함된 언어로 표현하면, 무한한 영광에 이르는 쉬운 길은 불가피하게 자기 비하自己卑下 self-contempt와 자학自虐 self-torment이라는 내면의 지옥으로 가는 길이다. 사실 이런 길을 선택한 사람은 자신의 영혼, 곧 진실한 나real self를 잃어버리고 만다.

제2장

●

신경증과 권리 주장

신경증 환자, 권리 주장에 사로잡히다

NEUROTIC CLAIMS

영광을 좇는 탐색에 몰두하는 신경증 환자는 공상, 무한, 구속 없는 가능성의 영역으로 들어가서 길을 잃고 헤맨다. 외면은 어느 모로 보나 가족의 일원이자 공동체의 일원으로서 '정상' 생활을 하고, 오락 활동에 참가할 수도 있다. 그러나 신경증 환자는 두 세계, 즉 은밀한 사생활 영역과 공생활 영역에 살면서도 그런 사실을 실감하지 못한다. 아니면 최소한 두 세계의 거리를 진짜로 느끼지 못한다. 또 두 세계가 조화를 이루지 못해서 앞 장에서 인용한 환자의 말을 이런 식으로 반복한다. "인생은 끔찍해. 현실로 가득 차 있으니까!"

신경증 환자가 증거에 따라 견제하는 일을 아무리 싫어해도, 현실reality은 두 갈래로 쑥 얼굴을 내밀어 참견하고 강요한다. 그는 대단한 재능을 타고났을 수도 있다. 그러나 인간이라면 누구나 자신이 지닌 한계와 헤쳐 나가야 할 수많은 곤경에 직면하게 되므로, 본질적으로 다른 모든 사람과 비슷하다. 신경증 환자가 현실에 존재하는 모습은 신에 버금가는 자아상과는 거리가 멀고 일치하지 않는다. 바깥의 현실도 그를 신과 비슷한 존재처럼 대우하지 않는다. 그에게도 한 시간은 60분일 따름이다. 다른 모든 사람과 마찬가지로 그도 줄을 서서 기다려야만 한다. 택시 기사와 직장 상사는 그를 보통 이하의 열등한 사람으로 간주하고 행동할지도 모른다.

신경증을 앓는 개인이 받았다고 느끼는 온갖 모욕과 냉대는, 어떤 환자가 어린 시절에서 기억해 낸 작은 사건을 상징象徵 symbol으로 삼으면 잘 드러난다. 그녀는 세 살 때, 삼촌이 안아 올리며 농담으로 "이런, 얼굴이 더럽구나!"라고 말할 때 요정 여왕이 되는 백일몽에 빠졌다. 그녀는 무능하다고 느껴서 성이 잔뜩 나는 격분의 감정을 결코 잊지 않았다. 이렇게 신경증을 앓는 사람은 거의 항상 갖가지 불일치不一致 discrepancies와 맞닥뜨리고 당혹감에 사로잡히고 고통을 겪는다. 이런 고통을 당할 때 신경증 환자는 무엇을 하는가? 그는 어떻게 불일치를 설명하고 불일치에 반응하고 불일치를 제거하는가? 인격의 과장personal aggrandizement이 절대로 필요하기에 간섭할 수 없는 한, 신경증 환자는 세상이 잘못되었다는 결론에 매달린다. 세상이 달라져야 한다. 자신의 환상을 문제 삼지 않고 바깥 세상에 맞서 권리 주장을 내세운다. 또 타인이나 운명에 맞서 자신의 원대한 생각과 일치하는 대우를 받을 자격이 있다. 누구나 자신의 환상을 만들어야 하고, 환상에 미치지 못하는 일은 전부 불공평하다. 그는 더 나은 대우를 받을 자격이 충분하다.

신경증 환자는 다른 사람들의 특별한 주목을 받고 특별한 고려와 경의의 대상이 될 자격이 있다고 느낀다. 이렇게 경의를 요구하는 권리 주장은 충분히 이해할 수 있고, 때로는 아주 분명하다. 경의를 요구하는 권리 주장은 신경증에서 비롯된 금지와 두려움, 갈등과 해결책에서 생긴 모든 필요가 충족되거나 존중되어야 한다는 훨씬 포괄적인 권리 주장의 일부이자 파편일 뿐이다. 더욱이 신경증 환자의 감정과 생각, 행동은 어떤 것이라도 결과가 나빠서는 안 된다. 이는 사실상 심리 법칙이 그에게 적용되어서는 안 된다고 주장하는 셈이다. 따라서 그는 자신의 곤경을 인정할 필요가 없으며, 곤경에 빠진 상황을 바꿀 필요도 없다. 그렇다면 신경증 환자는 문제에 부딪치더라도 더는 아무 일도 하지 않으며, 아무도 그를 방해하지 못한다는 점은 타인이 감당해야 할 몫이다.

현대 정신 분석가들 가운데 독일의 정신 분석가 슐츠 헨케Harald Schultz-Henke[1] *, 1892~1953는 처음 신경증 환자가 갖춘 권리 주장을 알아보았다. 그는 **거대한 권리 주장**gigantic claims이라고 부르며, 신경증에서 결정적 역할을 한다고 주장했다. 나도 신경증에 사로잡힌 권리 주장이 중요하다는 슐츠 헨케의 견해를 수용한다. 그러나 내가 쓰는 개념은 여러 가지 점에서 다르다. 나는 거대한 권리 주장이 행운이라고 생각하지 않는다. 그것은 권리 주장의 내용이 과도하다는 인상을 주기 때문에 혼동을 불러일으킨다. 필요한 만큼 참이라고 해도, 여러 사례에 나타난 거대한 권리 주장은 과도할뿐더러 적나라한 공상에 지나지 않는다. 하지만 다른 권리 주장은 꽤 분별이 있어 보인다. 또 권리 주장의 거창한 내용에 초점을 맞추면, 어떤 사람이 자신과 타인 가운데 합리적인 것처럼 보이는 사람을 분별하기가 더욱 힘든다.

열차가 제 시간에 딱 맞춰 떠나지 않을 때 성을 내곤 하는 사업가의 사례를 보자. 열차가 조금 늦게 떠난다고 해서 위태로울 일은 하나도 없다는 사실을 잘 아는 친구가 그에게 지나치게 요구한다고 짚어 줄 수도 있다. 그러면 사업가는 또 한 번 분통을 터뜨릴 것이다. 그러면 친구는 화를 내는 사업가가 무슨 말을 하는지 알아듣지 못한다. 친구 역시 바쁜 사람이다. 그러나 분별력을 잃지 않았기에 상식 수준에서 수용할 만한 시간에 기차가 떠나리

---

1 슐츠 헨케, 『정신 분석 입문*Einfuehrung zur Psychoanalyse*』(1927)

* 독일의 정신병 의사이자 정신 요법 의사로 독일 정신 분석 학회는 성에 관한 이견 때문에 그를 탈퇴시켰다. 슐츠 헨케는 다른 정신 분석가 캠퍼Kemper와 함께 1946년에 전쟁으로 황폐한 베를린에서 심인성 장애를 보험으로 처리하기 위한 중앙 연구소를 세우기도 했다.

라고 기대한다.

사업가의 친구가 기대하는 바람은 분별력이 있고 상식에 어긋나지 않는다. 누구인들 자신의 약속 시간에 꼭 맞는 일정표에 따라 열차가 운행되기를 바라지 않겠는가? 그러나 우리는 그렇게 바랄 권한이 없다. 이로써 다음과 같은 현상의 핵심이 드러난다. **본래 상당히 이해할 만한 소망이나 필요가 권리 주장으로 바뀐다.** 그러면 소망 또는 필요가 충족되지 않음은 불공평한 좌절이자 분개할 권리가 있는 침해라고 느낀다.

필요必要 a need와 권리 주장權利主張 a claim의 차이는 명확하다. 그런데도 만약 의식의 수면 위로 떠오르지 않은 정신의 한 흐름이 다른 흐름으로 변할 경우, 신경증 환자는 그런 차이를 알지 못할뿐더러 실제로 차이를 보려고도 하지 않는다. 그는 실제로 권리 주장을 할 때에도 쉽게 이해하지 못하거나 자연스런 소망에 대해 말한다. 또 조금 분명하게 생각했을 뿐인 여러 사물을 두고 주장할 권한이 있다고 느낀다. 예컨대 나는 이중 주차 때문에 벌금 딱지를 받았을 때 불같이 화를 내는 몇몇 환자가 떠오른다. 다시 한 번, '빠져나가려는to get by' 소망은 완전히 이해할 만한 것일 수 있다. 그러나 환자들은 면제받을 권리를 갖지는 못한다. 그들도 법규를 모르지 않지만, 조금만 생각한 환자들은 자신들만 걸려드는 경우는 불공평하다고 주장한다.

방금 말한 이유로 불합리하거나 신경증에 사로잡힌 권리 주장들irrational or neurotic claims을 두고는 단순하게 말하는 것이 상책일 듯하다. 권리 주장은 개인이 자기도 모르게 바꾼, 신경증에 사로잡힌 필요이다. 권리 주장은 현실에 존재하지 않는 권리나 직위를 가정하므로 비합리적이다. 달리 말해 단순히 신경증에 사로잡힌 필요라고 인정하지 않고, 권리 주장으로 내세운다는 바로 그 점 때문에 과도한 것이다. 숨은 권리 주장의 특별한 내용special content은 특정 신경증 구조에 따라 각양각색이다. 그렇지만 신경증 환자는 대체로 자신에게 중요한 모든 일, 즉 자신의 신경증에 사로잡힌 모든 필요를 충족할 권한이 있다고 느낀다.

지나치게 요구하는 사람을 거론할 때, 우리는 보통 타인에게 하는 요구만 생각한다. 또 여러 인간 관계는 실제로 신경증에서 비롯된 권리 주장을 내세우는 중요한 영역을 구성한다. 그런데 신경증에서 비롯된 권리 주장을 이런 예로만 제한하면, 권리 주장의 범위는 상당히 줄어든다. 사실 권리 주장은 인간이 만든 제도로 향하고, 또 제도를 넘어서 삶 자체로 향한다.

인간 관계의 측면에서 전면적 권리 주장an over-all claim은 드러난 행동이 오히려 소심하고 수줍음을 타는 편에 속한 환자에게서 잘 드러난다. 그는 이런 점을 알지 못하고 몸과 정신에 널리 퍼져 구석구석 영향을 미치는 타성惰性 inertia으로 괴로워하고, 자신의 재간才幹 resources을 계발하는 데도 적지 않은 장애를 겪었다. 그는 이렇게 말한다. "세상은 내 맘대로 되어야 하고, 나는 속을 태우지도 신경을 쓰지도 않아야 해요."

본디 자기 자신에 관해 확신하지 못하고 의심할까 봐 두려워하던 여자는 똑같이 포괄적인 권리 주장을 감추고 있었다. 그녀는 자신의 모든 필요를 충족해야 한다고 주장할 권한이 있다고 느꼈으며, 이렇게 말했다. "내가 사랑에 빠지고 싶은 남자가 날 사랑하지 않는 일은 생각조차 할 수 없어요." 그녀의 권리 주장은 원래 종교심을 드러내는 말이었다. "내가 기도한 대로 모든 것을 받아요." 그녀의 경우 권리 주장은 반대 측면이 있었다. 어떤 소망이 충족되지 않더라도 패배는 생각할 수 없으므로, '실패'의 위험을 무릅쓰지 않으려 욕구wants를 대부분 겉으로 드러나지 못하게 견제牽制 check했다.

필요가 언제나 **권리**right여야만 하는 사람들은 결코 비판받지 않고 의심받지 않고 질문받지 않을 권한이 있다고 느낀다. 권력을 많이 가진 사람은 맹목적인 복종을 받을 권한이 있다고 느낀다. 자신의 인생이 타인을 교묘하게 조종하는 놀이로 변질된 사람은, 모든 사람이 바보가 되어도 자신은 결코 바보가 되지 않을 권한이 있다고 느낀다. 갈등에 직면할 때 닥쳐올 일을 두려워하는 사람은 자신이 안고 있는 문제를 '비껴가고get by' '에둘러 피해 갈get around' 권한이 있다고 느낀다. 남을 억척스레 착취하고, 타인을 속이려 겁을 주는 사람은 다른 사람이 공정한 거래를 주장하면 불공정하다고 분개할 터이다. 타인을 공격하도록 내몰리면서도 타인의 인정이 필요한, 오만하고 복수심을 품은 사람은 책임과 의무를 '면제immunity'받을 권한이 있다고 느낀다. 그는 다른 사람에게 무슨 짓을 저지르든 아무에게도 신경쓰지 않아도 될 권한이 있다고 느낀다.

권리 주장의 다른 해석은 '이해understanding'에 적합하다. 어떤 사람은 아무리 까다롭고 화를 많이 내더라도 이해받을 권한이 있다. '사랑'이 전면적 해결책이라고 믿는 개인은 자신의 필요를 무조건의 배타적 헌신으로 바꾼다. 그런데 겉보기에 지나친 요구를 전혀 하지 않으며, 타인과 거리를 두는 냉담한 사람detached person은 속을 태우거나 신경쓰지 않을 권리 주장만 내세운다. 그는 자신이 타인에게 아무것도 원하지 않기 때문에, 아무리 위태로운 처지라도 혼자 내버려 두라고 말할 권한이 있다고 느낀다. "속을 태우지도 신경을 쓰지도 않겠다.Not to be bothered"는 말은 자신을 위해서 비판, 기대, 노력에서 벗어나겠다는 뜻이기도 하다.

앞의 설명은 신경증에 사로잡힌 권리 주장이 대인 관계personal relation에 어떻게 작용하는지 보여 주는 적정한 표본이 되기에 충분하다. 그런데 특정한 사람과 상관이 없는 비인격적 상황impersonal situation에 맞닥뜨리거나 제도에 이르면, 부정적인 내용을 담은 권리 주장이 압도적으로 많아진다. 예컨대 법률이나 법규에서 발생하는 이익은 당연히 여기면서도 자신에게 손해를 입힌다고 판명이 날 때면 법률이나 법규가 불공정하다고 느낀다.

나는 아직도 지난 전쟁 기간 동안 우연히 겪은 작은 사건에 감사한다. 내가 그 사건으로 무의식에 숨어 있던 권리 주장을 알아차렸을 뿐만 아니라 타인의 권리 주장에도 눈을 뜨게 되었기 때문이다. 나는 멕시코에 갔다가 돌아오는 길에 코르푸스 크리스티 공항에서 우선권 법규 때문에 비행이 연기되는 일을 당했다. 나는 비행 우선권 법규가 원칙적으로 정당하다고 생각했다. 그러나 법규가 막상 내게 적용되자 너무 화가 나서 제어할 수가 없었다. 뉴욕까지 사흘이나 걸려 기차를 타고 녹초가 될 생각에 격분했다. 처음에는 마음이 흔들리고 혼란스러웠지만, 비행에서 사고가 일어날 수도 있으니까 비행 연기가 섭리에 따른 특별한 보살핌이란 생각으로 위안을 얻게 되었다.

거기까지 생각이 미쳤을 때 나는 갑자기 웃음이 터졌다. 그리고 마음을 뒤집어 놓은 혼란에 관해 곰곰이 따져보고 권리 주장을 알아챘다. 첫째로 면제받는 사람이어야 하고, 둘째로 섭리에 따라 특별한 보살핌을 받아야 한다는 권리 주장을 찾아냈다. 그때부터 기차 여행에 대한 내 태도는 완전히 바뀌었다. 북적대는 일반 객차에서 밤낮으로 앉아 여행하는 일은 그야말로 편할 리 없었다. 그러나 더는 피곤하지 않았고, 심지어 기차 여행을 즐기기 시작했다.

나는 앞에서 말한 경험을 누구나 쉽게 자신이나 타인을 관찰할 때도 확대 적용할 수 있으리라 믿는다. 예컨대 많은 사람이 보행자 또는 운전자로서 교통 법규를 지킬 때 마주치는 곤경은 흔히 교통 법규에 대한 무의식적 저항에서 유래한다. 그들은 교통 법규에 복종해서는 안 된다. 다른 사람들은 은행 계좌에서 초과 인출된 사실을 알아차리면 은행의 '오만한 태도'에 분개한다. 다른 한편 수많은 시험 공포나 시험 준비를 제대로 하지 못하는 무능력은 면제받는 사람이어야 한다는 권리 주장에서 기인한다. 마찬가지로 나쁜 행동을 볼 때 분개indignation하는 이유는 일급 대우를 받을 권한이 있다는 느낌에서 유래할 수도 있다.

면제받는 사람이어야 한다는 권리 주장은 자연 법칙, 즉 심리 법칙이나 물리 법칙에도 따라다닌다. 다른 모든 경우에 이해력이 뛰어난 환자들이 영혼, 정신, 마음의 문제에 적용되는 원인과 결과의 불가피성을 식별할 때만은 어떻게 그토록 무디고 둔감해지는지 놀라울 따름이다. 나는 다음과 같은 인과 관계는 자명하다고 생각한다. 무슨 일을 이루고 싶으면, 노력해야 한다. 독립을 원하면, 스스로 책임지며 인생을 살려고 분투하지 않으면 안 된다. 거만하게 행동하는 한, 상처받고 비난을 듣기 마련이다. 더욱이 우리가 스스로 자신을 사랑하지 않는 한, 타인이 우리를 사랑한다고 믿을 수 없고, 사랑에 대해 어떤 주장을 하든 의심할 수밖에 없다. 이러한 원인과 결과의 연쇄에 직면한 신경증 환자들은 논점을 흐리거나 회피하려고 권리 주장을 내세우기 시작할지도 모른다.

이렇게 우둔愚鈍 denseness하기 짝이 없는 상태에 빠지는 데는 여러 요인이 있다.[2] 우선 이러한 인과 관계의 파악은 환자로 하여금 내면 변화의 필연에 맞닥뜨리게 한다는 뜻이다. 물론 신경증을 일으키는 어떤 요인이든지 바꾸는 일은 언제나 어렵다. 아울러 우리가 이미 보았듯이, 많은 환자들은 어떤 필연이든 복종해야 한다고 깨닫는 일에는 무의식적으로 강하게 반발한다. '규칙rules'과 '필연necessities' 또는 '구속restrictions'같은 것에는 몸서리를 친다. 신경증 환자의 내밀한 세계private world에서는 모든 일이 가능하다. 그러므로 신경증 환자들이 어떤 필연이든 자신들에게 적용된다고 인정하면, 그들의 고상한 세계에서 현실로 내려와 다른 사람과 마찬가지로 자연 법칙에 복종해야 할 터이다. 이렇게 그들의 인생에서 필연을 제거해야 할 필요가 바로 권리 주장으로 바뀐다. 정신 분석을 거치면, 이는 변화의 필연을 초월해서 존재할 권한이 있다는 감정으로 드러난다. 따라서 환자들은 독립을 바라거나 상처를 덜 받고자 원하고, 또 사랑받는다고 믿기를 바라면, 자신의 삶의 태도부터 바꾸어야 한다는 점을 무의식적으로 외면하곤 한다.

인생 전반에 걸친 몇몇 은밀한 권리 주장은 망연자실케 한다. 여기에서는

---

2 제7장의 정신의 파편화 과정과 제11장의 체념 유형 사람의 모든 변화에 맞선 반감을 보라.

권리 주장의 비합리적인 특성에 관해 어떤 의심도 하지 않는다. 신과 비슷하다고 느끼는 사람이 인생에 제한을 받고 위태롭다는 사실에 직면하면, 그런 느낌은 풍비박산(風飛雹散)으로 흩어져버릴 터이다. 바로 이런 운명이 사고와 불운, 병이나 죽음을 마주할 때마다 그를 충격에 빠뜨려, 전능하다는 느낌을 일시에 날려버릴 수 있다. 고대부터 전하는 진리를 하나 되풀이 하자면, 필연에 속한 운명에 맞서 우리가 할 수 있는 일은 거의 없는 까닭이다. 우리는 몇 번 죽음의 고비를 넘기고, 요즘에는 죽음과 연결된 재정 손실에 맞서 우리 자신을 보호할 수 있다. 그러나 아무도 죽음을 피할 수는 없다. 인간다운 존재로서 인생이 위태롭고 불안정precariousness한 상황에 놓일 때 감당할 능력이 없기 때문에, 신경증 환자는 불가침不可侵 inviolability을 요구하는 권리 주장, 즉 구세주가 되어야 하고, 자신에게 늘 행운이 따라야 하고, 편하게 괴로움 없이 살아야 한다는 권리 주장을 내세운다.

인간 관계에 작용하는 권리 주장과 달리, 인생 전반에 걸친 권리 주장은 효율적으로 내세울 수가 없다. 신경증 환자는 인생 전반에 걸친 권리 주장을 내세울 때 두 가지 일만 할 수 있다. 그는 자신에게 어떤 일이든 생길 수 있다는 사실을 마음속으로 부정할 수 있다. 이런 경우에 무모한 경향을 보이며 열이 나서 감염될 위험이 있는데도 조심하지 않고 추운 날씨에 외출하거나, 피임 준비 없이 성관계를 한다. 그는 마치 결코 늙거나 죽지 않을 것처럼 살려고 한다. 당연히 별것 아닌 역경에 충격을 받으면, 별것 아닌 역경이 모든 희망을 짓밟는 경험으로 바뀌어 그를 공황 상태로 몰아넣기도 한다. 아무리 시시한 경험이라도 자신의 불가침성에 대한 고상한 믿음은 일순간에 무너져버린다. 신경증 환자는 다른 극단으로 치달아서 삶에 지나칠 정도로 주의를 기울이기도 한다. 존중받아 마땅한 불가침성을 요구하는 권리 주장에 기대지 못하면, 무슨 일이든 일어날 수 있고, 그는 아무것에도 의지할 수가 없다. 이것은 그가 권리 주장들을 철회했다는 뜻이 아니라 오히려 권리 주장이 무익하고 쓸 데 없는 짓임을 깨닫고 싶어 하지 않는다는 뜻이다.

인생과 운명에 다가서는 다른 태도는 배후에 숨은 권리 주장을 인지하지 못하면, 훨씬 분별이 있어 보인다. 수많은 환자들이 각자 특별한 곤경에 빠져 괴롭고 시달릴 때 불공평하다고 느끼는 기분을 직접 또는 간접으로 표현한다. 신경증 환자들은 친구들에 관해 말할 때 친구들도 신경증을 앓지만, 이 친구는 사회 생활을 더 편하게 하고, 저 친구는 여자들과 더 친하게 지내고, 또 다른 친구는 배짱이 두둑하거나 인생을 더 충분히 즐긴다고 할 터이다. 이런 두서없는 이야기는 무익하지만 이해할 만하다. 결국 사람들은 제각기 곤경에 빠져 괴로워하므로 자신을 당황스럽게 만드는 특별한 곤경을 겪지 않는 삶이 더욱 바람직하다고 느낄 법하다. 그러나 '부러운' 사람들 가운데 어떤 사람과 함께 있으면, 신경증 환자의 반응은 훨씬 심각해 보인다. 그는 갑자기 감기에 걸리거나, 의기소침한 태도로 돌변할 수 있다. 이러한 반응을 추적하면, 신경증 환자가 어떤 문제도 생겨서는 안 된다는 완고한 권리 주장을 할 수밖에 없게 만든 괴로운 정신병의 원천이 드러난다. 신경증 환자는 누구보다 더 뛰어난 사람으로 태어났다. 더욱이 그는 대인 관계에 문제가 전혀 없는 인생을 살 뿐만 아니라, 실물을 만나거나 영화를 보고서 알게 된 인물의 탁월한 재능을 겸비할 권한이 있다. 찰리 채플린Charles Chaplin, 1889~1977*만큼 겸허한 지성을 갖추어야 하고, 스펜서 트레이시Spencer Tracy, 1900~1967** 만큼 인간답고 용감해야 하며, 클라크 게이블Clark Gable, 1901~1960*** 만큼

* 영국의 희극 배우로서 미국에서 활동한 영화 제작자이자 감독이자 연기자이다. 자본주의의 비인간성과 황금만능주의, 나치 독재의 광기를 풍자하고 비판한 무성 영화로 유명하다. 천재 예술가로서 파란만장한 인생을 살았고 좌파 성향의 진보주의자이자 평화주의자였다.

** 미국의 영화 배우로 성실성과 뛰어난 연기력으로 존경을 받는 인물이다. 흑인 인종 문제를 다룬 〈초대받지 않은 손님〉, 헤밍웨이의 유명한 소설을 영화로 만든 〈노인과 바다〉에서 열연했다.

*** 미국의 영화 배우로 1930년대에 가장 왕성하게 활동하고 인기를 얻었다. 〈바람과 함께 사라지다〉에서 버틀러 역할로 유명하다.

의기양양하고 사내다워야 한다. 내가 나로서 존재해서는 안 된다는 권리 주장을 분명히 내세우는 것 자체가 비합리적이다. 이런 권리 주장은 더 뛰어난 재능을 타고났거나 발달 과정에서 더 많은 행운을 누린 모든 사람을 향한 원망 섞인 시새움으로 나타난다. 그런 사람들을 흉내내거나 동경하는 형태로 드러나고, 분석가가 바람직하지만 흔히 모순을 일으키는 완벽한 자질들을 갖추어야 한다는 주장으로 나타난다.

이렇게 최고 속성supreme attributes을 타고나야 한다는 권리 주장은 예상되는 결과implications의 측면에서 도리어 손해만 크게 입힌다. 그것은 만성으로 뿌리내렸다가 밖으로 드러난 시새움envy 猜忌과 불평불만의 원인일뿐 아니라 정신 분석 작업을 실제로 방해하는 장애 요인이다. 우선 신경증 환자가 신경증에서 비롯한 곤경에 부딪칠 수밖에 없는 상황이 부당하다면, 그가 자신의 문제를 두고 분석 작업을 하리라는 기대는 두 배로 부당하다. 도리어 그는 변하려고 애쓰는 고된 과정을 거치지 않고도 자신의 곤경을 가볍게 할 권한이 있다고 느낀다.

신경증에 사로잡힌 권리 주장이 무엇이고 얼마나 많은지 개관하는 작업은 끝이 없다. 신경증에 사로잡힌 필요는 무엇이든 권리 주장으로 변할 수 있으므로, 권리 주장이 나타나는 상황을 남김없이 묘사하려면 신경증 환자를 한 사람 한 사람 다 분석해야 할 터이다. 그러나 짤막하게 개관하는 것만으로도 권리 주장에 고유한 본성이 무엇인지 알아낼 수 있다. 이제 권리 주장들에 공통된 특성을 더욱 분명하게 드러내 보자.

우선 권리 주장은 두 가지 점에서 현실reality과 거리가 멀다. 권리를 주장하는 당사자는 자신의 마음속에만 존재하는 자격을 부여하고, 권리 주장을 이룰 가능성에 대해서는 도무지 고려조차 하지 않는다. 이것은 질병, 늙어감, 죽음에서 면제된 사람이어야 한다는 공상에 지나지 않는 권리 주장에 전형적으로 나타나는 증상이다. 그런데 이런 증상은 다른 권리 주장에서도 나타난다. 초대를 하면 모두 응해야 한다고 느끼는 여자는 초대에 응하지 못할 이유가 아무리 절박하더라도, 누가 어떤 이유로 거절하든 화를 낸다. 모든 일이 자신에게는 쉬워야 한다고 주장하는 학자는 논문이나 실험을 위한 작업에 분개한다. 그는 작업이 얼마나 필요한지 개의치 않으며, 힘을 들이고 애를 쓰는 작업이 선행하지 않으면 논문도 실험도 할 수 없다는 사실을 알면서도 화를 내곤 한다. 재정 파탄에 이른 자신을 누구나 도와야 한다고 느끼는 술 중독자는 다른 사람이 도울 처지에 있든 그렇지 않든 도움이 직접적이고 기꺼운 것이 아니면 불공정하다고 느낀다.

앞에서 든 여러 실례는 신경증에 사로잡힌 권리 주장의 둘째 특성인 **자아 본위**自我本位 egocentricity를 암시한다. 이러한 자아 본위는 흔히 너무 노골적이어서 보는 사람이 '소박함'에 놀라고, 응석받이 아이와 비슷한 태도를 떠올리게 된다. 이러한 인상은 신경증에 사로잡힌 모든 권리 주장이 적어도 미성숙한 사람들에게 두드러진 '유아기의' 성격 특징character traits이라는 결론을 뒷받침한다. 이렇게 강한 주장은 사실 오류에 빠져 있다. 어린 아이는 자아 본위로 행동한다. 그러나 다른 사람과 유대감을 발달시키지 못한 탓일 뿐이다. 엄마는 잠을 자야 할 필요가 있다든가 장난감을 살 돈이 없는 한계에 부딪칠 수 있다. 그런데 어린 아이는 다른 사람들도 제각기 필요와 한계가 있다는 사실을 아직 모를 따름이다. 신경증 환자의 자아 본위는 완전히 다른 훨씬 복잡한 기반 위에 서 있다. 신경증 환자가 자기 자신에게 사로잡히는 까닭은 자신의 영혼, 정신, 마음이 바라는 필요에 내몰리고, 갈등에 지쳐 특별한 해결책에 집착할 수밖에 없기 때문이다. 여기에 비슷하지만 다른 별개의 두 현상이 있다. 어떤 환자에게 그가 내세우는 권리 주장이 유아기의 성격 특징이라고 말하는 것은 치료에 전혀 도움이 되지 않는다. 그런 말은 환자에게 권리 주장이 비합리적이라는 사실을 의미할 뿐이고, 분석가가 더 나은 방식으로 보여주어, 기껏해야 생각하게 만들 따름이다. 단지 생각하는 수준 이상으로 분석 작업을 하지 않으면 아무것도 변하지 않을 터이다.

신경증 환자의 자아 본위와 유아의 자아 본위를 구별하는 논의는 이쯤 해두자. 신경증에 사로잡힌 권리 주장의 특징으로 보이는 자아 본위는 계시가 담긴 뜻깊은 내 경험으로 요약할 수 있다. 전쟁 기간 중 비행 우선권은 정당하지만, 나 자신의 필요는 절대 우선권을 가져야 한다. 만약 신경증 환자가 기분이 나쁘거나 무엇을 원한다면, 누구나 모든 일을 취소하고 그를 도우려고 달려와야 한다. 분석가가 상담을 위한 시간을 낼 수 없다고 예의 바르게 말하면, 흔히 환자의 격노 반응에 부딪치거나 무례한 응답을 받거나 아예 무시당하곤 한다. 환자들이 시간을 요구하면 당연히 시간을 내야 한다. 신경증 환자는 주변 세상과 관계를 덜 맺을수록, 타인과 타인이 느끼는 감정을 덜 자각한다. 그 무렵 현실을 거만한 태도로 경멸하던 환자는 언젠가 이렇게 말했다. "나는 우주 공간을 떠돌며 아무 데도 속해 있지 않은 혜성 같아요. 내가 필요한 것은 진짜이고 현실처럼 느끼는데, 타인의 필요는 가짜이고 현실이 아닌 것 같아요."

신경증에 사로잡힌 권리 주장들이 갖는 셋째 특성은 **적절한 노력을 하지 않아도** 바라던 일이 이루어지리라는 기대에 놓여 있다. 그는 외로우면 누구에게 전화를 걸 수도 있다는 사실을 인정하지 않는다. 그러니까 누가 그에게 당연히 전화를 걸어야만 한다. 체중을 줄이고 싶다면 더 적게 먹어야 한다는 단순한 추리는 으레 너무 강한 내면의 저항에 부딪친다. 그는 여전히 다른 사람들처럼 날씬해 보이지 않는 것이 불공평하다고 생각하면서도 계속 많이 먹는다. 어떤 신경증 환자는 명예로운 직업, 더 높은 지위, 봉급 인상이 당연하다고 주장하지만, 그것을 얻기 위해 노력하지 않고 부탁하지 않을지도 모른다. 심지어 자신이 진정 무엇을 원하는지도 마음속에 분명하게 드러나지 않는다. 그는 **무엇이든 거절하거나 받아들일 처지**에 있어야 한다.

어떤 사람은 자주 행복감을 맛보기 위해 자신이 얼마나 많이 원하는지 아주 그럴듯하게 감동적으로 표현하기도 한다. 그러나 가족이나 친구들은, 그가 행복해지기 어려운 까닭이 불평불만不平不滿 discontent 탓이라고 말해주기도 한다. 그러면 그는 분석가에게 달려갈지도 모른다.

분석가는 신경증 환자가 분석을 받으러 오는 동기는 행복해지려는 소망이라고 평가한다. 그런데 분석가는 환자가 행복해지기를 간절히 바라면서도 왜 불행한지 자문할 터이다. 환자에게는 대다수 사람들이 향유하는 안락한 가정, 착한 아내, 재정 안정 같은 많은 것이 있다. 그러나 환자는 무엇이든 별로 하려들지 않으며, 무엇이든 원기왕성하게 흥미를 느끼지 않는다. 이런 그림에는 상당한 수동성과 자기 방종이 담겨 있다. 분석가는 첫 상담에서 환자가 자신의 곤경에 관해 말하지 않고, 조금 별나고 까다로운 방식으로 소망 목록을 늘어놓으면 놀라게 된다. 다음 상담 시간은 첫 상담의 인상을 다시 확증한다. 분석 작업에서 환자의 타성惰性 inertia이 첫째 방해 요인hindrance이라는 사실도 밝혀진다. 그래서 그림은 좀 더 명확해진다. 여기 손과 발이 묶인 채 자신의 재간을 계발하거나 활용하지도 못하고, 좋은 일이라면 전부 자신에게 생겨야 한다는 권리 주장에 집착하는 가련한 사람이 있다.

노력하지 않고 도움을 요구하는 권리 주장을 보여 주는 다른 사례는 권리 주장의 본성을 더욱 분명하게 드러낸다. 일주일 동안 분석을 중단해야 했던 환자는 이전 분석 상담 시간에 드러난 어떤 문제로 마음이 뒤집어져 혼란을 겪었다. 그는 상담실에서 나가기 전에 자신의 곤경을 극복하겠다는 소망, 곧 더할 나위 없이perfectly 정당한 소망을 표현했다. 그래서 나는 그 환자가 부닥친 특별한 문제particular problem의 근원을 찾아보려 했다. 잠시 후 나는 환자 쪽에서 거의 협조하지 않는다는 사실을 알아차렸다. 나는 아주 느릿느릿 그와 함께 상담을 이어갔다. 그렇게 시간이 흐르는 동안, 나는 환자의 초조감이 점점 고조된다고 느꼈다. 그는 물론 나의 직설적 질문에 자극을 받아 초조해졌다고 말해 내 느낌을 다시 한 번 확인시켜 주었다. 그는 일주일 내내 자신의 곤경을 붙들고 씨름하기를 원치 않았고, 나는 곤경을 가볍게 할 어떤 말도 그때까진 하지 않았다. 나는 확실히certainly 분별 있는 그의 소망이 겉보기에apparently 권리 주장으로 변질되었고, 그것은 아무 의미도 없다고 짚어 주었다.

우리가 환자의 특별한 문제를 얼만큼 해결할 수 있는지는, 환자와 분석가가 얼마나 생산적인 대화를 나누었고 문제의 핵심에 얼마나 근접했는지에 달려 있다. 또 환자에게는 바라던 목적을 이루려고 노력하지 못하게 방해하는 어떤 요인이 분명히 있었다. 내가 여기서 생략한 수많은 엎치락뒤치락 끝에, 그는 내가 한 말의 참뜻을 알아들었다. 그때 환자의 초조감irritability은 사라지고, 비합리적인 권리 주장과 절박한 느낌도 사라졌다. 게다가 그는 계시가 담긴 뜻깊은 요인을 덧붙였다. 그는 내가 문제를 이끌어내고 바로잡았다고 느꼈다. 환자는 나에 대해 얼마나 책임이 있는 사람으로 느꼈을까? 그것은 내가 실수를 저질렀다는 뜻이 아니었다. 이전 상담 시간에는 자신이 가까스로 알아채기 시작한 복수심vindictiveness을 아직 극복하지 못했음을 깨달았다는 말이었을 뿐이다. 실제로 그는 당시에 복수심을 없애는 것이 아니라 복수심에 따른 마음의 혼란만 없애기를 바랐다. 이런 마음의 혼란에서 벗어나 자유로워야 한다는 환자의 권리 주장을 내가 저버렸기 때문에, 그는 인과응보retribution에 따른 복수심에 사로잡혀 권리 주장을 내세울 권한이 있다고 느꼈다. 이러한 설명에서 드러나듯이, 환자는 권리 주장이 어디에 뿌리를 두고 있는지 보여 주었다. 하나는 자기 자신을 책임의 주체로 가정하지 않으려는 내면의 거부감이고, 다른 하나는 구축하는 자기에 대한 관심의 결여이다. 이런 요인이 그를 마비시켰고, 자신 말고 누가, 여기서는 분석가가 모든 책임을 지고 그를 위해 일을 바로잡아야 할 필요를 만들었다.

앞에서 든 실례는 신경증에 사로잡힌 권리 주장의 넷째 특성을 보여 준다. 신경증에 사로잡힌 권리 주장은 **복수심을 품거나 복수를 바라는** 특징을 나타낸다. 사람은 누구나 부당한 취급을 받았다고 느끼면 인과응보에 따라 보복을 다짐할 수 있다. 인과응보에 따른 보복은 예로부터 전하는 오래된 지식이다. 보복하려는 경향은 외상 신경증traumatic neuroses이나 피해 망상에 사로잡힌 몇몇 편집성 질환paranoid conditions에서 명백하게 드러난다. 인과응보에 따른 복수심은 문학 작품 속에서 자주 등장한다. 다른 무엇보다 샤일록Shylock*의 살점 1파운드를 달라는 주장, 그리고 헤다 가블러Hedda Gabler**가 남편이 바라던 교수직을 십중팔구 얻지 못할 것이라는 사실을 알게 된 순간 가격이 터무니없이 비싼 사치품을 사겠다고 내세운 권리 주장이 눈에 띈다.

내가 여기서 제기하려는 문제는 복수를 바라는 요구가 신경증에 사로잡힌 권리 주장에 규칙적으로 나타나지 않더라도, 빈번하게 포함되는 요소인가 하는 점이다. 샤일록은 복수를 바라는 요구를 의식한다. 나에게 화를 낸 환자의 사례에서는 막 의식되는 시점에 있었다. 그러나 대다수 사례에서 복수를 바라는 요구는 분명하게 의식되지 않는다. 내 경험에 비추어 복수를 바라는 요구가 모든 권리 주장에 널리 퍼져 있는지는 확실치 않다. 그러나 내가 보기에도 어떤 규칙을 세울 정도로 빈번하게 나타난다. 복수의 승리감을 만끽해야 할 필요라는 맥락에서 언급했듯이, 대다수 신경증에서 발견되는 대개 숨어 있는 복수심은 실로 엄청나다. 복수를 바라게 만든 여러 요소는 과거의 좌절이나 수난이 언급되는 권리 주장을 내세울 때 틀림없이 영향을 미친다. 예컨대 호전성이 강한 권리 주장을 내세울 때나, 권리 주장의 이행을 승리로 느끼고 권리 주장의 좌절을 패배로 느낄 때 복수를 바라는 점이 분명하

* 셰익스피어의 『베니스의 상인』에서 유대인 상인 샤일록은 평소에 앙심을 품고 있던 안토니오에게 돈을 빌려주고 기한 내에 갚지 못할 경우에는 살점 1파운드를 내놓으라고 요구했다.
** 헨리크 입센의 같은 이름 희곡의 주인공.

게 드러난다.

사람들은 자신들이 내세우는 수많은 권리 주장을 얼마나 자각할까? 어떤 사람이 자기 자신과 주변 세상을 바라보고 내놓는 견해를 상상력으로 더 많이 결정할수록, 당사자와 그의 인생 전체를 위해 보아야 할 필요가 있는 것들은 더 많아진다. 그러면 그 사람의 마음속에는 자신이 어떤 필요나 권리 주장을 가지고 있는지 살펴볼 여지가 없고, 권리 주장의 가능성을 언급하기만 해도 버럭 화를 내거나 불쾌하게 여길지도 모른다. 사람들은 결코 그를 기다리게 놓아두지 않는다. 그는 어떤 우연한 일도 겪지 않고 더 나이를 먹으려 하지도 않는다. 소풍날이면 날씨는 화창하다. 만사는 그의 뜻대로 돌아가고, 그는 모든 일을 잘 해낸다.

신경증에 걸린 사람들이 권리 주장을 자각하는 것처럼 보이는 까닭은 그들 자신이 예외적인 특권special privileges을 명백하고 공개적으로 요구하기 때문이다. 그러나 관찰자에게는 명백해 보여도 당사자에게는 명백하지 않을 수도 있다. 관찰하는 사람이 보는 것과 관찰되는 사람이 느끼는 것은 별개 사건이므로, 뚜렷이 구분해야 한다. 뻔뻔하게 권리 주장을 내세우는 사람은 기껏해야 특정한 표현법이나, 예컨대 참을성이 없거나 의견의 불일치를 참고 견디는 능력이 없음 같은, 권리 주장에서 예상되는 결과만 의식할 따름이다. 그는 자신이 아무것도 요구하고 싶어 하지 않고, 당신에게 고맙다고 말하고 싶어 하지도 않는다는 점을 알 수도 있다. 하지만 이러한 자각은 다른 사람들이 그가 원하는 대로 정확히 행동하게 시킬 권한이 있다고 느낀다는 점을 아는 것과는 별개이다. 그는 이따금 자신이 무모하게 행동한다고 의식할 수도 있지만, 무모함recklessness을 자신감이나 용기로 자주 윤색하려 한다. 예컨대 그는 다른 직업의 전망이 어떨지 구체적으로 알아보지도 않고 꽤 좋은 직장을 그만두고는 자신감의 표현으로 여길 수도 있다. 그것이 사실일 수도 있다. 그러나 행운과 운명이 자기편이라는 느낌에서 비롯된 무모한 행동일 수도 있다. 그는 영혼 깊숙한 곳에서 자기만은 죽지 않으리라고 은밀하게 믿는다는 점을 알아챌 수도 있다. 그렇다고 해서 생물학적 한계를 초월해 존재할 권한이 있다는 느낌까지 자각한 것은 아니다.

권리 주장을 숨기는 사람과 훈련을 받지 않은 관찰자가 둘 다 영향을 미쳐서, 권리 주장이 숨어 있는 경우도 나타난다. 그때 훈련받지 않은 관찰자는 요구의 정당화 이유가 제공되면 무엇이든 수용하려 할 터이다. 그는 으레 신경증에서 비롯된 이유보다는 오히려 심리 현상에 무지한 탓으로 정당화 이유를 수용한다. 예컨대 그는 이따금 아내wife나 내연녀mistress의 요구가 자신의 시간을 빼앗는다고 불편하게 여길지도 모른다. 그러나 자신이 그 여자에게 없어서는 안 될 존재라는 생각이 허영심vanity을 만족시켜 주므로 우쭐해 한다. 또 어떤 여자는 의지할 데 없는 무력감과 괴로움을 근거로 소비해야 한다는 권리 주장을 내세울 수 있다. 하지만 그저 자신의 필요만을 느낄 터이다. 심지어 그녀는 남들에게 부담을 주지 않으려고, 의식적으로 지나치게 마음을 졸이고 조심할지도 모른다. 그렇지만 다른 사람들은 보호자이자 조력자의 역할을 소중히 여길 수도 있고, 또는 그들 자신의 비밀 규약secret codes 때문에 그 여자의 기대에 부응하지 못하면 '죄의식guilty'을 느낄 수도 있다.

어떤 사람은 특정한 권리 주장을 의식하더라도, 자신의 권리 주장이 부당하거나 불합리하다고 의식하지 못한다. 실제로 타당성에 의혹을 제기하는 의심이라면 어떤 것이든 권리 주장의 토대를 무너뜨리는 첫 단계를 의미할 터이다. 따라서 신경증 환자는 권리 주장이 지극히 중요하다면, 자신의 마음속에서 권리 주장을 완벽하게 정당한 것으로 만들기 위해 빈틈없는 근거를 마련할 수밖에 없다. 그는 처음부터 끝까지 권리 주장이 공정하고 정의롭다고 확신하지 않으면 안 된다. 분석 과정에서 환자는 자신이 닥쳐올 일만 기대한다고 입증하기 위해 어떤 짓도 서슴지 않는다. 반대로 치료를 하려면,

특별한 권리 주장이 있다는 점과 그 권리 주장의 정당성이 본래 지닌 특징을 둘 다 인정하는 일이 중요하다. 권리 주장은 그것이 놓여 있는 기반에 따라 내세우고 버리기 때문에, 기반 자체가 전략상 중요한 장소가 된다. 예컨대 만약 어떤 사람이 공을 세웠다는 구실로 온갖 섬김과 도움을 받아야 할 권한이 있다고 느낀다면, 그는 자기도 모르는 사이에 자신이 세운 공로를 지나치게 과장한 나머지 필요한 때에 대접 받지 못하면 당연히 학대당했다고 느낄 수 있다.

권리 주장은 흔히 문화 기반cultural grounds에서 정당성의 근거를 찾는다. 나는 여자이기 때문에, 나는 남자이기 때문에, 나는 네 어머니이기 때문에, 나는 당신을 고용한 사람이기 때문에 권리 주장을 내세우기 마련이다. 그럴듯한 구실을 대거나 정당성을 입증하는 데 쓸모가 있는 여러 이유가 있지만, 어떤 것도 실제로는 기존의 요구에 알맞은 이유로서 자격이 없으므로, 분명히 지나치게 강조되었다. 예컨대 오늘날 미국에서 설거지가 남성의 품위를 해친다는 굳건한 문화 규약cultural code은 없다. 그래서 하찮은 일을 면제받아야 한다는 권리 주장은 가능해도, 남자가 유지해야 하거나 더 많은 임금을 받아야 하는 품위dignity는 틀림없이 과장되었다.

언제나 등장하는 권리 주장의 기반은 우월감優越感 superiority이다. 이 점에서 공통 분모는 다음과 같다. 나는 매우 특별하니까 권한이 있다. 이렇게 조잡한 형태로 나타나는 우월감의 기반은 대개 의식되지 않는다. 누구든 의식하지 못한 채 자신의 시간, 자신의 일, 자신의 계획, 또 언제나 옳은 자기 자신의 특별한 의미와 가치significance를 강조할 수 있다.

'사랑'이 모든 일을 해결하고, 모든 일의 해결책이 될 자격이 있다고 믿는 사람들은, 실제보다 더 많이 사랑한다고 느끼면서 사랑의 깊이나 가치를 과장할 수밖에 없으며, 그것은 의식적으로 가장한 것은 아니다. 과장해야 할 필요에서 반발反撥 repercussion이 일어나고, 반발은 악순환을 반복하는 원인이 된다. 이것은 특히 의지할 데 없는 무력감과 괴로움을 구실로 내세운 권리 주장에 정확히 맞아떨어진다. 예컨대 많은 사람이 전화로 문의할 만큼 겁이 많다고 느낀다. 이러한 권리 주장이 자신 말고 누가 대신 문의하도록 내세운 것이라면, 관련 당사자는 억제抑制 inhibitions를 실제보다 더 강하게 느낀다. 가령 어떤 여자가 너무 우울하거나 집안일을 하지 못할 정도로 무력하다면, 그녀는 자신이 정말로 느끼는 것보다 더 우울하다고 느낄 테고, 그러면 사실 괴로움 역시 더 커질 터이다.

하지만 신경증 환자가 놓인 환경 속에서 같이 사는 사람들이 신경증에 사로잡힌 권리 주장에 동의하지 않는 것이 바람직하다고 생각하는 것은 성급한 결론이다. 동의同意 acceding와 거부拒否 refusing는 조건을 더 나쁘게 만든다. 그러니까 권리 주장은 두 경우에 모두 한층 더 두드러지고 단호해질지도 모른다. 거부는 신경증 환자가 스스로 책임지기 시작했거나 막 책임지기 시작할 때에만 도움이 된다.

어쩌면 권리 주장을 내세우는 가장 흥미로운 기반은 '정의正義 justice'일지도 모른다. 나는 신을 믿기 때문에, 나는 늘 일했기 때문에, 나는 언제나 훌륭한 시민이었기 때문에, 나에게 어떤 불운도 닥쳐서는 안 되고, 만사는 내 뜻대로 되어야 한다는 것은 정의의 문제일 따름이다. 지상의 이익은 훌륭함과 경건함에 뒤따라야 마땅하다. 반대 증거, 즉 보상이 덕에 반드시necessarily 뒤따르지 않는 증거는 폐기된다. 이런 성향을 보이는 환자는 보통 자신의 정의감을 다른 사람들에게 확대해 적용하고, 그들이 부정의不正義 injustice를 행하면 그만큼 분개한다고 지적할 것이다. 이는 어느 정도까지 진리로 보이지만, 권리 주장이 정의의 기반 위에 놓여야 할 필요가 일반화를 거쳐 '처세 철학a philosophy'으로 바뀌었다는 뜻일 따름이다.

게다가 정의를 강조하는 경향에는 다른 사람들에게 어떤 역경逆境 adversity이 닥치든 그들이 스스로 책임지게 만들려는 반대 측면이 있다. 어떤 사람이 이런 반대 측면을 자신에게도 적용하느냐는 문제는 그가 옳음rightness을 어느 정도 의식하는지에 달려 있다. 옳음을 의식하는 정도가 엄정하다면, 적어도 의식적으로는 자신에게 닥치는 모든 역경을 부정의injustice로 체험할 것이다. 하지만 그는 '인과응보에 따른 정의retributive justice'의 법칙을 다른 사람에게 훨씬 쉽게 적용하는 경향을 나타내기 마련이다. 어쩌면 실업자가 된 사람은 '실제로' 일하고 싶어 하지 않았을지도 모른다. 어쩌면 중세 시대에 자행된 종교 박해의 책임이 어떤 면에서 유대인들에게 있을지도 모른다.

이런 부류의 개인은 사사로운 문제가 생길 때 투입한 가치에 어울리는 대가를 받을 권한이 있다고 느낀다. 이것은 당사자가 주목하지 못한 두 가지 요인의 영향이 아니라면 지당한 말이다. 그는 자신이 좋다고 여기는 긍정 가치에 마음속으로 부풀린 몫을 각각 할당한다. 예컨대 좋은 의도가 그렇게 부풀린 몫에 포함된다. 반면에 그는 다른 사람과 관계를 맺을 때 부닥치는 곤경困境 difficulties은 전부 무시한다. 아울러 저울 위에 놓인 가치들은 자주 일치하지 않아서 조화를 이루지 못한다. 예컨대 정신 분석을 받는 피분석자analysand는 자기 쪽 저울 위에 협조하려는 자신의 의도, 장애 증상을 제거하려는 소망, 규칙적 방문과 상담비 지불 같은 가치를 놓을지도 모른다. 분석가analyst 쪽의 저울 위에는 환자의 건강을 회복시킬 의무가 놓인다. 불행하게도 저울의 양편은 균형이 맞지 않는다. 환자는 스스로 노력하고 자신을 바꾸려는 의지가 있고 그럴 능력을 키울 때에만 회복될 수 있다. 그래서 환자의 좋은 의도에 효과적인 노력을 결합하지 못하면, 아무 변화도 생기지 않는다. 방해 요인이 반복해서 나타나면, 환자는 점점 초조해지고 속았다고 느끼기 마련이다. 그는 질책이나 불평의 형태로 기소장을 제출하고, 분석가를 점점 불신하는 행동이 완전히 정당하다고 느낄 터이다.

정의를 지나치게 강조하는 경향은 복수심의 위장일 수도 있지만, 반드시 그렇지는 않다. 맨처음 인생이 걸린 '거래deal'에 근거하여 권리 주장을 내세울 때는, 으레 누구든 자신의 장점을 강조한다. 권리 주장이 복수심의 영향을 더 많이 받을수록, 입은 상해injury가 주는 압박은 점점 더 커진다. 여기서도 입은 상해는 과장할 수밖에 없다. 상해로 생긴 감정은 '희생자'가 어떤 희생이라도 요구하거나 어떤 처벌이라도 가할 권한 있다고 느낄 만큼 거대하게 자라난다.

권리 주장은 신경증을 유지하는 데 결정적 역할을 하므로, 권리 주장을 단언하는assert 행동은 당연히 중요하다. 이렇게 단언하는 행동은 타인을 향한 권리 주장에만 적용된다. 왜냐하면 운명과 인생은 언제나 타인을 향한 어떤 단언이든 조롱하는 방향으로 움직이기 때문이다. 이 문제는 몇 가지 예를 살펴본 뒤에 다시 다루겠다. 여기서는 신경증 환자가 타인이 자신의 권리 주장에 동의하게 만드는 방식이 대체로 주장을 내세운 기반과 밀접한 관계가 있다는 점만 말하면 충분하다. 간단히 말해 신경증 환자는 타인에게 자신이 독특하며 중요하다는 인상을 주려고 할 수도 있다. 그는 호감을 사고 매력을 발산하고 약속을 하기도 한다. 신경증 환자는 타인에게 의무를 지우고, 정의감이나 죄의식에 호소해 남을 이용하는 능력이 뛰어나다. 자신의 괴로움을 강조해 동정심과 죄의식을 유발하기도 한다. 또 남을 사랑해야 한다고 강조해 사랑에 매달리는 갈망이나 허영심을 부추길 수 있다. 그는 초조감과 울적한 기분을 넌지시 비치기도 한다. 만족할 줄 모르는 탐욕스런 권리 주장으로 타인을 파멸로 몰아넣겠다는 복수심에 사로잡힌 사람은, 신랄한 비난을 쏟아내 타인의 순응을 강요하려고 애쓸지도 모른다.

권리 주장의 정당성을 입증하고 권리 주장을 내세우느라 기력을 다 써버리는 점을 고려하면, 당연히 권리 주장의 좌절에 따른 격렬한 반응을 예상할 수 있다. 밑바닥에는 두려움이 깔려 있지만 노여움과 화火 anger 또는 분개憤慨 indignation가 압도적 반응이다. 이러한 노여움과 화는 특이한 종류에 속한다. 주체의 편에서 권리 주장을 공정하고 정의롭게 느끼기 때문에, 권리 주장이 좌절되면 불공정하고 정의롭지 않은 현상으로 체험한다. 그러므로 잇따르는 노여움과 화는 의분義憤 righteous indignation의 성격을 띤다. 달리 말해 그런 사람은 화를 낼뿐더러 화를 낼 권한이 있다고 느끼며, 이 느낌을 분석 과정에서 강경하고 단호하게 방어한다.

분개indignation를 드러내는 다양한 감정 표현에 관해 깊이 다루기 전에, 이론으로 들어가는 짧은 우회로를 선택해 보자. 특히 존 달러드John Dollard, 1900~1980*를 비롯한 다른 학자들은 우리가 모든 좌절에 적개심敵愾心 hostility으로 반응한다는 이론, 즉 사실 적개심은 본질적으로 좌절에 따른 반응이라는 이론을 주창했다.[3] 실제로 아주 간단한 관찰만으로도 이런 주장이 얼마나 부당한지 드러난다. 반대로 인류가 적개심과 상관없이 겪는 엄청난 좌절의 양이 놀라울 따름이다. 적개심은 신경증에 사로잡힌 권리 주장들을 밑바탕에 깔고 있으며 그것을 기반으로 좌절이 불공평하다고 느낄 때에만 일어난다. 다음으로 적개심의 구체적 특징은 분개나 학대받은 느낌으로 나타난다. 이따금 불운을 당하거나 상해를 입으면 우스꽝스러울 정도로 과장하곤 한다. 만약 어떤 사람이 다른 사람에게 학대당했다고 느낀다면, 학대한 사람은 갑자기 신뢰할 가치도 없고 더럽게 싫고 잔혹하고 경멸받아 마땅한 비열한 자가 된다. 이러한 분개는 우리가 다른 사람들을 판단할 때 끔찍할 정도로 강력한 영향을 미친다. 여기에서 신경증에 사로잡힌 의심증

* 미국의 심리학자이자 사회학자로서 미국 내 인종 관계와 좌절, 공격 행동의 관계를 연구해 업적을 남겼다.

3 이 가정은 프로이트의 본능 이론에 근거하며, 모든 적개심이 본능적 충동과 그것에서 파생한 욕구가 좌절되어 나타나는 반응이라는 주장이 반드시 뒤따라 나온다. 게다가 프로이트의 죽음 본능 이론을 수용하는 분석가들은 적개심이 파괴 본능의 필요에서 기력을 끌어낸다고 주장한다.

suspiciousness이 생겨난다. 또 여기에 수많은 신경증 환자들이 어림잡은 평가 때문에 그토록 불안하고, 긍정적이고 친절한 태도를 보이다가도 너무나 쉽게 총체적 비난의 태도로 돌변하는 중요한 이유가 있다.

과감하게 단순화해도 좋다면, 갑자기 노여움을 드러내는 급성 반응the acute reaction of anger, 또는 격분激憤 rage도 서로 다른 세 경로 가운데 한 경로를 따라 일어난다. 노여움과 화火 anger는 이유가 무엇이든 억압될 수 있고, 이런 경우 억압된 적개심과 마찬가지로 심신 상관 증상psychosomatic symptoms, 즉 피로와 편두통, 소화 불량이나 복통이 나타난다. 다른 한편 노여움과 화는 자유롭게 드러나거나, 적어도 충분히 느낄 수 있다. 이때 화를 낼 정당한 이유가 사실 충분하지 않을수록, 저지른 잘못을 더 크게 과장할 수밖에 없을 터이다. 그러면 누구든 논리가 탄탄해 보이는, 화나게 만든 사람에게 맞서 부주의하게 소송을 거는 처지에 놓인다. 어떤 사람이 공개적으로 복수심을 더 많이 드러낼수록, 이유가 무엇이든 복수하려는 경향은 더 강해질 터이다. 그가 점점 더 거만하게 행동할수록, 이러한 복수를 정의에 입각한 행동으로 더욱 확신한다. 셋째 반응은 비참悲慘 misery한 기분과 자기 연민self-pity에 빠져드는 것이다. 그러면 당사자는 극단에 치우쳐 상처를 입었거나 학대받았다고 느끼고, 낙담할지도 모른다. 그는 "그들이 어떻게 내게 이럴 수 있지!"라고 느낀다. 이런 때 괴로움이나 고통은 질책과 비난을 표현하기 위한 매개물이 된다.

앞에서 설명한 세 가지 반응은 자기 자신보다 타인에게서 더 쉽게 관찰되는데, 그 까닭은 바로 정의롭다는 확신이 자신의 상태를 검토하는 자가 진단self-examination을 억제하기 때문이다. 하지만 우리의 진정한 관심사는, 우리가 당한 잘못에 열중할 때나 어떤 사람의 미운 성질을 곰곰이 생각하기 시작할 때, 또는 다른 사람들에게 되갚으려는 충동을 느낄 때 일어나는 우리 자신의 반응을 검토하는 것이다. 그것은 곧 우리가 당한 잘못에 보이는 반응이 어느 정도면 합리적이냐는 문제를 깊이 연구하는 것과 같다. 또 정직하게 궁구窮究 scrutiny해 숨은 권리 주장을 탐색해야 한다는 것이다. 유별난 특권을 누려야 할 필요들 가운데 약간을 의지에 따라 선별하여 포기할 수 있다면, 또 억압된 적개심의 특별한 형태에 익숙하다면, 개인의 좌절에 나타나는 급성 반응acute reaction을 인정하고 반응의 배후에 있는 특별한 권리 주장을 발견하는 일이 아주 어렵지는 않다. 그러나 한두 사례의 권리 주장을 찾아냈다고 해서, 모든 권리 주장에서 벗어난다는 뜻은 아니다. 우리는 보통 특별히 두드러지고 불합리한 권리 주장들만 극복하곤 했다. 이러한 극복 과정은 촌충 감염을 치료한다면서 촌충의 일부만 제거하는 격이다. 촌충은 머리가 제거되기 전까지는 다시 자라서 우리의 체력을 약하게 만들 것이다. 영광을 좇는 탐색과 그것에 수반될 수밖에 없는 모든 권리 주장을 극복해야만, 우리의 권리 주장을 철회할 수 있다는 뜻이다. 하지만 우리 자신에게 돌아오는 과정에서는 촌충 감염 치료의 경우와 달리 매 단계가 중요하다.

몸에 밴pervasive 권리 주장이 인격과 삶에 미치는 **효과**effects는 각양각색이다. 권리 주장들은 인격 속에 널리 퍼진 욕구불만이나 좌절감과 성격 특징character trait이라고 느슨하게 부르는 포괄적 불평불만을 일으키기도 한다. 이렇게 몸에 밴 불만을 일으키는 다른 요인도 있다. 그러나 불평불만을 일으키는 원천들 가운데 몸에 밴 권리 주장들이 단연 두드러진다. 불평불만은 삶의 어떤 상황에서든 결핍과 힘겨움에 초점을 맞추어 전체 상황에 만족하지 못하는 경향으로 나타난다. 예컨대 어떤 남자는 남들이 부러워할 만한 직장에서 바쁘게 일하고, 화목한 가정 생활에도 대체로 기여하지만, 자기에게 상당한 의미가 있는 피아노 연주 시간이 충분치 않다. 또는 어쩌면 그 남자의 딸들 가운데 단정치 못한 딸이 하나 있었을지도 모른다. 이러한 요인이 그의 마음속에서 점점 크게 영향을 미쳐서 자신이 가진 좋은 것에도 감사하지 못하게 되고 만다. 아니면 주문한 상품이 제 시간에 도착하지 않아 기분을 망친 사람을 생각해 보자. 또는 아름답기 그지 없는 유람 여행을 하거나 소풍을 가서는 불편만 경험한 사람을 생각해 보라. 이러한 태도는 너무 흔하게 나타나서 거의 모든 사람이 일상에서 마주친다. 사소한 일에 기분을 망치거나 작은 불편을 감당하지 못하는 태도를 경험하는 사람들은, 때때로 자신들이 왜 언제나 사물의 어두운 면을 보는지 의아해 한다. 또 비관주의자로 자처해 문제를 통째로 놓쳐 버린다. 이는 불행한 사건을 견뎌 내지 못하는 개인의 완전한 무능력을 사이비 철학에 근거해 감추는 꼴이다.

사람들이 비관주의자의 태도를 취하면 인생은 더욱더 어렵고 꼬이기 마련이다. 어떤 고난苦難 hardship이든 불공정하다고 생각하면 열 배는 힘들어지는 법이다. 일반 객차에서 겪은 내 체험이 좋은 사례이다. 내가 불공정한 부담이라고 느끼는 한, 일반 객차는 내가 견뎌낼 수 있는 한계를 거의 넘어선 것 같았다. 그때 배후에 숨은 권리 주장을 발견한 다음에도, 의자는 여전히 딱딱하고 시간이 여전히 오래 걸렸지만, 나는 똑같은 상황을 즐기게 되었다. 이 논점은 일에도 똑같이 적용된다. 불공정에 깃든 전복되었다는 느낌이나 마땅히 쉬워야만 한다는 비밀스런 권리 주장에 사로잡혀서 하는 일은 더 많은 노력이 들며 더 많이 지치고 피곤해진다. 달리 말해 신경증에 사로잡힌 권리 주장을 내세우면, 우리는 일을 무난하게 처리해 나가는 삶의 기술을 잃어버린다. 심각한 예로는 삶이 산산이 부서지기도 한다. 그러나 흔한 일은 아니다. 작고 우연한 일이 신경증 환자에게는 대참사로 변모하고, 인생은 전복과 혼란의 연속이 되어 버린다. 반대로 신경증 환자는 타인의 인생에서 밝은 면에 주의를 집중하기도 한다. 예를 들면 다음과 같다. 이 사람은 성공했고, 저 사람은 아이가 많고, 또 다른 사람은 한가한 자유 시간이 많거나 여가를 더 많이 즐길 수 있고, 다른 사람들의 집은 훨씬 근사하고, 그들의 목장은 더할 나위 없이 푸르다.

이렇게 묘사하기는 무척 쉽지만, 우리 자신 안에서 그런 면을 인정하기는 유난히 어렵다. 우리는 갖지 못했으나 다른 누구는 가진 것이 최고로 중요하며, 너무 현실에 가까워 보이고 정말로 사실처럼 보인다. 따라서 장부 기입은 자기와 타자를 왜곡하는 두 방식으로 나타난다. 많은 사람들은 우리 자신의 삶을 다른 사람들의 삶에 보이는 밝은 일면과 비교하지 말고 삶의 전체 모습과 비교하라고 말한다. 그런데 충고의 타당성을 알아차려도, 왜곡된 시각은 빠뜨리고 못 보거나, 지성의 무지 탓으로 생기는 문제가 아니기에 그런 좋은 충고를 따를 수가 없다. 그것은 오히려 내면의 무의식적 필요에서 비롯되는 감정의 맹목성이다.

이러한 귀결은 타자를 향한 시기猜忌 envy와 무감각無感覺 insensibility이 섞여 생긴다. 시기는 니체가 말하는 생의 질투Lebensneid로서, 이런 삶이나 저런 삶이 아니라 모든 삶을 향한 일반적인 부러움과 시샘이다. 다른 사람을 부러워하고 시샘하는 시기는 자신만 배제되었다는 느낌, 자신만이 걱정에 시달리고 외롭고 공황에 빠져 전전긍긍하고 능력을 충분히 발휘하지 못해 갑갑하다는 느낌을 동반한다. 그런데 무감각한 사람이 반드시 완전히 무신경한 사람callous person이 되지는 않는다. 무감각은 몸에 밴 권리 주장의 결과로 생겨서 그 자체의 기능, 즉 당사자의 자아 본위egocentricity가 정당하다고 뒷받침하는 기능을 담당한다. 나보다 더 유복한 다른 사람이 왜 나에게 무엇을 기대하겠는가? 주변의 사람보다 더 많은 것이 필요한 사람, 다른 사람보다 더 소홀히 취급받거나 무시당한 사람이 왜 자신을 지키려고 홀로 경계할 권한을 가져서는 안 되는가! 따라서 권리 주장은 더욱 확고하게 자리 잡는다.

또 다른 귀결은 권리를 둘러싼 일반적인 불확실성의 느낌이다. 이러한 느낌은 일종의 복합 현상이며, 몸에 밴 권리 주장은 여러 결정 요인 가운데 하나일 뿐이다. 신경증 환자가 모든 것에 권한이 있다고 느끼는 자기만의 은밀한 세계는 현실과는 너무나 거리가 멀어서, 현실 세계에서 인정되는 여러 권리를 식별하지 못하고 혼란에 빠진다. 한편으로 신경증 환자가 주제넘고 뻔뻔스러운 갖가지 권리 주장으로 가득 차게 되면 너무 소심한 나머지 현실에서 행사해야 하는 자신의 권리를 느끼지 못하거나 실제로 주장하지 못할 수도 있다. 예컨대 한편으로는 온 세상이 자기 맘대로 돌아가야 한다고 느끼던 환자가 내게 시간 변경을 요청하거나 몇 자 적으려고 연필을 하나 빌릴 때는 너무나 소심하게 행동했다. 또 다른 신경 과민 환자는 존경을 요구하는 권리 주장이 이행되지 않을 때 몇몇 친구에게 극악무도한 부담을 참고 견디게 만들었다. 그렇다면 아무 권리도 없다는 느낌은 환자가 고통을 겪는 국면일 수 있고, 그가 표출하는 불평불만의 초점이 될 수도 있다. 반면에 그는 정작 곤경의 원천이자 적어도 곤경을 일으키는 출처가 되는 비합리적이고 터무니없는 여러 권리 주장에는 관심이 없다.[4]

마침내 권리 주장이 아주 많이 숨어 있으면 타성惰性 inertia에 젖는 요인이 된다. 타성은 드러난 형태든 숨은 형태든 자주 일어나는 신경증 장애이다. 타성은 자발적이고 즐길 수 있는 게으름과 반대로 정신을 움직이는 기력이 마비되는 증세를 가리킨다. 또 일뿐 아니라 생각과 감정으로 퍼진다. 이렇게 되면 신경증 환자가 자신의 문제에 능동적으로 대처하지 못해 자기 성장을 고려하는 능력이 마비되는 것은 자명한 사실이다. 여러 사례에서 나타나듯이 권리 주장은 모든 노력을 꺼리는 더욱 포괄적인 혐오로 이어진다. 그때 신경증 환자의 무의식적 권리 주장에 따르면, 단순한 의도만으로도 직업을 얻고 행복해지고 곤경을 극복하기에 충분하다. 그는 기운을 전혀 쓰지 않고도 이런 모든 일을 이룰 자격과 권한이 있다. 이것은 때로는 다른 사람들이 대신 실제로 일을 해야만 한다는 뜻이다. 일을 해야 하는 사람을 조지라고 해 두

4 제9장 자기 말소 의존 해결책 참고.

자. 만약 조지가 우연히 나타나지 않으면, 그는 불만을 품는다. 따라서 이사나 장보기 같은 특별한 일을 하면 피곤해지곤 한다. 때때로 당사자가 느끼는 피로는 정신 분석 과정에서 빨리 없애기도 한다. 예컨대 어떤 환자는 짧은 여행을 떠나기 전 해야 할 일이 너무 많아서 일을 시작하기도 전에 피로를 느꼈다. 나는 모든 일을 처리할 방법의 문제를 고려하는 일은 그의 재능을 시험하는 도전으로 받아들 수도 있다고 했다. 내 제안이 마음에 들었는지 피로가 사라졌고 서두르거나 피곤해 하지 않고 모든 일을 할 수 있었다. 환자가 이렇게 능동적으로 살고 그렇게 살 때 기뻐하는 자신의 능력을 체험했지만, 스스로 노력하려는 추진력은 곧 약해졌다. 왜냐하면 무의식적 권리 주장이 너무 깊이 뿌리박혀 있었기 때문이다.

권리 주장이 복수심과 더 많이 연관될수록, 타성의 정도는 더욱 강해진다. 그렇다면 무의식적 권리 주장에 따른 논증은 다음과 같다. 다른 사람들이 내가 겪는 곤경에 책임이 있으니까 나는 보상을 받을 권한이 있다. 내가 온 힘을 다해 노력했다면 그것이 무슨 보상이겠는가! 당연히 자신의 인생을 적극적으로 구축하는 일에 전혀 흥미가 없는 사람만이 그렇게 논증할 수 있다. 이런 사람은 자신의 인생에 어울리는 일을 아무것도 더는 할 수가 없고, 그는 인생을 타인과 운명에 맡긴다.

환자가 권리 주장을 고수하면서 정신 분석 도중에 권리 주장을 방어하려는 **고집과 집착**tenacity은 환자 본인에게는 분명히 상당한 주관적 가치가 있다. 환자는 한 가지 방어 경향이 아니라 몇 가지 방어 경향을 되풀이하며 이리저리 둘러댄다. 처음에 환자는 권리 주장을 전혀 품고 있지도 않고, 분석가가 무슨 말을 하는지 알지도 못한다. 그때 권리 주장은 전부 합리적인 요구가 된다. 다음으로 권리 주장의 정당화에 기여하는 주관적 토대를 방어하기 시작한다. 마침내 자신이 권리 주장을 품고 있으며, 그것이 현실現實 reality에 근거해 있지 않다고 깨달을 때 권리 주장에 흥미를 잃은 것처럼 행동한다. 권리 주장은 중요하지 않거나, 어쨌든 무해하다는 것이다. 그러나 신경증 환자는 머지않아 자신에게 다가올 결과가 각양각색이고 심각하다는 점을 알아채지 않을 수 없다. 예컨대 권리 주장에 따른 결과로 초조하고 불만스러워지고, 다가올 일을 기대만 하지 말고 더 능동적으로 행동하면 언제나 자신에게 훨씬 나으며, 사실 권리 주장이 영혼, 정신, 마음의 기력을 마비시킨다는 점을 인정한다. 그는 또 권리 주장에서 이끌어 낸 실제 이득이 아주 적다는 점에도 마음의 문을 닫을 수 없다. 때로는 정말로 다른 사람을 압박함으로써, 표현되었든 아니었든 자신의 요구에 응하게 만들려고 경솔하게 행동하기도 한다. 그렇다고 한들 누가 더 행복해지겠는가? 권리 주장은 인생 전반에 걸쳐 내세우는 한, 어떻든 쓸데없는 짓이다. 예외가 되어야 할 자격과 권한이 있다고 느끼거나 말거나, 심리 법칙이나 자연 법칙은 그에게도 적용된다. 신경증 환자가 타인이 갖춘 탁월한 자질이 자기 것이어야 마땅하다고 아무리 주장해도, 눈곱만큼도 자신을 바꾸지 못한다.

권리 주장이 불리한 결과를 초래하고, 본래 무익하다는 두 사실을 깨닫는 것만으로는 진정한 돌파구를 마련하지 못한다. 깨달음은 확신을 수반하지 않는다. 이러한 통찰이 권리 주장을 근절하리라는 분석가의 희망은 헛된 경우가 많다. 정신 분석 작업을 거치면 권리 주장의 강도는 으레 약해지기 마련이지만, 근절되지 않고 의식의 심층으로 가라앉는다. 더 멀리 헤치고 나아가면, 환자의 무의식에 자리 잡은 불합리한 상상력의 깊은 곳까지 통찰할 수 있다. 환자는 지성으로는 권리 주장의 무익함을 깨닫지만, 무의식적으로는 자신의 의지력으로 발휘되는 마법에 의지해 불가능한 일은 없다는 믿음을 계속 간직한다. 그가 아주 열심히 소망하면, 소망은 이루어질 터이다. 일이 자신의 생각대로 술술 풀린다고 아주 열심히 주장하면, 일은 그의 생각대로 될 터이다. 일이 아직 생각대로 되지 않았다면, 그 이유는 분석가가 환자에게 믿게 만들고자 원한 것처럼, 환자가 불가능한 것에 손을 뻗쳐 얻으려고 노력하지 않은 탓이 아니다. 환자는 정력을 다 쏟아서 충분히 의지력을 발휘하지 못했기 때문이라고 생각한다.

불가능한 일은 없다는 신경증 환자의 믿음은 전체 현상에서 약간 다른 복잡한 양상을 띤다. 우리는 이미 환자의 권리 주장이 온갖 특권에다 사실은 존재하지도 않는 명칭을 함부로 갖다 붙인다는 의미에서 현실과 너무 거리가 멀다는 점을 살펴보았다. 또 몇몇 권리 주장은 솔직히 환상에 지나지 않는다는 점도 밝혀냈다. 우리는 이제 권리 주장이 전부 마법에 가까운 기대로 가득 차 있다고 인정한다. 또 마침내 권리 주장이 환자가 이상을 좇는 나를 현실에 구현하는 데 없어서는 안 되는 수단으로 작용하는 전체 규모를 파악한다. 권리 주장은 성취하거나 성공을 거둠으로써 환자의 탁월함을 입증하는 의미에서 잠재력 실현을 대표하지 못하고, 환자에게 필요한 증명 수단과 변명 거리를 제공한다. 신경증 환자는 자신이 심리 법칙과 자연 법칙을 초월해 존재한다는 사실을 입증하지 않으면 안 된다. 또 환자는 거듭거듭 타인이 자신의 주장에 응하지 않고, 법칙이 자신에게도 적용되며, 자신이 누구나 빠지는 곤경과 실패를 초월해 존재하지 않는다는 사실을 알게 되더라도, 이 모든 사실을 자신의 무한한 가능성에 반하는 증거로는 결코 받아들이지 않는다. 지금까지 자신이 불공평한 취급을 받았다는 증명일 따름이다. 그런데 환자는 자신의 주장을 계속 간직하기만 하면, 언젠가 실현되리라 기대한다. **그에게 권리 주장은 미래의 영광을 보증하는 담보물이다.**

이제 우리는 환자가 왜 권리 주장이 인생에 끼치는 해로운 결과를 알면서 열의도 없이 미적지근하게 반응하는지 이해한다. 그는 손해damage를 두고 왈가왈부하지 않지만, 영광스런 미래의 전망에 비추어 현재를 대수롭지 않게 여긴다. 그는 상속을 보장받았다는 주장을 철석같이 믿는 사람과 비슷하다. 인생을 구축하기 위해 노력하지 않고, 권리 주장을 더욱 효과적으로 단언하는 데 정력을 전부 쏟아 붓는다. 그러는 사이 현실 생활actual life에 흥미를 잃은 환자는 나약해지고, 인생을 살 만하게 만드는 일은 모두 대수롭지 않게 여긴다. 그래서 미래의 가능성을 좇는 희망은 점점 더 그가 살아가는 유일한 이유가 되어 버린다.

신경증 환자는 실제로 상속을 받는다고 가정하고 사는 사람보다 예후가 훨씬 좋지 않다. 왜냐하면 신경증 환자는 자기 자신과 자신의 성장에 정말로 관심을 되찾으면, 미래의 성취에 대해 주장할 자격을 상실한다는 기저 감정underlying feeling을 간직하고 있기 때문이다. 이는 환자가 내세운 전제들에 근거한 논리적 결과이다. 환자가 자신의 성장에 진정으로 관심을 되찾으면 이상을 좇는 나의 현실화는 사실 무의미해질 터이다. 환자가 미래에 성취할 목표의 유혹에 사로잡혀 있는 한, 대안은 적극적으로 제지制止 deterring하는 방법 말고는 없다. 이런 방법은 환자가 자신을 곤경에 빠져 당혹스러워하는 다른 모든 사람처럼 언젠가 죽을 존재로 보게 하는 것이다. 스스로 책임지고, 곤경에서 벗어나 잠재력을 계발하는 일이 자신에게 달려 있다는 말이다. 그것은 환자가 마치 모든 것을 잃은 것처럼 느끼도록 만들기 때문에 제지라고 표현할 수 있다. 환자는 정신 건강을 회복시켜 줄 이러한 대안을, 자기 이상화에서 찾은 해결책이 필요 없어지는 정도까지 고려할 수 있다.

신경증 환자가 느끼는 권리 주장을 영광으로 빛나는 자아상 때문에 일어나는 기대의 '소박한' 표현으로 여기는 한, 권리 주장에 매달리는 고집과 집착tenacity을 충분히 이해하지 못한다. 또 강박에 사로잡힌 여러 필요를 타인이 충족시켜 주기를 바라는 이해할 만한 욕망으로 여겨도 마찬가지이다. 신경증 환자의 모든 태도에 따라다니는 고집과 집착은 그런 태도가 신경증 구조에 필요 불가결한 기능을 한다는 확실한 표시이다. 우리는 권리 주장이 신경증 환자의 여러 문제를 해결하는 것처럼 보인다는 사실을 알았다. 권리 주장의 기능은 처음부터 끝까지 환자가 자신을 둘러싼 환상을 지속시키고, 자기 밖에 있는 요인에 책임을 전가하는 것이다. 신경증 환자는 자신의 필요를 존엄한 권리 주장으로 끌어 올려 자신의 걱정거리를 부정하고, 자신이 져야 할 책임을 다른 사람과 상황과 운명에 돌린다. 무엇보다 우선 곤경에 빠졌다는 것 자체가 불공평하며, 그는 어떤 곤경도 겪지 않을 만큼 정돈된 인생을 살 권한이 있다고 생각한다. 가령 신경증 환자가 대출이나 기부 요청을 받았다고 하자. 그는 기분이 잡쳐서 마음속으로 요청한 사람에게 욕설을 퍼붓는다. 실제로 그는 귀찮은 일에 얽혀서는 안 된다는 권리 주장 때문에 분개한다. 무엇이 그의 권리 주장을 필연으로 만드는가? 그 요청은 실제로 환자가 자기 자신과 겪는 갈등, 대체로 타인의 요구에 응할 필요와 타인에게 좌절감을 안겨 줄 필요 사이에서 일어나는 갈등과 맞닥뜨리게 한다. 그러나 이유가 무엇이든 환자는 이러한 갈등과 직면하기에는 너무 겁이 많거나 의지력이 너무 약해서 권리 주장을 고수하는 수밖에 없다. 그는 귀찮은 일에 얽히기를 바라지 않는 관점에서 권리 주장을 내세운다. 정확히 말하면 세상이 자신에게 갈등을 불러일으키지 않고 자각하지 못하는 방식으로 돌아가야 한다는 권리 주장을 하고 있다. 우리는 나중에 신경증 환자에게 책임을 벗어던지는 일이 왜 그렇게 긴요한지 이해하게 될 터이다. 그런데 우리는 벌써 신경증 환자가 사실은 권리 주장 탓에 자신의 곤경을 정직하게 다루지 못해서, 신경증이 계속 악화된다는 점을 알 수 있다.

제3장

●

당위의 폭정

신경증 환자, 가혹한 내부 명령에 희생되다

THE TYRANNY OF THE SHOULD

우리는 지금까지 주로 신경증 환자가 어떻게 이상을 좇는 나를 **외부 세계**outer world에 실현하려고 애쓰는지 성취와 업적, 성공과 권력, 승리의 영광이라는 측면에서 논의했다. 신경증 환자의 권리 주장은 자신의 밖에 존재하는 세계와 관계를 맺는다. 그는 하나밖에 없는 자신의 독특함을, 언제 어떤 방식으로든 자신에게 부여할 예외적 권리를 주장하려고 애쓴다. 필연과 법칙을 초월해 존재할 권한이 있다는 신경증 환자의 감정은, 마치 정말로 필연과 법칙을 넘어서 존재하는 것 같은 허구 세계에서 살게 만든다. 명백하게 이상을 좇는 나에게 미치지 못할 때마다, 환자는 권리 주장을 내세워 이러한 '실패'의 책임을 자기 밖에 있는 요인에 돌릴 수 있다.

이제 제1장에서 간략히 언급한, **자신의 내면**whithin himself에 초점을 맞춘 자기 현실화self-actualization의 양상에 관해 논하겠다. 타인을 자신이 생각하는 미의 이상에 맞춘 피조물로 만들려고 애썼던 피그말리온*Pygmalion과 달리, 신경증 환자는 바로 자기 자신을 최고 존재로 만들려고 한다. 그는 자신의 영혼 앞에 완벽한 형상을 끌어다 놓고 무의식적으로 이렇게 말한다. "현실의 수치스러운 피조물인 너는 잊어버려. 너는 이런 완벽한 모습이어야 해. 이상을 좇는 내가 되는 것이 중요하지. 너는 모든 일을 참아 내고 모든 것을 이해하고 모든 사람을 좋아하고 언제나 무엇을 생산해 낼 수 있어야 해." 이는 내부 명령의 일부만 언급한 것이다. 나는 내부 명령들이 냉혹하고 가차 없으므로 '당위의 폭정the tyranny of the should'이라고 부른다.

내부 명령은 신경증 환자가 행동하고 존재하고 느끼고 알 수 있어야 하는 모든 항목을 비롯해, 어떤 행동을 하면 안 되고 무엇이 존재해서는 안 되는지에 관한 금기까지 포함한다. 간단한 개관을 위해 내부 명령을 일부만 맥락에서 떼어 내 열거하면서 시작하겠다. 상세한 사례는 당위의 특징이 무엇인지 논의할 때 다루려 한다.

신경증 환자는 정직, 관대, 배려, 정의, 존엄, 용기, 사심 없음에서 최고 수준에 도달해야 한다. 또 완벽한 연인, 완벽한 남편, 완벽한 선생이어야 한다. 그는 모든 일을 참아낼 수 있어야 하고, 모든 사람을 좋아해야 하고, 자기 부모와 자기 아내와 자기 나라를 사랑해야 한다. 아무것에도 아무에게도 애착을 보여서는 안 되고, 아무것도 그에게 문제가 되어서는 안 되며, 결단코 상처받았다고 느끼지 말아야 하고, 언제나 마음의 평온을 유지해야 할뿐더러 고요한 마음에 파문이 일어서도 안 된다. 그는 늘 삶을 즐겨야 한다. 그렇지 않으면 쾌락과 즐김조차 초월해야 한다. 그는 자발적이고, 언제나 자신의 감정을 통제해야 한다. 또 모든 것을 인식해야 하고 이해해야 하고 예견해야 한다. 게다가 자신이나 다른 사람의 모든 문제를 순식간에 해결할 수 있어야 한다. 자신이 빠진 곤경은 무엇이든 알아채는 즉시 극복할 수 있어야 한다. 결

---

* 로마 시인 오비디우스의 『변신 이야기』에 따르면 조각가 피그말리온이 자신의 이상으로 여기는 여자를 상아로 조각하고 그 조각상을 사랑하게 되었고, 베누스 여신이 거기에 생명을 불어넣어 주었다고 한다.

코 피곤해서는 안 되며 아프지도 말아야 한다. 언제나 필요한 때 직업을 구할 수 있어야 하고, 남들은 두세 시간 걸려야 해내는 일을 한 시간에 해치울 수 있어야 한다.

이러한 개관概觀 survey이 대략 내부 명령의 범위인데, 자기에게 내세우는 요구가 이해할 만하기는 하지만, 전부 행동으로 옮기기는 너무 어렵고 엄격하다는 인상을 준다. 만약 분석가가 환자에게 너무 많은 것을 환자 자신에게 기대한다고 말하면, 주저 없이 그렇다고 인정하곤 한다. 심지어 환자는 이러한 사실을 벌써 자각하고 있을지도 모른다. 그는 명시하든 암시하든, 으레 자신에게 거는 기대가 너무 적은 것보다 많을수록 좋다고 덧붙인다. 그러나 자신에게 내세우는 요구가 너무 많다는 말은 **내부 명령에 고유한 특성**peculiar characteristics을 드러내지 못한다. 이러한 특성은 더 정밀하게 검토하면 선명하게 드러난다. 내부 명령이 지닌 고유한 특성이 서로 겹치는 까닭은, 여러 특성이 모두 어떤 사람이 이상을 좇는 나로 바뀐다고 느낄 수밖에 없는 필연必然 necessity과 그렇게 바뀔 수 있다는 확신確信 conviction에서 비롯되기 때문이다.

먼저 우리는 이상을 좇는 나를 실현하려는 경향 전체에 동일하게 널리 퍼져 있는 **실행가능성의 무시**disregard for feasibility와 마주한다. 내부 명령의 요구 가운데 다수가 인간으로서는 도저히 이행할 수 없는 것에 속한다. 이러한 요구는 당사자가 의식하지 못하지만 그야말로 터무니없는 공상의 산물이다. 그러나 환자는 명료한 비판적 사고critical thinking로 자신의 온갖 기대가 노출되자마자, 공상의 산물임을 인정하지 않을 수 없다. 지성을 통한 깨달음은 대체로 변화시킨다고 해도 많이 바꾸지 못한다. 어떤 의사가 9시간 업무와 다방면에 걸친 사회 생활에 더해 철저한 과학 연구까지 할 수 없다고 분명하게 깨달았다고 하자. 그는 이일 저일을 줄이려는 시도가 실패한 다음에도 이전과 같은 속도로 생활한다. 시간과 기력의 한계가 자신에게 존재해서는 안 된다는 요구가 이성보다 훨씬 강력하게 영향을 미친다. 또 더 미묘한 사례를 생각해 보자. 정신 분석 기간 중에 의기소침한 환자가 있었다. 그녀는 친구와 부부간의 복잡한 문제로 대화를 나누었다. 내 환자는 친구의 남편을 사교 모임에서 만난 적이 있었을 뿐이었다. 그런데 몇 년 동안 정신 분석을 받았고, 친구 부부 사이의 모든 관계에 얽힌 복잡한 심리 문제를 충분히 이해하기는 했지만, 친구에게 결혼 생활을 유지할 가치가 있는지 생각해 보라고 말해야 한다고 느꼈다.

나는 그녀가 스스로 아무에게도 가능하지 않은 것을 기대한다고 말했고, 그런 상황에 작용하는 요인에 대해 막연한 느낌이 아니라 명료한 인상을 가지려면, 먼저 맑은 정신으로 들여다봐야 할 수많은 문제가 있다고 짚어 주었다. 당시 그녀는 내가 짚어 준 곤경을 대부분 자각하고 있었다. 그러나 여전히 모든 곤경을 꿰뚫어 보는 일종의 육감sixth sense을 가져야 한다고 느꼈다.

자기에게 내세운 다른 요구는 자체로 공상의 산물이 아닐 수도 있지만, 요구 이행에 필요한 조건을 완전히 무시한다. 따라서 많은 환자들은 자신들이 대단한 지성의 소유자여서 정신 분석을 곧 끝내리라 기대한다. 그러나 분석 진행은 지성과 거의 관계가 없다. 오히려 지성이 뛰어난 사람들이 갖춘 추리력은 분석 진행을 방해하곤 한다. 중요한 점은 환자들의 내부에서 작용하는 다양한 감정의 힘과 솔직해지고 스스로 책임지는 능력이다.

쉽게 성공하리라는 기대는 정신 분석을 하는 전체 기간에 영향을 줄뿐더러 개인이 얻는 통찰에도 똑같이 영향을 미친다. 예컨대 환자들은 신경증에 사로잡힌 권리 주장의 일부를 인정하는 것과 권리 주장 전부에서 벗어나는 것이 같다고 보는 듯하다. 신경증 환자가 성공에 쉽사리 기대는 이유는 이런 작용의 결과이다. 감정에 따른 필요가 변하지 않는 한, 권리 주장은 계속될 터이다. 환자들은 바로 감정의 필요를 무시한다. 그들은 지성이 최고이자 최대 동력moving power이어야 한다고 믿는다. 당연히 그런 믿음에 따른 실망과 낙담은 불가피하다. 비슷하게 어떤 교사는 오래 가르친 경험에 비추어 교육 관련 주제를 다룬 논문을 당연히 쉽게 쓰리라고 기대한다. 만약 글이 술술 풀리지 않으면, 그녀는 자신에게 넌더리가 난다고 느낀다. 그녀는 다음과 같은 질문을 무시하거나 폐기했다. 할 말이 있는가? 자신의 경험에 유용한 몇 개 형식으로 명확히 표현되었는가? 이러한 질문에 긍정으로 답이 나오더라도, 논문은 여전히 생각을 형식에 맞게 조직하고 표현하는 간단한 작업을 의미한다.

내부 명령은 그리스 도시 국가의 참주 정치 아래서 벌어지는 폭정과 꼭 같이 당사자의 심리 조건, 즉 그가 현재 느끼고 할 수 있는 일을 최대한 무시하는 방향으로 교묘하게 작용한다. 예컨대 자주 나타나는 당위 가운데 하나는 결단코 상처받았다고 느껴서는 안 된다는 것이다. '결단코never'에 함축된 절대라는 의미 때문에 누구든 이런 당위를 이행하기가 지극히 어렵다는 사실을 알게 될 터이다. 얼마나 많은 사람이 결단코 상처받았다고 느끼지 않을 만큼 원래 안전하고 평온하겠는가? 이것은 기껏해야 우리가 도달하려고 노력해야 할 이상일 뿐이다. 이러한 이상에 도달하려는 계획을 진지하게 받아들인다는 것은 방어를 위한 우리의 무의식적 권리 주장과 우리의 거짓 자부심에 대해, 간단히 말해 우리를 취약하게 만드는 성격을 형성하는 모든 요인에 대해 강렬하고 끈기 있는 분석 작업을 한다는 뜻이어야 한다. 그러나 결단코 상처받았다고 느껴서는 안 된다고 느끼는 사람은 마음속으로 그렇게 구체적인 계획을 세우지 못한다. 그는 단순하게 엄존儼存 existing하는 자신의 취약성을 부정하거나 무시하여 자신에게 절대 명령을 내릴 따름이다.

또 다른 요구, 즉 나는 언제나 이해해야 하고 공감해야 하고 남을 도와야 한다는 요구를 고찰해 보자. 나는 범죄자의 얼어붙은 심장을 녹일 수 있어야 한다. 다른 한편 이러한 요구는 완전한 공상의 산물은 아니다. 빅토르 위고

Victor Hugo, 1802~1885의 『불쌍한 사람들*Les Miserables*』에 나오는 마리엘 신부처럼 진기한 사람들은 범죄자의 얼어붙은 심장을 녹일 만한 영성의 권능spiritual power을 획득했다. 마리엘 사제의 인물됨을 중요한 상징으로 간직한 환자가 있었다. 그녀는 마리엘 사제를 닮아야 한다고 느꼈다. 하지만 그녀는 사제가 성당의 물건을 훔친 범죄자에게 베푼 것과 비슷한 행동을 할 만한 어떤 태도나 자질도 갖추지 못했다. 그녀는 자선을 베풀어야 한다고 느꼈기 때문에 이따금 자비롭게 행동할 수 있었지만, 자신이 자비롭다고 느끼지는 못했다. 사실 아무에게도 많은 것을 느끼지 못했다. 그녀는 항상 누가 자신을 이용하지 않을까 두려워했다. 또 물건을 찾지 못할 때마다 누가 훔쳐갔다고 생각했다. 그녀는 자각하지 못했지만, 신경증으로 말미암아 자아 본위의 경향으로 이끌려서 자신의 이익에만 열중하게 되었다. 이 모든 증세를 포괄적 겸손과 선으로 겹겹이 가렸다. 당시 그녀는 자신 안에서 이러한 곤경을 바라보고 극복하려고 노력하고 있었을까? 당연히 아니었다. 여기에서도 문제는 자기 기만自己欺瞞 self-deception이나 불공정한 자기 비판自己批判 self-criticism으로 이끄는 맹목적인 명령의 남발이었다.

당위의 놀라운 맹목성을 설명하려면 여러 당위를 미해결인 채로 남겨둘 수밖에 없다. 하지만 당위의 많은 부분은 영광을 좇는 탐색의 기원이자 어떤 사람이 자신을 이상에 맞춘 자기로 고쳐 나가는 기능에서 볼 때 이해할 만하다. **당위가 작용하는 전제는 어떤 일도 자신에게 불가능해서는 안 된다거나 불가능하지 않다는 것이다.** 이러한 전제를 받아들이면, 엄존하는 조건을 검토할 필요가 없다는 결론이 논리적으로 도출된다.

이러한 경향은 과거로 향한 요구에 적용할 때 어떤 경우보다 명백하게 드러난다. 신경증 환자의 어린 시절에 관심을 기울일 때는 신경증을 좌우한 영향뿐 아니라, 그가 과거에 겪은 역경에 현재 어떤 태도로 접근하는지 밝혀내는 일이 중요하다. 과거로 향한 요구는 현재의 필요보다 오히려 그에게 이미 벌어진 좋은 일이나 나쁜 일의 영향으로 결정된다. 만약 환자가 모든 것이 달콤하고 빛이 나야 한다는 일반적 필요를 개발했다면, 자신의 어린 시절에 황금빛 아지랑이가 피어오르게 할 터이다. 만약 자신의 감정을 구속하고 억압한다면, 자신의 부모를 사랑해야만 하기 때문에 사랑한다고 느낄지도 모른다. 만약 일반적으로 자기 인생에 책임지기를 거부한다면, 자신이 겪은 모든 곤경에 대한 비난의 화살을 자기 부모에게 돌릴 수도 있다. 후자의 태도에 동반하는 복수심vindictiveness은 교대로 드러나기도 하고 억압되기도 한다.

마침내 그는 정반대 극단으로 치달아, 겉으로 불합리해 보일 정도의 책임을 스스로 짊어지려고 할 수도 있다. 이때 위협과 속박으로 가득 찬 초기 생애의 영향을 충분히 자각할 수도 있다. 그가 의식 차원에서 보이는 태도는 상당히 객관적이고 그럴듯하다. 예컨대 자신의 부모가 그렇게 행동할 수밖에 없었다고 지적하기도 한다. 이따금 부모는 그가 왜 아무런 원망도 하지 않는지 의아해 한다. 의식 차원에서 원망이 나타나지 않는 이유 가운데 하나는 여기서 우리가 관심을 갖는 소급 당위a retrospective should이다. 자신이 당한 일이 어느 누구도 박살내기 충분했다고 자각하더라도, 그는 아무 상처도 입지 않고 그 일을 극복했어야 했다. 그는 이런 요인이 자신에게 영향을 미치지 않도록 내면의 강인함과 불굴의 정신을 지녔어야 했다. 이런 요인이 영향을 미쳐서, 그는 처음부터 훌륭하지는 않았음이 드러난다. 달리 말해 그는 어느 지점까지 현실에서 사는 사람이었다. 그는 이렇게 말할 터이다. "그건 정말이지 위선과 잔혹함의 구덩이에 빠지는 체험이었습니다." 그러나 다음에 시각이 흐려져서 이렇게 말할 터이다. "그런 처지에 아무 도움도 받지 못한 채 버려졌지만, 늪 속에서 피어난 백합처럼 극복해야 했습니다."

만약 이렇게 비논리적인 가짜 책임이 아니라 자기 인생에 실제로 진짜 책임을 질 수 있었다면, 그는 다르게 생각했을 터이다. 초기 생애의 영향이 불리한 쪽으로 자신을 형성하지 않았을 수도 있다고 인정했을 테고, 또 자신이 빠진 곤경이 어디에서 유래했든 자신의 현재와 미래 인생을 방해한다고 알아보았을 터이다. 따라서 그는 자신이 빠진 곤경에서 벗어나기 위해 기력을 쓰는 편이 더 나았을 것이다. 그렇게 하지 않고 아무 영향도 받지 않았어야 했다고 요구해, 그는 모든 문제를 현실과 동떨어진 공상에 빠진 헛수고 끝에 그대로 남겨 두었다. 나중에 환자가 자신의 입장을 완전히 바꾸고 오히려 생애의 초기 상황에 철저히 압도당하지 않을 만큼 자신을 신뢰하게 된 순간은 진보했다는 표시이다.

어린 시절에 보이는 태도는 소급 당위가 이런 기만적 가짜 책임, 같은 결과로 생겨난 무익함과 더불어 작동하는 유일한 분야가 아니다. 어떤 사람은 솔직한 비판을 표명해 자신이 친구를 도왔어야 했다고 주장할 것이다. 다른 사람은 신경증에 사로잡히지 않고 아이들을 양육했어야 했다고 말하리라. 당연한 말이지만, 우리는 모두 이런 저런 실패를 유감스럽게 여긴다. 그러나 우리는 왜 실패했는지 검토할 수 있고, 이러한 검토에서 배울 점이 있다. 우리는 또 '실패'를 경험했을 당시 엄존하는 신경증에서 비롯된 곤경에 비추어, 당시 우리가 최선을 다했을 수도 있다고 인정하지 않으면 안 된다. 그러나 신경증 환자에게 최선을 다하는 일은 마음에 들지 않는다. 그는 기적에 가까운 놀라운 방식으로 더 낫게 행동했어야 했다.

이처럼 현재에 모든 결점을 실감하는 것은 독재자의 명령 같은 당위에 시달리는 일이므로 누구나 견딜 수 없는 일이다. 곤경이 무엇이든 빨리 없애지 않으면 안 된다. 제거가 일어나는 방식은 각양각색이다. 어떤 사람이 상상 속에서 보내는 시간이 더 많을수록, 자신의 곤경을 재빨리 숨길 공산이 더 커진다. 그런 까닭에 배후 실력자가 되겠다는 어마어마한 충동을 자신 안에서 찾아내고, 자신의 인생에 어떤 영향을 미쳤는지도 알아냈던 어떤 환자는, 다음 날이 되자 그런 충동이 이제는 완전히 과거의 문제일 뿐이라고 확신했다. 그녀는 권력자에게 지배당해서는 안 되었고, 그래서 지배당하지 않았다. 이러한 '호전好轉 improvement'을 몇 번 체험한 뒤로, 현실에서 통제하고 영향을 미치려는 충동이 상상 속에서 소유하는 마법 능력의 한 표현일 뿐임을 깨달았다.

어떤 환자들은 오로지 의지력만으로 자신들이 자각한 곤경을 제거하려고 한다. 사람들은 의지의 힘을 한정 없이 뻗어 나가게 할 수 있다. 아무것에도 결단코 두려움을 느껴서는 안 된다고 생각했던 어린 두 소녀가 좋은 예이다. 두 소녀 가운데 한 소녀는 강도强盜가 들까 봐 무서워했는데, 두려움이 사라질 때까지 억지로 혼자 빈 집에서 잠을 잤다. 다른 소녀는 뱀이나 물고기에게 물릴까 봐 훤히 들여다보이는 맑은 물이 아니면 수영하는 것을 두려워했다. 그녀는 억지로 상어가 출몰하는 만을 가로질러 수영했다. 두 소녀는 이런 식으로 두려움을 없애려 했다. 따라서 이런 작은 사건은 정신 분석을 최신 유행하는 헛소리로 여기는 사람들이 이용하기 쉬운 재물이 될 듯하다. 그들은 왜 정신을 차리고 자제심을 되찾아야 할 필요를 알아 보지 못하는가? 그런데 강도나 뱀에게 느끼는 공포심은 더 깊이 숨은 일반적인 염려증 apprehensiveness을 분명하게 표현한 것에 지나지 않는다. 이렇게 내면 깊숙이 퍼진 불안不安 anxiety은 특별한 '도전'에 부딪쳐서도 그대로 남는다. 불안의 표면만 덮어 가릴 뿐, 진짜 장애는 건드리지도 못한 채 증상을 처리해 더 깊은 곳으로 가라앉았다.

우리는 정신 분석 과정에서, 환자들이 성격의 결점을 자각하자마자 의지력이 어떻게 뒤바뀌는지 몇 가지 유형으로 관찰할 수 있다. 그들은 결심하고, 예산을 유지하고, 사람들과 섞이기 위해 더 단정적으로 말하거나 더 너그러워지려고 애쓴다. 그들이 시달리는 성가시고 자질구레한 골칫거리의 숨은 의미와 예상되는 결과뿐 아니라 원천을 이해하는 데 똑같이 관심을 보였다면, 이러한 변화는 좋은 결과로 이어졌을 터이다. 불행히도 이러한 관심은 결여되어 있다. 특수한 장애의 전체 범위와 정도를 알아내는 바로 첫 단계가 그들의 성미에 맞지 않는다. 첫 단계는 사실 장애를 **사라지게** 만들려는 그들의 필사적인 충동과 정반대로 향하기 마련이다. 또 그들은 의식의 통제로 장애를 정복할 만큼 강해야 한다고 느끼기 때문에, 주의 깊게 매듭을 푸는 과정은 취약하고 좌절로 이어지기 십상이다. 이렇게 인위적 노력은 당연히 머지않아 줄어든다. 그러면 잘해야 신경증 장애로 부딪친 곤경은 조금 더 통제될 따름이다. 장애는 깊은 바닥으로 가라앉고, 위장된 형태로 계속 작용한다. 당연한 말이지만 분석가는 인위적 노력을 격려해서는 안 되고 분석해야 한다.

신경증 장애는 대개 힘들여 통제하려는 노력에도 저항한다. 의식적 노력은 우울증의 호전에 전혀 소용이 없으며, 깊이 배어든 노동 억제나 마음을 좀먹는 백일몽에도 전혀 도움이 되지 않는다. 이런 사실이 분석을 받는 동안 심리 이해를 경험한 누구에게나 명백하리라 생각할 터이다. 그러나 신경증 환자는 "나는 통달할 수 있어야 한다"는 당위까지 명료하게 꿰뚫어 보지 못한다. 그 결과 그는 우울증 같은 더 큰 고통을 겪게 된다. 신경증 장애는 고통에 덧붙여 자신이 전능하지 않은 존재임을 보여 주는 명백한 표시인 까닭이다. 이따금 분석가는 정신 분석 초기 단계에서 이러한 과정을 포착해서 미리 방지하기도 한다. 따라서 백일몽이 영향을 미치는 범위와 정도를 들추어내고, 어떻게 대부분 활동에 미묘하게 퍼져 있는지 미주알고주알 드러낸 환자는 백일몽의 유해성을, 최소한 백일몽이 어떻게 기력을 소진시키는지 깨달았다. 그런 다음 환자는 계속 백일몽에 빠져들었기 때문에 잘못을 저질렀다고 변명했다. 환자가 자신에게 내세운 요구가 무엇인지 알고 나자, 환자에게 그런 요구를 중단시키는 일이 가능하지도 않고 심지어 현명하지도 않다는 확신이 들었다. 왜냐하면 환자가 자신에게 내세운 요구가 이제껏 그녀의 인생에서 중요한 기능을 담당했음이 확실하고, 따라서 그 점을 서서히 이해해야 했기 때문이다. 훨씬 안도감을 느낀 환자는 바로 백일몽에 더는 빠지지 않기로 결심했다고 말했다. 그런데 중단할 수 없었기 때문에, 그녀는 내가 역겨워할 거라고 느꼈다. 자신에게 거는 기대를 나에게 투사했던 셈이다.

정신 분석 도중에 일어나는 낙담despondence, 초조감과 짜증irritability, 두려움fear 같은 여러 반응은 분석가가 가정하듯이 환자가 방해받는 문제를 스스로 발견한 데서 나온 반응이라기보다 오히려 문제를 곧바로 제거할 수 없다는 느낌에서 생기는 반응이다.

요컨대 내부 명령은 이상에 맞춘 자아상을 유지하려고 선택하는 다른 방식들보다 조금 더 급진성을 띠지만, 마찬가지로 진실한 변화가 아니라 즉각적인 절대 완벽을 지향한다. 불완전성을 제거하거나 **마치** 특별한 완벽성에 도달한 **것처럼** 보이게 만드는 것이 내부 명령의 목표이다. 이는 바로 앞의 사례에서 보았듯이 내부 명령이 밖으로 향하면, 훨씬 분명하게 드러난다. 그러면 실제로 어떤 사람인지, 심지어 그가 무슨 일을 겪는지도 문제가 되지 않는다. 오로지 다른 사람들이 볼 수 있는 것만 골치 아픈 걱정거리를 만들어 낸다. 예컨대 사회성이 필요한 상황에서 발생하는 손떨림, 얼굴 붉힘, 어색함 같은 증상이 걱정스러울 따름이다.

그러므로 당위에는 **진정한 이상genuine ideal의 특징인 도덕적 진지함**이 없다. 예컨대 당위에 사로잡힌 사람들은 점점 더 정직해지려고 노력하지 않고, 언제나 바로 앞에 있거나 상상 속에서나 가능한 정직의 절대 경지로 내몰린다.

그런 사람들은 기껏해야 펄 벅Pearl Buck, 1892~1973이 『여인의 저택*Pavilion of Women*』에서 우 부인의 성격을 통해 보여준 행동의 완벽성에 도달할 뿐이다. 이 책은 언제나 올바르게 행동하고, 올바르게 느끼고, 올바르게 생각하는 것처럼 보이는 여인의 초상을 그린다. 이런 사람들의 겉모습은, 말할 것도 없이, 대부분 속임수에 지나지 않는다. 그들은 청천벽력처럼 닥친 광장 공포증street phobia이나 심장 기능 장애를 겪을 때 당황한다. 그들은 어떻게 그런 일이 가능한지 묻는다. 그들은 언제나 인생을 완벽하게 관리했으며, 자신들이 속한 계급의 지도자, 조직의 창시자, 모범적으로 결혼 생활을 하는 배우자이자 부모였다. 결국 그들이 평소대로 처리할 수 없는 상황이 벌어진다. 상황을 다른 방식으로 처리하지 못하면, 그들이 유지하던 평형 상태는 깨지기 마련이다. 분석가는 그들이 겪는 어마어마한 긴장에 익숙해질 때면, 심각한 장애가 발생하지 않는 한, 계속 평정을 유지하며 살았다는 사실에 오히려 놀란다.

우리가 당위의 특징을 더 많이 알수록, 당위와 진정한 도덕 기준 또는 도덕 이상의 차이는 양이 아니라 질의 문제라는 사실이 더욱 분명해진다. 프로이트는 내부 명령이 초자아superego의 일부이며 도덕성 일반을 구성하는 요소라고 생각했는데, 중대한 오류 가운데 하나였다. 우선 당위와 도덕 문제의 관계는 밀접하지 않다. 도덕적 완벽성을 성취하라는 명령은 도덕 문제가 모든 사람의 인생에서 중요하다는 단순한 이유 때문에, 당위 가운데 중요한 자리를 차지한다. 그러나 방금 주장한 특별한 당위를 단지 무의식적 오만으로 결정되는 다른 당위에서 분리할 수 없다. 예컨대 "나는 일요일 오후 교통 체증에서 벗어날 수 있어야 해!" 또는 "나는 힘들여 훈련하고 작업하지 않고서도 그림을 그릴 줄 알아야 해!" 같은 당위는 무의식적 오만의 산물이다. 우리는 그림 전체에 집중해야 도덕적 완벽성을 성취하라는 요구에 알맞은 고유한 관점을 얻을 수 있다. 도덕적 완벽성에 도달해야 한다는 당위는 다른 당위와 마찬가지로 오만한 정신이 스며들어, 신경증 환자의 영광을 드높이고 환자를 신처럼 만들려고 한다. 이렇게 볼 때 정상이라고 할 수 있는 도덕적 노력이 신경증으로 훼손된 가짜 당위이다. 도덕적으로 완벽하라는 요구에 결점을 없애려는 목표와 얽힌 무의식적인 부정직不正直 dishonsty을 추가하면, 누구나 도덕적 완벽성을 성취해야 한다는 당위가 도덕 현상이 아니라 비도덕 현상임을 인정하게 된다. 이러한 차이를 분명하게 의식하면, 신경증 환자는 마침내 가장한 공상 세계a make-believe world에서 진정한 이상genuine ideals을 계발하는 쪽으로 방향을 바꿀 수 있다.

도덕적 완벽성에 도달해야 한다는 당위와 진정한 도덕 기준을 구별하는 성질이 하나 더 있다. 그것은 앞선 논평에 함축되어 있으나, 너무 중요해서 따로 떼어 분명하게 말하겠다. 바로 **강압 특성**coercive character이다. 이상도 우리 인생에 의무를 부여하는 힘이 있다. 예컨대 만약 이상 가운데 우리가 스스로 인정하는 책임 완수에 대한 믿음이 포함된다면, 어려울지라도 책임을 완수하려 최선을 다한다. 책임 완수는 우리가 궁극적으로 원하는 것이거나 올바르게 행동하는 것이다. 소망과 판단, 결정은 우리에게 달린 문제이다. 그리고 우리는 우리 자신과 한 몸이기 때문에, 이런 노력은 우리에게 자유와 위력을 제공한다. 다른 한편 당위에 복종할 때에는 '자발적voluntary' 기부나 독재 정권 내부의 열렬한 환영 인파에 휩쓸려 누리는 자유만 존재할 따름이다. 두 사례에서 만약 우리가 기대치에 미치지 못하면 곧바로 인과 응보 因果應報 retribution가 따른다. 내부 명령의 경우, 이것은 불이행에 따른 격렬한 감정 반응, 즉 불안과 절망, 자기 비하와 자기 파괴 충동 등 전 범위에 걸친 반응이다. 외부인outsider이 보기에 내부 명령은 외부의 자극 요인과 전혀 균형이 맞지 않지만, 당사자가 의미하는 것과 완전히 조화를 이룬다.

내부 명령의 강압 특성을 보여 주는 다른 사례를 들어 보자. 냉혹한 당위 가운데 모든 우연을 예견해야 한다는 당위에 사로잡힌 여자가 있었다. 그녀는 예지 능력, 선견지명과 신중한 행동으로 가족을 위험에서 보호하는 재능을 대단히 자랑스러워했다. 언젠가 그녀는 아들에게 정신 분석을 받으라고 설득하려는 계획에 공을 들였다. 하지만 정신 분석에 적개심을 품은 아들 친구의 영향을 고려하지 못했다. 그녀는 아들의 친구를 계산에 넣지 않고 남겨 두었음을 깨달았을 때, 신체 충격 반응이 일어났고, 땅이 꺼지는 느낌을 받았다. 아들의 친구가 그녀가 생각하듯 실제로 영향을 크게 미쳤을지 매우 의심스러웠고, 아들의 친구에게서 돕겠다는 약속을 받아낼 수 있었을지도 불확실했다. 신체 충격과 땅이 꺼지는 느낌은 순전히 아들의 친구를 고려했어야 했다는 갑작스런 깨달음에서 기인했다. 비슷하게 운전 실력이 뛰어난 어떤 여자는 앞 차와 살짝 부딪쳤고, 밖으로 나오라는 경찰관의 요구를 받았다. 아주 작은 사고였고 스스로 옳다고 느낄 때는 언제나 경찰을 두려워한 적이 없었는데도, 그녀는 갑작스럽게 꿈을 꾸듯 비현실적인 느낌에 사로잡혔다.

불안에서 생기는 여러 반응이 흔히 주목을 끌지 못하는 까닭은 불안에 저항하려는 습관적 방어가 동시에 일어나기 때문이다. 따라서 성인에 가까운 친구여야 한다고 느끼던 남자는 친구를 도와 줄 수도 있었던 상황에서 모질게 대했다는 사실을 깨닫자, 독한 술을 마시며 괴로워했다. 다른 한편 언제나 상냥하고 호감을 주어야 한다고 느끼던 여자는 친구에게서 사교 모임에 다른 친구를 초대하지 않았다고 흠이 잡혔다. 그녀는 쏜살같이 지나가는 불안을 느꼈고, 일순간 거의 실신 상태에 빠진 듯했으나, 애정의 필요를 강화하는 쪽으로 반응했다. 이것이 불안을 억누르는 그녀만의 방식이었다. 이행되지 않은 당위에 사로잡혀 사는 남자는 어떤 여자와 자고 싶다는 강한 충동을 느꼈다. 그 남자에게 성관계는 자신이 누군가에게 필요한 사람이라고 느끼고 약해진 자존심을 다시 세우는 수단이었다.

인과응보에 비추어 볼 때, 당위가 강압으로 작용한다는 사실은 조금도 이상하지 않다. 어떤 사람은 자신의 내부 명령에 따라 사는 한, 역할을 감쪽같이 잘 수행하기도 한다. 그러나 모순을 일으키는 두 당위 사이에 놓이면, 동력 전동 장치에 이상이 생긴 것처럼 혼란에 빠질 수도 있다. 예컨대 어떤 남자는 이상에 맞춘 완벽한 의사로서 환자들에게 모든 시간을 써야 한다고 느꼈다. 그러나 동시에 이상에 맞춘 완벽한 남편으로서 아내가 행복하게 사는 데 필요한 만큼 시간을 내야 했다. 그러나 두 당위를 충분히 이행할 수 없음을 깨닫자, 그에게 가벼운 불안 증상이 뒤따랐다. 불안은 그가 곧바로 고르디우스의 매듭Gordian knot*을 단칼에 끊어서, 즉 시골에 정착하기로 결정함으로써 해결했기 때문에 가벼운 증상으로 남았다. 그것은 전공의가 되려면 밟아야 하는 다음 수련 과정에 거는 희망을 포기하는 것이자 장래의 직업을 위험에 빠뜨리는 짓이었다.

진퇴양난의 상황은 결국 정신 분석을 통해 만족스럽게 해결되었다. 여기서 내부 명령들이 갈등을 빚을 때 발생하는 절망이 얼마나 큰지 알 수 있다. 어떤 여자는 이상에 맞춘 완벽한 어머니와 이상에 맞춘 완벽한 아내를 결합할 수 없어서 심신이 산산이 부서질 정도로 좌절을 겪어야 했다. 이상적인 아내가 되려면 술 중독에 빠진 남편의 모든 행동을 참고 견뎌야 한다는 뜻이었다.

이렇게 모순된 당위들에 맞닥뜨리게 되면, 설령 실제로 불가능하지는 않더라도, 당연히 합리적 결정을 내리기 어려워진다. 정반대 요구가 똑같이 양쪽에서 압박하는 탓이다. 어떤 환자는 불면증에 시달렸다. 왜냐하면 아내와 짧은 휴가를 떠나야 할지, 사무실에서 일을 해야 할지 결정할 수 없었기 때문이다. 아내의 기대에 부응해야 하는가, 아니면 고용주의 기대에 부응해야 하는가? 자신이 무엇을 간절히 원했는지는 마음속에 떠오르지도 않았다. 이런 문제는 당위에 기초해 결정할 수 없다.

어떤 사람은 내면의 폭정이 일으키는 충격과 영향도, 그런 폭정의 본성도 자각하지 못한다. 그런데 **내면의 폭정에 접근하는 태도와 그런 폭정을 체험하는**

---

* 프리기아의 수도 고르디움을 세운 고르디우스의 전차戰車에는 복잡하게 얽혀 있는 매듭으로 끌채에 멍에를 묶어놓았는데 아시아를 정복하는 사람만이 그 매듭을 풀 수 있다는 전설이 있었다. 그곳을 지나던 알렉산드로스 대왕이 매듭을 단칼에 베어 풀었다고 전한다. '고르디우스의 매듭을 잘랐다'는 말은 복잡한 문제를 대담한 방법으로 풀었다는 뜻이다.

방식에서 개인차는 대단히 크다. 개인차는 순응compliance과 반항rebellion이라는 정반대 극 사이에 걸쳐 있다. 이렇게 서로 다른 태도를 이루는 요소가 개인에게 영향을 주지만, 한 요소 또는 다른 요소가 우세해지고 압도하기 마련이다. 나중에 다룰 구분을 미리 말하자면, 내부 명령에 접근하는 태도와 내부 명령을 체험하는 방식은 일차로 개인의 인생에서 호소력이 제일 큰 요소, 즉 통달과 사랑, 자유에 따라 결정된다. 개인들 사이에 나타나는 차이는 나중에 논의하고, 여기서는 내부 명령이 당위當爲 shoulds와 금기禁忌 taboos에 어떻게 영향을 주는지 간단히 지적하겠다.[1]

인생에 통달한 느낌을 중시하는 확장 유형expansive type은 자신을 내부 명령과 동일시하고, 의식적이든 무의식적이든, 자신의 기준을 자랑스러워하는 경향이 있다. 내부 명령의 타당성에 의문을 제기하지 않는 확장 유형 환자는 어떻게든 내부 명령을 실행하려고 애쓴다. 그는 현실에서 행동함으로써 내부 명령에 부응하려고 노력한다. 그는 팔방미인이 되어야 한다. 누구보다 만사에 능통해야 하고, 결단코 오류를 범해서도 안 된다. 무슨 일을 시도하든, 간단히 말해 자신의 특별한 당위가 무엇이든, 결코 실패해서는 안 된다. 더욱이 그는 마음속으로 자신의 최고 기준에 도달한다. 그의 오만은 하늘을 찌를 듯 높아서 실패의 가능성은 고려조차 하지 않으며, 떠오르더라도 즉시 제거해 버린다. 멋대로 정한 옳다는 기준은 너무 확고해서 자신의 마음속에서만은 결코 틀리지 않는다.

자신의 상상 속으로 더 깊이 빠져들수록 현실에서 노력할 필요는 점점 줄어든다. 그러면 확장 유형 환자는 현실에서 두려움 탓으로 괴롭거나 부정직하더라도, 마음속으로는 전혀 두려움을 느끼지 않거나 최고로 정직해지는 일이 충분히 가능하다. "당위의 나 I should"와 "현실의 나 I am"를 가르는 경

1 제8장, 제9장, 제10장, 제11장에서 논의한다.

계선은 모호하다. 이 경계선은 십중팔구 누구에게나 선명하지 않을 것이다. 독일의 시인 크리스티안 모르겐슈테른Christian Morgenstern, 1871~1914은 시에서 경계선의 모호성을 간명하게 표현했다. 어떤 남자가 트럭에 치여 다리가 부러진 채 병원에 누워 있었다. 그는 사고가 일어난 바로 그 거리에서는 트럭이 주행할 수 없다는 사실을 알게 되었다. 그래서 모든 경험이 꿈일 뿐이라는 결론에 도달했다. 왜냐하면 '칼로 베듯 선명하게' 일어나서는 안 되는 일은 어떤 일도 일어날 수 없다고 결론지었기 때문이다. 어떤 사람의 상상력이 추리력을 더 많이 압도할수록, 현실과 상상을 나누는 경계선이 사라질 가능성이 높아지고, 그는 모범적인 남편이자 아버지, 모범적인 시민, 마땅히 있어야 할 존재로 변모한다.

사랑이 모든 문제를 해결해 주리라 기대하는 자기 말소 유형self-effacing type은 비슷하게 자신의 당위가 의문의 여지 없는 법칙이라고 느낀다. 그러나 이런 유형의 환자는 불안에 떨며 자신의 당위에 부응하려고 애쓸 때, 가련하게도 대부분 이행 능력이 부족하다고 느낀다. 따라서 의식 경험 속에서 으뜸가는 요소는 자기 비판self-criticism, 즉 최고 존재가 되지 못한 죄책감a feeling of guilt이다.

여기서 내부 명령에 보이는 두 태도는 극단에 치우칠 때, 당사자가 자기 자신을 분석하기 어렵게 만든다. 독선獨善 self-righteousness에 빠지는 경향은 당사자가 자신의 결점을 보지 못하게 할 수도 있다. 다른 극단, 곧 너무 쉽게 죄의식에 사로잡히는 경향은 당사자가 해방이 아니라 박살 효과를 내는 결점들을 간파할 위험에 빠지는 결과로 이어진다.

끝으로 '자유'라는 이상이 다른 무엇보다 호소력을 갖는 체념 유형resigned type은, 세 가지 유형 가운데 자신의 내부 명령의 폭정에 반항하기 제일 쉽다. 그는 자유나 자유를 풀이하는 자신의 해석이 워낙 중요해서 모든 강압에 신경 과민 반응을 보인다. 체념 유형은 조금 수동적으로 반항하기도 한다. 그러면 자신이 해야 한다고 느끼는 모든 일은, 곤란한 일이든 책읽기든 아내와 맺는 성관계든, 마음속에서 강압으로 변한다. 또 의식적이든 무의식적이든 원망을 불러일으켜서 결국 열의가 없고 멍한 사람이 되어 버린다. 해야 하는 일을 어쨌든 한다면, 일은 내부 저항으로 생기는 긴장 속에서 하게 된다.

체념 유형은 좀 더 능동적으로 당위에 반항하기도 한다. 그는 당위를 모두 떨쳐 버리고, 때로는 정반대 극단으로 치달아 자신이 좋아할 때 좋아하는 일만 하겠다고 주장하기도 한다. 반항反抗 rebellion은 난폭한 형태로 나타날 수도 있으며, 흔히 나타나는 반항은 절망이다. 만약 체념 유형이 연민, 자비, 성실의 궁극 상태에 도달하지 못하면, 그는 철저하게 '나쁜' 사람이 되어, 난잡해지고 거짓말을 하고 남을 모욕할 터이다.

이따금 당위에 순응하는 사람이 반항 단계를 거치는 경우도 흔하다. 마퀀드J. P Marquand, 1893~1960*는 순응 유형의 일시적 반항을 명인답게 묘사했다. 그는 외부에서 구속하는 기준이 내부 명령이라는 막강한 협력자를 만나면, 일시적 반항이 얼마나 쉽게 약해지는지 보여주었다. 이때 개인은 무디고 열의 없이 살게 된다.

마침내 다른 체념 유형은 자기 비난self-reproach을 유도하는 '선善 goodness'의 여러 국면이 번갈아 나타나면서 모든 기준에 맞선 거친 저항을 체험하기도 한다. 이런 체념 유형은 관찰력이 뛰어난 친구들에게 풀 수 없는 수수께끼 같은 인상을 준다. 그는 가끔 성 문제나 재정 문제에서 공격성을 드러내고 무책임하지만, 다른 때에는 고도로 발달한 도덕적 감수성을 보여 준다. 그에게서 의젓함과 예의 범절을 단념한 친구들은 마침내 그가 섬세한 사람이라고 장담하지만, 머지 않아 심각한 의심의 눈초리를 던지고 만다. 그는

* 20세기 중반 미국 중상류층의 급변하는 생활 방식을 풍자적으로 묘사한 소설가이다. 사회 계층 분화에 따른 인물의 섬세한 심리 묘사에 탁월했다.

"나는 해야 해"와 "아니, 나는 하기 싫어" 사이에서 끊임없이 오락가락한다. "빚을 갚아야 해"와 "아니, 내가 왜 갚아야 하지?" 사이, "식이요법을 계속 지켜야 해"와 "아니, 안 지켜" 사이를 왕복한다. 이런 사람들은 흔히 자발성을 지녔다는 인상을 주며, '자유'에 압도당해 당위에 접근하는 태도는 모순을 드러낸다.

삶을 압도하는 태도가 무엇이든, 내부 명령이 개인의 삶에 영향을 주는 수많은 과정은 언제나 외부 세계로 투사되는 외면화*外面化 externalization를 거치기 마련이다. 왜냐하면 내부 명령이 작용하는 과정은 자기와 다른 사람 사이에서 일어나는 것으로 체험되기 때문이다. 이 과정의 다양한 변형은 외면화가 일어나는 특별한 국면과 관계가 있다. 대체로 신경증 환자는 원래 자신에게만 타당한 기준을 타인에게 강요하면서, 완벽성을 혹독하게 요구한다. 자신을 만물의 척도the measure of all things라고 더 많이 느낄수록, 일반적인 완벽성이 아니라 자신이 도달해야 하는 특별한 규범에 근거한 주장을 더 많이 내세우기 마련이다. 다른 사람들을 완벽하게 만들지 못하면, 그는 자신을 향한 경멸과 노여움, 화anger에 사로잡힌다. 그러나 언제 어디서든, 해야 하는 것을 하지 못할 경우 자신에게 내는 짜증이나 초조감은 밖으로 향할 수도 있어서 더욱 불합리하다. 예컨대 자신이 완벽한 연인이 아니거나 거짓말이 탄로 날 때, 실패한 일에 버럭 화를 내며, 맞서는 상황을 연출하기도 한다.

---

* 현재 심리학이나 철학에서 외재화로 번역하기도 한다. 심리학에서는 개인의 내부에서 일어나는 심리 현상을 외부 세계로 옮겨 놓은 정신 과정을 나타내는 용어이다. 본능에 따른 소망이나 내면의 갈등, 기분이나 사고 방식 들이 외부 세계로 투사된다. 예컨대 분노나 공격 충동이 외면화를 거치면, 아이들은 어둠 속에 괴물이 있는 것처럼 상상하고, 편집증 환자는 도처에 박해자가 있다고 상상한다. 외부 세계로 투사한다고 해서 외부 세계에 실제로 존재하게 되는 것은 아니므로 외재화보다는 외면화라는 번역어가 적합할 듯하다.

다른 한편 신경증 환자는 원래 자신에게 거는 기대를 타인이 기대하는 것처럼 체험하기도 한다. 또 타인이 실제로 무엇을 기대하든, 타인이 기대한다고 생각할 뿐이든, 타인의 기대는 이행되어야 할 요구로 변한다. 신경증 환자는 정신 분석 과정에서 분석가가 자신에게 불가능한 일을 기대한다고 느낀다. 그는 언제나 생산해야 하고, 보고할 꿈이 있어야 하고, 분석가가 자신과 논의하고자 원하는 생각을 바탕으로 이야기해야 하며, 또 언제나 도움에 감사하고 더 나아진 모습으로 고마운 마음을 표현해야 한다는 자신의 느낌을 분석가에게 투사한다.

이렇게 신경증 환자는 타인이 자신에게 무엇을 기대하거나 요구한다고 믿을 경우, 서로 다른 두 방식으로 반응할 수 있다. 그는 다른 사람의 기대를 예상하거나 추측하고, 남에게 부끄럽지 않은 생활을 간절히 바랄 수도 있다. 그때 으레 다른 사람들이 자신을 비난하거나 실패를 알아채는 순간, 자신과 관계를 끊을 것이라 예상하기도 한다. 또 강압에 신경 과민 증상을 보일 경우, 다른 사람들이 자신에게 짐을 떠맡기고, 자기 일에 간섭하고, 자신을 밀어붙이거나 강압적으로 대한다고 느낀다. 그러면 강압 때문에 몹시 언짢아지거나 드러내 놓고 타인에게 반항한다. 신경증 환자는 다른 사람들이 기대하기 때문에 크리스마스 선물 주기 행사에 반대할지도 모른다. 또 타인이 자신에게 기대하는 시간보다 약간 늦은 시각까지 사무실에 있거나 업무 관련 약속을 연장하려고 할 터이다. 기념일 챙기는 일을 잊거나 편지에 답장하는 일을 깜박 잊고, 또 무엇을 요청받으면 어떤 호의도 표현하지 않으려 한다. 그가 친척들을 좋아하고 만나려 했는데도 친척 방문을 잊은 까닭은 어머니가 요청했기 때문이다. 그는 어떤 요청을 받든 지나치게 반응할 터이다. 그러면 타인의 비판을 두려워하기보다 오히려 요청에 분개한다. 또 신경증 환자의 극단에 치우친 불공정하기 짝이 없는 자기 비판은 집요하게 밖으로 향한다. 그러면 자신을 둘러싼 타인의 판단이 불공정하다고 느끼거나, 타인이 늘 자신에게 숨은 동기가 있는지 의혹을 품고 있다고 느낀다. 또 신경증 환자는 공격성을 훨씬 많이 드러내며 반항할 경우, 자신의 도전을 과시하고 타인이 자신을 두고 무슨 생각을 어떻게 하든 아예 걱정하지 않는다고 믿으려 한다.

타인에게 요청받는 상황에 과민 반응하는 태도는 내면에 어떤 요구가 있는지 알아보는 좋은 실마리이다. 자신도 균형이 맞지 않는다고 생각하는 반응은 자기 분석自己分析self-analysis에 특히 도움이 될 수도 있다. 일부는 자기 분석이지만, 다음 사례는 우리가 자기 관찰自己觀察 self-observation에서 이끌어낸 몇몇 잘못된 결론을 보여주는 데 유용하다. 내가 가끔 만나던, 일이 아주 많고 바쁜 경영자의 이야기이다. 그는 부두로 가서 유럽에서 오는 망명 작가를 만날 수 있느냐는 전화를 받았다. 경영자는 작가의 글을 읽고 늘 경탄했고, 유럽을 방문했을 때 사교 모임에서 만난 적도 있었다. 회의와 다른 일로 일정이 꽉 차서, 정말로 요청에 응할 수가 없었다. 몇 시간 부두에서 기다려야 했으니 더욱 실행에 옮기기 어려웠다. 나중에 깨달았듯이, 그는 두 방향으로 반응할 수 있었으며, 둘 다 분별 있어 보였다. 그는 곰곰이 생각해 보고 자신이 할 수 있는 일인지 알아본다고 말하거나, 유감을 표하며 정중히 거절하면서 작가를 위해 자신이 할 수 있는 다른 일이 있는지 물어볼 수 있었다. 그렇게 하기는커녕 바로 짜증을 내며, 퉁명스럽게 바쁘다고 말했고, 부둣가에 누가 나가게 조처하지도 않았다.

이후 그 경영자는 자신의 경솔한 반응을 후회했다. 늦게 짬을 내어 작가가 어디에 있는지 찾아냈고, 필요한 때 도와줄 수 있었다. 경영자는 작은 사건을 후회했을뿐더러 당혹감에 사로잡혔다. 자신이 생각한 만큼 작가를 높이 평가하지 않았는가? 그는 작가를 높이 평가한다고 확신했다. 스스로 믿는 만큼 우호 감정friendliness이 깊지 않고 기꺼이 돕지 않았는가? 우호 감정과 기꺼이 돕는 마음을 드러내라고 요청받았기 때문에 짜증이 났을까?

여기서 경영자는 좋은 길로 접어들었다. 자신의 관대한 성품이 진정성을 갖는지 의문을 제기할 수 있는 것만으로도 그에게는 상당히 진일보한 셈이었다. 왜냐하면 그는 이상에 맞춘 자아상 속에서 인류의 은인이었기 때문이다. 하지만 그가 소화할 수 있는 수준을 넘어선 단계였다. 그는 나중에 도움을 제안하고 제공하기를 간절히 바랐다고 기억함으로써 진일보의 가능성은 무위로 끝났다. 그런데 한 길이 닫혔지만, 갑자기 다른 실마리가 튀어나왔다. 그는 도움을 제안했을 때는 주도권을 쥐고 있었으나, 처음에는 무엇을 해달라고 요청받았다. 그때 자신이 그 요청을 불공정하게 부과된 짐으로 느꼈다는 점도 깨달았다. 작가가 망명하려고 부두에 도착한다는 사실을 알았다면, 그는 자진해서 선박이 도착하는 시간에 맞춰 그를 만나러 갈 생각을 했을 터이다. 이제 그는 부탁이나 요청을 받았을 때 짜증났던 경우와 비슷한 여러 사건을 생각해 냈고, 사실 단순한 요청이나 제안에 지나지 않는 여러 일을 짐이나 강압으로 느꼈다는 점도 분명히 깨달았다. 또 의견이 일치하지 않거나 비판을 받아서 짜증을 낸다고 생각했다. 그는 마침내 자신이 약자를 못살게 구는 사람이었고, 권세를 부리고 지배하고 싶어 했다는 결론에 이르렀다. 내가 여기서 그 경영자의 사례를 언급한 까닭은 이런 반응이 쉽게 지배 경향으로 잘못 판단되곤 하기 때문이다. 그 사람은 자신이 강압과 비판에 신경 과민 반응을 보인다는 점을 알아냈다. 어쨌든 그는 꽉 끼는 조끼를 입은 듯 답답하다고 느꼈기 때문에 강압을 견딜 수 없었다. 또 자신을 신랄하게 비판하는 사람이었기 때문에 타인의 비판도 견딜 수 없었다. 이러한 맥락에서 그가 자신의 우호 감정에 의문을 제기할 때 포기한 실마리를 붙잡을 수 있다. 대체로 그는 남을 도와야 하기 때문에 도왔을 뿐, 추상적인 인류애 때문이 아니었다. 그가 구체적인 개인을 만나는 태도는 스스로 깨달은 정도보다 훨씬 더 분열되어 있다. 따라서 어떤 요청이든 내면의 갈등을 일으켰다. 그는 요청에 응해야 하고, 아주 관대해야 하고, 누구든 자기를 강압적으로 대하게 허용해서는 안 된다. 짜증은 당시 해결할 수 없었던 진퇴양난에 빠진 답답한 느낌의 표현이었다.

당위當爲 shoulds가 어떤 사람의 인격人格 personality과 인생에 미치는 **효과** effects는 당위에 반응하고 당위를 체험하는 방식에 따라 조금씩 달라진다. 그러나 정도가 더 크든 더 작든, 몇몇 효과는 불가피하게 규칙적으로 발생한다. 당위는 언제나 긴장감을 낳으며, 어떤 사람은 긴장감a feeling of strain이 더 클수록 자신의 당위를 행동으로 옮겨서 실현하려고 고군분투한다. 당사자는 줄곧 발끝으로 서 있다고 느끼거나 만성 피로에 시달린다고 느낄 수도 있다. 또는 어렴풋이 꽉 끼고 팽팽하게 당기며 갇혀 있다고 느낄지도 모른다. 그를 지배하는 당위와 문화 환경이 그에게 기대하는 태도態度 attitudes가 일치하면, 긴장감이 아주 약해서 거의 느끼지 않을 수도 있다. 능동적인 사람은 당위에서 비롯된 긴장감을 아주 강하게 느껴서 활동이나 의무에서 벗어나 칩거하고픈 욕구에 사로잡힌다.

게다가 당위는 외면화 탓으로 언제나 이런저런 **인간 관계의 장애 요인**이다. 이 점에서 일반성이 가장 높은 장애 요인은 비판에 지나치게 예민한 신경 과민神經過敏 hypersensitivity이다. 자기 자신을 무자비할 정도로 비판하는 신경증 환자는 남들에 관한 어떤 비판이든, 실제로 비판하든 비판을 예상하든, 우호 감정이 있든 없든, 자기 자신에 대한 비판만큼 규탄糾彈 받아 마땅한 일로 체험하지 않을 수 없다. 비판에 과민한 감수성의 강도intensity는 신경증 환자가 스스로 좋아서 정한 기준에 미치지 못하기 때문에, 자신을 얼마나 혐오하는지 알아채면 더 잘 이해할 수 있다.[2] 그렇지 않을 경우 인간 관계를 방해하는 여러 장애는 어떤 종류의 외면화가 우세한가에 달려 있다. 이러한 방

2 제5장 자기 혐오와 자기 비하 참고.

해 요인 탓에 신경증 환자는 지나치게 남을 비판하며 몰아붙일 수 있다. 또는 지나치게 평가하거나 매사에 도전하거나 남들의 요구에 너무 쉽게 응할지도 모른다.

무엇보다 중요한 사실은 온갖 당위가 감정과 소망, 생각과 믿음의 **자발성**自發性 spontaneity, 즉 자기 자신의 감정과 소망, 생각과 믿음을 의식하고 표현하는 능력을 **훼손한다**impair는 것이다. 어떤 환자의 사례를 인용하면, 자발성이 훼손된 사람은 기껏해야 '자발적으로 강박에 사로잡혀spontaneously compulsive' 자신이 느껴야 하고 소망해야 하고 생각해야 하고 믿어야 하는 should 것을 '자유롭게freely' 표현할 따름이다. 사람들은 흔히 감정은 통제하지 못하고 행동만 통제할 수 있다고 생각하곤 한다. 우리는 타인에게 억지로 노동을 시킬 수는 있어도 일을 사랑하라고 강요할 수는 없다. 그래서 우리는 전혀 의심할 여지가 없는 양, 자신에게도 행동을 강제할 수 있지만, 확신의 감정을 억지로 갖게 하지 못한다고 생각한다. 이 점은 본질의 측면에서 보면 여전히 사실이다. 또 만약 여기에 새로운 증명을 요구하면, 정신 분석이 증명을 제공할 수 있을 것이다. 그러나 당위가 감정에 영향을 미쳐서 명령을 내리더라도, 상상력이 마법의 지팡이를 휘둘러 우리가 느껴야 하는 것과 실제로 느끼는 것의 경계는 흐려진다. 그러면 우리는 믿어야 하는 대로 믿고, 느껴야 하는 대로 느낀다.

이러한 과정은 정신 분석 도중 가짜 감정들pseudofeelings 때문에 갖는 가짜 확신spurious certainty이 흔들릴 때 나타나며, 그때 환자는 당혹스러운 불확실성이 지배하는 단계를 거치는데, 고통스럽지만 구축構築하는 constructive 시기이다. 예컨대 자신이 만인을 좋아해야 하기 때문에 좋아한다고 믿는 여자는 이렇게 물을지도 모른다. 나는 정말로 내 남편, 내 학생들, 내 환자들을 좋아할까? 어느 누구든 좋아하기는 하는 걸까? 질문하는 순간에는 대답할 수가 없다. 왜냐하면 그때 비로소 긍정 감정들의 자유로운 흐름을 늘 방해하면서도 온갖 당위로 가렸던 모든 두려움, 의혹, 원망과 대결할 기회를 잡기 때문이다. 내가 구축하는 시기라고 부른 까닭은 진정한 것the genuine이 무엇인지 찾는 탐색의 시작을 대표하기 때문이다. 자발적 소망이 내부 명령으로 산산이 부서지는 범위와 정도는 놀랍기 그지없다. 당위의 폭정을 발견한 다음에 겪은 심경의 변화를 적은 어떤 환자의 편지를 보자.

> 정말 솔직히 아무것도 **원할 수**가 없었지요. 죽음조차! '삶'은 말할 것도 없었지요. 지금까지 무슨 일이든 할 수 없었다는 점이 바로 고민이라고 생각했어요. 내 꿈을 포기할 수 없고, 나만의 재산을 모으지도 못하고, 스스로 더욱 인간답게 살 수 없었다는 것이죠. 순전한 의지력 탓이든 끈기 탓이든 비탄 탓이든.
>
> 이제 처음 정말로 아무것도 느끼지 못한다는 걸 알게 되었어요. 네, 제 초능력에 가까운 감수성이 있지만 말이죠! 고통이라면 얼마나 잘 아는지! 내면에서 부글거리는 화火, 자기 연민, 자기 비하와 지난 6년의 절망으로 마음이 무겁고 숨이 턱턱 막혔고, 고통은 몇 번이고 되풀이되었지요. 하지만 이제 모든 일이 부정, 반발, 강박에서 비롯되고, **전부 밖에서 부과되었으며**, 내 안에는 정말이지 아무것도 없다는 걸 알게 되었어요.[3]

가장한 감정make-believe feelings은 이상에 맞춘 자아상이 선, 사랑, 성자다움으로 향하는 사람들에게 두드러지게 나타난다. 그들은 숙고해야 하고 감사해야 하고 공감해야 하고 관대해야 하고 사랑을 주어야 하며, 또 이런 자질을 마음속에 모두 **갖추고 있다. 마치** 선하고 사랑을 주는 사람인 **것처럼** 말하고 시늉한다. 또 확신에 넘치기 때문에 일시적으로 타인을 납득시키기

---

3 「진실한 나 찾기Finding the Real Self」, 〈미국 정신 분석 학술지American Journal of Psychoanalysis〉*, 카렌 호나이가 서문을 쓴 『편지*A Letter*』.

* 카렌 호나이가 1941년에 설립한 미국 정신 분석 연구소에서 발행한 학술지이다.

도 한다. 그러나 당연히 이런 가짜 감정은 깊이도 없고 떠받치는 힘도 없다. 유리한 환경에서 그들은 상당히 일관되게 행동하기도 하는데, 그러면 자연히 어떤 의문도 제기하지 않는다. 『여인의 저택』에서 우 부인은 가족이 곤경에 빠질 때, 또 감정 생활에 솔직하고 진실한 남자를 만났을 때 비로소 자신이 느끼는 감정의 진정성眞正性 genuineness에 의문을 제기하기 시작했다.

맞춤 감정들made-to-order feelings의 피상성皮相性 shallowness은 다른 방식으로 더 자주 나타난다. 맞춤 감정은 쉽게 사라질 수도 있다. 자존심이나 허영심에 상처를 입으면, 사랑 감정은 서슴없이 무관심이나 원망과 경멸에 길을 내어 준다. 이런 경우 사람들은 으레 "내 감정이나 의견이 어떻게 그리 쉽게 바뀔 수 있는 거지?"라고 자문하지 않는다. 그저 인간성人間性 humanity을 믿는 신앙에 실망을 안겨 주는 사람이 하나 더 추가되었다거나, 진실로really 그 사람을 결코 신뢰한 적이 없다고 느낄 따름이다. 그렇다고 휴면 상태에 있더라도 강하고 생동하는 감정을 느낄 줄 아는 능력조차 없고, 더 잘 의식 되는 감정은 흔히 진정성이 거의 없는 엄청난 가식假飾 pretense이라는 뜻은 아니다. 길게 보면 그런 사람들은 허울뿐이고 남의 눈을 피한다는 인상, 적합한 속어를 사용하면 위선자 같은 인상을 풍긴다. 흔히 끓어오르는 노여움과 화anger는 정말로 온당해 보이는 유일한 감정이다.

다른 극단에 치우친 사람들은 무신경無神經 callousness과 몰인정沒人情 ruthlessness을 과장할 수 있다. 일부 신경증 환자에게는 다정, 공감, 확신을 꺼리는 금기禁忌 taboo가 중요하다. 다른 신경증 환자에게 적개심과 복수심을 꺼리는 금기가 대단히 중요한 것과 똑같다. 이런 사람들은 가까운 대인 관계를 맺지 않아도 잘 살아 낼 수 있어야 한다고 느끼므로, 대인 관계가 필요하지 않다고 믿는다. 그들은 어떤 것도 즐기지 말아야 하므로, 아무 걱정도 하지 않는다고 믿는다. 그렇다면 신경증 환자들의 감정 생활은 일그러지고 왜곡되었다기보다 차라리 메마르고 황폐하다.

당연히 내부 명령에 따라 발생한 감정이 그려내는 그림은 언제나 앞에서 말한 두 극단에 나타난 수준 만큼 능률화되어 있지 않다. 내린 명령들은 모순을 일으킬 수 있다. 당신은 어떤 희생자도 피할 만큼 공감 능력을 발휘해야 하지만, 어떠한 복수도 수행할 만큼 냉혈한이어야 한다. 결국 어떤 사람이 어떤 때는 무신경하고, 다른 때는 더할 나위 없이 친절하고 인정이 넘친다. 또 다른 사람들의 경우에는 너무 많은 감정과 소망이 교차한 나머지 곧바로 감정이 모두 식어 버리고 만다. 예컨대 그들이 무엇이든 스스로 원하지 못하게 막는 억제inhibition가 작용할 수 있다. 이러한 억제는 생기 넘치는 모든 소망을 억누르고 무엇이든 자발적 행동을 모두 억제한다. 그러면 편파적이지만 이런 억제 탓으로, 그들은 바로 은쟁반 위에 놓인 인생의 모든 것을 가질 권한이 있다는 느낌에 따라 몸에 밴pervasive 권리 주장을 내세운다. 다음에 이런 권리 주장이 좌절되면서 생겨난 원망은 인생을 참아 내야 한다는 내부 명령으로 억눌리기도 한다.

우리는 몸에 밴 당위가 여러 감정에 끼친 해로움harm보다 오히려 당위가 입힌 손해를 더 분명하게 의식한다. 그렇지만 당위가 우리에게 입힌 손해damage는 실제로 우리가 자신을 완벽한 존재로 만들려고 치르는 가장 값비싼 대가이다. 감정은 우리 자신이 살아 있다고 느끼게 만드는 일부이다. 감정들이 내부 명령에 따라 지배하는 독재 정권 아래 놓이면, 우리의 안과 밖에 있는 모든 것과 관계할 때 해로운 영향을 주는 뿌리 깊은 불확실성이 자라나서 본성에 적합한 삶을 살 수 없다.

우리는 내부 명령의 충격과 영향이 지닌 **강도**를 도무지 과대평가할 수 없다. 이상을 좇는 나를 실현하라고 몰아붙이는 충동drive이 어떤 사람을 더 많이 압도할수록, 당위가 그를 움직이고 몰아대고 행동하게 채찍질하는 유일한 동력이 된다. 진실한 나real self에게서 아직 멀리 떨어져 있는 신경증 환자는 자신을 속박하는 당위의 효과를 일부 발견했지만 당위를 포기하려 들지 않는다. 왜냐하면 당위가 없으면 무엇이든 하려는 의지가 생기지 않을뿐더러 아무것도 할 수 없다고 느끼기 때문이다. 환자는 가끔 누구든 타인이 '옳은' 일을 하게 만들려면 강제력을 사용할 수밖에 없다는 신념으로 이런 관심을 표현하기도 한다. 이런 신념은 바로 자신의 내면에서 일어난 체험을 밖으로 표현한 것이다. 그렇다면 당위는 신경증 환자에게 주관적 가치가 있으며, 그는 자신의 내면에 엄존하는 다른 자발적 힘을 체험할 경우에만, 당위 없이 살아갈 수 있다.

당위가 강압으로 작용하는 거대한 힘을 실감할 때, 한 가지 중요한 질문을 제기하지 않을 수 없으며, 답변은 제5장에서 논의하겠다. 자신의 내부 명령에 부응할 수 없다고 생각하는 사람에게 어떤 일이 벌어지는가? 이 질문에 대한 답변을 간략하게 예상해 보자. 그럴 때 그는 자신을 혐오하고 경멸하기 시작한다. 사실 당위와 자기 혐오가 복잡하게 얽힌 범위와 정도를 알지 못하면, 당위가 초래하는 엄청난 충격과 영향을 온전히 이해할 수 없다. 당위가 그야말로 공포 정권a regime of terror처럼 폭정을 펼치게 만드는 요인은 바로 당위의 배후에 숨은, 가혹한 징벌에 버금가는 자기 혐오의 위협이다.

제4장

●

신경증과 자부심

신경증 환자, 가짜 자부심에 속아 넘어가다

NEUROTIC PRIDE

신경증 환자는 완벽完璧 perfection에 도달하려 힘겹게 노력하고 완벽에 도달했다고 믿더라도, 절실하게 필요한 자신감自信感 self-confidence과 자존감自尊感 self-respect을 얻지 못한다. 상상 속에서는 신 같은 존재여도 아직 지상의 소박한 양치기도 가지는 자신감조차 얻지 못한다. 높은 지위에 오르고, 명성을 얻을지도 모른다고 기대하면 오만해질 테지만, 내면의 안정은 얻지 못한다. 그는 마음속으로 여전히 별볼일 없고 있으나마나한 사람이라고 느끼고, 쉽게 상처받으며, 자신의 가치를 두고 끊임없이 확인한다. 권력을 휘두르고 영향력을 행사하는 동안에는 강하고 의미가 있다고 느끼고, 칭찬과 도전으로 기운을 돋우기도 한다. 그러나 의기양양한 감정은 낯선 환경에서 버팀목을 잃을 때, 실패를 겪을 때, 또는 혼자가 될 때 순식간에 무너져 가라앉는다. 외면의 몸짓으로 천국을 볼 수는 없다.

신경증이 발병하는 과정에서 자신감이 어떤 경로를 밟는지 개괄해 보자. 아이가 자신감을 키우려면, 외부의 원조가 분명히 필요하다. 아이는 온정, 환영받는 느낌, 보살핌, 보호, 신뢰할 수 있는 분위기, 활동과 구축構築하는 훈련constructive discipline에서 받는 격려가 필요하다. 이런 요인이 충족되면, 아이는 마리 래시Marie I. Rasey가 잘 선별한 용어를 쓰자면 '근본 확신basic confidence'을 발달시킬 텐데, 근본 확신은 타인에게 보이는 확신과 자기에게 보이는 확신을 둘 다 포함한다.[1]

근본 확신이 발달하지 않으면 유해한injurious 여러 영향이 결합되어 아이의 건강한 성장을 방해한다. 우리는 제1장에서 이러한 요인과 일반적인 영향에 관해 논의했다. 이번 장에서는 아이의 고유한 자기 평가a proper self-evaluation를 특히 어렵게 만드는 이유를 몇 가지 추가하고 싶다. 맹목적인 칭찬adoration은 자신이 중요하다는 느낌을 부풀려 우쭐하게 만들 수도 있다. 아이는 있는 그대로 나타난 자신이 아니라, 칭찬이나 위신이나 권력 같은 부모의 필요를 충족하기 위해 원하고 좋아하고 감사한다고 느낄지도 모른다. 완벽주의자의 기준에 맞춘 엄격한 양육 방식은, 완벽한 요구에 부응하지 못하기 때문에 아이에게 열등감劣等感 a feeling of inferiority을 불러일으킬 수도 있다. 학교에서 비행을 저지르거나 나쁜 점수를 받아서 호되게 야단을 맞지만, 선행을 하거나 좋은 점수를 받는 일은 당연시된다. 자율이나 독립을 향해 나아가는 행동은 비웃음의 대상이 되거나 놀림감이 되기도 한다. 진짜 온정과 진정한 관심이 전반적으로 결여된 상태에다 앞에서 말한 모든 요인을 더하면, 아이는 사랑받지 못하고 무가치하다는 느낌, 적어도 자신이 아닌 어떤 존재가 되지 않는 한 아무 가치도 없다는 느낌에 사로잡힌다.

더욱이 생애 초기 불리한 여러 요인으로 신경증이 발병하면서, 아이가 존재하려면 없어서는 안 될 핵심이자 알맹이가 약해진다. 아이는 소외되어 분열을 체험한다. 아이의 자기 이상화自己理想化 self-idealization는 마음속에서나마 자신과 다른 사람들에게 괴로울 뿐인 잔혹한 현실을 초월한 영역으로

1 마리 래시, 「정신 분석과 교육」. 이 논문은 1946년 정신 분석 진보 협회에서 발표했다.

자기를 끌어 올려 이미 받은 상처를 치유하려는 시도이다. 또 악마와 맺은 계약 이야기에 나타났듯이, 아이는 상상 속에서 또 가끔은 현실에서도 모든 영광을 차지한다. 그러나 굳건한 자신감solid self-confidence이 아니라 의문투성이 가치를 담은 반짝이는 선물, 즉 신경증에 사로잡힌 자부심neurotic pride을 가질 따름이다. 굳건한 자신감과 신경증에 사로잡힌 자부심은 워낙 흡사해서, 사람들은 대부분 둘의 차이를 혼동한다. 예컨대 웹스터 사전의 예전 판에 실린 정의에 따르면, 자존심이나 자부심 또는 긍지pride는 진실로 존재하는 장점이나 상상된 장점에 근거한 자존감self-esteem이다. 진실로 존재하는 장점과 상상으로 꾸며낸 장점을 구분하지만, 차이는 크게 중요하지 않다는 듯 둘 다 '자존감'이라고 한다.

환자들은 대부분 진실로 존재하는 장점과 상상으로 꾸며낸 장점을 혼동하기 때문에, 자신감을 모르는 데서 생겨난 대단히 바람직하고 신비한 능력으로 여긴다. 그렇다면 분석가가 환자들에게 자신감을 이런저런 방식으로 심어 주리라는 기대는 논리적 귀결일 따름이다. 이러한 환자의 기대를 보면 언제나 용기를 내게 만들어 주는 일명 용기 주사를 맞은 토기와 생쥐가 나오는 만화가 떠오른다. 만화에서 토끼와 생쥐는 주사를 맞으면 몸집이 다섯 배나 자라서, 대담해지고 지지 않으려는 불굴의 투혼을 불사른다. 환자들이 인격이 실제로 지닌 자산existing personal assets과 자신감의 분명한 인과 관계를 모르고, 사실 실감하지 않으려 노심초사한다는 점이 중요하다. 이러한 인과 관계는 어떤 사람의 재정 상태가 재산, 저축 액수, 벌이 능력에 의존하는 방식만큼 명확하다. 재정 상태를 이루는 여러 요소가 충족되면, 당사자는 경제 측면에서 안정감을 느낀다. 또 다른 예를 들면 어부의 자신감은 양호한 어선 상태, 수리한 어망, 날씨와 바다의 상태에 적합한 지식, 근력 같은 구체적 요인에 의존한다.

무엇을 인격이 지닌 자산個人資産 personal assets으로 여기는가는 우리가 살고 있는 문화에 따라 어느 정도 달라진다. 예컨대 서양 문명에 어울리는 인격이 지닌 자산personal assets은 자율성이 있다는 신념autonomous conviction에 따라 행동하고, 자신만의 재간才幹 resources을 개발해 자립심自立心 self-reliance을 기르고, 스스로 책임지고, 자산과 부채와 한계를 현실에 가깝게 평가하고, 감정을 솔직하게 표현하고, 좋은 인간 관계를 맺고 가꾸는 능력 같은 자질資質 qualities이나 속성屬性 attributes을 포함한다. 주체가 자신감을 가지면 앞에서 말한 여러 요인이 기능을 제대로 발휘하며, 각 요인이 손상을 입는 정도에 따라 자신감은 흔들릴 터이다.

건강한 자부심healthy pride도 비슷하게 실체가 있는 속성substantial attributes에 근거한다. 건강한 자부심은 도덕 측면에서 용감한 행동을 자랑스러워하거나 일을 잘 해내는 특별한 성취를 정당하고 높게 평가하는 관심일 수도 있다. 또는 우리 자신이 가치가 있는 존재라는 훨씬 포괄적인 느낌, 곧 존엄한 존재라는 고요한 느낌일 수도 있다.

신경증에 사로잡힌 자부심이 상처에 지극히 민감한 점을 고려하면, 우리는 신경증에 사로잡힌 자부심neurotic pride을 건강한 자부심healthy pride이 지나치게 커지면서 생긴 결과로 생각하고 싶어진다. 하지만 우리가 이전에 여러 번 확인한 본질적 차이는 양의 차이가 아니라 질의 차이이다. 신경증에 사로잡힌 자부심은 건강한 자부심과 비교하면, 자산이나 실력과 무관한 전혀 다른 요인의 영향을 받는다. 그 요인들은 모두 자기 미화에 속하거나 자기 미화를 뒷받침한다. 예컨대 위신 가치 같은 외래 자산이 영향을 주기도 하고, 정당한 이유 없이 자신에게 돌린 속성과 능력이 영향을 줄 수도 있다.

신경증에 사로잡힌 자부심의 다양한 변형 가운데 위신 가치는 정상처럼 보인다. 서양 문명에서 보통 사람들은 매력이 넘치는 여자 친구와 사귀는 것, 신분이 높은 가문에서 태어나는 것, 본토박이 남부 사람이나 뉴잉글랜드 사람으로 태어나는 것, 위신을 갖춘 정치 집단이나 전문가 집단에 소속되는 것, 중요한 사람과 만나는 것, 인기를 얻는 것, 좋은 차나 좋은 집의 소유를 자랑스러워한다.

앞에서 소개한 자부심은 신경증의 가능성이 제일 낮다. 또 위에서 말한 요인들이 심각한 신경증 장애를 겪고 있는 사람들에게 주는 의미는 비교적 건강한 사람과 별반 다르지 않다. 위신 가치는 많은 사람들에게 의미가 있다 해도 특이할 정도로 적다. 그러나 신경증에 걸린 사람들의 자부심은 위신 가치로 무겁게 짓눌린다. 이런 사람들에게 위신 가치는 워낙 중요해서 그들의 인생은 위신 가치의 주변을 맴돌며 그 가치에 봉사하느라 최선의 기력best energies을 조금씩 허비하다가 모두 날려 버린다. 이렇게 사는 사람들에게 위신을 갖춘 집단의 일원이 되는 일, 저명한 기관과 관계를 맺는 일은 절대로 필요한 것이 된다. 물론 그들이 눈코 뜰 새 없이 열광하며 수행하는 모든 활동은 합리화를 거쳐, 진짜 관심이나 출세하고픈 정당한 소망으로 바뀐다. 그러면 이런 위신과 명망에서 생기는 것은 무엇이든 실제로 의기양양意氣揚揚 elation한 기분에 취하게 만든다. 어떤 사람의 위신과 명망을 높이는 집단이 겪는 모든 실패, 또는 그 집단의 위신 하락은 자존심에 상처를 입힌다. 가령 어떤 가문에서 '지위 확보making good'에 성공하지 못하거나 정신병을 앓는 구성원은 자존심에 심한 타격을 입고, 친척들이 겉으로 관심을 표현하지만 대부분 뒷전으로 밀려나고 만다. 다른 한편 남자의 호위 없이 식당이나 극장에 가느니 차라리 아예 나가지 않으려는 여자들도 많다.

위에서 말한 내용은 모두 인류학자들이 이른바 원시인을 두고 하는 이야기와 비슷해 보인다. 원시인들primitive people 사이에서 개인은 본래 집단의 일부일뿐더러 집단의 일원으로서 집단과 하나인 것처럼 느낀다. 그러면 개인의 문제가 아니라 제도와 집단 활동에 자부심을 갖거나 긍지矜持 pride를 느낀다. 신경증에 사로잡힌 자부심이 생기는 과정과 원시인이 집단 활동에 긍지를 느끼는 과정은 비슷해 보이지만, 본질적으로 다르다. 중요한 차이는 신경증 환자가 실제로 집단과 무관하다는 점이다. 신경증 환자는 집단의 일원이라고 느끼지 않으며 소속감이 없고, 오히려 인격이 드러난 개인의 위신personal prestige을 높이려고 집단을 이용한다. 설령 어떤 사람이 위신에 골몰하고 위신을 좇느라 온 힘을 다 써 버릴지라도, 또 마음속으로 자기 위신에 따라 기분이 올라갔다 내려갔다 하더라도, 이러한 증상 분석이 필요한 신경증의 문제라고 명확하게 알아보지 못할 때가 많다. 왜냐하면 이런 증상이 으레 발생하는 평범한 일이거나 문화 양식처럼 보이고, 또 분석가도 이러한 정신 질환에서 자유롭지 못하기 때문이다. 방금 말한 병은 사람들이 편의에 따라 판단하도록 조장해 스스로 통합성을 훼손하므로 지독한 정신 질환이다. 정상에 가깝기는커녕 정반대로 심각한 장애이다. 사실 이런 정신병은 자신에게서 너무 멀어지고 소외되어, 자부심까지도 대부분 바깥에서 찾는 사람들에게만 발병한다.

더구나 신경증에 사로잡힌 자부심은 어떤 사람이 상상 속에서 자신에게 돌린 속성, 즉 완벽한 이상에 맞춘 특별한 자아상에 의존한다. 여기서 신경증에 사로잡힌 자부심에 독특한 본성이 선명하게 드러난다. 신경증 환자는 자신이 현실에서 사는 지극히 인간다운 존재라는 엄연한 사실을 자랑으로 여기기 않는다. 우리는 신경증 환자가 자신을 잘못된 관점에서 바라본다는 사실을 알기에, 자부심과 자존심 때문에 온갖 곤경과 한계를 인정하지 않고 지워 없애도 놀라지 않는다. 그런데 이보다 더한 일이 벌어진다. 대개 신경증 환자는 자신이 실제로 소유한 자산조차 자랑스러워하지 않는다. 그는 기존 자산existing assets을 흐릿하게 자각할 수도 있지만, 실제로는actually 부정할지도 모른다. 설령 인지하더라도 그에게는 중요하지 않다. 예컨대 분석가가 현실에서 입신출세를 입증한 대단한 업무 능력이나 끈기를 환자에게 환기

시키거나, 그가 곤경에 빠져도 좋은 책을 한 권 저술했다고 짚어 주기라도 하면, 환자는 대놓고 또는 빗대서figuratively 어깨를 으쓱해 보이고, 무관심하다는 듯이 칭찬을 가볍게 지나쳐 버린다. 특히 아무것도 이루지 못하고 분투만 하는 것에는 어떤 일이든 가치를 인정하지 않는다. 예컨대 그는 고생苦生trouble하며 정직하게 분투honest striving하는 것의 가치를 인정하기는커녕 도리어 집어치우기도 한다. 정신 분석에 계속 응하거나 자기 자신을 분석하려고 연달아서 진지하게 노력할 때 이런 모습을 보였다.

페르 귄트Peer Gynt*는 문학 작품에서 찾은 유명한 사례인데, 이해를 도울 터이다. 페르 귄트는 기존 자산, 즉 자신이 이미 가진 위대한 지성과 모험 정신, 활력을 소중히 여기지 않고 높이 평가하지도 않는다. 그러면서 오로지 자기 자신이 되지 않는 것을 자랑으로 여겼다. 실제로 그는 마음속으로 자기 자신이 아니라 이상을 좇는 나로서 무한한 '자유'를 누리고 무제한 권력을 휘두른다. 그는 고삐가 풀린 자아 본위自我本位 egocentricity의 성질을 "그대 자신에게 진실하라!To thyself be true"는 격률에 따라 존엄한 인생 철학으로 끌어 올렸지만, 이 격률은 입센이 지적했듯이 "그대 자신으로 충분하다To thyself be enough"를 아름답게 꾸민 결과물이다.

신경증 환자들 가운데 성자나 달인이 되는 환상과 절대 평정에 이르는 환상을 보존하려고 마음을 졸이고 열망하는 페르 귄트 같은 사람들이 많다. 또 그들은 마치 자신들의 이런 평가 기준에서 한 치라도 벗어나면 '개성個性

---

* 1867년에 노르웨이의 작가 입센Ibsen이 쓴 희곡의 주인공 이름이자 희곡 제목이다. 몰락한 지주의 아들 페르 귄트가 세계를 방랑한 끝에 고향으로 돌아와 애인 솔베이지의 사랑을 깨닫고 죽는다는 내용으로 구성된 전체 5막의 작품이다. 노르웨이 민족 음악파를 대표하는 그리그Edward Grieg, 1843~1907가 입센의 희곡을 소재로 작곡한 『페르 귄트 모음곡』은 지금까지도 널리 사랑받고 있다.

individuality'을 잃어버리는 것처럼 느낀다. 상상력은 발휘되든 안되든 최고 가치로 등극한다. 왜냐하면 상상력은 참으로 존재하는 현실에 관여하는 멋없고 저속한 사람들을 경멸하며 낮춰 보게 만드는 수단을 제공하기 때문이다. 신경증 환자들은 당연히 '진리眞理 truth'를 말하지 않고, '현실現實 reality'에 대해 모호하게 이야기할 터이다. 예컨대 어떤 환자는 권리 주장을 너무 과장해 세상이 자기 마음대로 되리라고 기대했다. 처음에 이런 권리 주장이 불합리하고 자신의 품위를 낮춘다는 입장을 분명히 밝혔다. 그러나 다음 날 자부심을 되찾았고, 그때 권리 주장은 '웅대한 정신의 창조물'로 바뀌었다. 비합리적인 권리 주장의 진짜 의미는 수면 아래로 가라앉고 상상 속의 자부심이 승리자로 떠올랐던 셈이다.

자부심은 특히 상상력에만 국한되지 않고, 지성과 이성, 의지력 같은 모든 정신 과정에 따라다니는 예가 빈번하다. 신경증 환자가 자신에게 돌리는 무한한 능력은 따지고 보면 정신력이다. 그렇다면 신경증 환자가 상상력으로 환상에 빠지고, 상상력에 자부심을 갖는 것은 조금도 이상하지 않다. 이상에 맞춘 자아상the idealized image은 상상력의 산물이다. 그러나 하룻밤 사이에 돌연 창조되지 않는다. 대부분 무의식적으로 일어나는 지성과 상상력의 끊임없는 작업은 합리화, 정당화, 외면화, 조화되지 않는 것들의 화해를 통해서, 간단히 말해 사물을 있는 그대로 존재하는 모습과 달리 보이게 만드는 방법을 찾아내 내밀한 허구 세계private fictitious world를 계속 유지한다. 어떤 사람이 자신에게서 더 많이 소외될수록, 그의 정신이 지고한 현실supreme reality이 될 가능성은 더 커진다. "누구든 내 생각과 별개로 존재하지 않아. 그러니까 나도 내 생각과 떨어져 있지 않은 거지." 샬롯의 여인처

* 샬롯의 여인Lady of Shalott은 중세 아더왕 이야기에서 란슬롯을 사랑한 여인으로 등장한다. 영국의 시인 테니슨Alfred Tennyson, 1809~1892이 그녀의 사랑 이야기로 시로 썼고, 워터하우스John William Waterhouse가 1888년에 그림으로 그렸다.

럼*, 그는 현실을 직접 보지 못하고 거울을 통해서 볼 뿐이다. 정확히 말해 거울에 비친 세계와 자신을 둘러싼 **그의 생각들**his thought만 본다. 이것이 지성知性 intellect, 오히려 마음의 지상권至上權 supremacy에 부여된 자부심이 지성의 추구追求 pursuit에 참여하는 데만 국한되지 않고 모든 신경증에 규칙적으로 발생하는 이유이다.

신경증 환자는 권한이 있다고 느끼는 특별한 능력faculties과 특권prerogatives에도 자부심을 갖는다. 따라서 그는 신체 측면에서 결코 병을 앓거나 신체 손상을 입지 않을뿐더러 영혼, 정신, 마음 측면에서도 결코 상처 입었다고 느끼지 않는 난공불락의 환상을 자랑스러워할 수도 있다. 다른 신경증 환자는 '신의 총아the darlings of gods'가 된 행운을 자랑스러워할지도 모른다. 그러면 말라리아 창궐 구역에서 병에 걸리지 않고, 도박에서 돈을 따고, 소풍날 화창한 날씨는 자부심의 문제가 된다.

사실 모든 신경증에서 누가 권리 주장을 효과적으로 내세우는 것은 자부심의 문제이다. 무엇을 거저 얻을 권한이 있다고 느끼는 사람들은, 타인에게 돈을 빌려 주고 타인의 심부름을 해주고 타인이 무료로 의료 처치를 받도록 조종할 수 있으면, 자랑스러워한다. 타인의 인생을 관리할 권한이 있다고 느끼는 신경증 환자들은, 자기들의 피보호자가 곧장 충고를 따르지 않거나 자기들에게 먼저 조언을 구하지 않고 일을 혼자서 처리하면, 마치 자존심에 타격을 입은 것처럼 느낀다. 그 밖에도 신경증 환자들은 곤경에 빠졌음이 드러나자마자 곤경에서 해방될 권한이 있다고 느낀다. 그들은 공감과 용서를 이끌어낼 수 있으면 자랑스러워하고, 타인이 위험한 처지에 놓이면 화가 난다고 느낀다.

신경증에 사로잡힌 자부심은 내부 명령에 부응할 경우 겉으로 실체가 있는 것처럼 보이지만, 사실 가식假飾 pretenses과 뒤얽힐 수밖에 없기 때문에 다른 자부심과 마찬가지로 나약하기 짝이 없다. 완벽한 어머니가 되어야 자부심을 느끼는 여자는 어김없이 자신의 상상 속에서만 완벽할 따름이다. 유일무이한 정직성을 자랑하는 사람은 명백하게 거짓말을 하지 않을 수도 있겠지만, 으레 무의식적으로나 반쯤 의식하면서 거짓말을 하기 마련이다. 이타심利他心 unselfishness에 자부심을 갖는 사람들은 대놓고 요구하지 않을지 몰라도, 금기를 겸손의 미덕에 이르는 건강한 자기 주장으로 잘못 알고 있을 뿐더러 무력감無力感 helplessness과 괴로움sufferring을 표현해 타인에게 부담을 줄 것이다. 게다가 당위는 신경증에서 비롯된 목적을 이루는 데 봉사하기 때문에 주관적 장점을 가질 수는 있겠지만 객관적 가치는 전혀 없다. 이에 따라 신경증 환자는 예컨대 도움을 요청하고 도움을 받는 것이 훨씬 분별력 있는 행동이라도 아무 도움도 요청하지 않고 어떤 도움도 받지 않을 때 자랑스러워한다. 이는 사회 활동에서 잘 드러난다. 유리한 조건으로 매매할 때 자부심을 갖는 사람도 있고, 흥정을 전혀 하지 않을 때 자부심을 느끼는 사람도 있다. 자부심은 그들이 언제나 분명하게 이기는 쪽인지, 또는 자신의 이익을 얻으려고 결코 노력해서는 안 되는지에 달렸다.

마지막으로 자부심을 갖는 대상은 단지 강박에 사로잡힌 기준의 고고함loftiness과 혹독함severity일 수도 있다. '선'과 '악'을 분별할 줄 아는 능력이 신경증 환자들을 구약 성서 창세기 편에서 뱀이 아담과 이브에게 약속한 것처럼 신 같은 존재로 만든다. 어떤 신경증 환자의 드높은 기준을 세워 놓고 자신이 현실에서 어떻게 존재하고 어떻게 행동하는지와 무관하게, 자신을 자랑스러워할 만한 경이로운 도덕 천재라고 여긴다. 신경증 환자는 정신 분석 과정에서 위신 추구에 찌든 갈망, 빈약한 진리 감각, 복수심을 인정할 수도 있다. 그러나 모든 사실을 인정해도, 그는 더 겸손해지거나 도덕 존재로서 우월감을 덜 느끼게 되지 않는다. 이렇게 현실에서 드러나는 결함이 신경증 환자에게는 중요하지 않다. 그의 자부심은 도덕에 따르는 존재가 되는 데 있지 않고, 자신이 어떻게 도덕을 따르는 존재가 되어야 하는가를 아는 것과 관련이 있다. 설령 일시적으로 자기 비난self-reproaches이 무익하고 헛되다는 사실을 인정하거나 때로는 자기 비난의 사악함에 치를 떤다고 해도, 그는 여전히 자기에게 내세우는 수많은 요구要求 demands를 줄이지 않을지도 모른다. 결국 괴롭더라도 무엇이 문제란 말인가! 그가 겪은 고통은 우월한 도덕적 감수성superior moral sensitivity을 입증하는 또 다른 증거가 아닌가! 따라서 자부심을 보존하고 유지하는 일은 대가를 치를 만한 충분한 가치가 있어 보인다.

이렇게 일반 관점의 총론에서 개인 신경증individual neuroses을 다루는 각론으로 넘어갈 때, 언뜻 보면 그림은 혼란스럽기 짝이 없다. 솔직히 자부심과 결부되지 않은 개인의 신경증은 하나도 없다. 어떤 사람에게는 빛을 뿜는 자산이 어떤 사람에게는 불명예스러운 부채이다. 어떤 사람은 사람들에게 무례한 행동을 자랑스러워하지만 어떤 사람은 무례로 해석될 여지가 있는 모든 일을 부끄럽게 여기고, 타인의 심정을 알아차리는 민감성sensitiveness을 자랑스러워한다. 어떤 사람은 허세를 부려서라도 인생을 헤쳐 나가는 자신의 능력을 뽐내지만, 어떤 사람은 허세의 흔적조차 부끄러워한다. 여기에 사람들을 신뢰할 때 자랑스러워하는 이가 있고, 저기에 사람들을 불신할 때 자랑스러워하는 이도 있다. 이렇게 계속 이어진다.

그런데 앞에서 열거한 다양한 모습은 특별한 자부심을 전체 인격의 맥락과 따로 떼서 생각하면 혼동을 일으킨다. 특별한 자부심을 개인의 전체 성격 구조의 관점에서 보자마자, 질서를 부여하는 원칙이 생겨난다. 신경증 환자는 자기 자신을 자랑스러워해야 할 필요가 너무나 절박한 명령이어서 맹목적 필요의 마수에 걸려들거나 붙잡혀 있다는 생각을 견뎌 내지 못한다. 그래서 상상력을 이용해 맹목적 필요를 덕으로 바꾸고, 자랑스러워할 수 있는 자산assets으로 바꾼다. 그러나 이상을 좇는 나를 실현하려는 충동에 알맞은 강박에 사로잡힌 필요만이 이렇게 바뀐다. 반대로 그는 이상을 좇는 나를 실현하지 못하게 방해하는 필요를 억압하고 부정하고 경멸하는 경향이 있다.

이렇게 신경증 환자가 무의식에서 감행하는 가치 전도 능력은 경이로울 정도이다. 가치 전도가 일어나는 가장 좋은 매체는 만화일 터이다. 만화에서 어떤 바람직하지 못한 특징으로 고통 당하는 사람들이 어떻게 붓을 들고 그런 특징을 아름답게 채색하고 자신의 그림에 거드름 피우는 자부심과 긍지를 부여하는지 아주 생생하게 볼 수 있다. 따라서 비일관성은 제한 없는 자유로, 기존 도덕 규약에 맞선 맹목적 반항은 흔해 빠진 진부한 편견을 넘어선 도약으로, 자기 자신을 위한 것이라면 무슨 일이든 막는 금기는 성자의 이타심으로, 환심을 사야 할 필요는 순수한 선의로, 의존은 사랑으로, 남을 이용하거나 착취하는 행위는 용의주도한 태도로 바뀐다. 자아 본위의 권리 주장을 내세우는 능력은 강인함으로, 복수심은 정의로, 좌절감을 안겨 주는 기교技巧 techniques는 최고 지성을 갖춘 무기로, 일에 갖는 반감은 '치명적인 일 중독에 맞선 저항'으로 나타난다.

이렇게 무의식에서 일어나는 과정을 보면 입센의 『페르 귄트』에 나오는 돌림노래가 떠오른다. "검정은 희게, 흉한 것은 예쁘게, 큰 것은 작게, 더러운 것은 깨끗하게 보이지." 흥미롭게도 입센은 이런 가치 전도를 신경증의 가치 전도와 비슷하게 설명한다. 페르 귄트처럼 자족하는 몽상의 세계a self-sufficient dream world에서 사는 한, 당신은 자신에게 진실할 수 없다. 몽상계와 진실한 나를 잇는 다리는 없다. 몽상의 세계와 당신의 진실한 나는 원칙적으로 너무 달라서 타협이나 절충이 불가능하다. 또 만약 당신이 자신의 참 모습을 찾지 못하고 상상 속에서 웅대한 자아 본위의 인생을 산다면, 당신은 물수제비뜨기 놀이에 취해 자신의 가치를 낭비하게 될 터이다. 당신의 가치 척도는 페르 귄트의 돌림노래처럼 뒤집혀 뒤죽박죽이 되고 만다. 이것이 사실 이번 장에서 다룬 모든 논의에 담긴 취지이다. 우리는 영광을 좇는 탐색을 그만두자마자 우리 자신의 진상眞相 the truth of ourselves이 무엇인지를 두고 거듭하던 걱정과 근심도 거둬들인다. 신경증에 사로잡힌 자부심은 어떤 모습으로 나타나든 거짓된 가짜 자부심이다.

일단 이상을 좇는 나를 실현하는 경향들만 자부심의 대상이 된다는 원리를 간파하면, 분석가는 환자가 집요하게 고수하는 입장에 숨은 자부심을 탐지하려 주의하고 경계할 터이다. 어떤 사람의 성격을 드러내는 특징a trait의 주관적 가치와 거기에 도사린 신경증에 사로잡힌 자부심은 규칙 관계를 보인다. 두 요인 가운데 어느 하나를 인지한 분석가는 십중팔구 다른 요인도 인지할 수 있다고 결론을 내려도 된다. 전자가 먼저 주목을 받을 때도 있고, 후자가 먼저 주목을 받을 때도 있다. 이에 따라 어떤 환자는 정신 분석 작업이 진행되는 초기에 자신의 냉소주의나 타인에게 좌절감을 안겨 줄 권력에 자부심을 드러내기도 한다. 분석가는 정신 분석 초기 중대한 시기에 드러나는 요인이 환자에게 어떤 의미가 있는지 이해하지 못하더라도, 특정한 요인이 환자의 특별한 신경증에서 맡은 역할이 중요하다고 합당하게 확신할 수 있다.

분석가가 치료를 제대로 하려면, 서서히 개별 환자에게 중요한 특별한 자부심이 무엇인지 분명한 그림을 그려낼 필요가 있다. 물론 환자는 어떤 충동과 태도, 반응을 무의식적으로든 의식적으로든 자랑스러워하는 한, 맞붙어 싸워야 할 문제로 생각할 리 없다. 예를 들면 환자는 다른 사람의 허를 찔러 속여야 할 필요를 자각할지도 모른다. 분석가는 환자에게 진실한 나real self를 찾아 주려고 하므로, 이런 경향을 맞서 싸워 마침내 극복해야 할 문제로 자명하게 인식한다. 분석가는 다른 사람의 허를 찔러 속이려는 경향의 강박에 사로잡힌 특성, 그런 경향이 인간 관계에서 초래하는 장애, 구축 목적들constructive purposes에 써야 할 기력의 낭비를 실감한다. 다른 한편 환자는 자신의 경향을 자각하지 못한 채, 남의 허를 찔러 속이는 능력으로 자신이 우월한 사람이 된다고 느낀다. 은밀하게 그런 능력을 자랑스러워한다. 그러므로 환자는 남의 허를 찌르려는 자신과 경향을 분석하지 않고, 무엇 때문에 완벽하게 남의 허를 찌르지 못하는지에 관심을 쏟는다. 분석가와 환자가 어디에 가치를 두고 평가하는지 차이가 드러나지 않는 한, 양측은 다른 차원에서 움직이며 서로 어긋난 목적을 갖고 분석을 진행하게 된다.

흔들리기 쉬운 토대 위에 서 있는, 신경증에 사로잡힌 자부심은 카드로 지은 집만큼 실체가 없으며, 미약한 외풍에도 무너져 내린다. 주관적 경험의 관점에서 보면 어떤 사람은 신경증에 사로잡힌 자부심으로 **상처받기 쉬운** vulnerable 존재가 되고, 자부심에 사로잡힌 정도만큼 쉽게 상처를 입는다. 신경증에 사로잡힌 자부심은 외부에서 받는 상처만큼 내부에서도 쉽게 상처를 입는다. 자부심이 손상되거나 자존심에 상처를 입었을 때 전형적으로 나타나는 두 반응은 수치심羞恥心 shame과 굴욕감屈辱感 humiliation이다. 다른 사람 때문에 자존심에 상처를 입거나, 자존심을 걸고 다른 사람에게 요구한 일이 실패로 돌아가면, 우리는 굴욕감을 느낀다. 수치심과 굴욕감이 상황에 어울리지 않거나 균형을 잃은 것처럼 보이면, 다음과 같이 두 질문을 제기하고 답변을 찾아보아야 한다. 그런 반응은 어떤 특별한 상황에서 일어났는가? 또 특별한 상황 탓으로 배후의 어떤 특별한 자부심이 손상되거나 자존심에 상처를 입었는가? 두 질문은 밀접한 관계가 있으며, 어느 쪽 질문에도 즉답을 하기 어렵다. 예컨대 분석가는, 수음手淫 masturbation에 관한 문제에 일반적으로 분별력을 갖고 합리적으로 접근해서 타인의 경우에는 수음을 해서는 안 된다고 하지 않을 사람에게, 수음이 지나친 수치심을 유발한다는 점을 알 수도 있다. 적어도 수치심을 유발한 요인은 분명한 것처럼 보인다. 그러나 분명한가? 수음은 사람마다 다른 의미를 가질지도 모르며, 분석가는 수음과 얽힌 여러 요인 가운데 어떤 요인이 수치심을 유발하는지 준비 없이 즉석에서 알아낼 수 없다. 개별 환자에게 수음은 사랑과 분리되므로 타락한 성행위를 의미하는가? 수음은 성관계에서 얻는 쾌락보다 더 큰 만족을 주어서, 오로지 사랑에 맞춰 조절된 성의 모습을 어지럽히는가? 그것은 성에 동반하는 환상의 문제인가? 어떤 필요라도 필요의 충족을 허용한다는 뜻인가? 고대 헬레니즘 시대 스토아 학파의 금욕주의에 충실한 사람이 볼 때 수음은 지나친 자기 방종인가? 그것은 자기 제어 능력을 잃었다는 뜻인가? 분석가는 환자에게 맞춰 이런 여러 요인의 연관성을 파악해야 비로소 수음으로 어떤 자부심이 손상되는가 라는 둘째 질문을 제기할 수 있다.

아직 수치심과 굴욕감을 유발하는 요인이 정확히 무엇인지 따져 볼 필요가 있음을 보여 주는 다른 사례가 남아 있다. 결혼하지 않은 많은 여자들은 의식적으로 자신들이 인습에 얽매이지 않는다고 생각하지만, 애인을 두는 생활에 깊은 수치심을 느낀다. 우선 여자가 애인 때문에 자존심에 상처를 입었는지 분별하는 작업이 중요하다. 만약 자존심에 상처를 입었다면, 수치심은 애인이 충분한 매력을 갖추지 못했거나 애정이 깊지 않은 탓인가? 애인이 자신을 기분 나쁘게 대한 탓인가? 애인에게 의존한 탓인가? 또는 애인의 지위와 성격과 무관하게 애인을 둔다는 사실 자체에서 생긴 수치심인가? 그렇다면 그녀에게 결혼은 위신의 문제인가? 애인은 있지만 결혼은 하지 않은 상황이 무가치하고 매력 없는 사람이라는 증명인가? 또는 그 여자는 베스타 제단의 처녀a vestal virgin처럼 성욕을 초월해야 하는가?

흔히 똑같은 사건이 두 반응, 즉 수치심과 굴욕감을 유도하기도 하는데, 한 반응이나 다른 반응이 우세한 양상을 띤다. 젊은 여자에게 거절당한 남자는 굴욕감을 느끼고 "그 여자는 자기가 도대체 뭐라고 생각하는 거지?"라는 반응을 보이거나, 자신의 매력과 사내다움이 아무 흥미도 끌지 못한 것 같을 때 수치심을 느낄 수 있다. 토론 중에 논평을 했는데 아무 호응도 얻지 못한다고 치자. 신경증 환자는 '나를 조금도 이해 못하는 터무니없는 바보들' 때문에 굴욕을 느끼거나 자신의 꼴사나움awkwardness에 수치를 느낄 수 있다. 누가 그를 이용한다고 하자. 신경증 환자는 이용한 사람 때문에 굴욕을 느끼거나 자신의 이익을 내세우지 못한 상황 때문에 수치스러워할 수 있다. 아이들이 명석하지 않거나 인기가 없다고 하자. 신경증 환자는 이런 사실에 굴욕감을 느끼고 아이들 탓으로 돌리거나 아이들을 돌보지 않았다고 수치심을 느낄 수 있다.

앞에서 관찰한 내용을 보면 생각의 방향을 다시 정할 필요가 있음이 드러난다. 우리는 현실 상황actual situation을 지나치게 강조하고, 현실 상황이 우리의 반응을 결정한다고 생각하는 경향이 짙다. 예컨대 우리는 어떤 사람의 거짓말이 탄로 나면 **수치심**shame으로 얼굴이 빨개지는 것이 '당연하다natural'고 생각한다. 그런데 어떤 사람은 그런 방식으로 수치심을 느끼지 않는다. 부끄러워하기는커녕 거짓말을 알아챈 사람에게 **굴욕당했다**고 느끼며 반감을 품는다. 따라서 우리의 반응은 상황의 변화에 영향을 받을 뿐 아니라, 우리 자신의 신경증에서 비롯된 필요가 더 많이 결정한다.

자세히 말하자면, 가치의 변형transformations of values에 영향을 주는 동일한 원리가 수치나 굴욕을 느끼는 반응에도 작용한다. 공격성 확장 유형aggressive expensive type에게는 놀랍게도 수치나 굴욕을 느끼는 반응이 나타나지 않을 수 있다. 정신 분석의 탐조등을 아무리 샅샅이 비추어도 처음에는 흔적 하나 발견하지 못할지도 모른다. 이 유형에 속한 사람들은 상상 속에는 마음속으로 결점 하나 없이 완전한 삶을 살거나, 그들이 행하는 일은 모두 **그 자체로**eo ipso 옳은 철저한 올바름으로 무장한 보호막을 친다. 그들이 자존심에 입은 상처는 오로지 바깥에서 올 따름이다. 동기 부여에 의문을 제기하고 결점을 드러내는 일은 어떤 종류든 모욕으로 느낀다. 그들은 의문을 제기하고 결점을 드러내는 사람에게 사악한 의도를 지니고 있지 않은지 의혹을 던질 따름이다.

자기 말소 유형에 속한 사람들의 굴욕 반응은 수치심으로 훨씬 그늘져 있다. 겉으로 볼 때 그들은 당위에 부응하려는 불안하고 간절한 관심에 제압당하고 열중한다. 그러나 나중에 논의될 어떤 이유 때문에, 그들은 도리어 궁극의 완벽성에 이르지 못한 실패에 집중해 수치심을 느끼기 쉽다. 그러므로 분석가는 한 반응 또는 다른 반응이 우세한지 관찰한 다음, 기저 구조underlying structure 안에 얽힌 경향이 어떻게 자리를 잡고 있는지 잠정 결론을 내릴 수 있다.

지금까지 자부심과 자부심 손상에 따른 반응의 관계는 단순할뿐더러 직접 드러났다. 또 둘의 관계는 유형을 이루기 때문에, 분석가나 자기를 분석하는 사람이 하나에서 다른 하나를 추론해 내기 쉬워 보였을 터이다. 신경증에 사로잡힌 자부심의 특별한 가치를 인지하면, 분석가는 수치심과 굴욕감을 도발하기 쉬운 자극에 경계하라고 말해 줄 수 있다. 또 거꾸로 이런 반응이 나타나면, 기저 자부심을 찾아내 본성이 무엇인지 검토할 터이다. 몇 가지 요인으로 그러한 반응이 흐려져서 문제가 복잡해진다. 어떤 사람의 자부심은 지극히 취약해서 상처를 쉽게 받을 수도 있지만, 그는 의식적으로는 상처받은 느낌을 전혀 표현하지 않는다. 이미 언급했던 독선獨善 self-righteousness이 수치심을 억제할 수 있다. 더욱이 불사신不死身의 자존심a pride in invulnerability이 상처받았다는 느낌을 허용하지 않고 금지할지도 모른다. 신은 죽음을 면치 못할 인간의 불완전함에 노여워하고 화를 낼지도 모르지만, 신경증 환자는 바로 직장 상사나 택시 운전사 따위에게 상처받지 않는다. 그는 인간의 불완전함을 너그럽게 눈감아 줄 만큼 마음이 넓어야 하고, 모든 일을 잘 처리할 만큼 강해야 한다. 그러므로 '모욕侮辱 insults'은 신경증 환자에게 두 갈래로 상처를 준다. 타인 때문에 굴욕을 당했다는 느낌과 자신이 상처를 받았다는 바로 그 사실 때문에 생겨난 수치심이다. 이런 부류의 신경증 환자는 거의 불변하는 다음과 같은 진퇴양난에 빠진다. 신경증 환자는 불합리할 정도로 쉽게 상처받지만, 자존심은 조금이라도 상처받는 상황을 허용하지 않는다. 이러한 내면 조건이 초조감과 짜증의 확산에 영향을 크게 미친다.

위 논의에서 드러난 쟁점도 자존심 손상에 직접 드러난 반응이 자동으로 수치심이나 굴욕감과는 다른 감정으로 변질될 수 있어서 흐려지기도 한다. 어떤 여자는 남편이나 애인이 다른 여자를 좋아하면, 자존심에 심각한 상처를 입어서, 자신의 소망을 기억하지 못하거나 상대의 일이나 취미에 열중할 수도 있다. 그러나 의식적으로는 보답이 없는 사랑에 깊이 슬퍼하고, 아주 조금 실망할 따름이다. 수치심은 막연하게 거북한 느낌이나 당황스러운 느낌, 구체적으로 말해 죄책감罪責感 feelings of guilty으로 나타날 수도 있다. 마지막 변형이 특별히 중요한 까닭은 특정 죄책감이 즉각 이해되기 때문이다. 가령 어떤 사람이 스스로 의식하지 못하지만 가식이 몸에 배서 비교적 무해하고 대수롭지 않은 거짓말로 죄진 것처럼 당황스러워한다고 치자. 이때 우리는 그가 정직보다 외양에 관심이 더 많으며, 허구에 불과한 절대적인 궁극의 정직함을 유지하지 못해서 자존심에 상처를 입는다고 가정해도 틀리지 않는다. 또 만약 자아 본위에 따라 행동하는 사람이 남을 배려하지 않아서 죄책감을 느낀다면, 우리는 그 사람이 바라는 만큼 타인을 민감하게 배려하지 않아서 정직하게 유감을 표현한 것이 아니라 선의 영광을 더럽혀서 수치심을 느낀 것은 아닌지 물어보아야 한다.

게다가 이러한 반응을, 직접 드러났든 변질되었든, 하나도 의식하지 못할 수도 있다. 우리는 어떻게 반응하는지만 자각할지도 모른다. 이러한 이차 반응 가운데 두드러진 반응은 격노rage와 두려움fear이다. 어떤 자존심 손상이든 복수심에 불타는 적개심vindictive hostility을 불러일으킬 수 있다는 사실은 잘 알려져 있다. 복수심에 불타는 적개심은 싫음에서 혐오로, 화가 나는 짜증에서 살인을 할 만큼 맹목적인 격노까지 나아간다. 때로는 격노와 자존심의 관계가 관찰자의 관점에서 보면 아주 쉽게 드러난다. 예컨대 어떤 사람은 중세 기사라도 된 양 거만하게 자신을 대한 직장 상사나, 자신을 속인 택시 기사에게 무섭게 화를 낸다. 기껏해야 성가시고 귀찮은 작은 사건이었는데도 당사자만 타인의 나쁜 행동에 맞는 정당한 분노로 의식할 따름이다. 관찰자, 즉 분석가는 신경증 환자의 자존심이 작은 사건으로 상처를 입었고, 굴욕을 느껴서 격노로 반응했다는 사실을 알아볼 터이다. 환자는 분석가의 이런 해석을 과도한 반응에 적합한 그럴듯한 설명으로 수용할 수도 있고, 자신의 반응이 조금도 지나치지 않았고, 자신의 분노가 타인의 사악邪惡wickedness과 우매愚昧 stupidity에 맞선 정당한 반응이라고 주장할 수도 있다.

물론 이성을 잃은 모든 적개심이 자존심 손상에서 기인하는 것은 아니지만, 일반적으로 가정되는 수준보다 더 큰 역할을 한다. 분석가는 언제나 이런 가능성에 주의를 기울여야 하며, 환자가 분석가를 비롯해 해석이나 정신 분석의 전체 상황에 어떤 반응을 보이는지 각별히 관심을 갖고 지켜보아야 한다. 자존심 손상과 이성을 잃은 적개심irrational hostility의 관계는, 적개심이 폄하와 경멸, 창피를 주려는 의도를 구성하는 요소라면, 훨씬 쉽게 식별할 수 있다. 여기서 작용하는 규칙은 직접 보복의 법칙straight law of retaliation이다. 환자는 그 법칙을 알지 못한 채 창피를 당했다고 느끼고 똑같이 되갚는다. 이런 작은 사건이 일어난 다음, 환자의 적개심을 두고 대화하려는 시도는 시간 낭비일 뿐이다. 분석가는 환자의 마음속에 굴욕으로 기록되었던 것에 대해 질문해 곧장 핵심에 접근해야 한다. 이따금 정신 분석을 시작한 초반, 분석가가 아픈 곳을 건드리기 직전에 분석가에게 창피를 주려는 충동이나 분석이 아무 효과도 내지 못한다는 생각이 드러난다. 이런 경우 환자는 무의식적으로 정신 분석을 받는 일에 굴욕감을 느꼈을 텐데, 이러한 관계를 명확하게 드러내는 것이 분석가의 일이다.

당연히 정신 분석 상담실 안에서 일어나는 일은 상담실 바깥에서도 일어난다. 만약 공격 행동이 자존심 손상에서 기인할 가능성이 있는지 더 자주 숙고한다면, 고통을 야기하거나 심지어 가슴이 찢어질 듯이 아픈 수많은 고생troubles에서 우리 자신을 구해낼 수 있을 터이다. 따라서 우리가 자유롭게 도와준 다음 친구나 친척이 밉살맞게 행동할 때, 우리는 친구나 친척의 배은망덕에 당황하지 말고, 도움을 받아 당사자가 자존심에 얼마나 큰 상처를 입었을지 배려하지 않으면 안 된다. 상황에 따라 그런 문제를 두고 대화를 나누어도 좋고, 당사자의 체면을 세워 주면서 돕는 것도 좋다. 어떤 사람이 남들을 모두 경멸하더라도 그의 오만에 분개하는 것으로는 충분하지 않다. 그 사람도 자존심에 여러모로 상처를 받기 쉬우므로, 맨살을 드러내고 사는 사람처럼 조심스럽게 대해야 한다.

만약 우리가 자존심을 해쳤다고 느끼면, 똑같은 적개심과 증오, 경멸이 우리 자신으로 향한다는 사실은 잘 알려져 있지 않다. 폭력성을 띠는 자책은 자기에게 격노하는 유일한 형태가 아니다. 복수심을 드러내는 자기 혐오에서 예상되는 결과는 너무 많아서, 지금 자존심 손상에 따른 반응 가운데 하나로 다루면 핵심 줄거리를 놓칠 터이다. 그러므로 자책과 자기 혐오 문제는 접어 두었다가 다음 장에서 논의하겠다.

두려움fear과 불안anxiety, 공황恐慌 panic은 굴욕이 예상될 때나 굴욕당했을 때 나타나는 반응일 수도 있다. 시험을 보거나 대중 앞에서 연주할 때, 사교 모임에 나가거나 이성과 만날 약속이 있을 때 먼저 두려움을 느낄지도 모른다. 이러한 두려움을 흔히 '무대 공포증stage fright'이라고 부른다. '무대 공포증'이라는 말은 대중 연주나 비공개 연주에 앞서 나타나는 모든 두려움을 묘사하는 은유로 사용할 경우, 아주 좋은 기술어이다. 무대 공포증이란 기술어는 예컨대 처음 만나는 친척이나 중요한 명사, 식당 급사장headwaiter으로서 좋은 인상을 주고 싶은 상황을 비롯해, 새로운 일자리에서 직무에 착수하고 그림 그리기를 시작하고 대중 연설 수업에 나가는 일처럼 새로운 활동을 시작하는 상황에도 적용된다. 이런 두려움으로 고통을 겪는 사람들은 흔히 무대 공포증을 실패, 망신, 조롱에 대한 두려움이라 부른다. 이것은 그들이 두려워하는 것이 정확히 무엇인지 보여주는 듯하다. 그렇더라도 이렇게 말하면 잘못인 까닭은 무대 공포증이 현실에서 부닥치는 실패에 따른 합리적 두려움을 암시하기 때문이다. 무대 공포증은 특정한 사람이 실패를 겪는 원인이 주관에 있다는 사실을 무시한다. 그것은 영광과 완벽성에 미치지 못하는 모든 경우를 포함할 수도 있는데, 이런 가능성의 예상이 온건한 무대 공포증의 정확한 핵심이다. 어떤 사람은 엄격하고 가혹한 당위가 요구하는 일을 뛰어나게 수행하지 못할까 봐 두려워하고, 따라서 자존심이 손상될까 봐 두려움을 느낀다. 우리가 나중에 이해할 무대 공포증의 형태는 훨씬 유해하고 결과가 나쁘다. 그때 어떤 사람은 무의식적 힘의 방해로 업무의 수행 능력을 제대로 발휘하지 못한다. 그렇다면 무대 공포증은 당사자가 자기 파괴 경향으로 조롱거리가 되고, 대사를 까먹고, '말문이 막힐'까 봐 두려워하고, 따라서 영광을 누리는 승리자가 되지 못하고 망신을 당할지도 모른다는 두려움이다.

두려움을 예상할 수 있는 또 다른 범주는 어떤 사람이 수행하는 업무 능력의 질quality이 아니라, 특별한 자존심에 상처를 주는 일, 예컨대 임금 인상을 요구하거나 부탁하고, 서류나 원서를 제출하거나 여자에게 구애할 경우의 예상과 관계가 있다. 이런 일에는 거절당할 가능성이 있을 수밖에 없다. 만약 거절당할 가능성이 당사자에게 굴욕을 의미한다면, 성관계 전에도 두려움을 예상할 수 있다.

두려움의 여러 반응에 '모욕'이 뒤따르기도 한다. 수많은 사람들이 떨림과 흔들림, 식은땀, 두려움을 나타내는 어떤 표정으로 타인의 존중 결여나 오만한 행동에 반응한다. 이러한 반응은 격노와 두려움이 뒤섞여 나타나고, 자신의 폭력성 때문에 느끼는 두려움도 일부 포함한다. 두려움에서 생기는 비슷한 반응에 수치심이 뒤따르기도 하는데, 수치심으로 체험되지 않는다. 어떤 사람은 쑥스럽고 거북하거나 소심해져 기분이 상하면, 갑자기 모든 일이 불확실하다는 감정에 휩싸이고 공황 상태에 빠지기도 한다. 예컨대 산길을 따라 올라가던 여자 예를 보자. 산길의 끝에서 꼭대기까지 오솔길이 나 있었다. 꽤 가파르기는 했지만, 미끄러운 진창길만 아니라면 쉽게 걸어갈 수 있을 터였다. 그런데 그 여자는 상황에 딱 맞는 옷차림이 아니었다. 새로 산 정장을 입었고 굽이 높은 구두를 신었으며 등산용 지팡이도 없었다. 올라가려고 했으나, 몇 번 미끄러진 다음 올라가지 않기로 했다. 쉬는 동안 아래쪽 먼 곳에 지나가는 사람들을 보고 맹렬히 짖는 커다란 개가 보였고, 그 개가 갑자기 무서워졌다. 이런 두려움에 화들짝 놀란 까닭은, 그녀가 평소 개를 무서워하지 않았고, 분명히 개의 주인으로 보이는 사람이 주변에 있기 때문에 두려워할 충분한 이유가 없다는 사실도 알아챘기 때문이다. 그래서 여자는 이런 상황에 대해 곰곰이 생각해 보았고, 자신에게 끔찍할 정도로 수치심을 야기했던 청소년기에 일어난 작은 사건이 떠올랐다. 그때 자신이 산 정상까지 오르지 못한 '실패' 때문에 현재 상황에서 실제로 수치심을 느꼈다는 사실을 알아냈다. 그녀는 "그런데 정말이지 그 문제를 억지로 끌어내는 건 분별이 있다고 할 수 없어"라고 혼자 중얼거렸다. 다음에 이렇게 생각했다. "하지만 내가 그 일을 해낼 수 있었어야 했어." 이런 경험은 그녀에게 해결의 실마리를 제공했다. 그녀는 스스로 말했듯이 있을 수 있는 어떤 가능한 공격에 미리 상처를 받고 무력감을 느끼는 것이 바보 같은 '우매한 자존심' 탓이었다고 인정했다. 나중에 이해하겠지만, 그녀는 어찌할 도리 없이 스스로 자신을 공격하는 상황에 놓였고, 자신이 공격받는 위험은 외면화를 거쳐 외부의 개로 뒤바뀌었다. 완전히 해결되지 않았지만, 자기 분석이 효과가 있었고, 개 때문에 생긴 그녀의 두려움은 사라졌다.

우리는 두려움 때문에 나타나는 반응보다 격노 때문에 나타나는 반응을 훨씬 더 직접적으로 이해할 수 있다. 그런데 앞에서 진행한 분석에 나타난 두 반응은 서로 연결되어 있으며, 하나는 다른 하나 없이 이해하지 못한다. 양자는 자존심에 입은 상처가 소름 끼치도록 무서운 위험 요소로 작용해서 발생한다. 그런 일이 벌어지는 까닭은, 일부는 이전에 논의했듯이 자존심이 자신감을 대체하기 때문이다. 하지만 이것이 완벽한 답은 아니다. 나중에 보겠지만, 신경증 환자는 자존심自尊心 또는 자부심自負心 pride과 자기 비하自己卑下 self-contempt라는 두 가지 대안 사이에서 살기 때문에, 자존심이 손상되면 곧장 자기 비하의 심연으로 떨어진다. 자존심과 자기 비하의 관계는 수많은 불안 발작을 이해하려면 염두에 두어야 할 가장 중요한 문제이다.

격노 때문에 나타나는 반응과 두려움 때문에 나타나는 반응이 마음속에서 자부심이나 자존심과 아무 관계 없이 일어나더라도, 두 가지 반응은 방향을 가리키는 표지판 역할을 제대로 할 수 있다. 만약 이런 이차 반응조차 나타나지 않으면, 전체 문제는 구름에 가리듯이 훨씬 더 모호해져 버린다. 이차 반응이 일어난 다음 어떤 이유로 억압될 수도 있는 까닭이다. 억압된다면 두 반응은 정신병 증상psychotic episodes, 우울증depression, 음주drinking, 심신상관 장애psychosomatic disorders 같은 특정한 증상을 보이는 그림을 그려내거나 그리는 원인이 될 수도 있다. 또는 노여움과 화, 두려움의 감정에 묶여 있어야 할 필요가 감정의 전반적 침체를 초래하는 요인이 되기도 한다. 그러면 노여움과 화, 두려움뿐 아니라 모든 감정이 덜 충만하고 덜 예민해지는 경향이 나타난다.

신경증에 사로잡힌 자부심의 유해성은 자부심이 개인에게 지극히 중요하지만 동시에 개인이 자부심과 자존심 탓에 상처에 극도로 취약한 존재가 된다는 점이다. 이런 상황이 각종 긴장을 야기하고, 긴장의 빈도와 강도 때문에 견뎌 낼 수 없어서 전화를 걸어 치료를 요구한다. 자존심이 상처를 입을 때 자부심을 회복하려 하고, 자존심이 손상될 위험에 빠질 때 상처를 피하려고 자동으로 노력한다.

체면을 유지해야 할 필요the need to save face는 절박하며, 그런 효과를 내는 방법은 많다. 사실 조잡하든 섬세하든 방법은 각양각색이지만, 빈번하게 나타나고 중요한 방법에 국한해 진술할 수밖에 없다. 효과가 제일 높고 널리 쓰는 방법은 굴욕감을 준 사람에게 복수하려는 충동과 연결되어 있는 듯하다. 우리는 복수하려는 충동을 자존심 손상에 따른 고통과 위험에 맞선 적대 반응으로 다루었다. 더불어 복수심은 자기 옹호self-vindication의 수단이 되기도 한다. 복수심은 가해자加害者 offender에게 되갚으면 자부심이 회복되리라는 믿음을 포함한다. 이러한 믿음은 가해자가 우리의 자존심을 손상시킨 권력을 휘둘러 우리 위에 군림하고 패배를 안겨 주었다는 느낌에 근거한다. 가해자가 우리에게 저지른 악행을 몇 배로 되돌려 주고 그에게도 상처를 주면 상황은 역전될 터이다. 우리는 승리자가 되고 가해자에게 패배의 쓴 잔을 안겨줄 것이다. 신경증에 사로잡힌 복수의 목표는 받은 만큼 '똑같이 갚아주는getting even' 것이 아니라 훨씬 세게 되받아쳐 승리감을 만끽하는 것이다. 승리를 쟁취하지 못하면, 아무것도 상상을 통해 자부심에 부여한 웅대함을 회복할 수 없다. 바로 이렇게 자부심을 회복하는 능력은 신경증에 사로잡힌 복수심에 믿을 수 없을 정도로 집착하고, 강박에 사로잡히는 특징을 잘 설명해 준다.

복수심은 나중에 상세하게 논의할 것이므로[2], 지금은 몇몇 핵심 요인만 간략히 소개하겠다. 보복 능력the power to retaliate은 자부심 회복에 아주 중요하기 때문에, 자부심의 일부가 되기도 한다. 특정한 신경증 유형에 속한 사람들에게 보복 능력은 역경을 견디는 힘strength과 같으며, 종종 그들이 인식하는 유일한 힘이다. 반대로 되받아치지 못한 무능력은, 복수 행동을 억제한 요인이 밖에 있든 안에 있든, 으레 나약함의 표시로 기록되기 마련이다. 따라서 이런 유형은 굴욕을 느낄 때, 외부 상황이나 당사자의 내부에서 생긴 어떤 요인으로 보복하지 못할 때, 이중으로 상처받는다. 애초에 당한 '모욕'과 복수의 승리감에 대립하는 '패배'가 둘 다 상처를 입힌다.

이전에 말했듯이 복수의 승리감을 만끽해야 할 필요는 영광을 좇는 탐색에 규칙적으로 나타나는 구성 요소이다. 만약 복수심이 인생에 동기를 부여하는 지배력이라면, 벗어나기 어려운 악순환의 고리에 갇히고 만다. 그러면 가능한 모든 방법을 동원해 다른 사람을 밟고 위로 올라서야 한다는 결심이 너무나 확고해져 영광을 좇아야 할 전반적 필요와 더불어 신경증에 사로잡힌 자부심이 커진다. 확장된 자부심은 다음에 복수심을 키워 훨씬 더 큰 승리를 쟁취해야 할 필요를 만들어 낸다.

다음으로 자부심을 회복하는 중요한 방법은 어떤 식으로든 자존심에 상처를 준 모든 상황과 모든 사람에게 흥미를 잃고 관심도 끊어버리는 것이다. 많은 사람들이 운동, 정치, 지성을 요구하는 직업에 관심을 가졌다가 그만두는 까닭은 조급하게 남을 능가하거나 일을 완벽하게 해야 할 필요가 충족되지 않기 때문이다. 그러면 견딜 수 없는 상황에 몰려서 포기하고 만다. 그들은 무슨 일이 벌어졌는지 인식하지 못한다. 그저 흥미를 잃고 관심이 없어졌을 뿐이고, 오히려 자신들의 잠재력에 미치지 못하는 급이 낮은 활동으로 관심을 돌릴 수도 있다. 어떤 사람은 훌륭한 선생이 되었을지도 모르지만, 즉시

---

2 제8장 확장 지배 해결책에서 상세히 다룬다.

숙달할 수 없거나 스스로 품위가 떨어진다고 느끼는 과제를 할당받으면 교직에 두었던 관심이 줄어든다. 이러한 태도 변화는 학습 과정에서도 문제가 된다. 재능을 타고난 사람은 연극이나 미술을 열심히 시작할 수도 있다. 선생이나 친구들이 그 사람의 장래성을 인정하고 격려도 한다. 그러나 타고난 재능이 아무리 뛰어나도, 하룻밤 사이에 배리모어 같은 배우a Barrymore나 르누아르Renoir 같은 화가가 되지 못한다. 그는 자신이 속한 계층에서 재능을 타고난 유일한 사람이 아니라는 사실을 깨닫는다. 당연히 최초의 노력은 서툴고 어색하다. 그래서 자존심에 상처를 입고, 갑자기 미술이나 연극이 자신의 적성에 맞는 진로가 아니며, '진실로really' 이런 일에 전혀 관심이 없었다고 '깨달을지도realize' 모른다. 그는 자신만의 풍취를 잃고 수업을 빼먹다가 전부 포기하고 만다. 다른 일을 시작하지만 똑같은 순환을 반복할 뿐이다. 경제 문제가 얽힌 이유나 타성惰性 inertia에 젖어 특정한 활동을 계속할 수도 있지만, 너무 열의가 없고 게을러서, 그렇지 않았다면 수행했을 일조차 해내지 못한다.

똑같은 과정이 다른 사람들과 맺는 관계에서 일어나기도 한다. 물론 우리는 충분한 이유가 있어서 어떤 사람을 더는 좋아하지 않게 될 수도 있다. 말하자면 우리는 처음에 그 사람을 과대평가했거나 그 사람의 발달 과정이 본 궤도에서 벗어났을 수도 있다. 어쨌든 이 문제를 단지 시간이 부족하다는 이유로 내려놓거나 처음에 오류가 있었다고 단정하지 않고, 우리가 왜 그 사람을 좋아하다가 관심이 없어졌는지 검토할 가치는 있다. 실제로 발생했을 수도 있는 일을 생각해 보자. 관계 형성 과정에서 일어난 어떤 일이 우리의 자존심에 상처를 입혔을 터이다. 그 사람이 호의를 보인 다른 동료와 비교한 말이 문제일 수도 있다. 어쩌면 그가 전보다 우리를 덜 존중했을지도 모르겠다. 우리는 그를 저버렸기 때문에 그를 생각하면 수치스러워한다는 사실을 알아챈다. 이런 일은 모두 결혼 생활marriage이나 연애 관계love relations에서 두 사람을 갈라놓을 수도 있는데, 그러면 우리는 "나는 그를 더는 사랑하지 않아"라고 말하는 수준에 머물려는 경향을 나타낸다.

앞에서 말한 움츠리거나 물러나는 행동withdrawals은 모두 적지 않은 기력의 낭비뿐 아니라, 자주 훨씬 비참한 고통을 수반할 수밖에 없다. 이러한 행동이 파멸의 원인이 되는 까닭은 우리가 진실한 나real self를 자랑스러워하지 않고 더는 흥미를 느끼지도 관심을 갖지도 않기 때문이다. 이 주제는 남겨두었다가 나중에 논의하려 한다.

이 밖에도 자부심과 자존심을 회복하는 방법은 가양각색이고, 잘 알려져 있기는 해도 지금 논의하는 맥락에서 이해하는 경우는 드물다. 가령 우리는 나중에 바보처럼 보이지만 논점에서 벗어나거나 배려가 없거나 너무 거만하거나 지나치게 변명을 늘어놓았을 수도 있고, 그런 사실을 까맣게 잊거나 말한 내용을 부정하거나 전혀 다른 의미로 말했다고 주장하기도 한다. 이러한 부정不定 denials과 비슷한 경우는 사건 왜곡distortions of an incident이다. 자신의 역할을 최소로 줄이고, 특정한 요인을 생략하고, 다른 요인은 강조하고, 자신에게 유리하게 해석해 마침내 사건을 얼버무려서 적어도 자존심은 상처를 입지 않는다. 당혹스러운 사건은 마음속에 변하지 않고 머물기도 하지만, 핑계나 구실alibis을 찾아내면 순식간에 사라지기도 한다. 누가 불쾌하게 소란을 피운 까닭은 그가 사흘 밤 동안 잠을 못 잤거나 다른 사람이 그를 못살게 굴었기 때문이다. 어떤 사람의 감정을 상하게 하고 경솔하거나 배려심이 없었지만 의도는 선했다. 자신이 필요한 친구를 저버린 까닭은 시간이 부족했기 때문이다. 모든 변명은 일부 또는 전체가 참일지도 모르지만, 그 사람의 마음속에서 변명은 친구를 저버린 처사를 가벼이 넘길 사정으로 참작되지 않고, 변명하게 만든 동기는 아예 지워버린다. 많은 사람들이 비슷하게 어떤 일을 매우 유감스럽다고 말하면 모든 일이 바로 잡힌다고 느낀다.

앞에서 말한 모든 책략devices에는 진실한 나를 찾고 자기에게 져야 할 책임responsibility of self을 거부하는 경향이 공통으로 나타난다. 우리는 자랑스럽지 않은 것을 잊고 윤색하고 다른 누구를 비난하고, 결점이나 단점을 깨끗이 인정하지 않고서 체면을 차리려 한다. 진실한 나를 찾고 자기에게 져야 할 책임을 거부하는 태도는 가짜 객관성pseudo-objectivity의 배후에도 숨어 있다. 어떤 환자는 자신을 예리하게 관찰하고, 자신이 무엇을 싫어하는지 아주 정확하게 보고할 수도 있다. 겉으로 보면 지각 능력이 뛰어나고 자신에게 정직하다. 그러나 '그는' 억제당하고 두려움에 떨고 거만하게 요구하는 동료를 바라보는 영리한 관찰자에 지나지 않을지도 모른다. 이때 그는 자신이 관찰하는 동료 대신 책임을 지지 않아도 되기 때문에, 자존심에 손상을 입는 충격은 약해지며 자부심을 비추는 손전등이 예리하고 객관적인 관찰 능력에 초점을 맞추니까 더더욱 약해진다.

다른 환자들은 자신들에 관해 객관성을 유지하려고 마음을 쓰지 않고, 심지어 진실해지는 일에도 관심이 없다. 이런 태도를 수반할 수밖에 없는 회피 성향이 확산되어도, 이런 부류에 드는 환자는 어떤 신경증 경향을 자각하더라도, '그'와 자신의 '신경증'이나 '무의식'을 정연하게 구별하기도 한다. '신경증'은 '그'와 아무 관계도 없는 신비스러운 일이다. 실제로 이러한 구별은 그에게 체면을 유지하는 척도일뿐더러 생명을 구하거나 제정신을 지키는 척도이다. 자존심에 상처를 입기 쉬운 취약성脆弱性 vulnerability은 동요와 불안에 시달리는 자신의 장애를 깨끗이 인정하고 활짝 열어젖히는 극단으로 치닫는다.

여기서 마지막으로 언급해야 할 체면 유지face-saving 책략은 해학諧謔 humor을 사용하는 일이다. 환자가 자신의 곤경을 정면으로 인정하고 한 마디 농담이나 풍자로 웃어넘길 수 있다면, 그것은 당연히 내면의 해방을 보여주는 조짐sign이다. 그러나 정신 분석 초기에 몇몇 환자는 자신을 두고 끊임없이 농담을 하거나 괴상하고 우스꽝스럽게 연극을 하는 것처럼 자신이 빠진 곤경을 과장하면서, 동시에 불합리할 정도로 모든 비판에 민감하게 반응한다. 이때 해학을 사용하면 견뎌 내기 힘든 수치심으로 겪는 혹독한 고통이 약해진다.

상처 입은 자존심과 자부심을 회복하려고 쓰는 책략에 관한 논의는 여기서 멈추기로 하자. 그런데 자존심은 상처를 입기 너무 쉬우면서 동시에 너무 소중해서 장래에도in the future 보호받지 않으면 안 된다. 신경증 환자는 장래에 입게 되리라고 예상되는 상처를 피하려는 희망으로 정교한 **회피 체계** system of avoidances를 세우기도 한다. 이 과정도 자동으로automatically 일어난다. 그는 자존심에 상처를 입을지도 모르기 때문에 어떤 활동을 피하고 싶어한다는 점을 자각하지 못한다. 흔히 자각하지 못한 채 그저 특정 활동을 회피할 뿐이다. 그런 과정은 각종 활동과 대인 관계에 영향을 주어, 진실한 분투와 노력을 견제牽制 a check한다. 회피 행동이 널리 퍼지면 어떤 사람의 인생은 실제로 불구가 될 수 있다. 그는 빛나는 성공을 거두지 못할까 봐 타고난 재능에 상응하는 진지한 연구도 하지 않는다. 그는 작가나 화가가 되고 싶어 하지만 감히 시작하지 못한다. 거절당할까 봐 여자들에게 접근할 엄두도 내지 못한다. 심지어 호텔 지배인이나 짐꾼에게 겁을 먹을까 봐 여행조차 선뜻 하지 않을지도 모른다. 낯선 사람들과 있으면 하찮은 사람으로 느껴져 잘 아는 장소만 가기도 한다. 그는 자의식self-consciousness을 잃을까 봐 사교에 필요한 접촉을 되도록 줄인다. 그래서 경제 사정 탓에 가치 있는 일을 하나도 못하거나 이류 직업에 종사하며 지출을 엄격하게 제한한다. 여러 면에서 그는 자신의 수입에도 미치지 못하는 삶을 산다. 길게 보면 이렇게 위축된 생활을 하면서 그는 다른 사람들과 더욱 거리를 두며 움츠리거나 물러날 수밖에 없게 된다. 왜냐하면 그는 자기가 속한 또래 집단에서 뒤쳐진 사실에 직면할 수 없어서, 자기가 하는 일을 두고 어느 누구와 비교하거나 의문을 제기하는 일도 용납하지 않기 때문이다. 삶을 계속 이어 가려면, 이제 공상 세계에서 자신의 입장을 더욱 견고하게 다질 수밖에 없다. 그러나 이런 수단은 모두 자존심을 치유하기보다 위장할 뿐이어서, 그는 자신의 여러 신경증을 키우기 시작할 수도 있다. 그때 대문자 N으로 시작하는 신경증Neurosis이 성취의 결여를 무마하는 귀중한 구실이자 변명으로 등장한다.

이는 극단에 치우친 발병이며, 말할 것 없이 자부심과 자존심이 이런 발병을 이끄는 본질적인 요인 가운데 하나이지만, 극단으로 치닫는 발병에 작용하는 유일한 요인은 아니다. 회피回避 avoidance는 흔히 일정한 영역에 국한되어 나타난다. 어떤 사람은 억제가 거의 없고 영광을 좇는 데 도움이 되는 일을 할 때는 꽤 능동적으로 결과를 만들어 낸다. 예컨대 그는 열심히 일하고 자기 분야에서 성공을 거두지만, 사회 생활을 기피한다. 반대로 그는 사회 활동이나 돈 후안의 역할에서 안전하다고 느끼지만, 자신의 잠재력을 시험할 어떤 진지한 노력도 위험을 무릅쓰면서 감행하지 못할 터이다. 그는 주최자主催者 organizer로서 자신의 역할은 편안하게 느끼지만, 대인 관계에서 상처를 입기 쉬워서 어떤 대인 관계든 회피할지도 모른다. 타인과 감정 문제로 복잡하게 얽히는 상황에서 비롯된 여러 두려움 가운데 자존심이 손상될까 봐 느끼는 두려움, 즉 신경증에서 비롯된 냉담한 태도neurotic detachment가 눈에 띄게 나타난다. 어떤 사람은 이성異性 opposite sex을 매혹시키는 데 성공하지 못할까 봐 몹시 두려워할지도 모른다. 어떤 남자는 무의식적으로 여자들에게 접근하거나 여자와 성관계를 가질 때 자존심에 상처를 입을 것이라고 예상한다. 그러면 여자는 자부심을 위협할 잠재력을 가진 존재로 등장한다. 이런 두려움이 커서 여자에게 끌리는 감정이 한풀 꺾이거나 아예 짓밟혀서 이성과 접촉을 피한다. 이러한 억제는 당사자가 동성에게 끌리는 성향을 설명해줄뿐더러, 사실 어떤 남자의 고유한 성에 따른 선호를 구성하는 요인

가운데 하나이다. 자부심과 자존심은 각양각색으로 사랑의 적이다.

회피回避 avoidance는 여러 구체적인 문제와 얽혀 나타날 수도 있다. 어떤 사람은 대중 연설, 운동 경기 참가, 전화를 피하기도 한다. 만약 누가 전화를 걸거나 결정을 내리거나 집주인과 임대료 문제를 처리하려 하면, 일을 그에게 떠맡기려고 할 터이다. 이렇게 구체적인 활동에서 십중팔구 무엇을 기피한다고 자각하지만, 회피하는 문제는 더 넓은 영역에서 흔히 "내가 걱정 따위는 할 리 없어" 또는 "나는 걱정하지 않아" 같은 태도의 영향으로 안개가 뒤덮듯이 더욱 모호해진다.

여러 회피 증상을 검토하면, 회피의 특징을 규정하는 두 원리도 알아낼 수 있다. 하나는 삶을 제한해서 얻는 안전이다. 누구나 자존심에 상처를 입는 위험을 감수하느니 차라리 포기하고 움츠리거나 물러나고 체념하는 것이 훨씬 더 안전하다. 어쩌면 자존심을 지키려고 자신의 삶을 속박하는 정도까지 기꺼이 제한하려는 의지만큼, 자존심의 압도적 중요성을 인상 깊게 보여 주는 근거는 따로 없을 것이다. 다른 하나는 시행착오를 겪는 것보다 차라리 겪지 않는 편이 훨씬 안전하다는 원리다. 이 원리에 따른 격률格率은 어떤 곤경에 빠지든 서서히 극복해 나갈 기회를 당사자에게서 빼앗아 최후의 도장을 찍지 못하게 한다. 이런 격률은 심지어 신경증에서 비롯된 전제에 근거해도 현실과 거리가 멀다. 왜냐하면 환자가 자신의 삶을 과도하게 제한하는 대가를 치를뿐더러, 길게 보면 자존심에 더욱 깊은 상처를 주는 쪽으로 작용하기 때문이다. 물론 신경증 환자는 길게 보고 생각하지 않는다. 그는 시행 착오로 생겨나는 당면한 위험에 관심을 가질 따름이다. 만약 환자가 아무 일도 시도하지 않으면, 그 격률은 환자에게 나쁜 영향을 주지 않는다. 그는 어떤 사건과 얽힌 현장 부재 증명과 비슷한 구실과 핑계를 찾아낼 수 있다. 적어도 마음속으로 자신이 시도했더라면, 시험에 통과하고 더 나은 직업을 얻고 점찍은 여자의 사랑도 얻을 수 있었다는 생각으로 위로받을 수 있다. 위로가 되는 생각은 흔히 터무니없는 공상으로 발전한다. "만약 내가 작곡을 하거나 글을 썼다면, 쇼팽이나 발자크보다 더 위대해졌을걸."

여러 사례에 나타나는 각종 회피는 바람직한 것이라면 무엇이든 얻으려는 우리의 감정까지 뻗어 나간다. 간단히 말해 회피는 우리의 소망까지 에워싸며 나쁜 영향을 줄 수도 있다. 이전에 가지려고 소망한 것을 얻지 못하면 수치스러운 불명예이자 패배로 느끼는 사람들에 관해 언급한 적이 있다. 그러면 단순하기 짝이 없는 소망도 당사자가 스스로 감당하기에 너무 큰 위험을 초래할 수밖에 없다. 이렇게 소망을 견제하는 것은 삶의 활기活氣 aliveness를 억제한다는 뜻이다. 사람들은 때때로 자존심에 상처를 줄 만한 생각은 모두 피할 수밖에 없는 상황에 놓이기도 한다. 여기서 가장 중요한 회피는 죽음을 생각하지 않으려는 것인데, 점점 나이를 먹고 죽어야 할 모든 존재와 마찬가지로 죽어간다는 생각을 감당하지 못하기 때문이다. 오스카 와일드*Oscar Wilde의 『도리언 그레이의 초상*The Picture of Dorian Gray*』은 영원한 젊음에 품는 자부심을 뛰어난 예술 감각으로 보여 준다.

자부심의 발달은 영광을 좇는 탐색으로 시작된 과정에서 도출된 논리적 결과이자 정점이고 합병이다. 개인은 먼저 상대적으로 해가 없으며 매력 넘치는 역할을 하는 공상에 빠질 수도 있다. 다음에 마음속으로 '진실로really' 존재하고, 존재할 수 있고, 존재해야 하는 이상에 맞춘 자아상을 창조하는 데까지 나아간다. 그때 결정적 단계로 접어든다. 진실한 나real self는 희미해지고, 자기 실현에 써야 할 기력은 이상을 좇는 나의 현실화로 방향을 틀게 된

* 예술을 위한 예술을 주장했던 작가이다. 1854년 아일랜드에서 태어나 영국 옥스퍼드 대학교에서 공부했고, 1900년 파리에서 죽었다. 그의 대표작인 『도리언 그레이의 초상』(1891)은 영원한 젊음을 얻는 대가로 자신의 영혼을 파는 인간의 이야기를 그린 뛰어난 소설이다.

다. 권리 주장은 세상 속에서 자신의 자리, 즉 이상을 좇는 나의 의미와 가치에 버금가는 적합한 자리이자 이상을 좇는 나를 지탱하는 자리를 주장하려는 시도이다. 개인은 온갖 당위를 내세우며, 이상을 좇는 나의 완벽성을 실현하라고 자신을 몰아붙인다.

마지막으로 신경증 환자는 조지 오웰의 『1984년』에 나오는 진리부the Ministry of Truth처럼 좋아해야 하는 것과 자기 안에 받아들여야 하는 것, 찬양해야 하는 것, 자랑으로 여겨야 하는 것을 결정하는 내밀한 가치 체계a system of private values를 계발하지 않을 수 없다. 그런 가치 체계는 필연적으로 거부해야 하는 것, 증오해야 하는 것, 수치스러워해야 하는 것, 경멸해야 하는 것, 혐오해야 하는 것도 결정한다. 하나는 다른 하나 없이 작용할 수 없다. 자부심과 자기 혐오는 서로 떼려야 뗄 수 없게 영향을 주고받으며, 양자는 하나의 과정을 드러내는 두 표현일 따름이다.

제5장

●

자기 혐오와 자기 비하

신경증 환자, 자기 자신과 전쟁을 치르다

SELF-HATE AND SELF-CONTEMPT

앞 장에서 신경증이 어떻게 진행되는지 추적했는데, 신경증은 자기 이상화로 시작되어, 가치의 변형이 일어나는 거침없는 논리에 따라 단계를 밟아 신경증에 사로잡힌 자부심이 드러나는 데까지 나아갔다. 현실에서 일어나는 신경증의 진행은 지금까지 진술한 내용보다 훨씬 복잡하다. 그것은 동시에 일어나는 다른 과정, 즉 겉으로는 반대로 보이지만 비슷하게 자기 이상화로 시작되는 다른 과정 때문에 강도가 높아지고 복잡성이 증가한다.

간단히 말해 개인은 이상을 좇는 나로 무게 중심이 바뀔 때, 의기양양해질 뿐더러 현실의 나actual self, 즉 특정한 시간에 몸과 마음이 건강하면서 신경증에 걸려 있기도 한 현실의 나를 잘못된 관점에서 바라볼 수밖에 없다. 아름답게 꾸민 나glorified self는 좇아야 할 **환영**幻影 phantom일 뿐만 아니라 자신의 현실 존재現實存在 actual being를 가늠하는 척도가 된다. 현실 존재는 신 같은 완벽성의 관점에서 볼 때 경멸할 수밖에 없는 당혹스럽고 놀라운 광경으로 나타난다. 더욱이 정신 역학의 측면에서 더욱 중요한 것으로, 현실의 인간다운 존재가 영광에 이르기 위한 비상飛上 flight을 유의미하게 계속 방해하므로, 개인은 실제 인간다운 존재를 증오하고, 자기 자신을 증오할 수밖에 없다. 또 자부심自負心과 자기 혐오自己嫌惡는 실제로 하나의 집합체entity이므로, 여기에 뒤얽힌 요인을 모두 긍지 체계肯志體系 the pride system로 통칭하자고 제안한다. 우리는 앞으로 자기 혐오와 더불어 신경증이 진행되는 완전히 새로운 측면, 즉 우리의 견해를 상당한 정도로 바꿀 수 있는 측면을 고찰할 것이다. 자기 혐오 문제를 곰곰이 생각한 끝에 지금까지 남겨 두었는데, 이상을 좇는 나를 실현하라고 외곬으로 몰아대는 충동衝動 drive이 분명하게 드러나는 그림을 그려 보고 싶었던 까닭이다. 이제 그림을 완성할 때가 왔다.

피그말리온이 영광스럽고 찬란하게 빛나는 존재가 되려고 얼마나 미친 듯이 도야했든, 그를 몰아대던 충동은 실패할 운명을 타고난다. 신경증 환자는 기껏해야 교란과 동요를 야기하는 몇몇 불일치不一致 discrepancies와 모순矛盾 contradiction을 의식에서 제거할지 몰라도, 불일치와 모순은 계속 엄연히 실존한다. 신경증 환자가 자기 자신으로 살지 않으면 안 된다는 사실도 그대로이다. 먹고 자고 씻고, 일하든 사랑하든, 그는 늘 거기에 있다. 이따금 아내 또는 남편과 이혼하고 다른 직업을 찾고 다른 집으로 이사하고 여행을 떠나면, 만사가 더 나아지리라 생각한다. 그러나 사실 신경증 환자는 언제나 자신을 대동하지 않으면 안 된다. 설령 좋은 기름을 친 기계처럼 기능을 잘 발휘하더라도, 여전히 기력과 시간, 체력과 인내력의 한계, 즉 인간 존재로서 직면하는 한계가 엄연히 존재한다.

한계에 직면하는 너무나 인간적인 상황을 잘 묘사하는 길은 두 사람 사이의 관계에 놓여 있다. 한 쪽에는 독특하고 이상을 좇는 사람이 있고, 다른 쪽에는 여기저기 존재하는 낯선 사람stranger, 즉 현실의 나가 사사건건 간섭하고 방해하고 당혹스럽게 한다. '그와 낯선 사람'의 관계에서 빚어진 갈등의 묘사는 대부분 개인이 당사자로서 느끼는 것이므로 타당해 보인다. 게다가 설령 그가 사실로 부닥치는 여러 장애물을 자신과 관계가 없다고 제거할지라도, 그는 결코 그런 장애물을 '마음에 새기지register'[1] 못할 만큼 자신에게서 멀리 도망칠 수 없다. 성공을 거두고 기능을 제대로 발휘하고, 또는 웅대한 환상으로 독특한 업적을 내더라도, 그는 열등감에 사로잡히거나 불안할 터이다. 또 허세, 사기, 변덕 같은 영혼, 정신, 마음을 갉아먹는 느낌에 괴로울 수도 있지만 왜 그런지 설명하지 못한다. 자신의 내면을 보여주는 참다운 지식은 꿈속에서 명백하게 드러나며, 이때 그는 자신의 실상에 가까워진다.

어떤 사람의 실상은 으레 아프도록 적나라하게 들이닥친다. 상상 속에서 신처럼 행동하는 신경증 환자가 사회 생활에서는 어색하고 쑥스러워한다. 상대방에게 잊히지 않는 인상을 주고 싶지만, 손이 덜덜 떨리거나 말을 더듬거나 얼굴이 빨개진다. 자신을 희대의 연인a unique lover이라고 느끼지만, 갑자기 성교 불능이 되기도 한다. 상상 속에서는 직장 상사에게 남자답게 말하지만, 현실에서 그는 바보처럼 웃을 따름이다. 토론을 멋지고 훌륭하게 정리할 빛나는 논평은 다음 날이 되어야 비로소 떠오른다. 바람의 요정처럼 가냘픈 사람이 되고 싶은 욕망이 결코 충족되지 못하는 까닭은, 당사자가 강박에 사로잡혀 너무 많이 먹기 때문이다. 현실에서 경험하는 나는 이상을 좇는 내가 우연히 만난 거슬리는 낯선 사람이 되고, 이상을 좇는 나는 낯선 사람에게 증오와 경멸로 맞선다. 현실에 존재하는 나는 자랑스러운 이상을 좇는 나의 희생양이 되고 만다.

자기 혐오自己嫌惡 self-hate는 이상을 좇는 나를 창조하면서 벌어지지 시

---

1 『우리 시대 신경증 인격*The Neurotic Personality of Our Time*』을 참고. 나는 이 책에서 '마음에 새기다register'는 말을 우리가 자각하지 못하지만 우리 자신 안에서 일어나는 일을 내장과 뼈로 느낀다는 뜻으로 사용했다.

작했던 인격人格 personality 의 갈라진 틈a rift을 알아내는 계기이다. 자기 혐오는 전쟁이 벌어지고 있다는 표시이다. 사실 자기 혐오는 신경증 환자라면 누구나 가지는 본질 같은 특징이다. 그러니까 신경증 환자는 자신과 전쟁을 치르고 있다. 실제로 서로 다른 두 가지 갈등이 자기 혐오를 만들어 내는 기반이다. 하나는 긍지 체계 내부에 있다. 나중에 공들여 설명하겠지만, 긍지 체계 내부에 도사리고 있는 기반은 확장 충동expansive drive과 자기 말소 충동self-effacing drive 사이에 잠재하는 갈등이다. 다른 하나는 긍지 체계 전체와 진실한 나 사이에서 일어나는 심층 갈등이다. 후자의 갈등은 자부심이 최고로 상승할 때는 배경으로 물러나고 억압되지만 여전히 강한 잠재력을 지니며, 유리한 상황에 놓이면 충분히 예상되는 효과를 내기도 한다. 이런 갈등이 커지면서 나타나는 여러 특징과 국면에 관한 논의는 다음 장에서 하겠다.

둘째 갈등이 더욱 심각한데, 정신 분석 초기에는 분명히 드러나지 않는다. 그러나 긍지 체계가 위기를 맞고 신경증에 사로잡힌 사람이 진실한 나와 더욱 가까워질 때, 그러니까 당사자가 자신의 고유한 감정을 느끼고 자신의 소망을 인식하고 선택의 자유를 누리고 스스로 결정을 내리고 결정에 책임질 때, 대립하는 힘들이 각각 제 위치에 선다. 각 힘이 서서히 명료하게 드러나면서, 전선은 이제 긍지 체계와 진실한 나real self 사이에 형성된다. 그러면 자기 혐오는 진실한 나의 새로 생겨난 구축력으로 향하는 만큼, 현실의 나가 지닌 한계와 결점을 들춰내지 않는다. 이러한 현상은 지금까지 논의한 신경증 에서 비롯된 어떤 갈등보다 큰 갈등을 야기한다. 이런 갈등을 **중심에서 일어나는 내면 갈등**central inner conflict이라 부른다.[2]

여기서 이론이 포함된 논평을 덧붙이고 싶은 까닭은 앞에서 말한 중심에서 일어나는 내면 갈등을 더 명료하게 드러내기 때문이다. 이전에 다른 책에

---

2 뮤리얼 아이비미Muriel Ivimey, 1888~1953 박사의 제안을 따른다.

서 내가 사용한 '신경증에서 비롯된 갈등neurotic conflict'이란 용어는 양립할 수 없는 두 강박 충동 사이에 작용하는 갈등을 의미했다. 하지만 중심에서 일어나는 내면 갈등은 건강한 힘과 신경증에 사로잡힌 힘, 곧 구축력構築力 constructive forces과 파괴력破壞力 destructive forces 사이에서 일어나는 갈등이다. 그러므로 정의를 넓게 내려서 신경증에서 비롯된 갈등은 두 힘 사이, 곧 건강한 힘과 신경증에 사로잡힌 힘 사이에 작용할 수 있다고 말해야 할 터이다. 이러한 차이의 인식은 명료한 용어를 사용하려는 노력보다 더 중요하다. 긍지 체계와 진실한 나 사이에서 일어나는 갈등이 다른 갈등보다 더 큰 분열을 야기하는 이유는 두 가지이다. 첫째 이유는 부분이 얽히느냐 전체가 얽히느냐의 차이에 있다. 국가에 유비하면, 그것은 개별 집단들individual groups 사이에 벌어지는 이익 충돌과 나라 전체가 내란에 휩쓸린 경우의 차이이다. 둘째 이유는 바로 우리 존재의 핵, 즉 성장할 수 있는 능력을 지닌 우리의 진실한 자기가 살기 위해 싸운다는 사실에 있다.

진실한 나에게 드러내는 혐오는 현실의 내가 지닌 한계에 드러내는 혐오보다 훨씬 약하게 자각되지만, 자기 혐오가 일어날 때 결코 빠지지 않는 배경을 이룬다. 설령 현실의 내가 지닌 한계에 드러내는 혐오가 전경에 나오더라도, 언제나 자기 혐오에 중요한 기력을 제공하는 저류를 형성한다. 따라서 진실한 나에게 드러내는 혐오는 거의 순수한 형태로 등장하지만, 현실의 나에게 드러내는 혐오는 언제나 혼합된 형태로 등장한다. 예컨대 우리의 자기 혐오가 '이기적인' 존재가 되었다는 사실 때문에, 가령 우리 자신에게 이익이 되는 일을 했다는 이유로 무자비하게 자책自責 self-condemnation하는 형태를 띠면, 이는 성자다움의 **절대 경지**에 이르지 못해서 생기는 증오이자 진실한 나를 짓밟는 증오일 수도 있다.

독일의 시인 크리스티안 모르겐슈테른은 자신의 시 「자라나는 고통

Entwicklungsschmerzen』[3]에서 자기 혐오의 본 모습을 간명하게 표현했다.

나는 나에게 굴복하고, 나 때문에 파멸하네.
나는 둘, 가능한 나와 존재하는 나.
끝내 하나가 다른 하나를 없앨 터이니
가능한 나는 날뛰는 군마 같지
(나는 말 꼬리에 매달려 있네)
나는 묶여 있는 바퀴 같고
희생자의 머리카락을 손가락으로
거머쥔 격노한 사람 같고
자기 심장의 피를 빨아 마시는 흡혈귀 같다네.

위 시는 몇 줄로 자기 혐오가 얼마나 가혹한지 잘 드러냈다. 시인은 우리가 스스로 기력을 빼앗고 끈덕지게 괴롭히는 혐오감嫌惡感 hatred으로 자신을 미워할 수도 있다고 말한다. 어떤 혐오감은 파괴력이 너무 커서 저항할 수 없을 만큼 자신을 무기력하게 만들고, 신체까지 망가뜨린다. 시인의 해석에 따르면 혐오감은 가능한 나what I would be와 존재하는 나what I am 사이에 빚어진 불일치의 결과로 생긴다. 거기에 분열이 있을뿐더러 잔혹하고 흉악하기 이를 데 없는 전투가 벌어진다.

자기 혐오의 위력과 고집the power and tenacity of self-hate은 자기 혐오가 어떻게 작용하는지 잘 아는 분석가들조차 아연실색케 한다. 자기 혐오의 심층

---

3 시집 『여러 갈래 길 위에서』(리퍼와 뮌헨 사, 1921) 인용한 시는 캐롤린 뉴턴Caroline Newton이 번역했다.

을 파헤칠 때, 우리는 현실의 나the actual self에게 굴욕당한다고 느끼고 억눌리기 때문에 자랑스러운 나the proud self가 드러내는 격노激怒 rage를 알아챌 수밖에 없다. 우리는 자랑스러운 나의 격노가 갈 데까지 간 무능the ultimate impotence의 표시라는 점도 고려하지 않으면 안 된다. 왜냐하면 신경증 환자가 자신을 육체에서 분리된 정신a disembodied spirit으로 생각할지도 모르는 만큼, 존재해서 영광에 도달하려고 현실의 나에게 얹혀살기 때문이다. 만약 신경증 환자가 혐오스러운 나the hated self를 없애려고 하면, 도리언 그레이가 타락의 표지였던 초상화를 조각조각 찢었을 때 늙고 추한 모습으로 바뀌어 최후를 맞듯이, 그는 혐오스러운 나를 없앰과 동시에 아름답게 꾸민 영광스러운 나glorious self도 죽일 수밖에 없다. 한편 현실의 나와 자랑스러운 나의 의존 관계가 대체로 자살을 방지한다. 둘 사이에 의존 관계가 없다면, 자기 혐오의 논리적 결과로 자살이 뒤따를 터이다. 실제로 자살은 비교적 드물게 일어나는 현상이고, 여러 요인이 결합되어야 결행되므로, 자기 혐오는 자살의 한 요인일 뿐이다. 다른 한편 바로 현실의 나와 자랑스러운 나의 의존 관계가, 아무 권력도 없는 사람이 휩쓸리는 격노에서 드러나듯이 자기 혐오를 한층 잔혹하고 무자비하게 만든다.

게다가 자기 혐오는 자기 미화自己美化 self-glorification의 결과일뿐더러 자기 미화를 유지하는 데도 쓸모가 있다. 정확히 말해 자기 혐오는 이상을 좇는 나를 실현하고, 갈등이 생기는 요소를 모두 제거해서 수준 높은 완전한 통합을 이루라고 부추긴다. 완벽하지 못한 나를 비난하는 행동은 당사자가 자신과 동일시하는 신에게 어울릴 법한 드높은 기준이 옳음을 증명한다. 분석가는 자기 혐오의 기능을 정신 분석 과정에서 관찰할 수 있다. 또 환자의 자기 혐오를 벗겨낼 때, 소박한 마음으로 환자가 자기 혐오를 간절히 제거하고 싶어 한다고 기대할지도 모른다. 이따금 이런 건강한 반응이 실제로 일어나기도 하지만, 환자의 반응은 흔히 분열되어 나타난다. 자기 혐오의 가공할 부담과 위험을 인정하지 않을 수 없지만, 환자는 자기 혐오의 멍에에 맞서 저항하는 행동이 훨씬 더 위험하다고 느낄 수도 있다. 그는 그럴듯하게 높은 기준의 타당성과 자기에게 너무 관대해져 느슨해질 위험성을 이유로 내세울지도 모른다. 또는 자신이 완전히 경멸받아 마땅하다는 신념을 서서히 드러내기도 한다. 이러한 경멸은 오만한 기준에 미치지 못하는 어떤 기준도 아직 수용할 수 없다는 표시이다.

자기 혐오가 잔혹하고 무자비한 힘을 갖게 되는 셋째 요인은 이미 암시했다. 바로 자기 소외alienation from self이다. 단순하게 말하면, 신경증 환자는 자신에게 어울리는 감정을 전혀 갖지 못한다. 그는 자신을 억누른다고 인정하고 구축 행동a constructive move으로 나아가기 전에, 먼저 괴로운 자기에게 공감하고 괴로움을 체험하지 않으면 안 된다. 다른 측면에서 자기 좌절self-frustration을 실감하고서 동요하며 자신에게 관심을 갖기 전에, 먼저 자신의 소망을 반드시 자신의 것이라고 인정해야 한다.

자기 혐오의 자각awareness of self-hate은 어떠한가? 『햄릿』과 『리처드 3세』, 정확히 말해 두 작품에 인용된 시들이 표현하는 내용은 시인이 인간 영혼의 번민煩悶 agonies을 명민한 시각으로 인식했다는 데 한정되지 않는다. 길든 짧든 수많은 사람들이 자기 혐오와 자기 비하를 **체험**한다. 사람들은 "나를 혐오해" 또는 "나를 경멸해" 같은 느낌에 불현듯 사로잡힌다. 또 자신들에게 몹시 화가 날지도 모른다. 그러나 궁핍하고 고뇌할 때만 자기 혐오를 생생하게 체험하고, 궁핍한 상황에서 벗어나 고뇌가 줄어들면 잊는다. 일반적으로 자기 혐오와 자기 비하에 얽힌 감정이나 생각이 '실패', '우매', 잘못했다는 느낌, 또는 어떤 심리 장애의 실감에 따른 일시적 반응 이상이냐는 질문은 제기하지 않는다. 따라서 자기 혐오가 얼마나 정신을 파괴하고 끈질기게 영향을 미치는지도 자각하지 못한다. 자책自責 self-accusation으로 표현되는 자기 혐오는, 자각되는 차이의 범위가 너무 넓어서 일반화해서 말하기 어렵다. 독선獨善 self-righteousness의 껍데기 속에 숨은 신경증 환자들은 모든 자책에 침묵하므로, 아무것도 자각하지 못한다. 반대로 자기 말소 유형에 속한 사람들은 자기 비난self-reproches과 죄의식guilty-feeling을 노골적으로 표현하거나, 언어도단의 변명과 방어 행동으로 무심코 드러낸다. 이렇게 자각에 나타나는 개인차individual differences는 정말 중요한 의미가 있다. 나중에 개인에 따른 차이가 무엇을 의미하고 어떻게 발생하는지 논의하겠다. 그런데 자각에 나타난 개인차는 자기 말소 유형이 자기 혐오를 자각한다는 결론이 정당하다는 점을 보여주지는 못한다. 왜냐하면 자책自責 self-recrimination을 자각하는 신경증 환자들도 강도와 파괴력은 자각하지 못하기 때문이다. 그들은 자기 비난과 자책에 내재한 헛되고 무익한 특징도 의식하지 못해서 높은 도덕적 감수성의 증거로 여기는 경향이 짙다. 자기 비난과 자책의 타당성에 의문을 제기하지 않는 신경증 환자들은, 사실 신 같은 완벽성의 관점에서 자신들을 판단하는 한 자책을 자각할 수 없다.

그렇지만 신경증 환자는 대부분 자기 혐오의 **결과**results, 곧 죄책감과 열등감, 구속받는 느낌, 고문당하는 느낌을 자각한다. 그러면서도 신경증 환자들은 아직 그런 고통스런 느낌과 자기 평가를 스스로 만들어 낸다는 점을 전혀 이해하지 못한다. 조금 자각한다고 해도, 신경증에 사로잡힌 자부심 탓에 흐려진다. 구속받는 느낌으로 괴로워하지 않고, 그들은 '이타심이 강한 ___, 금욕을 실천하는 ___, 기꺼이 자기를 희생하는 ___, 의무의 노예가 되는 삶'을 자랑스러워한다. 빈칸은 자기에게 짓는 수많은 죄를 숨길 수 있는 항목으로 채워진다.*

* 예컨대 이타심이 강한 <u>선생님</u>, 금욕을 실천하는 <u>도덕가</u>, 기꺼이 자기를 희생하는 <u>어머니</u>처럼 빈칸을 채울 수 있다.

지금까지 관찰한 내용을 바탕으로 결론을 도출하면, 자기 혐오는 본질적으로 무의식에서 일어나는 과정이다. 최종 분석에 따르면 자기 혐오의 충격과 영향을 자각하지 못하는 데는 생존 관심이 자리 잡고 있다. 그래서 자기 혐오가 일어나는 과정은 대부분 외면화를 거쳐 밖으로 드러나는. 곧 개인의 내부가 아니라 개인과 외부 세계 사이에서 일어나는 과정으로 체험된다. 우리는 거칠게 자기 혐오의 능동 외면화能動外面化 active externalization와 수동 외면화受動外面化 passive externalization를 구별할 수 있다. 전자는 자기 혐오의 방향을 바깥으로 돌려 인생과 운명, 제도와 사람들에게 맞서려는 시도이다. 후자는 혐오의 방향이 늘 자기에게 향하지만, 외부에서 생기는 것으로 지각하거나 체험한다. 두 갈래 길에서 생기는 내면 갈등의 긴장은 사람과 사람 사이에서 발생하는 갈등으로 바뀌어 드러난다. 이런 과정에 나타나는 특수한 형태와 인간 관계에 미치는 영향은 나중에 다른 맥락에서 논의하겠다. 여기서 먼저 소개한 까닭은 자기 혐오의 다양한 형태가 바깥으로 드러날 때 관찰하고 묘사하기 편하기 때문이다.

자기 혐오를 드러내는 여러 표현은 대인 관계에서 드러나는 혐오 표현과 꼭 같다. 후자는 아직도 우리 기억에 생생한 역사 사례, 즉 히틀러의 유대인 혐오를 들어 설명해 보자. 우리는 히틀러가 유대인을 위협하고 악의에 차서 고발했으며, 굴욕감을 안겨 주고 대중 앞에서 망신을 주고, 수단과 방법을 가리지 않고 모든 것을 빼앗고 좌절감을 안겨 주었으며, 미래에 대한 희망을 무참히 짓밟았고, 최후에는 고문하고 조직적으로 살해했다는 사실을 잘 알고 있다. 문명화되어 숨겨진 형태로, 우리는 이런 혐오 표현을 대부분 일상 생활 속에서, 가족들이나 경쟁자들 사이에서 관찰할 수 있다.

이제 **자기 혐오를 드러내는 주요 표현**과 개인에게 직접 미치는 여러 효과를 개괄해 보자. 위대한 작가는 모두 자기 혐오가 드러난 표현을 관찰했다. 개인 관련 자료는 대부분 프로이트 이후 정신 의학을 다룬 문학 작품 속에서 자책, 자기 축소, 열등감, 상황을 즐기지 못함, 직접적인 자기 파괴 행동, 가학 성향으로 묘사되었다. 프로이트의 죽음 본능과 프란츠 알렉산더와 카를 메닝거의 공들인 해석을 제외하면[4], 자기 혐오 현상을 모두 설명하고 포괄하는 이론은 나오지 않았다. 프로이트의 이론은 유사한 임상 자료를 다루었지만, 관련 문제의 이해와 치료 차원의 접근이 완전히 다른 전제에 근거한다. 그 차이점은 다음 장에서 논의하겠다.

세부 내용을 놓치지 않기 위해, 자기 혐오의 **여섯 가지 작용 양태**modes of operation, 또는 자기 혐오를 드러내는 표현들이 서로 겹친다는 전제 아래서 구분하기로 하자. 여섯 가지 양태는 대략 다음과 같다. 쉴 새 없이 자기에게 내세우는 요구, 무자비한 자기 비난과 자책, 자기 비하, 자기 좌절, 자학, 자기 파괴이다.

앞 장에서 **자기에게 내세우는 요구**demands on self에 관해 논의할 때, 우리는 자기에게 내세우는 요구를 신경증에 걸린 개인이 이상을 좇는 나로 변신하기 위한 수단으로 간주했다. 또 내부 명령이 강압 체계를 만들어 내고 폭정을 일삼으며, 사람들이 내부 명령을 이행하지 못할 때 충격 반응과 공황 증상이 나타날 수도 있다고 말했다. 이제 우리는 무엇이 강압을 설명하고, 무엇이 내부 명령에 따르려는 시도를 광란狂亂에 휩싸이게 하는지, 또 실패를 받아들이는 반응이 왜 뿌리가 깊은지 이해할 수 있다. 자부심과 마찬가지로 자기 혐오도 당위를 결정하기 때문에, 자기 혐오로 생긴 노여움과 화는 당위가 이행되지 않을 때 고삐 풀린 망아지처럼 날뛴다. 총잡이가 연발 권총으로 사람을

---

4 프란츠 알렉산더Franz Alexander, 『전체 인격의 정신 분석*The Psychoanalysis of the Total Personality*』(신경 · 정신병 출판사Nerrous and Mental Disease Publishing CO, 1930).
카를 메닝거Karl A. Meninger, 『자신에게 맞서는 인간*Man Against Himself*』(하코트사, 1938).

겨누고서 이렇게 말하며 강도짓을 하는 경우와 비교할 수 있다. "가진 걸 전부 내 놔. 안 그러면 쏠 테다." 총잡이의 강도짓은 당위의 폭정과 견주면 훨씬 인간다워 보인다. 강도짓의 경우에는 위협받은 사람이 강도의 요구에 따르면 목숨을 구할 수도 있지만, 당위는 도무지 양보할 줄 모른다. 또 강도의 총에 맞아 결국 죽더라도, 자기 혐오로 일평생 괴로워하며 사는 것보다 덜 잔혹할 것 같다. 어떤 환자의 편지를 인용해 보자.[5] "진실한 내가 신경증으로 숨이 막힐 지경입니다. 원래 자신을 보호하려고 만든 프랑켄슈타인의 괴물과 같아요. 전체주의 국가에서 살든 자신의 비밀스런 신경증을 앓으며 살든 거의 차이가 없습니다. 어느 쪽이든 자기를 가능한 만큼 고통스럽게 파괴하는 강제수용소에 갇힌 꼴이 되기 십상이니까요."

사실 당위의 본성은 바로 자기 파괴이다. 그런데 아직 당위의 파괴 성향 가운데 하나, 즉 어떤 사람에게 꼭 끼는 옷을 입히고 내면의 자유를 빼앗는 측면만 살펴보았다. 어떤 사람이 설령 용케 행동이 완벽해지는 데까지 나아가더라도, 그는 자발성을 비롯해 감정과 신념의 진정성을 대가로 지불해야 그럴 수 있다. 당위는 사실 모든 폭정과 마찬가지로 개성個性 individuality을 말살한다. 당위는 스탕달이 『적과 흑』에서 묘사한 신학교의 분위기, 또는 조지 오웰이 『1984년』에서 묘사한 분위기를 만들어 낸다. 그런 분위기에서 개인이 드러내는 생각과 감정은 무엇이든지 의혹과 감시의 대상이 된다. 당위는 의문의 여지 없는 복종을 요구하지만, 심지어 아무도 복종으로 느끼지 않는다.

게다가 수많은 당위는 바로 내용이 자기 파괴 특성을 드러낸다. 세 가지 당위를 예시로 들고 싶은데, 모두 병든 의존성에 빠질 때 영향을 미치며, 다음 세 문맥으로 다듬어진다. 나는 무슨 일이 생기든 절대로 신경을 쓰지 않을 만큼

5 〈미국 정신 분석 학술지American Journal of Psychology〉, 11권(1949)에 발표했다.

대범해져야 해. 나는 그녀가 나를 사랑하게 만들 수 있어야 해. 또 나는 '사랑'을 얻으려고 무조건 모든 것을 희생해야 해! 실제로 세 가지 당위가 결합해서, 병든 의존성에 빠진 사람들은 끊임없이 심한 고통에 시달린다. 자주 나타나는 또 다른 당위는 어떤 사람이 자신의 친척, 친구, 학생, 피고용인을 완전히 책임지라고 요구한다. 그는 모든 사람의 문제를 해결해 모든 사람을 즉각 만족시켜야 한다. 잘못된 일은 **무엇이든지** 자신의 결점 탓이다. 만약 어떤 친구나 친척이 어떤 이유로든 혼란에 빠지고 불평불만을 늘어놓고 사사건건 비판하고 만족하지 않거나 무엇을 원하면, 이런 사람은 죄책감을 느끼며 모든 일을 바로잡아야 한다고 느끼는 난감한 희생자가 될 수밖에 없다. 어떤 환자의 말을 인용하면, 그는 여름철 호텔에서 시달리는 지배인과 흡사하다. 그러니까 투숙객들은 언제나 옳다. 불상사가 모두 실제로 그 사람 탓인지는 아무 상관도 없다.

최근 프랑스에서 출판된 『증인』은 위에서 말한 과정을 잘 묘사한다.[6] 주인공은 동생과 배를 타고 바다로 나갔는데 배에 물이 새고 폭풍이 몰아쳐 뒤집혔다. 동생이 다리에 심한 부상을 입어서, 주인공은 파도가 거센 바다에서 헤엄칠 수 없었다. 그는 익사할 처지에 놓인 운명의 희생자가 되었다. 그 영웅은 자기 동생을 데리고 해안까지 헤엄쳐 가려고 했으나, 곧 불가능한 일임을 깨달았다. 둘 다 빠져 죽느냐 영웅이 자기 목숨만 구하느냐는 두 대안 가운데 하나를 선택해야 했다. 이 점을 분명하게 깨달은 주인공은 자신을 구하기로 결심한다. 그런데 그는 살인자가 된 것처럼 느끼고, 그런 느낌은 현실처럼 생생해서 누구나 자신을 살인자로 여길 것이라 확신한다. 소설의 주인공이 어**떤 경우라도** 책임**져야 한다**는 전제에 따라 행동하는 한, 그의 이성은 전혀 쓸모가 없으며, 아무 효과도 낼 수 없다. 이것은 확실히 극단에 치우친 상황이다. 그러나 영웅이 나타내는 감정 반응은 사람들이 특별한 당위에 내몰릴 때 무

6 장 블로흐 미셸Jean Bloch-Michel, 『증인*The Witness*』(판테온 출판사, 1949).

엇을 느끼는지 정확히 보여준다.

개인은 자신의 건강한 생존에 유해한 과제를 스스로 짊어지기도 한다. 이런 당위의 실례를 고전에서 찾자면, 도스토예프스키의 『죄와 벌』에 나온다. 라스콜리니코프는 나폴레옹의 영웅다운 자질을 스스로 만족하는 수준까지 증명하려면, 인간을 죽일 수 있어야 한다고 느꼈다. 도스토예프스키가 명징한 문학 언어로 표현했듯이, 라스콜리니코프는 세상을 향한 온갖 원한에 시달렸는데, 예민한 영혼에게 살인보다 더 혐오감을 주는 행동은 없었다. 그는 스스로 살인하라고 몰아붙이지 않을 수 없었다. 그가 실제로 무엇을 느꼈는지는 꿈이 보여주었다. 꿈속에서 그는 술에 취한 농부들이 먹지 못해 뼈만 앙상한 암말에게 감당 못할 무거운 짐을 억지로 끌라고 채찍질하는 장면을 목격한다. 암말은 참혹하고 무자비하게 채찍질을 당하고, 결국 맞아 죽었다. 라스콜리니코프는 동정심이 솟구쳐 쓰러진 암말에게 달려들었다.

라스콜리니코프는 내면에서 일어나는 싸움이 격렬할 때 이런 꿈을 꾸었다. 그는 살인을 결행할 수 있어야 한다고 느끼지만, 동시에 살인이 너무 혐오스러워 도저히 실행에 옮기기 못하리라고 느꼈다. 꿈속에서 그는 암말이 무거운 짐을 끄는 것만큼 불가능한 일을 하라고 스스로 몰아붙이는 일이 얼마나 무의미하고 잔혹한 짓인지 깨달았다. 그가 자신에게 저지르려던 짓을 능가하여, 그의 존재 깊은 곳에서 자신을 소중히 여기는 동정심이 우러났다. 그는 자신의 진짜 감정을 체험했기 때문에, 꿈을 꾼 후 자신과 훨씬 더 가까워져 하나가 되었다고 느꼈고, 살인을 하지 않기로 결심했다. 그러나 곧 나폴레옹과 닮은 자기가 주도권을 잡았다. 왜냐하면 당시 그의 진실한 나real self는, 잔인한 농부들에게 맞서 저항할 수 없었던 비쩍 마른 암말처럼, 살인에 저항할 힘이 없었기 때문이다.

당위가 자기 파괴 성향을 띠게 되고, 당위의 강압성을 다른 요인보다 더 잘 설명해 주는 셋째 요인은, 우리가 당위를 어길 때 자신에게 등을 돌리는 자기 혐오이다. 때때로 이런 관계는 아주 분명하게 드러나고, 또 쉽게 자리 잡을 수 있다. 어떤 사람은 자신이 그래야 한다고 느끼는 만큼 전지하지도 전능하지도 않았고, 소설『증인』의 주인공처럼 당치도 않은 자책으로 괴로워했다. 그는 당위를 어겼음을 알아차리지 못한 채, 겉으로 우울해 보이고 풀이 죽고 불편하며 피곤하고 불안하거나 짜증내는 일이 훨씬 흔하다. 산 정상에 오르지 못해 개에게 겁을 집어 먹은 여자의 예를 떠올려 보자. 전후 사건은 이러했다. 우선 그 여자는 산에 오르지 않기로 한 상식적인 결정을 실패로 경험했다. 자신이 모든 일을 처리하고 관리해야 한다는 내부 명령에 비추어 볼 때 실패였고, 내부 명령은 무의식에 머물러 있었다. 다음에 자기 비하自己卑下 self-contempt가 뒤따랐고, 그것도 무의식에 머물러 있었다. 이후 자책에 따른 반응이 일어났는데, 무력하고 무섭다는 느낌으로 알아차린 감정의 흐름이 처음 드러났다. 만약 그녀가 자신의 정신을 분석하지 않았더라면, 개를 무서워한 반응은 영문 모를 사건으로 남았을 터이다. 영문을 모르게 되는 까닭은 그 사건이 이전에 일어난 모든 사건과 단절되었기 때문이다. 다른 사례를 보면, 어떤 사람은 자동으로 자기 혐오의 위협을 느낄 때 스스로 방어하는 특별한 방식만 의식으로 체험한다. 예컨대 식탐과 술잔치, 흥청망청 물건 사기로 불안을 누그러뜨리는 방식, 타인에게 피해를 입었다는 감정 같은 수동 외면화, 타인에게 짜증이 나는 감정 같은 능동 외면화가 있다. 우리는 앞으로 자기를 방어하려는 여러 시도가 어떻게 일어나는지 다양한 관점에서 살펴볼 기회를 가질 터이다. 여기에서는 유사한 다른 사례를 들어 논의하고자 한다. 그런 사례는 쉽게 주목을 끌지 못하고 치료하는 과정에서 막다른 골목으로 이끌 수 있기 때문이다.

어떤 사람은 무의식에서 자신의 특별한 당위에 도저히 부응할 수 없다고 깨닫기 직전 자기를 방어하려고 한다. 그 점을 알아채지 못했더라면 분별력을 갖고 협조할 환자가, 안절부절 못하고, 모든 사람에게 또 모든 일에 나쁘게 이용당했다는 거칠고 황량한 감정에 사로잡히기도 한다. 친척은 자신을 이용하고, 직장 상사는 불공평하게 대하고, 치과의사는 치아를 엉망으로 만들고, 정신 분석은 아무 소용이 없다. 그는 분석가에게 욕을 퍼부을 수도 있고, 집에서 울화통을 터뜨리며 폭력적으로 행동할지도 모른다.

마음을 뒤집어 놓은 혼란과 동요를 이해할 때, 주의를 끄는 첫째 요인은 그가 특별히 배려받아야 한다고 끈질기게 권리 주장을 내세운다는 점이다. 그는 특별한 상황에 따라 자신의 사무실에서, 아내와 자신을 홀로 남겨 두고 떠난 어머니에게 더 많은 도움을 받아야 한다고 주장하고, 분석가가 자신에게 시간을 더 많이 내야 하고, 학교 측이 자신에게 특별 대우를 해야 한다고 주장한다. 이때 우리는 환자가 격앙된 권리 주장과 권리 주장의 좌절에 따른 학대 감정에 시달린다는 첫 인상을 받는다. 그런데 환자는 권리 주장에 주목하면, 더욱 격앙된다. 그는 한층 더 공개적으로 적개심을 표현할 수도 있다. 우리가 분석가로서 주의를 기울여 들으면, 환자가 내뱉는 독설과 욕설이 뒤섞인 여러 의견을 관통해 흐르는 주제가 드러난다. 마치 이렇게 말하는 것처럼 보인다. "지긋지긋한 바보야, 너는 정말 내게 무엇이 필요한지 알아채지 못하는 거야?" 만약 권리 주장이 신경증에서 생겨났다는 점을 알아챘다면, 권리 주장이 늘어나는 것은 오히려 절박한 필요의 증가를 나타낸다. 이 실마리를 따라가면, 우리는 환자가 겪는 고뇌와 심통心痛 distress을 이해할 기회도 얻는다. 그때 환자가 인식하지는 못해도 자신에게 명령하는 당위 가운데 몇 가지 당위는 이행할 도리가 없음을 깨닫게 될 수도 있다. 예컨대 환자는 자신이 단순히 중요한 연애 관계를 지속할 수 없다고 느꼈을지도 모른다. 또는 업무가 자신에게 너무 부담스러워 아무리 노력해도 처리할 수 없다고 느꼈을 수도 있다. 아니면 정신 분석 과정에서 떠오른 몇 가지 문제로 낙심해서 참을 수 있는 한계를 넘었다고 인정했을지도 모른다. 또는 단순히 의지력을 발휘해, 정신 분석 과정에서 드러난 문제를 없애려던 자신의 노력이 조롱거리가 되었다고 인정했을 수도 있다. 이러한 깨달음은 대부분 무의식에서 일어나므로, 환자를 공황 상태에 빠지게 만든다. 왜냐하면 환자는 이런 역경을 모두 극복할 수 있어야 한다고 느끼기 때문이다. 그러면 대안은 두 가지 밖에 없다. 하나는 자신에게 들이대는 갖가지 요구가 공상이자 환상이라는 점을 깨닫는 것이다. 다른 하나는 자신의 인생이 놓인 상황이 바뀌어서 '실패'에 직면할 리가 없다고 격앙되어 권리 주장을 내세우는 것이다. 안절부절 못하는 흥분 속에서 환자는 두 번째 길을 선택하는데, 정신 분석 치료의 과제는 그에게 첫째 길을 보여 주는 것이다.

신경증 환자가 당위를 이행할 수 없다고 깨달을 때 열에 들뜬 권리 주장을 내세울 가능성이 있다고 인정하는 것은 치료에 대단히 중요하다. 그것이 중요한 까닭은 열에 들뜬 권리 주장이 다루기 제일 어려운 흥분 상태를 만들어내기 때문이다. 그런데 당위를 이행할 수 없다는 깨달음과 열에 들뜬 권리 주장의 관계는 이론 측면에서도 중요하다. 양자의 관계를 인정하면, 여러 권리 주장의 절박성切迫性 urgency을 더 잘 이해할 수 있다. 또 개인이 자신의 당위에 부응하기 위해 느끼는 절박성도 확실하게 보여 준다.

마침내 당위에 부응하려는 노력이 실패하거나 실패가 임박했다고 어렴풋이 깨닫는 순간 미친 듯이 절망의 나락으로 떨어지면, 내면에는 이러한 깨달음을 막아야 할 절박한 필요가 생긴다. 신경증 환자가 깨달음을 회피하는 방식 가운데 하나는 상상 속에서 당위를 이행하는 것이다. "나는 이렇게 존재할 수 있어야 하고, 또 행동할 수 있어야 해. 그래서 나는 그렇게 존재할 수 있고, 또 행동할 수 있는 거지." 우리는 이제 다음의 사실을 더 잘 이해한다. 진리를 회피하는 능수능란해 보이는 방법은 실제로 자신이 내부 명령에 부응하지 못하며 부응할 수 없다는 사실에 부닥칠 때 일어난 배후에 숨은 공포심의 산물이다. 그러므로 이것은 이 책 첫째 장에서 제의한 상상력이 신경증에서 비롯된 필요에 봉사한다는 주장을 설명해 주는 사례이다.

지금까지 불가피하게 무의식에 생겨난 자기를 기만하는 여러 수단 가운데, 근본적으로 중요한 의미와 가치가 있는 두 가지만 논의하겠다. 하나는 자각의 문턱을 낮추는 것이다. 신경증 환자는 이따금 타인을 예리한 눈으로 바라보는 관찰자이면서도 자신의 고유한 감정과 생각, 행동은 도리어 자각하지 못한다고 집요하게 주장한다. 정신 분석 과정에서 몇 가지 문제가 주의를 끌어도 "나는 그걸 자각하지 못해요" "나는 그걸 느끼지 못하거든요"라는 말로 분석의 진행을 막아버린다. 여기서 언급할 다른 무의식적 책략은 대다수 신경증 환자에게 나타나는 특이한 습성인데, 자신을 오로지 반응하는 존재로 경험하는 것이다. 이렇게 수동으로 반응하기만 하는 경험은 타인을 비난하는 것보다 훨씬 심각한 문제이다. 그것은 무의식에서 그들 자신의 당위를 부정하는 데까지 이른다. 그러면 인생은 바깥에서 오는 밀고 당김의 연속으로 경험된다. 달리 말해 당위는 외면화를 거쳐 외부 환경처럼 존재한다.

일반적인 용어로 요약하면, 전제 정권에 복종해 살아야 하는 사람이라면 누구든지 그 정권의 명령을 피할 수단에 의지하려 할 터이다. 그는 억지로 이중성을 갖게 되는데, 폭정이 외부에서 일어날 때는 완전히 의식할 수도 있다. 폭정이 내면에서 일어날 때는 의식하지 못하며, 내부 폭정에 이어 생겨난 이중성은 무의식적 자기 기만과 가식으로 드러날 따름이다.

앞에서 말한 모든 책략은 자기 혐오의 급증을 막아 주는데, 그런 책략이 없었다면 '실패'를 깨달았을 터이다. 그러므로 자기 혐오를 피하는 책략은 주관적 가치가 아주 크지만, 진리가 무엇인지 분별하는 능력은 크게 훼손된다. 그리하여 사실은 자기 소외[7]가 일어나고 긍지 체계의 자율성이 커지는 원인이 된다.

자기에게 내세우는 요구는 신경증 구조에서 중요한 역할을 하므로, 개인이 이상에 맞춘 자아상을 실현하려고 시도하는 원인이 된다. 자기에게 내세우는 요구는 두 가지 방식으로 개인의 자기 소외를 조장한다. 자신의 내면에서 우러난 자발적 감정과 신념을 곡해하고 변조해서 소외되고, 무의식에서 부정직不正直 dishonesty을 퍼뜨려 소외된다. 자기에게 내세우는 요구는 자기 혐오에 따라 결정되기도 하는데, 마침내 자기에게 내세우는 요구를 좇지 못하는 무능력을 깨달아야 자기 혐오의 속박에서 풀려나 해방된다. 어떻든 자기 혐오를 보여 주는 모든 형태는 당위가 이행되지 않았다고 시인하는 꼴이다. 이는 신경증 환자가 실제로 초인에 가까운 존재a superhuman being였더라면, 자기 혐오를 전혀 느끼지 않았으리라는 말과 다름이 없다.

자신에게 유죄 선고를 내리는 **자책**自責 self-accusations은 자기 혐오를 달리 표현한 말이다. 자책은 대부분 우리의 중심에 놓여 있는 전제에서 시작해 무자비한 논리에 따라 일어난다. 만약 개인이 대담무쌍, 관대, 평정, 의지력에서 각각 **절대 경지**the absolutes에 도달하지 못하면, 자부심에 견주어 '유죄'를 선고한다.

어떤 자책은 내면에 엄존하는 곤경에 눈을 돌리지 않기 때문에 합리적으로 보여 속을 수도 있다. 어쨌든 당사자는 자책이 너무나 정당하다고 느낀다. 무엇보다 이런 엄격성은 높은 기준에 상응하니 상을 받을 만하지 않은가? 실제로 그는 곤경을 맥락과 무관하게 받아들이며, 머리 끝가지 화가 나서 도덕적 비난을 퍼붓는다. 이런저런 곤경은 당사자가 져야 할 책임과 무관하게 놓여 있다. 어쨌든 그가 달리 느끼고 생각하고 행동할 수 있었는지, 심지어 그가 자각을 했는지도 아무 상관이 없다. 따라서 검토하고 정신 분석의 대상이

7 제6장 자기 소외 참고.

되어야 할 신경증 문제는 당사자를 구제불능인 존재로 낙인찍는 섬뜩한 결점으로 바뀐다. 예컨대 그는 자신의 이익이나 의견을 방어할 수 없을지도 모른다. 그는 반대 의견을 내거나 자신을 나쁘게 이용하는 타인의 행동에 맞서 방어해야 할 때 오히려 용서하고 사이좋게 지내려 했다는 점에도 주목한다. 이런 점을 똑바로 관찰하면, 그는 실제로 자신을 믿을 뿐더러, 자기 주장을 하기보다 억지로 유화 행동을 할 수밖에 없게 만드는 힘을 서서히 인정하는 첫 단계로 접어들 수 있다. 그렇기는커녕 파괴적인 자책의 손아귀에 붙잡힌 그는 근성이 없거나 역겨운 겁쟁이라며 낙심할 테고, 주위 사람들이 자신을 약골로 보고 경멸한다고 느낄 터이다. 따라서 신경증 환자는 애써 자기를 관찰했으나, 자존감self-esteem이 낮아 다음에 터놓고 말하기가 훨씬 더 어려워지기 때문에, '죄의식'이나 열등감에 사로잡힐 따름이다.

비슷하게 뱀이나 운전을 두려워하는 사람은 두려움이 스스로 통제하지 못하는 무의식에서 꿈틀대는 힘에서 생긴다는 점을 잘 알지도 모른다. 그는 이성의 판단에 따라 '비겁卑怯cowardice'에 붙는 도덕적 비난이 이해되지 않는다고 말한다. 심지어 '유죄'인지 '무죄'인지 앞뒤를 재며 자신과 논쟁하기도 한다. 그런데 아무리 해도 결론에 이르지 못하는 까닭은 서로 차원이 다른 존재를 포함하는 논쟁이기 때문이다. 그는 인간다운 존재로서 두려움을 느낄 수밖에 없다고 인정한다. 하지만 그는 신 같은 존재로서 두려움을 절대 느끼지 않는 속성을 가져야 하고, 두려워하는 자신을 혐오하고 경멸할 뿐이다. 어떤 작가는 내면의 몇 가지 요인이 영향을 미쳐 글쓰기가 호된 시련이 되어서 창작할 때 억제를 경험한다. 그래서 작품의 진행이 더디다. 그는 빈둥거리며 지내거나 작품과 관계없는 일을 하며 시간을 보낸다. 그는 괴로우면서도 자신과 교감하며 괴로움의 원인이 무엇인지 검토하지 않고, 게으르며 아무짝에도 쓸모없는 인간이자 작업에 실제로 관심이 없는 사기꾼으로 자처한다.

허세 부리는 사람이나 사기꾼이 될까 봐 두려워서 쏟아내는 자책은 너무 흔하다. 이런 자책이 늘 구체적인 문제 때문에 자기를 곧장 공격하지는 않는다. 애착을 가질 만한 것은 아무것도 없다는 의심이 때로는 잠복해 있다가 불현듯 떠올라 끈질기게 괴롭혀서, 막연한 불편을 느끼는 신경증 환자가 더 많다. 신경증 환자는 이따금 자책을 일으키는 두려움, 곧 찾아낸 두려움만 자각한다. 만약 사람들이 그를 잘 안다면, 그가 아무짝에도 쓸모가 없는 사람이라는 것도 알 터이다. 다음 공연에서 그가 얼마나 무능한지 백일하에 드러날지도 모른다. 사람들은 그가 '객석front'을 등지고 확고한 지식 없이 그럭저럭 돋보이려고 할 뿐임을 알아챌 터이다. 다른 한편 친밀하게 교제하거나 심리검사를 받는 상황에서나 '찾아냈을'수도 있는 정확한 내용이 무엇인지는 여전히 모호하다. 그렇지만 이러한 자기 비난self-reproach도 허공에서 느닷없이 떨어지지 않는다. 그것은 무의식에 엄존하는 사랑의 가식을 비롯해 공정, 이익, 지식, 겸손의 가식을 모두 가리킨다. 또 이런 특별한 자책이 나타나는 빈도는 각 신경증에 나타나는 가식의 빈도에 상응한다. 자책의 파괴적 본성은, 자책이 죄책감과 공포심을 생산할 뿐 무의식에 엄존하는 가식을 파헤쳐 인격을 구축하는 탐색에 기여하지 못한다는 사실에서도 드러난다.

다른 자책은 엄존하는 곤경보다 오히려 무슨 일을 하려는 동기動機 motivations에 주목해 혹평을 늘어놓는다. 이러한 자책은 양심에 따른 자기검토self-scrutiny와 아주 비슷해 보일지도 모른다. 또 전체 맥락을 고려해야 어떤 사람이 정말로 자기 자신을 찾고 싶어 하는지, 흠 잡기에만 몰두하는지, 또는 두 충동이 모두 작용하는지 보여 줄 수 있다. 이 절차는 우리의 동기가 실제로 순금처럼 순수하지 않기 때문에 기만과 더욱더 관계가 깊다. 우리의 동기는 으레 귀금속보다는 오히려 몇 가지 비금속 가운데 하나와 섞이기 마련이다. 그런데도 주요 부분이 금이라면 여전히 금이라고 부른다. 만약 친구에게 충고할 때 주요 동기가 구축력을 길러 주려는 좋은 의도라면, 우리는 당연히 만족할 터이다. 흠 잡기의 마수에 걸려든 사람은 다른데, 이렇게 말할 것이다. "그래, 그에게 충고했어, 아마 좋은 충고였을 테지. 그러나 기쁜 마음으로 충고하지 않았어. 마음 한 구석은 성가시고 귀찮아지는 게 정말 싫었지." "아마 나는 그냥 우월감을 느끼려고, 아니면 바로 그런 상황도 잘 넘기지 못하냐고 빈정대려 충고했던 거야." 바로 이런 추리에 진리의 일면이 들어있기 때문에, 당사자가 한 말은 기만에 해당한다. 때때로 지혜를 조금 터득한 문외한局外者 outsider은 정신과 의사를 몰아내려 할지도 모른다. 그러나 지혜를 많이 터득한 문외한은 이렇게 말할 수도 있다. "당신이 말한 모든 요소를 가정하면, 실제로 당신의 친구를 진짜 돕기 위해 시간을 충분히 내고 관심을 기울이는 편이 더 명예로운 일이 아닐까요?" 이렇게 사건을 바라보면 자기 혐오의 희생자가 되는 일은 결코 발생하지 않을 터이다. 더욱이 설령 어떤 성직자나 친구, 또는 분석가가 올바른 관점에서 사태를 진술하더라도, 당사자는 확신하지 못할 수도 있다. 신경증 환자는 명백한 진리를 공손하게 인정할 수도 있지만, 마음 속으로 격려激勵 encouragement나 안도감安心 reassurance을 유도하기 위한 것뿐이라고 단서를 붙인다.

위에서 나타난 여러 반응은 신경증 환자가 자기 혐오에서 풀려나 자유로워지는 일이 얼마나 어려운지 보여주므로 주목할 가치가 있다. 신경증 환자가 어떤 상황의 전모를 판단할 때 저지르는 착오는 분명히 드러난다. 그는 특정한 측면에 지나치게 집중하고 다른 측면을 무시한다고 알아 볼 수도 있다. 그러면서도 자신의 판단에 집착한다. 왜냐하면 신경증 환자의 논리는 건강한 사람이 의지하는 것과 다른 전제에 따라 움직이기 때문이다. 신경증 환자는 자신의 충고나 조언이 **절대** 확실한 도움을 주지 못하고 도덕적으로 못마땅하므로, 자신을 깎아내리기 시작할뿐더러 자책을 만류해도 거부한다. 이러한 관찰을 통해 자기 비난이나 자책이 안도감을 유도하거나 비난과 처벌을 피하려는 영리한 책략일 뿐이라고 때때로 주장하는 정신 의학자들의 가정을 논박할 수 있다. 물론 그런 일도 발생한다. 아이들이나 어른들이 겁을 주고 협박하는 권위에 맞설 때, 자기 비난이나 자책은 전략에 지나지 않을 수도 있다. 그렇더라도 우리는 신중하게 판단하지 않으면 안 되고, 안도감이 왜 필요한지 검토해야 한다. 이런 사례들을 일반화해서 자책이 그저 안도하거나 비난과 처벌을 피하려는 전략으로 기여한다고 생각하면, 자책의 파괴력을 평가하는 데 완전히 실패한다.

게다가 자책self-accusation은 개인의 통제 밖에 있는 역경adversities에 초점을 맞출 수도 있다. 이런 증상은 정신병자들에게 나타난다. 예컨대 정신병자들은 책에서 읽고 알 뿐인 살인자로 자처하거나, 6백 마일 떨어진 중서부에 발생한 홍수가 자기 책임이라고 스스로 죄를 뒤집어쓴다. 부조리해 보이는 자책은 우울증 질환melancholic conditions의 두드러진 증상이다. 그런데 신경증에서 비롯된 자책은 기괴함이 덜하더라도 비현실감은 덜하지 않다. 지성이 뛰어난 어머니의 사례를 검토해 보자. 아이가 이웃집 아이들과 놀다가 현관에서 떨어져 약한 뇌진탕을 겪었고, 그것 말고는 아무 해가 없는 사고가 일어났다. 그녀는 이후 내내 자신의 부주의를 질책했다. 사고는 모두 그녀 탓이었다. 만약 그녀가 현장에 있었다면, 아이는 난간에 올라가지 않았을 테고 떨어지는 사고도 당하지 않았을 터이다. 어머니는 아이를 과보호하는 것은 현명하지 않다고 동의했다. 물론 과보호하는 어머니도 항상 아이 옆에 있을 수 없다는 점까지 알았다. 그런데도 자신의 판단에 집착했다.

비슷한 사례를 하나 들자면, 어떤 젊은 배우는 자신의 이력에서 잠시 겪은 실패 때문에 모질게 자책했다. 그는 자신의 통제를 넘어선 뜻밖의 역경odds에 부딪쳤다고 충분히 자각했다. 친구들과 그때 상황에 관해 말할 때면, 불운한 요인을 지적하면서도 죄책감을 누그러뜨리고 무죄라고 항변하려는 양 방어 자세를 취했다. 친구들이 그에게 정확히 어떻게 달리 행동할 수 있었겠느냐고 물으면, 아무것도 분명하게 설명하지 못했다. 자책self-recrimination과

반대되는 어떤 조사도, 어떤 안도감도, 어떤 격려도 소용이 없었다.

이러한 자책은 당연히 우리의 호기심을 불러일으키는데, 왜냐하면 정반대 현상이 훨씬 자주 나타나기 때문이다. 신경증 환자는 으레 책임을 면하려고 상황에 따라 발생하는 곤경이나 불운에 달려들어 닥치는 대로 매달린다. 그런 다음 자신이 할 수 있는 일은 전부 한다. 긴 이야기는 짧게 만들고, 단순하기 짝이 없는 일은 세상에 둘도 없는 경이로운 사건으로 바꾼다. 그런데 나 아닌 타자, 즉 전체 상황이나 우연히 발생한 불상사가 겹쳐 모든 일을 망쳐 버린다. 앞에서 언급한 두 태도는 겉으로는 정반대처럼 보이지만, 이상할 정도로 유사점이 차이점보다 훨씬 더 많다. 두 방면으로 주관적 요인에서 주의를 돌려 외부 환경에 초점을 맞춘다. 두 태도는 행복과 성공에 결정적 영향을 미치며, 어떤 사람이 이상을 좇는 나가 되지 못해 분출하는 자책의 맹공격을 받아 넘기는 기능을 담당한다. 앞의 사례에서 언급한 신경증을 일으키는 다른 요인들도 이상적인 어머니가 되거나 배우로서 빛나는 이력의 소유자가 되는 일을 방해했다. 그 여자는 당시에 자신의 문제에 마음을 너무 빼앗겨 일관되게 좋은 엄마 노릇을 하지 못했다. 그 배우는 필요한 교제와 일을 얻기 위한 경쟁에 방해가 되는 특정한 억제에 시달렸다. 두 사람은 어느 정도까지 곤경을 자각했지만, 별 생각 없이 불쑥 언급했을 뿐 곧 잊거나 교묘하게 윤색했다. 운명에 맡기고 될 대로 되라는 식으로 사는 사람에게 나타나는 이런 모습은 별나서 주의를 끈다. 앞의 두 사례는 이런 점을 전형적으로 보여 주는데, 거기에는 아연실색할 만한 불일치가 있다. 한 쪽에서는 자신의 결점을 지극히 조심스럽게 다루고, 다른 쪽에서는 자신의 통제 밖에서 일어나는 사건에 대해 이성을 잃고 무자비하게 자책한다. 이러한 불일치는 거기에 숨은 의미와 가치significance를 자각하지 못하는 한 쉽게 관찰되지 않을 수도 있다. 불일치에는 실제로 자책의 정신 역학을 이해하는 중요한 실마리가 들어 있다. 당사자는 자기 방어 수단에 의지할 수밖에 없을 만큼 심각한 인격의 결함 때문에 일어나는 꼬리를 무는 자책에 시달린다. 불일치에 직면할 때 신경증 환자는 다음 두 가지 수단을 사용한다. 자신을 지극히 조심스럽게 다루고 책임은 상황에 돌린다. 신경증 환자들이 왜 책임을 상황에 돌려서 의식 차원에서라도 자책을 쉽게 제거하지 못하느냐는 문제가 여전히 남는다. 대답은 간단한데, 그들은 상황 같은 외부 요인이 자신들의 통제 밖에 있다고 느끼지 않는다. 정확히 말하면 외부 요인은 통제 밖에 **있어서는 안 된다.** 그 결과 잘못된 모든 일이 신경증 환자들에게 반영되고 그들은 수치스럽고 불명예스러운 한계에 부딪친다.

지금까지 논의한 자책은 구체적인 것, 즉 엄존하는 내면의 곤경과 동기, 외부 환경에 초점을 맞춘 반면, 다른 자책은 막연하고 파악하기 어렵다. 어떤 사람은 명확한 어떤 것과 관계가 있다고 말하기 어려운 죄책감이 늘 따라다닌다고 느낄 수도 있다. 당사자는 이유를 찾으려는 지독한 탐색 끝에, 죄책감이 어쩌면 전생에 지은 죄와 관계가 있을지 모른다고 생각할 수도 있다. 이따금 훨씬 구체적인 문제로 자책을 할 때면, 드디어 자신을 미워하는 이유를 찾았다고 믿으려 할 터이다. 예컨대 어떤 사람이 다른 사람들에게 흥미가 없고 그들에게 할 만큼 하지 않는다고 깨달았다고 가정해 보자. 그는 자신의 태도를 바꾸려고 열심히 노력해 자기 혐오가 없어지기를 희망한다. 만약 그가 실제로 자신에게 등을 돌린다면, 스스로 그렇다고 믿더라도 말 앞에 마차를 놓은 격이므로 자책이라는 적을 제거하지 못할 터이다. **그는 자책이 일부는 타당하므로 자신을 미워하지 않고, 도리어 자신을 미워하므로 자책한다.** 그렇게 자책에 이어 다른 자책이 꼬리를 물고 이어질 터이다. 그는 복수도 하지 못한다. 그러므로 약골이다. 그는 앙심을 품고 복수를 결심한다. 그러므로 금수이다. 그는 남을 돕는다. 그러므로 잘 속는 사람이다. 그는 남을 돕지 않는다. 그러므로 이기심만 가득한 돼지 새끼이다. 이렇게 자책에 다른 자책이 꼬리를 물고 이어진다.

만약 신경증 환자가 외면화를 거쳐 자책의 원인을 외부로 돌리면, 모든 사람이 자신이 하는 모든 일에 저의底意 ulterior motives를 가지고 있다고 느낄 수도 있다. 우리가 전에 말했듯이, 타인의 저의는 그에게 너무나 현실 같아서 공정치 않다고 타인을 원망한다. 그는 자신을 방어하기 위해 단단히 고정한 가면을 쓸지도 모른다. 그러면 아무도 그 사람의 내면에서 무슨 일이 일어나는지 얼굴 표정, 어조, 몸짓만 보고서 추측하지 못할 터이다. 그는 외면화를 자각하지 못할 수도 있다. 그러면 신경증 환자의 의식 속에서 모든 사람은 인정 많고 점잖다. 또 정신 분석이 진행되는 동안에만, 자신이 실제로 부단한 의심에 시달린다고 느끼고 깨달을 터이다. 고대 그리스 시라쿠사의 다모클레스Damocles*처럼 예리한 자책의 칼날이 어느 순간 자기에게 떨어지지 않을까 두려워하며 섬뜩한 공포에 사로잡혀 살지도 모른다.

이렇게 손에 잡히지 않아 파악하기 어려운 자책에 대해, 어떤 정신 의학 서적도 카프카가 『심판』에서 보여 준 것보다 더 잘 꿰뚫어 보고 멋지게 묘사할 수 없으리라 생각한다.[8] 신경증 환자는 『심판』의 카 씨처럼 자신에게 써야 할 최선의 기력best energies을, 알지도 못하는 불공정한 판사들에 맞선 무익한 방어전에 쓰다가 점점 희망을 잃을 수도 있다. 여기서도 자책은 카 씨가 실제 겪은 실패에 토대를 두고 있다. 프롬이 심판을 분석한 글에서 훌륭하게 증명했듯이[9], 자책은 카 씨의 삶 전체가 둔감하고 따분하고 활기가 없다는 데 달려 있다. 카의 삶은 정처 없이 떠돌고 자율과 성장이 없다. 프롬은 이러한 특

---

* 기원전 4세기경 시라쿠사의 참주 디오니시우스의 신하로 알려진 인물이다. 디오니시우스는 다모클레스가 자신의 행복을 과장해서 떠벌이자 그를 연회에 초대해 천장에 실 한 올로 매달아 놓은 칼 밑에 앉히고는 권력자의 운명이 그렇게 위험하다는 점을 보여주었다고 한다.

8 프란츠 카프카Franz Kafka, 『심판*The Trial*』(알프레드 에이 크노프, 1937).

9 에리히 프롬Erich Fromm, 『자신을 찾는 인간*Man For Himself*』(라인하르트, 1947).

징을 고급 어휘로 '비생산적 삶unproductive life'이라고 부른다. 프롬의 지적에 따르면, 비생산적으로 사는 사람은 누구나 바로 유죄라는 좋은 이유가 있으므로, 죄책감을 느끼지 않을 수 없다. 그는 언제나 자신의 문제를 해결하기 위해 자기 자신과 자기의 재간으로 관심을 돌리지 않고 다른 누구를 감시하고 살핀다. 분석에는 심오한 지혜가 담겨 있으며, 나도 프롬이 분석에 응용한 개념을 받아들인다. 그러나 나는 비생산적 삶이라는 개념이 불완전하다고 생각한다. 그것은 자책의 무익함과 비난에 그치는 특징을 고려하지 않는다. 달리 말해 카 씨가 바로 자신의 유죄에 보이는 태도가 비구축적인 모습을 드러내는데, 자기 혐오 탓이라는 논점을 빠뜨리고 다루지 않았다. 이것은 무의식에 머문다. 그러니까 그는 스스로 무자비하게 자책한다고 느끼지 않는다. 전체 과정은 외면화를 거쳐 외부에서 일어날 따름이다.

끝장에 이르러 어떤 사람은 객관적인 관점에서 보면 무해하고 정당하고 바람직해 보이는 행동이나 태도 때문에 자책하기도 한다. 그는 양식을 갖춘 사람으로서 자신을 돌보았으면서도 실컷 먹고, 대식大食 gluttony을 즐겼다고 오명을 씌운다. 자신의 소원을 맹목적으로 좇지 않고 타인을 배려한 행동은 비정한 이기심으로, 자신에게 필요하고 돈을 지불할 여유도 있어 정신 분석 치료를 고려한 행동은 방종으로, 의견을 내세운 주장은 건방진 행동으로 낙인 찍는다. 여기에서도 우리는 어떤 일을 추구해 어떤 내부 명령을 어기고, 또 어떤 자존심이 상처를 입는지 물어보지 않으면 안 된다. 금욕에 자부심을 갖는 사람만이 '대식'으로 자책할 터이다. 자기 말소에 자부심을 갖는 사람만이 주장하는 행동을 자아 본위로 낙인 찍을 터이다. 그런데 이러한 자책이 자주 의식의 수면 위로 떠오른 진실한 나real self와 맞선 싸움과 관계가 있다는 점이 무엇보다 중요하다. 자책은 대체로 정신 분석 후기에 등장하고, 정확히 말해 전경에 드러나는데, 건강한 성장으로 나아가는 행동을 불신하고 기를 꺾으려는 시도이다.

자책은 자기 혐오와 마찬가지로 사악성 탓에 자기 방어 수단의 필요를 낳는다. 우리는 이런 자기 방어 수단을 정신 분석 상황에서 분명하게 관찰할 수 있다. 환자는 자신이 겪는 곤경 가운데 하나와 마주하자마자 방어 자세를 잡을지도 모른다. 그는 의분으로 반응할 수도 있고, 오해받는 느낌을 표현할 수도 있고, 논쟁을 즐기며 까다로워질 수도 있다. 그는 곤경이 과거의 일이며, 이미 훨씬 나아졌다고 지적한다. 그러니까 자기 아내가 지금처럼 행동하지 않으면 그런 곤경은 존재하지도 않을 터이다. 만약 그의 부모님이 달리 행동했더라면, 곤경은 애초에 생겨나지도 않았을 터이다. 그는 또 역습할 방도를 개발하고 분석가의 흠을 잡고, 자주 험악한 태도로 비난한다. 반대로 유화 자세를 잡으며 비위를 맞추고 환심을 사려 하기도 한다. 달리 말해 그는 마치 분석가가 자신에게 지독한 비난을 퍼부었고 너무 무서워서 그것을 조용히 조사하고 판단할 수 없는 양 반응한다. 그는 자신의 뜻대로 되는 온갖 수단을 동원해 곤경에서 벗어나고, 다른 누구를 비난하고, 유죄를 주장하고, 공격 자세를 잡으면서 무턱대고 싸움을 벌인다. 우리는 여기서 정신 분석 치료가 지체되는 주요 요인 가운데 하나와 마주한다. 또 분석과 별도로, 그것은 사람들이 자신들의 문제에 객관적으로 접근하지 못하는 주요 원인이다. 신경증에 사로잡히면 어떤 자책이라도 막아야 할 필요가 생기므로, 인격의 구축에 기여하는 자기 비판 능력의 성장이 방해를 받는다. 따라서 실수에서 배울 가능성도 줄어든다.

앞에서 신경증에 사로잡힌 자책을 다루면서 제시한 논평들을 건강한 양심healthy conscience과 대조해 요약해 보자. 건강한 양심은 참다운 나true self에게 최선의 이익을 제공하기 위해 깨어서 부단히 경계한다. 프롬의 탁월한 용어를 쓰자면, 양심은 인간의 자기 소환man's recall to himself을 나타낸다. 건강한 양심은 참다운 내가 전체 인격의 고유 기능properfunctioning이나 오작동malfunctioning에 반응하는 능력이다. 다른 한편 여러 자책은 신경증에 사로잡힌 자부심에서 유래하며, 자부심이 강한 자기의 요구에 개인이 부응하지 못해서 생긴 불만을 표현한다. 자책은 참다운 나에게 이익이 되는 방향이 아니라 해치는 방향으로 나아가서 참다운 나를 짓밟는다.

우리의 양심良心에서 비롯된 거북한 느낌과 가책은 특별한 행동이나 반응, 또 전체 생활 방식에 어떤 잘못이 있는지 검토하라고 자극하므로 인격을 구축하는 데 탁월하게 기여한다. 우리의 양심이 동요할 때 무슨 일이 일어나든 그것은 처음부터 신경증에 걸려 일어나는 과정과 다르다. 이때 우리는 잘못된 행동이나 틀린 태도에 주목하면 과장하거나 축소하지 않고 정직하게 직면하려 노력한다. 어떤 방식으로 접근하든, 우리는 스스로 책임지고, 마침내 그것을 극복할 방법을 찾아내려 애쓴다. 반대로 자책은 전체 인격이 훌륭하지 않다고 선언해 유죄 평결을 내린다. 또 유죄 평결과 함께 자책도 멈춘다. 긍정 운동이 시작될 수 있는 시점에서 일어난 중단은 자책이 본래 무익하다는 뜻이다. 가장 일반적인 용어로 표현하면, 양심은 우리의 성장을 돕는 도덕적 힘이지만, 자책은 기원이 도덕과 관계가 없으며 결과는 부도덕하다. 왜냐하면 여러 자책이 엄존하는 곤경을 맑은 정신으로 냉정히 검토하지 못하게 해서 개인의 성장을 방해하기 때문이다.

프롬은 건강한 양심과 '권위에 따르는authoritarian' 양심을 대조하며, 후자는 '권위가 내면화를 거쳐 내부에 자리 잡은 두려움internalized fear of authority'이라고 정의한다. 실제로 우리가 모두 아는 평범한 용법에 따르면, '양심良心 conscience'이라는 말에는 전혀 다른 세 가지 의미가 있다. 첫째 의미는 발각과 처벌의 두려움이 동반되는 외부의 권위와 마주칠 때 부지불식간에 내면에서 일어나는 복종이고, 둘째 의미는 유죄라고 선고하는 자책이고, 마지막 의미는 자기自己 self와 더불어 인격의 구축에 기여하는 불만이다.

내 생각에는 '양심'이란 말은 마지막 의미로 받아들이는 것이 타당하며, 이런 의미로만 사용하겠다.

셋째로 자기 혐오는 **자기 비하**self-contempt로 드러난다. '자기 비하'라는 표현은 자신감의 토대를 잠식하는 다양한 방식, 즉 자기 축소self-belittling, 자기 폄하self-disparaging, 자기 회의self-doubting, 자기 불신self-discrediting, 자기 조소self-ridiculing에 두루 사용하는 용어이다. 자책과 자기 비하는 구별하기 어려울 정도로 차이가 미미하다. 어떤 사람이 자책이나 열등감, 무가치한 존재라는 느낌의 결과로 죄책감에 시달리는지, 또 자기 폄하의 결과로 자기 비하에 빠지는지 언제나 분명하게 말할 수 있는 것은 아니다. 앞에서 말한 여러 경우가 자신을 깍아내리는 서로 다른 방식이라고만 확실히 말할 수 있다. 그런데도 자기 혐오의 두 가지 형태, 즉 자책과 자기 비하가 작용하는 방식에 나타나는 차이는 분간할 수 있다. 자기 비하는 주로 개선하거나 성취하려는 모든 노력과 반대로 움직인다. 자기 비하를 자각하는 정도의 차이는 아주 큰데, 이유는 나중에 설명하겠다. 자기 비하는 자기만 옳다는 오만하고 태연한 태도 뒤에 숨어 있을 수도 있다. 하지만 노골적으로 느끼고 표현하기도 한다. 예컨대 남들이 보는 앞에서 코에 분을 바르고 싶은 매력 넘치는 여자는 "우습군! 미운 오리 새끼 같으니, 예쁘게 꾸며야지!"라고 말하고 있었다. 또 심리학 관련 주제에 넋을 빼앗겨 글을 쓸 생각까지 하는 지성이 뛰어난 남자는 자신을 이렇게 간단히 평가했다. "너는 잘난 체나 하는 멍청이야! 네가 뭐든지 도대체 논문이란 걸 쓸 수 있을 거 같으냐!" 그렇다고 해도 스스로 비꼬고 빈정대는 논평으로 마음을 활짝 열어 보여 주는 사람들이, 으레 그런 논평의 의미와 가치도 충분히 자각한다고 가정하는 것은 잘못일 터이다. 분명히 솔직해 보이는 다른 논평은 심술궂은 악의를 버젓이 드러내지 않을 수도 있다. 실제로 재치才致 wit와 해학諧謔 humor이 흘러넘치기도 한다. 내가 이전에 말했듯이, 그런 솔직한 논평을 평가하는 일은 훨씬 어렵다. 솔직한 논평은 어리석어 보이는 자부심에서 탈출해 더 큰 자유를 누리려는 바람의 표현일 수도 있지만, 무의식적으로 체면을 차리려고 고안해 낸 방편에 지나지 않을지도 모른다. 분명하게 말하면, 솔직한 논평은 자부심을 방어할 수도 있고 개인이 자기 비하에 굴복당하지 않게 막을 수도 있다.

타인이 '겸손謙遜 modesty'이라 칭찬하고 당사자 역시 그렇게 느끼는, 자기 불신自己不信 self-discrediting의 태도는 쉽게 관찰할 수 있다. 따라서 어떤 사람은 아픈 친척을 잘 간호한 다음에 이렇게 생각하거나 말할지도 모른다. "나는 최소한의 일을 했을 뿐이거든요." 어떤 사람은 훌륭한 이야기꾼이 될 거라는 칭찬을 이렇게 생각함으로써 깎아내릴 수도 있다. "나는 그냥 사람들을 감동시키려 이야기한 것뿐인걸요." 어떤 의사는 치료를 행운이나 환자가 본래 타고난 생명력vitality의 덕분으로 돌릴 수도 있다. 반대로 환자가 낫지 않으면 자신의 무능이 빚은 실패로 여길 터이다. 게다가 자기 비하는 인지되지 않을 수도 있지만, 자기 비하에 따라붙는 특정한 두려움은 타인에게 투명하게 드러나곤 한다. 따라서 정보에 밝고 박식한 많은 사람들이 토론에서 말하려고 나서지 않는 까닭은 우습게 보일까 봐 두렵기 때문이다. 이렇게 인격의 자산과 성취를 부인하고 불신하는 행동은 당연히 자신감의 계발이나 회복에 해를 끼치는 독이다.

마지막으로 자기 비하는 행동 전반에 걸쳐 섬세하고 조잡한 방식으로 나타난다. 사람들은 자신의 일생과 자신이 한 일이나 해야 할 일, 자신의 소망과 의견, 자신의 신념에 충분한 가치를 부여하지 않을 수도 있다. 자기들이 행동하고 말하거나 느끼는 것은 무엇이든 진지하게 받아들일 능력을 잃은 것처럼 보이는, 비슷한 부류의 사람들은 타인이 그럴 경우에는 화들짝 놀라곤 한다. 그들은 스스로 냉소하는 태도를 계발한 다음, 그런 태도를 세상 전체로 확대할 수도 있다. 자기 비하는 비굴하게 아첨하거나 변명하는 행동에서 더욱 두드러지게 나타난다.

자기 혐오의 다른 형태와 마찬가지로 자기 질책self-berating은 꿈속에 나타나기도 한다. 또 그것은 이따금 꿈을 꾸는 사람이 의식에서 아주 멀어졌을 때 나타날 수도 있다. 그는 시궁창, 바퀴벌레나 고릴라 같은 역겨운 생물, 악당, 우스꽝스러운 어릿광대로 등장한다. 정면은 화려하고 내부는 돼지 우리처럼 어질러져 있거나, 수리할 수 없을 정도로 못 쓰게 된 집이 나오는 꿈을 꿀 수도 있고, 비천하고 야비한 상대와 성관계를 맺는 꿈이나 누가 자신을 대중 앞에서 바보로 만드는 꿈을 꾸기도 한다.

이제 자기 혐오 문제에 따라붙는 가슴이 저미는 쓰라림poignancy을 더 포괄적으로 파악하기 위해, 자기 비하에서 귀결되는 네 가지 사항을 고찰하겠다. 첫째 귀결은 특정한 신경증 유형에 속한 환자들이, 접촉하는 모든 사람과 **자신들을 비교**하면서 자신의 불이익에 빗대려는 강박에 사로잡힌 필요이다. 다른 동료는 인상이 훨씬 좋고, 질 좋은 정보가 많고, 흥미를 끌고, 매력이 넘치고, 옷을 멋지게 입는다. 그는 나이나 젊음, 더 나은 직책, 더 높은 지위에 따라 온갖 혜택을 누린다. 그러나 이런저런 비교가 신경증 환자 자신에게도 한쪽으로 기운 인상을 주더라도, 그는 분명하게 생각하지 못한다. 또 명료하게 생각하더라도, 상대적 열등감은 여전히 남아 있다. 남과 비교하는 행동은 자기 자신에게 공정치 않을뿐더러, 아무 의미도 없는 경우가 많다. 자신의 성취에 자부심을 가질 수 있는 나이 든 남자가 왜 잘나가는 젊은 춤꾼과 자신을 비교해야 하는가? 또 음악에 아무 관심도 없는 사람이 왜 음악가에게 열등감을 느껴야 하는가?

하지만 어느 모로 보나 다른 사람보다 우월해야 한다는 무의식적 권리 주장을 기억하면, 앞에서 말한 행동도 이해가 된다. 여기서 신경증 환자의 자부심이 모든 사람과 모든 것보다 자신이 우월해야 한다고 요구한다는 점을 덧붙이지 않을 수 없다. 물론 타인이 소유한 우월한 기술이나 자질은 무엇이든 틀림없이 장애를 발생시키고 자기 파괴적인 질책을 불러일으킨다. 이따금 그런 관계는 거꾸로 작용한다. 이미 자책의 기분에 휩싸인 신경증 환자는 타인이 소유한 '반짝이는shining' 자질과 우연히 마주칠 때면 더욱 가혹하게 자기를 비판하거나 자기 비판을 지지하는 데 활용한다. 두 사람의 관점에서 이렇게 표현해도 좋다. 그것은 마치 야망에 불타는 가학 성향 어머니가 아들의 친구가 받은 더 나은 성적이나 더 깨끗한 손톱을 이용해 아들에게 굴욕을 주는 행동과 비슷하다. 이러한 과정을 단순히 경쟁하지 않고 뒤로 물러나는 태도로 묘사하면 충분히 이해할 수 없다. 이러한 사례 속에 나타난 경쟁에서 물러나는 태도는 오히려 자기 폄하에서 생겨난 결과이다.

자기 비하의 둘째 귀결은 인간 관계에서 상처받기 쉬운 **취약성**脆弱性 vulnerability이다. 자기 비하는 신경증 환자가 비판과 거절에 신경 과민 반응을 하게 만든다. 자극이 약하거나 자극이 전혀 없는 경우에도, 타인이 자신을 깔보고 진지하게 대하지 않고, 동석한 친구에게 관심을 갖지 않고, 사실상 얕본다고 느낀다. 신경증 환자는 자기 비하 탓으로 자신을 둘러싼 깊은 불확실성에 맞닥뜨려 자신을 대하는 타인의 태도에도 깊은 불확실성이 있다고 믿지 않을 수 없다. 자기 자신을 있는 그대로 수용할 수 없기 때문에, 온갖 결점으로 얼룩진 자신을 아는 타인이 선의나 감사하는 마음으로 자신을 수용하리라고는 도저히 믿을 수 없다.

신경증 환자가 마음속 깊은 곳에서 느끼는 자기 비하는 훨씬 더 강렬하며, 타인이 분명히 자신을 경멸하고 있다는 흔들리지 않는 신념에 이르기도 한다. 또 자기 비하의 기미를 의식하지 못하더라도, 타인이 자신을 경멸한다는 신념이 마음속에 생길 수도 있다. 타인이 자신을 경멸한다는 맹목적 가정과 자기 비하의 일부 또는 전체를 자각한다는 두 요인은 자기 비하가 대부분 외면화를 거쳐서 외부에 자리 잡게 된다는 사실을 보여 준다. 이렇게 부지불식간에 자기 비하라는 독이 퍼져, 신경증 환자가 맺는 인간 관계를 모두 망쳐 버릴 수도 있다. 그는 타인을 만나면서 생긴 어떤 긍정 감정肯定感情 positive feelings도 액면가 그대로 느끼지 못하게 될지도 모른다. 마음속으로 칭찬을 빈정대는 말로 새기고, 공감의 표현은 짐짓 겸손을 떠는 동정심으로 새긴다. 누가 자신을 만나고 싶어 하면, 자신이 가진 것을 원하기 때문이다. 다른 사람들이 자기가 마음에 든다고 하면, 그들이 자신을 잘 모르는 탓일 뿐이고, 그들이 무가치하거나 신경증에 걸린 탓이고, 그들에게 자신이 이용 가치가 있기 때문이다. 비슷하게 아무런 적대적 의미도 없는 작은 사건은 경멸이 엄존하는 증거로 해석한다. 거리나 극장에서 누구와 만났을 때 자기에게 인사를 하지 않고, 자신의 초대에 응하지 않거나 곧바로 대답하지 않았다면, 그것은 자신을 얕보는 행동으로 새긴다. 누가 자기를 두고 가벼운 농담을 하면, 그것은 굴욕감을 안기려는 명백한 의도로 해석한다. 자신에게 돌아온 반론이나 비판, 자기에게 들어온 어떤 제안이나 활동은 각 활동에 어울리는 정직한 비판이 아니라, 타인이 자신을 경멸한다는 증거로 바뀐다.

정신 분석 과정에서 보듯이, 신경증 환자는 타인과 자신의 관계를 이렇게 경험한다는 사실을 자각하지 못하며, 복잡하게 뒤얽힌 왜곡歪曲 distortion도 알아차리지 못한다. 이렇게 비뚤어진 신경증 환자는 자신을 대하는 타인의 태도가 정말로 그렇다고 당연하게 받아들이고, 심지어 '현실에 가까워짐'on being 'realistic'에 자부심을 느낄 수도 있다. 우리는 정신 분석 관계에서 환자가 어느 정도까지 타인이 자신을 깔본다는 느낌을 당연하게 받아들이는지 관찰할 수 있다. 분석 작업이 진전돼 환자와 분석가가 표면적으로 좋은 친구 사이가 된 다음에 환자는 분석가가 자신을 깔본다는 느낌이 너무나 자명해서 그것에 대해 생각해 볼 필요가 있다고 느끼지 않았다고 말할지도 모른다.

이렇게 인간 관계를 왜곡해 지각하는 행동은 모두 이해할 만하다. 왜냐하면 타인을 바라보는 태도는 특히 맥락에서 분리될 때 몇 가지 해석이 가능하지만, 외면화를 거쳐 외부에 투사된 자기 비하는 분명히 현실처럼 느껴지기 때문이다. 또 이러한 책임 전가로 드러나는 자기 방어 특성은 명백하다. 늘 깨어서 매섭고 모진 자기 비하와 더불어 사는 일은, 십중팔구 가능하더라도 견디기 어려울 터이다. 이렇게 볼 때, 신경증 환자는 무심결에 타인을 공격자로 생각하는 데 재미를 붙인다. 얕보이고 거부당하는 느낌은 어느 누구에게나 그렇듯 신경증 환자에게도 고통스럽지만, 자기 비하와 맞닥뜨리는 것보다 덜 고통스럽다. 누구나 길고 고된 인생 수업을 받아야 비로소 타인이 자존감自尊感 self-esteem에 상처를 입힐 수도 없고 자존감을 세워줄 수도 없다는 진리를 알게 된다.

자기 비하 탓으로 인간 관계에 생긴 취약성은 신경증에 사로잡힌 자부심으로 생긴 취약성과 결합한다. 흔히 어떤 사람이 굴욕을 느끼는지 말하기 어려운 까닭은 어떤 것이 당사자의 자존심에 상처를 입혔거나 자기 비하가 외면화를 거쳐 외부로 투사되기 때문이다. 두 가지 취약성은 떼어낼 수 없게 서로 얽혀 있어 두 각도에서 이러한 반응을 다루어야 한다. 당연히 특정한 때에 한 측면이나 다른 측면을 더 쉽게 관찰하고 접근할 수 있다. 어떤 사람이 복수심에 불타는 오만 탓에 겉으로 무시하는 반응을 보이면, 그 상황에서는 자존심과 자부심 손상이 가장 중요하다. 같은 자극의 결과로 비굴해지고 비위를 맞추려고 애쓴다면, 자기 비하가 제일 두드러진다. 그러나 두 경우에 모두 반대 측면이 똑같이 작용하고 있음을 잊지 말고 명심해야 한다.

셋째로 자기 비하의 마수에 걸려든 사람은 흔히 타인에게 **학대를 너무 많이 당한다**. 그는 심지어 극악무도한 학대가 굴욕인지도 부당한 이용인지도 분별하지 못할 수 있다. 분개한 친구들이 주의를 환기해 주어도, 그는 가해자加害者 offender의 행동을 축소하거나 정당하다고 생각하는 경향을 나타낸다. 이렇게 학대를 당연시하는 경향은 병든 의존 관계 같은 특정한 조건 아래서만 나타나며, 복잡한 내면의 별자리 같은 배열a complicated inner constellation에서 생겨난 결과이다. 그런데 이런 경향을 만들어 내는 요인 가운데 본질적 요인은 자신이 더 나은 대우를 받을 만한 자격이 없다고 믿어서 생기는 무방비 상태이다. 예컨대 어떤 여자는 남편이 다른 여자들과 바람피워도 불평하지 못하거나 심지어 분한 마음을 의식하지 못할 수도 있다. 왜냐하면 그녀는 자신이 사랑받을 만하지 않다고 느끼며, 다른 여자들이 대체로 훨씬 매력이 있다고 생각하기 때문이다.

마지막 귀결은 **자기 비하를 타인의 주목, 존중, 감사, 칭찬, 또는 타인의 애정으로 누그러뜨리거나 균형을 잡아야 할 필요**이다. 이렇게 주목받으려는 행위가 강박에 사로잡히는 까닭은 자기 비하를 의식하지 말아야 할 절박한 필요가 있기 때문이다. 또 타인에게 주목받으려는 행위는 승리를 거두어야 할 필요에 따라 결정되며, 온 힘을 쏟는 인생의 목표가 되기도 한다. 그 결과 신경증 환자의 자기 평가는 모두 타인에게 의존한다. 그러니까 타인이 보이는 태도에 따라 신경증 환자의 자기 평가는 올라갔다 내려갔다 널뛰기를 한다.

넓은 이론 계통에 따라 생각하면, 위에서 관찰한 내용으로 신경증 환자가 왜 집요하게 자기 자신의 미화the glorified version of himself에 집착하는지 더 잘 이해할 수 있다. 신경증 환자가 자신의 미화에 집착하는 까닭은 자기 비하의 공포에 굴복하지 않기 위해 선택할 유일한 대안이라고 느끼기 때문이다. 이렇게 하나가 다른 하나를 언제나 강화해서 자부심과 자기 비하의 악순환이 이어진다. 신경증 환자가 자기 자신의 진상the truth about himself에 관심을 가져야 비로소 악순환이 멈출 수 있다. 그런데 자기 비하 탓으로 자기 자신을 찾는 일이 어려워진다. 신경증 환자가 격하된 자아상degraded image of himself을 진실로 여기는 한, 자신의 자기는 비천하고 혐오스러워 보일 따름이다.

신경증 환자는 정확히 무엇 때문에 자기 자신을 비하卑下하는가? 때로는 모든 것, 그러니까 인간으로서 지닌 한계, 신체와 외모, 기능과 정신력, 예컨대 추리력과 기억력, 사고력, 계획을 짜는 능력, 특별한 기술이나 재능, 단순한 사생활부터 공생활에서 수행하는 모든 활동이 자기 비하를 유도한다. 폄하하는 경향은 어디든 스며들 수 있지만, 으레 다른 영역보다 특정한 영역에 더 뚜렷하게 집중적으로 나타난다. 어느 영역에 집중되느냐는 특정한 태도와 능력, 자질이 신경증에서 벗어나려고 선택한 주요 해결책에 얼마나 중요한지에 달려 있다. 예컨대 공격성 보복 유형은 본래 '나약함weakness'으로 여기는 모든 행동을 기필코 경멸할 터이다. 나약함은 타인에게 갖는 긍정 감정, 타인에게 보복해야 할 모든 실패 경험, 합당한 양보reasonable giving in까지 포함한 온갖 순응, 자신이나 타인에게 미치지 못한 온갖 통제 부족을 포괄한다. 여기서 모든 가능성을 다 살펴볼 수는 없는 노릇이다. 개괄 작업이 필요하지도 않은 까닭은 작용하는 원리가 언제나 동일하기 때문이다. 자기 비하가 흔히 나타나는 두 사례만 들어 논의할 작정인데, 매력과 지성에 관심을 둔 자기 비하이다.

용모와 외모를 두고, 우리는 어떤 사람이 매력이 없다는 느낌부터 혐오감을 일으키는 느낌까지 넓은 범위에 걸친 감정을 찾아낸다. 첫눈에는 평균 이상의 매력을 지닌 여자들에게서 이런 경향을 발견하면 놀라울 따름이다. 그런데 중요한 문제는 객관적 사실이나 타인의 의견이 아니라 어떤 여자가 이상에 맞춘 자아상과 현실의 자기 사이에서 느끼는 불일치라는 점을 잊어서는 안 된다. 따라서 설령 어떤 여자가 흔한 찬사에 따르면 미인일지 몰라도, 그녀는 과거에도 없었고 미래에도 없을 절대 미녀the absolute beauty는 아니다. 그래서 당사자는 자신의 결점imperfections, 예컨대 흉터와 충분히 가늘지 않은 손목, 자연스레 곱슬곱슬하지 않은 머리카락에 집중하고 그 점을 꼬투리 삼아 자신을 헐뜯고, 때로는 거울에 비친 모습을 혐오할 만큼 자신의 가치를 떨어뜨리기도 한다. 예컨대 영화관에서 그녀의 옆에 앉았던 사람이 자리를 바꾼 사실만으로 타인에게 혐오스러운 존재일지도 모른다는 두려움이 생긴다.

인격에 자리 잡은 다른 요인에 의존하는, 외모를 깎아내리는 자기 비하 태도는 격한 자기 질책self-berating을 누그러뜨려 지나치게 노력하거나 '아무 상관없다'는 태도로 이어질 수도 있다. 첫째 경우에는 터무니없을 정도로 많은 시간과 돈, 생각을 머리 모양과 얼굴 피부, 옷차림과 모자에 써 버린다. 자기 폄하가 코나 가슴이나 과체중 같은 특별한 측면에 집중되면, 성형 수술이나 강제 감량 같은 과격하고 극단적인 '치료법'을 선택하기도 한다. 둘째 경우에는 자부심이 피부, 자세, 옷차림을 온당하게 돌보는 일조차 방해한다. 그러면 어떤 여자는 자신이 못생기거나 혐오스럽다는 확신이 너무 강해서 외모를 꾸미려는 시도는 무엇이든지 우스꽝스러워 보일 뿐이라고 생각할지도 모른다.

용모 때문에 생기는 자기 질책self-berating은 당사자가 그런 마음이 더 깊은 원천에서 솟아난다고 깨달을 때 더욱 가슴이 저미고 쓰라린poignant 경험이 된다. "나는 매력이 있는가?"라는 질문은 "나는 사랑스러운가?"라는 다른 질문과 분리할 수 없다. 우리는 여기서 인간의 심리를 좌우하는 결정적 문제를 간단히 언급하고서, 설명되지 않은 미진한 부분을 남겨두게 된다. 사랑스러움lovableness의 문제는 다른 맥락에서 논의하는 것이 더 나은 까닭이다. 두 질문은 여러 의미로 서로 연결되지만 같은 질문이 아니다. 한 질문은 내 외모가 사랑받을 만큼 충분히 아름다우냐고 묻는다. 다른 질문은 사랑스러운 자질을 내가 가지고 있느냐고 묻는다. 첫째 질문은 특히 젊은 시절에 중요하지만, 둘째 질문은 존재의 핵심으로 들어가며 애정 생활에서 얻는 행복과 관계가 깊은 물음이다. 그런데 사랑스러운 자질은 인격과 관계가 있으며, 신경증 환자가 자기 자신과 동떨어져 있는 한, 인격 역시 성운처럼 너무 흐릿해서 관심을 끌지 못한다. 매력의 측면에서 나타난 결점은 대개 실천 목적을 위해 무시해도 되지만, 사랑스러움은 사실 신경증을 앓게 되면 하나같이 여러 가지 이유로 줄어든다. 그런데도 분석가는 첫째 질문에 관심을 많이 갖고 귀를 기울이면서도, 둘째 질문에는 있다 하더라도 관심을 아주 조금 갖는 상황은 이상하기 짝이 없다. 이는 신경증에서 일어나는, 중심부에서 주변부로 이동하는 여러 전환 가운데 하나가 아닐까 생각한다. 자기 충족self-fulfillment에 진실로 중요한 핵심에서 겉만 번들거리고 반짝이는 표면으로 이동하는 것이 아닌가? 이런 과정은 또 황홀한 매력glamor을 좇는 탐색과 일치하지 않는가? 사랑스러운 자질을 갖추고 계발하는 황홀한 매력의 소유자는 없지만, 딱 맞는 몸매에 딱 맞는 옷을 입은 황홀한 매력의 소유자는 있을지도 모른다. 이러한 맥락에서 외모 때문에 생기는 온갖 문제에 의미를 너무 많이 부여할 수밖에 없게 된다. 또 자기 폄하가 외모 때문에 생기는 온갖 문제에 집중되는 것도 이해할 만하다.

지성에 관심을 둔 자기 폄하self-disparaging는, 그 결과로 생긴 우매하다는 느낌 때문에, 이성의 전능에 갖는 자부심과 상응한다. 또 이런 자기 폄하는 지성에 갖는 자부심이나 자기 비하가 전경에 드러나는지 결정하는 전체 그림에 의존한다. 실제로신경증에는 대부분 정신의 기능에 불평불만을 품을 만한 타당한 이유가 되는 장애 요인이 있다. 공격형이 될지도 모른다는 두려움은 비판적 사고를 막고, 자기 입장을 내세우지 않으려는 일반적 경향은 의견의 형성을 어렵게 만든다. 전지한 것처럼 보여야 할 강력한 필요는 학습 능력에 방해가 된다. 신상 문제를 얼버무리려는 일반적 경향도 명료한 사고를 흐린다. 사람들이 자신의 내면 갈등을 보지 않는 만큼, 다른 모순을 알아차리지 못할 수도 있다. 그들은 성취해야 할 영광이라는 환상에 사로잡혀 현재 하고 있는 일에 충분히 관심을 기울이지 않을지도 모른다.

이렇게 실제로 부닥치는 곤경 탓으로, 신경증 환자가 우매하다는 느낌을 충분히 가질 수 있다고 생각한 적이 있었다. 나는 이렇게 말하면 도움이 되리라고 희망을 품었다. "당신의 지성은 완벽하게 정상입니다. 그런데 당신의 관심, 당신의 용기는 어떤가요? 당신의 역량을 정신 분석 작업에 집중시켜야 할 능력은 모두 정상인가요?" 당연히 지성과 관심, 용기 같은 요인은 모두 정신 분석 작업에 필요하다. 그런데 신경증 환자는 인생에서 자신의 지성을 사용한다는 느낌에 전혀 흥미가 없다. 그에게 흥미를 끄는 대상은 '달인達人 master mind'의 절대 지성이다. 당시에는 자기 평가 절하 과정self-devaluating process이 때때로 어마어마한 규모로 커져 위세를 떨친다는 사실도 인지하지 못했다. 지성이 빛나는 진정한 위업을 달성한 사람들조차 포부를 밝히기보다는 우매하다고 서슴없이 주장하기도 한다. 왜냐하면 그들은 어떤 대가를 치르더라도 조소의 위험을 피하지 않으면 안 되기 때문이다. 또 고요한 절망의 나락에 떨어지면, 그들은 우매하다는 판단을 수용하고, 반대되는 증거나 보증을 모조리 거부한다.

자기 축소自己縮小 self-belittling 과정은 어떤 관심으로 시작하든 능동적인 추구active pursuit를 방해한다. 방해 효과는 추구 이전, 추구 도중, 추구 이후에 각각 나타난다. 자기 비하에 굴복한 신경증 환자는 낙담해서 자동차 바퀴를 갈아 끼우고, 외국어를 배우거나 대중 앞에서 말하는 일조차 못할 것이라고 느낄 수도 있다. 또 어떤 활동을 시작하더라도 곤란한 문제에 처음 부딪치는 순간에 바로 포기할지도 모른다. 대중 공연에 앞서, 또는 대중 공연 중에도 무대 공포증stage fright에 시달릴 수 있다. 상처받기 쉬운 취약성에 관해 논의할 때 말했듯이, 자부심과 자기 비하가 함께 작용해 앞에서 말한 억제와 두려움을 일으킨다. 요약하면 자부심과 자기 비하는 한편으로 압도적인 찬사를 받아야 할 필요와, 다른 한편으로 자신에게 망신을 주거나 자멸하려는 능동적 힘들이 야기한 진퇴양난에서 발생한다.

온갖 곤경에 부딪쳐서도 한 가지 일을 끝내고 잘해냈으며 좋은 평가를 받는 순간에도 자기 폄하自己貶下 self-disparaging는 멈추지 않는다. "누구나 나만큼 하면 똑같은 일을 성취할 수 있을 거야"라고 말한다. 피아노 독주회에서 완벽한 연주를 하지 못하게 만든 한 소절은 큰 실수로 다가온다. "이번 연주는 잘 지나갔지만 다음에는 큰 낭패를 보게 될 거야." 다른 한편 실패는 자기 비하의 힘을 최대로 끌어 올려 현실에서 실패가 지닌 의미를 훨씬 넘어서 낙담케 하고 용기를 빼앗는다.

자기 혐오의 넷째 측면, 즉 **자기 좌절**self-frustration에 관해 논의하기 전에, 먼저 비슷해 보이거나 비슷한 효과를 내는 현상과 구별해서 적정 규모까지 주제를 좁힐 필요가 있다. 첫째로 자기 좌절을 **건강한 자기 규율**自己規律 self-discipline과 구별해야 한다. 야무진 사람well-organized person은 특정한 활동 또는 특정한 만족을 기꺼이 보류한다. 다른 목표가 더 중요하고, 그 목표가 자신이 세운 가치 위계에서 윗자리를 차지하기 때문에 보류한다. 따라서 결혼한 젊은 부부는 자가 주택 소유에 필요한 자금을 저축하려고 향락 생활을 자제할 수도 있다. 연구에 몰두하는 학자나 작품에 헌신하는 예술가는 고요한 시간과 집중이 자신에게 가치가 더 크므로 사회 생활을 제한하려고 한다. 이러한 규율은 시간과 기력, 돈에 한계가 있다는 사실의 인정을 전제한다. 애석하게도 신경증 환자는 바로 그런 한계를 인정하지 않는다. 또 진정한 소망을 인식하고 더 중요한 가치를 위해 덜 중요한 가치를 포기할 줄 아는 능력도 전제한다. 신경증 환자가 그런 능력을 갖기 어려운 까닭은, 그가 품은 '소망'이 대부분 강박에 사로잡힌 필요의 산물이기 때문이다. 또 여러 소망이 본질적으로 모두 똑같이 중요한 가치를 갖는다. 따라서 단 한 가지 소망도 포기할 수가 없다. 그러면 정신 분석 치료에서 건강한 자기 규율은 현실이 아니라 점점 가까이 다가서야 할 목표이다. 내가 경험을 통해 신경증 환자들이 자발적 포기voluntary renunciation와 좌절frustration의 차이를 인식하지 못한다는 점을 배우지 못했다면, 여기서 언급하지도 않았을 터이다.

우리는 어떤 사람이 신경증을 앓는 한, 자각하지 못하더라도 실제로 좌절감에 빠져 허우적대고 있다는 점도 고려하지 않으면 안 된다. 신경증 환자는 강박 충동과 갈등, 갈등을 풀려는 가짜 해결책, 또 자기 소외로 방해받아서 자신이 타고난 잠재력을 알아채지 못한다. 더욱이 신경증 환자가 흔히 좌절감에 시달리는 까닭은 무제한의 권력을 누려야 한다는 권리 주장이 이행되지 않은 채 그대로 남아 있기 때문이다.

그렇지만 위에서 말한 좌절감은, 진실이든 상상이든, **자기 좌절을 의도**an intent at self-frustration한 결과는 아니다. 예컨대 타인의 애정을 얻고 타인에게 인정받아야 할 필요가 생기면, 사실 진실한 나, 곧 진실한 내가 느끼는 자발적 감정이 꺾일 수밖에 없다. 신경증 환자가 이러한 필요를 계발하는 까닭은 근본 불안에 시달리면서 타인과 맞서 살아야 하기 때문이다. 자기 박탈self-deprivation은 혹독한 시련이지만, 타인과 맞서는 과정에서 파생된 불행한 결과이다. 자기 혐오의 맥락에서 흥미를 끄는 점은 오히려 지금까지 논의한 자기 혐오 표현에서 기인한 능동적 자기 좌절active self-frustrations이다. 당위의 폭정은 실제로 선택의 자유를 빼앗아 좌절을 낳고, 자책과 자기 비하는 자존심self-respect을 꺾어 좌절을 낳는다. 더욱이 자기 혐오가 능동적 좌절을 야기하는 특징이 훨씬 분명하게 드러나는 다른 측면도 존재한다. 즐기는 삶을 막는 여러 금기가 있고, 희망과 포부抱負 aspiration를 짓밟는 경향도 있다.

즐기는 삶을 막는 여러 금기taboos는 우리가 참다운 자기 이익을 추구해서 인생을 풍요롭게 만드는 일이라면 무엇이든지 원하고, 행동으로 옮기는 순진무구한 성향도 파괴한다. 신경증 환자는 일반적으로 자기 자신을 더 많이 자각할수록, 내면의 금기를 더욱 또렷하게 체험한다. 그가 여행을 떠나고 싶어 하면, 내면의 목소리는 이렇게 속삭인다. "너는 그럴 만한 자격이 없어." 다른 상황에서는 이렇게 말한다. "너는 쉬거나 영화를 보러 가거나 멋진 옷을 사 입을 권리가 없어." 일반적인 의미를 담아서 이런 말도 던진다. "좋은 일이나 좋은 물건은 너를 위한 것이 아니야." 그는 비합리적인 사람이 아닐까 의심하면서, "마치 천근만근 무거운 손으로 육중한 문을 닫는 것 같은" 느낌을 일으킨 짜증과 초조감irritability의 실체가 무엇인지 스스로 분석하고 싶어 한다. 역시 그는 지쳐서 자신에게 이익이 되었을지도 모르는 분석 작업을 그만두고 만다. 이따금 그런 주제에 관해 내면의 대화가 이어진다. 꼬박 하루가 걸리는 일을 마치고, 그는 피곤해서 쉬고 싶다. 내면의 목소리는 이렇게 말한다. "넌 게을러 빠졌어." "아니, 난 정말 지쳤어." "오, 아니지. 그건 방종일 뿐이야. 이런 식이면 넌 결코 아무 성과도 내지 못할 테지." 이렇게 오락가락한 끝에 그는 양심 가책良心呵責 a guilty conscience을 느끼면서도 쉬거나 억지로 일을 계속하지만, 어느 쪽 길을 선택하든 아무 이익도 얻지 못한다.

어떤 사람이 즐거움을 맛보려 애쓰는 꿈을 자주 꿀 때 얼마나 낙심하겠는가! 어떤 여자는 달콤한 과일이 가득한 정원에 있는 꿈을 꾸었다. 그녀가 과일을 하나 따려고 하거나 따자마자, 누가 나타나 과일을 홱 채 갔다. 절망에 빠져 꿈꾸는 사람은 육중한 문을 열려고 애를 쓰지만 열 수가 없다. 어떤 사람은 기차를 타려고 달려가지만 기차는 막 떠났다. 어떤 여자와 입맞춤을 하고 싶지만, 여자는 사라지고 깔깔대는 웃음소리만 들린다.

즐기는 삶을 막는 금기는 전면에 드러난 사회 의식의 배후에 숨어 있을 수도 있다. "빈민가에서 사는 사람들이 있는 한, 좋은 집을 소유해서는 안 돼. 굶주리는 사람들이 있는 한, 먹는 데다 돈을 낭비하면 안 되지." 물론 앞에서 든 사례에 나타난 반대 이유가 사회 생활에 필요한 진정으로 깊은 책임감에서 유래하는지, 아니면 즐기는 삶을 막는 금기의 칸막이일 따름인지 검토하지 않으면 안 된다. 흔히 단순한 질문이 쟁점을 명료하게 드러내고, 가짜 후

광도 폭로한다. 그 사람은 실제로 자신에게 쓰지 않은 돈으로 유럽의 재난 지역에 보낼 구호 물자를 챙겨 부치려고 했는가?

우리는 억제가 발생하면 금기가 존재한다고 추론할 수도 있다. 예컨대 특정한 유형의 사람들은 무엇이든지 타인과 나눌 경우에만 즐길 수 있다. 많은 사람들에게 즐거움은 나누면 두 배로 커진다는 사실에 동감한다. 그런데 특정한 유형의 사람들은 강박에 사로잡혀 타인이 자신들과 함께 음악을 들으면서 즐기는지 아닌지를 두고 우길 수도 있다. 또 그들은 혼자서 아무것도 즐길 수 없을지도 모른다. 다른 유형의 사람들은 더는 합리화를 할 수가 없는 정도까지 자신들을 위한 지출에 인색할 수도 있다. 이런 태도는 특히 그들이 위신을 세우는 행동이나 물건에 아까운 줄 모르고 함부로 돈을 쓸 때 두드러져 보인다. 예컨대 눈에 띄려고 자선 활동을 한다거나 연회를 연다거나 쓸모도 없는 고가구를 구입한다. 그들은 마치 영광을 좇는 노예가 될 수는 있지만 '오로지merely' 자신의 안락과 행복, 성장을 위해서는 어떤 일도 금지하는 법의 지배를 받는 양 행동한다.

어떤 금기든지 금기를 지키지 않을 때 받는 벌은 불만이나 불안에 상응하는 두려움과 공포이다. 늘 하던 대로 커피를 마시지 않고 스스로 아침 밥상을 차린 어떤 환자는, 내가 큰 소리로 좋은 징조라고 하자 너무 당혹스러워했다. 그녀는 내가 '이기적인 행동'을 비난할 것이라고 예상했다. 더 좋은 집으로 이사하는 일은 어느 모로 보나 분별 있어 보이더라도, 수많은 두려움을 불러일으킬 수도 있다. 사교 모임에서 즐기면 공황 증상이 뒤따를지도 모른다. 이때 내면의 목소리는 이렇게 말할지도 모른다. "너는 이번 일로 벌을 받을 거야." 새 가구를 구입한 어떤 환자는 이렇게 말하고 있었다. "너는 이걸 사용할 때까지 살지도 못할 거야." 그녀의 특별한 병증에는 간혹 밀어닥치는 암을 두려워하는 공포심이 있었는데 바로 그 순간에 불현듯 솟아났다.

희망을 짓밟는crushing of hopes 경향은 정신 분석 상황에서 분명하게 관찰할 수 있다. 무시무시한 최후의 단언인데도, '결코 아니다never'는 말을 늘 반복한다. 실제로 호전好轉 improvement이 되었는데도 내면의 목소리는 이렇게 말할 터이다. "너는 의존 성향이나 공황 증상을 결코 극복하지 못할 거야. 그러니까 너는 결코 자유로워지지 못할 거야." 그런 환자는 두려워하면서, 자신이 치료가 가능하고 다른 사람들도 도움을 받았다고 안심시켜 달라고 미칠 듯이 요구할 수도 있다. 이 밖에도 안심하려고 이런저런 요구를 쏟아낼 터이다. 어떤 환자는 이따금 호전된 상태를 인정하지 않을 수 없더라도, 이렇게 말할지도 모른다. "그래요. 정신 분석이 거기까지 도움이 되었지만, 더는 나를 도울 수가 없어요. 정신 분석의 좋은 결과가 뭐 어떻다는 거죠?" 희망을 짓밟는 경향이 마음속 구석구석까지 퍼질 때, 파멸의 감정이 생겨난다. 누구나 가끔 단테의 『신곡』 1부 지옥 편Inferno에서 지옥 입구 현판에 새겨진 "들어오는 너희들 모두 희망을 버릴지어다"라는 문구를 떠올린다. 영락 없는 호전에 맞선 반발反撥 repercussion은 자주 규칙에 따라 발생해서 예측할 수 있다. 어떤 환자는 나아졌다고 느끼고, 시달리던 공포증을 잊을 수 있었고, 탈출구를 보여주는 중요한 관계도 알아냈으나, 그 다음에 원상태로 돌아가 깊이 낙담했고 우울해졌다. 꼭 필요한 것이 있는데도 생활 전선에서 물러났던 다른 환자는 심한 공황 증상을 보였고, 현재 자산 상태를 실감할 때마다 자살의 벼랑 끝에 몰리곤 했다. 자신을 낮추겠다는 무의식적 결심이 주도면밀하게 굳어지면, 환자는 안심시키는 어떤 말도 빈정거리고 비꼬며 거부할지 모른다. 우리는 몇몇 경우에서 원상태로 되돌아가는 재발再發 relapse 경로를 추적할 수 있다. 불합리한 권리 주장을 포기하는 예처럼 특정한 태도가 바람직하다는 사실을 알고 나서, 환자는 자신이 바뀌었다고 느끼고, 상상 속에서나마 절대 자유로운 경지로 상승한다. 그러면 실제로 절대 자유를 누리지 못하는 자신을 혐오하면서 이렇게 말한다. "너는 쓸모가 없고, 결코 진전을 보지 못할 거야."

마지막 남은 음험하기 짝이 없는 자기 좌절은 어떤 포부든 막는 금기로서, 웅대하고 과장된 공상뿐 아니라 어떤 사람이 자신의 재간을 발휘하거나 더 훌륭하고 더 강한 사람이 되려는 모든 노력도 막아버린다. 여기에서 자기 좌절과 자기 폄하의 경계선은 특히 모호하다. "행동하고 노래하고 결혼하고 싶어 하는 너는 누구지? 너는 결코 아무 일도 해내지 못할 거야."

앞에서 소개한 요인 가운데 몇가지는, 인생 후반에 괄목할 만한 생산물을 내고 자기가 일하는 분야에서 업적을 냈던 남자의 이력에도 나타난다. 일이 더 나은 방향으로 전환되기 약 1년 전 외부 요인이 하나도 바뀌지 않은 상황에서, 그는 나이 지긋한 노부인과 대화를 나눈 적이 있었다. 노부인은 인생에서 무엇을 원하는지, 어떤 소원을 가지고, 무엇을 성취하고 싶은지 물었다. 이 사건을 계기로, 그는 지성과 사고력과 근면을 다 갖추었으나 자신의 미래를 두고 단 한 번도 숙고한 적이 없다는 사실이 극명하게 드러났다. 그의 대답은 이것이 전부였다. "음, 제 추측으로는 늘 이렇게 살게 되겠지요." 그는 언제나 전도유망한 사람으로 촉망받았지만, 중요한 일을 한다는 생각은 가려져 사라질 뿐이었다. 그런데 외부 환경의 자극과 약간의 자기 분석 덕분에, 그는 서서히 생산성을 높여갔다. 하지만 연구로 발견한 사실이 얼마나 중요한 가치와 의미가 있는지 자각하지 못했다. 심지어 무엇을 성취했다는 경험조차 하지 못했다. 따라서 그에게 자신감은 생기지 않았다. 그는 자신이 발견한 연구 결과를 잊었을 수도 있고, 그 결과를 우연히 다시 발견했을지도 모른다. 마침내 주로 자기가 하는 일에서 부딪치는 억제의 원인을 알아보려고 정신 분석을 받으러 왔다. 그때 그는 자신에게 이로운 것을 원하지 못하게 만들고, 포부를 펼치지 못하게 하고, 자신의 특별한 재능을 알아채지 못하게 만드는 금기에 사로잡혀 있었다. 겉으로 드러난 재능과 성취하라고 몰아붙이는 숨은 야망이 너무 강해 아예 성장하지 못했다. 그는 심한 고통을 겪으면서도 일을 해냈으나, 무엇을 성취했는지 자각하지 못해 해낸 일을 자신의 것으로 인정하고 즐기기도 못했다. 다른 신경증 환자들의 경우 결과는 한층 더 불리하다. 신경증 환자들은 한 걸음 뒤로 물러서는 위험을 무릅쓰면서 새로운 일을 하려고 감히 용기를 내지 못하고, 인생에서 아무것도 기대하지 않으며, 목표도 너무 낮게 잡아서 자신들의 기량abilities과 영혼, 정신, 마음이 간직한 수단psychic means에 미치지 못하는 생활을 한다.

자기 좌절은 자기 혐오의 다른 측면과 마찬가지로 외면화를 거쳐 외부로 투사되기도 한다. 어떤 사람은 자기 아내, 직장 상사, 부족한 돈, 날씨, 또는 정치 상황 때문이 아니라면, 세상에서 제일 행복한 사람일 거라며 불평불만을 늘어놓는다. 말할 필요도 없겠지만, 우리는 다른 극단에 치우쳐 이러한 외부 요인이 개인의 행복과 아무 관계도 없다고 생각할 필요는 없다. 외부 요인은 확실히 잘 삶well-being에 영향을 미친다. 외부 요인을 두고 평가할 때, 실제로 미치는 영향이 얼마나 큰지, 또 내부 원천에서 시작하지만 외부 요인으로 전환되는 요인이 얼마나 되는지 낱낱이 살펴보지 않으면 안 된다. 흔히 발생하는 일인데, 어떤 사람은 외부의 곤란한 상황이 전혀 바뀌지 않았는데도 자기 자신과 더 나은 관계를 맺으면 평온과 만족을 느낄 터이다.

자학self-torture은 부분적으로 자기 혐오에서 생기는 불가피한 부산물이다. 신경증 환자는 도달 불가능한 완벽을 성취하라고 스스로 채찍질하고 자책하든, 자신을 폄하하거나 자기 좌절에 빠지든, 실제로 자신을 고문하는 셈이다. 자기 혐오 표현 가운데 끔찍한 자학을 별개의 범주로 분류하게 만드는 요인은 자신을 괴롭히려는 **의도**意圖 intent가 정말로 있거나 있을지도 모른다는 논쟁점과 관련된다. 우리는 물론 신경증 환자가 겪는 번민煩悶 anguish에 해당하는 모든 경우의 모든 가능성을 고려해야 한다. 예컨대 자기 회의self-doubts에 대해 고찰해 보자. 자기 회의는 내면의 갈등에서 유래하기도 하고, 끝도 없이 이어지는 결정 나지 않는 내면의 대화로 나타나기도 한다. 이런 내면의 대화 속에서 어떤 사람은 자책에 맞서 자신을 방어하려고 애쓴다. 그러니까 자기 회의는 한 사람이 서 있는 토대를 침식하는 자기 혐오의 표현일 수도 있다. 실제로 자기 회의는 가장 끈질긴 고통일 수 있다. 햄릿이나 더 나쁜 처지에 있는 누구처럼, 사람들은 자기 회의에 잡아먹힐 수 있다. 우리는 확실히 자기 회의를 일으키는 모든 이유를 분석하지 않으면 안 된다. 그런데 자기 회의는 자학의 무의식적 **의도**를 구성하기도 하는가?

가치가 동일한 다른 사례는 지연遲延 procrastination이다. 우리가 알고 있듯이, 타성惰性 inertia이 전반에 걸쳐 영향을 미치거나 분명한 입장을 취하는 역량의 결여가 고루 퍼지는 경우처럼 여러 요인이 결정이나 행위를 미루는 원인이 될 수도 있다. 지연하는 사람은 연기된 일이 점점 더 크게 다가올 테고, 실제로 적지 않은 고통을 자초할 수 있다는 점을 안다. 또 여기서 우리는 이따금 결정 나지 않는 문제에 대해 도가 지나치다는 어렴풋한 인상을 처음 받기도 한다. 그는 자신이 일을 뒤로 미루었기 때문에 불쾌하거나, 나쁜 일이 생길 조짐이 보이는 상황에 몰릴 때, 틀림없이 신이 나서 이렇게 혼잣말을 할지도 모른다. "꼴좋다." 그것은 아직 그가 자학으로 내몰렸기 때문에 지연한다는 뜻이 아니라, 일종의 고소苦笑 Schadenfreude, 즉 자초한 고통에 복수함으로써 얻는 만족감을 암시한다. 그렇다면 지금까지 능동적 학대active tormenting를 보여주는 증거는 없다. 도리어 초조해서 몸을 꿈틀대고 비트는 희생자를 바라보는 방관자의 고소해 하는 태도가 드러날 뿐이다.

만약 능동적 자학 충동active self-tormenting drives이 엄연히 존재한다는 사실을 보여 주는 다른 관찰 결과가 서서히 늘어나지 않으면, 앞에서 소개한 문제는 모두 그대로 결론이 나지 않을 터이다. 예컨대 신경증 환자는 자기에게 인색한 성향을 드러내는 몇몇 형태 가운데, 옹졸하기 짝이 없는 알뜰한 행동이 그저 '억제'일 뿐만 아니라, 이상하게도 만족감을 주고 때로는 거의 열정에 가까워진다는 사실을 관찰한다. 그때 건강 염려증을 앓은 몇몇 환자는 진짜 두려움을 느낄뿐더러 상당히 고통스러워하면서 무서워하는 것 같다. 후두염의 기미는 폐결핵으로 바뀌고, 위경련은 위암으로, 근육통은 소아마비로, 두통은 뇌종양으로, 한 동안 계속된 불안 발작은 정신 이상으로 바뀐다. 이런 증상을 보인 여자 환자는 그녀가 '지독한 경과經過 poisonous process'라고 부른 끔찍한 경험을 했다. 초기에 안절부절증restlessness이나 불면증sleeplessness이 약하게 나타날 조짐이 보이면, 이제 자신이 새로운 공황 주기에 접어들었다고 혼잣말을 하곤 했다. 그 후 밤마다 증상은 점점 더 악화되어 견딜 수 없을 정도에 이르렀다. 초기에 느끼는 두려움을 작은 눈덩이에 비교하면, 마치 그녀가 작은 눈덩이를 계속 굴려서 눈덩이는 눈사태를 일으킬 만큼 커지고 끝내 거기에 파묻히는 형국이었다. 그녀는 당시 쓴 시에서 '있는 그대로 나의 기쁨인 달콤하고 끔찍한 자학이여'라고 말한다. 이러한 건강 염려증 환자들 가운데 끔찍한 자학을 야기하는 요인을 하나 분리해 다룰 수 있다. 그들은 절대 건강, 절대 균형, 절대 대담무쌍의 상태에 있어야 한다고 느낀다. 반대 증거가 조금이라도 나타나면 무자비할 정도로 자신들에게 등을 돌려 버린다.

게다가 어떤 환자의 가학 환상sadistic fantasies과 가학 충동sadistic impulse을 분석할 때, 우리는 가학 증상이 자기 자신에게 반항하려는 가학 충동에서 일어날 수 있다는 점도 인지한다. 어떤 환자들은 때때로 타인에게 심한 고통을 주고 싶은 강박 충동compulsive urges이나 강박 환상compulsive fantasies에 사로잡힌다. 이러한 강박 증상은 대부분 아이들이나 힘이 없는 사람들에게 집중되는 것처럼 보인다. 내가 분석한 사례를 하나 들자면, 강박 충동이나 강박 환상은 신경증 환자가 살고 있던 하숙집에서 일하는 곱사등이 하녀, 앤에게 향했다. 환자는 부분적으로 그런 충동의 강렬함 탓에, 일부는 충동들에 당혹감을 느꼈기 때문에 조바심을 냈다. 앤은 무척 상냥했고, 그의 감정을 상하게 한 적이 단 한 번도 없었다. 가학 환상을 떠올리기 시작하기 전에, 그는 앤의 신체 기형을 보고 혐오와 동정을 번갈아 느꼈다. 그는 두 감정 모두 자신과 그 여자를 동일시한 데서 유래한다고 인지했다. 그는 신체 측면에서 강하고 건강했으나, 복잡하게 뒤얽힌 영혼의 혼란에 절망하고 경멸감을 느낄 때면 자신을 불구자로 칭하곤 했다. 가학 충동과 가학 환상은, 그가 처음으로 봉사하려는 지나친 열망과 스스로 신발 바닥 흙 터는 깔개 같은 존재가 되려는 경향이 앤에게 있다고 주목했을 때 시작했다. 십중팔구 앤은 오랫동안 그렇게 살았을 터이다. 그렇지만 자신의 자기 말소 경향self-effacing trends을 점점 더 많이 알아차리고, 이를 근거로 생겨난 자기 혐오에 따른 불평불만의 소리rumblings를 들을 수 있게 된 시점에, 그는 앤의 경향을 관찰했다. 따라서 그녀에게 끔찍한 고통을 주고 싶은 강박 충동compulsive urge은 자학 충동의 능동적 외면화active externalization로 해석되었고, 이러한 외면화는 약한 피조물을 지배하는 권력이 얼마나 소름이 끼치는지 느끼게 했다. 그때 능동적인 충동은 가학 환상으로 약해졌고, 가학 환상은 자기 말소 경향처럼 사라졌으며, 가학 환상을 끔찍하게 싫어하는 혐오감이 더욱 선명하게 부각되었다.

나는 타인으로 향한 모든 가학 충동과 가학 행위의 유일한 기원이 자기 혐오self-hate라고 믿지는 않는다. 그러나 자학 충동self-tormenting drives의 외면화가 언제나 원인으로 작용한다고 생각한다. 어쨌든 양자가 서로 관계 맺는 횟수는 우리가 그런 가능성에 방심하지 않고 정신을 바짝 차리게 할 만큼 충분히 많다.

다른 환자들의 경우에 학대에 대한 두려움은 외부 자극이 없어도 나타난다. 그러한 두려움은 때로는 자기 혐오가 커져 발생하며, 자학 충동의 수동 외면화passive externalization에 따른 공포 반응으로 나타난다.

끝으로 피학 성향의 성행위와 환상이 존재한다. 품위를 떨어뜨리는 타락에서 잔혹한 학대까지 확대되는 수음 환상masturbation fantasies이 있다. 자신을 할퀴거나 때리고, 머리카락을 쥐어뜯고, 너무 꽉 끼는 구두를 신고 걸으며, 고통스러울 정도로 뒤틀린 자세를 잡는 수음 행위도 있다. 성적 만족에 이르기 전에, 반드시 욕지거리를 듣고 매를 맞고 줄에 묶이고, 천하거나 역겨운 일을 하도록 강요당하는 성행위도 있다. 이런 행위의 구조는 상당히 복잡하다. 이러한 행위는 적어도 두 종류로 구별해야 한다. 한 가지 행위를 할 때, 당사자는 자신에게 끔찍스러운 고통을 주어 악의에 찬 쾌락을 체험한다. 다른 행위를 할 때, 당사자는 타락한 자기와 같아져야 성적 만족을 얻을 수 있다. 이유가 무엇인지는 나중에 논의하겠다. 하지만 두 종류의 구별이 의식으로 경험할 때만 타당하다고 믿을 이유가 있다. 말하자면 사실 그는 언제나 학대자the torturer이면서 동시에 피학대자the tortured이고, 스스로 타락할뿐더러 다른 누구의 학대로 타락해서 성적 만족을 이끌어낸다.

정신 분석 치료의 영향 가운데 하나는 실제로 일어나는 끔찍한 자학self-torture의 모든 사례에서 자학의 비밀스런 의도를 찾아내는 것이다. 다른 하나는 자학 성향의 외면화 가능성에 방심하지 말고 정신을 바짝 차리고 경계해야 하는 것이다. 끔찍한 자학 의도가 이성으로 명료하다고 판단할 때마다, 우리는 정신 내부의 상황을 꼼꼼히 검토하고, 그때 자기 혐오가 증가했는지, 어떤 이유로 증가했는지 묻지 않으면 안 된다.

자기 혐오는 최종적으로 순수하게 직접 드러나는 **자기 파괴 충동과 자기 파괴 행위**self-destructive impulse and actions에서 정점에 이른다. 이러한 자기 파괴 충동과 자기 파괴 행위는 급성이거나 만성일 수도 있고, 공공연히 폭력성을 드러내거나 모르는 사이에 느리게 자행되는 폭정의 형태를 띨 수도 있고, 의식되거나 의식되지 않을 수도 있고, 행위로 나타나거나 상상 속에서만 일어날 수도 있다. 궁극 목표는 신체와 영혼, 정신까지 이르는 자기 파괴self-destruction이다. 앞에서 말한 모든 가능성을 고려하면, 자살은 불가해하고 고립된 수수께끼가 아니다. 우리의 인생, 우리의 생명에 본질이자 핵심인 어떤 것을 없애거나 죽이는 여러 방식이 존재한다. 실제로 신체를 죽이는 자살은 자기 파괴의 극단적인 표현이자 최종 표현일 따름이다.

신체에 반항하는 자기 파괴 충동은 제일 쉽게 관찰할 수 있다. 자기에게 가하는 실제 신체 폭력은 대개 정신병精神病 psychoses에 국한되어 나타난다. 여러 신경증에서 심각하지 않은 자기 파괴 행동이 발견된다. 손톱 물어뜯기, 할퀴기, 뾰루지 쑤시기 같은 자기 파괴 행동은 대개 '나쁜 버릇'으로 통한다. 그런데 신경증 환자는 정신병자의 경우와 달리 상상 속에 머물기는 하지만 실제로 폭력을 저지르려는 갑작스런 충동sudden impulses에 사로잡히기도 한다. 이런 갑작스런 충동은 자신의 진짜 모습을 포함해 현실을 모조리 비웃을 정도로 상상에 푹 빠져 사는 사람에게만 발생한다. 이런 충동은 자주 번득이는 통찰 다음에 생기며, 전체 과정은 번개처럼 빠르게 진행되므로 정신 분석 상황에서만 연속된 사건의 전후관계를 포착할 수 있다. 결점을 꿰뚫어 보는 갑작스런 통찰은 확 일어났다가 빨리 사라지며, 누구의 눈을 뜯어내고 목을 내리쳐 베고, 누구의 복부를 칼로 찌르고 배를 난도질 하려는 폭력 충동이 생기는 순간에 바로 뒤따라 일어난다. 이런 유형의 사람들은 이따금 노대露臺 balcony나 절벽에서 뛰어내리고 싶은 자살 충동, 비슷한 조건에서 일어나는 청천벽력 같은 충동을 경험하기도 한다. 이런 충동은 도저히 실행할 기회를 얻지 못할 만큼 빨리 사라질 수도 있다. 다른 한편 높은 데서 뛰어내리고 싶은 충동은 갑자기 너무 강해질 수도 있어서, 당사자는 충동에 굴복해 뛰어내리지 않으려면 무엇이든 꼭 붙잡지 않으면 안 된다. 실제로 자살 시도로 이어지기도 한다. 그렇더라도 이런 사람은 돌이킬 수 없는 최후로서 죽음이라는 개념을 현실로 받아들이지 못한다. 도리어 그는 20층에서 떨어진 다음에 툴툴 털고 일어나 집으로 갈 것처럼 느낀다. 이런 시도가 성공하느냐 마느냐는 흔히 우연한 요인에 달렸다. 그런 변칙을 허용하더라도, 자신이 실제로 죽는다는 사실에 자신보다 더 놀랄 사람은 아무도 없을 터이다.

심각한 자기 소외는 훨씬 진지한 여러 자살 시도로 이어질 수 있으므로, 마음에 담아 두고 잊지 말아야 한다. 하지만 일반적으로 죽음을 마주하는 현실과 동떨어진 태도an unrealistic attitude toward death는 계획적인 진지한 자살 시도보다 자살 충동이나 실패로 끝난 자살 시도에 더 뚜렷하게 나타나는 특징이다. 물론 이렇게 자살을 시도하는 데는 늘 여러 이유가 있지만, 자기 파괴 경향self-destructive tendency이 가장 규칙적으로 일정하게 나타난다.

자기 파괴 충동self-destructive impulses은 무의식에 그대로 머물 수도 있지만, 난폭 운전과 무모한 수영과 산행으로, 신체 장애를 경솔하게 무시하는 행동으로 드러나기도 한다. 다시 말해 당사자는 "아무 일도 일어날 리 없다"는 신성불가침의 권리 주장을 품고 있기 때문에, 앞서 말한 행동들은 당사자에게는 무모해 보이지 않을 수 있다. 이 점은 여러 사례에 영향을 미친 강력한 요인이다. 그런데 우리는 분석가로서 언제나 환자의 권리 주장과 더불어 자기 파괴 충동이 작용할 가능성을 의식하지 않으면 안 된다. 특히 현실의 위험을 무시하는 정도가 너무 클 때는 더욱 그렇다.

끝장에 이르러 술을 마시거나 마약을 사용해 무의식적이지만 체계적으로 건강을 완전히 해치고 파멸에 이르는 사람들이 있다. 여기에는 마취 효과가 뛰어난 특정 진통제가 항상 필요하다는 등 다른 요인도 작용한다. 우리는 슈테판 츠바이크*Stefan Zweig, 1881~1942가 탁월한 필력으로 묘사한 발자크**Honore de Balzac, 1799~1850의 초상에서, 신비한 아름다움을 좇는 애처

---

* 오스트리아 태생으로 유명한 소설가이자 세계 최고의 전기 작가이다. 소설로는 『체스 이야기』와 『낯선 여인의 편지』 등이 있고, 발자크를 비롯해 유명한 작가들의 평전을 썼다. 발자크의 편집증과 왕성한 집필 활동에 관한 내용은 『발자크 평전』을 참고.

** 프랑스 사실주의 문학의 거장으로서 100여 편의 소설을 써냈으며, 프랑스 혁명 직후부터 1848년 2월 혁명 직전까지 프랑스 사회 전반에 걸친 다종다양한 인간상을 묘사한 『인간 희극』으로 유명하다.

로운 열망에 사로잡혀 실제로 과도한 작업, 수면 소홀, 커피 남용으로 건강을 완전히 해쳐서 파멸한 천재의 비극을 볼 수 있다. 확실히 발자크는 신비한 매력을 좇아야 할 필요 때문에 무모하게 빚을 졌고, 과도한 작업도 일부는 잘못된 생활 방식의 결과였다. 그러나 비슷한 사례에서 보았듯이, 자기 파괴 충동이 일에서도 나타나서 마침내 때 이른 죽음으로 이끌지 않았느냐는 의문 제기에는 정당한 이유가 있다.

다른 경우에 신체 상해는 우연히 일어난다. 우리는 모두 '기분이 나쁜' 때에 다치거나 발을 헛디뎌서 넘어지고 손가락이 낄 가능성이 높다는 사실을 알고 있다. 그런데 길을 건널 때 교통 흐름에 주의하지 않거나, 운전할 때 주의하지 않으면 치명상을 입을 수 있다.

따지고 보면 신체 기관에 질환이 생겼을 때 자기 파괴 충동이 묵묵히 작용하는지를 둘러싼 문제는 여전히 열려 있다. 이제 심신 상관 관계psychosomatic relations가 어떠한지 더 많이 알지만, 자기 파괴 경향self-destructive trend의 구체적이고 특별한 역할을 충분한 근거에 입각해 정확히 가려내기는 어려울 터이다. 물론 훌륭한 의사라면 누구나 심각한 질환에서 회복되어 살고 싶다거나 죽고 싶다는 환자의 '소망wish'이 매우 중요하다는 점도 알고 있다. 그러나 영혼, 정신, 마음의 기력psychic energies을 한 방향이나 다른 방향으로 이용할 가능성은 여러 요인에 따라 결정될 수 있다. 육체와 영혼의 일체성을 고려하면, 자기 파괴 성향self-destructiveness이 묵묵히silently 작용할 가능성은 몸이 회복되는 국면뿐 아니라 어떤 질환을 일으키거나 악화시킬 때도 진지하게 주의를 기울여 살피지 않으면 안 된다고만 말할 수 있다.

인생에 중요한 다른 여러 가치에 반항하는 자기 파괴 성향self-destructiveness은 시기를 놓친 우연한 사건으로 등장하기도 한다. 입센의 희곡 『헤다 가블러』에서 자신의 소중한 원고를 잃어버린 뢰브보르그Eilert

Lovborg의 실례가 있다. 입센은 뢰브보르그를 통해 자멸에 이르는 반응과 행동의 정점頂點 a crescendo을 보여 준다. 우선 그는 충실한 친구인 엘브스테드 부인을 하찮은 근거로 의심하고, 진탕 마시고 떠듦으로써 관계를 망치려고 한다. 술에 취해 소중한 원고를 잃어버리자, 그는 어떤 매춘부의 집에서 권총으로 자살했다. 소규모 사례로는 시험을 볼 때 까먹거나, 중요한 면접에 지각하거나 면접에 대비한답시고 술을 마시는 사람이 있다.

영혼, 정신, 마음의 가치가 떨어져 파멸하는 일이 너무 자주 반복된다는 생각이 든다. 어떤 환자는 조금 진전을 보이는 순간에 바로 추구하던 일을 포기한다. 우리는 포기하는 행동이 '진실로' 원하는 것이 아니었다는 당사자의 권리 주장을 당연하게 받아들일 수도 있다. 그러나 비슷한 과정이 세 번, 네 번, 다섯 번에 걸쳐 일어날 때에는, 심층에 작용하는 여러 결정 요인을 찾기 시작한다. 자기 파괴 성향은 흔히 다른 요인보다 더욱 깊은 곳에 묻혀 있지만, 결정하는 요인 가운데 두드러진다. 환자는 자각하지 못한 채 매번 찾아오는 기회를 망쳐버릴 수밖에 없다. 이는 그가 멀쩡한 직업을 잃거나 그만두고 다른 직업을 구할 때, 어떤 관계가 벽에 부딪친 다음 또 다른 관계가 벽에 부딪칠 때도 적용된다. 두 사례에서 후자는 그에게 마치 자신이 늘 타인이 저지른 부정 행위와 배은망덕의 희생자인 것처럼 보인다. 실제로 그는 끊임없이 관계에 안달복달하고 크게 떠들어댐으로써 자신이 몹시 두려워하던 종말을 초래한다. 간단히 말해 신경증 환자는 자주 여자든 남자든, 고용주나 친구가 정말로 더는 자신을 참아 낼 수 없는 구석까지 몰아붙인다.

우리는 환자가 정신 분석을 받는 관계에서 어떻게 행동하는지 살필 때 반복해서 일어나는 이런 사건을 이해할 수도 있다. 그는 형식 절차에 협조할 수도 있다. 정작 분석가는 바라지도 않는데 분석가에게 온갖 호의를 베풀려고 할지도 모른다. 그런데도 본질적으로 환자의 공격 행동이 너무 도발적이어서 분석가는 이전에 환자에게 등을 돌렸던 사람들에게 오히려 동정심마저 느낄 수도 있다. 간단히 말해 환자는 문자 그대로 애를 썼고, 다른 사람을 자기 파멸 의도의 집행인으로 만들려고 끈덕지게 노력한다.

능동적 자기 파괴 경향은 어떤 사람의 깊이depth와 통합integrity을 점점 파괴하는 데 어느 정도 영향을 미치는가? 정도가 더 크든 더 작든, 방식이 조잡하든 섬세하든, 어떤 사람의 통합은 신경증이 진행된 **귀결**a consequence로 손상을 입고 약해진다. 자기 소외, 무의식에서 생기는 불가피한 가식, 해결되지 않은 갈등 탓으로 생기는 역시 불가피한 무의식적인 타협, 자기 비하 등 모든 요인이 자기 자신에게 성실하려는 능력의 감소, 중심에 자리한 도덕심의 약화로 이끈다.[10] 게다가 문제는 어떤 사람이 묵묵히 그러나 능동적으로 자신을 도덕적으로 타락시키는 데 협력할 수도 있느냐는 것이다. 몇 가지 관찰에 비추어 보면, 우리는 이 질문에 긍정으로 답할 수밖에 없다.

우리는 사기士氣 morale의 저하로 가장 잘 묘사할 수 있는 만성 질환이나 급성 질환을 관찰할 수 있다. 어떤 사람은 외모를 소홀히 여겨 옷차림이 단정치 못하고 되는 대로 옷을 입고 뚱뚱해지게 방치한다. 그는 술을 지나치게 마시고 잠을 너무 적게 잔다. 또 자신의 건강을 챙기지 않아, 예컨대 치과에 가지 않는다. 너무 많이 먹거나 너무 적게 먹고, 산책을 하지도 않는다. 해야 하는 작업이나 진지하게 관심을 가진 일을 할 때는 언제나 게으름 피우고 나태해진다. 성관계가 문란해질 수도 있다. 아니면 적어도 천박하거나 타락한 사람들과 사귀고 싶어할 수도 있다. 돈 문제에서 신뢰할 수 없는 사람이 되고, 아내와 자식을 때리고, 거짓말을 하거나 물건을 훔치기 시작할지도 모른다. 이러한 과정은 『잃어버린 주말*The Lost Weekend*』*에서 잘 표현했듯이 심각

---

10 카렌 호나이, 『인간의 내면 갈등*Our Inner Conflicts*』(노턴, 1945), 제10장 인격의 빈곤 참고.

* 찰스 잭슨Charles R. Jackson의 소설을 각색하여 빌리 와일더Billy Wilder 감독이 1945년에 만든 영화이다. 작가이자 술 중독자인 주인공의 삶을 통해 술 중독의 폐해와 심각성을 적나라하게 보여 주었다.

한 술 중독자들에게 뚜렷하고 분명하게 나타난다. 그러나 깊이 숨어 미묘한 방식으로 진행되기도 한다. 눈에 띄는 분명한 사례에서는 정신 분석 훈련을 받지 않은 관찰자도 이런 사람들이 "스스로 몸과 마음이 허물어지게 내버려 둔다"는 점을 알아볼 수 있다. 우리는 정신 분석에서 이러한 묘사가 적절치 않다고 인정한다. 이러한 질환은 사람들이 자기 비하와 절망에 압도되어 구축력constructive forces이 자기 파괴 충동의 나쁜 영향에 저항하지 못할 때 발생한다. 그러면 자기 파괴 충동은 거의 무의식적으로 자유롭게 이리저리 쏘시고 다니며 능동적으로 사기를 저하시킨다. 외면화를 거쳐 외부로 투사된 능동적이고 계획된 사기 저하 의도는 조지 오웰이 『1984년』에서 묘사했다. 경험이 많은 분석가라면 누구나 오웰의 표현 속에서 신경증 환자가 자신에게 할 수도 있는 행동의 실상을 인지할 터이다. 온갖 꿈도 역시 신경증 환자가 능동적으로 자신을 시궁창 속에 던질 수 있다는 점을 보여 준다.

이렇게 내면에서 일어나는 과정에 맞선 신경증 환자의 반응은 각양각색이다. 환자의 반응은 고소한 기분glee일 수도 있고 자기 연민self-pity일 수도 있다. 또 공포일 때도 있다. 이러한 반응은 으레 의식에서는 자신의 사기 저하를 초래하는 과정과 분리된다.

자기 연민 반응은 어떤 꿈을 꾼 여자 환자에게서 특히 강하게 나타났다. 그 환자는 과거 시간에 표류하다 인생을 대부분 허비하는 꿈을 꾸었다. 그녀는 냉소로 일관하며 진정한 여러 이상에 등을 돌렸다. 꿈을 꾼 당시 그녀는 먹고 살기 위해 열심히 일했지만, 아직 자기 자신에게 성실하지 못해서 자신의 인생을 구축하는 일은 하나도 할 수 없었다. 환자는 고상하고 호감이 가는 모든 것을 상징하는, 종교 단체에 막 들어가려던 어떤 여인이 교단의 규율을 어겼다는 이유로 고발당하는 꿈을 꾸었다. 꿈속의 여인은 유죄 판결을 받았고, 줄지어 늘어선 대중 앞에서 망신을 당했다. 꿈을 꾼 사람은 꿈속에 나온 여인이 완전히 무죄라고 확신했더라도, 꿈을 꾸는 환자 역시 그 대열에 끼어 있었다. 다른 한편 어떤 목사에게 그 여인을 도와 달라고 간청했다. 목사는 동정은 하지만, 피고인에게 이로운 일은 아무것도 할 수 없었다. 나중에 피고인은 어떤 농가에 있었고, 아주 궁핍한 데다 굼뜨고 모자라 보였다. 환자의 꿈속에서 꿈을 꾸는 사람은 여전히 그 희생자에게 가슴이 미어지는 동정심을 느꼈고, 깨어난 다음에도 몇 시간 동안 눈물을 흘렸다. 세부 내용을 제외하면, 꿈을 꾸는 사람은 여기서 이렇게 혼잣말을 한다. 내 안에 고상하고 호감이 가는 점이 있어. 나는 자책과 자기 파괴 성향self-destructiveness 때문에 실제로 내 인격을 망칠 수도 있지. 이런 충동과 반대로 나아가려고 발을 내딛어도 소용이 없어. 내가 자신을 구하고 싶어 하더라도, 나는 똑같이 진짜 싸움은 피하고, 어떻든 파괴 충동과 협력하겠지.

꿈속에서 우리는 자신의 적나라한 현실reality에 더 가까워진다. 이런 꿈은 특히 아주 깊은 곳에서 시작되며, 꿈을 꾸는 사람에게 특이한 자기 파괴 성향의 위험을 예견하는 심오하고 공명정대한 통찰의 기회도 제공하는 것처럼 보였다. 자기 연민 반응은 다른 여러 사례에서 나타났듯이, 이 사례에서도 꿈을 꾼 당시에 구축하는 쪽으로 나아가지 않았다. 자기 연민은 그녀가 스스로 자신에게 이로운 어떤 일이든 하게 영향을 줄 수 없었다. 절망과 자기 비하의 강도强度 intensity가 줄어들어야만, 비구축적 자기 연민unconstructive self-pity은 자기와 일치되는 구축적 공감constructive sympathy으로 바뀔 수 있다. 이러한 전환은 사실 자기 혐오의 마수에 붙들린 누구에게나 의미가 있고 대단히 중요한 전진이다. 우리는 진실한 나를 처음으로 느끼고 내면의 구원을 처음으로 바라면서 앞으로 나아간다.

타락하는 과정에 맞서는 반응은 섬뜩한 공포일 수도 있다. 자기 파괴 성향의 가공할 위험을 고려하면, 이런 무자비한 힘에 굴복한 무력한 먹잇감이라고 계속 느끼는 한, 공포 반응은 분명히 적절하다. 꿈속에서나 교제할 때 자기 파괴 성향에서 솟아나는 무자비한 힘은 간명한 여러 상징, 예컨대 살인광이나 드라큘라, 괴물이나 흰 고래, 유령으로 나타날 수도 있다. 이러한 공포는 달리 설명하기 힘든 여러 두려움의 중심에 놓인 핵核 nucleus이다. 예컨대 미지의 것과 위험천만한 바다의 깊이가 주는 두려움, 유령과 신비스러운 모든 것이 주는 두려움, 신체 내부에서 독이나 벌레나 암 같은 것이 일으키는 모든 파괴 과정에 따라붙는 두려움의 핵이다. 이것이 많은 환자들이 무의식에 자리해서 신비스러운 모든 것에 느끼는 공포의 일면이다. 그러한 공포는 명백한 이유가 없는 공황 증상의 중심中心 center에 자리 잡고 있을지도 모른다. 누구든 늘 현존하는 생생한 공포와 더불어 살 수는 없을 터이다. 그는 공포를 완화할 방법을 찾지 않으면 안 되고 또 찾아낸다. 몇 가지 방법은 이미 다루었고, 다른 방법은 다음 장에서 논의하겠다.

자기 혐오의 파괴력을 대략 살펴보면서 우리는 자기 혐오에 숨은 커다란 비극, 어쩌면 인간의 마음이 겪는 최고 비극을 보았을지도 모른다. 무한과 절대 경지에 도달하려는 인간은 자신을 파괴하기 시작한다. 영광을 약속한 악마와 계약을 맺을 때 인간은 지옥, 곧 자신 내부의 지옥으로 떨어질 수밖에 없다.

제6장

●

자기 소외

신경증 환자, 강박증에 사로잡혀 진실한 나에게서 멀어지다

ALIENATION FROM SELF

이 책은 진실한 내가 중요하다고 힘차게 강조하면서 시작했다. 진실한 나는 우리를 살아 있는 존재로 만드는 유일무이한 인격의 중심이고, 성장할 수 있고 성장하기를 원하는 유일한 부분이다. 우리는 진실한 내가 맨처음 불운한 조건 탓에 막힘 없이 성장하지 못한다는 점도 살펴보았다. 이후 개인에게서 기력을 빼앗아 긍지 체계를 형성하도록 몰아붙이는 힘들이 무엇인지 탐구했다. 그렇게 형성된 긍지 체계는 스스로 전제 군주가 되어 인격을 파괴했다.

이 책에서 말하는 진실한 나에서 이상을 좇는 나의 계발로 관심을 돌리는 과정은 신경증 환자가 진실한 나에서 이상을 좇는 나로 관심을 돌리는 과정과 그대로 닮았다. 그러나 신경증 환자와 달리, 우리에게는 여전히 진실한 내가 얼마나 중요한지 알아보는 명료한 통찰력이 있다. 그러므로 진실한 나에 다시 주목해, 이전보다 훨씬 체계적으로 진실한 나를 포기하는 이유와 진실한 나의 포기가 인격에 어떤 손실인지 고찰할 작정이다.

악마와 맺은 계약 조건에서 자기 포기abandoning of self는 어떤 사람이 자신의 영혼을 파는 행위에 상응한다. 정신 의학 용어로는 '자기 소외自己疏外 alienation from self'라 부른다. 자기 소외라는 용어는 주로 사람들이 기억상실記憶喪失 amnesia과 이인증離人症 depersonalization* 등에 나타나듯이, 정체감을 상실하는 극단에 이른 질병에 두루 사용한다. 이런 질병은 언제나 일반인에게 호기심을 불러일으킨다. 잠을 자고 있지도 않고 기질적인 두뇌 질병을 앓지도 않는 사람이, 자신이 누구인지, 어디에 있는지, 무엇을 하는지, 또 무엇을 했었는지 전혀 모른다는 사실은 이상할뿐더러 놀랍기 그지없다.

방금 말한 증상은 각각 따로 발생한 사건으로 보지 않고, 덜 두드러진 자기 소외로 보면, 곤혹스러운 느낌이 줄어든다. 이런 경우 정체성正體性 identity과 방향 감각方向感覺 orientation의 손실은 크지 않고, 의식 경험을 이해하는 일반 능력이 손상된다. 예컨대 마치 안개 속을 걷는 것처럼 살아가는 신경증 환자가 많다. 그들에게 분명한 것은 하나도 없다. 자신의 생각과 감정뿐 아니라 다른 사람들, 또 상황에서 예상되는 결과는 안개 속에 있는 듯 흐릿하고 몽롱하다. 덜 과격하게 말하면, 등화 관제가 정신 내부에만 실시되는 질환이다. 자신의 내면에서 무슨 일이 벌어지는 지 까맣게 모르면서도 타자를 잘 파악하는 예리한 관찰자로서, 상황이나 사유 경향을 명쾌하게 평가할 수 있는 사람들이 있다. 그러나 타인이나 자연 등과 관계를 맺는 온갖 경험은 그들의 감정에 스며들지 못하고, 내면의 경험을 자각하지 못한다. 다음으로 이러한 정신 상태는 겉보기에 건강한 사람들과도 무관하지 않다. 그들은 겉으로 건강해 보이지만 내부 또는 외부 경험의 특정 구역에 때때로 발생하는 부분 등화 관제나 맹점으로 고통을 겪는다.

---

* 정신 의학에서 '이인증'으로 번역하지만, '탈인격화脫人格化'로 번역하기도 한다. 인격과 분리되는 정신 장애를 의미할 때는 정신 의학계의 관례에 따라 이인증으로 번역하고, 다른 맥락에서는 탈인격화로 번역했다.

지금까지 말한 자기 소외는 '물질로서 나material self'[1], 즉 자기 신체와 자기 소유물과 관계가 있다. 어떤 신경증 환자는 신체를 소유하고 보전한다는 느낌이 아주 약하다. 심지어 신체 감각이 마비되었을지도 모른다. 예컨대 발이 시린지 물으면, 그는 사고 과정을 거치고 나서야 비로소 발이 시리다는 느낌을 자각하기도 한다. 예상치 않은 상황에서 전신 거울에 비친 자신의 모습을 보면 알아보지 못할 수도 있다. 비슷하게 자기 집에 있으면서도 집에 있다는 느낌이 없을 수도 있는데, 이는 그가 호텔 방만큼이나 비인격적 존재가 되었다는 뜻이다. 또 어떤 신경증 환자는, 열심히 일해서 벌어도 소유한 돈이 자신의 것이라는 느낌이 거의 없다.

앞에서 든 여러 사례는 현실의 자기 소외라고 적절하게 부르는 몇 안 되는 변형일 뿐이다. 어떤 사람이 현실에 존재하고 현실에서 경험하는, 자신의 현재 삶과 과거 삶의 관계를 포함한 모든 것이 아예 지워지거나 어둠 속으로 사라지기도 한다. 이런 과정은 어떤 신경증에나 조금씩 나타나기 마련이다. 어떤 환자가 자신을 가로등처럼 기둥 꼭대기에 두뇌만 올라앉은 꼴로 묘사했듯이, 이따금 신경증 환자들은 현실의 나에게서 멀어지는 장애를 의식하기도 한다. 그러나 신경증 환자들은 대부분 현실의 자기에게서 멀어지는 장애를 겪으면서도 자각하지 못하며, 정신 분석 작업을 거쳐야 비로소 서서히 드러난다.

이렇게 현실의 나actual self에게서 소외되면서, 명백하게 드러나지 않지만 아주 중요한 현상이 나타난다. 신경증 환자는 자신의 감정, 소망, 신념, 기력에서 멀리 떨어진다. 그것은 자신의 삶을 결정하는 능동적 힘이 존재한다는 느낌의 상실이자 자신이 온전한 유기체라는 느낌의 상실이다. 이는 결국 내

---

1 다른 여러 주석에서 말했듯이, 여기서도 나는 대략 윌리엄 제임스의 『심리학 원리*The Principle of Psychology*』(헨리 홀트 출판사, 뉴욕)의 제10장 자기 의식The Consciousness of Self의 내용을 따른다. 바로 그 장에서 인용했다.

가 진실한 나라고 부르자고 제안했던 우리 자신의 가장 살아 있는 중심에서 소외됨을 나타낸다. 진실한 나의 자연스런 경향傾向 propensity을 윌리엄 제임스의 용어로 더 완벽하게 표현하면 다음과 같다. 진실한 나는 '삶 속으로 뛰어드는 두근거림palpitating inward life'을 선사하고, 기쁨이든 동경이든 사랑이든 노여움과 화이든 두려움이든 절망이든, 자발적 감정을 일으킨다. 그것은 또한 자발적 관심과 기력의 원천, 즉 '의지의 명령이 뻗어 나오는 노력과 주목의 원천'이다. 소망하고 의지하는 능력이고, 스스로 확장하고 성장하고 성취하기를 바라는 우리 자신의 참다운 일부이다. 진실한 나는 우리의 감정이나 생각에 '자발적으로 반응reactions of spontaneity'해서 '환영하거나 반대하고, 제 것이라고 말하거나 제 것이 아니라고 말하고, 애쓰거나 분투하고, 그렇다고 말하거나 아니라고 말한다.' 이는 우리의 진실한 내가 강하고 능동성을 갖출 때 결정하고 책임도 질 수 있다는 점을 보여 준다. 그러므로 진실한 나는 진심에서 우러난 통합과 건전한 전체 감각a sense of wholeness, 곧 일체감oneness으로 이끈다. 이때 몸과 마음, 행동과 사유 또는 감정은 공명하며 조화를 이룰뿐더러, 내면의 심각한 갈등을 겪지 않고 기능도 제대로 발휘한다. 진정한 내가 약해질 때 중요한 자신을 하나로 묶는 인위적 수단과 달리, 진실한 나의 활동에는 정신의 긴장이 아주 조금 생기거나 아예 발생하지 않는다.

철학사를 훑어보면, 우리가 자기에 관한 문제를 다룰 때 참고할 만한 유리한 논점이 많다. 하지만 이런 주제를 다루는 철학자는 누구나 자신의 특수한 경험과 관심에 따라 기술하는 수준을 넘어서지 못한다는 점도 보여 주는 듯하다. 임상 치료의 유용성을 인정하는 관점에서, 나는 현실의 나actual self 또는 경험하는 나empirical self[2]를 한편으로 이상을 좇는 나idealized self와 구별

2 '경험하는 나'는 윌리엄 제임스가 사용했다.

하고, 다른 한편으로 진실한 나real self와 구별할 터이다. 현실의 나는 어떤 사람이 특정한 시간에 존재하는 모든 것, 즉 육체와 영혼, 건강 체질과 신경증 체질을 포괄하는 용어이다. 우리가 자신을 알고 싶다고 말할 때, 말하자면 있는 그대로 자신을 알고 싶을 때 마음속에 현실의 나를 떠올린다. 이상을 좇는 나는 이성을 따르지 않는 상상 속에 존재하는 나, 즉 신경증에 사로잡힌 자부심의 명령에 따를 수밖에 없는 나이다. 내가 몇 번에 걸쳐 정의했던 진실한 나는 개인의 성장과 충족으로 이끄는 '원래 갖춘original' 힘이다. 우리는 인격을 망치는 신경증의 족쇄에서 해방될 때, 다시 진실한 나와 충분히 같아질 수 있다. 따라서 진실한 나는 바로 우리가 우리 자신을 찾고 싶다고 말할 때 가리키는 것이다. 이렇게 볼 때 모든 신경증 환자에게도 진실한 나는 도달 **불가능한** 이상을 좇는 나와 반대로 도달 **가능한** 자기이다. 그렇다면 진실한 나는 세 가지 나 가운데 사변적 특징이 가장 두드러지는 것처럼 보인다. 어떤 신경증 환자를 관찰할 때 누가 여물에서 밀을 골라내듯이 그 사람의 가능한 자기는 이것이라고 말할 수 있겠는가! 그러나 신경증을 앓는 사람의 진실한 또는 가능한 자기가 어떤 점에서 추상물이더라도, 진실한 나는 **느껴지고**, 우리는 어렴풋이 볼 때마다 진실한 내가 다른 어떤 나보다 더 진실되고 더 확실하고 더 명확하게 느낀다고 말할 수 있다. 예리하게 통찰한 다음 강박에 사로잡힌 필요의 손아귀에서 풀려날 때, 우리는 자신이나 환자에게서 이런 소질을 관찰할 수 있다.

누구든지 현실 속 실제 나의 소외와 진실한 나의 소외를 언제나 깔끔하게 구별할 수는 없지만, 우리는 진실한 나의 소외에 관심을 쏟으며 논의할 터이다. 자기 상실the loss of self은 키르케고르의 말을 빌리면 '죽음에 이르는 병'이다.[3] 자기 상실은 절망絶望 despair, 즉 자기를 의식하지 못하는 절망, 또는

3 쇠렌 키르케고르, 『죽음에 이르는 병*Sickness unto Death*』(프린스턴 대학교 출판부, 1941).

자신이 되려는 의지가 없는 데서 오는 절망이다. 키르케고르의 용어를 빌리면, 그것은 외침이나 비명조차 지르지 못하는 소리 없는 절망이다. 사람들은 마치 살아 있는 중심과 직접 접촉하는 양 삶을 계속 이어 간다. 예컨대 일자리를 잃거나 다리 하나를 잃는 상실이 훨씬 더 큰 관심을 불러일으킨다. 키르케고르의 진술은 임상 관찰과 일치한다. 이전에 언급한 병리학으로 밝혀진 명백한 질환을 별도로 치면, 자기 상실은 바로 눈에 띄지도 않고 억지로 드러낼 수도 없다. 상담을 받으러 오는 환자들은 두통, 성기능 장애, 일에서 나타나는 억제, 그 밖에 다른 증상을 두고 하소연하며 불평을 늘어놓는다. 일반적으로 그들은 정신 생활의 핵심과 접촉하는 능력을 잃었다고 불평하지 않는다.

자세한 설명은 생략하고, 이제 진실한 나에게서 멀어지는 자기 소외를 일으키는 힘은 무엇인지 포괄적인 그림을 그려 보기로 하자. 자기 소외는 일부는 신경증이 진행되는 전체 과정에서 비롯된 결과인데, 특히 **신경증에 걸려 강박에 사로잡히는 모든 과정**의 결과이다. "모는 사람이 되지 못하고 몰린다"는 진술에 모든 것이 암시되어 있다. 이러한 맥락에서 각 개인의 특별한 강박 요인이 무엇인지, 즉 그러한 요인이 순응과 복수심, 냉담 같은 다른 요인과 영향을 주고받는지, 또 자기 이상화에 나타나듯이 자기와 영향을 주고받는지는 문제가 되지 않는다. 방금 말한 충동이 강박에 사로잡히는 특성은 신경증 환자에게서 자율성自律性 autonomy과 자발성自發性 spontaneity을 모조리 빼앗는다. 예컨대 모든 사람의 호감을 사야 할 필요가 강박이 되자마자, 신경증 환자가 느끼는 감정의 진정성眞正性 genuineness은 줄어든다. 그래서 여러 감정을 식별하는 능력도 약해진다. 그가 영광을 얻으려는 목적으로 힘이 드는 일을 하려고 몰리자마자, 일 자체에 빠져드는 자발적 관심은 줄어든다. 더불어 강박에 사로잡힌 충동 사이에 벌어지는 갈등은 당사자의 통합을 해치고, 결정하고 방향을 정하는 능력도 훼손된다. 마지막으로 중요한 신경증 환자의 가짜 해결책[4]은 통합 하려는 시도이더라도, 강박에 사로잡힌 생활 방식이므로 역시 자율성을 빼앗는다.

둘째로 소외는 강박증과 마찬가지로 진실한 나에게서 물러나는 **능동적 회피 행동**으로 보이는 과정을 거쳐 조장된다. 영광을 좇는 전체 충동이 바로 이런 행동에 속하며, 특히 신경증 환자가 자신을 자신이 아닌 틀에 맞추려고 결정해서 회피 행동이 일어난다. 그는 자신이 **느껴야 하는** 것을 느끼고, **소망해야 하는** 것을 소망하고, **좋아해야 하는** 것을 좋아한다. 달리 말하면 당위의 폭정으로, 그는 존재하는 자신이나 가능한 자신과 다른 무엇이 되라고 미친 듯이 자신을 몰아붙인다. 상상 속에서 그는 달라도 너무 달라, 진실한 나는 한층 더 빛을 잃고 희미해져 힘이 없어진다. 신경증에서 비롯된 권리 주장을 내세운다는 것은 자기의 측면에서 보면, 자발적으로 움직이는 기력이 가득한 저장소를 포기한다는 것이다. 예컨대 신경증 환자는 인간 관계를 잘 맺기 위해 스스로 노력하지 않고, 타인이 자신에게 맞춰야 한다고 주장한다. 그는 자신의 일에 전력투구하지 않고, 일이 다 되었다고 주장할 권한이 있다고 느낀다. 스스로 결정하지 않고 타인이 대신 책임져야 한다고 주장한다. 그러므로 신경증 환자는 구축 기력을 묵히고 있으며, 실제로 자신의 삶을 결정하는 요인으로서 구축 기력이 하는 역할은 점점 줄어든다.

신경증에 사로잡힌 자부심은 환자를 자신에게서 한 발짝 더 멀리 떼어 놓는다. 그는 이제 현실에 존재하는 자신, 즉 자신의 감정과 재간才幹 resources에 따른 활동을 부끄러워하기 때문에, 자기 자신에게 두었던 관심을 능동적으로 거둬들인다. 전체 외면화 과정은 현실의 나와 진실한 나에게서 달아나는 또 다른 능동적 회피 행동이다. 그런데 이렇게 자기에게서 멀어지는 과정은 키르케고르가 말하는 '자기 자신이 되고 싶지 않아서 빠지는 절망'과 너

4 『인간의 내면 갈등』과 이 책의 이어지는 장들의 내용 참고.

무 비슷해서 놀라울 따름이다.

마침내 진실한 나에 **맞선 능동적 반항 행동**은 자기 혐오로 드러난다. 말하자면 진실한 내가 추방되면, 누구나 유죄를 선고받은 기결수가 되고, 경멸당하고 파괴될 위험에 노출된다. 자기 자신이 된다는 생각조차 메스껍고 공포를 불러일으킨다. 이따금 공포는 어떤 여자 환자가 "이게 나란 말이야!"라고 생각하며 느꼈던 것처럼 변장하지 않고 적나라하게 드러난다. 이런 현상은 그녀가 '나'와 '나의 신경증'을 구분하려고 세운 장벽이 무너지기 시작했을 때 나타났다. 신경증 환자는 바로 이런 공포에 맞서 자신을 방어하려고 '자기 자신을 사라지게 만든다.' 그는 자신을 명료하게 지각하지 못하는 것, 이를테면 귀머거리이자 벙어리이고 눈 먼 자로 만드는 것에 무의식적으로 몰두한다. 그는 자신에 관한 진상을 흐릴뿐더러 내부든 외부든 참과 거짓에 반응하는 민감성이 무뎌지는 과정에 관심을 쏟는다. 의식에서 고통을 겪을지라도, 흐릿하고 몽롱한 상태를 유지하려고 애쓴다. 예컨대 어떤 남자 환자는 연상할 때 자주 베어울프 전설Beowulf legend* 속 한 밤중 호수에서 나오는 괴물을 자기 혐오의 상징으로 사용했다. 또 언젠가 그는 이렇게 말한 적이 있었다. "안개가 짙게 끼어 있으면, 괴물이 나를 볼 수 없겠지요."

앞에서 말한 모든 행동의 결과는 자기 소외an alienation from self이다. 자기 소외라는 말을 사용할 때 소외 현상의 한 측면에만 집중한다는 점도 자각할 필요가 있다. 여기서 자기 소외는 정확히 말해 신경증 환자가 자기 자신에게서 제거되는 주관적 느낌을 의미한다. 신경증 환자는 정신 분석 과정에서 자신을 두고 말한 내용이 모두 영리하고 지성을 갖춘 발언처럼 보이지만, 실제

---

* 8-11세기 고대 영어로 쓴 작자 미상의 영웅 서사시의 제목이자 주인공 이름이다. 베어울프는 온갖 시련과 역경을 이겨 내고 마침내 왕이 되었으며 용과 싸움에서 다친 상처로 죽음을 맞이한다. 문학과 언어학 측면에서 중요한 가치가 있다고 평가하며, 영화로 만들어지기도 했다.

로 자신뿐 아니라 자신의 인생과도 분리되어 있었다고 알아챌 수도 있다. 또 관계가 있더라도 아주 조금 있는 동료와, 그 동료에 관해 발견한 흥미롭지만 자신의 인생에 적용하지 않은 내용이 있었다고 알아챌지도 모른다.

사실 앞에서 소개한 정신 분석 경험은 자기 소외 문제의 핵심으로 곧장 이끈다. 왜냐하면 우리는 신경증 환자가 날씨나 텔레비전 방송에 관해 말하지 않고, 자신의 인격이 드러난 은밀한 개인 생활 경험에 관해 말한다는 점을 명심해야 하기 때문이다. 하지만 그러한 경험들도 인격에서 우러난 의미personal meaning를 상실한다. 신경증 환자는 자기 자신과 얽히지 않으면서 자신에 관해 말할 수 있는 것처럼, 자기 자신과 얽히지 않으면서 일하고 친구의 말을 이해하고, 산책을 하거나 여자와 잘 수도 있다. 신경증 환자가 자기 자신과 맺는 관계는 인격과 전혀 상관이 없으며, 자신의 전체 인생과 맺는 관계도 마찬가지이다. '탈인격화depersonalization'라는 말이 정신 의학 분야에서 특수한 의미, 즉 '이인증'이라는 뜻으로 사용되지 않았다면, 자기 소외의 본질을 드러내기에 딱 좋은 용어일 터이다. 말하자면 자기 소외는 인격과 분리되어 활력을 빼앗기는 과정이다.

나는 이미 신경증에 국한해 말할 경우 이인증, 비현실감, 또는 건망증을 제외하면, 자기 소외가 말의 의미에 암시된 만큼 곧바로 눈에 띄게 드러나지 않는다고 말했다. 방금 말한 정신 질환은 일시적으로 나타나지만, 어떻든 자신을 낯설게 느끼는 사람들에게만 나타난다. 비현실감을 촉진하는 요인은 으레 특정한 사람이 참을 수 없을 정도로 심각한, 자기 비하의 증가와 자존심 손상이다. 반대로 치료를 병행하든 안 하든 이런 급성 질환이 진정되어도 환자의 자기 소외는 본질적으로 바뀌지 않는다. 눈에 띄는 방향 감각 상실 없이 기능을 제대로 수행할 수 있는 범위로 다시 제한될 따름이다. 그렇지 않았더라면 훈련받은 분석가가 엄존하는 자기 소외를 가리키는 특정한 일반 증상, 예컨대 생기 없는 두 눈, 비인격성의 독특한 분위기, 자동 기계 같은 행동을 지각했을 터이다. 카뮈Albert Camus, 1913~1960나 마퀀드John Phillips Marquand, 1893~1960나 사르트르Jean Paul Sartre, 1905~1980 같은 작가는 이런 증상을 탁월하게 묘사했다. 분석가는 사람이 어떻게 자신의 핵심에 관여하지 않으면서도 기능을 비교적 잘 수행할 수 있는지 끝없이 놀라고 어안이 벙벙할 따름이다.

그렇다면 자기 소외가 개인의 인격과 인생에 미치는 **효과**는 무엇인가? 명료하고 포괄적인 그림을 그리기 위해, 계속해서 자기 소외가 개인의 감정 생활이나 기력, 삶의 방향을 정하고 스스로 책임지는 능력이나 통합하는 능력과 어떤 관계가 있는지 논의하겠다.

사전 준비 없이 접근하면, **감정 역량**capacity to feel이나 **감정 자각**awareness of feelings을 둘러싸고 모든 신경증에 타당한 어떤 말도 하기 어려워보일 터이다. 어떤 신경증 환자는 기쁨, 열광이나 괴로움의 감정이 지나치고, 다른 신경증 환자는 냉정하거나 어떻게든 무감동의 허울 뒤로 숨는다. 또 다른 신경증 환자는 감정이 강렬한 느낌을 잃고 무뎌지고 무미건조해지는 것처럼 보인다. 하지만 끝이 없는 변형에도, 혹독하게 쓰라린 고통을 동반하는 모든 신경증에 공통으로 나타나는 한 가지 특징은 다음과 같다. 어떤 신경증을 앓든, 감정의 자각과 강도, 종류는 주로 긍지 체계pride system에 따라 결정된다. 그래서 자기에게 맞는 진짜 감정은 한풀 꺾이거나 약해지고, 때로는 아예 사라진다. 간단히 말해 **자부심이 감정을 지배한다**.

신경증 환자는 자신의 특별한 자부심에 어긋나는 감정을 경시하고, 자부심을 더하는 감정을 지나치게 강조하기 쉽다. 신경증 환자가 오만해져서 자신이 타인보다 대단히 우월하다고 느끼면, 그는 스스로 부러워하거나 시기하는 감정을 허용할 리 없다. 금욕을 실천한다는 자부심은 즐거운 감정을 억제할 수도 있다. 복수심을 자랑스러워하면, 복수심에 불타는 격분을 절실하게 느낄지도 모른다. 하지만 신경증 환자가 복수심을 '정의'의 집행으로 미화하거나 합리화한다면, 그는 복수심에 불타는 격분을 공공연하게 드러내면서도 복수심으로 경험하지 못한다. 인내의 **절대 경지**에 도달했다는 자부심은 괴로움이나 고통의 감정이라면 무엇이든 억제할지 모른다. 그런데 괴로움과 고통suffering이 긍지 체계 안에서 원망을 표현하는 전달 수단이자 신경증에 사로잡힌 권리 주장의 기반으로서 중요해지면, 타인 앞에서 강조될뿐더러 실제로 훨씬 깊게 느낄 수도 있다. 동정심은 나약함으로 치부하면 억제될 수도 있지만, 신 같은 존재가 지닌 속성으로 새기면 충만하게 경험되기도 한다. 자부심이 아무것도 필요 없고 아무도 원하지 않는다는 뜻의 자족에 집중되면, 어떤 감정이나 필요라도 인정하는 것은 '좁고 낮은 문을 지나려고 몸을 굽힐 때 참기 어려운 느낌'과 비슷하다. "내가 누구를 좋아하면, 그 사람은 나를 지배하려들 거야. 내가 어떤 것을 좋아하면, 나는 그것에 의존하게 될지도 몰라."

우리는 가끔 정신 분석 과정에서 자부심이 어떻게 진짜 감정들에 끼어드는지 똑똑히 관찰한다. X는 친구처럼 정답게 다가오는 Z에게 마음에서 우러난 우정을 느끼기도 하지만, 으레 자존심을 상하게 했다는 이유로 Z에게 화가 난다. 그러면 X는 1분 후 속으로 이렇게 말한다. "호의에 속아 넘어가다니 너 바보구나." 그래서 우정을 놓쳐버린다. 또는 어떤 그림이 마음속에 따뜻하게 타오르는 열정을 일깨우기도 한다. 그러나 혼자서 "아무도 네가 그린 그림을 좋게 평가할 리가 없어"라고 생각할 때, 자부심이 겨우 생겨난 열정을 망쳐놓는다.

여기까지 자부심과 자존심은 일종의 검열 기관 역할을 해서 감정의 자각을 격려하거나 금지한다. 그런데 훨씬 더 근본적으로 감정을 지배하기도 한다. 자부심이 점점 더 중요해질수록, 어떤 사람은 더욱더 자부심에 따라서만 살려고 감정에 치우친 반응을 보일 수 있다. 마치 그는 진실한 나를 방음 장치가 된 방에 가두고 자부심의 목소리만 들을 수 있는 양 행동한다. 그러면 그가 느끼는 만족과 불만족, 실의에 빠진 기분이나 의기양양한 기분, 사람들을 좋아하거나 싫어하는 감정은 주로 자부심이 끼어들어 나타내는 반응일 따름이다. 비슷하게 그가 의식으로 느끼는 괴로움은 주로 자부심 때문에 생기는 괴로움이다. 이는 얼핏 보면 명백하지 않다. 그에게는 자신이 실패와 죄책감, 외로움과 보답 없는 짝사랑으로 겪는 괴로움이 현실처럼 설득력 있게 느껴진다. 그는 정말로 괴롭다. 문제는 누가 괴로운가이다. 정신 분석 과정에서 그의 자랑스러운 자기his proud self가 주로 괴롭다는 사실이 드러난다. 그는 자신이 지상 최고의 성공을 거두지 못해서, 일을 더할 나위 없이 완벽하게 처리하지 못해서, 늘 교제를 바라며 찾아오고 누구나 그를 사랑하게 만들 만큼 저항 못할 매력의 소유자가 되지 못해서 괴롭다. 또는 자신이 곧 다가오지 않을 성공이나 인기를 얻을 권한이 있다고 느끼기 때문에 괴롭다.

긍지 체계의 토대가 상당히 약해져야 비로소, 그는 진짜 고통을 느끼며 괴로워하기 시작한다. 그럴 때에만 괴로워하는 자기에게 공감할 수 있고, 자기 자신에게 이롭게 구축할 수 있다. 이전에 그가 느꼈던 자기 연민self-pity은 오히려 자랑스러운 자기가 학대당한 느낌 때문에 눈물을 흘리고 몸부림치며 괴로워하는 감정이었다. 진정한 공감과 자부심에서 비롯된 감정을 경험한 적이 없던 그 사람은 어깨를 으쓱해 보이고 차이는 아무 상관이 없고 괴로움은 괴로움일 뿐이라고 생각할지도 모른다. 그러나 진짜 괴로움true suffering만이 우리 감정의 범위를 넓히고 깊게 하며 다른 사람의 괴로움에도 가슴을 열 수 있는 힘을 지닌다. 오스카 와일드는 옥중에서 쓴 「절망의 밑바닥에서 De Profundis」*라는 편지에서 상처받은 허영심 때문에 괴로워하지 않고 진짜 괴로움을 체험하기 시작했을 때 느꼈던 해방감을 아주 잘 묘사했다.

이따금 신경증 환자는 자부심에 따른 반응조차 오로지 타인을 통해 경험한다. 어떤 친구의 오만이나 무시에는 굴욕을 느끼지 않을지도 모르지만, 자신의 형제나 동료가 굴욕으로 여길 것이라고 생각하기 때문에 수치심을 느낀다.

물론 자부심이 감정을 지배하는 정도에 따라 여러 변형이 생긴다. 감정 문제에서 불구자처럼 심각한 장애를 겪는 신경증 환자도 강하고 진지한 특정한 감정, 예컨대 자연이나 음악을 소중히 여기는 감정을 느끼며 즐길 수도 있다. 그때 이런 특정한 감정은 신경증의 영향을 받지 않는다. 어떤 이는 신경증 환자의 진실한 나가 그만큼 자유로울 수 있다고 말할지도 모른다. 설령 좋아하는 것과 싫어하는 것이 주로 자부심에 따라 결정되더라도, 진정한 요소도 나타난다. 그렇더라도 신경증에 걸렸을 때는 감정 생활이 전반에 걸쳐 피폐疲弊 impoverishment해지고, 감정에서 성의誠意 sincerity와 자발성과 깊이가 감소하며, 적어도 감정을 느낄 수 있는 범위가 제한된다.

어떤 사람이 이렇게 감정 생활에서 장애를 의식하는 태도는 각양각색이다. 그는 감정 결핍을 장애로 여기지 않고 오히려 자랑스러워할 수도 있다. 또는 감정이 서서히 메말라서 생기가 없어지는 상태를 진지하게 걱정할 수도 있다. 예컨대 그는 자신이 느끼는 감정이 서서히 단순 반응에 그친다는 점을 알아채기도 한다. 우호 감정friendliness이나 적의敵意 hostility에 반응하지 않을 때, 감정은 움직이지 않고 침묵을 지킨다. 가슴은 나무나 그림의 아름다움을 능동적으로 느끼지 못해 그에게 무의미할 따름이다. 그는 곤경에 빠진 친구의 불평에 반응하기도 하지만, 타인의 인생이 부딪친 상황을 능동적으로 마음속에 그리지 않는다. 이렇게 반응하는 감정조차 무디고 활기가 없음

* 오스카 와일드는 성공한 40대 작가로서 20대 초반인 젊고 아름다운 남자 더글러스와 동성애 사건으로 재판을 받고 감옥살이를 한 적이 있었다. 이 편지는 1897년 옥중에서 더글러스에게 썼다.

을 의식하고 경악하기도 한다. 사르트르는 『이성의 시대*The Age of Reason*』에서 다룬 인물 가운데 한 사람을 두고 이렇게 썼다. "만약 적어도 그가 자신 안에서 대단치 않더라도 진정으로 살아 있는 소소한 감정을 하나라도 찾아낼 수 있었더라면……" 마침내 신경증 환자는 어떤 피폐도 자각하지 못할 수도 있다. 그러면 꿈속에서만 그는 인체 모형, 대리석 조각상, 평면 골판지 위에 그린 인물, 웃는 것처럼 보이게 입술이 양쪽으로 당겨 올라간 시체屍體 a corpse로 나타날 터이다. 이런 사례에 숨은 자기 기만self-deception이 이해할 만한 까닭은, 표면에 엄존하는 감정의 피폐가 다음에 소개할 세 가지 방법 가운데 어느 하나로 위장될 수도 있기 때문이다.

어떤 신경증 환자들은 재치가 번득이는 활발함과 가짜 자발성을 과시하기도 한다. 그들은 쉽게 열광하거나 용기를 잃을 수도 있고, 쉽게 사랑하거나 노여워하고 화를 잘 낼 수도 있다. 그러나 이러한 감정들은 마음 깊은 데서 우러나지 않으며, 자신들 안에서 그런 감정을 느끼지 않는다. 신경증 환자는 자신만의 상상 세계에서 살며, 마음에 들거나 자존심을 해치는 모든 것에 피상적으로 반응한다. 흔히 사람들에게 깊은 인상을 주어야 할 필요가 전경에 놓인다. 또 자기 소외로 상황에 따라 인격을 바꿀 수 있다. 그들은 카멜레온처럼 인식하지 못한 채 인생에서 대단한 역할을 하고, 훌륭한 배우처럼 역할에 맞는 감정을 만들어 낸다. 따라서 그들은 경솔한 속물 역할을 맡든, 음악이나 정치에 진지한 관심이 있는 사람 역할을 맡든, 도와 주는 친구 역할을 맡든, 진심에서 우러나서 연기하는 것처럼 보일 수도 있다. 분석가도 속는 까닭은 이런 사람들이 정신 분석 과정에서 환자 역할에 폭 빠져 스스로 열심히 배우고 생활 방식을 간절히 바꾸고 싶어 하기 때문이다. 여기서 따져 보아야 할 문제는 그들이 맡은 역할에 빠졌다가 다른 역할로 쉽게 바꾼다는 점이다. 역할 바꾸기는 후다닥 옷을 갈아입기와 비슷하다.

어떤 신경증 환자들은 감정이 거세어서 정상적으로 수행하는 일을, 난폭 운전이나 음모나 성 도피 행각 같은 흥분에 휩싸인 행동과 혼동한다. 그런데 전율과 흥분의 필요는 고통스러운 내면의 공허를 드러내는 믿을 만한 조짐이다. 특이하고 색다른 경험이 주는 짜릿한 자극만이 이런 사람의 활발하지 못한 감정에서 어떤 반응이든 끌어낼 수 있다.

끝으로 어떤 신경증 환자들은 확실히 감정이 꽤 안정된 것처럼 보인다. 그들은 무엇을 느끼는지 인식하는 것처럼 보이고, 그들의 감정은 상황에 적합하다. 그러나 감정의 범위가 제한될뿐더러 낮은 조에 맞추어져 전반적으로 음정이 늘어지는 음악처럼 생기가 없어 보인다. 정통한 지식에 따르면, 이런 사람들은 내부 명령inner dictates에 따라 **느껴야 하는** 것을 자동으로 느낀다. 어쩌면 그들은 타인이 기대하는 감정에 맞춰 반응할 뿐일지도 모른다. 이러한 관찰은 개인의 당위가 문화의 요구에 따른 당위와 일치할 때 오해의 여지가 더 많다. 어쨌든 감정이 바뀌는 그림을 총체적으로 고찰하면 잘못된 결론을 도출하지 않을 수 있다. 우리 존재의 핵심에서 생겨나는 감정에는 자발성과 깊이, 성의가 있다. 이러한 성질 가운데 하나가 부족하면, 기저 정신 역학을 검토하는 편이 좋다.

신경증에서 **기력의 이용 가능성**availability of energies은 몸에 밴 타성부터 지속되지 않고 드문드문 기울이는 노력을 거쳐, 일관되고 심지어 과도한 기력 산출까지 다양하다. 우리는 신경증이 본래per se 신경증에 걸린 사람을 건강한 사람보다 많든 적든 원기 왕성하게 만든다고 말할 수 없다. 그런데 이러한 포괄성包括性 inclusiveness은 우리가 기력을 단지 양의 측면에서 동기 및 목표와 분리하여 생각하는 한에서만 통용된다. 총론에서 진술하고 각론에서 설명했듯이 신경증에 나타나는 주요 특성은 진실한 나의 타고난 잠재력 계발에서 이상을 좇는 나의 꾸며낸 잠재력 계발로 옮겨 가는 기력의 전환이다. 이렇게 기력 전환이 일어나는 과정에 숨은 의미를 충분히 파악할수록, 기력 산출에 나타나는 부조화不調和 incongruity를 알아채고 느끼는 당혹감은 줄어든다. 나는 여기서 두 가지 예상되는 결과implications만 언급하겠다.

우선 긍지 체계 유지에 기력을 빼앗기면 빼앗길수록, 자기 실현으로 나아가려는 구축 충동constructive drive에 이용할 수 있는 기력은 더욱더 줄어든다. 평범한 사례를 들어 보자. 야망에 불타는 사람은 두각을 나타내고 권력을 쥐고 황홀한 매력의 소유자가 되려고 경악할 정도로 기운을 낼 수 있다. 다른 한편 그는 사생활과 인간다운 존재로서 자기를 계발하는 데는 시간도 내지 못하고 관심도 없고 기운을 내지도 않는다. 실제로 사생활과 성장을 위한 '기력이 하나도 남지 않은' 것만 문제가 아니다. 기력이 남았더라도, 그는 무의식적으로 진실한 나를 위해 기력을 사용하지 않으려고 할 터이다. 진실한 나에게 기력을 쓰는 행동은 자기 혐오 의도에 반할 테고, 자기 혐오는 진실한 나를 억누르기 마련이다.

예상되는 다른 결과는 신경증 환자가 자신의 기력을 소유하지 못하고, 자신의 기력을 자신의 것으로 느끼지 못한다는 사실이다. 그는 자신의 삶에 동력a moving force이 없다고 느낀다. 신경증을 앓는 인격의 차이에 따라 다른 요인이 이런 결핍감deficiencies의 원인이 될 수도 있다. 예컨대 어떤 사람이 자신에게 기대되는 모든 일을 반드시 해야 한다고 느낄 때, 그는 실제로 자기를 뺀 타자他者 others, 또는 타자로 해석하는 것들의 밀고 당김에 이끌려 움직인다. 다음에는 방전된 전지를 장착한 자동차처럼 자신이 발휘할 재간은 방치할지도 모른다. 만약 그의 자부심에 두려움을 느껴 야망에 금기를 내세우면, 행동할 때 능동적 역할을 부정할 수밖에 없다. 세상에 자신을 위한 자리를 마련하더라도, 그는 자신이 그런 일을 했다고 느끼지 못한다. "우연히 일어났다"는 느낌이 압도한다. 그런데 이러한 요인과 별도로 자신의 삶에 동력이 없다는 느낌은 심층 의미에서 보면 사실에 가깝다. 왜냐하면 사실 그는 일차로 자신의 소망과 포부에 따라 행동하지 않고, 긍지 체계에서 생겨난 필요에 따라 행동하기 때문이다.

자연히 우리의 인생 행로는 부분적으로 우리의 영향력 밖에 놓인 요인에 따라 결정된다. 그러나 우리는 방향 감각方向感覺 a sense of direction을 가질 수 있고, 인생을 제대로 살기 위해 무엇을 원하는지도 알 수 있다. 우리는 이상ideals을 가질 수 있고, 이상에 다가서려고 노력하고, 이상에 근거해 도덕적 결정을 내린다. 많은 신경증 환자들은 분명히 이런 방향 감각이 없으며, **방향 잡는 능력**directive powers은 자기 소외 정도에 정비례로 약해진다. 방향 잡는 능력이 약한 사람들은 계획이나 목적을 세우지 않고 환상이 이끄는 곳이라면 어디로든 이끌린다. 헛된 백일몽이 방향 잡는 활동을 대체하고, 얄팍한 기회주의가 정직한 분투를 대체할 수도 있다. 냉소주의에 빠져 이상을 포기하기도 한다. 우유부단이 지나쳐 목적을 세우고 이루는 모든 기능이 억제될지도 모른다.

이러한 **숨은** 장애hidden disturbances는 널리 퍼져 있으며 인지하기 훨씬 더 어렵다. 어떤 사람이 야무져 보이고, 사실 능률能率이 높아 보이는 까닭은 완벽성이나 승리 같은 강박에 사로잡힌 목표에 따라 행동하기 때문이다. 이때 방향 제어directive control는 강박에 사로잡힌 기준들로 대체된다. 여기서 개발한 지령directives은 당사자가 모순된 당위들 사이에 붙들려 있다고 알아챌 때 인위성이 드러날 수도 있다. 이런 상황에 놓일 때 불안이 엄청나게 커지는 까닭은 따라야 할 다른 지령이 없기 때문이다. 말하자면 신경증을 앓는 사람의 진실한 나는 옛 성의 비밀 감옥에 갇힌 꼴이어서, 그는 진실한 나와 상의할 수 없다. 그래서 반대쪽에서 당기는 두 줄에 묶인 무력한 희생자가 되어 오지도 가지도 못하는 신세로 살 수밖에 없다. 이것은 신경증에서 비롯된 다른 갈등의 경우에도 마찬가지이다. 신경증 때문에 생기는 갈등에 나타나는 타성의 정도와 갈등에 직면할 때 느끼는 두려움은 갈등의 엄청난 규모를 보여줄뿐더러 자기에게서 멀어지는 소외를 더욱 선명하게 드러낸다.

내면의 방향 결핍은 그대로 드러나지 않을 수도 있다. 왜냐하면 어떤 사람은 전통이 정한 방향에 따라 살아서 스스로 계획을 세우고 결정하지 않았기 때문이다. 지연procrastination은 우유부단을 가리기도 한다. 그리고 사람들은 자기들만이 할 수 있는 결정을 해야 하는 때에만 우유부단을 자각할 수 있다. 그러면 상황은 최악의 명령에 따라야 하는 혹독한 시련이 될지도 모른다. 그렇더라도 사람들은 으레 방향 결핍 장애의 일반적 특징을 인정하지 않고, 특별한 상황에서 결정을 내리기 어려운 탓으로 돌린다.

끝으로 방향 감각 부족은 순응하는 태도에 가려서 드러나지 않을 수도 있다. 그때 사람들은 타인이 자신들에게 기대한다고 생각하는 일을 하고, 타인이 자신들에게 바라는 존재가 된다. 또 사람들은 타인의 필요나 기대를 눈치로 알아내는 기민성機敏性 astuteness을 상당한 정도까지 계발할 수도 있다. 으레 그들은 이차로 감수성sensitivity이나 세심한 배려considerateness 같은 기술을 미화하려고 한다. 사람들은 '순응' 강박에 사로잡힌 특징을 자각하고 바로 그 점을 분석할 때, 으레 남을 기쁘게 하거나 타인의 적의를 피해야 할 필요 같은 대인 관계에 영향이 큰 요인들에 집중한다. 하지만 방금 말한 요인이 적용되지 않는 상황, 예컨대 정신 분석 상황에도 '순응한다.' 그들은 주도권을 내어 주고 분석가가 자신들에게 무엇을 따지려고 하는지 알아내거나 추측하려고 눈치를 본다. 자신의 관심에 따르라는 분석가의 명백한 격려와 정반대로 행동한다. 여기서 '순응順應 compliance'의 배경이 명명백백하게 드러난다. 그들은 조금도 자각하지 못한 채 인생의 방향을 스스로 정하지 못하고 주도권을 남들에게 넘겨줄 수밖에 없다. 자신들의 재간을 그대로 놓아 둔 채 잃어버렸다고 느낄 터이다. 꿈속에 나타나는 상징은 방향타rudder 없는 배를 타고, 나침반을 잃어버리고, 안내자 없이 위험하고 낯선 땅에 버려진 모습이다. 내면의 방향 잡는 능력 결핍the lack of inner directive powers은 사람들에게 나타나는 '순응'의 본질인데, 나중에 내면의 자율성을 쟁취하려는 분투가 시작될 때 분명히 드러난다. 이렇게 자각하고 분투하는 과정에서 생기는 불안은 아직 자신을 신뢰할 용기는 없지만 익숙한 원조를 더는 바라지 않고 포기하는 행위와 관련이 있다.

방향 잡는 능력의 손상이나 상실은 드러나지 않고 숨길 수도 있지만, 적어도 훈련을 잘 받은 관찰자라면 언제나 또 다른 능력 부족不足 insufficiency을 분명히 식별할 수 있다. 바로 **스스로 책임지는 능력**faculty of assuming responsibility for self의 부족이다. '책임責任'이란 용어는 세 가지 다른 의미를 지닌다. 나는 지금 논의하는 맥락에서 의무를 이행하거나 약속을 지키거나 타인에게 책임을 진다는 뜻의 신뢰 가능성dependability을 거론하지 않는다. 이런 세 가지 의미에 달린 태도는 다양해서 모든 신경증에 항상 나타나는 특징을 지목하기 어렵다. 신경증 환자는 전적으로 신뢰할 만한 사람일 수도 있다. 아니면 타인에게 책임을 너무 많이 지거나 너무 적게 질 수도 있다.

여기서 도덕적 책임에 얽힌 복잡한 철학 논의를 걸고넘어질 생각은 전혀 없다. 신경증에 나타나는 여러 강박 요인이 압도해서 선택의 자유는 무시해도 좋을 정도이다. 실제로 우리는 총론에서 환자가 달리 발달할 수 없었다고 말하고, 각론에서 환자가 자신이 행동했고 느꼈고 생각했던 대로 행동하고 느끼고 생각하지 않을 수 없으리라고 말했다. 하지만 환자는 이러한 관점을 공유하지 못한다. 법칙과 필연이 의미하는 모든 것을 일관되게 무시하는 환자의 고고한 태도는 자신에게도 영향을 미친다. 그는 모든 것을 고려하지만, 자신이 특정 방향으로만 발달한다는 점은 미처 생각하지 못한다. 어떤 충동이나 태도가 의식되느냐 안 되느냐는 중요한 문제가 아니다. 맞서 싸우지 않으면 안 되는 뜻밖의 역경odds이 아무리 이겨 낼 수 없어 보여도, 그는 지칠 줄 모르는 정신력과 용기, 마음의 평정으로 대처해야 한다. 그렇게 하지 못하면, 그는 쓸모없는 존재가 되어버린다. 반대로 자기 방어로 돌아서면 환자는 단호하고 모질게 어떤 유죄도 거부하고, 자신은 어떤 잘못도 범하지 않는다고 선언하고서, 과거에 빠졌거나 현재 빠진 어떤 곤경이든 타인에게 책임을 전가할 수도 있다.

여기서도 자부심과 자존심이 다른 기능과 마찬가지로 책임지는 능력을 이어받았고, 불가능한 일을 해내지 못한 자신을 유죄라고 비난하며 다그친다. 그러면 유일하게 중요한 책임지는 일은 거의 불가능에 가까워진다. 책임지는 일은 본디 자신과 자기 인생을 대하는 **담백하고 단순한 정직**plain, simple honesty about himself and his life 이상도 이하도 아니다. 그것은 세 방식으로 작용한다. 우선 자신을 축소하거나 과장하지 않고 있는 그대로 공명정대하게 인정하게 한다. 둘째로 자신의 행동과 결정의 결과를 기꺼이 받아들이고, 빠져나가거나 다른 사람에게 책임을 전가하려고 애쓰지 않게 한다. 셋째로 자신의 곤란한 처지를 둘러싼 무슨 일이든 자신에게 달려 있음을 깨닫고, 타인이나 운명 또는 시간이 해결해 줄 것이라고 주장하지 않게 한다. 이는 도움의 수용을 배제하지 않고, 반대로 될 수 있는 한 모든 도움을 받는다는 뜻이다. 그러나 스스로 인격을 구축하는 방향으로 바꾸려고 하지 않으면, 바깥에서 오는 최선의 도움도 아무 소용이 없다.

실제로 비슷한 여러 경우를 합쳐 구성한 예를 하나 들어 보자. 젊은 유부남은 자기 아버지에게서 정기적으로 재정 도움을 받으면서도 항상 자신이 감당할 수 있는 것보다 더 많이 쓴다. 그는 자신과 다른 사람에게 설명하고 변명을 늘어놓는다. 부모님은 자신이 돈을 관리할 수 있게 훈육하지 못한 잘못을 저질렀고, 아버지는 자신에게 용돈을 너무 적게 주었기 때문에 잘못 했다. 다음에 또 설명이 이어진다. 자신은 너무 무서워서 용돈을 더 달라고 요구하지 못했다. 돈이 필요한 까닭은 자기 아내가 경제력이 없거나 아이에게 장난감이 필요하기 때문이다. 그런 다음에는 세금과 의료비 핑계를 댄다. 이러니 누구라도 이따금 웃지 않겠는가?

앞에서 든 이유는 모두 분석가에게 의미 있는 적합한 자료이다. 환자가 들이댄 여러 이유는 권리 주장과 학대당했다고 느끼려는 경향을 보여 준다. 그 이유는 진퇴양난의 곤란한 상황을 완벽하고 만족스럽게 설명해 주기만 하는 것이 아니다. 요점을 바로 말하자면, 환자는 돈을 너무 많이 썼다는 단순한 사실을 일소하려고 이런저런 이유를 마법의 지팡이로 이용한다. 이렇게 삽을 삽이라고 말하는, 곧 사실을 있는 그대로 말하는 진술은 흔히 자부심과 자기 비하의 밀고 당김에 얽매여 사는 신경증 환자에게는 거의 불가능에 가깝다. 물론 그런 상황이 어떤 결과로 이어질지 불을 보듯 뻔하다. 은행 계좌는 초과 인출 되고, 그는 돈을 빌리는 신세가 된다. 그는 공손하게 계좌 상태를 알려 준 은행 창구 직원에게 성을 내고, 돈을 빌려 주고 싶어 하지 않는 친구에게도 마구 화를 낸다. 곤경에 빠져 지독하게 힘들다고 느끼면, 아버지나 친구에게 기정 사실旣定事實 accomplished fact을 통보하고, 은근히 강요해 구조의 손길을 내밀게 만든다. 자신이 규모없이 제멋대로 소비해서 곤경에 빠졌다는 단순한 사실에 직면하지 않는다. 장래를 생각하고 결심은 하지만 도저히 감당할 수 없는 까닭은, 자신이 옳다고 증명하고 남을 탓하느라 너무 바빠서 정작 어떤 계획을 세웠는지 말할 틈이 없기 때문이다. 그는 훈육 부족이 바로 **자신의** 문제이며 **자신의** 인생을 곤경에 빠지게 만들었고, 결국 문제를 둘러싼 모든 일이 **자신에게** 달려 있다는 냉정한 사실을 간파하지 못했다.

신경증 환자가 얼마나 집요하게 자기 문제와 행동의 결과에 눈이 멀 수 있는지 보여 주는 다른 실례가 있다. 일상 생활에서 지켜야 할 인과 법칙을 면제받았다고 무의식적으로 믿는 사람은 자신의 오만과 복수심을 인지했을 수도 있다. 그러나 타인이 자신의 오만과 복수심에 분개한다는 중요한 점은 보지 못한다. 타인이 자신에게 등을 돌리면, 그것은 예기치 않은 뜻밖의 타격이다. 그는 학대당했다고 느끼며, 타인이 자신의 행동을 보고 화가 날 수밖에 없었던 신경증 요인을 조목조목 가리켜 보여 줄 때 상당히 기민할 수도 있다. 물론 타인에게서 신경증 관련 요인을 찾아낸다. 신경증 환자는 그렇게 드러난 모든 증거를 가볍게 내던져 버린다. 그는 찾아낸 증거를 타인이 죄책감이나 책임을 합리화하려는 시도로 치부置簿한다.

앞에서 다룬 여러 실례는 전형에 속하지만 스스로 져야 할 책임을 회피하는 방식을 모두 포괄하지 못한다. 우리는 제5장에서 자기 혐오의 맹공격에 맞선 체면 차리기 책략과 방어 수단에 관해 논의할 때 책임 회피 방식을 대부분 다루었다. 신경증 환자가 어떻게 자신만 빼고 모든 사람과 모든 것에 책임을 전가하는지도 살펴보았다. 그리고 신경증 환자가 어떻게 자신의 냉담한 관찰자a detached observer of himself가 되는지, 자신과 자신의 신경증을 얼마나 정연하게 구별하는지 논의했다. 그 결과 신경증 환자의 진실한 나는 더 나약해지고 더 멀어진다. 예컨대 만약 신경증 환자가 무의식에 자리 잡은 힘들이 자신의 전체 인격의 일부라는 사실을 부정하면, 의식되지 않는 힘은 그가 제정신을 잃고 두려워 어쩔 줄 모르는 신비로운 힘이 될 수도 있다. 무의식적인 회피로 그와 진실한 나의 접촉接觸 contact이 점점 약해질수록, 무의식의 힘이 권력을 휘둘러 무력한 희생자가 되고 공포에 사로잡힐 이유도 더 많이 만들어 낸다. 다른 한편 이렇게 형성된 강박 관념强迫觀念 complex*에 스스로 책임지려고 강구하는 모든 대책이 그를 굳세고 완고하게 만든다.

더욱이 어떤 환자든 스스로 져야 할 책임을 회피하면, 자신의 문제에 직면

* 일상 용법에서 부분들로 결합된 복합체를 가리키지만, 심리학에서는 특정한 경로로 여러 심상과 관념이 한 데 뭉쳐 주체의 감정과 태도, 행동에 영향을 미치는 강박 관념이나 고정 관념을 가리킨다. 현재 '콤플렉스'라고 그대로 표기해서 통용하고 있으나, 문맥에 따라 '고정 관념'이나 '강박 관념'으로 번역했다.

하고 극복하는 일은 더욱 어려워진다. 만약 우리가 정신 분석을 시작하는 초기에 이 주제를 붙들고 씨름할 수 있다면, 분석 작업에 필요한 시간과 으레 겪는 고초는 상당히 줄어들 터이다. 하지만 환자가 이상에 맞춘 자아상에 집착하는 한, 그는 자신이 곧이곧대로 행동하는 성향straightness을 의심조차 할 수 없다. 또 자책self-condemnation의 압박이 전경에 놓이면, 그는 스스로 책임진다는 생각에 극심한 공포를 느껴 아무것도 얻어 내지 못할 수도 있다. 우리는 스스로 아무 책임도 지지 못하는 무능이 자기 소외의 전체 그림을 보여 주는 일면에 지나지 않음도 명심해야 한다. 그러므로 환자가 스스로 자기 자신에 대해 어떤 것을 느끼기 전에, 스스로 책임지는 문제를 붙들고 씨름해 봐야 아무 소용도 없다.

끝으로 진실한 자기가 '내쫓기거나' 추방되면, 어떤 사람의 **통합 능력**integrating power도 썰물이 빠져나가듯이 쇠퇴할 터이다. 건강한 통합은 자기 자신이 되어야 이룰 수 있는 결과이고, 진실한 내가 기반이 되어야만 가능하다. 만약 우리가 스스로 충분히 자발적 감정을 느끼고, 스스로 결정하고, 결정에 책임지면, 우리는 견고한 기반 위에서 일체감一體感 a feeling of unity도 느끼기 마련이다. 자기 자신을 찾았다고 기쁨에 넘친 어조로 노래하는 시인의 말을 빌려보자.

만물이 녹아 바야흐로 소망은 행동으로,
말은 침묵으로 제자리를 잡는다.
나의 일, 나의 사랑, 나의 시간, 나의 얼굴이
한 그루 초목처럼 자라나
강렬한 몸짓이 되었다.[5]

---

5 메이 사튼May Sarton, 「이제 나는 나 자신이 되었네Now I Become Myself」, 『애틀랜틱 월간지*The Atlantic Monthly*』(1948)에서 인용.

우리는 으레 자발적 통합의 결핍이 신경증으로 겪는 갈등에서 곧바로 생겨난 결과라고 여긴다. 맞는 말이지만, 그러한 갈등에 일어나는 악순환을 고려하지 않으면, 통합을 깨는 힘의 위력이 얼마나 큰지 조금도 이해하지 못한다. 만약 여러 요인이 작용해서 우리가 진실한 나를 잃어버리면, 내면에서 일어나는 갈등의 엉킴을 풀려고 할 때 딛고 서야 할 견고한 땅도 사라지고 만다. 우리는 내면의 갈등에 좌우되고, 통합을 깨는 갈등의 힘에 굴복한 속수무책의 희생자가 되어, 갈등을 해결하려 손에 넣을 수 있는 어떤 수단이든 움켜쥘 수밖에 없다. 이렇게 손에 넣은 수단을 신경증 해결책이라고 부르며, 그렇게 보면 신경증은 신경증에 사로잡힌 시도의 연속이다. 그런데 우리는 신경증에 사로잡힌 시도를 반복하면서 진실한 나를 잃어버리고, 갈등이 통합을 깨는 충격과 영향은 더욱 거세진다. 그래서 우리는 우리 자신을 한 데 모아 뭉쳐 놓을 인위적 수단이 필요하다. 내부 명령에 따른 당위, 즉 자부심과 자기 혐오의 노리개는 혼돈에 맞서 우리를 보호하는 새로운 기능을 획득한다. 당위는 독재 정권과 마찬가지로 철권으로 어떤 사람을 지배하지만, 눈가림 용 피상적 질서를 만들어 내고 유지할 따름이다. 의지력과 추리력을 동원한 엄격한 통제는 신경증에 걸린 인격에서 연결이 잘 안 되는 부분을 한 데 묶으려는 시도로서, 기력을 아주 많이 써야 하는 수단手段 means이다. 이에 관해서는 내면의 긴장을 줄이는 다른 대책對策 measures과 함께 다음 장에서 논의하겠다.

지금까지 다룬 장애가 환자의 인생 전반에 걸쳐 어떤 의미와 가치significance가 있는지는 상당히 명백하다. 강박에 사로잡힌 경직성rigidities으로 얼마나 많이 가렸든, 자신의 인생에서 능동적인 결정 인자가 되지 못해 깊은 불확실성의 감정이 생겨난다. 신경증 환자는 스스로 책임지지 못해 참다운 내면의 독립을 빼앗긴다. 더불어 진실한 내가 활동하지 못해 신경증의 경로에 중대한 영향을 미친다. 여기서 자기 소외의 '악순환'이 명명백백하게 드러난다. 신경증 과정의 결과가 바로 신경증이 더 진행되는 원인이다. 자기 소외가 커질수록, 신경증 환자는 더 무력하게 긍지 체계의 책략에 넘어가는 희생자가 되고 마는 까닭이다. 신경증 환자는 자기 소외에 저항하느라 체력도 정신력도 점점 약해져 활기를 잃는다.

몇몇 사례 분석에 따르면, 생기가 넘치는 기력이 솟아나는 원천이 밑바닥까지 말라 버리거나 영원히 움직이지 않게 되는지를 두고 심각한 의혹이 제기되기도 한다. 내 경험으로 미루어 보면 판단을 유보하는 편이 지혜롭다. 대개 분석가 측에서 충분한 인내와 기술을 동원해 노력하면, 진실한 나는 추방에서 귀환하거나 '소생한다.' 예컨대 기력을 인격이 드러난 개인 생활personal life에 쓸 수 없더라도, 남에게 이로운 일을 하려는 데 쓴다면, 희망이 있다는 징조이다. 말할 필요도 없지만, 통합을 잘 하는 사람들은 이렇게 노력할 능력이 있어서 노력한다. 그러나 여기서 흥미를 끄는 사람들은, 겉으로 타인을 돕기 위해 무한히 샘솟는 기력과 인격이 드러난 개인 생활을 구축하는 데 필요한 흥미나 관심의 결핍 사이에 불일치가 두드러진다. 이런 부류의 환자들은 정신 분석을 받을 때도, 친척이나 친구 또는 제자들이 당사자들보다 분석 작업의 덕을 더 많이 보는 일이 잦다. 그런데도 우리는 치료자로서 성장하려는 환자들의 관심이 완고하게 외부로 투사되더라도 살아 있다는 사실을 꼭 붙잡아야 한다. 하지만 환자들의 관심을 자신들에게 되돌리는 일이 쉽지 않을 수도 있다. 이런 환자들에게는 구축하는 방향으로 나아가는 변화를 거스르는 가공할 힘들이 존재할뿐더러, 그들은 이러한 변화가 꼭 필요한지 숙고하는 일도 꺼린다. 왜냐하면 온 힘을 기울인 그들의 노력이 외부로 향해 일종의 평형을 만들어 내고 가치가 있다는 느낌을 주기 때문이다.

진실한 나의 역할은 프로이트의 '자아自我 ego' 개념과 비교하면 더욱 선명해진다. 전혀 다른 전제에서 시작하고 전혀 다른 길을 따라 가지만, 나는 겉으로 보면 '자아'가 나약하다는 가정 때문에 프로이트와 같은 결론에 도달한다. 이론에서 명백한 차이가 있다는 점은 분명하다. 프로이트에게 '자아'는 기능을 담당하지만 주도권과 실행력은 없는 피고용인과 같은 처지에 있다. 나에게 진실한 나는 감정이 생기는 힘, 구축 기력, 방향 잡는 능력과 판결 능력이 솟아나는 샘spring이다. 그런데 진실한 내가 이러한 잠재력을 모두 지니며 실제로 건강한 사람 안에서 그런 잠재력이 발휘된다면, 신경증에 관한 내 입장과 프로이트의 입장에 큰 차이가 있는가? 그것은 실용적 목적을 위해 진실한 자기가 한편으로 신경증의 진행으로 약해지거나 마비되거나 시야에서 사라지느냐, 혹은 다른 한편으로 타고난 구축하는 힘이냐는 문제와 같지 않은가?

대다수 정신 분석의 초기 단계로 눈을 돌리면, 우리는 방금 위에서 말한 질문에 긍정적으로 대답할 수밖에 없을 터이다. 그때 진실한 나의 작용은 아주 조금 눈에 띈다. 우리는 거기서 진정성이 담긴 특정한 감정이나 신념의 가능성을 본다. 또 환자가 스스로 발전하려는 충동에 두드러지게 과장된 요소 말고 진정한 요소가 들어 있다고 짐작할 수 있다. 지성에서 통달해야 할 필요를 훨씬 넘어서, 그가 자신을 둘러싼 진리에도 관심을 가진다고 생각해 볼 수도 있다. 이 밖에도 여러 경우를 생각해 볼 수 있으나 아직 추측일 뿐이다.

하지만 정신 분석이 진행되는 동안 사태는 근본적으로 바뀐다. 긍지 체계의 기반이 약해질 때, 신경증 환자는 자동으로 방어 자세를 잡지 않고 자기 자신에게 다가선 진리에 관심을 기울인다. 그는 스스로 결정하고 자신의 감정을 느끼고 자신의 신념을 형성한다는 뜻에서 스스로 책임지기 시작한다. 이미 살펴보았듯이, 긍지 체계가 이어받았던 기능은 모두 진실한 나의 힘이 되돌아오면서 서서히 자발성을 되찾는다. 여러 요인이 재배치되는 과정에서, 구축력을 지닌 진실한 내가 더욱 강한 쪽이 된다.

치료 절차에 필요한 개인별 대책은 나중에 논의하겠다. 여기서는 개인별 대책이 있다는 사실만 지적했다. 그러지 않으면 자기 소외를 둘러싼 이런 논의는 진실한 내가 간절히 되찾고 싶지만 영원히 잡히지 않고 빠져나가는 유령같다는 부정적인 인상만 남길 터이다. 정신 분석 후기 단계에 정통할 때에만, 우리는 진실한 나의 잠재력을 주장하려는 시도가 사변에 불과하지 않다는 점을 인정할 수 있다. 구축하려는 정신 분석 작업 같은 유리한 조건 아래서, 진실한 나는 다시 살아 움직일 수 있다.

이런 일이 현실에서 가능해야 비로소 우리의 치료 작업은 증상의 완화를 넘어 개인의 인간다운 성장을 돕겠다고 희망을 품을 수 있다. 또 실현 가능성을 통찰해야 비로소 우리는 가짜 나pseudo self와 진실한 나real self의 관계가, 앞 장에서 말한 경쟁하는 두 힘 사이에 벌어지는 갈등 관계라는 점을 이해할 수 있다. 이러한 갈등은 진실한 내가 다시 위험을 무릅쓸 만큼 충분히 능동적으로 활동하는 시점에 이르러야 공개 투쟁으로 바뀔 수 있다. 진실한 나를 찾는 시기가 올 때까지, 개인은 한 가지 일만 할 뿐이다. 가짜 해결책을 찾아 헤매면서 갈등의 파괴력에 맞서 자신을 지키는 일에만 몰두한다. 이 문제는 다음 이어질 장에서 논의하겠다.

제7장

●

긴장을 줄이는 일반 대책

신경증에 사로잡힌 해결책, 생활 방식이 되다

GENERAL MEASURES TO RELIEVE TENSION

지금까지 묘사한 신경증이 진행되는 과정은 모두 분열을 조장하는 갈등, 견디기 힘든 긴장, 잠재된 공포로 가득 찬 내면 상황을 초래한다. 아무도 이런 조건 아래서 기능을 제대로 발휘하지 못하고, 살 수도 없다. 신경증을 앓는 개인은 이러한 문제를 해결하려는 시도, 곧 갈등을 제거하고 긴장을 줄이고 공포를 막으려는 시도를 자동으로 할 수밖에 없다. 통합하는 힘들은 자기 이상화 과정에서도 마찬가지로 영향을 미치기 시작한다. 자기 이상화는 본래 신경증 해결책으로 무모하기 짝이 없고 과격한 시도이다. 자기 이상화를 통해 해결하려는 시도는 모든 갈등뿐 아니라, 갈등보다 자신을 중시해서 생겨난 곤란한 문제를 한꺼번에 없애려 한다. 그런데 자기 이상화를 통해 해결하려는 끈질긴 노력과 지금 논의하려는 노력에는 차이점이 있다. 양자를 구별하는 선이 명확하게 그어지지 않는 까닭은 질의 차이가 아니라 '더 많고', '더 적음'의 차이이기 때문이다. 영광을 좇는 탐색은 비슷하게 강력한 내면의 필요에서 생겨나지만, 창조 과정이 더 많은 부분을 차지한다. 영광을 좇는 탐색의 귀결은 파괴적인 측면이 있더라도, 인간이 추구할 수 있는 최선의 욕망,

자신의 좁은 한계를 넘어 확장하려는 욕망에서 유래한다. 최근 정신 분석에서 영광을 좇는 탐색이 바로 어마어마한 규모의 자아 본위egocentricity 때문에 건강한 분투와 구별된다는 점이 드러났다. 이 해결책과 다음 이어질 다른 해결책의 차이는 상상력의 힘이 고갈되어서 생기는 것은 아니다. 상상력은 계속 힘을 발휘해 내면의 조건이 나빠진다. 내면의 조건은 개인이 태양까지 날아오르려고 최초의 비행을 시작했을 때 이미 불확실하고 불안했다. 갈등과 긴장으로 찢기는 충격을 겪는 지금 영혼, 정신, 마음이 파괴될 위험이 닥쳐온다.

새로운 해결책을 소개하기 전에, 우리는 늘 작동하며 긴장을 줄이는 몇 가지 확실한 대책measures에 익숙해져야 한다.[1] 그런 대책은 이 책과 이전에 출판한 저술에서 이미 논의했고, 이어지는 장에서 다시 논의하겠다.

이러한 측면에서 보면 **자기 소외**alienation from self는 이미 논의한 여러 대책 가운데 하나이며, 중요도에서 첫째 자리를 차지할 개연성이 높다. 우리는 자기 소외를 초래하고 강화하는 이유에 관해 논의했다. 일부를 반복하면, 자기 소외는 신경증 환자가 강박에 사로잡힌 힘들에 몰려 생긴 결과에 지나지 않는다. 그러니까 자기 소외는 일부는 진실한 나를 회피하거나 진실한 나에게 반항하는 능동적 행동에서 기인한다. 우리는 여기에다 신경증 환자가 내면의 싸움을 피하고 내면의 긴장을 최소로 유지하기 위해 진실한 나를 부인하는 데 분명히 관심이 있다는 점도 덧붙여야 한다.[2] 여기서 작용하는 원리도 내면의 갈등을 해결하려는 모든 시도에서 작용하는 원리와 똑같다. 안에서

1 몇 가지 확실한 대책은 내용이 똑같지는 않지만, 원칙적으로 내가 『인간의 내면 갈등』에서 인위적 조화에 이르는 보조 접근 방식이라고 부른 것에 상응한다.

2 이러한 관심은 자기 소외를 강화하는 또 다른 요인으로 진실한 나에게서 멀어지려는 회피 행동의 범주에 속한다.

일어나든 밖에서 일어나든 모든 갈등은, 갈등의 한 측면이 억압되고 다른 측면이 우세해지면, 시야에서 사라지고 실제로 인위적인 노력으로 약해질 수 있다.[3] 갈등을 빚는 필요와 관심에 따라 살아가는 두 사람이나 두 집단의 측면에서 말하면, 공개 갈등open conflict은 한 개인이나 한 집단이 진압되거나 복종하면 사라진다. 괴롭히는 아버지와 복종하는 아들 사이에 눈에 띄는 갈등은 전혀 나타나지 않는다. 내면의 갈등도 마찬가지이다. 우리는 사람들에 맞선 적개심과 호감을 사야 할 필요 사이에서 심각한 갈등을 겪을 수도 있다. 그러나 만약 우리가 적개심을 억압하거나 호감을 사야 할 필요를 억압하면, 내면에서 일어나는 관계는 능률화 경향을 나타낸다. 비슷하게 만약 우리가 진실한 나를 추방하면, 진짜 나와 가짜 나 사이에 일어나는 갈등은 자각되지 않고 사라질뿐더러 힘의 분배에 너무 많은 변화가 생겨 갈등이 누그러진다. 이러한 긴장 완화는 당연히 긍지 체계pride system의 자율성이 증가되는 대가를 치러야 비로소 가능하다.

진실한 나를 부인하는 행동이 자기 방어 관심에서 비롯되었다는 사실은 특히 정신 분석의 마지막 단계에서 분명히 드러난다. 이미 지적했듯이, 우리는 실제로 진실한 내가 더 강해질 때 내면에서 일어나는 싸움이 치열해진다는 사실을 관찰할 수 있다. 이러한 싸움이 얼마나 격렬한지 자기나 타인에게서 경험한 적이 있는 사람이라면 누구나, 이전에 진실한 내가 활동 무대에서 철수한 사연이 생존의 필요, 갈가리 찢기는 분열의 고통을 겪지 않으려는 갈망에서 비롯되었다는 점을 이해할 수 있다.

자기 방어 과정은 주로 환자가 쟁점을 흐리려는 관심 속에 드러난다. 환자는 외면이 얼마나 조화로워 보이든 속마음이 혼란에 빠져 갈팡질팡하는 사람이다. 그는 쟁점을 흐리는 능력이 놀라울 정도로 뛰어날뿐더러 그런 행

---

3 카렌 호나이, 『인간의 내면 갈등』, 제2장 근본 갈등 참고.

동을 쉽게 단념하지 못한다. 쟁점을 흐리려는 관심에 따라 생각하고 행동할 수밖에 없고, 사실 이러한 관심은 사기꾼의 의식에서 일어나는 방식과 똑같이 영향을 미친다. 신분을 감출 수밖에 없는 간첩, 정직한 태도를 보여야 하는 위선자, 가짜 현장 부재 증명을 고안하지 않으면 안 되는 범죄자도 쟁점을 흐리는 데 관심이 있다. 이를 인식하지 못한 채 이중 생활로 이끌린 신경증 환자는 비슷하지만 **무의식적으로** 존재하는 자신, 자신이 바라고 느끼고 믿는 것의 진상眞相 truth을 흐릴 수밖에 없다. 또 환자가 빠지는 자기 기만self-deception은 모두 이런 근본 관심에서 뒤따라 나온다. 이런 정신 역학을 명확히 드러내 보자. 신경증 환자는 자유, 독립, 사랑, 선, 몸과 마음의 힘strength이 지닌 의미를 그저 지성의 차원에서 혼동하지 않는다. 자신과 맞붙어 싸울 준비가 되어 있지 않으면 혼동을 유지하려는 주관적 관심은 절박해진다. 다음에는 만물을 꿰뚫은 지성에 빠져든 가짜 자부심이 그를 완전히 덮어 가릴지도 모른다.

다음으로 중요한 대책은 **내면 경험의 외면화**externalization of inner experiences이다. 다시 말해 내면 경험의 외면화는 정신 내부에서 일어나는 과정intrapsychic processes이 그대로 경험되지 않고, 자기와 외부 세상 사이에서 일어난다고 지각하거나 느낀다는 뜻이다. 이러한 대책은 내부 체계inner system의 긴장을 줄이는 과격한 수단으로, 언제나 내면의 피폐impoverishment와 인간 관계에서 발생하는 장애disturbances가 심해지는 대가를 지불한다. 나는 우선 외면화[4]가 자신의 특별한 자아상에 맞을 리 없는 결점缺點 shortcomings이나 우환憂患 ailments으로 생겨난 모든 비난을 타인의 탓으로 돌려 이상에 맞춘 자아상을 유지하는 수단이라고 말했다. 다음으

4 카렌 호나이, 『인간의 내면 갈등』, 제7장 외면화 참고.

로 자기를 파괴하는 힘들 사이에서 벌어지는 내면의 싸움을 부정하거나 얼버무리려는 시도로 보았다. 그리고 나는 능동 외면화와 수동 외면화를 구별했다. 능동 외면화는 다음과 같이 표현할 수 있다. "나는 나에게 아무것도 해 주지 않고 타인에게 무엇이든 해 주지. 맞아, 그렇지." 반면에 수동 외면화는 다음과 같이 표현할 수 있다. "나는 타인을 적대하지 않아. 그들은 나에게 영향을 많이 주지." 끝으로 나는 외면화를 이해하기 위해 한 걸음 더 나아갔다. 이 마지막 단계는 이미 묘사한 내면 과정 가운데 하나로 보기 어렵고, 외부로 투사되지 않을지도 모른다. 예컨대 신경증 환자는 자신을 동정하는 일은 전혀 불가능할 텐데도, 타인에게 동정심을 느끼기도 한다. 자기 내면의 구원 열망은 기를 쓰고 부정하지만, 성장하기 시작한 타인을 귀신같이 알아보고 때로는 도울 줄 아는 놀라운 능력도 발휘한다. 내부 명령의 강압에 맞선 신경증 환자의 반항은 관습, 법률, 영향을 거부하는 도전으로 나타날 수도 있다. 거만倨慢한 태도overbearing pride를 자각하지 못한 채, 타인의 거만한 태도를 혐오하거나 그런 태도에 매료되기도 한다. 그는 타인에게서 긍지 체계가 횡포를 부리는 독재 아래 움츠러든 자기 모습을 발견하고 경시할 수도 있다. 또 자기 혐오의 무자비하고 잔혹한 특징을 얼버무리고 있음은 자각하지 못한 채, 인생 전반에 걸쳐 극단으로 치달은 낙천가 폴리아나Pollyanna* 같은 태도를 개발해 인생에서 모든 가혹함과 잔인함, 죽음조차 제거할지도 모른다.

다른 일반 대책은 신경증 환자가 자신을, 마치 우리가 연결이 잘 안 되는 부분의 총합인 것처럼, 조각조각 나눠서 경험하려는 경향이다. 정신 의학을 다룬 문헌에서 **정신의 구획화**compartmentalization[5], 또는 **정신의 파편화**psychic

---

* 미국 아동 문학가 엘리너 호지만 포터Eleanor Hodgman Porter의 작품에 나오는 낙천적인 인물의 이름에서 유래.

5 에드워드 스트레커 & 케네스 아펠, 『우리 자신 발견하기』(맥밀란, 1943) 참고.

fragmentation로 알려진 경향은 신경증 환자가 온전한 유기체로서 자신에게 어울리는 아무 느낌도 갖지 못한다고 되풀이해 보여 줄 뿐인 것 같다. 온전한 유기체는 각 부분이 전체와 관계를 맺으면서 다른 각 부분과 상호 작용한다. 확실히 소외되고 분리된 개인만이 이렇게 온전한 느낌이 모자란다. 하지만 나는 여기서 연결을 끊으려는 신경증 환자의 능동적 관심을 강조하고 싶다. 그는 자신에게 드러난 연결을 지성으로는 파악할 수 있다. 그러나 연결은 그에게 놀라운 사건이 되고, 연결을 간파하는 능력은 가죽 한 꺼풀의 깊이만큼 피상적이어서 이후 곧 힘을 잃어버린다.

예를 들면 신경증 환자는 무의식적으로 인과 관계를 보지 않는 데 관심이 있다. 그는 하나의 심리 요인心理要因 psychic factor에 뒤따라 다른 심리 요인이 발생하거나 다른 심리 요인을 강화한다는 사실을 한사코 무시한다. 게다가 한 심리 태도는 중요한 어떤 환상을 방어하기 때문에 유지될 수밖에 없고, 어떤 강박 경향이든any compulsive trend 인간 관계에, 또는 인생 전반에 걸쳐 영향을 미친다는 사실은 보려고 하지 않는다. 그는 지극히 단순한 인과 관계조차 알아보지 못할 수도 있다. 자신의 불만이 권리 주장과 상관이 있다는 사실, 또는 신경증에 걸린 이유가 무엇이든 자신에게는 사람들이 너무도 필요해서 타인에게 의존하게 되었다는 사실은, 그에게 도무지 이해되지 않는 낯선 일로 남을지도 모른다. 자신이 늦잠을 자는 일이 늦게 잠자리에 드는 일과 상관이 있다는 사실은 그에게는 깜짝 놀랄 만한 발견일 수도 있다.

신경증 환자는 자신 안에 공존하는 **모순된 가치들**contradictory values을 지각하지 않으려는 데도 똑같이 관심이 많을지도 모른다. 정말 문자 그대로 그는 둘 다 의식하지만 서로 모순되는 가치들이 각각 원소로 포함된 두 집합을 너그럽게 수용하고, 심지어 소중히 여긴다는 사실도 전혀 알아보지 못할 수 있다. 예컨대 그는 성자다움에 가치를 두는 태도가 타인이 자신에게 복종하게 만드는 일에 가치를 두는 태도와 모순된다는 사실, 또는 자신의 정직이

'빠져나가려는get by' 울화통과 조화되지 않는다는 사실에 전혀 동요하지 않을지도 모른다. 자신을 검토할 때조차 신경증 환자는, 마치 조각그림 맞추기 그림판의 따로 떨어진 조각을 보는 것처럼, 움직이지 않는 고정된 그림이 떠오를 따름이다. 소심小心 timidity과 타인에게 드러내는 경멸, 야망과 피학성 환상, 호감을 사야 할 필요 들이 그림판의 조각인 셈이다. 따로 떨어진 조각 하나하나는 정확히 알아보더라도, 상호 관계와 과정이나 정신 역학에 맞는 아무 느낌 없이 맥락을 떠나서 보기 때문에, 아무것도 바뀌지 않는다.

정신의 파편화는 본질적으로 통합을 깨는 과정이지만, **현 상태**status quo를 보전하고 신경증으로 유지되는 평형이 깨지지 않게 막는 기능을 한다. 신경증 환자는 내면의 모순으로 당혹스러워지는 상황을 거부함으로써, 배후에 놓인 갈등에 직면하지 않는다. 그래서 내면의 긴장을 낮은 수준으로 유지한다. 그는 내면의 모순에 초보 수준의 관심도 기울이지 않아서 내면의 모순은 자각되지 않은 채 각각 동떨어져 있다.

원인과 결과의 연결을 끊어도 같은 결과에 이른다. 신경증 환자는 원인과 결과의 연결 고리를 끊어서 일정한 내면의 힘들이 지닌 강도intensity와 관련성도 자각하지 못한다. 흔히 발생하는 중요한 실례를 들면, 어떤 사람은 때때로 복수심의 발작으로 너무 큰 충격을 받는다. 그런데 당사자는 지성으로도 자존심의 손상과 자부심을 회복해야 할 필요가 동기를 부여하는 힘motivating forces이라는 점을 파악하지 못해서 크나큰 곤경에 빠질 수도 있다. 분명히 알아보는 때에도 관계에 포함된 의미는 아직 알아내지 못한다. 그는 다시 혹독한 자기 질책에 휘둘린다는 상당히 분명한 인상을 얻었을 수도 있다. 또는 수십 가지 사례 속에서, 참담한 자기 비하 표현이 공상에 지나지 않는 자부심에서 비롯한 명령에 부응하지 못한 낭패감으로 생겨난다는 사실을 알아보았을지도 모른다. 그러나 자기도 모르는 사이에 마음속으로 자부심과 자기 비하의 관계를 다시 끊어 버린다. 이래서 자부심의 강도, 자부심과 자기 비하의 관계는 둘 다 기껏해야 모호한 이론 고찰의 수준에 머물러, 자부심을 붙들고 씨름할 수밖에 없는 필연必然 necessity에 따라야 할 부담은 줄어든다. 자부심이 여전히 권력을 휘두르며, 어떤 갈등도 수면 위로 떠오르지 않아서 기만에 빠진 일체감a deceptive feeling of unity을 보존할 수 있으므로 긴장감은 낮게 유지된다.

이제까지 내면의 평화 비슷한 모습을 보전하려는 세 가지 시도를 묘사했는데, 신경증 구조를 무너뜨릴 잠재력이 있는 요소들은 없애 버리는 공통점이 있다. 진실한 나를 몰아내고, 온갖 종류의 내면 경험을 지워버리고, 내면의 힘들이 맺는 다양한 관계를 끊어 버린다. 이런 여러 요소가 무엇인지 깨닫게 되면 신경증으로 유지되는 평형平衡 equilibrium은 깨질 터이다. 또 다른 대책은 **자동 제어**automatic control인데, 얼마간 같은 경향이 뒤따라 생긴다. 자동 제어의 주요 기능은 감정을 견제하는 것이다. 무너지기 직전의 신경증 구조에서 감정은 우리 안에 길들지 않은 근원적 힘이어서 위협의 원천이다. 나는 여기서 의식적인 자기 제어에 대해 말하는 것이 아니다. 우리가 의식적으로 선택했다면, 자기 제어로 충동적 행동, 분노나 열광의 분출을 견제할 수 있다. 자동 제어 체계는 충동적 행동이나 감정의 표현뿐 아니라 충동과 감정 자체도 견제한다. 이를테면 자동 도난 경보기나 화재 경보기처럼 작동해서 바라지 않는 감정이 발생할 때 두려움이 생긴다는 경보 신호를 보낸다.

그런데 지금 다루는 시도는 다른 시도와 뚜렷한 대조를 보이며, 이름이 암시하듯이 일종의 제어 체계이다. 자기 소외와 정신의 파편화로 유기체로서 일체감이 결핍되면, 우리 자신의 어긋난 여러 부분을 결합하기 위해 인위적인 제어 체계가 필요하다.

이러한 자동 제어는 두려움, 분노, 기쁨, 애정, 열광에 이르는 모든 충동impulses과 감정feelings을 망라할 수 있다. 광범위한 제어 체계에 상응하는 신체 표현은 근육 긴장인데, 변비, 걸음걸이, 자세, 안면 경직, 호흡 곤란으로 나타난다. 의식으로 자동 제어에 접근하는 태도는 각양각색이다. 어떤 이들은 자동 제어 아래서도 충분히 애를 태울 만큼 활기가 넘치며, 적어도 이따금 제어에서 풀려나고, 진심으로 웃고, 사랑에 빠지거나 열광에 넋을 잃을 수 있기를 필사적으로 소망한다. 다른 이들은 노출의 정도가 높든 낮든 공개된 자부심을 다양한 방식으로 표현해 제어 체계를 양회洋灰 cement로 발라 굳히듯이 공고히 다졌다. 그들은 공개된 자부심을 품위, 균형, 금욕, 가면 쓰기, 무표정한 얼굴 보이기, '진실해지기', '감상에 빠지지 않기', '감정 드러내지 않기'라고 부를지도 모른다.

다른 신경증 유형에서 자동 제어는 더욱 선별적인 방식으로 작동한다. 그러면 특정한 감정은 무사히 통과되거나 심지어 조장된다. 예컨대 강한 자기말소 경향을 보이는 사람들은 사랑의 감정이나 비참한 느낌을 과장하기 쉽다. 여기서 견제牽制 check는 일차로primarily 의혹, 분노, 경멸, 복수심 같은 적대 감정hostile feelings의 전 범위에 걸쳐 있다.

감정은 당연히 다른 여러 요인, 즉 자기 소외, 가까이 하기 어려운 자부심, 자기 좌절로 한풀 꺾이거나 억압될 수도 있다. 그러나 부단히 경계하는 제어 체계가 방금 말한 요인에 영향을 미칠뿐더러 그 요인을 넘어서 작동한다는 점은, 제어가 약해질지 모른다는 생각만으로도 갑작스런 공포 반응fright responses이 나타나는 여러 사례가 있다. 예컨대 졸까 봐 두려워하고, 마취되거나 술에 취할까 봐 두려워하고, 의자에 앉아 자유 연상하는 일을 두려워하고, 스키 활강할 때 폴을 놓칠까 봐 두려워한다. 제어 체계를 통과한 감정은 동정이든 두려움이든 난폭함이든 공황을 일으킬 수도 있다. 이런 공황 증상은 신경증 구조에 특이한 점이 여러 감정으로 위태로워지므로, 감정을 느끼는 당사자가 두려워하고 거부해서 나타나기도 한다. 그러나 신경증 환자는 단지 자신의 제어 체계가 제대로 기능하지 않는다고 알아채서, 공황 상태에 빠질 수도 있다. 만약 이런 사실이 정신 분석을 통해 드러나면, 공황 증상은 진정되고, 비로소 특별한 감정과 그런 감정을 대하는 환자의 태도는 분석 작업으로 접근하기 쉬워진다.

여기서 논의할 마지막 일반 대책으로, 신경증 환자는 **정신이 지상권** supremacy of mind을 가진다는 신념에 집착한다. 감정은 규칙의 지배를 받지 않으므로 제어되어야 할 수상쩍은 용의자인 반면, 상상력과 이성을 대표하는 정신은 호리병에서 나온 정령a genie from a bottle처럼 부풀어 올라 점점 커진다. 따라서 사실 다른 이원성을 창조한다. 이원성은 더는 정신과 감정이 아니라 정신 **대** 감정이고, 더는 정신과 신체가 아니라 정신 **대** 신체이고, 더는 정신과 자기가 아니라 정신 **대** 자기의 관계로 바뀐다. 그러나 이러한 이원성도 다른 파편화와 마찬가지로 긴장을 줄이고, 갈등을 완전히 덮어 가리며 일체감 비슷한 것을 확립하는 데 기여한다. 세 가지 방식으로 그렇게 할 수 있다.

정신精神 mind은 자기의 관객a spectator이 될 수 있다. 스즈키는 이렇게 말한다. "지성知性 intellect은 결국 관객이며, 지성이 어떤 일을 할 때는 더 좋든 더 나쁘든 고용되어 일하는 처지에 있다."[6] 신경증 환자에게 정신은 결코 관심이 많은 정다운 관객이 아니다. 정신은 얼마쯤 흥미를 느끼고, 강하든 약하든 가학성을 띠기도 하지만, 언제나 냉담해서 마치 우연히 마주친 낯선 사람을 대하듯이 바라본다. 이따금 이런 자기 관찰은 기계의 작동과 상당히 비슷하고 피상적 수준을 넘어서지 못한다. 그때 어떤 환자는 사건, 활동, 증상을 어느 정도 정확히 보고할 터이다. 그가 보고하는 내용은 사건이 그에게 지닌 의미나 사건에 보인 자신의 반응을 언급하지 않은 채 늘어나거나 줄어든다.

---

6 스즈키, 『선 불교론*Essays on Zen Buddhism*』 (루재크 사, 1927)

그는 정신 분석이 진행되는 동안 자신의 정신 과정에 열심히 빈틈없는 관심을 가질 수 있거나 실제로 관심을 가진다. 그러나 환자는 오히려 관찰의 예리함이나 관찰이 작동하는 기계 과정에서 맛보는 기쁨에 관심이 더 많으며, 곤충학자가 곤충의 기능에 매료되는 것과 비슷하다. 분석가도 환자가 보이는 열의를 모두 자신에게 갖는 진실한 관심real interest으로 잘못 알고 기뻐할 수 있다. 분석가는 얼마 후에야 비로소 환자가 스스로 발견한 사실findings이 인생에 얼마나 의미가 있는지에는 전혀 관심이 없다는 점도 알게 될 터이다.

냉담하게 거리를 둔 관심은 대놓고 흠을 잡으며 고소해 하는 가학성을 띠기도 한다. 이때 냉담하게 거리를 둔 관심은 자주 외면화를 거쳐 외부로 투사되는데, 능동 방식과 수동 방식으로 나타난다. 이를 테면 신경증 환자는 자신에게 등을 돌린 채, 똑같이 냉담하게 거리를 두며 관계 없다는 식으로, 타인과 타인이 부딪치는 문제를 관찰할 때 기민성機敏性 astuteness을 최고로 발휘할 수도 있다. 아니면 자신이 증오가 섞인 고소를 띤 타인의 관찰 대상이라고 느끼기도 한다. 이는 편집 망상 질환에 뚜렷이 나타나는 느낌이지만 여기에 국한되지 않는다.

자신의 구경꾼onlooker이 된다는 것이 어떤 입장이든, 그는 더는 내면에서 일어나는 투쟁의 참여자가 아니며, 내면에서 발생하는 문제를 모두 스스로 지워버렸다. '그'는 자신이 관찰하는 정신으로서 일체감을 느낀다. 그러면 두뇌가 살아 있다고 느끼는 유일한 부분이 된다.

정신은 **조종자**co-ordinator로서도 일한다. 우리는 이런 기능에 이미 익숙하다. 우리는 이상에 맞춰 자아상을 창조할 때, 자부심이 이것은 없애고 저것은 돋보이게 하려고 쉼없이 노동할 때 상상력이 필요를 덕으로 잠재력을 현실로 바꾼다는 점도 살펴보았다. 이성도 비슷하게 합리화 과정에서 자부심에 밀려 굴복할 수 있다. 그러면 무엇이든 합당하고 그럴듯하고 합리적으로 보이고 그렇다고 느낄 수도 있다. 그것은 사실 신경증 환자가 무의식적 전제들을 수용한 관점에 따라 움직이는 탓이다.

조종 기능은 자기 회의self-doubts를 제거할 때도 작동한다. 자기 회의가 더 불가피할수록 전체 신경증 구조는 더 많이 흔들린다. 환자의 말을 인용하면, 그때 '광신자의 논리fanatic logic', 곧 오류는 불가능하다는 확고한 신념에 따른 논리가 등장한다. "내 논리가 우세해요. 유일한 논리이기 때문이지요. 다른 사람들이 동의하지 않으면 그들이 멍청한 탓이죠." 타인과 관계를 맺을 때, 이런 태도는 오만한 독선으로 보인다. 자신을 방관자로 만드는 태도는 내면에서 발생하는 문제들에 직면해서 구축하려는 탐구에 필요한 문을 닫으면서, 동시에 불능 상태라고 믿어서 긴장을 줄인다. 다른 신경증 맥락에서 흔히 사실로 드러나듯이 정반대 극단, 즉 몸에 밴 자기 회의도 긴장을 가라앉힌다. 아무것도 보이는 대로가 아니라면, 왜 성가시고 귀찮은가? 여러 환자의 사례에서 모든 것을 의심하는 회의주의는 아예 드러나지 않을 수도 있다. 환자들은 겉으로 모든 것을 우아하게 받아들이지만, 스스로 발견한 사실은 분석가의 제안과 마찬가지로 모래 늪 속에 빠지듯 사라진다는 무언의 유보 조항을 덧붙인다.

마침내 정신은 신처럼 모든 일이 가능한 마법을 소유한 **지배자**ruler가 된다. 내면에서 일어나는 문제를 인식하는 행동이 더는 변화를 향해 나아가는 한 단계가 아니고, 인식이 곧 변화이다. 아무 자각 없이 터무니없는 전제들에 내몰리는 환자들은 흔히 각각의 정신 역학을 아주 많이 인식한 이후에도, 이런저런 장애가 사라지지 않으면 당혹스러워한다. 분석가는 환자들이 인식하지 못한 본질적 요인이 여전히 존재한다고 짚어 줄 수도 있다. 이는 사실일 공산이 크다. 그러나 다른 요인이 보이기 시작할 때도 하나도 바뀌지 않는다. 또다시 환자들은 혼란에 빠져 용기를 잃고 만다. 그래서 더 많이 알려는 추구는 끝나지 않을지도 모른다. 인식 추구는 그대로 충분한 가치가 있겠지만, 환자가 현실에서 변하지 않은 채 인식의 빛이 자신의 삶에 드리운 모든 그림자를 걷어내야 한다고 주장하는 한, 무익한 헛수고가 될 수밖에 없다.

신경증 환자가 자신의 인생을 모두 순수 지성pure intellect으로 관리하려고 애를 쓰면 쓸수록, 무의식에서 영향을 미치는 요인이 존재한다는 사실을 인정하는 일은 점점 더 힘들어진다. 만약 무의식에서 꿈틀대는 요인이 불가피하게 밀려들면, 균형이 맞지 않아 공포를 일으킬 수도 있고, 아니면 부인하거나 추리를 거쳐 거부할 수도 있다. 이 점은 환자가 분명치 않아도 처음으로 자신 안에 자리한, 신경증에 사로잡힌 갈등을 알아볼 때 특히 중요하다. 그는 자신의 이성이나 상상력의 위력으로 양립할 수 없는 것을 양립하게 만들 수 없다고 퍼뜩 깨닫는다. 함정에 빠졌다고 느끼고 공포 반응을 보이기도 한다. 그때 갈등에 직면하지 않으려고 기력을 다 쏟을지도 모른다. 그는 어떻게 헤쳐나갈 수 있을까?[7] 그는 어떻게 빠져나갈 수 있을까? 그가 함정에서 빠져나올 탈출구는 어디에 있는가? 순진純眞 simplicity과 간계奸計 trickiness는 함께 가지 못한다. 자, 이제 그는 어떤 상황에서 순진하고 다른 상황에서 교활할 수 없는가? 만약 복수에 몰리고 고요의 이상에 강한 자부심을 느끼는 한편으로 고요라는 이상이 장악하면, 그는 고요한 복수심에 도달하고, 인생을 물결이 일지 않는 바다처럼 조용히 걸어가고, 긁힌 상처나 작은 충돌을 무시하듯이 자존심에 상처를 입힌 가해자들을 지워 없앤다는 막연한 생각에 현혹된다. 이렇게 빠져나가야 할 필요가 진정한 열정의 대상이 된다. 그때 갈등을 뚜렷이 줄이려고 노력한 훌륭한 분석 작업은 모두 아무 효과도 내지 못하지만, 내면의 평화는 다시 찾게 된다.

지금까지 서로 다른 방식으로 논의한 모든 대책은 내면의 긴장을 누그러뜨린다. 어쨌든 그러한 대책을 모두 해결책이라고 부르는 까닭은 그 안에서

7 입센의 『페르 귄트』에서 거대한 악귀가 나오는 장면 참고.

통합하는 힘이 작동하기 때문이다. 예컨대 정신을 구획하는 사람은 갈등이 일어나는 흐름을 차단해 갈등을 더는 갈등으로 경험하지 않는다. 만약 어떤 사람이 스스로 자신의 관객이 되어 갈등을 경험하면, 일체감을 확립한다. 그러나 어떤 사람을 자신의 구경꾼이라는 말로는 도저히 만족스럽게 묘사할 수 없다. 그런 말은 모두 그 사람이 자신을 구경하며 관찰한 내용과 구경하는 정신에 의존할 터이다. 비슷하게 설령 우리가 무엇을 외부로 투사하고 어떻게 하는지 알더라도, 외면화 과정은 당사자의 신경증 구조가 지닌 어떤 측면과 관계할 뿐이다. 달리 말해 앞에서 논의한 모든 대책은 한쪽에 치우친 불완전한 해결책이다. 나는 이런 모든 대책이 제1장에서 묘사한, 신경증에서 비롯된 문제를 포괄하는 특징을 가질 경우에만 신경증 해결책이라고 말할 터이다. 신경증 해결책들은 인격에게 생활 방식과 인생의 방향을 제공한다. 신경증 해결책들이 바로 가능한 만족의 종류, 회피해야 할 요인, 가치의 위계, 타인과 맺는 관계를 결정한다. 통합하는 어떤 일반 대책을 적용해야 하는지도 결정한다. 간단히 말해 신경증 해결책은 생활 방식modus vivendi; a way of life이다.

제8장

확장 지배 해결책: 통달의 호소력

인생의 모든 문제에 통달하라

THE EXPANSIVE SOLUTIONS: THE Appeal of Mastery

모든 신경증 발병에서 핵심 문제는 자기 소외이다. 우리는 모든 신경증 발병에서 영광을 좇는 탐색, 당위, 권리 주장, 자기 혐오, 긴장을 줄이는 다양한 대책을 찾아낸다. 그러나 우리는 아직 이러한 여러 요인이 **특별한** 신경증 구조에 어떻게 영향을 미치는지 그려 보지 않았다. 이런 그림은 개인이 정신 내부의 갈등intrapsychic conflicts을 풀기 위해 어떤 해결책을 찾느냐에 달려 있다. 하지만 개인의 신경증 해결책을 적절히 묘사하려면, 긍지 체계와 그것에 얽힌 갈등으로 내면에 형성된 별자리 같은 배열을 명료하게 드러내야 한다. 우리는 긍지 체계와 진실한 나 사이에서 갈등이 벌어진다고 이해한다. 그러나 이미 지적했듯이, 주요 갈등은 긍지 체계 내부에서도 일어난다. 자기 미화self-glorification와 자기 비하self-contempt는 갈등을 구성하지 않는다. 사실 정반대로 대립하는 자아상 사이에서만 생각하면, 우리는 모순되지만 상호 보완하는 자기 평가를 인정한다. 그러나 갈등을 빚는 충동들은 자각하지 못한다. 이런 그림은 우리가 다른 관점에서 살피고 다음 질문에 집중할 때 바뀐다. 우리는 어떻게 자신을 경험하는가?

긍지 체계와 얽혀 내면에 형성된 별자리 같은 배열은 정체감正體感 feeling of identity이 형성되는 입지 조건의 불확실성을 낳는다. 나는 누구인가? 나는 자랑스러운 초인the proud superhuman being인가? 아니면 억눌리고 죄의식에 사로잡힌 비열한 피조물인가? 시인이나 철학자가 아니라면, 어느 누구도 평소에 이런 질문을 의식적으로 제기하지 않는다. 그러나 엄연히 존재하는 당황스러운 경험은 꿈으로 나타난다. 정체성의 상실은 여러 방식으로 꿈속에 적나라하게 드러난다. 꿈을 꾸는 사람은 여권을 잃어버리거나, 신분 확인을 요구받을 때 자기 신분을 증명하지 못하기도 한다. 어쩌면 자신의 오랜 친구가 평소와 다른 모습으로 나타날지도 모른다. 또는 초상화를 보는데, 액자는 텅 빈 화포畵布 canvas를 에워싸고 있다.

꿈을 꾸는 사람은 정체성 문제에 드러나게 당혹스러워하지 않고, 여러 갈래로 뻗어 나는 상징물로 나타날 때가 훨씬 더 많다. 예컨대 타인, 동물, 식물, 생명 없는 물체로 나타나기도 한다. 그는 같은 꿈에서 자신으로 나타나고, 갤러해드 경Sir Galahad*과 위험한 괴물로 나타날 수도 있다. 납치당한 희생자와 악한, 죄수와 교도관, 재판관과 피고인, 고문하는 사람과 고문받는 사람, 공포에 떠는 아이와 방울뱀으로 나타나기도 한다. 이러한 자작극自作劇 self-dramatization은 한 사람 안에 여러 갈래로 뻗어 나는 힘이 있음을 보여 주며, 꿈 해석은 그런 힘을 인지할 때 매우 유용하다. 예컨대 꿈을 꾸는 사람의 체념 경향은 꿈속에서 퇴직자 역할을 하는 사람으로 표현될 수도 있다. 자기 비하 경향은 부엌 바닥의 바퀴벌레로 표현되기도 한다. 그런데 이것이 자작극의 전체 의미를 다 보여주지는 못한다. 자작극이 생긴다는 사실은 바로 우리에게 자신을 여러 자기로 경험하는 역량capacity이 있음을 보여 주는데, 이 점

* 아더왕 이야기에서 랜슬롯Lancelot과 일레인Elaine의 아들로 성배를 발견한 원탁의 기사로 알려졌다. 이로부터 고결한 사나이라는 파생 의미가 생겼다.

이 여기서 자작극을 언급하는 이유이다. 이런 역량은 어떤 사람이 일상 생활 속에서 자신을 경험하는 방식과 꿈속에서 자신을 경험하는 방식 사이에 불일치가 자주 노골적으로 드러날 때 발휘된다. 그는 의식 속에서는 달인이자 인류의 구원자이고, 무엇이든 성취할 수 있는 사람지만, 꿈속에서는 변덕쟁이이거나 게거품을 물고 아무 말이나 지껄이는 바보 천치, 아니면 빈민굴에 널부러진 부랑자일 수도 있다. 마침내 신경증 환자는 자신을 의식으로 경험할 때도, 오만하고 전능한 존재가 된 느낌과 쓰레기 같은 인간the scum of the earth이 된 느낌 사이에서 오락가락할지도 모른다. 이런 증상은 특히 술 중독자들에게 분명하게 나타나지만 그들에게 국한되지는 않는다. 이들은 한 순간 구름 위까지 올라간 듯 몸짓을 과장하고 거창하게 약속하지만, 다음 순간에는 극도로 비참한 상태에 빠져 움츠러든다.

이렇게 자기를 경험하는 다중 방식은 내면에 엄존하는 요소들이 어떻게 배열되느냐에 달려 있다. 훨씬 복잡한 가능성을 제외하면, 신경증 환자는 자신을 미화된 나his glorified self와 비하된 나his despised self로 느끼고, 대개 차단되더라도 이따금 참다운 나his true self로 느낄 수도 있다. 따라서 그는 사실 정체성을 불확실하게 의식할 수밖에 없다. 내면에 형성된 별자리 같은 배열이 영향을 미치는 한, "나는 누구인가?"라는 질문에 진실로 대답할 수 없다. 여기서 이렇게 서로 다른 자기를 둘러싼 경험들이 필연적으로 갈등을 빚는다는 점이 더욱 흥미롭다. 정확히 말해 신경증 환자는 자신을 한편으로 우월하고 자랑스러운 자기와 다른 한편으로 비하된 자기와 **완전히** 같다고 생각해서, 갈등이 일어날 수밖에 없다. 만약 신경증 환자가 자신을 우월한 존재로 경험하면, 성취할 수 있는 일에 관해 자신이 기울인 노력과 신념을 과장하는 경향이 나타난다. 더하든 덜하든 그는 오만과 야망, 공격성과 요구를 공공연히 드러내기 쉽다. 그는 자족감을 느끼고, 타인을 멸시하고, 숭배나 맹목에 가까운 복종을 요구한다. 반대로 만약 신경증 환자가 자신의 마음속에서 억눌리고 복종하는 자기라면, 무력감에 빠져 순응하고 양보하며 타인에게 의존하고 타인의 애정을 갈망하기 쉽다. 달리 말해 한 자기 또는 다른 자기와 **완전히** 동일시하게 되면, 자기 평가가 정반대로 나올 뿐만 아니라 타인을 대할 때도 정반대 태도, 정반대 행동, 정반대 가치관, 정반대 충동, 정반대 만족이 필연적으로 뒤따른다.

자신을 정반대로 경험하는 두 가지 방식이 동시에 작용하면, 신경증 환자는 마치 반대 방향으로 끌려가는 두 사람이 된 것처럼 느낄 수밖에 없다. 이것이 정말로 엄존하는 두 자기를 자신과 **완전히** 동일시하는 행동에 포함된 의미이다. 거기에서 갈등이 생겨나며, 사람을 갈가리 찢어 놓을 만한 충격이 뒤따른다. 이러한 갈등으로 생기는 긴장을 누그러뜨리지 못하면, 불안이 생길 수밖에 없다. 그러면 다른 이유로 갈등을 겪고 불안해졌더라도, 불안을 누그러뜨리려 음주에 빠져들기도 한다.

이렇게 갈등을 해결하려는 시도는 강도가 센 모든 갈등과 마찬가지로 으레 자동으로 시작된다. 자동으로 시작되는 시도에는 세 가지 주요 방식이 있다. 첫째 해결 방식은 『지킬 박사와 하이드 씨』 이야기 같은 문학 속에 등장한다. 지킬 박사는 영원히 서로 전쟁을 벌이는 자신의 양면성을 인지한다. 대체로 죄인과 성자로 나타나는 두 얼굴은 어느 쪽도 그 자신이 아니다. "나는 혼자 말하지. 두 얼굴이 각각 분리된 신분이 되면, 견디기 힘든 모든 일에서 해방되어 살 수 있을 텐데." 그래서 두 자기를 분리하는 데 효험이 탁월한 약을 조제한다. 기이한 복장을 벗겨 내면, 그 이야기는 **정신을 구획해** 갈등을 해결하려는 시도로 보인다. 많은 환자들이 이런 방향으로 돌아선다. 그들은 극단의 자기 말소와 과장되고 확대하는 경험을 잇따라 하지만, 이러한 모순으로 불안을 느끼거나 동요하지 않는다. 왜냐하면 그들의 마음속에서는 두 얼굴을 지닌 자기가 분리되어 있기 때문이다.

하지만 스티븐슨이 보여 주듯이, 자기를 분리하려는 시도는 성공할 수 없다. 앞 장에서 진술했듯이, 그것은 한쪽으로 치우친 불완전한 해결책이다. 훨씬 과격한 둘째 해결 방식은 **능률화**streamlining 유형을 따르며, 아주 많은 신경증 환자들이 보이는 전형이다. 이 유형은 한 자기를 융통성 없이 영구히 억압하고 배타적으로 다른 자기가 되려고 시도한다. 셋째 해결 방식은 내면의 투쟁에서 떨어져 관심을 거두어들이고 영혼이 살아 있는 삶, 즉 능동적인 정신 생활을 **단념하는**resigning 것이다.

요약하면 그때 긍지 체계에 따라 정신 내부에 주요한 두 갈등이 생겨난다. 하나는 중심에서 일어나는 내면 갈등이고, 다른 하나는 자랑스러운 자기와 비하된 자기 사이에서 일어나는 갈등이다. 하지만 정신 분석 초기 단계에서 분석받는 사람, 곧 환자에게서 두 갈등은 분리되지 않는다. 일부는 진실한 내가 잠재력은 있으나 아직 현실에서 힘을 발휘하지 못하는 탓이다. 하지만 환자는 자부심에 어긋나는 모든 것을 일언지하一言之下에 경멸하는 경향을 나타내기도 한다. 자부심의 대상에는 물론 진실한 나도 포함될 터이다. 그래서 두 갈등은 서서히 하나의 갈등, 즉 확장과 자기 말소 사이의 갈등으로 바뀌는 것처럼 보인다. 분석 작업이 꽤 진행된 다음에 비로소 중심에서 일어나는 내면 갈등이 별개의 갈등으로 등장한다.

현재 지식 수준에 비추어 볼 때 정신의 내부에 일어나는 갈등을 푸는 주요한 신경증 해결책은 신경증 유형을 분류하는 아주 적합한 바탕일 듯하다. 하지만 분류를 정연하게 하려는 욕망이, 인생의 다면성을 정당하게 다루기보다 오히려 질서를 유지하고 안내를 받아야 할 필요만 만족시킬 뿐이라는 점도 명심해야 한다. 인간 유형이나 여기서 다루는 신경증 유형에 대한 논의는 결국 유리한 특정 관점에서 인격을 바라보는 수단일 뿐이다. 우리가 사용하는 판단 기준criteria은 특별한 심리학 체계의 골격骨格 안에서in the framework of the particular psychological system 결정적으로 중요해 보이는 요인이 될 터이다. 이렇게 제한된 의미에서 유형을 확립하려는 시도는 무엇이든 특별한 장점이 있겠지만 명확한 한계도 있다. 나의 심리 이론의 골격 안에서는 신경증을 앓는 성격 구조가 중심이다. 그래서 '유형類型 types'을 나누는 판단 기준criterion은 이런저런 증상의 그림이나 이런저런 개인의 경향일 수 없다. 전체 신경증 구조에 고유한 특징만 판단의 기준이 될 수 있다. 다음으로 이런 여러 특징은 대체로 어떤 사람이 자신의 내면 갈등을 줄이기 위해 찾아낸 주요 해결책에 따라 결정된다.

이러한 판단 기준이 유형 분류 체계에서 사용하는 다른 기준보다 훨씬 더 포괄성이 있지만, 기준의 유용성에는 한계도 있다. 왜냐하면 우리는 여러 유보 조항reservations과 단서qualifications를 붙일 수밖에 없기 때문이다. 우선 동일한 주요 해결책을 선택하는 경향을 보이는 사람들이 성격은 비슷하지만, 인간으로서 갖춘 자질qualities, 재능gifts, 성취는 수준이 크게 다를 수도 있다. 더욱이 우리가 분류한 '유형들'은 실제로 신경증의 진행이 두드러진 특징을 지닌 극단적 형태로 발병한 인격의 횡단면이다. 그러나 어떤 정밀한 분류이든 조롱거리로 만드는, 정확히 규정하기 힘든 범위에 속한 중간 구조가 늘 있기 마련이다. 극단적인 유형의 사례에서도 정신의 파편화 과정으로 종종 주요 해결책이 하나 이상이라는 점이 드러나면서 복잡성이 가중된다. 윌리엄 제임스가 말하듯이, "대다수 연구 사례는 혼합형이므로 우리는 분류 체계를 대할 때 지나친 존경심을 갖지 말아야 한다."[1] 어쩌면 유형보다 발병 방향을 거론하는 편이 훨씬 더 정확할지도 모르겠다.

1 윌리엄 제임스, 『종교 경험의 다양성*The Varieties of Religious Experience*』(롱맨, 그린 출판사, 1902), 148쪽.

위에서 말한 단서를 마음에 새기고, 우리는 이 책에서 드러낸 문제 양상에 따라 주요 해결책을 세 가지로 구별할 수 있다. 바로 확장 지배 해결책과 자기 말소 의존 해결책, 체념 독립 해결책이다. **확장 지배 해결책**expansive solutions을 고를 때 개인은 자신을 미화된 자기glorified self와 동일시하는 경향이 우세하다. 신경증 환자가 '자신'을 거론할 때는 페르 귄트처럼 매우 과장된 자기를 뜻한다. 아니면 어떤 환자가 표현했듯이, "나는 오로지 우월한 존재로 실존한다." 확장 지배 해결책에 동반되는 우월감feeling of superiority은 꼭 의식되지는 않지만, 의식하든 않든 대체로 인생 전반에 걸친 행동과 노력, 태도를 결정한다. 인생의 호소력은 통달에 달렸다. 인생은 주로 의식하든 않든, 자신의 안이나 밖에 있는 모든 장애를 극복하려는 결심을 비롯해, 극복할 수 있어야 하고 실제로도 극복 가능하다는 신념을 반드시 수반한다. 그는 운명에 따른 역경, 상황에 따라 부딪치는 곤경, 지성이 마주하는 문제의 복잡성, 타인의 저항, 자신 안에 생기는 갈등에 통달해야 한다. 통달해야 하는 필연必然 necessity의 이면에는 무력감無力感 helplessness을 비롯한 모든 끔찍한 두려움과 공포가 숨어 있다. 이것이 그가 겪는 가슴 저미고 쓰라린 공포이다.

확장 유형은 피상적으로 살펴보면, 능률화 방식으로 자기 미화와 야망 추구, 복수의 승리감에 마음이 쏠린 사람들로 보이며, 지성과 의지력으로 이상을 좇는 자기의 현실화에 매진하며 인생에 통달하려 애쓴다. 전제와 각자 달리 사용한 개념이나 용어의 차이를 제외하면, 프로이트와 아들러도 비슷하게 확장 유형을 자기 도취에 빠져 자기를 과장하거나 최고가 되어야 할 필요에 내몰린 사람들로 생각했다. 하지만 이 환자들의 심층을 분석하면, 모든 환자에게서 자기 말소 경향도 나타난다. 그들은 자기 말소 경향을 억압할뿐더러 혐오하고 지긋지긋하게 싫어한다. 우리가 얻은 첫째 그림은 환자들이 거짓으로 꾸며 한쪽으로 치우친 면인데, 바로 한쪽으로 치우친 면이 주관적 일체감a subjective feeling of unity을 얻기 위한 전부가 되어 버린다. 그들은 확장 경향에 매달려 경직성硬直性 rigidity을 보인다. 왜냐하면 그런 경향에 강박에 사로잡히는 특성이 있고,[2] 자기 말소 경향의 모든 흔적을 비롯해 자책과 자기 회의, 자기 비하의 모든 흔적을 의식에서 지워 버려야 할 필요가 있기 때문이다. 그렇게 해야 비로소 그들은 우월성과 통달에 이르렀다는 주관적 신념을 유지할 수 있다.

방금 말한 점에서 위험이 드러나는 때는 이행되지 않은 당위를 알아채는 순간인데, 당위가 이행되지 않으면 죄책감과 무가치하다는 느낌이 생기기 때문이다. 아무도 현실에서는 당위에 부응할 수 없으므로, 이런 사람은 자신의 '실패'를 부정하려고 필요한 모든 수단을 동원할 수밖에 없다. 상상력을 발휘하고, '우수한' 자질을 드러내고, 타인을 지워 없애고, 행동의 완벽성을 추구하고, 외면화에 빠져들어, 마음속에서 자부심을 느끼는 자아상을 유지하려고 시도할 수밖에 없다. 말하자면 그는 무의식적으로 허세를 부리고 전부 알고 누구보다 관대하고 모든 면에서 공정한 척 가장하며 살 수밖에 없다. 그는 어떤 조건 아래에서도 영광스러운 나와 견주어 인격에 약점이 있음을 결단코 자각해서는 안 된다. 타인과 관계를 맺을 때는 두 감정 가운데 하나가 우세할 수도 있다. 그는 의식에서든 무의식에서든 모든 사람을 바보로 취급하는 능력에 대단한 자부심을 가질 수도 있고, 실제로 타인을 오만불손하게 경멸하기도 한다. 반대로 그는 자신이 바보가 될까 봐 너무 두려워, 바보가 되기라도 한 듯 심한 굴욕을 느끼기도 한다. 아니면 다른 신경증 유형보다 더욱 강렬하게 허세를 부릴까 봐 항상 두려워하기도 한다. 예컨대 정직한 연구와 작업을 거쳐 성공과 명예를 얻었을지라도, 여전히 타인을 속이고 쓰러뜨려 성공과 명예를 얻었다고 느낄 터이다. 그래서 비판과 실패, 한낱 실패의 가능성이나 비판이라는 '허세虛勢 bluff'의 가능성에 지나

2 이러한 성격은 제1장에서 묘사했다.

치게 민감해진다.

다음으로 이런 신경증 환자 집단은 여러 이종 유형도 포함하는데, 누구든 환자나 친구, 문학 작품 속에 등장하는 인물을 간단히 조사하면 증명할 수 있다. 개인에 따라 다르지만 아주 중요한 차이는 삶을 즐기고 타인에게 적합한 긍정 감정positive feelings을 형성하는 역량capacity과 관련이 있다. 예컨대 페르 귄트와 헤다 가블러는 둘 다 과장의 화신their aggrandized version of themselves이지만, 정서의 분위기는 얼마나 다른가! 또 다른 차이는 그런 유형이 '결점imperfections'을 의식하지 않고 제거하는 방식에 의존한다. 내세운 권리 주장, 권리 주장의 정당화, 권리 주장을 내세우는 수단의 변형들도 있다. 우리는 '확장 유형'에서 적어도 세 가지 하위 유형을 살펴야 한다. 그것은 자기 도취 유형과 완벽주의 유형, 오만한 복수 유형이다. 첫째 유형과 둘째 유형은 정신 의학 관련 문헌에서 잘 묘사되었으므로 간략히 다루고, 셋째 유형은 상세히 다루겠다.

내가 **자기 도취**自己陶醉 narcissism라는 용어 사용에 약간 주저하는 까닭은 프로이트의 고전 문헌 속에서 자기 부풀리기self-inflation, 자아 본위 egocentricity, 자신의 복지를 걱정하는 불안, 타인에게서 물러남withdrawal from others 같은 여러 의미를 구별하지 않고 모두 포함하기 때문이다.[3] 나는

3 『정신 분석의 새로운 길』에서 이 개념을 다룬 논의 참고. 본문에서 소개한 자기 도취 개념과 『정신 분석의 새로운 길』에서 제안한 자기 도취 개념의 차이는 다음과 같다. 그 책에서 나는 자기 부풀리기self-inflation를 강조하고, 거기에서 타인에게서 소외됨alienation from others, 자기 상실, 자신감의 손상을 도출했다. 모두 사실이지만, 내가 지금 살펴보는 자기 도취로 이끈 과정은 훨씬 복잡하다. 나는 지금 자기 이상화와 자기 도취의 차이를 구분하고, 후자를 어떤 사람이 이상에 맞춘 자기와 동일시하는 감정이라는 뜻으로 사용하고 싶다. 자기 이상화는 모든 신경증에서 발생하며, 최초로 내면 갈등을 해결하려는 시도로 등장한다. 다른 한편 자기 도취는 확장 충동과 자기 말소 충동 사이에서 일어나는 갈등을 풀려는 몇몇 해결책 가운데 하나이다.

여기서 자기 도취를 '어떤 사람이 이상에 맞춘 자아상과 사랑에 빠진다'는 원래 의미로 이해한다.[4] 정확히 말해 자기 도취 유형에게 자신은 이상을 좇는 나일뿐더러 이상을 좇는 나를 흠모하는 것처럼 보인다. 이런 태도가 기본적으로 다른 집단에 전혀 생기지 않는, 가라앉지 않고 떠오르는 회복력이나 탄성을 띤 복원력을 신경증 환자에게 제공한다. 자기 도취 유형은 자기 회의에 짜증을 내면서도 남이 부러워할 만큼 차고 넘치는 자신감도 부여한다. 의식에서 그는 전혀 회의하지 않는다. 그는 구세주이자 운명을 지배하는 사람, 예언자이자 위대한 증여자, 인류의 은인이다. 이런 모든 것에 일말의 진실은 포함되어 있다. 자기 도취 유형은 흔히 평균보다 더 다재다능하며, 어린 시절 이름을 날렸고, 때로는 귀염과 칭찬을 독차지하는 아이였다.

이렇게 아무 의심도 하지 않고 스스로 받아들인, 자신은 위대하며 유일무이한 존재라는 신념이 바로 그를 이해하는 열쇠이다. 이 원천에서 자기 도취 유형의 회복력과 영원한 젊음이 유래한다. 그래서 자기 도취 유형은 자주 마음을 사로잡는 매력을 발산한다. 분명히 재능이 있지만 불안정한 땅 위에 서 있다. 쉬지 않고 자신의 공적이나 놀라운 자질을 거론하고, 자기 평가를 자화자찬과 헌신의 형태로 끝없이 확인해야 할 필요에 시달리기도 한다. 통달감 feeling of mastery은 자신이 할 수 없는 일은 아무것도 없고, 자신을 이길 사람은 아무 데도 없다는 확신에서 나온다. 그는 자주 특히 새로운 사람들이 자기 영향권으로 들어올 때 정말로 매력이 넘친다. 새로 만난 사람들이 자신에게 정말 중요한 인물인지 개의치 않고 그들에게 좋은 인상을 주어야 한다. 그는 자신이 사람들을 '사랑한다'는 인상을 자신과 타인에게 심어 준다. 칭찬을 예상하거나 헌신에 보상이 돌아올 때, 감정을 생기발랄하게 표현하고 남

---

4 프로이트, 『자기 도취: 입문*On Narcissism: An Introduction*』, 논문집 4.
버나드 글루에크Bernard Glueck의 논문 「신의 사람 또는 여호와 강박 관념The God Man or Jehovah Complex」(의학 학술지, 뉴욕, 1915)도 참고.

을 추켜세우거나 호의를 보이고 도와주며 너그러워질 수 있다. 일이나 계획과 마찬가지로 가족과 친구에게도 눈부시게 반짝이는 속성을 부여한다. 그러면 견뎌내는 힘이 꽤 생겨서 타인이 완벽해지기를 기대하지 않는다. 심지어 자신을 둘러싼 농담도, 호감을 주는 자신의 특이점特異點 peculiarity을 밝게 비추어 보여줄 뿐이라면, 참아 낼 줄 안다. 하지만 그는 결코 진지하게 의문의 대상이 되어서는 안 된다.

분석 작업이 진행되는 동안 드러나듯이, 자기 도취 유형이 만들어 내는 여러 당위shoulds는 다른 신경증과 마찬가지로 그를 가차 없이 몰아붙인다. 그러나 자기 도취 유형에게는 마법의 지팡이를 휘둘러서 당위를 처리하는 묘수가 있다. 온갖 결점을 제대로 보지 못하거나 덕으로 바꾸는 능력에 한계가 없어 보인다. 마법에 홀리지 않은 구경꾼이라면, 그가 예사로 나쁜 짓을 한다면서, 적어도 신뢰할 수 없다고 말할 터이다. 그는 약속을 깨고 바람을 피우고 빚을 지고 사기를 쳤다고 생각하지 않는 것처럼 보인다. 욘 가브리엘 보르크만John Gabriel Borkman*을 생각해 보라. 하지만 자기 도취 유형은 책략을 꾸며서 남을 이용하거나 착취하는 교활한 사람은 아니다. 오히려 자신의 필요와 과제가 너무나 중요해 사람들이 매번 자신에게 특권을 부여한다고 느낀다. 그는 자신의 권리에 의문을 제기하지 않을뿐더러, 자신이 타인의 권리를 아무리 침해하더라도 개의치 않고 타인은 '무조건unconditionally' 자신을 '사랑하리라고' 기대한다.

자기 도취 유형은 사람들과 관계를 맺을 때나 업무를 수행할 때 곤경에 빠진다. 본디 남과 사이좋게 지내지 못하는 성향은 친밀한 관계에 드러날 수밖에 없다. 다른 사람들에게도 그들만의 소망과 의견이 있고, 타인이 자신을 비

---

* 노르웨이 극작가 입센이 1896년에 발표한 희곡의 제목이자 주인공 이름이다. 보르크만은 은행 지점장의 직위를 이용해 투자자의 돈을 투기에 전용한 죄목으로 감옥살이를 한다.

판의 눈초리로 바라보거나 자신의 단점을 들추어 내고, 자신에게 무엇을 기대한다는 단순한 사실이 모두 자기 도취 유형에게 지독한 굴욕으로 느껴져 사무치는 원한을 품는다. 그러면 분노가 폭발해 자신을 더 잘 '이해하는' 다른 사람에게 갈지도 모른다. 이러한 과정은 자기 도취 유형이 맺는 관계에서 대부분 발생하므로, 그는 외롭고 쓸쓸한 처지에 놓일 때가 많다.

자기 도취 유형이 직장 생활에서 겪는 곤경은 다방면에 걸쳐 나타난다. 그는 과대망상에 가까운 계획을 세우고, 한계는 도무지 고려하지 않는다. 그는 자신의 능력을 과대평가한다. 추구하는 일은 너무 여러 갈래로 뻗어서 실패하기 십상이다. 자신의 복원 능력이 튀어오를 수 있는 힘을 주는 지점까지 올라가지만, 다른 한편 반복되는 사업 실패나 인간 관계에서 겪는 실패와 거부 탓에, 완전히 기가 꺾여 의기소침해지기도 한다. 그때 상황이 달랐더라면 충분히 중단되었을 자기 혐오와 자기 비하가 기승을 부릴 수도 있다. 그는 우울증에 빠지고 정신병 단계로 접어들거나 자살을 시도할지도 모른다. 더 흔히 발생하는 자기 파괴 충동에 사로잡혀 사고를 내거나 병에 걸려서 삶을 포기할지도 모른다.[5]

자기 도취 유형은 인생 전반에 걸쳐 어떤 감정을 지니는지 끝으로 한 마디 하면 다음과 같다. 그는 표층에서는 약간 낙관주의자로 보이고, 살기 위해 외부로 관심을 돌리고, 기쁨과 행복을 원한다. 그런데 심층에는 낙담과 비관주의 성향의 저류도 흐르고 있다. 무한과 환상에 빠진 행복의 달성이라는 척도로 인생을 측정하므로 자신의 인생에서 맞닥뜨리는 불일치를 고통스럽게 느낀다. 그는 물마루를 타듯이 운이 좋으면 어떤 일을 하든지 실패

---

5 제임스 배리James Matthew Barrie는 『토미와 그리젤*Tommy and Grizel*』(찰스 스크리브너, 1900)에서 이런 결과를 묘사했다.
아서 밀러Arthur Miller, 『어떤 영업 사원의 죽음*The Death of a Salesman*』(랜덤 하우스, 1949)도 참고.

했다는 점, 특히 인생에 통달하지 못했다는 점을 도저히 용납할 수 없다. 불일치는 그 사람 안이 아니라 인생에서 일어난다. 따라서 그는 인생의 비극성을 알아보더라도, 그것은 엄존하는 비극이 아니라 자신이 초래한 비극일 따름이다.

둘째 하위 유형은 **완벽주의**完壁主義 perfectionism 방향으로 움직이며, 자신을 스스로 정한 기준과 동일시한다. 완벽주의 유형은 자신이 세운 높은 도덕과 지성 기준 때문에 우월하다고 느끼고, 드높은 기준에 비추어 타인을 깔보고 무시한다. 타인을 오만하게 경멸하는 성향은 공손하고 예의 바른 우호적인 태도 속에 숨어 있으며, 심지어 자신에게도 드러나지 않는다. 왜냐하면 바로 자신이 정한 높은 기준이 이런 '규칙에 어긋난' 감정을 금지하고 억제하기 때문이다.

완벽주의 유형이 이행되지 않은 여러 당위의 핵심을 흐리는 방식은 두 갈래로 나뉜다. 그는 자기 도취 유형과 달리 의무와 책무를 이행하며, 공손하고 예의 바르게 처신하고, 빤한 거짓말을 하지 않으며 자신이 내세운 당위에 부응하려 굽히지 않고 노력한다. 우리는 완벽주의자가 되려는 사람들에 대해 거론할 때, 흔히 좀스럽고 소심하게 질서를 지키고, 지나치게 꼼꼼하고 시간을 엄수하며, 꼭 맞는 단어를 반드시 찾아 내야 하고, 꼭 맞는 넥타이나 모자를 착용해야 직성이 풀리는 사람들만 생각한다. 그런데 방금 말한 특징은 드높은 탁월성에 도달해야 할 필요의 피상적 측면일 따름이다. 정말로 중요한 문제는 그런 사소한 세목이 아니라 처세處世 conduct of life 전반에 걸친 결점 하나 없는 탁월함이다. 그러나 완벽주의 유형이 성취할 수 있는 것은 행동의 완벽성이 전부이므로, 다른 책략策略 device이 필요하다. 마음속으로 자신의 기준과 현실이 같다고 생각하는 것, 즉 도덕 가치를 **아는 것**knowing과 훌륭하고 선한 사람이 **되는 것**being이 같다고 생각하는 책략이다. 여기에 얽힌 자기

기만은 그에게 한층 더 드러나지 않는다. 왜냐하면 완벽주의 유형은 타인에게 자신의 완벽한 기준에 실제로 맞춰 살라고 요구하고, 거기에 부응하지 못하면 타인을 경멸하기 때문이다. 따라서 완벽주의 유형의 자책은 외부로 투사된다.

완벽주의 유형은 자신에 대해 스스로 내놓은 의견意見 opinions을 확인하기 위해, 타인의 입에 발린 칭찬이 아니라 진심 어린 존중이 필요하다. 그는 입에 발린 칭찬을 비웃기 쉽다. 따라서 제2장에서 신경증에 사로잡힌 권리 주장을 다룰 때 말했듯이, 완벽주의 유형이 내세운 권리 주장은 자신이 인생을 건 비밀 '거래'보다 오히려 자신이 위대하다는 소박한 믿음에 더 많이 근거한다. 그는 공정하고 정의롭고 의무를 모두 이행하므로, 타인에게 또는 인생 전체에 걸쳐 공정하게 대우받을 자격과 권한이 있다. 인생을 관통해 흐르는 결코 틀리지 않는 정의正義 justice를 확신하므로, 그는 통달한 것처럼 느낀다. 그러므로 완벽주의 유형에게 자신의 완벽성은 우월한 존재가 되는 수단일뿐더러 인생을 제어하는 수단이다. 좋든 나쁘든, 과분한 행운이라는 생각은 그에게 낯설다. 그러므로 자신의 성공과 번영, 건강은 선행으로 덕을 쌓았다는 증명이 아니라 누려야 할 권리이다. 반대로 자신에게 닥친 어떤 불운이든, 예컨대 자식을 잃고 사고를 당하고 아내가 간통을 하고 직장을 잃는 불운한 사건은 겉으로만 균형을 유지하던 사람을 파멸 직전까지 몰아붙일 수도 있다. 완벽주의 유형은 불운不運을 불공정하다고 원망할뿐더러, 원망을 넘어서 불운으로 영혼이 생존하는 데 필요한 토대까지 흔들린다. 불운이 그의 전체 설명 체계를 무효로 만들고, 무력감이라는 무시무시한 전망을 그려 낸다.

완벽주의 유형이 기가 꺾여 무너지는 다른 한계점breaking points은 당위의 폭정을 다룰 때 언급했다. 그 한계점은 오류나 자신이 저지른 실패를 인정하고, 또 모순을 일으키는 당위들 사이에 붙들린 자신의 처지를 발견하는 순간이다. 어떤 불운이 닥칠 때 발 아래 땅이 꺼지는 느낌처럼, 자신의 오류 가능성을 알아챌 때에도 똑같이 느낀다. 자기 말소 경향과 희석되지 않은 자기 혐오는 이제까지 운 좋게 억제되었다가, 불운이 닥칠 때 전면에 드러나 그를 뒤흔들기도 한다.

셋째 하위 유형은 **오만한 복수심**arrogant vindictiveness이 증폭되는 방향으로 움직이며, 자신을 자부심과 동일시한다. 오만한 복수 유형의 인생에서 동기를 부여하는 주요한 힘main motivating force은 복수의 승리감을 만끽해야 할 필요이다. 헤롤드 켈먼Harold Kelman[6]이 외상外傷 trauma 신경증을 참조해 말했듯이, 셋째 유형에게는 복수가 생활 방식a way of life이 된다.

복수의 승리감을 만끽해야 할 필요는 영광을 좇는 탐색에 나서는 모든 경우에 규칙적으로 드러나는 요소이다. 그러므로 우리는 복수의 승리감을 만끽해야 할 필요가 존재한다는 것에 그만큼 관심을 크게 두지 않고, 그러한 필요가 압도하는 강도에 관심을 쏟는다. 승리의 이상the idea of triumph이 어떻게 승리를 쫓느라 일생을 허비할 만큼 개인에게 권력을 휘두를 수 있을까? 확실히 승리의 이상은 분명히 다수의 강력한 원천에서 자양분을 공급받는다. 그러나 원천을 인식하는 것만으로 승리의 이상이 휘두르는 가공할 위력을 충분히 해명하지 못한다. 충분히 이해하려면, 다른 관점에서도 문제에 접근하지 않으면 안 된다. 복수를 감행하고 승리를 얻어야 할 필요가 가져오는 충격과 영향은 타인에게 매섭고 가슴이 아프더라도, 으레 세 가지 요인, 즉 사랑과 두려움, 자기 보존 때문에 한도를 넘지 않는다. 이렇게 견제하는 기능이 일시적으로 또는 영구히 오작동할 때에만, 복수심이 전체 인격을 장악해

6 헤롤드 켈먼, 「정신 외상 증후군The Traumatic Syndrome」, 〈미국 정신 분석 학술지〉, 6권(1946).

메데이아Medea*의 경우처럼 일종의 통합력이 되고, 복수로 승리를 쟁취하겠다는 한 방향으로 완전히 치우칠 수 있다. 지금 논의하는 유형에서 복수의 엄청난 규모는 두 과정, 즉 강력한 충동과 불충분한 견제의 결합으로 설명할 수 있다. 위대한 작가들은 이러한 결합을 직관으로 파악했고, 정신 의학자가 희망하는 수준보다 더욱 감명을 주는 형식으로 표현했다. 예컨대 『모비딕*Moby Dick*』에서 에이허브 선장, 『폭풍의 언덕*Wuthering Height*』에서 히스클리프, 『적과 흑*The Red and the Black*』에서 줄리앙은 복수 유형의 모습을 탁월하게 보여 준다.

복수심이 어떻게 인간 관계에 드러나는지 묘사하면서 시작하겠다. 승리해야 할 절박한 필요 탓에 셋째 하위 유형은 극도로 경쟁심이 강한 사람이 된다. 사실 복수 유형은 자신보다 더 많이 알거나 더 많이 성취하고, 권력을 더 많이 휘두르고, 어떤 식으로든 자신의 우월성에 의문을 제기하는 누구라도 참아 내지 못한다. 그는 강박에 사로잡혀 경쟁자를 끌어 내리거나 패배의 쓴맛을 보게 해야 직성이 풀린다. 설령 경력을 쌓는 일에 스스로 예속되더라도, 궁극의 승리에 필요한 책략을 꾸민다. 충성심 같은 감정에 얽매이지 않아서, 예사로 배반할 수 있다. 그가 흔히 지칠줄 모르고 일해서 실제로 성취하는 업적은 자신의 재능에 달려 있다. 그러나 계획을 세우고 책략을 꾸미는데도 가치 있는 아무것도 성취하지 못하는 까닭은 생산 능력이 없기 때문이 아니라, 지금 보듯이 자기 파괴 성향에 지나치게 끌려 다니기 때문이다.

복수심을 잘 보여주는 두드러진 표현은 폭력이 수반되는 격분激憤 rages이

---

* 그리스 신화에서 콜키스의 왕 아이에테스의 딸로 아르고 호 원정대의 선장 이아손이 황금 양털 가죽을 찾으러 왔을 때 도와주고 그와 결혼해 두 아들을 낳았다. 그러나 이아손에게 배신당하고 복수하기 위해 두 아들을 죽였다. 그리스 비극의 대가 에우리피데스는 메데이아가 여자와 어머니로서 겪는 심리 갈등을 탁월하게 묘사했다.

다. 복수심에서 비롯된 격노激怒 fury 발작은 당사자가 제어하지 못할 때 돌이킬 수 없는 짓을 저지를까 봐 스스로 두려워할 만큼 가공할 위협이 될 수 있다. 예컨대 환자들은 실제로 술에 취했을 때, 즉 평소의 제어 체계가 작동하지 않을 때 누구를 죽일까 봐 겁을 먹기도 한다. 보복 행동을 하려는 충동은 평소 그들의 행동을 지배하던 주의 깊고 신중한 태도를 뒤엎을 만큼 강력할 수 있다. 복수심에 불타는 분노憤怒 wrath에 사로잡힐 때, 환자들은 정말로 자신들의 생명, 직장, 사회에서 차지한 신분을 모두 위험에 빠뜨리기도 한다. 문학에서 뽑은 실례로는 스탕달의 『적과 흑』에서 주인공 줄리앙이 자신을 비방한 편지를 읽고 나서 레날 부인을 총으로 쏜 행동을 들 수 있다. 나중에 이것에 얽힌 무모한 특징을 이해할 기회가 있을 터이다.

결국 이렇게 드문드문 나타나는 복수심에 불타는 격정의 분출보다 훨씬 더 중요한 복수심은, 복수 유형이 타인을 마주하는 태도에 스며들어 영구히 보존되는 복수심이다. 그는 모든 사람이 본디at bottom 악의에 차 있고 비뚤어진 성격의 소유자이고, 우호적인 몸짓은 위선이며, 정직하다고 증명되지 않는 한 아무도 믿지 않는 것이 지혜롭다고 확신한다. 그런데 정직하다고 증명된 사람조차 사소한 도발에도 의혹의 대상이 되기 쉽다. 복수 유형은 타인을 만날 때 버젓이 오만하게 행동할뿐더러 무례하고 공격성을 드러내곤 한다. 오만불손한 태도는 이따금 예의 바른 정중함이 묻어난 얄팍한 겉치레로 가려지기도 한다. 그는 섬세하든 조잡하든, 알아채든 알아채지 못하든, 타인에게 창피를 주거나 굴욕감을 안기고 타인을 이용하거나 착취한다. 여자들을 만날 때 감정은 깡그리 무시한 채 성욕을 채우기 위한 도구로 이용할 수도 있다. 겉보기에 '소박한' 자아 본위를 내세워서, 사람들을 목적을 달성하기 위한 한낱 수단으로 이용하려 든다. 그는 자신의 승리를 위한 필요에 기여할 때만 사람들과 연락하고 관계도 유지하는 경우가 흔하다. 말하자면 복수 유형은 자신의 경력을 쌓는 데 디딤돌로 이용할 수 있는 사람들, 자신이 정복하고 굴복시킬 수 있는 여자들, 자신을 맹목적으로 인정해 주고 자신의 권력을 더해 주는 추종자들만 상대한다.

오만한 복수 유형은 타인에게 좌절감을 안겨주는 데 명수名手이자 달인達人이다. 그는 타인의 크고 작은 희망을 꺾고, 주목과 안심, 시간과 교제, 즐거움이 필요한 타인의 기대를 저버린다.[7] 다른 사람들이 부당한 취급에 항의하고 질책하면, 그러한 반응은 바로 그들이 앓는 신경증에서 비롯된 민감성 탓으로 돌린다.

분석을 받는 동안 앞에서 말한 여러 경향이 분명히 완화되어 갈 무렵, 오만한 복수 유형은 자신의 경향을 만인 대 만인의 투쟁 상황 속에서 정당하게 사용할 수 있는 무기로 생각할지도 모른다. 그는 경계하려고 보초를 서지 않고, 방어전을 펼치려고 기력을 모으지 못하면 바보가 되었다고 느낄 터이다. 그는 언제나 반격할 준비가 되어 있지 않으면 안되고, 언제 어떤 조건에서든 상황에 딱 맞춰 대처하는 천하무적 달인이 되어야 한다.

오만한 복수 유형이 타인에게 품은 복수심을 보여주는 제일 중요한 표현은 어떤 종류의 권리 주장을 어떤 방식으로 내세우는지에 달려 있다. 그는 드러내 놓고 요구하지 않을 수도 있고, 권리 주장을 간직하거나 내세우고 있는지 전혀 자각하지 못할지도 모른다. 그러나 사실 자신의 신경증에서 생겨난 필요 탓으로 무조건 존중받을 권리와 다른 사람의 필요나 소망을 깡그리 무

---

7 복수심을 드러내는 표현은 대부분 다른 정신 분석가들과 내가 가학 경향으로 기술했다. '가학'이란 용어는 다른 사람에게 고통이나 치욕을 주어 복종하게 만드는 권력의 행사로 얻는 만족에 초점을 맞추었다. 흥분, 전율, 고소한 기분 같은 만족은 의심할 여지 없이 성과 유관한 상황과 성과 무관한 상황에 모두 나타날 수 있으며, 두 경우의 만족에 '가학'이라는 용어가 충분히 의미를 전달하는 것처럼 보인다. 일반적인 의미로 '가학sadistic'이라는 용어를 '복수vindictive'로 대체하자는 나의 제안은, 이른바 모든 가학 경향에서 복수해야 할 필요가 결정적으로 동기를 부여하는 힘이라는 주장에 근거한다.
카렌 호나이, 『인간의 내면 갈등』, 제12장 가학 경향 참고.

시해도 될 자격이 있다고 느낀다. 예컨대 그는 자신에게 불리한 관찰과 비판을 하나도 빠짐없이 표현할 권리와 자격이 있다고 느끼면서, 똑같이 자신은 결단코 비판받지 않을 권한이 있다고도 느낀다. 그에게는 친구와 얼마나 자주 또는 얼마나 드물게 만날지, 무엇을 하면서 시간을 보낼지 결정할 권한이 있다. 반대로 그는 타인이 이런 점에서 어떠한 기대나 반대도 표현할 권리가 없다고 느낀다.

권리 주장이 내면에 생길 수밖에 없는 필연을 어떻게 설명하든, 신경증 환자의 권리 주장은 확실히 타인에게 경멸이 담긴 무시를 표현한다. 권리 주장이 이행되지 않으면, 징벌하려는 복수심이 뒤따라 일어나서 초조와 짜증부터 부루퉁하게 심술 부리기, 타인에게 죄책감 안겨 주기, 버젓이 드러내는 격분까지 갖가지 행동을 서슴지 않을 수도 있다. 온갖 행동은 일부는 좌절frustration에 따른 분개 반응이다. 그런데 이렇게 희석되지 않은 감정 표현도 역시 권리 주장을 내세우는 수단으로 알맞아서 타인이 겁을 먹고 질려서 유화 행동을 하게 만든다. 반대로 '권리'를 주장하지 않거나 징벌하려는 복수심을 표현하지 않을 때, 그는 자신에게 불같이 화를 내고, '물러 터진getting soft' 자신을 한껏 비웃는다. 정신 분석 과정에서 그가 자신의 억제나 '순응'에 관해 불평불만을 늘어놓는다면, 인식하지 못해도 억제와 순응 같은 기법技法 techniques이 완벽하지 않다고 불만을 드러낸다는 뜻이다. 오만한 복수 유형은 정신 분석을 받을 때 억제나 순응이 호전되기를 은밀하게 기대한다. 달리 말해 그는 자신의 적개심을 극복하고 싶어 하지 않지만, 억제를 덜 경험하거나 적개심을 더욱 능숙하게 표현하기를 바란다. 그러면 외경심을 불러일으켜 모든 사람이 자신의 권리 주장을 이해하도록 몰아댈 수 있을 터이다. 이러한 요인은 둘 다 뿌리 깊은 불평불만不平不滿 being discontent에 일종의 할증금a kind of premium을 보태 장려한다. 그는 사실 불평불만이 만성이 되어 버린 사람이다. 마음속에 여러 이유가 있고, 그는 이유를 인식하려고 확실히 관심도 가진다. 하지만 자신이 불평불만에 사로잡혀 있다는 사실을 포함한 모든 이유는 무의식에 가라앉을 수도 있다.

오만한 복수 유형은 일부 권리 주장을 자신의 우월한 자질로 바꾸어 옳다고 선언하는데, 마음속으로 자신이 더 나은 지식이라 생각하는 '지혜'와 예지 능력 같은 자질이다. 구체적으로 말해 그는 권리 주장을 받은 상처에 대한 인과응보로 요구한다. 그는 권리 주장의 기반을 다지기 위해, 이를테면 옛 상처든 최근 상처든 보물처럼 소중히 간직하고 생생하게 유지하지 않으면 안 된다. 자신을 결코 잊지 않는 코끼리와 비교할 수도 있다. 그는 잊지 못한 사소한 일들에 관심이 너무 많다는 점을 알아채지 못한다. 왜냐하면 상상 속에서 결코 잊지 못할 사소한 일들이 세상에 내놓을 청구서이기 때문이다. 오만한 복수 유형이 자신의 권리 주장은 옳다고 선언해야 할 필요와 권리 주장의 좌절에 따른 반응은 악순환으로 이어져, 그를 사로잡은 복수심에 꺼지지 않는 연료를 공급한다.

복수심은 광범위하고 자연스럽게 정신 분석 관계 속으로도 스며들어 여러 방식으로 나타난다. 그것은 이른바 부정 치료 반응negative therapeutic reaction의 일부이다.[8] 이는 구축하는 행동으로 나아간 이후 질환에 동반되는 급성 장애an acute impairment를 뜻한다. 사람들에게 또는 인생 전반에 다가서는 접근 행동은 사실 신경증 환자의 권리 주장과 복수심에 필연적으로 뒤따르는 모든 행동을 위태롭게 할 터이다. 복수심이 주체의 관점에서 필요 불가결하다면, 그는 정신 분석 과정에서 방어하지 않을 수 없다. 이러한 방어는 극히 일부만 명백하게 곧장 드러난다. 그때 환자는 자신의 복수심을 철회하

8 프로이트, 『자아와 원초 본능*The Ego and the Id*』(정신 분석 연구소와 호가스 출판부, 1927).
카렌 호나이, 「부정적 치료 반응 문제」, 〈정신 분석 계간지〉(1936).
뮤리얼 아이비미, 「부정적 치료 반응」, 〈미국 정신 분석 학술지〉, 8권(1948).

지 않으려고 결심했다고 솔직하게 선언할지도 모른다. "당신은 내게서 복수심을 없애지 못할 겁니다. 당신은 나를 남들과 잘 지내는 좋은 사람으로 만들고 싶겠지요. 그러나 복수심은 나를 전율케 합니다. 내가 살아 있다고 느끼게 하니, 복수는 나의 힘인 셈이죠." 신경증 환자의 방어는 대부분 미묘하고 에두른 간접 행동으로 위장되어 나타난다. 분석가는 임상 치료를 할 때, 방어가 가장되어 나타나는 여러 형태를 인식하려고 심혈을 기울여 노력해야 한다. 왜냐하면 환자의 방어는 분석 과정을 지연할뿐더러 분석 자체를 아예 결딴내 버릴 수도 있기 때문이다.

환자의 방어가 이렇게 영향을 미치는 주요 방식은 두 가지이다. 환자의 방어를 다스리지 못하면, 환자와 분석가 사이에 형성된 분석 관계에 미치는 영향도 대단히 커질 수 있다. 그때 분석가를 무너뜨리는 일은 분석을 진행하는 일보다 더욱 중요해 보일지도 모른다. 그것이 분석가가 관심을 두고 씨름해야 할 문제까지 결정할 수 있다. 이 점은 분석가들이 잘 모르고 있던 사실이다. 극단적 사례에 비추어 다시 말하면, 환자는 막판에 몰려 더 크고 더 가혹한 복수, 즉 언젠가 효과를 더 크게 내고 스스로 희생하지 않아도 우월하게 평정과 평온을 유지하며 집행할 복수를 위해 할 수 있는 모든 일을 하려 기력을 쏟아 붓는다. 이런 선택 작용은 의식적 추론이 아니라 틀림없고 확실한 직관적인 방향 감각에 힘입어 일어난다. 예컨대 그는 불평을 늘어놓는 경향이나 권리가 없다는 느낌을 이겨내는 데 무척 관심이 많다. 세상에 맞선 전투에서 자신을 나약하게 만드는 자기 혐오의 극복에도 관심이 있다. 다른 한편 그는 자신의 오만한 권리 주장이나 타인에게 학대당했다는 느낌을 축소하는 데는 전혀 관심이 없다. 기묘할 정도로 집요하게 외면화에 매달리기도 한다. 사실 그는 인간 관계를 스스로 분석하는 데 전혀 마음이 내키지 않으며, 이런 일로 성가시거나 귀찮고 짜증나지 않기를 바랄 뿐이라고 강조한다. 그러면 분석가가 선택 작용의 만만치 않은 논리를 파악할 때까지 정신 분석이 전반적으로 혼란에 빠지기 쉽다.

복수심의 원천은 무엇이고, 강렬함은 어디에서 오는가? 복수심에 사로잡힌 신경증 발병은 다른 모든 신경증 발병과 마찬가지로 어린 시절에 시작된다. 특히 좋지 않은 여러 인간 경험과 함께 시작되며, 결점을 보완할 만한 요인은 있다손 치더라도 거의 없다. 지독하게 잔인한 환경, 창피와 굴욕, 무시와 노골적인 위선 같은 모든 요인이 특히 감수성이 예민한 아이를 괴롭히고 궁지로 몰아넣었다. 포로 수용소 생활을 수년간 견뎌 낸 사람들은 특히 자기와 타인에게 느끼는 동정심을 비롯한 부드러운 감정을 억눌러야만 살아남을 수 있었다고 말한다. 이전에 말했듯이 나쁜 조건 아래서 자란 아이도 살아남기 위해 그렇게 혹독한 시련 과정을 겪는 것처럼 보인다. 아이는 공감과 관심, 애정을 얻으려 몇 번 애처롭게 시도한 끝에 잘 되지 않자 애정 어린 부드러운 감정의 필요를 모두 포기할 수도 있다. 아이는 서서히 진짜 애정은 얻을 수 없을뿐더러 아예 존재하지도 않는다고 '결정해 버린다.' 끝장에 이르러 애정을 더는 원하지 않고 오히려 비웃게 된다. 하지만 이러한 행동이 심상치 않은 위험한 결과로 이어지는 까닭은, 애정의 필요, 인간다운 따스함과 친밀함의 필요가 호감이 가는 자질을 계발할 강력한 유인誘引 incentive이기 때문이다. 사랑받는 느낌을 비롯해 사랑받을 만한 가치가 있다는 느낌은 아마 인생을 살 만하게 만드는 최고 가치 가운데 하나일 터이다. 반대로 다음 장에서 논의하겠지만, 사랑받을 만한 가치가 없다는 느낌은 엄청난 고뇌distress의 원천일 수 있다. 복수심에 사로잡힌 유형은 단순하고 과격한 방식으로 이런 고뇌에서 벗어나려 한다. 말하자면 그는 자신이 사랑스럽지 않고 아무도 자신을 좋아하지 않는다고 확신한다. 그래서 그는 남에게 잘 보이려고 더는 노심초사하지 않지만, 적어도 마음속에는 사무친 원한이 켜켜이 쌓인다.

여기에서 우리가 나중에 충분히 진행된 그림으로 살펴 볼 이야기가 시작된다. 복수심을 드러내는 여러 표현은 신중이나 편의를 고려해 견제될 수도 있지만, 공감과 도타운 사랑, 또는 감사 같은 감정으로 중화되지 않는다. 이렇게 긍정 감정을 짓밟아 버리는 과정이 왜 나중에 사람들이 그에게서 우정과 사랑을 원할 수도 있는 때까지 지속되는지 이해하려면, 우리는 환자의 둘째 생존 수단, 즉 상상력과 미래상을 훑어보아야 한다. 그는 '복수심을 품게 만든 사람들'보다 엄청나게 훌륭할뿐더러 그들보다 한없이 훌륭해지려고 한다. 위대해져서 그들에게 창피와 굴욕을 안겨주고, 그들이 자신을 잘못 판단했고 부당하게 취급했음을 보여주려 한다. 그는 줄리앙이나 나폴레옹 같은 위대한 영웅, 박해자, 지도자, 과학자가 되어 불멸의 명성을 얻으려 애쓴다. 이렇게 복수와 보복의 승리라는 이해할 만한 필요에 몰리는 상상과 미래상은 나태하고 쓸데없는 공상이 아니다. 그것들은 환자가 걸어가는 인생 행로를 결정한다. 그는 크고 작은 문제에서 거듭 승리를 쫓아 내달리며 '심판의 날day of reckoning'을 위해 산다.

요컨대 승리해야 할 필요와 긍정 감정을 부정해야 할 필요는 둘 다 어린 시절에 불행을 겪은 데서 유래하며, 애초부터 서로 밀접하게 연결되어 있다. 또 두 가지 필요는 서로 강화하므로 상호 관계를 유지한다. 원래 생존의 필요에서 생겨난 감정의 경화硬化로, 인생에 통달한 승리자가 되려는 충동은 구속받지 않고 쑥쑥 뻗어 자라난다. 그러나 끝내 이러한 충동은, 동시에 일어나는 만족할 줄 모르는 자부심과 함께 괴물로 변해 감정을 하나하나 먹어 치운다. 사랑, 동정심, 배려처럼 인간을 묶어 주는 모든 끈이 불길한 영광의 길을 가는 데 방해가 되는 거추장스러운 제한으로 느껴질 따름이다. 이런 유형은 냉담하고 초연한 태도를 유지해야 한다.

서머셋 몸은 사이먼 페니모어Simom Fennimore의 성격에서 숙고를 거쳐 인간의 욕망을 무너뜨리는 의식 과정을 묘사했다.[9] 사이먼은 전체주의 국가에서 '정의'를 표방한 독재자처럼 되려는 목적을 추구한 탓에, 사랑과 우정,

인생을 즐겁게 해주는 모든 것을 거부하고 파괴하라고 자신에게 강요한다. 자신이나 타인에게 일어나는 어떤 인간적인 동요도 그에게 아무 영향도 끼치지 못하리라. 그는 복수심에 불타 승리를 쟁취하려고 진실한 나를 희생시킨다. 이는 오만한 복수 유형의 내면에서 무의식적으로 무슨 일이 벌어지는지 보여 준 예술가의 정확한 통찰이다. 인간다운 어떤 필요라도 허용하는 행동은 가증스러운 나약함의 표시가 된다. 분석 작업이 한참 진행되고 나서 감정이 하나둘 의식의 수면 위로 떠오를 때, 그는 떠오른 감정 때문에 구역질을 하고 전율한다. 그는 자신이 '물러진다고getting soft' 느끼고, 자신의 음침한 가학 태도를 한층 더 강하게 드러내거나 자신에게 등을 돌리고 급성 자살 충동을 느낀다.

우리는 지금까지 주로 오만한 복수 유형의 인간 관계가 어떻게 발달하는지 추적했다. 이로써 오만한 유형이 드러내는 복수심과 냉정한 태도의 상당 부분은 이해할 만한 것이 되었다. 그러나 미결 문제는 여전히 여러 개 남겨 둔다. 복수심의 주관적 가치와 강도를 둘러싼 문제, 오만한 복수 유형이 내세우는 권리 주장의 무자비한 특징에 관한 문제는 열어 둔다. 이제 정신 내부의 요인에 집중해 대인 관계에 미치는 영향을 살펴보면, 더 충분히 이해할 수 있을 터이다.

대인 관계에서 동기를 부여하는 주요 힘은 복수해야 할 필요이다. 오만한 복수 유형은 사회 최하층에 속하는 사람처럼 느껴서 자신의 가치를 입증하지 않으면 안 된다. 오만한 복수 유형에 속한 사람은 자신에게 비범한 속성, 특별한 필요에 따라 결정된 유별난 성질을 돌려야 만족스럽게 증명할 수 있다. 따라서 그는 신 같은 자족감을 느끼며 확연히 드러나는 결연한 자부심을

9 윌리엄 서머셋 몸William Somerset Maugham, 『크리스마스 휴가*Christmas Holiday*』(도란 출판사, 1939).

계발한다. 그는 자존심이 너무 강해져 무엇이든지 요구하고, 아무것도 고맙게 받아들이지 않는다. 고맙게 받아들이는 결말은 그에게 너무 창피한 굴욕이어서 감사와 연결된 어떤 감정도 막아 버린다. 긍정 감정을 전부 억눌러 덮어 버린 그에게, 인생에 통달하기 위해 의존할 능력은 지성 말고는 아무것도 없다. 따라서 그가 지성 능력에 갖는 자부심은 보통 수준을 넘어선다. 경계심, 누구보다 한 수 앞서 보는 능력, 선견지명, 계획 능력에도 자부심이 대단하다. 게다가 생애 초반부터 그에게 만인 대 만인의 무자비한 투쟁이 닥쳤다. 따라서 불굴의 강인한 힘을 기르고 범접할 수 없는 존재가 되는 일은 그에게 바람직할뿐더러 필요 불가결하다. 실제로 오만한 복수 유형이 자부심에서 바닥을 드러내면, 그의 취약성도 견디기 힘들 만큼 커진다. 그러나 자부심에 따라 금지하고 억제하므로, 그는 스스로 상처받았다는 느낌을 결코 용납하지 않는다. 따라서 감정의 경화 과정hardening process은 원래 진짜 감정을 방어하려고 일어났으나, 이제 자부심을 방어하려 힘을 모아야 한다. 그때 오만한 복수 유형의 자부심은 상처와 괴로움이 미치지 못하는 높은 곳에 있다. 작은 모기부터 우연한 사고와 사람들에 이르기까지, 아무것도 아무도 그에게 상처를 주지 못한다. 하지만 이러한 대책에는 양날이 있다. 그는 상처를 의식으로 느끼지 못해서 계속되는 모질고 쓰라린 통증도 느끼지 않고 살아간다. 게다가 상처를 덜 자각하면 실제로 복수하려는 충동의 기세도 꺾이는지, 달리 말해 상처를 더 자각하면 폭력 행동을 더 하거나 파괴 성향을 더 많이 드러내지 않을 것인지는 의문이다. 확실히 복수심을 복수심으로 자각하는 경우는 줄어든다. 오만한 복수 유형의 마음속에서, 복수심은 부당한 행위에 대처하는 정당한 분노憤怒 wrath와 부당한 행위자를 처벌할 권리로 바뀐다. 하지만 만약 어떤 상처가 불가침의 방어막을 뚫으면, 고통苦痛 pain은 참고 견뎌 낼 수 없을 만큼 커진다. 그는 자존심에 상처를 입은 것에 더해, 예컨대 자신이 인지하지 못해, 무엇이 또는 누가 자신에게 상처를 입혔다는 점 때문에 느낀 굴욕의 타격으로 고통을 겪기도 한다. 이러한 상황은 사정이 달랐더라면 금욕주의자가 되었을 신경증 환자의 정서에 위기를 초래할 수 있다.

오만한 복수 유형은 불가침不可侵 inviolability이나 불사신不死身 invulnerability을 믿고 자부심을 느끼는데, 이것은 사실 보충해 말하면 면제免除 immunity와 면책免責 impunity을 믿고 자부심을 느끼는 것과 아주 비슷하다. 이러한 믿음은 완전히 무의식에 머물지만, 자신에게 타인을 내키는 대로 마음대로 다룰 자유가 있고, 또 아무도 자신의 행동에 언짢아하지 않고, 자신에게 보복하지 않게 할 권한이 있다는 주장에서 유래한다. 달리 말해 아무도 처벌받지 않고서 내게 상처를 주지 못하지만, 나는 처벌을 받지 않고서 누구에게나 상처를 줄 수 있다. 이러한 권리 주장의 필연성을 이해하려면, 오만한 복수 유형이 사람들을 어떤 태도로 만나는지 반드시 재검토해야 한다. 우리는 그가 너무 쉽게 사람들의 감정을 해치고 화를 돋운다는 점을 살펴보았다. 그는 호전적으로 정당성을 내세우고, 오만하게 처벌을 주장하고, 사람들을 버젓이 자신의 목적을 달성하기 위한 수단으로 이용한다. 그런데 오만한 복수 유형은 자신이 느끼는 모든 적개심을 거의 표현하지 않는다. 사실 적개심을 상당히 누그러뜨린다. 스탕달이 『적과 흑』에서 묘사했듯이, 줄리앙은 제어할 수 없는 복수심에 불타는 격분에 휩쓸리기 전까지 도리어 지나치게 제어하고, 조심스럽고, 경계를 늦추지 않았다. 그러므로 우리는 이런 유형의 신경증 환자가 사람들을 상대할 때 부주의하면서 동시에 조심스럽다는 기이한 인상을 받는다. 이러한 인상은 오만한 복수 유형의 마음속에서 작동하는 힘들의 역학 관계를 정확히 반영한다. 사실 그는 타인에게 자신의 의로운 노여움과 화righteous anger를 드러내는 행동과 숨기는 행동 사이에 엇비슷한 균형을 유지할 수밖에 없다. 그가 노여움과 화를 표현하도록 몰아대는 요인은 복수 충동vindictive urges의 크기만은 아니다. 타인에게 겁을 주고 타인이 흉기를 든 손을 보고 계속 무서워 벌벌 떨게 만들어야 할 필요 탓에 화를 내기도 한다. 이것이 결국 그토록 필요한 까닭은 그가 타인과 맺을 우호 관계의 가능성을 전혀 알아보지 못하기 때문이다. 또한 그것이 자신의 권리 주장을 단언할 수단이고, 일반적으로 말하면 만인 대 만인의 투쟁 상황에서 공격이 최선의 방어이기 때문이다.

다른 한편 오만한 복수 유형이 자신의 공격 충동을 누그러뜨려야 할 필요는 갖가지 공포에 따라 결정된다. 그는 너무 오만해서 누구든 자신에게 겁을 주거나 어떤 방식으로든 영향을 주는 것도 허락하지 않지만, 사실은 사람들을 두려워한다. 여러 이유가 얽혀 두려움이 생긴다. 그는 자신이 다른 사람들에게 저지른 가해 행동 때문에 보복당할까 봐 두려워한다. 자신이 '도를 넘어선다고' 할지라도, 타인을 이용하려고 세운 계획이 어그러질까 봐 걱정한다. 타인이 자신의 자부심을 해칠 힘이 있어서, 그는 타인을 두려워한다. 그리고 자신의 적개심이 정당함을 증명하기 위해 마음속으로 타인에 대한 적개심을 과장해야 하기에 그는 타인을 두려워한다. 하지만 두려움과 무서움을 스스로 부정하는 행동만으로 공포심을 제거하지 못한다. 한층 더 강력한 보증과 확신이 필요하다. 그는 복수심에 불타는 적개심을 스스로 표현하지 않아 두려움에 제대로 대처하지 못하며, 공포심은 자각하지 못한 채 적개심을 표현할 수밖에 없다. 면제받아야 한다는 권리 주장은 면제받았다는 환상에 불과한 확신으로 바뀌어 진퇴양난에서 벗어나는 것처럼 보인다.

마지막으로 말할 자부심은 오만한 복수 유형이 정직과 공정, 정의에 느끼는 자부심이다. 말할 필요도 없이 그는 정직하지도 공정하지도 않고, 정의롭지도 않으며, 도저히 그렇게 될 수도 없다. 반대로 만약 누구든 무의식적으로 일생 동안 진리는 무시하고 허세虛勢를 부리며 살겠다고 결심하면, 그것이 바로 오만한 복수 유형의 인생이다. 그런데 그가 딛고 서 있는 전제들을 살펴보면, 정직과 공정, 정의 같은 높은 경지의 속성을 지녔다는 믿음도 이해할 수 있다. 오만한 복수 유형에게 되받아치거나 더 좋은 표현으로 선수를 치는 행동은 자신을 둘러싼 짜증스럽고 적의로 가득 찬 세상과 맞설 불가결한 무기처럼 보인다. 되받아치거나 선수를 치는 행동은 그저 지성을 갖춘 사람의 정당한 자기 이익self-interest 추구일 따름이다. 또한 자신의 권리 주장, 자신의 노여움이나 화의 정당성과 이를 표현하는 것에 의문을 제기하지 않는 태도는 틀림없이 그에게 온전히 보장되고 '솔직한' 것처럼 보이기 시작한다.

오만한 복수 유형이 특별히 정직한 사람이라고 확신하는 데 크게 기여할 뿐더러, 다른 이유들을 언급할 때도 중요한 다른 요인이 아직 남아 있다. 그는 주변에서 실제보다 더 사랑하는 척하고 더 공감하는 척하고 더 관대한 척하면서 순응해 살아가는 여러 사람을 목격한다. 이 점에서 오만한 복수 유형은 정말로 척하며 사는 사람들보다 훨씬 더 정직하다. 그는 우호적인 사람인 척하지 않는다. 사실 그는 척하는 행동을 떳떳치 않게 여긴다. 만약 "적어도 나는 척하지는 않아"라는 수준에 머물면, 그는 안전한 땅 위에서 사는 셈이다. 그런데 자신이 자랑스러워하는 냉정한 태도가 옳다고 증명해야 할 필요가 한 걸음 더 나가라고 강요한다. 그는 남을 도우려는 소망이나 우호적인 행동이 늘 진심에서 우러나는 것이 아니라고 부정하는 경향이 짙다. 추상적으로는 우정과 친선이 가능하다는 사실을 논박하지 않지만, 구체적인 사람들에 이르면 우정과 친선을 위선과 구별할 수 없다고 생각하곤 한다. 여기서 그는 다시 승자인 체하며, 평범하고 흔해 빠진 위선을 초월한 유일한 사람으로 등장한다.

이렇게 사랑의 가식을 관용하지 못하는 태도에는 자기 정당화의 필요보다 훨씬 더 깊은 뿌리가 있다. 확장 유형의 모든 하위 유형과 마찬가지로 여기에서도 정신 분석 작업이 상당히 진행된 다음에야 비로소 자기 말소 경향이 드러난다. 자신을 최후의 승리에 도달하기 위한 도구로 삼아, 자기 말소 경향을 억제해야 할 필요는 다른 확장 유형에서 나타나는 것보다 훨씬 더 절박하다. 자기 말소 경향이 나타나는 주기는 환자가 완전히 경멸받을 만하고 무력하다고 느낀 다음 잇따라 일어나며, 사랑받기 위해 자신을 내팽개치기 쉽다. 우리는 이제 오만한 복수 유형이 타인에게 보이는 가식에 물든 사랑뿐 아니라 타인의 순응과 자기 비하, 사랑을 얻으려는 속수무책의 갈망까지 경멸했다는 사실을 이해할 수 있다. 간단히 말해 그는 바로 스스로 혐오하고 경멸하는 자기 말소 경향을 다른 사람들에게서 발견하고 경멸했던 것이다.

방금 나타난 자기 혐오와 자기 비하는 크기와 규모가 오싹할 정도로 끔찍하다. 자기 혐오는 언제나 잔혹하고 무자비하다. 그런데 자기 혐오의 강도나 효과는 두 집합으로 분류되는 여러 요인에 달려 있다. 하나는 개인이 자부심의 지배 아래서 흔들리는 정도이다. 다른 하나는 구축력構築力constructive forces이 자기 혐오에 반작용하는 정도에 따른다. 구축하는 힘들, 예컨대 인생을 살 만하게 만들어 주는 긍정 가치가 있다는 믿음, 구축하는 방향으로 살면서 세운 목표, 자기 자신에게 품는 따뜻한 감정이나 고마운 마음 같은 여러 힘이 자기 혐오를 중화하거나 없애 준다. 공격성 복수 유형은 방금 말한 모든 요인이 불리한 조건에 놓여 있어, 그가 빠져드는 자기 혐오는 흔히 드러난 사실보다 훨씬 더 해롭다. 정신 분석을 받지 않는 일상에서도 누구나 환자가 자신에게 잔인하고 무자비한 노예 감시자처럼 행동하고, 자신에게 좌절감을 안겨 주면서 좌절을 금욕주의로 미화하는 모습을 관찰할 수 있다.

이러한 자기 혐오는 엄격한 자기 방어 대책self-protective measures을 요구한다. 자기 혐오의 외면화는 순전한 자기 보존의 문제처럼 보인다. 이러한 외면화는 모든 확장 지배 해결책과 마찬가지로 원래 능동적인 대책이다. 오만한 복수 유형은 자기 자신 안에서 억압하고 혐오한 모든 특징을 지닌 다른 사람들을, 그들의 자발성과 그들이 누리는 삶의 기쁨, 그들의 유화 경향과 순응 경향, '우매함'을 모조리 혐오하고 경멸한다. 오만한 복수 유형은 자신의 기준을 타인에게 부과하며, 타인이 자신의 기준에 부응하지 못할 때 처벌한다. 그가 타인을 만나면서 겪는 좌절은 일부는 자기 좌절 충동self-frustrating impulses을 외부로 투사한 결과이다. 따라서 그가 타인에게 처벌을 주장하는 태도는 모두 복수심에 사로잡힌 것처럼 보이지만, 사실 몇몇 요소가 혼합된 현상이다. 타인에게 처벌을 주장하는 태도는 일부는 복수심의 표현이고, 일부는 바로 자기 자신에게 드러난 비난과 처벌의 외면화이다. 끝으로 그런 태도는 자신의 권리 주장을 내세울 목적으로 다른 사람에게 겁을 주는 수단으로 쓸모가 있다. 방금 말한 세 원천은 정신 분석 과정에서 잇따라 붙들고 씨름해야 한다.

자기 혐오에 맞서 자신을 방어할 때 두드러진 논점은, 어디에서나 그렇듯이 여기에서도 자부심의 명령에 따라 되어야 할 사람이 되지 못한 사실을 알아채지 못하도록 막아야 할 필요이다. 오만한 복수 유형의 외면화는 별도로 치더라도, 자기 혐오에 맞선 주요 방어 수단인 독선의 갑옷은 너무 두껍고 뚫기 어려워 흔히 이성의 접근을 용납하지 않는다. 그는 일어날 수도 있는 논쟁에서, 스스로 적개심을 드러낸 공격으로 해석한 어떤 진술이든 진리에 아무 관심도 없는 것처럼 보이지만, 건드리면 가시를 곧추세우는 고슴도치처럼 자동으로 반작용을 일으킨다. 그는 자신이 옳다는 사실에 의혹을 제기할지도 모르는 희미한 가능성도 고려하고 감당할 여력이 없다.

어떤 결점이라도 알아채지 못하게 자신을 방어하는 셋째 방법은 타인에게 내세우는 권리 주장 속에 드러난다. 권리 주장에 관한 논의에서, 우리는 모든 권리를 부당하게 제 것으로 요구하고, 타인의 권리는 모조리 부정하는 행동에 얽힌 복수심을 품게 만든 여러 요인을 강조했다. 그런데 오만한 복수 유형은 복수심에 사로잡혔더라도, 자기 혐오의 맹공격에 맞서 자신을 방어해야 할 정곡을 찌른 필요에 따른 것이 아니었더라면, 타인에게 요구한 권리 주장은 훨씬 합당했으리라. 이렇게 보면 오만한 복수 유형의 권리 주장은 다른 사람들이 그에게 어떤 죄의식이나 자기 회의도 일어나지 않게 행동해야 한다는 것이다. 만약 그가 불평불만이나 비판, 원망을 사지 않고서 다른 사람들을 이용하거나 착취하고 그들에게 좌절감을 안겨 줄 권한이 있다고 확신할 수 있다면, 그는 다른 사람들을 이용하거나 착취하고, 그들에게 좌절감을 안겨 주는 경향을 자각하지 못할 수 있다. 오만한 복수 유형에게 다른 사람들이 부드러운 태도와 감사, 배려를 기대하지 못하게 만들 권한이 있다면, 다른 사람들이 겪는 실망은 그들의 불운 탓이고, 자신이 그들을 공정하게 대우하지 않은 사실에 생각이 미치지 않는다. 오만한 복수 유형이 인간 관계에서 겪는 실패와 타인이 자신의 태도에 원한을 품을 만한 어떤 의혹의 그림자라도, 제방에 난 구멍처럼 자책의 물결이 뚫고 들어와 인위적인 자기 확신self-assurance을 모조리 휩쓸어 버릴 터이다.

오만한 복수 유형에게 자부심과 자기 혐오가 어떤 역할을 하는지 구별하고 인지할 때, 우리는 이 유형에 속한 환자의 내부에서 작동하는 힘들을 정확하게 이해하고, 그런 환자를 바라보는 전체 사고 방식을 바꿀 수도 있다. 인간 관계를 맺을 때 오만한 복수 유형이 어떻게 행동하는지에 주로 집중하면, 우리는 환자가 오만하고 무신경한callous 자아 본위이고 가학 성향이 있다고 묘사할 수 있다. 아니면 우리에게 드러낼 수도 있는 적개심에 사로잡힌 공격성을 가리키는 다른 별칭으로 묘사할지도 모른다. 어떻게 묘사하든 정확할 터이다. 그러나 신경증 환자가 자신의 긍지 체계라는 기계 장치the machinery of his pride system에 얼마나 깊이 얽매여 있는지 이해하고, 또 그가 자기 혐오의 압력에 눌려 뭉개지지 않으려고 애쓴 수많은 노력을 실감할 때, 우리는 오만한 복수 유형 환자도 살아남으려고 투쟁하느라 녹초가 된 너무 인간적인 존재로 여길 수 있다. 이 그림은 첫째 그림 못지않게 신경증 환자의 처지를 정확히 그려 낸다.

서로 다른 두 관점에서 살펴본 한 측면이 다른 측면보다 본질을 더 잘 드러내고 한층 더 중요한가? 답하기 어려운 질문이고, 어쩌면 대답할 수 없을지도 모르지만, 분석을 거쳐 오만한 복수 유형 환자가 타인과 만나며 부닥치는 곤경에 대해 검토하기를 꺼리는 시기와 이러한 곤경이 정말로 상당히 드물어지는 시기에 이를 수 있다는 것은 환자의 내면에 갈등을 일으킨다. 오만한 복수 유형 환자는 부분적으로 이런 점에 더 영향받기 쉽다. 왜냐하면 이 유형 환자의 인간 관계가 한없이 불안정해서, 그는 오히려 불안해져 자신의 인간 관계를 건드리지 않으려고 하기 때문이다. 그런데 거기에 정신 분석 치료로 정신 내부의 특정한 요인을 먼저 붙잡고 따져 보아야 할 객관적 이유가 있다. 우리는 정신 내부의 요인이 여러 방면으로 오만한 복수 유형 환자의 두드러진 경향, 곧 오만한 복수 성향에 일조한다는 점도 살펴보았다. 사실 우리는 환자의 자부심과 자존심이 상처받기 쉬운 취약성을 고려하지 않고서, 환자가 보여주는 오만불손의 높이를 이해할 길이 없다. 자기 혐오에 맞서 자신을 방어해야 할 필요를 제대로 보지 않고서 환자가 느끼는 복수심의 강도를 이해하지 못한다. 그런데 한 걸음 더 나아가면, 자부심과 자기 혐오는 강화 요인일뿐더러 적대 공격 경향hostile-aggressive trends을 강박으로 바꾸는 요인이다. 이것이 적개심을 직접 붙들고 씨름하는 작업이 효과가 없으며, 분명히 그렇다는 결정적 이유이다. 적개심을 강박으로 바꾸는 요인들이 계속 영향을 미치는 한, 환자는 적개심에 대해 살펴보려고 관심을 가질 수 없는데, 하물며 검토하는 일은 꿈도 꾸지 못한다. 간단히 말해 환자가 적개심을 둘러싸고 무슨 일이 벌어지든 어쩔 도리가 없는 한, 정말이지 아무 일도 할 수 없다.

예컨대 오만한 복수 유형 환자가 복수의 승리감을 만끽해야 할 필요는 확실히 적대 공격 경향a hostile-aggressive trend이다. 그런데 적대 공격 경향을 강박으로 바꾸는 요인은 환자 자신의 시선으로 스스로 정당한 존재임을 입증해야 할 필요이다. 이런 욕구는 원래 신경증과 전혀 관계가 없다. 오만한 복수 유형은 인간의 값어치를 결정하는 사다리에 오를 때 너무 낮은 곳에서 출발하므로, 그야말로 자기 실존의 정당성을 스스로 입증하고, 자신의 값어치를 증명하지 않으면 안 된다. 그때 자부심을 회복하고 잠복한 자기 혐오에서 자신을 보호해야 할 필요가 이런 욕구를 절박한 명령으로 바꾼다. 비슷하게 옳아야 할 필요와 그 결과 생겨난 오만한 권리 주장은, 호전성과 공격성이 드러나고 자기 회의와 자기 비하가 의식의 수면 위로 떠오르지 못하게 해야 할 필요에 따라 강박으로 바뀐다. 끝으로 신경증 환자가 타인을 대하며 드러내는 흠잡는 태도, 처벌을 주장하고 비난하는 태도, 또 어쨌든 이러한 태도를 강박으로 바꾸는 요인은 대부분 자기 혐오를 외부로 투사해야 할 절박한 필요에서 생긴다.

더욱이 처음부터 지적했듯이, 흔히 복수심과 반대로 작용하는 여러 힘이 오작동하면, 복수심이 지나치게 커질 수 있다. 정신 내부의 여러 요인은 또다시 견제하는 힘의 작용을 방해하는 중요한 이유가 된다. 부드러운 감정 표현의 억제는 어린 시절 시작되어 굳는 과정을 거치는데, 타인에게 맞서 자신을 방어하려는 의도의 산물이다. 오만한 복수 유형이 스스로 괴로움에 무감각해져야 할 필요는 자존심에 붙어 다니는 취약성vulnerability으로 커지고, 자존심이 불사신invulnerability이 될 때 절정에 이른다. 신경증 환자가 인간다운 따스함과 애정을 바라는 소망은, 주든 받든 모두 처음에 환경 탓으로 좌절된 다음, 승리해야 할 필요로 좌절을 겪고, 최후에 사랑스럽지 않다고 낙인찍는 자기 혐오의 판결로 꽁꽁 얼어붙어 버린다. 따라서 타인에게 등을 돌릴 때, 그에게는 아마 잃어버릴 만한 소중한 것이라곤 하나도 없을 터이다. 그는 무조건 로마 제국의 폭군 칼리굴라Caligula의 격률을 채택하고, "**그들이 나를 두려워할 뿐이라면 나를 증오하도록 두라**oderint dum metuant; May they hate me, if only they fear me"고 외친다. 달리 말하면 이렇다. "그들이 나를 사랑해야 하는 것은 문제가 아니야. 그들은 어떻든 나를 증오할 테니, 적어도 나를 두려워해야 해." 더욱이 사정이 달랐더라면 복수심에 불타는 충동을 견제했을 건강한 자기 이익 추구는 자신의 복지를 단호하게 무시해서 최소로 머문다. 그리고 심지어 타인에 대한 두려움조차 어느 정도 느끼기는 해도 상처받지 않는 불사신이자 면제받은 존재라는 자부심으로 견뎌 낸다.

이렇게 놓쳐 버린 견제하는 힘 가운데 하나는 특별히 언급할 만하다. 오만한 복수 유형 신경증 환자는 타인에게 공감하는 능력이 있더라도 아주 적다. 공감 능력의 결핍을 초래하는 여러 원인은, 환자가 타인에게 적개심을 갖고 자신에게 공감하지 못하는 데에 있다. 그런데 어쩌면 그가 타인을 무신경한 태도callousness로 마주하는 가장 큰 요인은 타인을 시샘하고 부러워하는 마음일지도 모른다. 이런 시새움과 부러움은 쓰라린 시기심으로 이런저런 부러워하는 마음이 아니라 구석구석 몸에 밴 시기심이며, 인생 전반에 걸쳐 배제되었다는 느낌에서 유래한다.[10] 오만한 복수 유형은 복잡한 관계에 얽혀, 실제로 살 만하게 만드는 모든 가치, 예컨대 기쁨과 행복, 사랑과 창조력, 성장에서 배제된다. 지나치게 깔끔한 방침에 따라 생각하려는 유혹에 빠지면, 이렇게 물어볼 수도 있겠다. 그는 스스로 인생에 등을 돌리지 않는가? 아무것도 원하지 않고 아무것도 필요가 없는 금욕주의에 자부심을 갖지 않는가? 온갖 긍정 감정을 계속 물리치지 않는가? 그러면 그는 왜 타인을 부러워하는가? 사실 그는 타인을 부러워한다. 자연스러운 결과지만, 오만한 복수 유형 환자는 정신 분석을 거치지 않으면 자신에게 따라 다니는 오만한 경향의 실체를 분명하게 말하지 못할 터이다. 그러나 정신 분석이 진행될 때, 그는 당연히 다른 모든 사람이 자신보다 형편이 낫다며 무슨 말을 할지도 모른다. 아니면 어떤 사람이 언제나 기분이 좋거나 무슨 일에 흥미를 강하게 느낀다고

---

10 프리드리히 니체의 '생의 질투Lebensneid'라는 표현과 막스 셸러의 『도덕 구축에 나타난 원한 감정*Das Ressentiment im Aufbau der Moralen*』(새로운 정신 출판사, 라이프치히, 1919)을 참고.

볼 이유가 전혀 없는데도, 자신이 그에게 노발대발하고 있다는 사실을 알아챌 수도 있다. 환자는 솔직하지 않게 에둘러 설명한다. 그는 누가 자신의 면전에서 행복을 과시해서 사악하게도 굴욕감을 안겨 주고 싶어 한다고 느낀다. 이렇게 사태를 경험하면, 기쁨을 없애버리고 복수하려는 충동이 생겨나고 타인의 고통을 같이 느끼는 공감 능력도 짓눌러 기묘하기 짝이 없는 무신경한 태도를 만들어 낸다. 입센이 창조한 극중 인물인 헤다 가블러는 복수심에 사로잡힌 무신경한 태도를 보여 주는 좋은 사례이다. 지금까지 말한 오만한 복수 유형 환자의 시기심猜忌 envy은 심술쟁이dog-in-the-manger의 태도를 떠올리게 한다. 누가 어떤 것을 가질 수 있다는 것만으로도, 그는 원하든 원치 않든 자신의 지배력이 미치지 않아 자존심에 상처를 입는다.

그런데 이런 설명은 충분히 깊은 곳까지 들추어내 보여주지 못한다. 정신분석을 거쳐야만 오만한 복수 유형이 인생의 포도 열매가 시다고 선언하더라도 여전히 먹을 만하다는 진실이 서서히 드러난다. 우리는 오만한 복수 유형이 자신의 인생에 등을 돌린 행동이 자발적 선택이 아니었으며, 삶과 맞바꾼 대용물이 빈약하고 불행의 씨앗이라는 사실을 잊어서는 안 된다. 달리 말해 오만한 복수 유형은 살려는 열의熱意 zest가 짓눌렸으나, 완전히 꺼지지는 않는다. 정신 분석 초기에, 이것은 희망을 품게 하는 신념일뿐더러 수많은 사례에서 으레 가정되는 수준 이상으로 정당하다는 사실이 드러난다. 정신 분석 치료의 길조吉兆 auspices는 살려는 열의의 타당성에 달려 있다. 더욱 충만하게 살고 싶게 만드는 것이 환자 내부에 없으면, 우리가 어떻게 그를 도울 수 있겠는가?

이러한 깨달음은 환자를 만나는 분석가의 태도와도 관계가 깊다. 사람들은 대부분 복수 유형 신경증 환자에게 겁을 집어먹고 온화하게 대하거나 그를 아예 거부한다. 두 태도는 모두 분석가에게 도움이 되지 않을 터이다. 분석가는 복수 유형 환자를 만날 때도 당연히 돕고 싶어 한다. 그런데 만약 분석가가 겁을 집어먹으면, 환자는 감히 자신의 문제를 효과적으로 붙들고 씨름할 용기조차 내지 못할 터이다. 분석가가 속으로 환자를 거부하면, 분석 작업에서 풍성한 열매를 맺을 수 없다. 하지만 분석가는 환자가 반대쪽으로 나아가려는 저항에 부딪치더라도, 고통을 겪고 투쟁하는 너무 인간적인 존재임을 실감하면, 필요한 공감을 표현하고 존중하며 환자를 이해할 터이다.

세 가지 하위 유형의 확장 지배 해결책을 돌아보면, 모두 인생에 통달하는 것을 목표로 삼는다. 이것은 확장 유형 환자들이 공포와 불안을 이겨 내는 방식이며, 자신들의 인생에 의미를 부여하고 살려는 열의를 살려낸다. 세 유형은 모두 서로 다른 방식으로 통달에 이르고자 애쓴다. 자기 도취 유형은 자화자찬self-admiration과 매력의 발휘로 인생에 통달하려 한다. 완벽주의 유형은 삶의 기준을 높여서 만들어 낸 저항하기 힘든 운명을 짊어짐으로써 인생에 통달하려 한다. 오만한 복수 유형은 복수의 승리감을 만끽하겠다는 정신으로 정복하는 불굴의 삶을 통해 인생에 통달한 사람이 되려고 한다.

세 가지 하위 유형에 상응하는 정서와 분위기에는 두드러진 차이가 있다. 달아오른 따스함과 삶의 기쁨에 넘치는 분위기부터 차갑고 오싹한 분위기에 이르기까지 다양하다. 특정한 분위기는 주로 세 유형이 긍정 감정을 수용하는 태도에 따라 결정된다. 자기 도취 유형은 특정한 조건 아래서, 설령 겉으로만 그럴싸한 비논리적인 기반 위에서 생겨나더라도, 풍요로운 감정이 살아나 친구처럼 다정하고 관대할 수 있다. 완벽주의 유형은 친구처럼 다정해야 하므로 우호 감정friendliness을 보일 수 있다. 오만한 복수 유형은 우호 감정들friendly feelings을 짓밟고 비웃기 쉽다. 세 가지 하위 유형은 모두 적개심이나 적대감을 많이 드러낸다. 그런데 자기 도취 유형은 적개심이 관대함에 압도당할 수 있고, 완벽주의 유형에서는 적개심을 보여서는 안되므로 적개심이 깊숙이 가라앉는다. 오만한 복수 유형은 적개심을 공공연하게 밖으로 드러내며, 앞에서 말한 이유로 파괴 성향을 띠는 잠재력이 훨씬 크다. 다른 사람들에게 거는 기대는 헌신과 칭찬의 필요부터 존경의 필요와 복종의 필요까지 다양하다. 세 유형이 인생을 둘러싸고 내세우는 온갖 권리 주장의 무의식적 토대는 자신이 위대하다고 믿는 '소박한' 신념부터 인생과 맺은 용의주도한 '거래'와 받은 상처가 있으니 보상받을 권한이 있다는 감정까지 이른다.

이러한 척도에 따라 정신 분석으로 치료할 기회가 줄어든다고 예상할지도 모른다. 그러나 여기서 우리는 다시 이러한 분류가 신경증이 진행되는 방향을 보여 줄 뿐이라는 점도 명심해야 한다. 실제로 치료 기회는 여러 요인에 달려 있다. 이에 관한 가장 적절한 질문은 다음과 같다. 여러 신경증 경향은 어떻게 깊이 뿌리를 내리며, 그러한 경향에서 벗어나 성장할 수 있는 유인誘引 incentive이나 잠재 유인은 얼마나 많은가?

제9장

자기 말소 의존 해결책: 사랑의 호소력

사랑을 위해 모든 것을 희생하라

THE SELF-EFFACING SOLUTION: THE Appeal of Love

이번 장에서는 신경증 환자가 내면 갈등을 해결하려 선택한 둘째 주요 방법을 다루는데, 바로 자기 말소 의존 해결책이다. 자기 말소 의존 해결책은 본질 면에서 확장 지배 해결책과 정반대 방향으로 움직인다. 사실 자기 말소 유형의 두드러진 특징은 확장 유형과 대조하면 선명하게 드러난다. 그러므로 확장 유형의 몇 가지 뚜렷한 특징을 다음 질문에 집중해 간단히 재검토하겠다. 확장 유형은 무엇으로 자신을 아름답게 꾸미고, 무엇을 혐오하고 경멸하는가? 무엇으로 자신을 계발하는가? 무엇으로 억압하는가?

확장 유형은 통달을 뜻하는 모든 것으로 자신을 아름답게 꾸미고 계발한다. 다른 사람들에게 통달하려면 어떤 식으로든 그들보다 탁월하고 우월해야 할 필요가 충족되어야 한다. 그는 타인을 조종하거나 지배하고, 타인을 자신에게 의존하게 만들려는 경향이 강하다. 이러한 경향은 자신을 마주하는 타인의 태도가 어떠해야 한다는 기대감 속에 나타난다. 얻으려고 애쓰는 것이 칭찬이든 존경이든 인정이든, 그는 다른 사람들이 자신에게 복종하는 태도와 자신을 우러러보는 태도에 관심이 있다. 반면에 그는 스스로 순응하거나 유화 행동을 하거나 의존한다는 생각 자체를 몹시 싫어한다.

게다가 그는 어떤 우연한 사건이 발생하든 대처할 기량이 뛰어나다고 자부하며, 실제로 대처할 수 있다고 확신한다. 달성하지 못할 일은 아무것도 없으며, 그런 일이 있어서도 안 된다. 어떻든 그는 누가 뭐래도 운명의 주인이고 운명의 주인이라고 느낀다. 그래서 무력감으로 공황 상태에 빠졌다고 느끼더라도, 자신 안에 남은 어떤 공황의 흔적도 혐오한다.

확장 유형이 자신에게 통달한다는 것은 이상에 맞춘 자랑스러운 자기가 된다는 뜻이다. 그는 의지력과 이성 능력을 총동원하여 영혼의 통솔자가 된다. 마지못해 자신 안에 무의식적인, 곧 의식의 통제를 받지 않는 어떤 힘이 있다고 인정할 뿐이다. 그래서 자신 안에 어떤 갈등이나 즉시 해결할 수 없고 통달하지 못한 문제가 있다고 인정하면, 지나치게 동요하고 불안에 휩싸인다. 고통은 숨겨야 할 불명예이자 치욕처럼 느낀다. 이런 유형은 정신 분석 과정에서 자부심을 느끼며 인정하는 일은 별로 어려워하지 않지만, 당위의 존재나 당위가 자신을 쥐고 흔드는 측면을 살펴보는 일은 무척 꺼린다. 아무것도 그를 괴롭히거나 그에게 이래라저래라 해서는 안 된다. 가능한 만큼 오래, 그는 스스로 법칙을 정할뿐더러 지킬 수 있다는 허구를 꾸며내 주장한다. 그는 자신 안에 일어나는 어떤 일이든 무력해지는 순간을 끔찍하게 싫어하는데, 외부 요인에 맞닥뜨려 속수무책이 되는 순간만큼 끔찍하게 여기거나 한층 더 혐오한다.

우리는 자기 말소 의존 해결책으로 방향을 바꾼 유형에서 확장 유형과 뒤바뀐 강조점을 발견한다. 자기 말소 유형은 분명히 의식 차원에서 타인보다 우월하다고 느끼지 않으며, 행동에서도 우월감을 전혀 드러내지 않는다. 반대로 타인에게 쉽게 복종하고 의존하며, 타인과 잘 지내려고 유화 행동을 하는 경향이 나타난다. 무력감과 고통이나 괴로움에 맞닥뜨릴 때, 확장 유형과

180도 다른 태도를 보인다는 점이 제일 두드러진 특징이다. 그는 무력하고 괴로운 조건을 혐오하기는커녕 도리어 계발하고, 의식하지 못한 채 과장한다. 따라서 타인의 태도에 드러난 칭찬이나 인정 같은 것에 따라 우월한 처지에 놓이면, 도리어 불편하고 불안해한다. 자기 말소 유형은 도움과 보호, 자신을 내던지는 사랑을 갈구한다.

위에서 말한 특징은 자기 말소 유형이 자신을 마주하는 태도에도 널리 퍼져 있다. 확장 유형과 극명한 대조를 보이는 자기 말소 유형은 자신의 당위에 부응하지 못해 확산된 패배감a diffuse sense of failure에 빠져 살아서, 죄책감이나 죄의식, 열등감, 또는 경멸감에 사로잡히기 쉽다. 이런 패배감이 유도한 자기 혐오와 자기 비하는 수동 방식으로 외부 세계로 투사된다. 말하자면 다른 사람들이 그를 비난하거나 경멸한다. 반대로 자기 미화와 자부심, 오만 같은 자신을 둘러싼 과대망상에 가까운 감정은 부정하고 제거하는 경향이 나타난다. 무엇과 관련이 있든 자부심은 엄격하고 널리 영향을 미치는 금기에 따라 억압된다. 그 결과 자부심을 의식하거나 느끼지도 못한다. 자부심은 부정되거나 자신과 아무 관계도 없어지고 만다. 그는 자신에게 **억눌린 자기**his subdued self이고, 아무 권리도 없는 밀항자의 처지에 놓여 있다. 이런 태도 탓에 야망과 복수심, 승리, 자기의 이익 추구를 암시하는 것이라면 무엇이든 스스로 억압하는 경향도 보인다. 간단히 말해 그는 과대망상에 사로잡힌 태도나 충동을 모조리 억압하고, 자기 부정 경향self-abnegating trend을 우세하게 만들어서 내면 갈등을 해결한다. 이렇게 서로 싸우며 갈등을 빚는 본능에서 비롯된 충동drives은 정신 분석을 거쳐야 비로소 전면에 드러난다.

자부심이나 승리, 또는 우월감에 도리어 불안을 느끼고 회피하는 행동은 여러 방식으로 나타난다. 경기競技 games에서 이기는 것을 두려워하는 행동은 특징이 분명하다. 예컨대 병든 의존성을 보여 주는 모든 특징을 귀표earmarks처럼 달고 사는 여자 환자는 이따금 테니스나 체스 경기에서 우수한 성적을 낼 수 있었다. 그녀가 스스로 유리한 상황을 의식하지 못하면 모든 일은 잘되었다. 그러나 상대보다 앞선다고 의식하자마자, 그녀는 갑자기 테니스 경기에서 공을 놓쳤거나 체스 경기에서 승리를 안겨줄 명백한 수를 미처 보지 못했다. 그녀는 정신 분석을 받기 전에도 자신이 회피 행동을 하는 이유가 승리에 주의를 기울이지 않은 탓이 아니라 감히 승리를 바라지 않은 탓이라고 어느 정도 자각하고 있었다. 무너진 자신에게 화가 났지만, 스스로 무너지는 과정은 자동으로 일어나 속수무책이었다.

다른 상황에서도 똑같은 태도가 나타난다. 자기 말소 유형이 보이는 특징은 강자의 지위에 있다는 사실을 자각하지 않으려 하므로, 지위를 이용할 수도 없다는 점이다. 특권은 마음속에서 책임과 부담liability으로 바뀐다. 그는 자주 자신의 우월한 지식을 자각하지 못해 중요한 순간에 보여 주지 못한다. 자신의 권리가 명료하게 정의되지 않은 어떤 상황에 놓이든, 예컨대 하인의 도움을 받을지 비서의 도움을 받을지 고민할 때처럼 망설인다. 완벽하게 적법한 요구를 할 때도, 마치 자신이 타인에게서 부당 이득을 취한 것처럼 느낀다. 요구를 삼가거나 양심의 가책으로 변명을 늘어놓으며 요구한다. 실제로 그는 자신에게 의존해 사는 사람들을 만날 때도 무력하다고 느낄 수 있어서, 그들이 자신을 모욕하는 행동이나 태도를 보여도 자신을 방어할 수 없다. 그렇다면 이런 유형이 자신을 이용하거나 착취하려는 사람들의 손쉬운 먹잇감이 되는 것은 조금도 이상하지 않다. 그는 무방비 상태에 놓여 있으며, 자주 훨씬 뒤에 비로소 방어하지 못한 사실을 자각하고는 이용만 당한 자신과 자신을 이용한 사람에게 불같이 노여워하며 화를 내기도 한다.

경기보다 더 진지하고 중요한 일에서 승리를 두려워하는 태도는 성공成功 success과 찬사讚辭 acclaim, 각광脚光 limelight에 적용된다. 자기 말소 유형은 어떤 형태든 공연公演 public performance을 두려워할뿐더러 추구하던 일에서 성공을 거둘 때 공로가 자신에게 있다고 인정할 수 없다. 그는 깜짝 놀라 성공을 축소하거나 행운의 덕분으로 돌린다. 행운의 덕분으로 돌릴 때는 "내가 해냈어"라고 느끼지 않고, "우연히 성공한 거지"라고 느낄 따름이다. 성공과 내면의 안정은 흔히 반비례 관계가 있다. 종사하는 분야에서 거듭 업적을 성취해도, 안정감을 더 느끼기는커녕 불안감만 더 커진다. 또 이러한 불안은 점점 더 커져 공황 상태에 빠질 수도 있는데, 예컨대 성공한 음악가나 배우는 때때로 전도유망한 제의도 사양할 터이다.

더욱이 자기 말소 유형은 '주제넘은presumptuous' 생각과 감정, 몸짓을 모조리 피하지 않으면 안 된다. 무의식적이지만 체계에 따라 일어나는 자기 축소 과정에서, 오만하거나 자만에 빠졌다고, 주제넘다고 느끼는 일은 무엇이든 피하려고 비상한 노력을 기울인다. 그는 자신이 무엇을 인식하고, 어떤 업적을 달성하고, 어떤 선행을 베풀었는지 망각한다. 일을 스스로 관리할 수 있다고, 초대한 사람들이 기꺼이 오고 싶어 한다고, 매력이 넘치는 여자가 자기를 좋아한다고 생각하는 것은 자만이다. "내가 원하는 모든 일은 오만일 뿐이야." 어떤 일을 성취한다면, 그것은 행운의 결과였거나 허세였을 뿐이다. 그는 이미 자신의 견해나 확신을 스스로 표현하는 일이 주제넘은 짓이라고 느낄 수도 있어, 쉽게 양보하며 자신의 신념을 힘차게 내세울 만한 제안으로 참고하지도 않는다. 그러므로 자기 말소 유형은 풍향계처럼 반대 영향에도 똑같이 굴복한다. 예컨대 부당하게 질책을 받을 때 대담하게 소신을 말하고, 음식을 주문하고, 급료 인상을 요구하고, 계약할 때 자신의 권리를 살피고, 자신과 사귀는 이성異性에게 바람직한 사람이 되라고 요구하는 주장 같은, 정당하기 이를 데 없는 자기 주장까지도 주제넘은 짓으로 여긴다.

엄존하는 자산이나 업적은 에둘러서 인정할지 몰라도, 감정으로 느껴 체험하지 못한다. "부모님은 내가 훌륭한 의사라고 생각하시는 것 같아." "친구들은 내가 훌륭한 이야기꾼이라고 말하지." "남자들은 내가 매력이 넘친다고 말하더라." 때로는 타인의 진심 어린 긍정 평가조차 자기와 관계가 없는 일로 치부되기도 한다. "선생님들은 내가 지능이 뛰어나다고 생각하시지만, 그분들이 잘못 보신 거야." 금융 자산을 두고도 비슷한 태도가 널리 퍼져 있다. 이런 유형은 자신의 노동으로 번 돈이 자기 것이라고 느끼지 못할 수도 있다. 그는 재산이 넉넉하고 남부럽지 않게 살더라도, 자신이 가난하게 산다고 느낀다. 일상의 모든 관찰 또는 자기 관찰은 지나친 겸손의 배후에 도사린 여러 공포심을 까발리고 드러낸다. 자기 말소 유형이 머리를 들자마자 두려움이 밀려든다. 어떤 힘으로 작동하기 시작하든, 자기 축소 과정은 환자가 스스로 제한한 좁은 경계를 넘지 못하게 막는 강력한 금기로 유지된다. 그는 작은 것에 만족해야 하고, 더 많이 바라거나 얻으려고 애써서는 안 된다. 더 많이 바라거나 얻으려는 소망이나 분투는 무엇이든, 더 많이 영향을 미치려고 손을 뻗치려는 시도는 무엇이든, 운명에 맞서는 위험하거나 무모한 도전처럼 느낀다. 그는 식이요법이나 운동으로 몸매를 관리하거나 옷을 더 잘 차려입어 외모를 더 낫게 꾸미고자 원해서는 안 된다. 마지막으로 앞에서 말한 당위들만큼 중요한 당위가 하나 더 있다. 그는 자신의 정신을 분석해 스스로 더 나아지려고 해서는 안 된다. 속박이나 구속을 받을 때는 스스로 더 나아지려고 할 수도 있다. 그러나 사정이 달라지면, 더 나아지기 위해 시간을 전혀 내려 들지 않는다. 나는 여기서 개인이 특수한 문제를 붙들고 따져 볼 때 느끼는 두려움을 거론하는 것이 아니다. 개인이 흔히 부딪치는 여러 곤란한 문제를 넘어서, 더 나아지려는 행동을 도무지 못하게 막는 것이 있다. 흔히 환자는 의식 차원에서 자기 분석의 가치를 확신하는 것과 정반대로, 자신에게 '시간을 그렇게 많이 쓰는 것'을 '이기적인' 행동으로 여긴다.

자기 말소 유형이 코웃음치며 비웃는 것의 범위는 자신이 '주제넘다'고 생각하는 것만큼 넓다. 그에게 이기심은 자신을 위한 정당한 행동까지 모두 포함한다. 그는 흔히 모든 것을 누리고 즐길 줄 알지만, 혼자서만 누리고 즐기는 일은 '이기적인' 행동일 터이다. 종종 이러한 금기의 지배 아래서 산다는 사실을 깨닫지 못하고, 그저 기쁨을 공유하는 삶이 '자연스럽고 당연하다natural'고 생각할 따름이다. 실제로 쾌락과 즐거움을 공유하는 일은 절대 의무an absolute must이다. 음식이든 음악이든 자연이든 다른 누구와 나누지 않으면 풍미와 의미를 상실한다. 그는 자신을 위해 돈을 쓸 리도 없다. 인격이 드러난 개인 생활에 거의 지출하지 않는 인색한 태도는 불합리한 지경에 이를 수도 있다. 다른 사람들에게 아낌없이 돈을 쓰는 행동과 대조하면 각별히 눈에 띄는 특징이다. 이러한 금기를 깨고 자신에게 돈을 쓸 때, 설령 객관적으로 보아 이성에 따른 합리적 수준이라도, 그는 전전긍긍하며 공황 상태에 빠질 터이다. 시간을 내고 기력을 쓸 때도 매한가지다. 자유 시간이 생겨도 자신의 일이나 직무에 쓸모가 있을 때가 아니면 책을 읽지 않는 경우가 흔하다. 그는 사사로운 편지를 쓰기 위해 시간을 내지 못하지만, 두 약속 사이에 슬쩍 비집고 시간을 낼 수는 있다. 감사를 표할 사람에게 소용이 없다면, 자신의 개인 소지품도 주문하거나 주문을 유지할 리 없다. 비슷하게 이성과 만남, 직업상이나 사회 생활을 위한 약속이 아니라면, 다시 말해 타인에게 이롭지 않다면, 자신의 외모를 가꾸지 않고 방치할지도 모른다. 반대로 그는 타인에게 이로운 일을 할 때, 예컨대 바람직한 관계를 형성하거나 구직을 도울 때는 기력energy과 기술skill을 적지 않게 발휘하기도 한다. 그러나 자신을 위해서 똑같은 일을 할 때면, 손과 발이 꽁꽁 묶여 버린다.

자기 말소 유형은 적개심이 많이 생기더라도, 감정이 동요하고 마음이 산란해질 때만 빼고 적개심을 거의 드러내지 않는다. 그렇지 않으면 그는 몇 가지 이유로 싸움을 두려워하고 심지어 마찰을 빚는 것조차 무서워한다. 일부 이유는 이렇게 기가 꺾여 무력해진 사람은 훌륭한 투사가 아니며, 도저히 될 수도 없기 때문이다. 때로는 누구든 자신에게 적개심을 가질까 봐 공포에 질려서 마지못해 굴복하고 '이해하고' 용서한다. 자기 말소 유형이 어떤 인간관계를 맺는지 살펴보면 그가 느끼는 두려움을 더 잘 이해할 수 있다. 그런데 다른 금기들과 양립하며 실제로 암시된 두려움은 바로 '공격성'을 띠게 될까 봐 느끼는 것이다. 그는 어떤 사람과 어떤 사상, 어떤 대의에 느끼는 자신의 비호감 非好感 dislike을 견뎌 낼 수 없고, 필요하더라도 그것에 맞서 싸울 수 없다. 그는 끊임없는 적개심을 유지할 수도 없고, 의식적으로 악의惡意 grudge를 품을 수도 없다. 따라서 무의식에 그대로 남아 있는 복수 충동은 오로지 에둘러 드러나고, 변장한 모습으로 나타날 뿐이다. 그는 터놓고 요구하지도 못하고 대놓고 비난하지도 못한다. 자신에게 정당해 보일 때조차 비판하고 비난하고 고발하는 일이 제일 어렵다. 심지어 농담을 할 때도 날카롭고 재치가 넘치고 빈정대는 신랄한 논평은 하지 못한다.

지금까지 말한 내용을 모두 요약하면, 우리는 주제넘고 이기심을 드러내고 공격성을 띠는 모든 것을 막는 수많은 금기가 있다고 말할 수 있겠다. 온갖 금기가 영향을 미치는 범위에 대해 각론으로 들어가 이해하면, 금기는 특정인의 확장 성향, 싸우는 능력, 방어 능력, 자기 이익 추구를 불구로 만들어 저지한다. 말하자면 성장하고 자존감을 높여 줄지도 모를 어떤 것이든 막아 버린다. 금기에 따른 자기 축소는 **위축 과정**shrinking process으로 억지로 자신의 위상을 낮추고, 어떤 환자의 꿈처럼 무자비한 처벌로 신체 크기가 절반으로 줄고, 극도로 궁핍한 생활에 내몰린 끝에 정신 박약자로 떨어졌다고 느낀다.

그렇다면 자기 말소 유형은 여러 금기를 깨지 않으면 어떤 주장도 어떤 공격 행동도 어떤 확장 행동도 할 수 없다. 금기 위반은 자책自責 self-condemnation과 자기 비하自己卑下 self-contempt를 불러일으킨다. 이런 유형은 특별한 내용도 없이 전반에 걸친 공황 상태에 빠져 전전긍긍하는 느낌 a general panicky feeling이나 죄책감feeling guilty으로 반응한다. 자기 비하가 전경에 나오면, 조롱당할까 봐 두려워하는 반응을 보일 수도 있다. 그가 의식하는 자기 감정自己感情 self-feeling은 너무 약하고 대수롭지 않아서, 자신이 제한한 좁은 범위를 넘어서 뻗어 나가는 행동이 쉽게 조롱당할까 봐 두려워할 수도 있다. 이런 공포가 일단 의식되면, 으레 외부로 투사되기 마련이다. 토론할 때 큰 소리로 소신을 밝히고, 공직에 출마하고, 저술하겠다는 야심이 있을 때, 다른 사람들이 우습게 여기고 조롱할 터이다. 이러한 공포는 대부분 의식되지 않는다. 어쨌든 환자는 공포의 가공할 위력과 충격을 결코 자각하지 못하는 것 같다. 하지만 바로 그 공포심이 자신을 억제할 때 영향을 끼치는 요인이다. 조롱당할까 봐 두려운 공포심은 자기 말소 경향에 특이하게 나타난다. 조롱당할까 봐 두려워하는 마음은 확장 유형에게는 낯설다. 확장 유형 환자는 엄포를 놓고 호통을 치며 주제넘게 행동하지만, 자신이 조롱거리가 될지도 모른다거나 다른 사람들이 자신을 조롱거리로 삼을 수도 있다는 점은 알아채지도 못한다.

자기 말소 유형이 어떤 일을 추구하든 자기 이익은 줄어들지만, 기꺼이 타인의 이익을 더하려 일할뿐더러 내부 명령에 따라 유익有益helpfulness, 관대, 배려, 이해, 공감, 사랑, 희생의 극치에 도달해야 한다. 사실 마음속에서 사랑과 희생은 떼어낼 수 없게 뒤얽혀 있다. 그는 사랑을 위해 모든 것을 희생해야 한다. 말하자면 사랑은 희생이다.

지금까지 다룬 금기와 당위는 놀라운 일관성이 있다. 그러나 당장 나타나든 나중에 나타나든 모순된 경향들이 등장한다. 우리는 소박하게도 자기 말소 유형이 오히려 타인의 공격성이나 오만, 복수심에 사로잡힌 특징을 끔찍하게 싫어하리라고 기대한다. 그런데 사실 자기 말소 유형의 태도는 분열되어 있다. 그는 확장 경향이 강한 다른 사람들을 끔찍하게 싫어하지만, 은밀하게 또는 드러내 놓고 그들을 흠모한다. 더구나 무차별로 타인을 흠모하며, 진짜 자신감과 속이 빈 오만을 구분하지 못할뿐더러 진실로 강한 힘real strength과 자아 본위의 잔인성egocentric brutality을 구별하지도 못한다. 우리는 강요된 겸손에 지배당하며 짜증내고 애태우는 자기 말소 유형이 왜 자신이 갖지 못하거나 손에 넣을 수도 없는, 공격성에 사로잡힌 타인의 자질을 흠모하는지 쉽게 이해한다. 그러나 우리는 서서히 이것이 완전한 설명이 될 수 없다는 점도 깨닫는다. 바로 위에서 서술한 가치들과 정반대 특징을 지닌, 더 깊이 숨은 일련의 가치들도 환자에게 영향을 주며, 그가 공격 유형의 확장 충동을 칭찬한다는 점도 알아챈다. 그는 통합에 이르려고 확장 충동을 스스로 마음속 깊이 억누르지 않을 수 없었다. 이렇게 자부심과 공격성은 부인하지만, 타인에게 나타나는 자부심과 공격성을 칭찬하는 태도는 병든 의존성에서 큰 역할을 하는데, 다음 장에서 논의하겠다.

자기 말소 유형이 자신의 갈등에 직면할 만큼 충분히 강해질 때, 확장 충동이 더욱 선명하게 드러난다. 자기 말소 유형도 두려움을 전혀 느끼지 않는 **절대 경지**에 도달해야 한다. 그는 자기 이익 추구에 전력을 쏟아야 할뿐더러 자신을 공격하는 누구에게든 응수하고 반격해야 한다. 따라서 그는 '비겁'과 무효無效 ineffectualness, 순응의 흔적을 발견할 때마다 마음속으로 자신을 경멸한다. 이렇게 그는 끊임없이 십자 포화를 받는 처지에 놓인다. 그는 무슨 일을 해도 자신에게 욕설을 퍼붓고, 무슨 일을 하지 않아도 자신을 매도한다. 대부貸付나 호의가 필요하다는 타인의 요청을 거절하면, 자신을 역겹고 끔찍스러운 놈이라고 욕한다. 요청을 들어주면, 자신을 남에게 잘 속아 넘어가는 '젖먹이sucker'에 지나지 않는다고 비웃는다. 모욕한 사람의 콧대를 팍 꺾더라도, 흠칫 놀라 기분이 너무 상하고 불쾌해져 버린다.

자기 말소 유형이 이런 갈등에 직면해 분석하지 않는 한, 공격성의 저류를 저지해야 할 필요가 자기 말소 행동을 더욱더 집요하게 반복하도록 만들어, 갈등이 해결되지 않고 굳어 버린다.

지금까지 드러난 주요 그림은 확장 행동을 피하려고 성장이 위축될 정도로 자신을 억누르는 사람의 모습이다. 더욱이 이전에 지적했고 나중에 정교하게 논의했듯이, 자기 말소 유형은 언제나 멈추지 않고 기꺼이 자신을 책망하고 비하할 준비가 된 상태로 억압받는다고 느낀다. 그는 또 쉽게 겁을 먹고 두려워하는데, 나중에 살펴보겠지만 이런 모든 고통스러운 감정을 누그러뜨리려 기력을 대부분 써버린다. 자기 말소 유형이 놓인 기본 조건basic condition이 어떤지 세부 내용과 예상되는 결과를 알아보기 전에, 그를 이런 방향으로 내모는 여러 요인이 무엇인지 살펴서 기본 조건이 어떻게 형성되는지 조금 이해해 보자.

생애 후기에 자기 말소 의존 해결책으로 기운 사람들은 으레 생애 초기에 겪은 갈등을 사람들에게 다가서는 '접근 행동moving toward'으로 해결했다.[1] 자기 말소의 전형을 보여 주는 사례에서 생애 초기의 환경은 확장 유형과 다른 특징을 나타낸다. 확장 유형은 어린 시절 칭찬받고 엄격한 기준의 압박을 받으며 자랐거나 부당한 이용과 착취, 치욕 속에서 가혹한 취급을 받으며 살았다. 다른 한편 자기 말소 유형은 누구의 **그늘 아래서**under the shadow 성장했는데, 누구는 바로 좋아하는 형제, 일반적으로 제3자들이 우러러 받드는 부모, 아름다운 어머니, 또는 자애롭지만 전제 권력을 행사한 아버지일 수도 있다. 생애 초기의 환경은 두려움을 불러일으키기 쉬운 위태롭고 불안한 상황이었다. 그러나 자신을 예속시킨 헌신의 대가로 애정은 얻을 수 있었다. 예컨대 아이만 돌보고 바라보며 살아서 아이가 어떤 실패를 겪든 죄책감을 느끼게 만드는, 오랜 세월 고통 속에서 산 어머니가 있었을 수도 있다. 어쩌면 맹목적으로 칭찬만 하는 친구처럼 다정하고 관대한 어머니나 아버지가 있을지도 모른다. 아니면 잘 보이려는 행동이나 유화 행동으로 귀여움과 보호를 받지만 동시에 위압을 느꼈던 형제가 있었을 터이다.[2] 마음속으로 반항하고

---

1 카렌 호나이, 『우리 시대 신경증 인격』 신경증에서 비롯된 애정의 필요에 관해 논의한 6-8장 참고. 『인간의 내면 갈등』 3장 사람들에게 다가서는 접근 행동 참고.

싶은 소망과 애정의 필요 사이에서 고군분투하며 몇 년을 지낸 다음, 아이는 자신의 적개심을 억압하고 투혼을 버렸으며 애정의 필요가 승리했다. 짜증은 멈추었고, 아이는 순응하게 되어 모든 사람을 좋아하는 법과 가장 두려워하던 사람들에게 씁쓸한 찬사를 보내며 의지하는 법을 배운다. 그는 적개심으로 생기는 긴장에 과민해지고, 유화 행동을 하고, 사태를 원만히 처리하거나 얼버무리는 경향을 보였다. 타인을 회유하고 자기편으로 끌어들이는 일이 최고로 중요해서, 그는 남이 용인할 만하고 남의 사랑을 받을 만한 자질을 스스로 계발하려고 노력했다. 간혹 청소년기에 찾아오는 또 다른 반항기에는 떠들썩하고 강박에 사로잡힌 야망을 품기도 했다. 그러나 다시 한번 사랑과 보호의 혜택을 얻으려고, 때로는 첫사랑 때문에 확장 충동을 마지못해 포기했다. 다음에 뒤따른 발달은 대체로 반항과 야망이 억압되는 정도에 달려 있거나, 복종이나 애정, 또는 사랑 쪽으로 무게 중심이 얼마나 이동하느냐에 의존했다.

자기 말소 유형은 다른 어떤 신경증과 마찬가지로 발병 초기에 생겨난 필요를 자기 이상화로 해결한다. 그러나 한 가지 방식으로만 해결할 수 있다. 우선 이런 유형이 이상에 맞춘 자아상은 이타심, 선, 관대, 겸손, 성자다움, 고결함, 공감 같은 '사랑스러운lovable' 자질의 혼합체이다. 둘째로 무력감, 고통, 순교 의식이 미화를 거쳐 영광스러운 자리를 차지한다. 오만한 복수 유형과 뚜렷한 차이를 보이는 자기 말소 유형은 감정을 특히 중시하며, 기쁨이나 고통, 또 각기 다른 사람들individual people에게 품는 감정뿐 아니라 인류나 예술, 자연, 온갖 가치를 소중히 여기는 감정도 중시한다. 심층 감정을 품고 체험하는 일은 자기 말소 유형이 만든 자아상의 일부이다. 그 결과로 생긴

---

2 카렌 호나이, 『자기 분석』 제8장 병든 의존성을 체계적으로 파헤치는 자기 분석.(클레어의 어린 시절은 병든 의존성을 보여 주는 전형이다.)

내부 명령은 그가 사람들과 겪는 근본 갈등을 풀려고 선택한 해결책에서 자라난, 자기를 부정하는 경향the self-abnegating trends을 강화할 때에만 이행할 수 있다. 그러므로 자부심에 이르러서는 상반되는 두 가지 감정이 엇갈리는 태도를 계발할 수밖에 없다. 가짜 자기pseudo-self의 성자답고 사랑스러운 자질이 가치를 부여할 모든 것이므로, 그런 자질에 강한 자부심을 느끼지 않을 수 없다. 어떤 남자 환자는 회복되었을 때 자신을 두고 이렇게 말했다. "나는 도덕 차원에서 느끼는 우월감을 당연하다고 생각했습니다." 설령 환자가 자부심을 부인하고 자부심이 행동으로 직접 드러나지 않더라도, 자부심은 신경증에 사로잡힌 자부심이 흔히 그렇듯 간접적인 여러 방식으로 드러난다. 예컨대 상처를 입기 쉬운 취약성, 체면 차리기 책략, 회피로 드러난다. 다른 한편 성자다움과 사랑스러움의 자질을 갖춘 자아에 따라 어떤 자부심이든 의식되지 못하도록 억제한다. 그는 자부심의 흔적조차 지워버리려고 비상한 노력을 기울인다. 따라서 자신을 작고 무력한 상태로 남겨 두어 위축되기 시작한다. 그에게는 자신과 자랑스럽고 영광스러운 자기를 동일시하는 일이 불가능할 터이다. 그는 자신을 억눌리고 희생되는 자기로 체험할 따름이다. 작고 무력하다고 느낄뿐더러 죄가 있어 떳떳하지 못하고, 아무도 원치 않으며 사랑스럽지 않고 어리석고 무능하다고 느낀다. 그는 패배한 약자弱者underdog로서 짓밟히고 억압당하는 사람들과 자신을 동일시하기 쉽다. 따라서 자부심을 자각하지 않고 배제하는 행동은 자기 말소 유형이 내면 갈등을 해결하는 방식이다.

지금까지 추적했듯이 이런 해결책의 약점은 두 요인에 있다. 하나는 성경에 나오는 용어를 쓰자면 사람이 자신의 재능을 땅 속에 묻어두어 자신에게 반항하는 '죄sin'를 지을 운명에 갇히는 위축 과정shrinking process이다. 다른 하나는 확장 성향expansiveness을 막는 금기 탓에 자기 말소 유형이 자기 혐오의 무력한 희생자가 되는 방식이다. 정신 분석 초기 단계에 자기 말소 유형 환자들에게서 이런 점이 발견되는데, 그들은 어떤 자책이든 극명한 공포 반응을 보인다. 이 유형은 자책과 공포의 관계를 흔히 자각하지 못한 채 겁을 집어먹고 두려워하거나 전전긍긍하며 공황 상태에 빠지는 경험만 할 따름이다. 그는 으레 자책하는 경향을 자각하지만, 더 숙고하지 않고 자책을 자신의 양심에 따른 정직한 성품이 드러난 표시로 여긴다.

환자는 다른 사람들이 쏟아 내는 비난을 너무 쉽게 수용할 수도 있다. 그리고 나중에 비로소 타인의 비난이 근거가 없고, 타인을 비난하는 행동보다 자신에게 죄가 있다고 선언하는 편이 훨씬 쉽다고 깨닫기도 한다. 사실 자기 말소 유형 환자가 유죄나 비판받을 때 잘못을 인정하는 반응은 너무나 빠른 자동 반응에 가까워서, 이성이 끼어들 겨를이 없다. 하지만 자신이 적극적으로 positively 자신을 학대한다는 사실은 자각하지 못하며, 자학하는 범위와 정도는 더 말할 것도 없다. 그가 꾸는 온갖 꿈은 자기 비하와 자책의 상징으로 가득하다. 자책을 보여 주는 전형은 처형處刑 꿈execution-dreams이다. 꿈에서 그는 사형 선고를 받고, 이유는 모르지만 수용한다. 아무도 그에게 어떤 자비나 관심도 보이지 않는다. 아니면 고문당하는 꿈을 꾸거나 공상에 빠진다. 고문을 무서워하고 두려워하는 마음은 건강 염려증hypochondriac에 따른 두려움으로 나타나기도 한다. 두통은 뇌종양이 되고, 후두염은 폐결핵이 되고, 위경련은 위암으로 바뀐다.

정신 분석이 진행될 때, 환자의 자책과 자학 강도强度 intensity는 명확히 드러난다. 논의하려고 끄집어낸 환자의 곤란한 문제나 상황이 어떤 것이든 환자는 자신을 혹평하고 학대하는 데 사용할 수도 있다. 의식의 수면 위로 떠오른 적개심敵愾心 hostility을 자각하는 자신을 잠재적 살인자로 느끼게 될지도 모른다. 자신이 타인에게 얼마나 많이 기대하는지 밝혀지면, 포식 동물처럼 무자비하게 남을 이용해 먹는 사람이 된다. 시간과 돈 문제에서 얼마나 체계가 없고 질서가 없는지 깨닫게 되면, '악화惡化 deterioration'로 치달을지도 모른다는 공포심이 밀려들 수도 있다. 다름 아닌 바로 불안이 존재한다는 사실만으로도, 균형 감각을 완전히 잃고 정신병에 걸리기 직전에 몰린 사람처럼 느낄 수도 있다. 앞에서 말한 여러 반응이 공공연하게 드러나지 않으면, 초기 단계 정신 분석이 상태를 더 위중하게 만드는 것처럼 보이기도 한다.

그러므로 처음에는 자기 말소 유형에 나타나는 자기 혐오나 자기 비하가 다른 신경증 유형에 나타나는 경우보다 강도가 훨씬 높고 더욱 나쁘다는 인상을 받을지도 모른다. 확장 유형은 자기 혐오를 물리치는 데 효과가 뛰어난 수단을 대부분 이용할 수 있지만, 자기 말소 유형은 그러한 수단을 뜻대로 처리하지 못한다. 그래도 이 유형은 특별한 당위와 금기를 따르려고 애쓰며, 어느 신경증과 마찬가지로 추리와 상상력의 도움으로 상황을 덮어 감추고 윤색한다.

그런데 자기 말소 유형이 독선獨善 self-righteousness 으로 자책을 피할 수 없는 까닭은 오만과 자만을 막는 금기에 위배되기 때문이다. 그는 자신이 거부한 오만과 자만에 근거해 타인을 효과적으로 혐오하거나 경멸할 수 없다. 왜냐하면 '이해하고' 용서해야 하기 때문이다. 사실 타인을 비난하는 행동이나 타인에게 품는 적개심은 모두 자기 말소 유형을 안심시키기보다 오히려 두렵게 할 터이다. 두려워하는 까닭은 공격성을 막는 금기에 위배되기 때문이다. 곧 살펴보겠지만 자기 말소 유형은 바로 그런 이유로 마찰을 피해야 하는 만큼 타인이 필요하다. 따지고 보면 이러한 모든 요인이 영향을 미쳐, 그는 절대로 훌륭한 투사가 아니다. 타인과 관계를 맺을 때만 그런 것이 아니라 자신을 공격할 때도 마찬가지이다. 달리 말해 그는 타인의 공격에 무방비 상태로 노출되어 있는 것과 마찬가지로 자책self-accusation과 자기 비하self-contempt, 자학self-torture에도 무방비로 노출된다. 모든 것을 가만히 받아들인다. 자신의 내면을 지배하는 당위의 폭정에 따른 판결을 수용한 다음에 자신을 둘러싼 이미 가치가 떨어질 대로 떨어진 영락한 감정을 서서히 불어나게 한다.

그렇더라도 자기 말소 유형은 당연히 자기 방어가 필요하므로 자기만의 방어 대책defensive measures을 개발한다. 자기 혐오가 엄습할 때 보이는 공포 반응은 실제로 자기만의 특별한 방어 대책이 기능을 제대로 발휘하지 못할 때에만 나타난다. 자기를 축소하는 과정이 바로 자기를 확장하려는 태도를 피하고 자신의 금기에 따른 제한된 범위 안에 머무는 수단일뿐더러, 자기 혐오를 완화하는 수단이기도 하다. 자기 말소 유형은 공격받는다고 느낄 때 오히려 사람들에게 다가가는 접근 행동을 한다고 말할 수 있다. 그는 화해하려고 애쓰고, 예컨대 유죄를 지나치게 빨리 또 많이 인정해 비난을 약화하려 한다. 그는 이렇게 말하곤 한다. "네가 정말 옳아. 나는 어떻든 쓸모가 없어. 모두 내 잘못이야." 그는 변명하고 후회와 자책을 표현해 공감에서 우러난 안도와 확신을 끌어내려고 애쓴다. 또 자신이 무력하다고 강조해 자비를 구하기도 한다. 이처럼 유화 행동 방식으로 자책을 완화한다. 그는 마음속으로 죄책감과 무력감, 각 방면에서 형편이 좋지 않은 상황을 과장한다. 간단히 말해 자기 말소 유형은 자신의 고통과 괴로움suffering을 강조한다.

자기 말소 유형이 내면의 긴장에서 풀려나는 다른 길은 수동 외면화passive externalization를 거친다. 이는 타인에게 비난을 듣고, 의심을 사거나 소홀히 취급되고, 억압당하고, 경멸의 대상이 되고, 학대받고, 이용당하고, 노골적으로 잔혹한 취급을 받았다는 느낌으로 드러난다. 그런데 수동 외면화는 불안을 누그러뜨리기는 하지만, 능동 외면화active externalization만큼 자책을 제거하는 데 효과를 내는 수단은 아닌 것 같다. 게다가 수동 외면화는 모든 외면화와 마찬가지로 환자가 타인과 맺는 관계를 방해하며, 여러 가지 이유로 각별히 민감하게 반응하는 장애이다.

그렇지만 앞에서 언급한 모든 방어 대책은 여전히 환자 내면을 위험하고 불안한 상황에 남겨 둔다. 그는 아직 훨씬 강력한 안도와 확신이 필요하다. 자기 말소 유형이 나타내는 자기 혐오가 중간 정도로 한도를 지키는 때에도, 그는 혼자서by himself 또 스스로for himself 행하는 자기 축소를 비롯한 모든 일이 무의미하다는 느낌 탓에 몹시 불안정한 상태로 불안에 시달린다. 예전 행동 방식대로 내면의 입지를 굳건히 다지려고, 자신이 남에게 수용되고 인정받고 필요할뿐더러 남이 자신을 원하고 좋아하고 사랑하며 자신에게 감사한다고 느껴 다른 사람들에게 손을 내민다. **자기 말소 유형의 구원은 다른 사람들의 손에 달렸다**. 따라서 자기 말소 유형이 사람들에게 의지해야 할 필요는 더 커질뿐더러 흔히 거의 미친 상태에 이른다. 우리는 이제 자기 말소 유형에게 사랑이 지닌 호소력을 이해하기 시작한다. '사랑'이라는 말은 모든 긍정 감정positive feelings, 예컨대 공감과 다정다감, 애정과 감사, 성애性愛 sexual love, 남에게 필요하고 남이 고마워하는 사람이라는 느낌 밑에 놓인 공통 분모common denominator라는 뜻으로 사용한다. 사랑의 호소력이 더욱 엄밀한 의미로 어떤 사람의 애정 생활에 얼마나 크게 영향을 미치는지에 대한 논의는 다음 장에서 따로 하겠다. 여기서는 사랑에 호소하는 경향이 환자의 인간 관계 전반에 걸쳐 어떻게 영향을 미치는지 논의하기로 하자.

확장 유형expansive type은 자신의 권력과 위조 가치spurious values를 확인하려고 사람들이 필요하다. 그가 자기 혐오를 막는 안전판으로 이용하기 위해서도 사람들은 필요하다. 그런데 확장 유형은 자신의 재간을 더 쉽게 발휘하고 자부심에서 더 큰 힘을 얻으므로, 타인이 필요한 정도는 자기 말소 유형과 달리 절박하지도 않고 포괄성을 띠지도 않는다. 이러한 필요의 본성과 규모가 자기 말소 유형이 **타인에게 거는 기대**expectations of others에 나타나는 기본 특성을 설명해 준다. 오만한 복수 유형이 반대를 보여 주는 증거가 발견되기 전까지 악을 기대하고, 나중에 논의할 진짜 냉담 유형truly detached type이 선도 악도 기대하지 않는 반면에, 자기 말소 유형은 꾸준히 선을 기대한다. 자기 말소 유형은 겉으로 인류의 본질적 선을 한 치도 흔들리지 않고 믿는 것처럼 보인다. 사실 그는 타인의 호감을 주는 여러 자질에 더 개방적이고 더 민감하다. 그러나 타인에게 거는 기대의 포괄성 탓으로 식별하는 안목은 기를 수가 없다. 그는 일반적으로 진짜 우호적인 행동과 그저 우호적인 척하는 행동을 구별하지 못한다. 그래서 타인이 온정이나 관심을 보일 때 너무나 쉽게 매수되고 만다. 더구나 그의 내부 명령은 모든 사람을 **좋아해야 하며**, 의심을 **품어서는 안 된다**고 말한다. 끝장에 이르러 자기 말소 유형은 반목反目 antagonism이 늘고 가능한 싸움이 현실에서 일어날까 봐 느끼는 공포심 탓에, 거짓말과 비뚤어진 태도, 착취, 잔혹성, 배반 같은 특성을 눈감아 주거나 폐기하고, 축소하거나 교묘하게 설명해 얼버무린다.

자기 말소 유형은 앞서 말한 경향을 보여 주는 틀림없는 증거와 마주할 때마다 충격을 받고 놀란다. 그렇더라도 기만하고 굴욕감을 주고, 남을 이용하거나 착취하려는 의도意圖 intent는 한사코 믿지 않고 거부한다. 설령 자주 학대당하고, 훨씬 더 자주 학대당한다고 느낄지라도, 기본적으로 다른 사람들에게 거는 기대감에는 변화가 일어나지 않는다. 인격이 결부된 쓰라린 경험 bitter personal experience으로 특정 집단이나 사람에게서 좋은 일이라고는 하나도 생길 리가 없다는 사실을 알 수도 있으련만, 그는 의식 차원이나 무의식 차원에서 여전히 좋은 일만 계속 기대한다. 다른 경우에 심리 파악이나 논리력이 뛰어나고 날카로운 사람이 이렇게 맹목성을 드러내면, 친구나 직장 동료는 아연실색하기도 한다. 그런데 이는 자기 말소 유형이 정서 안정이 너무 필요해서 증거를 무시한다는 점만 보여 줄 따름이다. 그는 사람들에게 거는 기대가 크면 클수록, 사람들을 더욱더 이상적인 모습으로 그리는 경향이 있다. 인간에게 어울리는 진실한 믿음이 아니라 극단적인 낙천가 폴리아나 같은 태도를 보이므로, 불가피하게 실망을 거듭하고 사람들에게 치여 불안도 커질 수밖에 없다.

여기서 자기 말소 유형이 타인에게 거는 기대가 어떤 것인지 간략히 개괄해 보자. 첫째로 그는 타인에게 수용된다고 느껴야 한다. 주목과 인정, 감사, 애정, 공감, 사랑, 성에 이르기까지 유효한 어떤 형태로든 누구에게 수용된다는 느낌이 필요하다. 비교해서 명료하게 표현해 보자. 현대 문명 사회에서 많은 사람이 '버는' 돈의 양만큼 자신이 가치가 있다고 느끼는 것처럼, 자기 말소 유형은 사랑의 유통 속에서 자신의 가치를 측정한다. 여기서 사랑이라는 낱말은 다양한 수용을 포괄하는 용어로 사용한다. 그는 타인이 자신을 좋아하고, 필요하다고 느끼고, 원하고 사랑하는 만큼 가치가 있다.

게다가 자기 말소 유형에게 인간적인 접촉과 알고 지내거나 사귀는 사람company이 필요한 까닭은 어떤 경우에도 긴 시간 동안 혼자서 지낼 수 없기 때문이다. 마치 삶에서 단절된 듯이 길을 잃었다고 느끼고 방황하기 쉽다. 길을 잃은 느낌은 고통스럽지만, 자학self-abuse이 한도를 넘지 않는 한 아직 참을 만하다. 하지만 자책과 자기 비하가 급성으로 심각해지면, 길을 잃은 느낌이 이름 없는 공포로 커지며, 정확히 여기에서 타인에게 의지할 필요가 광기에 사로잡힌다.

알고 지내거나 사귀는 사람이 점점 더 많이 필요한 까닭은 혼자 된다는 것이 아무도 자신을 원치 않고 좋아하지 않는다고 증명하는 셈이고, 따라서 비밀에 부쳐야 할 불명예이자 망신이기 때문이다. 혼자 영화보러 가거나 휴가를 떠나는 것은 불명예이며, 다른 사람은 사교 모임에 가는데 혼자 주말을 보내는 것도 망신이다. 이는 자기 말소 유형이 지닌 자신감이, 누가 자신을 어떤 방식으로 보살피거나 돌보는지에 얼마나 많이 의존하는지 보여 준다. 그는 자신이 하는 행동에 의미와 열의를 부여하기 위해서도 타인이 필요하다. 자기 말소 유형은 바느질하고 요리하고 정원을 가꿀 사람이 필요하고, 피아노를 치려면 피아노 선생이 필요하고, 자신에게 의지하는 환자나 의뢰인이 필요하다.

이렇게 정서 측면에서 필요한 모든 지원 말고도, 그는 도움이 아주 많이 필요하다. 자신이 필요한 도움은 마음속에서는 그지없이 합당한 한도를 지킨다. 일부는 필요한 도움이 대부분 무의식에서 생겨 의식되지 않는 탓이고, 일부는 도움이 필요한 특정한 부탁requests을 마치 각각 분리해 유일한 부탁인 양 하나씩 요구하기 때문이다. 그는 일자리를 구해 달라고, 자기 집주인에게 대신 말을 해 달라고, 자기와 함께 또는 자기를 대신해 장을 봐 달라고, 자기에게 돈을 빌려 달라고 도움을 청한다. 더욱이 그가 의식하는 어떤 도움 요청이든 자신에게 대단히 합당해 보이는 까닭은 도움 요청의 배후에 도사린 필요가 너무 크기 때문이다. 그러나 우리가 정신 분석 과정에서 전체 그림을 볼 때, 그가 도움을 받아야 할 필요는 실제로 만사가 자신을 위해 돌아가리라는 기대로 바뀐다. 다른 사람들이 자기 말소 유형을 대신해 인생 계획도 세워 주고 일도 해 주고 책임도 져 주고, 더 나아가 인생에 의미를 부여하거나 인생을 통째로 양도받는다. 이러한 필요와 기대의 전체 범위를 인지할 때, 사랑의 호소가 자기 말소 유형에게 행사하는 위력은 명백하다. 사랑의 호소력은 불안을 누그러뜨리는 수단만이 아니다. 사랑이 없으면, 자기 말소 유형 환자와 그의 인생은 가치도 없고 의미도 없다. 그러므로 **사랑은 자기 말소 의존 해결책의 본질을 이루는 부분**이다. 자기 말소 유형에 속한 사람들이 소중히 여기는 감정 가운데, 사랑은 숨을 쉴 때 필요한 산소처럼 필요 불가결한 요소이다.

자기 말소 유형은 타인에게 거는 기대를 정신 분석 관계에도 당연히 끌어들인다. 이 유형은 대다수 확장 유형과 달리, 도움 요청을 전혀 수치로 여기지 않는다. 반대로 자신의 필요와 무력감을 각색하고 연극처럼 과장해 도움을 간청한다. 물론 자신만의 방식으로 도움을 청한다. 그는 본디 '사랑'으로 소통하는 치유治癒를 기대한다. 분석 작업에 상당한 노력을 기꺼이 쏟을 수도 있지만, 나중에 드러나듯이 걸신들린 듯이 갈망하는 자신의 기대에 이끌린다. 구원救援 salvation과 구제救濟 redemption는 오로지 바깥에서, 여기서는 분석가로부터, 수용하는 과정을 거쳐서 올 수밖에 없고, 그렇게 해야 비로소 가능하다고 기대한다. 그는 분석가가 사랑으로 자신의 죄책감을 제거해 주리라 기대한다. 이때 사랑은 분석가가 이성異性일 때에는 성애를 뜻할 수도 있다. 일반적으로 사랑은 우정을 비롯한 특별한 주목이나 관심의 표시를 뜻하는 경우가 더 많다.

신경증에서 늘 그렇듯이 필요는 권리 주장으로 바뀌는데, 이는 자기 말소 유형이 자신에게 모든 재화를 가질 권한이 있다고 느낀다는 뜻이다. 사랑과 애정, 이해와 공감, 도움의 필요는 이렇게 바뀐다. "나는 사랑을 받고 애정을 얻고, 이해를 받고 공감을 얻을 권리가 있어. 나는 도움을 받을 권리가 있어. 나는 행복을 추구할 필요가 없고, 행복은 내게 굴러들어오게 되어 있다니까." 이러한 주장이 확장 유형보다 더 깊은 무의식에 권리 주장으로 그대로 남아 있음은 말할 나위도 없다.

방금 말한 점과 관련이 깊은 질문은 다음과 같다. 자기 말소 유형은 무엇에 기초해 자신의 권리 주장을 내세우며, 어떻게 권리 주장을 내세우는가? 거의 뚜렷이 의식되고, 보기에 따라 현실에도 근접하는 기초는 자기 말소 유형이 스스로 남의 마음에 들고 쓸모 있는 사람이 되려고 노력한다는 점이다. 그는 기질과 신경증 구조, 다양한 상황 변화에 따라 매력이 넘칠 수도 있고, 순응하거나 배려하기도 하고, 남이 바라는 소망에 민감할 수도 있고, 당장 쓸모 있거나 도와 주기도 하고, 희생하거나 이해심 깊은 사람이 될 수도 있다. 당연히 자신이 남을 위해 이런저런 방식으로 수행한 일을 과대평가한다. 타인이 이런 주목과 아량을 달가워하지 않을 수도 있다는 점은 안중에도 없다. 또 자신의 제안에 붙은 단서를 자각하지도 못하며, 자신에게 따라다니는 불쾌한 여러 특성을 하나도 신경쓰지 않는다. 그리하여 그는 순금 같은 친화성을 지닌 사람으로 등장하며, 자신의 친절한 행동에 적합한 보상을 합당하게 reasonably 기대할 수 있다.

자기 말소 유형이 내세우는 권리 주장의 다른 기초는 자신에게 손해가 더욱 크며, 다른 사람들은 더욱 강압으로 느낀다. 그는 혼자 있는 것을 두려워하므로, 다른 사람들이 집에 머물러야 한다. 또 소음을 견딜 수 없으므로, 누구나 집에서 발끝으로 다녀야 한다. 이리하여 신경증에 사로잡힌 필요와 고통이나 괴로움에 할증금을 얹어 부각시킨다. 고통이나 괴로움은 무의식적으로 권리 주장들을 내세우는 데 사용되어, 그것을 극복해야 할 유인이 저지될 뿐만 아니라 부주의하게 과장한다. 그렇다고 자기 말소 유형이 겪는 고통과 괴로움이 감정을 노골적으로 드러낼 목적으로 '과장될' 뿐이라는 뜻은 아니다. 자신의 필요를 충족시킬 권한이 있다는 권리 주장은, 환자가 일차로 자신과 자신의 만족을 입증해야 해서, 환자에게 영향을 훨씬 더 많이 미친다. 그는 자신의 고통과 괴로움이 너무 이례적이고 지나쳐 도움받을 권한이 있다고 느낄 수밖에 없다. 달리 말해 이런 과정 탓에 어떤 사람은 실제로 자신의 고통과 괴로움을, 무의식적 전략 가치가 획득되지 않았을 때보다 더 강렬하게 느낀다.

무의식에 더 깊이 가라앉은 더 파괴적인 셋째 기초는 학대받은 느낌과 자신이 받은 상처를 타인이 대신 치유하게 만들 권한이 있다는 느낌이다. 꿈에 그는 회복할 수 없을 정도로 망가져 자신의 모든 필요를 충족시킬 권한이 있는 존재로 등장한다. 이렇게 복수심에 사로잡히는 요소를 이해하려면, 환자의 학대 감정을 설명해 주는 요인이 무엇인지 개괄해야 한다.

자기 말소 유형에 속한 전형적인 사람에게 학대 감정은 인생 전반에 걸친 태도에 거의 언제나 따라다니는 저류를 형성한다. 몇 마디 말로 투박하지만 그럴싸하게 특성을 묘사하면, 그는 애정을 갈구하고 학대당했다고 느끼려 시간을 거의 다 쓰는 사람이라고 말할 수 있으리라. 우선 이미 언급했듯이 다른 사람들은 흔히 자기 말소 유형이 놓인 무방비 상태와 돕고 희생하려는 과도한 열망을 이용한다. 그는 무가치하다는 느낌과 스스로 서지 못하는 무능력 탓으로, 학대를 의식하지 못할 때도 가끔 있다. 또 자기 축소 과정에서 반드시 따라 나오는 모든 행동 습관 탓에 흔히 다른 사람들 쪽에서 해치려는 의도가 없더라도 손해 보고 지는 쪽이 되고 만다. 설령 실제로 그가 어떤 점에서 다른 사람보다 운이 더 좋더라도, 그에게 중요한 금기가 영향을 주어 장점을 인정하지 못하고, 다른 사람보다 못한 사람이라고 느끼고 그렇게 경험할 수밖에 없다.

게다가 자기 말소 유형은 무의식적인 여러 권리 주장이 이행되지 않을 때 학대당했다고 느낀다. 예컨대 타인을 즐겁게 해 주고, 도우며 희생하려는 강박에 가까운 노력에 감사하는 반응을 보이지 않을 때 학대당했다고 느낀다. 권리 주장이 좌절되었을 때 나타내는 전형적인 반응은 의분이라기보다 불공평한 대우를 받은 처지에서 생겨난 자기 연민의 감정이다.

다른 어떤 원천보다 더욱 가슴 저미고 쓰라린 원천은 십중팔구 자신에게 가하는 온갖 학대일 텐데, 자기 축소뿐 아니라 자책과 자기 비하, 자학自虐 self-torture을 거쳐 외부로 투사된 형태까지 모두 포괄한다. 자학自虐 self-abuse 강도가 크면 클수록, 좋은 외부 조건이 영향을 주어 자학을 이겨낼 가능성은 더욱더 줄어든다. 자기 말소 유형은 자주 설움woes이 가득한 가슴 아픈 이야기를 할 테고, 자신을 더 잘 대우해 달라고, 곧이어 오로지 같은 궁지에 빠진 자신의 처지를 알아 달라고 공감과 소망을 일깨울 터이다. 사실 그는 불공평한 대우를 받지 않았을지도 모르며, 자신에게만 그렇게 보였을지도 모른다. 어쨌든 불공평한 대우를 받았다고 느낄 때 뒤에 숨은 진실은 자학이다. 갑자기 일어나는 자책과 뒤이어 일어나는 학대받은 느낌의 관계는 어렵지 않게 관찰할 수 있다. 예컨대 정신 분석 과정에서 자신이 부딪친 곤경을 알아보고 자책이 일어나자마자, 환자의 생각은 즉시 살면서 실제로 학대받았던 작은 사건이나 시기로 되돌아갈 수도 있다. 예컨대 어린 시절 일어났거나 이전에 치료받을 때 일어났거나 이전 직장에서 일어났던 사건을 떠올린다. 그는 전에 여러 번 했던 그대로 자신이 당한 옳지 못한 행동the wrong done을 연극처럼 과장해 표현하고 지루할 정도로 곱씹기도 한다. 같은 행동 양식이 다른 여러 인간 관계에 나타날 수 있다. 예컨대 희미하게라도 배려가 부족했다고 자각하면, 그는 배려가 없다는 느낌을 번개처럼 빠르게 학대당했다는 느낌으로 뒤바꾼다. 간단히 말해 부당한 일을 당할까 봐 두려워하는 공포심 탓으로, 스스로 희생자라고 느낄 수밖에 없는 처지에 놓인다. 사실 그가 타인을 돕지 못해 실망시키거나, 자신의 암묵적 요구로 타인에게 부담을 안겨주는 사람이었을 때도 희생자라고 느낀다. 희생당했다는 느낌은 자기 혐오에 맞선 보호 수단이 되므로, 필사적으로 방어해야 할 전략적 거점이다. 자책이 악의에 찰수록, 미친 듯이 자신이 당한 옳지 못한 행동을 더욱더 명백하게 입증하고 과장할 수밖에 없다. 그리고 옳지 못한 행동을 훨씬 처절하게 체험한다. 이러한 필요는 너무 강력해서 그를 돕는 일은 한동안 엄두도 낼 수 없다. 왜냐하면 도움을 받겠다고 승낙하거나 심지어 돕겠다는 제안을 허용하면, 완전한 희생자가 되어 구축한 방어 진지가 무너질 것이기 때문이다. 반대로 학대받은 느낌이 갑자기 나타날 때는 언제나 죄의식이나 죄책감이 얼마나 커질 수 있는지 살펴보면 유익하다. 우리는 자주 정신 분석 과정에서 환자가 당한 옳지 못한 행동이 합당한 규모까지 줄어드는 경우를 관찰할 수 있다. 또는 환자가 특정한 상황에서 자신이 분담한 몫을 인정하고, 사실에 입각해 자책하지 않고 상황을 바라보자마자 더는 잘못이 아니게 되는 경우도 관찰할 수 있다.

자기 혐오의 수동 외면화는 그저 학대받은 느낌을 넘어설 수도 있다. 자기 말소 유형은 타인이 자신을 학대하도록 자극해 내부에서 겪는 상황을 외부 상황으로 옮겨 놓기도 한다. 그는 이렇게 비열하고 잔혹한 세상에서 고통을 당하고 괴로워하는 고결한 희생자가 된다.

지금까지 다룬 강력한 여러 원천이 모두 결합해 환자에게 학대받은 느낌을 불러일으킨다. 면밀히 관찰하면 환자가 이런저런 이유로 학대받았다고 느낄뿐더러 자신의 내면에서 어떤 것이 학대받은 느낌을 환영하고, 정말 열심히 붙잡고 늘어지기도 한다는 점이 드러난다. 이것은 학대받은 느낌에도 중요한 기능이 있다는 사실을 보여 준다. 중요한 기능은 억제된 확장 충동의 배출과 환자가 견딜 수 있는 거의 유일한 일을 허용하면서 확장 충동을 은폐하는 것이다. 이로써 환자는 은밀하게 타인보다 우월하다고 느끼며 순교의 왕관을 쓴다. 다음으로 정당한 근거에 입각해 타인에게 적개심을 드러내고 공격할 수 있다. 끝으로 환자는 자신의 적대 공격 성향을 위장한다. 왜냐하면 곧 알게 되겠지만 적개심이나 적대감은 대부분 억제되고, 고통과 괴로움으로 표현되기 때문이다. 그러므로 학대받은 느낌은 환자가 자기 말소를 해결책으로 삼게 내모는 내면 갈등을 알아채거나 체험하지 못하는 크나큰 걸림돌이다. 또 각 개별 요인을 분석하면 각 요인에 따른 집착을 줄이는 데 도움이 되지만, 환자가 갈등과 직접 대면하기 전까지는 집착이 사라질 리 없다.

이렇게 학대받은 느낌이 지속되고, 으레 그렇듯 멈춰 있지 않고 시간이 흐르면서 커지면 타인에게 복수심을 품는 원한怨恨 resentment도 커지기 마련이다. 복수심을 품은 적개심vindictive hostility은 대부분 의식되지 않은 채 남는다. 적개심이 마음속 깊은 곳으로 가라앉고 억압되는 까닭은 환자가 살아가는 데 필요한 모든 주관적 가치를 위협하기 때문이다. 우선 적개심 탓으로 절대 선과 대범한 성품을 갖춘 이상에 맞춘 자아상을 망쳐 놓는다. 둘째로 적개심은 자신을 사랑스럽지 않다고 느끼게 하며, 타인에게 거는 모든 기대와 상충한다. 셋째로 적개심은 모든 것을 이해하고 모든 것을 용서하라는 자신의 내부 명령을 어긴다. 그러므로 원한을 품을 때, 자기 말소 유형은 타인에게 등을 돌릴뿐더러 자신에게도 등을 돌리는 셈이다. 이러한 원한이 자기 말소 유형에게는 제1급 파괴 요인이다.

이렇게 원한을 억압하는 성향이 몸에 배었는데도, 질책은 때에 따라 완화된 형태로 표현될 터이다. 자기 말소 유형은 절망絶望에 내몰리고 자포자기自暴自棄에 빠질 때 비로소 잠근 문을 열 테고, 그러면 난폭하게 비난하고 고발하는 말이 홍수처럼 쏟아진다. 이러한 비난非難과 고발告發 accusations은 마음 깊은 데서 우러난 감정을 정확히 표현할 수도 있겠지만, 으레 너무 속이 상하고 혼란스러워서 자신이 어떤 의미로 말하는지 모르겠다는 근거로 비난을 그만둔다. 자기 말소 유형이 복수심에 불타는 원한을 표현하는 가장 특이한 방식은 다시 고통이나 괴로움과 연결된다. 격분은 그가 나타내는 심신상관 증상, 또는 마음과 몸을 가누지 못하거나 우울한 기분 탓에 늘어나는 고통과 괴로움 속으로 흡수되어 사라질 수 있다. 만약 정신 분석 과정에서 환자가 이러한 복수심을 각성하면, 곧바로 화를 내지는 않을 테지만 건강 상태는 나빠질 터이다. 그는 불평불만不平不滿 complaints이 늘어날 테고, 정신 분석이 자신을 낫게 하지 않고 도리어 나빠지게 만든 것 같다고 지적할 것이다. 분석가는 이전 상담 시간에 무엇이 환자의 감정을 상하게 했는지 알고, 환자에게 그것을 알아차리게 하려고 애쓸 수도 있다. 그러나 환자는 자신의 고통을 줄일 수 있는 관계에는 관심도 흥미도 없다. 마치 우울증이 얼마나 나빠졌는지 보고 분석가가 완전히 충격을 받은 것이 확실해져야 한다는 듯, 그저 자신의 불평불만을 재차 푸념하듯이 강조할 뿐이다. 그는 복수심을 알지 못한 채, 자신이 고통을 겪게 만든 분석가가 죄책감을 느끼게 만들려고 애쓴다. 이것은 흔히 가정 내에서 일어나는 장면을 정확히 모사한 복제품 같다. 따라서 고통과 괴로움은 다른 기능을 획득한다. 격분을 흡수하고 타인에게 죄책감을 느끼게 만드는 기능인데, 타인에게 되갚고 복수하는 효과를 내는 방식일 뿐이다.

이러한 요인은 모두 사람들을 만나는 자기 말소 유형의 태도에 호기심을 자아내는 양면 가치를 더한다. 의식의 수면 위에서는 '소박한' 낙천가의 신뢰가 우세하고, 의식의 수면 아래 흐르는 저류에는 무차별 의혹과 원한이 자리한다.

점점 커지는 복수심이 일으킨 내면의 긴장은 어마어마할 정도이다. 수수께끼는 흔히 자기 말소 유형이 이런저런 정서 혼란과 동요를 겪는 데 있지 않고, 어떻게든 적당한 평형 상태를 유지하는 데 있다. 어떻게 평형 상태를 유지할 수 있을까? 얼마나 오래 유지할 수 있을까? 일부는 내면에 감도는 긴장의 강도에 달려 있고, 일부는 환경에 달려 있다. 무력감과 타인에게 기대는 의존 성향 가운데, 의존 성향은 다른 신경증 유형보다 자기 말소 유형에게 더욱 중요하다. 환경이 유리할 때 자기 말소 유형은 여러 억제가 작용해서 가능한 한도 이상으로 자신을 혹사하지 않을뿐더러, 신경증 구조에 따라 스스로 필요하고 허용할 수 있는 만족의 수단까지 제공할 여유도 있다. 신경증이 심각한 수준이 아니라면, 타인과 대의大義에 헌신하는 삶에서 만족감을 이끌어 낼 수 있다. 그는 쓸모 있고 도움을 주는 사람이 되어 자신을 잃어버리는 삶, 남이 필요하고 원하고 좋아한다고 느끼는 삶에 만족한다. 하지만 최선의 내외 조건 아래서도, 자기 말소 유형의 삶은 불안정하고 위태로운 토대 위에 서 있다. 외부 상황의 변화에 따라 위협받고 위태로워질 수 있다. 돌보던 사람들이 세상을 떠나거나 자신이 더는 필요하지 않은 사람이 될지도 모른다. 건강한 사람이라면 이런 상실을 견뎌 낼 수 있지만, 자기 말소 유형은 불안과 모든 것이 헛되다는 감정이 전면에 드러나 '신경쇠약breakdown' 직전까지 이르기도 한다. 다른 위험은 일차로 내면에서 닥쳐 온다. 자기와 타인에게 맞선 공언되지 않은 적개심 속에 자리 잡은 너무 많은 요인이 견딜 수 있는 한도를 넘어 내면에 커다란 긴장을 불러일으킨다. 달리 말하면 그는 학대받았다고 느낄 기회가 너무 많아서 어떤 상황에서도 안전하다고 느끼지 못한다.

다른 한편 압도하는 조건은 방금 위에서 묘사한 일부나마 유리한 몇몇 요소도 포함하지 않을지도 모른다. 만약 내면의 긴장이 크고 환경 조건이 열악하면, 그는 극도의 고통으로 비참해질뿐더러 평형 상태 역시 깨져 버린다. 내면의 긴장은 공황, 불면증, 거식증 같은 증상으로 나타나며, 막혔던 둑이 터지면서 적개심이 온 몸으로 밀려드는 특징도 나타난다. 그러면 타인에게 맞서 쌓아 둔 혹독하고 매서운 온갖 비난이 모습을 드러낸다. 그가 내세우는 여러 권리 주장은 공공연하게 복수심을 드러내고 불합리해서 터무니없어 보인다. 자기 혐오를 의식하면서, 자기 혐오는 가공할 수준에 이른다. 그는 영원히 지속될 것만 같은 지독한 절망과 자포자기에 빠진다. 심각한 공황 증상을 보이기도 하며, 자살을 시도할 위험이 상당히 높다. 남을 기쁘게 하려고 열성을 다하는, 지나치게 유연한 사람의 그림과 전혀 다른 모습이 드러난다. 그렇더라도 첫 무대와 끝 무대는 모두 한 가지 신경증 발병의 일부로 반드시 들어가야 할 핵심 요소이다. 끝 무대에 나타나는 파괴 성향의 **총량**이 내내 견제되었다고 생각하는 것은 잘못일 터이다. 확실히 상냥하고 사려 분별을 잘하는 태도의 수면 아래에 눈으로 확인할 수 없는 훨씬 더 무거운 긴장감이 돌고 있었다. 그러나 내면의 저류로 흐르던 긴장은 좌절감과 적개심이 상당히 늘어난 뒤에야 비로소 끝 무대에 등장한다.

자기 말소 유형이 선택하는 해결책의 다른 몇 가지 측면은 병든 의존성의 맥락에서 논의할 것이므로, 이런 신경증 구조를 보여 주는 일반 개요를 신경성 고통에 관한 몇 마디 논평으로 마무리하고 싶다. 어떤 신경증이든 모두 현실로 존재하는 고통과 괴로움을, 으레 어떤 사람이 자각하는 정도보다 훨씬 더 심각하게 느낄 수밖에 없다. 자기 말소 유형은 확장 충동에 빠지지 않으려 족쇄를 차고, 자학과 타인을 만나는 양면적 태도에 시달리며 괴로워한다. 이는 모두 분명히 있는 그대로 고통이자 괴로움이다. 환자가 느끼는 고통과 괴로움은 어떤 은밀한 목적에 사용되는 것이 아니며, 남에게 이런저런 방식으로 깊은 인상을 주려고 과장하거나 꾸며낸 것도 아니다. 게다가 그가 겪는 고통은 특정한 몇 가지 기능을 이어받는다. 나는 이런 과정을 거쳐 생긴 고통과 괴로움을 **신경성 또는 기능성 고통**neurotic or functional suffering이라 부른다. 이러한 기능 가운데 몇몇은 이미 언급했다. 고통과 괴로움은 자기 말소 유형이 내세우는 온갖 권리 주장의 기초이다. 고통과 괴로움은 주목하고 돌보고 공감해 달라는 간청이자 애원일뿐더러 이런 모든 일에 권한을 부여한다. 선택한 해결책을 유지하는 데 쓸모가 있으므로 통합하는 기능도 담당한다. 고통과 괴로움은 복수심을 표현하는 구체적인 방식이기도 하다. 부부 가운데 한 배우자가 앓는 가벼운 정신 질환을 다른 배우자에게 맞서는 치명적 무기로 이용하거나, 독자적인 자립 행동에 죄책감을 심어주어 아이들을 속박하는 데 이용하는 사례는 정말 많다.

누구의 감정을 상하게 할까 봐 노심초사하는 자기 말소 유형이 어떻게 타인에게 고통을 주어 비참한 지경에 이르게 하는가? 그는 자신의 환경에 질질 끌려 다닌다는 사실을 많든 적든 희미하게 자각할 수도 있다. 그렇더라도 정면으로 사실과 마주하지 못하는 까닭은, 자신이 느끼는 고통이 결백을 증명해 주기 때문이다. 요약하자면 **자기 말소 유형은 자신의 고통으로 타인을 비난하고 자신을 용서한다**. 그는 고통과 괴로움에 시달리며 마음속으로 모든 것, 곧 자신의 요구와 짜증, 타인의 기를 꺾는 행동까지 용서한다. 고통과 괴로움은 자책[3]을 누그러뜨릴 뿐만 아니라 타인이 할 수 있는 비난도 막아 준다. 여기서 다시 한 번 용서의 필요가 권리 주장으로 바뀐다. 환자가 느끼는 고통은

'이해'받을 권한을 부여한다. 다른 사람들이 비판하면, 그들은 몰인정한 사람이 된다. 어떤 행동을 하든 동정과 도우려는 소망을 불러일으켜야 한다.

고통과 괴로움은 자기 말소 유형의 결백을 또 다른 방식으로 증명한다. 고통과 괴로움은 자신의 인생을 개선하지 못한 찜찜한 상황과 야심 찬 목표를 성취하지 못한 떳떳치 못한 상황 둘 다에서 벗어날 수 있는, 어디에나 통하는 핑계와 구실alibi을 제공한다. 이미 보았듯이 설령 노심초사 끝에 간신히 야망과 승리의 필요에서 벗어나더라도, 성취와 승리의 필요는 여전히 영향을 미친다. 그는 고통과 괴로움을 핑계로 마음속으로 의식하든 못하든 자신이 앓고 있는 신비스러운 병이 아니었다면, 최고의 성취를 이루고 업적을 낼 수 있었다고 주장해 체면을 세운다.

마침내 신경증에서 비롯된 고통과 괴로움에는 몸과 마음이 산산이 부서졌다는 생각, 또는 산산이 부수려는 무의식적 결심으로 벌이는 유희遊戱playing가 뒤따른다. 유희 행동의 호소력은 당연히 심신이 고뇌ditsress로 시달릴 때 더욱 크며, 바로 그때 의식될 수 있다. 이렇게 고뇌로 시달리는 주기에는 반작용으로 일어나는 두려움만 의식되는 일이 훨씬 흔하다. 예컨대 정신과 신체 기능이 저하되거나 도덕 능력이 떨어질까 봐 느끼는 두려움, 아무것도 생산하지 못할지도 모른다는 두려움, 이런저런 일을 시도하기에 너무 나이를 먹었다는 두려움을 의식한다. 이러한 두려움은 당사자가 훨씬 건

3 알렉산더는 자책하는 현상을 '처벌의 필요'라고 묘사했고, 설득력 있는 여러 사례를 들어 설명했다. 이 말은 정신 내부에서 일어나는 여러 과정을 이해할 때 밟아야 하는 명확한 과정을 의미했다. 알렉산더와 나의 견해 차이는 이렇다. 내 의견으로는 신경증 환자가 고통을 구실로 죄책감에서 벗어나 자유로워지려는 행동은 모든 신경증에 타당하지 않고, 자기 말소 유형에만 특이하게 나타난다. 또 고통을 유통시킨 대가로 자유를 느끼지 못한다. 말하자면 다시 한 번 도덕상 죄를 저지른다. 그가 겪는 내면의 폭정에 따른 명령은 너무 많고 가혹해서 다시 한 번 어기지 않을 수 없다. 프란츠 알렉산더,『전체 인격 정신 분석*Psychoanalysis of the Total Personality*』(신경증 · 정신병 출판사, 뉴욕, 워싱턴, 1930) 참고.

강한 측면에서 충실한 생활을 원하고, 몸과 마음을 산산이 부수느라 급급한 다른 측면에 불안을 느끼고 우려한다는 사실도 보여 준다. 이러한 경향은 무의식에도 나타난다. 두려움을 느끼는 당사자는 자신의 전체 건강 상태가 악화되었다는 사실조차 인지하지 못할 수도 있다. 예컨대 업무 처리 능력이 감퇴하고, 사람들을 이전보다 더 두려워하고, 더욱 실의에 빠져 있다는 사실을 자각하지 못한다. 그러다가 어느 날 갑자기 내리막길로 치닫는 위험에 빠져 있고, 안에서 무엇이 자신을 끌어내린다는 사실에 정신이 퍼뜩 든다.

고뇌하는 시기에 '침잠沈潛 going under'은 신경증 환자에게 강력한 호소력을 갖기도 한다. 침잠은 마주하는 모든 곤경에서 벗어나기 위한 탈출구이다. 사랑을 얻으려는 희망 없는 투쟁을 포기하고, 모순되는 당위를 이행하려는 미친 시도를 중단하고, 패배의 인정에서 오는 자책의 공포도 떨쳐 내고 자유로워진다. 더욱이 바로 자기 말소 유형에 내재한 수동성 때문에 호소력이 있다. 침잠은 자살 경향만큼 능동성을 띠지 않으며, 자살 경향은 침잠하는 시기에는 거의 나타나지 않는다. 그는 단지 싸움을 멈추고 자기를 파괴하는 힘들이 제각기 움직이게 내버려 둘 뿐이다.

끝장에 이르러 냉혹한 세상의 맹공격에 몸과 마음이 산산이 부서지면, 그는 궁극의 승리를 거둔 것처럼 느낀다. 그것은 '가해자의 문간에서 죽는' 것처럼 남의 눈에 확 띄게 나타날 수도 있다. 하지만 타인에게 창피를 주고 이를 근거로 권리 주장을 내세우려는 행동은, 숨기지 않고 드러낸 고통과 괴로움의 탓이 아닌 경우가 훨씬 많다. 몸과 마음을 산산이 부수는 경향은 더욱 심각할뿐더러 위험하다. 그것은 일차로 당사자의 마음속에서 거둔 승리인데, 이러한 승리는 심지어 무의식에서 일어날 수도 있다. 정신 분석 과정에서 몸과 마음을 부수는 경향을 들추어낼 때, 우리는 나약함과 고통의 미화가 혼란에 빠진 반쪽 진리의 지지를 받는다는 점도 알아볼 수 있다. 고통과 괴로움은 그대로 고결함을 증명하는 사실로 등장한다. 예민한 사람이 비열한 세상에서 산산이 부서지는 것 말고 무엇을 할 수 있겠는가! 싸우고 자기 주장을 내세워 똑같이 천하고 상스러운 수준으로 내려가야 하는가? 자기 말소 유형은 순교의 영광을 상징하는 왕관을 쓰고 용서하며 소멸할 따름이다.

지금까지 신경증에서 비롯된 고통과 괴로움의 기능이 무엇인지 살펴보았는데, 고통과 괴로움이 얼마나 끈질기고 깊은지 설명해 준다. 또 이런 기능은 모두 전체 신경증 구조의 절박한 필요에서 유래하며, 이를 배경으로 해서만 이해할 수 있다. 치료 측면에서 말하면, 신경증 환자는 자신의 전체 성격 구조를 근본적으로 바꾸지 않으면 신경증에서 생겨난 필요를 없애지 못한다.

자기 말소 의존 해결책을 이해하려면, 그림을 전체적으로 살펴보아야 한다. 역사 발전의 전체 모습과 특정한 시기에 진행된 과정을 모두 고찰할 필요가 있다. 이 주제를 다룬 여러 이론을 간략히 개괄하면, 본질적으로 특정한 측면에 치우쳐 집중한 탓에 부적절해 보인다. 예컨대 정신 내부에 작용하는 요인에 치우치거나 대인 관계에 작용하는 요인에 치우친 초점이 있을 수도 있다. 그런데 앞에서 말한 측면 가운데 어느 한 측면에 치우치면 정신 역학을 제대로 이해할 수 없다. 대인 관계에서 생기는 갈등은 정신 내부의 고유한 배열a peculiar intrapsychic configuration로 이어지고, 다음에 정신 내부의 고유한 배열이 예전의 인간 관계 양식에 의존하면서 동시에 예전 양식을 수정하는 과정으로 볼 때, 정신 역학을 제대로 이해할 수 있다. 고유한 배열이 정신 내부에 형성되면 인간 관계는 강박에 더욱 사로잡히고, 파괴 성향이 더 강해진다.

더욱이 프로이트와 카를 매닝거의 이론을 비롯한 몇몇 이론은 '가학성' 도착, 죄의식과 죄책감guilty-feeling에 사로잡히는 경향, 순교자의 고통을 자초하는 경향 같은 남의 눈에 확 띄는 병든 현상에 너무 집중한다.[4] 이러한 이론은 건강한 현상에 가까운 경향을 다루지 않는다. 확실히 사람들을 이겨야 할 필요, 다른 사람들과 가까워져야 할 필요, 평화롭게 살아야 할 필요는 나약함weakness과 두려움fear에 따라 결정되므로 무차별하고 분별이 없어 보이지만, 건강하고 인간다운 태도 형성에 핵심으로 보이는 씨앗을 품고 있다. 자기 말소 유형이 지닌 겸손과 자신에게 스스로 복종하는 능력은, 그의 가짜 토대를 인정하면, 공격성 복수 유형의 허세로 가득한 오만보다 정상에 더 가까워 보인다. 말하자면 앞에서 말한 여러 자질 덕분에 자기 말소 유형 환자는 다른 유형 신경증 환자보다 더욱 '인간다워' 보인다. 나는 여기서 자기 말소 유형의 방어 경향을 두고 말하는 것이 아니다. 방금 언급한 방어 경향 탓에 자기 말소 유형은 자신에게서 소외되기 시작하고, 병리 증상이 더 심각해지는 첫발을 내딛게 된다. 나는 자기 말소 유형 환자의 정상에 가까운 자질들을 전체 해결책의 본질적 부분으로 이해하지 않으면, 전체 과정을 오해할 수밖에 없다고 말하고 싶을 따름이다.

마지막으로 몇몇 이론은 신경증에서 비롯된 고통과 괴로움에 집중하는데, 실제로 중심 문제이지만 전체 배경과 따로 다룬다. 그러면 전략상 필요한 책략을 세우는 일을 지나치게 강조할 수밖에 없다. 따라서 아들러는 고통과 괴로움이 주목받고 책임을 회피하고 정도에서 빗나가 우월감을 맛보려는 수단이라고 생각했다.[5] 테오도르 라이크는 숨김없이 드러내는 고통과 괴로움이 사랑을 얻고 복수심을 표현하는 수단이라고 강조한다.[6] 이미 언급했듯이, 프란츠 알렉산더는 고통과 괴로움에서 죄의식과 죄책감을 제거하는 기능을 강조했다. 지금까지 논의한 모든 이론은 타당한 관찰에 의존하지만, 전체 구조

---

4 지그문트 프로이트의 『쾌락 원칙을 넘어서』(국제 정신 분석 도서, 런던, 1921)와 카를 메닝거의 『자신에게 맞서는 인간』(하프코트, 브레이스, 뉴욕, 1938) 참고.

5 알프레드 아들러Alfred Adler, 『인간 본성 이해*Understanding Human Nature*』(그린버그, 1927).

6 테오도르 라이크Theodore Reik, 『현대인의 가학 성향*Masochism in Mordern man*』(파라와 리네하트, 1941).

에 적당하게 끼워 넣지 못하면 자기 말소 유형이 단순히 고통을 원한다거나 고통당할 때 행복할 뿐이라는, 바람직하지 않은 대중적 신념 비슷한 것을 끌어다 넣어 그림을 왜곡한다.

전체 그림을 보려는 시도는 이론 이해에 중요할 뿐만 아니라 자기 말소 유형 환자들을 만나는 분석가의 태도에도 중요해 보인다. 그들은 여러 요구를 숨기고 특히 신경증에 사로잡힌 부정직neurotic dishonesty의 오명을 쓰고 있어, 쉽게 원한을 사기도 하지만, 아마 다른 신경증 유형 환자들보다 훨씬 더 공감어린 이해가 필요할지도 모른다.

제10장

●

병든 의존 관계

자기 말소 유형과 오만한 복수 유형이 만나다

MORBID DEPENDENCY

긍지 체계 안에서 내면 갈등을 푸는 주요 방법은 세 가지인데, 셋 가운데 자기 말소 의존 해결책은 만족도가 가장 낮다. 신경증 해결책은 무엇이든 결점이 반드시 뒤따른다는 점을 제쳐 두더라도, 자기 말소 유형은 주관적인 불행한 의식을 다른 사람들보다 훨씬 더 크게 느낀다. 그가 느끼는 진짜 고통과 괴로움은 다른 신경증 유형에 나타나는 정도보다 더 크지 않을 수도 있다. 그러나 자기 말소 유형은 주관적 관점에서 고통과 괴로움이 여러 기능을 떠맡아서 다른 사람들보다 더 자주 더욱 강렬하게 고통과 괴로움을 느낀다.

게다가 그는 타인이 필요하고 타인에게 기대를 걸기 때문에, 타인에게 너무 많이 의존한다. 강요된 의존성은 모두 고통스럽지만 자기 말소 유형이 빠져드는 의존성은 특히 불운하다. 왜냐하면 그가 사람들과 맺는 관계에 분열이 생길 수밖에 없기 때문이다. 그런데도 여전히 넓은 의미의 사랑은 그의 인생에 긍정적 내용을 채워 넣는 유일한 길이다. 성애性愛 erotic love라는 구체적이고 특별한 의미의 사랑은 자기 말소 유형의 삶에 너무 독특하고 의미심장한 역할을 해서, 제대로 설명하려면 독립된 장이 필요하다. 따로 떼어 독립된 장에서 논의할 때에는 몇몇 내용이 어느 정도 반복되겠지만, 전체 신경증 구조에 두드러진 특정 요인을 더욱 선명하게 드러낼 기회도 제공한다.

성애erotic love는 최고 충족감the supreme fulfillment을 안겨 주어 자기 말소 유형을 유혹한다. 사랑은 모든 설움woe이 끝나는 낙원행 열차표로 등장할 수밖에 없고, 사실 그렇게 나타난다. 사랑하므로 이제 외로움을 더는 느끼지 않아도 되고, 상실감과 죄의식, 무가치함도 느끼지 않는다. 자신의 책임은 이미 없고, 아무런 대책도 없으며 희망도 없다고 느끼는 거친 세상과 투쟁하지도 않는다. 그렇기는커녕 사랑은 보호와 지원을 약속하고, 애정과 용기를 용솟음치게 하며, 공감과 이해를 약속한다. 사랑은 가치 있는 존재라는 느낌을 주고, 삶에 의미를 줄 터이다. 사랑은 구원이자 구제가 된다. 그러면 사람들을 돈과 사회적 지위가 아니라, 결혼했느냐 못했느냐 또는 동등한 관계를 맺느냐에 따라 가진 자와 가지지 못한 자로 나눠도 전혀 이상하지 않다.

지금까지 다룬 사랑의 숨은 의미와 가치significance는 일차로 자기 말소 유형이 사랑받을 때 거는 모든 기대에 놓여 있다. 정신 의학 관련 저술가들은 의존 성향이 강한 사람들의 사랑을 묘사할 때 의존 성향을 편파적으로 강조해, 그들의 사랑을 기생하고 빌붙는 사랑이나 '구강 성애oral-erotic'라고 불렀다. 이런 측면이 실제로 전경에 놓이기도 한다. 그러나 자기 말소의 전형에 속한 사람, 즉 자기 말소 경향이 우세한 사람에게 사랑의 호소력은 사랑받을 때만큼 사랑할 때도 크다. 사랑한다는 것은 그에게 많든 적든 황홀한 느낌 속에서 자신을 잃어버리고 의식의 수면 아래로 가라앉히며, 다른 존재와 결합해 한 마음과 한 몸이 된다는 뜻이고, 이렇게 융합되어 자신 속에서 찾을 수 없는 일체감을 느낀다는 뜻이기도 하다. 따라서 그가 매달리는 사랑의 열망熱望 longing은 깊고 강력한 원천에서 자라난다. 굴복屈伏 surrender하려는 열망이자 일체一體 a unity가 되려는 열망이다. 그가 느끼는 여러 감정이 뒤얽힌 복잡한 관계의 심층을 이해하려면, 우리는 이러한 열망의 원천이 무엇인지 고찰해야 한다. 일체감을 좇는 탐색은 인간의 내면에 동기를 부여하는 아주 강력한 힘 가운데 하나이며, 신경증 환자에게는 내면의 분열 탓에 훨씬 더 중요하다. 우리 자신보다 더 큰 무엇에 굴복하려는 열망은 종교 형태에 대부분 나타나는 본질 같은 요소이다. 자기 말소 유형에 독특한 굴복하려는 경향은 건강한 동경憧憬 yearning의 희화일지라도 똑같은 힘으로 영향을 미친다. 자기 말소 유형의 굴복은 사랑을 얻으려는 갈망渴望 craving을 비롯해 다른 여러 방식으로 등장한다.[1] 자기를 말소시키는 굴복은 온갖 감정에 몰입해 자신을 잃어버리려는 경향에 나타나는 한 요인이다. 그는 '눈물의 바다' 속에 빠져 허우적대고, 자연을 보고 황홀경을 느끼고, 죄의식에 빠져들고, 성교에서 오는 절정의 쾌감 속에서 흔적도 없이 사라지거나 잠에 취해 점점 사라지리라는 동경에 넋을 잃고, 게다가 자기의 궁극 소멸로서 죽음을 열망하기도 한다.

아직 남은 다른 단계로 깊이 들어가 보자. 사랑이 자기 말소 유형에게 지닌 호소력은 만족을 얻고 평화에 이르고, 일체가 되려는 희망 속에만 머물지 않는다. 사랑은 그가 이상을 좇는 나에 도달하는 유일한 길이다. 그는 사랑할 때 이상을 좇는 나의 사랑스러운 속성을 최대치로 발전시킬 수 있다. 사랑받을 때 이상을 좇는 나의 현실화를 보여 주는 가장 중요한 확증도 얻는다.

사랑은 그에게 유일무이한 가치이기 때문에, **사랑스러움**lovableness은 자기 평가를 결정하는 모든 요인 가운데 첫째 자리를 차지한다. 이미 언급했듯이,

1 카렌 호나이, 『우리 시대 신경증 인격』(노턴 출판사, 1936) '가학 성향의 문제' 참고. 이 책에서 나는 자기 소멸을 바라는 갈망이 당시 아직 가학 현상이라 부르던 것을 설명하는 기초 원리라고 제안했다. 나는 이제 자기 소멸을 바라는 갈망이 특별한 자기 말소 구조를 배경으로 발생한다고 생각하겠다.

자기 말소 유형에게 사랑스러운 자질의 계발과 연마는 생애 초기에 애정의 필요와 더불어 시작되었다. 사랑스러움이 필요할수록, 마음의 평화를 얻으려면 타인이 더욱 중요해진다. 사랑스러움이 주위를 둘러쌀수록, 확장 행동은 더욱 억압된다. 사랑스러운 자질lovable qualities은 일종의 억눌린 자부심이 표현되는 유일한 자질인데, 억눌린 자부심은 사랑스러운 자질에 제기하는 어떤 비판이나 이의에도 과민 반응할 때 드러난다. 자기 말소 유형은 타인의 필요에 신경쓰는 자신의 관대한 행동이나 세심하게 신경쓰는 주의력注意力 attentiveness이 진가를 인정받지 못하거나 반대로 사람들이 짜증내면, 깊은 상처를 입었다고 느낀다. 사랑스러운 자질은 스스로 가치 있다고 판단한 유일한 요인이므로, 사랑스러운 자질을 거부당할 때 언제나 자신이 통째로 거부당한 것처럼 경험한다. 이에 따라 거부당할까 봐 두렵고 무서워하는 공포심은 가슴이 저미고 쓰라린poignant 경험이 된다. 거부拒否 rejection는 누구에게 걸었던 모든 희망을 잃는다는 뜻일뿐더러 아무 가치도 없는 존재라는 느낌에 사로잡힌다는 뜻이다.

우리는 정신 분석 과정에서 사랑스러운 속성이 엄격한 당위 체계로 얼마나 강요되는지 면밀히 연구할 수 있다. 자기 말소 유형은 공감 능력이 뛰어나야 할뿐더러 이해력도 절대 경지the absolute에 이르러야 한다. 그는 개인으로서 인격에 상처를 입었다고 결단코 느껴서는 안 된다. 왜냐하면 이런 상처는 모두 절대 경지에 이른 이해력으로 깨끗이 없애 버려야 하기 때문이다. 상처받았다는 느낌은 고통스러운 느낌에 더해 쩨쩨하고 옹졸한 면이나 이기심을 드러낸 탓에 자책이 섞인 질책을 불러일으킨다. 특히 그는 질투의 고통에 취약해져서는 안 되는데, 이는 거부당하고 버림받을까 봐 두려워하는 공포를 쉽게 느낄 수밖에 없는 사람에게는 아예 이행 불가능한 명령이다. 자기 말소 유형이 기껏 할 수 있는 일이라고는 '넓은 마음broad-mindedness'의 가면을 쓰는 것이 전부이다. 어떤 마찰을 빚든지 자신의 잘못이다. 그는 더욱 차분하고 생각을 더 많이 하고 더 많이 용서해야 했다. 그가 당위를 자신의 것으로 느끼는 정도와 범위는 상황에 따라 각양각색이다. 몇몇 당위는 으레 외면화를 거쳐 배우자에게 투사되기 마련이다. 이때 그가 자각하는 것은 배우자의 기대에 부응하지 못할까 봐 노심초사하는 불안이다. 이 점과 가장 관련이 깊은 두 가지 당위는 어떤 사랑의 관계든 절대 조화 상태로 발전시킬 수 있어야 한다는 당위와 배우자가 자신을 사랑하게 만들 수 있어야 한다는 당위이다. 유지할 수 없는 관계에 말려들었고, 관계를 끝장내는 것이 자신에게 좋으리라는 사실을 알 만한 정도로 분별력이 있더라도, 그는 자부심에 따라 이런 해결책을 불명예이자 수치로 여기고 기존 관계가 유지되어야 한다고 요구한다. 다른 한편 아무리 겉치레라도 사랑스러운 자질은 바로 은밀한 자부심의 대상이 되므로, 그가 내세우는 수많은 권리 주장의 기초가 되기도 한다. 사랑스러운 자질은 헌신을 독점하고, 앞 장에서 논의한 수많은 필요의 이행을 촉구할 권한을 부여한다. 그는 진실일 수도 있는 세심하게 신경쓴 주의력 때문에 사랑받을 권한이 있다고 느낀다. 바로 나약하고 무력하므로, 아니면 고통을 겪고 희생했으므로 사랑받을 권한이 있다고 느낀다.

이렇게 당위와 권리 주장 사이에서 갈등을 빚는 흐름이 생겨날 수 있고, 환자는 거기 휘말려 들어 빠져나올 수 없을지도 모른다. 어느 날 그는 완전히 결백하며 학대당했으니까 배우자에게 호통을 치고 혼을 내주기로 결심할 수도 있다. 그러나 자신에게 유리한 요구를 하고 타인을 비난하는 두 측면에서, 스스로 용기를 낸 사실에 화들짝 놀라 겁을 집어먹는다. 그는 배우자를 잃을지도 모른다는 예상에 기겁을 한다. 그래서 무게 중심은 다른 극단으로 급선회하여, 당위와 자책이 우위를 차지한다. 그는 아무것도 원망해서는 안 되며, 마음이 늘 진정되어 있어야 하고, 더 많이 사랑하고 이해해야 한다. 모든 일은 어찌되었든 자신의 잘못이다. 비슷하게 그는 배우자를 평가할 때도 두 극단 사이에서 흔들린다. 배우자가 강인하고 사랑스러워 보일 때도 있고, 믿기지 않고 인간 같지 않을 정도로 잔혹해 보일 때도 있다. 따라서 만사는 안개 속에 싸인 듯 흐릿하고, 아무 결정도 내릴 수 없다.

자기 말소 유형이 연애 관계a love relationship에 들어갈 때 내면 조건은 언제나 불확실하고 불안하지만, 그러한 조건이 필연적으로 큰 불행disaster을 겪게 만들지는 않는다. 지나치게 파괴 성향에 빠져들지 않으면, 상당히 건강하거나 신경증에서 비롯된 이유로 도리어 자신의 나약성weakness과 의존성dependency을 소중히 여기고 이해하는 배우자를 찾으면, 자기 말소 유형도 어느 정도 행복해질 수 있다. 배우자는 때때로 환자가 매달리고 집착하는 태도를 부담스러워할 수도 있지만, 보호자가 되어 인격이 드러난 개인의 헌신personal devotion이나 헌신으로 생각한 것을 불러일으킬 때, 자신이 강할뿐더러 안전하다고 느낄 수도 있다. 이러한 상황에서 신경증 해결책은 성공한 해결책이라고 부를 수도 있겠다. 자기 말소 유형은 소중한 존재로 아낌을 받고 피신해 보호받는다고 느끼면 자신이 지닌 최선의 자질을 유감없이 발휘한다. 하지만 바로 이러한 상황 탓에 도리어 자신의 신경증이 빚어낸 곤란한 문제에서 벗어나지 못한다.

앞서 말한 예기치 않은 우연한 상황이 아무리 자주 발생하더라도 분석가가 판단할 영역은 아니다. 분석가는 행운이 덜 따르는 관계에 주목한다. 행운이 따르지 않는 경우에 두 배우자는 장기간에 걸쳐 서로 괴롭히다가 의존 성향이 강한 배우자가 서서히 고통스럽게 자신을 파괴할 위험에 빠진다. 이런 부류의 사례들 속에 병든 의존성morbid dependency이 자리 잡고 있다. 병든 의존 관계의 발생은 성과 얽힌 관계에 국한되지 않는다. 병든 의존성에 고유한 여러 특징은 부모와 아이, 선생과 학생, 의사와 환자, 지도자와 추종자가 맺는 성과 무관한 우정 관계에 영향을 미칠 수도 있다. 그러나 병든 의존성에 고유한 특징은 연애 관계에 두드러지게 영향을 미치며, 한번 파악한 다음에는 누구든 다른 관계에서 충성loyalty이나 책무obligation 같은 합리화로 흐려질 때도 병든 의존성이 드러내는 특징을 인지하기 쉽다.

병든 의존 관계morbidly dependent relations는 불운한 배우자 선택의 순간부터 시작된다. 정확히 살펴보면 선택이라고 말해서는 안 된다. 자기 말소 유형은 사실 선택하지 않고, 특정한 '주문에 걸려spellbound' 넋을 잃는다. 그는 자연스럽게 강하고 우월한 인상을 주는 동성이나 이성에게 끌린다. 여기서 건강한 배우자인지 전혀 따져 보지 않고, 부나 지위, 좋은 평판이나 특별한 재능으로 마음을 홀릴 만한 매력을 지녔지만 냉담한detached 사람과 쉽게 사랑에 빠질 수도 있다. 자신과 비슷하게 붕 떠 있고 자기 확신self-assurance에 사로잡혔지만 사교성이 풍부한 자기 도취 유형과 사랑에 빠지거나, 드러내놓고 권리 주장을 내세울뿐더러 도도하게 행동하고 공격성을 드러내면서도 전혀 개의치 않는 오만한 복수 유형과 사랑에 빠지기도 한다. 몇 가지 이유가 결합되어 이런 인격에 쉽게 빠져든다. 자기 말소 유형은 다른 유형 사람들을 과대평가하는 경향이 있다. 왜냐하면 그들은 자신이 비통하게도 놓쳐 버린 속성을 가진 것처럼 보이기 때문이다. 그는 바로 다른 유형이 갖춘 속성이 없어서 자신을 비하하고 경멸한다. 그것은 독립, 자족, 아무도 꺾지 못할 정도로 확실한 우월감, 오만한 태도와 공격 성향을 과시할 때 보이는 배짱일 수도 있다. 자신이 보는 대로 강하고 우월한 사람만이 모든 필요를 충족시켜 자신을 떠맡을 수 있다. 어떤 여자 환자의 공상에 따르면, 강한 팔을 가진 남자만이 불타는 집이나 난파선, 강도의 위협에서 그녀를 구할 수 있다.

그런데 자기 말소 유형이 공상에 빠지거나 주문에 걸려드는 경향, 이런 열병infatuation에 숨은 강박 요소는 확장 충동의 억압이다. 이미 보았듯이 자기 말소 유형은 확장 충동을 부인하려 어떤 고생도 마다하지 않고 애쓸 수밖에 없다. 어떤 자부심을 숨기고 있든, 통달에 이르려는 어떤 충동을 가지든, 자신과 맞지 않는 이질적 요소로 남아 있다. 반대로 그는 긍지 체계에 억눌리고 무력한 일부를 바로 자신의 본질本質 essence인 것처럼 경험한다. 다른 한편 자기 말소 유형은 자신을 위축시키는 과정의 결과로 고통을 겪기 때문에, 공격적이고 오만하게 인생에 통달할 역량은 그에게도 가장 바람직해 보인다. 무의식적으로, 공격성을 표현할 만큼 자유롭다고 느낄 때 의식적으로도 자신이 스페인 정복자처럼 자부심이 강하고 무자비할 수만 있다면 세계를 자기 발아래 둔 채 '자유로울' 것이라고 그는 생각한다. 그러나 이런 자질은 자신의 능력 밖에 있으므로, 타인이 소유한 자질에 매료되어 넋을 잃는다. 그는 자신의 확장 충동을 외부로 투사하고 타인이 보여 주는 확장 충동을 감탄하며 바라본다. 자기 말소 유형을 속속들이 감동시키는 자질은 바로 타인이 갖춘 자부심과 오만한 태도이다. 그는 자신만이 내면 갈등을 해결할 수 있다는 사실은 인식하지 못한 채, 갈등을 사랑으로 해결하려고 애쓴다. 자부심이 강한 사람을 사랑하고, 그 사람과 융합하고, 그 사람을 통해 대리 인생을 살아서 자신의 인생을 스스로 살지 못한 채 인생의 통달에 참여하는 셈이다. 관계를 맺는 과정에서 자신이 신처럼 떠받드는 사람의 숨은 성격 결함을 발견할 때, 가끔 흥미를 잃는 까닭은 자신의 자부심을 더는 그 사람에게 넘겨줄 수 없기 때문이다.

다른 한편 자기 말소 경향이 짙은 사람은 자부심이 강한 사람에게 성행위의 상대가 되어 달라고 호소하지 않는다. 상대를 친구로서 좋아하는 까닭은 다른 사람들보다 바로 그 사람에게서 공감과 이해, 헌신을 더 많이 구하기 때문이다. 그런데 상대와 관계가 더 친밀해지기 시작할 때, 도리어 역겨움을 느끼기도 한다. 상대에게서 마치 거울을 들여다볼 때처럼 자신의 약점을 알아보고 상대를 경멸하고, 적어도 초조해지거나 짜증을 낸다. 그는 상대가 지나치게 의존하는 태도를 보이면 두려워하기도 한다. 왜냐하면 자신이 더 강한 사람이 되어야 한다는 생각만으로도 겁이 나고 두렵기 때문이다. 그러면 이렇게 부정적인 감정 반응은 상대에게 엄존하는 자산existing assets에 아무런 가치도 부여할 수 없는 지경으로 몰아갈 수도 있다.

두드러지게 자존심이 강한 사람 가운데 오만한 복수 유형은, 일반적으로 의존 성향이 강한 사람들이 실제 자기 이익 측면에서 두려워할 절박한 이유가 있는데도, 그들에게 엄청나게 매혹적인 인물로 비친다. 매혹의 원인은 일부는 오만한 복수 유형의 자부심에 있으며 눈에 가장 잘 띄는 점이다. 그러나 오만한 복수 유형이 의존 성향이 강한 사람들의 자존심을 형편없는 수준까지 짓밟을 가능성이 높다는 사실이 훨씬 더 중요하다. 두 유형의 관계는 사실 오만한 사람 쪽의 무례하기 짝이 없고 불쾌한 가해 행동offense으로 시작되기도 한다. 서머셋 몸은 『인간의 굴레*Of Human Bondage*』에서 이런 관계를 필립과 밀드레드의 첫 만남을 통해 묘사했다. 슈테판 츠바이크는 『정신 착란*Amok*』*에서 유사한 사례를 소개한다. 두 사례에서 모두 가해자는 여자였는데, 의존 성향의 남자는 처음에 노여워하거나 화를 내고 가해자에게 앙갚음하려는 충동도 느낀다. 그러나 거의 동시에 상대 여자에게 너무 강렬하게 매료되어서 속수무책으로 열정을 다해 '빠져들고', 다음에 오로지 그녀의 사랑을 얻으려는 관심에 휘말려 맹렬히 질주할 따름이다. 그렇게 그는 스스로 무너지거나 파멸 직전까지 몰락한다. 모욕하는 행동이 의존 관계를 위기에 빠뜨리는 일은 빈번하다. 모욕하는 행동은 『인간의 굴레』나 『정신 착란』에서 묘사된 것만큼 연극처럼 과장된 모습으로 나타날 필요는 없다. 훨씬 미묘하고 의식하지 못하는 사이에 서서히 드러나기도 한다. 그러나 의존 관계에서 모욕적인 행동이 완전히 없어질지는 의문이다. 그것은 단순한 관심 부족이나 오만한 침묵, 타인에게 주목하기, 농담이나 까부는 말로 나타날 수도 있

* 여기서 '정신 착란'은 인도네시아 문화에서 유래한 극단의 강박 상태로서 도취나 중독을 의미하며, 중독된 사람은 맹목적인 분노에 사로잡힌 흥분 상태에서 마구 살인을 저지른다고 한다. 츠바이크는 정신 분석 관점에서 특별한 정신 착란에 빠진 사람의 심리를 묘사했다.

고, 흔히 타인에게 깊은 인상을 주는 이름, 직업, 미모 같은 상대의 자산資產 assets에 아무 감명도 받지 않는 태도로 나타날 수도 있다. 방금 말한 여러 행동이 '모욕侮辱 insults'인 까닭은 그런 행동을 상대가 거부拒否 rejections로 느끼기 때문이다. 이미 언급했듯이 거부는 대체로 자신을 사랑하게 만들어야 자부심을 느끼는 누구에게나 모욕이다. 이렇게 모욕적인 행동이 나타나는 빈도는 냉담한 성향 사람들이 의존 성향 사람들에게 호소력을 발휘하는 현상을 설명하는 데 유용하다. 바로 그들의 냉담한 태도aloofness와 이용 불가능성unavailability이 모욕적인 거부를 느끼게 만든다.

방금 말한 몇몇 사건에서는 자기 말소 유형이 고통과 괴로움을 갈망하고, 모욕으로 생길 고통과 괴로움을 내다보고 탐욕스레 달려든다는 막연한 생각을 중시하는 것처럼 보인다. 실제로 병든 의존성을 진정으로 이해하는데 이런 막연한 생각보다 더 방해되는 것은 없다. 그런 생각도 일리가 있어 한층 더 잘못된 길로 이끈다. 고통과 괴로움이 자기 말소 유형이 앓는 신경증에서 지닌 가치는 다양하며, 모욕하는 행동이 그를 자석처럼 끌어당긴다는 것도 사실이다. 이런 매력이 고통과 괴로움을 내다보는 데서 결정된다고 가정하고서, 두 사실 사이에 뚜렷한 인과 관계가 있다고 주장해서 오류가 생긴다. 그 이유는 두 가지 다른 요인 탓인데, 둘 다 이미 따로 분리해 언급했다. 한 요인은 타인이 드러내는 오만한 태도와 공격성이 자기 말소 유형의 정신을 홀리는 매력fascination이고, 다른 요인은 자기 말소 유형이 굴복해야 할 필요이다. 이제 우리는 두 요인이 지금까지 생각했던 것보다 밀접한 관계가 있음을 알 수 있다. 자기 말소 유형은 스스로 육체와 영혼의 포기를 갈망하는데, 자존심을 굽히거나 꺾을 때만 그렇게 할 수 있다. 달리 말해 최초의 가해 행동은 상처를 주어 흥미를 자아낸다기보다는 자기 제거self-riddance와 자기 포기self-surrender의 가능성을 열어서 흥미를 끈다. 어떤 환자의 말을 들어 보

자. "내 아래서 자존심을 뒤흔드는 사람은 오만과 자부심에서 나를 벗어나게 하지요." 아니면 "그가 나를 모욕하면, 나는 바로 평범한 인간이 됩니다." 이렇게 한 마디 덧붙일지도 모른다. "그럴 때 비로소 나는 사랑할 수 있어요." 우리는 여기서 비제Bizet의 오페라 「카르멘Carmen」을 떠올릴 수도 있는데, 카르멘의 열정은 오로지 사랑받지 못할 때 불타올랐다.

사랑에 굴복하려 자존심을 버리는 행동이 가혹한 조건이자 병리 현상이라는 데는 의심할 여지가 없다. 곧 알아보겠지만, 특히 뚜렷한 자기 말소 유형은 자신의 지위가 낮아졌다고 느끼거나 실제로 지위가 낮아질 때만 사랑할 수 있다. 그러나 건강한 사람에게 사랑과 **참다운** 겸손이 어우러진다는 점을 기억하면, 그런 현상이 더는 독특하고 신비스러워 보이지 않는다. 그것은 애당초 믿을 수도 있던 만큼, 우리가 확장 유형에서 살펴보았던 현상과 크게 다르지 않다. 확장 유형이 사랑할 때 느끼는 두려움은 주로 신경증에 사로잡힌 자부심을 대부분 사랑하기 위해 철회해야 한다고 무의식적으로 알아채서 생긴다. 간단히 말해 **신경증에 사로잡힌 자부심은 사랑의 적이다.** 여기서 확장 유형과 자기 말소 유형의 차이는 전자가 생명 유지에 필요한 어떤 방식으로도 사랑이 필요 없고, 오히려 사랑을 위험 요인으로 보고 피한다는 점이다. 반면에 후자는 모든 일의 해결책이자 생사가 걸린 필요여서 사랑에 굴복한다. 확장 유형은 또한 자존심이 꺾였을 때만 굴복할 수 있는데, 그때 노예가 되어 살려고 열정을 다 바치기도 한다. 스탕달은 『적과 흑』에서 자존심이 강한 마틸드가 줄리앙에게 바친 열정으로 묘사했다. 이는 오만한 사람이 사랑할 때 느끼는 두려움이 당사자에게는 근거가 충분하다는 사실을 보여 준다. 그런데 확장 유형은 대체로 지나치게 경계해서 도무지 사랑에 빠지지 못한다.

어떤 관계에서도 병든 의존성이 지닌 특성이 무엇인지 연구할 수 있지만, 병든 의존성의 특성은 자기 말소 유형과 오만한 복수 유형이 성과 얽힌 관계를 맺을 때 아주 선명하게 드러난다. 여기서 생기는 갈등이 훨씬 격앙되고 증폭되는 까닭은 두 배우자가 같이 거주하는 탓에 관계가 으레 장기간에 걸쳐 지속되기 때문이다. 자기 도취에 빠졌거나 냉담한 배우자는 은연중에 자신에게 부담을 주는 여러 요구에 지긋지긋해 떠나버리기 쉽다.[2] 반면에 가학 성향이 강한 배우자는 자신의 희생양을 붙잡고 더 귀찮게 괴롭히기 쉽다. 다음으로 의존 성향이 강한 사람은 오만한 복수 유형과 맺은 관계를 뿌리치기가 훨씬 더 어렵다. 의존 성향의 독특한 약점 탓에 잔잔한 호수에서 항해하려고 건조한 배가 폭풍우 몰아치는 거친 대양을 횡단하는 것처럼, 난처한 관계에 대처할 준비가 전혀 되어 있지 않다. 의존 성향이 강한 여자는 억세고 강건한 데가 하나도 없어, 자신의 신경증 구조에 내재한 어떤 약점이든 모두 그대로 느낄 테고, 그것은 파멸을 의미할지도 모른다. 비슷하게 자기 말소 유형은 일상생활 속에서 역할을 꽤 잘했을 수도 있지만, 이러한 관계로 얽힌 갈등 속에 던져졌을 때 그 사람 안에 숨어 있던 모든 신경증 요인이 작용할 터이다. 나는 여기서 우선 의존 성향이 강한 사람의 관점에서 갈등이 일어나는 과정을 묘사하겠다. 단순하게 표현하기 위해, 자기 말소 유형 배우자가 여자이고, 공격 유형 배우자는 남자라고 가정하겠다. 수많은 사례가 보여 주듯이 자기 말소가 여성다움과 아무 관계가 없고, 공격성 오만이 남성다움과 아무 관계도 없지만, 실제로 두 유형의 결합은 서구 문명권에서 빈번하게 발생하는 것처럼 보인다. 자기 말소와 공격성 오만은 둘 다 섬세하고 격렬한 신경증 현상이다.

주의를 끄는 첫째 특징은 자기 말소 유형 여자가 관계 속에 완전히 흡수되는 현상이다. 배우자는 여자의 생존을 좌우하는 유일한 중심이 된다. 모든 일은 남자를 중심으로 돌아간다. 기분은 그녀를 대하는 남자의 태도가 긍정 방향으로 기우는지, 부정 방향으로 기우는지에 달렸다. 여자의 생각은 남자를

2 플로베르의 『보바리 부인』 참고. 보바리 부인의 두 애인은 그녀에게 싫증이 나서 달아난다. 카렌 호나이의 『자기 분석』에서 클레어의 자기 분석도 참고.

이해하거나 그에게 도움이 되는 일을 찾는 데 집중된다. 여자는 배우자가 기대한다고 느끼는 것에 부응하는 쪽으로 온갖 노력을 기울인다. 그녀는 단지 하나만 두려워하는데, 배우자의 반감을 사고 그를 잃을까 봐 노심초사한다. 반대로 다른 관심사는 모두 의식의 수면 아래 가라앉는다. 그녀의 일은 배우자와 관계가 없다면 상대적으로 무의미해진다. 배우자를 만나지 않았더라면 그녀에게 소중했을 전문직이나 숙련 단계에 이른 생산직이라도 마찬가지이다. 당연히 직업을 포기한 여자는 고통과 괴로움 속에서 산다.

다른 여러 인간 관계는 소홀하게 여긴다. 여자는 아이들과 가정을 방치하거나 버릴 수도 있다. 친목이나 친교는 배우자가 없을 때 그저 시간을 때우는 일로 점점 변질된다. 배우자의 등장을 알아채는 순간, 교류는 흐지부지 끝난다. 흔히 배우자가 그녀를 점점 더 자신에게 의존하게 만들어, 여자는 다른 인간 관계를 망치고 만다. 게다가 자기 말소 유형 여자는 배우자의 눈을 통해 친척이나 친구들을 바라보기 시작한다. 오만한 공격 유형 배우자는 그런 여자가 사람들을 너무 잘 믿는다고 비웃으며 의심이 많은 자신의 성향을 그녀에게 주입한다. 그래서 여자는 자신의 뿌리를 잃어 버리고 점점 더 메마르고 허약해진다. 더불어 그녀에게 소중한 자기 이익은 언제나 썰물처럼 빠져나가고 가라앉아 버린다. 그녀는 빚을 지고, 평판과 건강이 나빠지고, 품위를 잃을 수도 있다. 그 여자가 정신 분석을 받거나 자신을 스스로 분석하더라도, 자기 인식self-recognition에 기울이는 관심은 **배우자의** 동기가 무엇인지 이해하고 **그를** 도우려는 염려로 바뀌어 버린다.

고생苦生 trouble은 바로 첫 만남에서 본격적으로 시작되었을 수도 있다. 그러나 이따금 사정이 잠시 동안 길조吉兆로 나타나기도 한다. 두 사람이 앓는 특정한 신경증이 진행되는 방식은 서로 잘 맞는 것처럼 보인다. 남자는 주인이 되어야 할 필요가 있고, 여자는 굴복해야 할 필요가 있다. 남자는 공개적으로 요구하고, 여자는 순응한다. 여자는 자존심이 꺾일 때에만 굴복할 수 있고, 남자는 여러 이유로 여자의 자존심을 꺾는 데 실패할 리 없다. 그러나 두 기질 사이에, 정확히 말해 본질적인 모든 요소가 정반대인 두 신경증 구조 사이에 머지않아 충돌은 반드시 일어난다. 강력한 충돌은 감정, 곧 '사랑' 문제를 둘러싸고 일어난다. 자기 말소 유형 여자는 사랑과 애정과 친밀감을 원한다고 주장한다. 오만한 공격 유형 남자는 긍정 감정을 한사코 멀리하고 두려워한다. 그에게는 감정 표현이 억지스럽고 꼴사나워 보인다. 남자에게 사랑을 확신하는 여자의 태도는 가증스러운 위선처럼 보일 뿐이다. 사실 우리가 알고 있듯이, 자기 말소 유형 여자가 사랑을 확신하는 동기는 남자에게 바치는 인격이 드러난 개인의 사랑personal love이 아니라 자신을 잃고 남자와 하나가 되어야 할 필요이다. 남자는 여자의 감정에 맞서 싸울 수밖에 없으므로 그녀와 관계도 틀어지기 마련이다. 다음에 여자는 소홀한 취급을 받았거나 학대당했다고 느끼고 불안해져서 더 강하게 매달린다. 여기서 또 다른 충돌이 발생한다. 설령 남자가 분골쇄신해 여자가 의존하게 만들더라도, 매달리는 여자의 태도에 남자는 공포에 떨며 역겨움을 느낀다. 남자는 자신의 나약한 면이라면 모조리 두려워하고 경멸하며, 여자가 지닌 나약한 면도 경멸한다. 이는 그녀를 거부하는 또 다른 요인이 되므로, 여자는 불안에 떨며 더욱 매달린다. 여자가 은연중에 여러 요구를 할 때면 강압으로 느껴져, 남자는 통달한 존재의 느낌을 유지하려 맹공격을 퍼붓는다. 여자의 강박에 가까운 도움helpfulness이 자족한 존재라는 남자의 자존심에 상처를 입힌다. 남자를 '이해한다'는 여자의 주장도 비슷하게 자존심에 상처를 입힌다. 실제로 진지한 자세로 여러 번 이해하려고 해도, 여자는 남자를 진실로 이해하지 못하며, 거의 이해할 수도 없다. 게다가 여자의 '이해'에는 변명하고 용서해야 할 필요가 너무 많다. 왜냐하면 여자는 자신의 태도를 모두 선하고 자연스럽게 느끼기 때문이다. 남자는 이어서 여자의 도덕적 우월 의식을 알아채고, 약이 올라 뒤얽힌 이런저런 가식을 들춰내 무너뜨린다. 남자와 여자는 둘 다 본디at bottom 독선적인 사람들이므로, 이런 문제를 둘러싼 좋은 대화 가능성은 매우 낮다. 그래서 여자는 남자를 잔인한 사람으로, 남자는 여자를 도덕에 얽매인 잔소리꾼으로 여기기 시작한다. 여자가 감춘 여러 가식을 들춰내 무너뜨리는 일은 구축하는 방향이라면, 여자에게 대단히 도움이 되었을 수 있다. 그러나 남자는 대부분 빈정대고 깔보는 태도로 일관하므로, 여자는 상처를 받기 십상이고, 더 불안해하고 의존 성향이 더 커질 따름이다.

앞에서 말한 온갖 충돌이 있어도, 충돌이 두 사람에게 도움이 될 수도 있느냐고 묻는다면 한가한 사변에 지나지 않는다. 확실히 남자는 조금 부드러워지고, 여자는 조금 거칠어질 수 있다. 그러나 대개 두 남녀는 각자의 신경증에서 비롯된 필요와 혐오감에 너무 깊이 빠져 있다. 양측에 최악의 결과를 초래하는 악순환이 계속 일어나서, 오랜 기간에 걸쳐 고통만 주고받을 따름이다.

자기 말소 유형 여자가 드러내는 좌절frustrations과 한계limitations는 종류가 여럿이라기보다 교양이 많거나 적고, 강도가 세거나 약하다는 점에서 각양각색이다. 고양이와 쥐가 쫓고 쫓기는 놀이를 하듯이 언제나 밀고 당기며, 얽어매고 물러나는 실랑이가 반복된다. 노골적인 가해 행동에 이어 만족스러운 성관계가 뒤따르기도 한다. 만날 약속을 잊어버리고도 저녁에 즐겁게 지내고, 여자에게 빈정대며 가해 행동을 해서 자신감도 충전한다. 여자는 같은 놀이를 하려고 해도 너무 억제되어 잘하지 못한다. 그러나 여자는 언제나 좋은 놀이 도구이다. 왜냐하면 여자는 남자의 공격에 낙담하고, 겉으로 나타난 남자의 긍정적 분위기에 현혹되어 이제 모든 일이 잘되리라는 거짓 희망에 매달리기 때문이다. 남자가 어떤 의문 제기도 허용하지 않으면서 행동할 권한이 있다고 느끼는 일이 너무 많다. 남자가 내세우는 여러 권리 주장은 자신과 친구나 친척을 위한 재정 지원이나 선물과 관계가 있을지도 모른다. 말하자면 남자를 위해 집안일이나 타자치기 같은 일을 하고, 직장 생활에서 성공하도록 돕고, 필요한 일을 꼼꼼히 챙기라고 요구한다. 후자에는 예컨대 시간 배치, 손님이 와 있든 아니든 남자가 하는 일에 한눈팔거나 말대꾸하지 않고 관심을 기울일 것, 남자가 성질을 부리거나 짜증을 내도 냉정을 잃지 않고 받아 줄 것 따위가 포함된다.

오만한 공격 유형 남자는 자신이 요구하는 것은 무엇이든지 자명하고 당연한 권리라고 생각한다. 바라던 일이 이행되지 않으면 잔소리가 심하고 짜증낼 뿐이고 감사할 줄 모른다. 남자는 자신이 아무것도 요구하지 않으며, 여자가 쩨쩨하고 엉성할뿐더러 배려심이 부족하고 안목이 없어, 자신이 귀찮은 온갖 일을 참고 견뎌야 한다고 느끼고, 딱 잘라 그렇다고 선언한다. 다른 한편 그는 완전히 신경증에서 비롯된 것처럼 보이는 여자의 권리 주장을 예리하게 탐지해 낸다. 여자가 애정과 시간, 또는 사교 모임이 필요하다고 주장하면 소유욕이라고 폄하하고, 성관계나 좋은 음식을 원하면 너무 제멋대로 군다고 핀잔을 준다. 그래서 남자는 여자의 필요를 좌절시킬 때, 자신에게 유리한 이유로 그럴 수밖에 없으면서도, 마음속으로는 좌절감을 안겨 준다고 결코 생각하지 않는다. 필요한 것이 있다는 사실 자체를 여자는 부끄러워해야 하므로 자신의 필요를 무시하는 편이 더 낫다. 실제로 여자에게 좌절감을 안겨 주는 남자의 여러 수법手法 techniques은 상당히 높은 수준까지 정교해진다. 거기에는 골이 나서 기쁨의 순간에 기를 꺾어 놓기, 여자가 환영받지 못하고 아무도 원치 않는 사람이라고 모욕하기, 신체와 정신을 위축시키기가 포함된다. 무엇보다 해롭고 여자가 분명히 알아보기 아주 힘든 수법은 구석구석 배어든 무시하고 경멸하는 태도이다. 남자는 실제로 여자의 능력이나 자질을 아무리 존중하더라도 좀처럼 표현하지 않는다. 다른 한편 이미 살펴보았듯이, 남자는 여자의 싹싹하고 부드러운 태도와 빈틈없는 행동, 에둘러 말하는 방식을 싫어하고 경멸한다. 게다가 자기 혐오를 능동 외면화로 외부에 투사해야 할 필요가 있어서, 흠잡기를 일삼고 깔보며 모욕감을 안겨 준다. 만약 여자가 드디어 용기를 내 남자를 비판하기라도 하면, 남자는 여자의 비판을 고압적인 태도로 폐기하거나 여자가 복수심에 사로잡혀 있다고 잘라 말한다.

성 문제에서 엄청난 변형이 일어난다. 성관계sexual relations는 유일하게 만족스러운 접촉으로 두드러질 수도 있다. 오만한 공격 유형 남자가 성을 즐길 때 억제당하면, 이때도 자기 말소 유형 여자에게 좌절감을 안겨 줄 수 있다. 여자의 좌절감은 남자가 다정하지 못한 점을 감안할 때 성이 사랑을 확인하는 유일한 방편일 수도 있어 더욱 뼈저리게 느껴진다. 아니면 성은 여자를 비하하고 여자에게 굴욕감을 안겨 주는 수단이 되기도 한다. 남자는 다른 여자들과 맺은 성관계를 과시하면서 여자가 다른 여자들보다 매력이 별로 없거나 반응이 신통치 않다고 깔보는 평가를 섞어서 말하기도 한다. 성관계를 비하하는 까닭은 다정한 태도가 아예 없기 때문일 수도 있고, 남자가 가학성을 띠는 수법을 사용하기 때문일 수도 있다.

이렇게 **냉대**冷待 maltreatment**하는 남자에게 다가서는 여자의 태도**는 모순으로 가득하다. 곧 보겠지만 냉대는 고정된 반응이 아니라 변동하는 과정으로 여자를 점점 더 갈등 속으로 밀어 넣는다. 처음에 여자는 늘 공격 유형 남자들에게 끌려 속수무책이고 무력할 따름이다. 자기 말소 유형 여자는 결코 그들에게 맞서 무엇을 스스로 주장할 수 없고, 효과를 내는 어떤 방식으로도 반격하지 못했다. 그녀에게는 순응이 언제나 더 쉬운 길이었다. 어쨌든 죄책감을 느끼기 쉬운 여자가 오히려 공격 유형 남자가 하는 여러 비난에 동의하는 까닭은, 특히 비난에 상당히 일리가 있기 때문이다.

하지만 여자의 순응이 이제 더 많은 부분을 차지하고 성질도 역시 바뀐다. 순응은 여전히 기쁘게 하고 서로 용서하고 사이좋게 지내야 할 필요의 표현이지만, 이제는 덧붙여 모든 면에서 굴복하려는 열망longing이 순응을 결정한다. 이미 살펴보았듯이 이렇게 여자는 자존심이 대부분 꺾일 때만 완전히 굴복할 수 있다. 따라서 그녀의 일면은 자존심을 꺾는 남자의 행동을 반기고, 대단히 능동적으로 그와 협력한다. 남자는 의식하지 못하지만, 명백히 여자의 자존심을 짓밟으려고 애쓴다. 여자는 은밀하게 찬사를 늘어놓으며 자존심을 희생 제물로 바치고 싶은 저항할 수 없는 충동을 느낀다. 이러한 충동은 성행위에서 완전히 자각되기도 한다. 여자는 흥분시키는 욕정lust에 휩싸여, 스스로 엎드리고, 굴욕적인 자세를 취하고, 얻어맞고, 깨물리고, 모욕당하기도 한다. 때로는 이런 행동이 그녀가 완전한 성적 만족에 이르는 유일한 조건이다. 이렇게 자기 격하自己格下 self-degradation를 수단으로 완전히 굴복하려는 강한 충동은 피학성 성도착masochistic perversions을 다른 어떤 경우보다 훨씬 잘 설명해 주는 것처럼 보인다.

이렇게 여자가 자신을 격하하고 타락시키는 욕정의 적나라한 표현은 몰아치는 충동에 가공할 힘이 있다는 증거이다. 그것은 자주 문란한 성에 탐닉하고 대중에게 노출되고, 강간당하고, 묶이고, 얻어맞는 환상 속에서도 나타나며, 수음手淫 masturbation과도 관계가 있다. 끝으로 이러한 충동은 시궁창 속에 꼴사납게 드러누워 있고, 상대에게 들어 올려지고, 창녀 취급을 받고, 상대의 발아래 기어 다니는 꿈으로 나타나기도 한다.

자기 격하로 치닫는 충동the drive toward self-degradation은 교묘하게 위장되어 선명하게 드러나지 않을 수도 있다. 그러나 경험이 많은 관찰자에게는 다른 여러 방식으로, 예컨대 자기 말소 유형 여자가 오만한 복수 유형 남자가 지닌 결점을 감추거나 적당히 덮어 주고, 나쁜 행실에 가해지는 비난을 열심히 대신 떠맡으려는 노력, 정확히 말해 절박한 노력으로 드러난다. 아니면 여자가 남자에게 의무를 다하고 경의를 표하는 비굴한 행동으로 나타난다. 여자가 이러한 사실을 자각하지 못하는 까닭은 마음속에서 이러한 경의敬意 deference가 사랑이나 겸손, 애정을 품은 겸손으로 새겨져 있기 때문이다. 성 문제를 제외하면 여자가 스스로 엎드려 항복하려는 충동urge이 극도로 억압되는 까닭이다. 그렇더라도 항복하려는 충동은 엄연히 존재해서, 어떻게 일어나는지 자각하지 못한 채 격하와 타락으로 치닫는 타협으로 내몰릴 수밖에 없다. 이로써 여자가 왜 오랫동안 다른 사람들에게 분명히 눈꼴 사나워 보이는 남자의 가해 행동을 심지어 눈치도 채지 못했는지 설명된다. 아니면 여자는 남자의 가해 행동을 알더라도, 감정을 담아 경험하지 못할뿐더러 실제로 언짢아하지도 않는다. 이따금 여자를 아끼는 친구가 주의를 줄 수도 있다. 하지만 여자는 친구의 말이 사실이고 친구가 자신의 행복과 이익welfare을 바란다고 확신하더라도, 초조하고 짜증이 날 따름이다. 사실 그럴 수밖에 없는 까닭은 남자의 가해 행동이 여자의 갈등과 너무 가까이 맞닿아 있기 때문이다. 갈등에서 벗어나려고 싸우는 시기에 여자가 꾀하는 시도는 훨씬 더 효과가 있다. 모욕감과 굴욕감을 안겨 준 남자의 태도를 하나도 빠짐없이 몇 번이고 되풀이해 떠올리면서, 그에게 맞서 꿋꿋이 버티는 데 도움이 되리라 희망을 품기도 한다. 이런 길고도 헛된 시도 끝에, 놀라면서 자신의 시도가 아무 의미도 없고 아무 영향도 미치지 못한다는 사실을 깨달을 터이다.

자기 말소 유형 여자는 완전히 굴복해야 할 필요에 몰려 배우자를 이상에 맞춰 미화할 수밖에 없다. 자부심을 위임한 사람하고만 일체감을 느낄 수 있으므로, 배우자는 자랑스러운 사람the proud one이어야 하고, 자신은 복종하는 사람the subdued one이어야 한다. 나는 이미 배우자의 오만한 태도와 행동이 최초로 여자를 매혹하는 힘이라는 점을 언급했다. 이렇게 의식 차원에서 매혹하는 힘이 줄어들어도, 여자는 더욱 교묘한 방법을 동원해 남자를 계속 미화한다. 여자는 나중에 남자를 여러모로 더욱 분명하게 살펴볼 수도 있지만, 실제로 스스로 전환점을 만들기 전까지는 배우자가 어떤 사람인지 보여 주는 냉정한 전체 그림을 그리지 못한다. 전환점을 만들더라도 미화 행동은 완전히 멈추지 않는다. 예컨대 여자는 한동안, 곤경에 빠져도 배우자가 대체로 옳고, 어느 누구보다 더 잘 안다고 생각하려는 경향이 있다. 여기서 여자가 배우자를 이상에 맞춰 꾸며야 할 필요와 굴복해야 할 필요가 함께 작용한다. 여자는 배우자와 타인과 자기를 처음부터 끝까지 배우자의 눈으로 보는 데까지 인격으로서 자기personal self를 소멸시켰다. 이것이 여자가 신경증에서 벗어나기 어려운 또 다른 요인이다.

지금까지 모든 일은 배우자의 뜻대로 돌아갔다. 그러나 전환점, 정확히 말하면 여자가 도박에 건 돈을 회수하지 못할 때 오래 끌어 온 전환 과정이 일어난다. 여자의 자기 격하self-degradation는 전부는 아니지만 대체로 무엇보다 목적을 달성하기 위한 수단이다. 여자는 자기를 포기하고 굴복해 내면의 일체감을 느끼고 배우자와 하나가 되고 싶어 한다. 이렇게 충족 상태fulfillment에 도달하려면, 배우자가 사랑을 바라는 여자의 굴복her love-surrender을 수용하고 사랑으로 보답해야 한다. 그러나 바로 여기서 남자는 여자의 기대를 저버린다. 우리가 알고 있듯이 오만한 복수 유형 남자는 자신의 신경증 탓에 자기 말소 유형 여자가 거는 기대를 저버릴 수밖에 없다. 그러므로 여자는 남자의 오만에 개의치 않고, 정확히 말해 은밀하게 환영할지라도, 사랑 문제를 둘러싸고 음으로 양으로 겪은 좌절뿐만 아니라 거부도 두려워하고 쓰라린 원한을 품는다. 여기에 구원을 바라는 여자의 깊은 열망과 여자가 배우자를 사랑하고 관계를 잘 유지할 수 있어야 한다고 요구하는 긍지 체계의 일부가 모두 관여한다. 게다가 여자는 대다수 사람들과 마찬가지로 중요하게 생각하고 이루려고 무진장 애쓰던 목표를 쉽게 철회할 리 없다. 그래서 여자는 배우자의 냉대에 불안과 낙담, 절망으로 반응하지만, 곧바로 다시 희망을 되찾고 배우자가 언젠가 자신을 사랑하리라는 믿음에 매달리려 반대 증거를 모조리 무시한다.

바로 여기서 갈등이 시작되고, 처음에는 오래가지 않고 빨리 극복되지만,

갈등은 서서히 깊어지고 오래 지속된다. 한편 여자는 관계를 개선하려고 필사적으로 노력한다. 이는 여자에게는 관계 구축에 노력을 기울이는 갸륵한 방법으로 보이고, 배우자에게는 점점 더 매달리는 모습으로 보일 뿐이다. 두 사람은 모두 어떤 논점까지 옳지만, 여자가 절대 선the absolute good처럼 보이는 목표를 달성하려고 분투한다는 핵심 쟁점을 놓치고 있다. 여자는 이전보다 한결 더 남자를 기쁘게 하고, 남자의 기대에 부응하고, 자신의 잘못을 살피고, 어떤 무례한 행동이든 너그럽게 눈감아 주거나 원망하지 않고, 이해하고, 덮어 주려고 발돋움한다. 여자는 이런 모든 노력이 극단에 치우친 잘못된 목표에 쓸모가 있을 뿐이라는 점은 깨닫지 못한 채, 이런 노력을 '호전好轉 improvements'으로 평가한다. 비슷하게 늘 그렇듯이 배우자도 호전되고 있다는, 으레 틀리기 마련인 믿음에 집착한다.

다른 한편 여자는 남자를 증오하기 시작한다. 처음에는 자신의 희망을 꺾을 터이므로 증오심이 철저히 억압된다. 억압될 때면 아주 잠시 증오심을 퍼뜩 의식할 따름이다. 이제 여자는 배우자의 가해 행동을 원망하기 시작하고, 다시 한번 주저하며 스스로 인정하지 않으려 한다. 이번에는 복수하려는 경향이 전면에 나타난다. 그녀의 진짜 원망이 드러나 발끈 화를 내지만, 여전히 어떻게 해서 진짜 화가 났는지 알지 못한다. 여자는 비판력이 더욱 강해지고, 부당하게 이용당하도록 방치하는 일도 줄어든다. 이런 복수심은 대부분 간접적인 방식으로 나타나는 특성이 있다. 예컨대 불평불만과 시달림, 순교 의식과 늘어나는 집착들로 나타난다. 복수심을 이루는 여러 요소는 여자의 고상한 목표에도 영향을 미치기 시작한다. 복수심을 불러일으키는 요소는 늘 잠재해 있었으나, 이제 악성 종양처럼 순식간에 퍼진다. 배우자가 자신을 사랑하게 만들려는 열망은 계속 영향을 미치지만, 복수의 승리감을 만끽해야 할 필요가 더욱 중요해진다.

이것은 여자에게 여러 면에서 불운이다. 그렇게 결정적으로 날카롭게 분열되는 과정이 의식되지는 않지만, 결말은 진짜 불행을 향해 달려간다. 바로 분열 과정이 의식되지 않아서 이런 복수심이 여자와 남자를 더욱 가까이 얽어 묶는다. '행복한 결말happy ending'을 내려고 노력할 강한 유인誘因incentive을 제공하는 탓이다. 게다가 여자가 성공을 거두어 배우자가 드디어 여자를 사랑할 때도, 남자가 너무 엄격하지 않고 여자가 지나치게 자기 파괴 성향을 띠지 않으면 그럴 수도 있으나, 여자는 혜택을 거두어들이지 못한다. 여자가 승리를 쟁취해야 할 필요는 충족된 다음에 점점 약해지고 자존심과 자부심도 당연히 회복되지만, 더는 관심도 없고 흥미도 느끼지 않는다. 주어진 사랑에 감사하고 진가를 인정할 수도 있지만, 여자는 이젠 너무 늦었다고 느낀다. 실제로 여자는 자부심을 만족시켰으므로 사랑할 수 없다.

그렇지만 몇 배로 늘어난 노력에도 그림의 바탕이 바뀌지 않으면, 여자는 자신에게 격렬하게 등을 돌려 십자 포화 속으로 걸어 들어간다. 여자는 굴복의 이상이 서서히 가치를 잃음에 따라 자신이 학대를 너무 많이 참고 견뎠다고 자각하므로, 부당하게 이용당했다고 느끼고, 그 때문에 자신을 혐오한다. 마침내 자신의 '사랑'이 실제로는 어떤 용어를 사용하든 병든 의존성에 지나지 않았다고 깨닫기 시작한다. 이렇게 인정하는 태도는 건강하지만, 처음에는 자기를 경멸하는 자기 비하 반응이 나타난다. 게다가 여자는 자신에게 나타나는 복수 경향을 비난하면서 자기 혐오에 빠진다. 끝으로 배우자의 사랑을 얻는 데 실패했기 때문에 자신을 무자비하게 헐뜯고 욕한다. 여자는 자기 혐오를 약간 자각하지만 대부분 여자는 으레 자기 말소 유형의 특징인 수동 방식의 외면화를 거쳐 외부로 투사된다. 이것은 아직도 배우자에게 학대당했다는 느낌이 무겁고 넓게 퍼져 있다는 뜻이다. 이로써 배우자를 대하는 여자의 태도에 새로운 분열이 일어난다. 그녀는 학대받았다는 피해 의식에서 기인하는 원한이 쌓이면서 떠나고 싶어 한다. 그러나 자기 혐오 역시 너무 소름끼치는 무서운 경험이어서 안도감을 주는 애정을 불러내거나 순전한 자기 파괴 성향에 따라 학대를 받아들이는 능력을 굳게 다진다. 그러면 배우자는 여자의 자기 파괴를 집행하는 사람이 된다. 여자가 괴로움과 고통에 시달리고 굴욕당하는 처지에 놓일 수밖에 없는 까닭은 자신을 혐오하고 비하하기 때문이다.

의존 관계에서 벗어나 해방되려는 두 환자의 자기 관찰을 실례로 들어, 이 시기에 자기 혐오가 어떤 역할을 하는지 설명해도 좋겠다. 첫째 남자 환자는 자신이 의존하던 여자를 향한 자신의 진짜 감정이 무엇인지 알아내기 위해 짧은 여행을 하기로 결심했다. 이런 시도는 이해할 만하지만, 대개 무익한 헛수고로 끝나는데, 일부는 강박 요인이 쟁점을 흐리기 때문이다. 일부는 개인이 으레 정말로 자신의 문제나 상황과 맺는 관계에 신경쓰지 않고, 진공 속에서 자신이 다른 사람을 사랑하는지 않는지 '알아내는 일'에만 신경쓰기 때문이다.

이때 고생이 시작된 뿌리를 찾겠다는 남자의 결심은 물론 질문의 답을 찾지는 못했어도 결실을 보았다. 감정이 의식의 수면 위로 떠올랐고, 사실 그는 감정의 소용돌이 속으로 휘말려 들어갔다. 처음에 그는 상대 여자가 인간이 아니라고 느낄 만큼 잔혹해서 어떤 처벌도 충분히 강력하지 않다는 감정에 몰두했다. 곧 이어 여자 쪽에서 친절하고 다정한 행동friendly move을 하도록 만들기 위해 전력을 다하겠노라고 똑같이 강렬하게 느꼈다. 이렇게 극단적인 감정이 여러 번 교대로 나타났고, 각 감정은 워낙 현실처럼 느껴져서 잠시 동안 대립하는 감정을 잊어버렸다. 이런 과정을 세 차례 겪은 다음에야 비로소, 자신이 느끼는 여러 감정에 모순이 있다는 사실을 깨달았다. 그때 비로소 그는 극단에 치우친 감정 가운데 어떤 것도 자신의 참다운 감정true feelings이 아니라고 깨달았으며, 그때 비로소 극단에 치우친 두 감정이 모두 강박에 사로잡혀 있었다는 사실도 분명하게 알아보았다. 이러한 깨달음이 그를 구제하고 해방시켰다. 한 감정을 경험하고 나서 반대되는 감정으로 무력하게 휩쓸리지 않고, 이제는 두 감정을 이해해야 할 문제로 생각할 수 있다. 뒤이어 진행한 정신 분석에서 두 감정이 사실은 상대 여자보다 오히려 그 남자 자신의 내부에서 일어나는 과정과 더 깊은 관계가 있다는 놀라운 깨달음에 이르렀다.

감정 격변emotional upheaval을 명료하게 드러낼 때 두 질문이 도움이 되었다. 그는 왜 상대 여자의 가해 행동을 그녀가 사람이 아닌 괴물이라고 여길 만큼 과장할 수밖에 없었는가? 그는 왜 감정 기복mood-swings에 나타나는 명백한 모순을 인정하는 데 그토록 오래 걸렸는가? 첫째 질문에서 연달아 일어난 다음 사건을 알아볼 수 있다. 남자 환자에게 몇 가지 이유로 자기 혐오가 증가했고, 상대 여자에게 학대당했다는 피해 의식이 증가했고, 외면화를 거쳐 외부로 투사한 자기 혐오에 따른 반응으로 상대 여자에게 복수심을 품은 혐오감을 드러냈다. 이런 과정을 살펴본 다음에, 두 번째 질문에 대답하기는 쉽다. 남자의 여러 감정은 상대 여자에 대한 사랑과 미움을 표현한다고 액면가 그대로 받아들일 때에만 모순을 빚었다. 실제로 그는 어떤 처벌도 충분히 강력하지 않다는 생각에 드러난 복수심을 알아채고 소스라치게 놀랐고, 안심하려고 여자를 간절히 원함으로써 이런 불안감을 누그러뜨리려 애썼다.

다른 실례는 어떤 여자 환자와 관련이 있다. 여자 환자는 특정한 시기에 독립심이 상당히 강하다고 느끼는 감정과 자신의 배우자에게 전화를 걸려는 저항할 수 없는 충동urge에 휩싸이는 감정 사이에서 흔들렸다. 어느 날 그녀가 전화기에 손을 대려는 찰나에, 또 한번 전화해서 일이 더 꼬일뿐이라는 사실을 너무 잘 알면서 이렇게 생각했다. "누가 나를 율리시스처럼 돛대에 묶어 주었으면 좋겠어. 율리시스처럼? 그런데 율리시스는 남자를 돼지로 바꾸는 키르케의 유혹에 넘어가지 않으려 묶여 있어야 했단 말이지![3] 나를 몰아대는 충동은 바로 이거야. 나 자신을 격하하고 그에게 굴욕당하도록 몰아대는 난폭한 충동이지." 이런 느낌은 옳았고, 주문은 풀렸다. 이때 그녀는 자신을 스스로 분석해 적합한 질문을 스스로 던졌다. 왜 이런 충동이 바로 지금 이렇게 강해지는 것일까? 당시에 그녀는 자기 혐오와 자기 비하에 적지 않게 시달렸으나 자각하지 못했다. 그녀가 자신에게 등을 돌리는 원인이 되었던 지난 일들이 떠올랐다. 이후 그녀는 안도하며 훨씬 단단한 땅 위에 서 있다고 느꼈다. 왜냐하면 이 시기에 그녀는 상대 남자를 떠나고 싶어 했고, 자기 분석으로 여전히 자신과 남자를 묶어주는 끈 가운데 하나를 붙잡았기 때문이다. 그녀는 다음 분석 시기를 이렇게 말하며 시작했다. "내가 빠진 자기 혐오를 더 분석해야죠."

요컨대 위에서 언급한 모든 요인으로 내부에서 일어나는 동요動搖 turmoil는 점점 커진다. 충족을 바라는 희망은 줄고, 몇 배로 더 노력하고, 노력에 따른 반발로 혐오와 복수심이 의식의 수면 위로 떠오르고, 자기에 맞선 폭력성이 드러난다. 내면에서 펼쳐지는 상황은 견디기 점점 더 힘들어진다. 여자 환자는 실제로 가라앉느냐, 헤엄치느냐가 문제인 절체절명의 위기 상황에 놓여 있다. 이제 두 행동이 준비되고, 상황은 전적으로 어느 쪽이 이기느냐에 달렸다. 이전에 논의했듯이, 가라앉으려는 행동은 자기 말소 유형에게 모든 갈등을 풀어 줄 최종 해결책으로 호소력이 있다. 그녀는 자살을 할지 숙고하고, 자살하겠다고 위협하고, 자살을 시도하고, 실제로 자살을 할 수도 있다. 병에 걸려서 굴복해 버릴 수도 있다. 도덕 측면에서 단정치 못한 사람이 되어서 무의미한 일에 뛰어들 수도 있다. 그녀는 복수심에 사로잡혀 상대 남자를 비웃고 혹평할 수도 있지만, 으레 상대보다 자신에게 상처를 훨씬 더 많이 준

3 이 환자는 사이렌의 일화와 키르케의 일화를 혼동했다. 이런 혼동이 그녀가 발견한 내용의 타당성에 영향을 주지는 않는다.

다. 아니면 아무것도 알지 못한 채 단순히 살려는 열의를 잃고, 나태해지고, 자신의 외모나 일에 소홀하거나 체중이 늘기도 한다.

헤엄치려는 다른 행동은 건강해지는 방향으로 나아가고, 갈등 상황에서 벗어나려는 노력이다. 이따금 여자 환자에게 필요한 용기를 주는 상황은 바로 실제로 산산이 부서질 위험에 처했다고 알아채는 순간이다. 때때로 가라앉으려는 행동과 헤엄치려는 행동은 쉬었다 일어났다 주기적으로 반복된다. 투쟁하는 과정은 무척 고통스럽다. 투쟁하게 만드는 유인과 심신의 힘은 건강한 원천과 신경증에 걸린 원천에서 나온다. 거기에는 깨우고 구축하는 자기 이익an awakening constructive self-interest이 있다. 또 실제로 일어났다고 주장하는 학대뿐 아니라 속았다고 느껴서 남자에게 품는 원망도 커진다. 지는 경기를 했으니 자존심도 손상을 입는다. 다른 한편 그녀는 엄청난 역경에 부딪친다. 그녀는 수많은 일과 사람들과 떨어져 관계를 끊었고, 지칠 대로 지친 상태로 자신에게 의지해야 한다고 생각하고는 겁에 질린다. 도망치는 행동은 패배를 인정하는 셈이 될 터이므로, 다른 자존심이 도망치는 행동에 저항한다. 오르막이 있으면 내리막도 있기 마련이다. 그녀가 남자를 떠날 수 있다고 느낄 때도 있지만, 떠나는 것보다 도리어 수모를 겪는 때도 있다. 말하자면 대체로 한 자존심과 다른 자존심 사이에서 그녀 자신과 벌이는 끔찍스럽고 애처로운 투쟁이다. 성과는 여러 요인에 달렸다. 대다수 요인은 자신 안에 있지만, 전체 삶의 상황에도 여러 요인이 있기 마련이다. 단언컨대 친구나 분석가의 도움은 상당히 중요한 역할을 한다.

여자 환자가 자신의 복잡하게 얽힌 갈등 상황에서 벗어나려고 그럭저럭 투쟁한다고 가정하면, 그녀의 행동이 지닌 가치는 다음 두 질문에 달렸다. 수단과 방법을 가리지 않고 한 의존 관계에서 벗어나자마 다른 의존 관계로 무모하게 뛰어들었는가? 가라앉히려고 했던 감정을 지나치게 경계했는가? 당시 그녀는 '정상'처럼 보였지만, 사실 평생 낫지 않을 상처가 있었다. 그녀는 바탕이 바뀌어서 정말로 더 강한 사람이 되었는가? 이렇게 가능한 일 가운데 어떤 일도 실제로 일어나지 않을지도 모른다. 당연히 정신 분석은 여자 환자를 고뇌distress와 위험danger에 빠지게 만든, 신경증에서 비롯된 여러 곤경에서 벗어날 최선의 기회를 제공한다. 그런데 그녀는 갈등에 시달리며 투쟁하는 가운데 구축력constructive forces을 충분히 끌어모을 수 있고, 진실로 존재하는 뒤얽힌 고통과 괴로움을 겪으며 성숙하면, 자기와 꾸밈없이 마주하는 평범한 정직성과 자신의 발로 서려는 노력으로 내면의 자유를 얻을 수 있다.

병든 의존성morbid dependency은 반드시 다루어야 할 매우 복잡한 심리 현상이다. 인간 심리의 독특하고 복잡한 여러 특징을 조정하거나 화해시키지 않고, 한꺼번에 설명하는 단순한 공식이 있다고 주장하면, 병든 의존성을 이해할 도리가 없다. 우리는 병든 의존성이 드러나는 전체 그림을 성 피학증sexual masochism의 여러 갈래로 설명할 수 없다. 그런 전체 그림이 있더라도 다른 여러 요인에서 생겨난 **성과**outcome이지 뿌리는 아니다. 첫째로 병든 의존성이 모두 나약하고 무력한 사람에게 나타나는 전도된 가학증은 아니다. 둘째로 기생하는 측면이나 공생하는 측면, 또는 신경증 환자가 자신을 잃도록 내모는 충동에 집중할 때는 병든 의존성의 핵심을 파악하지 못한다. 셋째로 자기 파괴 성향self-destructiveness은 자기에게 고통과 괴로움을 주려는 충동으로서 단독으로 충분한 설명 원리가 될 수 없다. 마지막으로 우리는 병든 의존성의 전체 상태를 단지 자부심과 자기 혐오가 외면화된 결과로 생각할 수도 없다. 한 요인 또는 다른 요인을 전체 현상의 심층 뿌리로 간주하면, 한 쪽으로 치우친 그림을 그릴 수밖에 없어 병든 의존성에 얽힌 고유한 특징을 모두 보여 주지 못한다. 더욱이 한 쪽으로 치우친 설명은 모두 병든 의존성을 정지된 상태로 그린다. 그런데 병든 의존성은 정지된 상태가 아니라 시작과 끝이 있고 움직이는 과정이다. 이런 과정 속에서 위에서 말한 여러 요인이 모두 또는 대부분 활동하기 시작하고, 전면에 나타났다가 영향력이 줄어들고, 한 요인은 다른 요인을 결정하거나 강화하고, 혹은 다른 요인과 갈등을 빚는다.

끝으로 앞에서 말한 여러 요인은 모두 병든 의존성을 보여 주는 전체 그림과 관련이 깊지만, 너무 소극적이어서 열정熱情 passion에 휘말리는 특징involvements을 설명하지 못한다. 병든 의존성은 확 불타오르든, 연기만 피우면서 부글부글 끓든 열정과 어울린다. 그런데 생기 넘치는 충족감vital fulfillment을 기대하지 않으면 열정도 일어나지 않는다. 이러한 기대가 신경증에 걸렸다는 전제에서 생겨나든 아니든 달라질 것은 없다. 다음으로 이런 요인은 자기 말소 유형의 전체 신경증 구조와 분리할 수 없을뿐더러 그 안에서만 파악할 수 있으며, 바로 전부를 걸고 굴복하려는 충동과 배우자에게 동화되어 일체감을 느끼려는 열망이다.

제11장

●

체념 독립 해결책: 자유의 호소력

자유와 독립을 추구하라

RESIGNATION: THE Appeal of Freedom

정신 내부의 갈등을 푸는 셋째 주요 해결책의 본질은 신경증 환자가 내면의 치열한 싸움터에서 물러나 스스로 관심이 없다고 선언하는 데 있다. 신경증 환자는 기운을 끌어모아 '아무 상관없다'는 태도'don't care' attitude를 유지할 수 있다면, 자신의 내면에서 일어나는 갈등을 덜 성가시게 느끼고, 내면의 평화 비슷한 상태에 이를 수 있다. 능동적으로 살기를 그만두고 물러나야 그럴 수 있으므로, '체념諦念 resignation'이 적당한 명칭이다. 체념은 어떤 면에서 모든 해결책 가운데 가장 과격하고 급진성을 띤다. 바로 이런 이유로 아마도 일상 생활에서 기능을 꽤 원활하게 수행하지만 신경증에 걸린 사람이 많을 터이다. 우리는 정신 건강에 대체로 둔감해서, 체념한 사람들을 흔히 '정상正常 normal'으로 분류하곤 한다.

체념은 구축 의미a constructive meaning를 포함하기도 한다. 나이를 먹은 많은 사람들은 야망과 성공이 본래 헛되고 무가치하다는 사실을 깨달았고, 기대와 요구를 덜해서 유연해졌고, 비본질적이고 필요하지 않은 것을 포기해서 훨씬 지혜로워졌다고 생각할 수 있다. 종교나 철학의 여러 형태에서 비본질적인 것의 포기拋棄 renunciation는 영혼과 정신이 더 많이 성장하고 더 충족한 상태에 도달하는 데 필요한 여러 조건 가운데 하나로 옹호된다. 말하자면 신God에게 더 가까워지려면 개인의 의지와 성욕, 세속적인 소유물에 대한 갈망을 버리라고 가르친다. 영원한 생명을 얻으려면 무상한 사물에 얽매인 갈망을 버려라. 인간에게 잠재력으로 엄존하는 정신과 영혼의 힘spiritual power을 제대로 발휘하려면 개인 차원의 갈망과 만족을 버려라.

그렇지만 우리가 여기서 논의하는 신경증 해결책으로서 체념은 단지 갈등이 없는 평화에 안주한다는 의미를 은연중에 풍긴다. 종교 관행으로서 평화추구는 투쟁과 분투의 포기를 포함하지 않고, 오히려 더 높은 목표를 달성하려고 투쟁하고 분투한다. 신경증 환자에게 체념은 투쟁과 분투를 포기한다는 뜻이고 작은 것에 만족하고 안주한다는 뜻이다. 그러므로 신경증 환자의 체념은 생활과 성장을 축소하고, 제한하고, 생명을 단축하는 과정이다.

나중에 살펴보겠지만, 건강한 체념과 신경증에 걸린 체념의 차이를 보여주는 구별이 앞에서 말한 만큼 산뜻하고 깔끔하지는 않다. 신경증에 걸린 체념에도 긍정 가치가 얽혀 있다. 그러나 눈에 보이는 것은 신경증이 진행되는 과정에서 생겨난 특정한 부정적 자질 negative qualities이다. 이는 다른 두 가지 주요 해결책을 되돌아보면 더욱 명료해진다. 두 해결책에서 우리는 훨씬 거칠고 사나운 그림, 즉 통달이든 사랑이든 무엇을 잡으려고 손을 뻗고, 무엇을 쫓아다니고, 열정에 사로잡혀 무엇을 추구하는 데 열중하는 그림을 본다. 우리는 두 해결책에서 희망과 분노, 절망도 본다. 감정을 억눌러 마음이 차가운 오만한 복수 유형도 여전히 성공과 권력, 승리를 열렬히 원하거나 원하도록 내몰린다. 두 해결책과 반대로, 체념하는 삶의 그림은 일관되게 체념할 때 항상 썰물이 빠져나가듯 저조한 상태로 살아가는 모습이다. 고통이나 마찰도 없지만 열의도 없는 삶이다.

그러면 신경증에 걸린 체념을 가려내는 **기본 특성들**basic characteristics이

제한하는 미묘한 분위기aura, 즉 회피하고 원하지 않거나 행동하지 않는 분위기에 따라 구별된다고 해도 전혀 이상하지 않다. 어떤 신경증 환자에게나 체념의 분위기는 조금씩 나타난다. 나는 여기서 어떤 사람의 주요 해결책이 되었던 적이 있는 여러 체념의 횡단면을 묘사하려고 한다.

체념 유형의 첫째 기본 특성은 내면의 치열한 싸움터에서 물러나는 점인데, **자신과 자기 인생의 방관자**가 된다는 표현에 그대로 드러난다. 나는 이러한 태도를 내면의 긴장을 줄이는 일반 대책general measures이라고 말했다. 신경증 환자는 냉담한 태도detachment를 뚜렷하게 두루 나타내므로, 타인을 마주할 때도 방관자가 된다. 마치 교향악단의 일원인 것처럼 살고, 무대 위에서 상연되지만 대부분 지나치게 재미나지도 않고 흥미를 자아내지도 않는 연극을 관람하는 것처럼 산다. 그는 반드시 훌륭한 관찰자는 아니지만, 아주 예리한 관찰자일 수도 있다. 상담을 막 시작한 단계에서도 적절한 질문을 몇 가지 던지면, 그는 풍부하고 거리낌 없는 관찰력이 빛나는 모습을 보여 준다. 그러나 으레 빛나는 관찰력으로 알아낸 모든 지식이 아무것도 바꾸지 못했다고 덧붙일 터이다. 당연히 아무것도 바꾸지 못하는 까닭은, 자신이 발견한 어떤 것도 스스로 체험하지 못했기 때문이다. 자신의 방관자가 된다는 말의 의미는 바로 삶에 능동적으로 참여하지 않고 무의식에서 능동적 삶을 거부한다는 뜻이다. 정신 분석 과정에서도 동일한 태도를 유지하려고 애쓴다. 그는 관심을 아주 많이 표현할 수도 있지만, 한동안 오락처럼 재미로 즐기는 수준에 머물러서 아무것도 바뀌지 않는다.

그렇지만 체념 유형이 지성 측면에서도 피하는 한 가지 중요한 일은 자신이 겪는 어떤 갈등이든 마주치는 위험이다. 그는 뜻하지 않게 갈등과 마주쳐 놀라면, 이를 테면 우연히 갈등과 마주하면, 심한 공황 상태에 빠져 괴로워할지도 모른다. 그러나 대개 경계심이 너무 강해서 자신에게 영향을 주거나 해칠 만한 어떤 일도 허락하지 않는다. 어떤 갈등과 거의 마주하자마자, 전체 주제에 쏠렸던 관심은 흐지부지되고 말 터이다. 아니면 갈등에서 벗어나려고, 자신이 마주한 갈등은 전혀 갈등이 아니라면서 논쟁을 벌일 수도 있다. 분석가가 환자의 '회피' 전략을 알아채고는 "보세요. 이 갈등이 바로 위태로운 지경에 이른 당신 **자신의** 삶입니다"라고 말하면, 환자는 분석가가 하는 말을 전혀 알아듣지 못한다. 환자가 보기에 갈등에 빠진 삶은 자신의 삶이 아니라, 그가 관찰만 하고 능동적 역할을 전혀 하지 않는 삶이다.

체념 유형의 둘째 기본 특성은 어떤 관여도 하지 않으려는 비참여非參與 nonparticipation 태도와 밀접한 관계가 있으며, **성취하려고 애쓰는 모든 진지한 노력의 결여와 노력을 꺼리는 혐오감**이다. 내가 두 태도를 한 데 모은 까닭은, 두 태도의 결합이 체념 유형 사람에게 흔히 나타나기 때문이다. 많은 신경증 환자들은 어떤 일을 성취하려고 온 마음을 바치고, 성취에 방해되는 금지나 억제를 만나면 애태우며 짜증을 낸다. 체념 유형에 속한 사람은 그렇지 않다. 그는 무의식적으로 성취와 노력을 모두 거부한다. 그는 소유한 자산을 축소하거나 딱 잘라서 부정하고, 작은 것에 만족하며 안주한다. 반대 증거를 대더라도 꿈쩍하지 않을뿐더러 도리어 화를 내기도 한다. 분석가는 환자에게 야망을 불어넣고 싶어 하는가? 환자가 한 나라의 대통령이 되기를 원하는가? 환자는 마침내 어떤 재능이 있다고 알아챌 수밖에 없게 되면, 소스라치게 놀라기도 한다.

체념 유형은 다시 한 번 상상 속에서 아름다운 음악을 작곡하고, 그림을 그리고, 책을 쓸지도 모른다. 상상력 발휘는 포부抱負 aspiration와 노력努力 effort을 모두 없애는 대체 수단이다. 그는 실제로 특정한 주제에 관해 독창성이 돋보이는 좋은 착상을 떠올리기도 하지만, 논문을 한 편 쓸 때에도 새로운 계획이 필요하고 착상을 끈질기게 충분히 생각하고 체계적으로 다듬을 터이다. 그래서 논문은 집필되지 않은 상태로 남는다. 그는 소설이나 희곡을 쓰고 싶은 막연한 욕망에 사로잡히기도 하지만, 영감이 떠오르는 순간만 기다린다. 그러면 줄거리가 명확해질 테고, 모든 이야기는 샘이 솟아나듯이 써 내려갈 수 있으리라.

체념 유형은 일하지 **않을** 이유 찾기에 기발한 재능도 타고났다. 고된 노동으로 땀을 흘려 가며 써 낸 책은 얼마나 훌륭한가! 하지만 아무 영감도 없이 어떻게든 쓴 책들이 널려 있지 않은가? 한 가지 일을 추구하는 데 집중하면 다른 관심은 줄어드니 사고의 지평이 좁아지지 않을까? 정치판에 뛰어들거나 경쟁이 심한 분야에 발을 들여놓으면 성격을 망치지 않을까?

노력을 꺼리는 반감反感 aversion은 모든 활동으로 연장될 수도 있다. 그러면 완전히 타성complete inertia에 젖는데, 이에 관한 논의는 나중에 다시 하겠다. 끝장에 이르러 신경증 환자는 편지를 한 통 쓰거나 책을 한 권 읽거나 장보기처럼 간단한 일도 꾸물거리고 늑장을 부린다. 아니면 내면에서 일어나는 저항에 맞서 천천히 마지못해 행동하여 아무 효과도 내지 못한다. 업무에서 산적한 과제를 이관하거나 처리하는, 훨씬 부담스럽지만 피할 수 없는 활동이 예상되면, 시작하기도 전에 지쳐버릴 수도 있다.

이러한 태도 탓으로 체념 유형의 셋째 기본 특성이 생기는데, 그에게서 중요하든 사소하든 **목표 잡기와 계획 세우기**goal-direction and planing를 전혀 찾아볼 수 없다. 그는 실제로 자신의 인생과 어떤 관계를 맺으려고 하는가? 이런 질문은 결코 하지 않으며 하더라도 마치 관심 밖의 일인 양 쉽게 제거된다. 여기서 오만한 공격 유형과 뚜렷하게 대조되는데, 후자는 장기간에 걸쳐 치밀하고 정교한 계획을 세운다.

정신 분석 과정에서 체념 유형은 목표를 세우는 데서 한계에 부딪칠뿐더러 부정 성향을 드러낸다. 그가 생각하는 정신 분석은 낯선 사람 앞에서 수줍어하고, 길거리에서 얼굴을 붉히거나 기절할까 봐 겁을 먹는 두려움 같은 장애 증상을 제거해야 한다. 어쩌면 정신 분석은 자신이 겪은 읽기 장애처럼 타성에 젖은 이런저런 면을 제거해야 한다. 훨씬 넓은 시각에 따른 목표를 세울지도 모르는데, 막연한 말을 써서 '평온平穩 serenity'이라 부르기도 한다. 하지만 이 말은 그저 온갖 성가신 골칫거리와 초조감과 짜증, 또는 속이 뒤집히는 상황이 없다는 뜻일 따름이다. 당연히 그가 바라는 일은 무엇이든지 아픔을 겪거나 긴장감에 시달리지 않고 쉽게 이루어져야 한다. 분석가는 바로 그렇게 쉽게 정신 분석을 해야 한다. 어찌 되었든 분석가는 전문가가 아닌가? 정신 분석은 썩은 이를 뽑는 치과 의사나 주사를 놓아 주는 의사에게 치료받으러 가는 일과 같아야 한다. 체념 유형 신경증 환자는 분석가가 문제의 실마리를 찾아 모든 일을 술술 풀어 줄 때까지 참으며 기꺼기 기다린다. 그만큼 환자가 말할 필요가 없다면, 더 좋을 터이다. 분석가는 환자의 생각을 일종의 방사선 촬영기로 찍어 내듯 드러낼 수 있어야 한다. 어쩌면 최면催眠 hypnosis으로 더욱 빨리, 환자 쪽에서 아무 노력도 하지 않고 상황은 명백히 드러날 것이다. 새로운 문제가 구체화될 때, 환자는 처음에 정신 분석 작업을 더 많이 해야 한다고 예상하면 몹시 화를 낼지도 모른다. 이전에 지적했듯이, 그는 자신 안에서 일어나는 상황을 관찰하는 데 신경쓰지 않을 수도 있다. 언제나 신경을 쓰는 일은 변화에 들이는 노력이다.

한 단계 더 깊이 들어가면 체념의 본질, 즉 **소망 제한**restriction of wishes에 이른다. 우리는 확장 유형과 자기 말소 유형에게 소망이 어떻게 견제되는지 살펴보았다. 그러나 두 유형에게는 특정한 범주의 소망, 즉 인간다운 친밀감이나 승리 같은 범주만 억제되었다. 우리는 자신이 소망해야 하는 것에 따라 결정된 어떤 사람의 소망이 얼마나 불확실한지도 아주 잘 알고 있다. 이러한 경향은 모두 체념 유형에게도 영향을 미친다. 여기서도 한 영역이 으레 다른 영역보다 영향을 더 많이 받는다. 자발성에서 비롯된 소망은 내부 명령 탓에 흐려진다. 그러나 이를 넘어서 체념 유형은 의식 차원이나 무의식 차원에서 무엇이든 소망하거나 기대하지 않는 것이 더 낫다고 믿는다. 때때로 이런 신념에서 의식적인 비관주의 인생관a conscious pessimistic outlook on life, 즉 인생은 어쨌든 헛되고 무익하며 애쓰고 노력할 만한 가치가 전혀 없다는 허무감虛無感이 묻어 나온다. 많은 일이 막연하고 한가한 시선으로 바라보면 바람직하게 돌아가도, 구체적이고 생기 넘치는 소망을 품지 못하는 일이 더욱 흔하다. 특정한 소망이나 관심은 '아무 상관없다'는 태도를 이겨 낼 만큼 충분히 열의熱意 zest가 있더라도, 머지않아 곧 작아져서 '아무것도 문제가 되지 않거나', '아무것도 문제가 되어서는 안 된다'는 매끄러운 표면처럼 마찰이 없고 평온한 자세를 회복한다. 이렇게 '소망 없는 상태'는 직장 생활과 인격이 드러난 개인 생활에 모두 중요할 수 있다. 말하자면 다른 직업을 찾으려는 소망이나, 더 나은 결혼 생활뿐 아니라 더 좋은 집과 더 비싼 차, 더 많은 재산을 바라는 소망과 관계가 있다. 이러한 소망 성취는 처음에 무거운 짐처럼 부담스럽게 어렴풋이 나타날 수도 있지만, 사실 그가 가진 유일한 소망, 즉 성가시고 귀찮고 괴로운 처지에 놓이지 않으려는 소망을 서서히 꺾어 버린다. 여러 소망 철회撤回 retraction는 이전에 말한 체념 유형을 가려내는 세 가지 기본 특성과 밀접한 관계가 있다. 그는 어떤 강한 소망도 품지 않을 때에만 자기 인생의 방관자가 될 수 있다. 소망을 품게 만드는 동력motive power이 없으면, 거의 포부를 펼치지도 못하고 마음속에서 우러난 목표를 세울 수 없다. 끝으로 애써 노력을 기울일 만한 소망은 하나도 남지 않는다. 따라서 체념 유형이 내세우는 눈에 띄는 권리 주장은 둘이다. 하나는 삶이 쉬우면서 아픔이 없고 노력할 필요가 없어야 한다는 것이고, 다른 하나는 성가시거나 귀찮은 일을 당해 괴로운 처지에 놓여서는 안 된다는 것이다.

특히 체념 유형은 정말로 필요한 것까지 포함한 무엇이든지 애착을 갖거나 집착하지 않으려고 애쓴다. 아무것도 아무도 자신의 행동을 제약할 만큼 중요해서는 안 된다. 당장 어떤 여자를 좋아하고, 시골의 어떤 장소에서 한

적한 시간을 보내고, 음료를 마음대로 선택할 수 있지만, 그런 것에 의존해서는 안 된다. 그는 어떤 장소나 사람, 또는 사람들이 모인 어떤 집단을 잃었을 때 고통스러워할 만큼 의미가 커진다고 자각하자마자, 자신의 감정도 철회하려는 경향이 있다. 다른 어떤 사람도 자신을 필요한 존재로 느껴서는 안 되며, 양측의 관계는 당연시되어도 안 된다. 두 태도에 따른 생활 방식에 조금이라도 의심이 생기면, 움츠러들고 물러나려는 경향이 나타난다.

체념 유형은 소망 철회와 자기 인생의 방관자가 되는 데서도 드러났듯이, 비참여 원칙을 여러 인간 관계에도 적용한다. 인간 관계의 특징은 바로 **냉담한 태도**detachment, 즉 다른 사람과 감정 면에서 거리를 두는 태도이다. 그는 거리를 두거나 일시적 관계를 즐길 수 있지만, 감정 문제로 타인에게 말려들거나 휩쓸려서는 안 된다. 그는 자신과 교제가 필요하거나 도움이 필요하거나 성관계가 필요할 만큼 어떤 사람에게 애착을 느껴서도 안 된다. 냉담한 태도가 훨씬 더 유지하기 쉬운 까닭은 체념 유형이 다른 신경증 유형과 달리 좋든 나쁘든 타인에게 어떤 것을 기대하더라도 많이 기대하지 않기 때문이다. 위급한 상황에서도 도움을 청하지 않을지도 모른다. 다른 한편 그는 감정을 교류하는 사이로 얽히지 않으면, 타인을 아주 기꺼이 도우려 할 수도 있다. 그는 감사 표시gratitude를 전혀 원치 않으며, 심지어 기대도 하지 않는다.[1]

성의 역할은 적지 않게 바뀌고 달라진다. 때때로 성은 체념 유형에게 타인과 관계를 맺는 유일한 다리이다. 그럴 때 잠시 스쳐가듯 많은 성관계를 맺고는 곧 저버리고 발을 빼기도 한다. 이를테면 일시적인 성관계는 사랑으로 바뀌면 안 된다. 어느 누구와도 복잡한 관계로 얽히지 않아야 할 필요를 완전히

1 냉담한 태도의 본성을 상세히 알고 싶다면, 카렌 호나이의 『인간의 내면 갈등』 제5장 회피 행동을 참고하라.

자각할 수도 있다. 아니면 호기심 충족을 이유로 대며 관계를 끝내기도 한다. 그때 새로운 경험을 좇는 호기심이 자신을 이 여자 저 여자에게 끌리게 하며, 또 경험했으니 여자가 더는 흥미를 끌지 않는다고 말할 터이다. 이러한 예시에서 그는 여자들을 대할 때 꼭 새로운 풍경을 보거나 새로운 사교 모임에 참석할 때처럼 반응할지도 모른다. 여자들을 알게 되었으니까 더는 호기심도 느끼지 않는다. 이는 냉담한 태도에 어울리는 단순한 합리화를 넘어선 행동이다. 그는 다른 사람들보다 더 의식적이고 더 일관되게 인생의 방관자가 되는 태도를 끝까지 밀고 나갔고, 이것이 때로는 살려는 열의가 넘친 기만적인 모습으로 드러나기도 한다.

다른 한편 몇몇 사례에서 체념 유형은 성 영역 전체를 인생에서 제외하고 성과 관계가 있는 모든 소망을 억누르는 데까지 나아간다. 그러면 성욕을 일깨우는 환상이 전혀 떠오르지 않거나, 떠오르더라도 성욕을 충족하지 못하는 몇 번 안 되는 환상이 성생활을 이루는 전부가 되기도 한다. 그러면 다른 사람들과 실제로 교제하더라도 거리를 두고 우호 관계만 유지하는 수준에 머문다.

체념 유형은 관계를 지속할 때도 당연히 거리를 반드시 유지한다. 이 점에서 그는 배우자와 하나가 되어야 할 필요에 따를 수밖에 없는 자기 말소 유형과 반대 극에 있다. 거리를 유지하는 방법은 아주 다양하다. 그는 오래도록 퇴색하지 않는 관계를 유지하려고 너무 친밀해진다는 이유로 성을 배제하고, 그 대신에 낯선 사람과 성관계를 가져 성욕을 충족하기도 한다. 반대로 많든 적든 어떤 관계를 성접촉으로만 제한하고, 배우자와 다른 경험을 전혀 나누지 않을지도 모른다.[2] 결혼 생활에서 배우자에게 주의 깊게 신경쓰지만,

---

2 프로이트는 이런 특수 현상을 관찰했다. 그는 이 현상이 남자에게만 발생하는 애정 생활의 고유한 특징이라고 생각했고, 어머니를 대하는 분열된 태도에 근거해 설명하려고 애썼다. 프로이트, 「사랑의 심리학 기고문Contributions to the Psychology of Love」, 『논문 선집』, 4권.

결코 자신의 속내를 친밀하게 드러내 말하지 않을 수도 있다. 거의 혼자서 지내거나 홀로 여행을 떠나겠다고 주장하기도 한다. 또는 가끔 주말을 함께 보내거나 여행을 같이 하는 것으로 관계를 제한할 수도 있다.

나는 여기에 한 가지 논평을 덧붙이고 싶은데, 이 논평에 담긴 의미는 나중에 이해할 기회가 있을 터이다. 체념 유형이 타인과 감정 문제로 얽히는 상황을 두려워하는 상태는 긍정 감정이 없다는 말과 같지 않다. 반대로 부드러운 감정을 모두 저지했다면, 그렇게 바짝 경계하지 않았으리라. 체념 유형에게도 심층 감정이 있기는 한데, 내면의 성소에 머물러야 한다. 심층 감정은 자신에게만 의미 있는 인격이 드러난 개인 생활이며, 아무도 상관할 일이 아니다. 이 점에서 체념 유형은 오만한 복수 유형과 다른데, 후자는 전자와 마찬가지로 냉담한 태도를 보이지만 무의식적으로 긍정 감정을 느끼지 않도록 자신을 길들였다. 체념 유형은 다른 어떤 점에서도 그렇겠지만 타인과 마찰을 빚거나 타인에게 화를 내고 노여워함으로써 얽히고 싶어하지 않는다. 이에 반해 오만한 유형은 쉽게 노여워하고 화를 내고 싸우면서 자신의 천성 요소natural element를 발견한다.

체념 유형의 다른 특성은 어떤 종류이든 **영향이나 압력, 강압이나 인연에 보이는 신경 과민**이다. 신경 과민神經過敏 hypersensitivity은 그가 보이는 냉담한 태도와도 관계가 있는 요인이다. 대인 관계를 맺거나 집단 활동을 하기 전에도, 인연因緣 ties이 오래 이어질까 봐 두려워할 수도 있다. 어떻게 자신을 구해 낼 수 있느냐는 처음부터 그가 당면한 문제일지도 모른다. 이러한 두려움은 결혼식을 하기 전 공황恐慌 panic으로 커지기도 한다.

체념 유형이 억울하고 분하게 여기는 강압强壓 coercion은 확실히 각양각색이다. 임대 계약서나 장기 업무 약속에 서명하기 같은 모든 계약을 강압으로 느낄 수도 있다. 조이는 옷깃이나 속옷, 신발처럼 신체에 가하는 모든 압력은 강압이 될지도 모른다. 가로막힌 시야나 전망을 강압으로 여기기도 한다. 그는 타인이 자신에게 기대하거나 기대할지도 모르는 것은 무엇이든, 예컨대 성탄절 선물과 편지, 아니면 정해진 날짜의 어음 지급 같은 모든 일에 억울해 하고 화를 낸다. 강압은 제도와 교통 법규, 관례와 정부 개입까지 확대되기도 한다. 체념 유형이 모든 강압에 맞서 싸우지 못하는 까닭은 자신이 결코 투사鬪士 fighter가 아니기 때문이다. 그러나 체념 유형은 마음속으로 저항하고, 의식하든 못하든 고유한 수동적 생활 방식에 따라 반응하거나 잊어서 타인에게 좌절감을 안겨 줄 수도 있다.

체념 유형이 강압을 느끼는 민감성은 몸에 밴 타성이나 소망 철회와 관계가 있다. 그는 꼼짝하기 싫어해서 어떤 행동을 예상하든 강압으로 느낀다. 자신에게 이익이 된다는 사실이 아무리 명백하더라도 그렇다. 소망 철회와 얽힌 관계는 복잡하다. 강한 소망을 품은 어떤 사람이든 자신을 기만하거나 쉽게 강요하고, 자신에게 투지를 더욱 발휘해서 어떤 일을 하라고 참견할까 봐 두려워하는 데는 그럴 만한 이유가 있다. 그런데 거기에도 외면화가 작용한다. 자신의 고유한 소망이나 선호를 체험하지 못하는 까닭에, 실제로 자신의 선호를 따를 때에도 타인의 소망에 양보하고 있다고 느끼기 쉽다. 일상 생활에서 흔히 볼 수 있는 단순한 사례를 들어 보자. 어떤 남자가 여자 친구와 만날 약속이 잡혀 있던 바로 그날, 밤에 열리는 사교 모임에 초대를 받았다. 하지만 그는 당시 상황을 다르게 경험했다. 그는 여자 친구를 만나러 갔고, 자신이 그녀의 소망에 '순응'했다고 느끼면서 그렇게 느낀 '강압'을 억울하고 분하게 여겼다. 지성 능력이 아주 뛰어난 어떤 환자는 강압을 느끼는 전체 과정을 이런 말로 묘사했다. "자연은 진공을 싫어하죠. 당신 자신의 소망이 침묵할 때, 타인의 소망이 밀려 들어와 채우는 법입니다." 우리 분석가들은 이렇게 덧붙일 수 있다. 타인의 엄존하는 소망과 추정된 소망이 밀려 들거나,

환자가 타인에게 외면화를 거쳐 투사한 소망이 밀려 든다.

강압을 예민하게 느끼는 민감성은 정신 분석 과정에서 실제로 부딪치는 곤란한 문제이고, 강압 탓으로 겪는 곤경이 클수록 환자는 부정적 태도를 많이 나타낼뿐더러 부정론否定論 negativism* 쪽으로 더 많이 기운다. 체념 유형은 분석가가 자신에게 영향을 주고, 자신을 미리 생각해 놓은 틀에 끼워 맞추려고 한다는 의심을 너무 오래 품고 있을지도 모른다. 이러한 의심에 접근해서 이해하는 일이 어려울수록 그는 타성에 젖어 반복적으로 요구받는 어떤 제안이든 시험해 보는 일을 더욱더 힘겨워한다. 체념 유형은 분석가가 지나치게 영향을 미치려 한다는 구실로, 암시하든 명시하든 자신의 신경증에서 비롯된 어떤 입장에 대해서든 질문하거나 진술하거나 해석하면 공격으로 받아들이고 거부할 수도 있다. 이 점에서 정신 분석의 진행이 훨씬 더 어려워지는 요인은 그가 마찰을 빚고 싶어 하지 않아서 자신의 의심을 오랫동안 표현하려 들지 않는다는 점이다. 그는 이런저런 일이 분석가의 인격이 드러난 개인적 편견이나 취미에서 비롯된다고 느낄 따름이다. 따라서 분석가의 편견이나 취미에 성가시게 신경쓸 필요가 없으며 무시해도 된다고 생각한다. 분석가는 예컨대 그가 사람들과 맺는 관계를 검토할 만한 가치가 충분하다고 제안할 수도 있다. 그러면 체념 유형은 즉각 경계하며 마음속으로 분석가가 자신을 패거리 문화에 적응시키려 한다고 생각한다.

마지막으로 **변화를 꺼리는 혐오감**, 새로운 것이라면 무엇이든 꺼리는 반감은 체념과 어울린다. 이런 혐오감도 강도와 형식이 각양각색이다. 타성에 젖을수록 변화의 위험과 변하려는 노력을 점점 더 두려워한다. 그는 변화를 겪기보다 차라리 직업이든 거주 구역이든 피고용인이든 결혼 상대든, **현 상태**

---

* 모든 일을 의심하고 회의하면서 소극적 태도를 견지하는 입장으로, 여기에는 불가지론이나 회의론이 포함된다. 심리학 분야에서는 반항벽이나 반대벽, 거절증으로 번역하기도 한다.

status quo를 그냥 받아들이며 참고 견디려 한다. 그에게 상황을 개선할 수 있는 일은 도무지 일어나지 않는다. 예컨대 가구를 다시 배치하고, 시간을 더 내서 여가를 즐기고, 아내가 어려워하는 일을 더 많이 도울 수도 있다. 이렇게 제안하면, 환자는 정중하게 관심이 없다고 말한다. 타성에 더한 무관심한 태도에는 두 요인이 관여한다. 그는 어떤 상황에서도 기대를 많이 하지 않으므로, 어차피 상황을 바꿀 유인誘因 incentive도 약할 수밖에 없다. 그리고 상황을 바꿀 수 없다고 생각하는 경향이 강하다. 사람들은 그대로이다. 이렇든 저렇든 그들의 체질은 변하지 않는다. 인생은 그대로이다. 운명에 따를 뿐이다. 사람들은 대부분 견뎌내려고 하지 않는 상황에서 체념 유형이 불평하지 않더라도, 상황을 참고 견디는 태도는 자기 말소 유형이 드러내는 순교 의식과 비슷해 보인다. 그러나 두 유형은 겉으로 볼 때 닮았으나 서로 다른 원천에서 생겨난다.

내가 지금까지 말한 변화를 꺼리는 반감反感 aversion을 보여 준 사례는 모두 외부에서 일어나는 문제와 관련이 있다. 하지만 이것이 체념의 기본 특성 basic characteristics이 적힌 목록에 변화를 꺼리는 반감을 넣은 이유는 아니다. 환경에서 어떤 것을 바꾸지 않으려고 망설이고 주저하는 태도는 몇몇 사례에 뚜렷이 나타나지만, 체념 유형에 속한 다른 사람들은 정반대로 침착하지 못하고 불안에 시달리는 인상이 우세하다. 그러나 체념 유형에게는 모두 **내면 변화**inner changes를 꺼리는 반감이 뚜렷이 나타난다. 이것은 보기에 따라 모든 신경증[3]에 적용되지만, 이런 반감은 으레 특별한 요인을 붙들고 씨름하며 바꾸려 할 때 드러난다. 특별한 요인은 대부분 각 신경증에 특별한 주요 해결책마다 다르다. 이것은 체념 유형에도 똑같이 적용되는데, 체념 유형

---

3 카렌 호나이, 『자기 분석』(노턴 출판사, 1942), 제10장 저항 다루기

이 찾은 해결책의 본성에 뿌리 깊이 박힌 정지된 자기 개념the static concept of self 탓에, 바로 변화라는 생각 자체를 싫어하고 반대한다. 이러한 해결책의 핵심은 능동적인 생활을 그만두고, 소망하고 노력하고 계획을 세우는 일에서 능동성을 포기하고, 노력과 행동을 하지 않고 물러나는 데 있다. 체념 유형이 다른 사람을 바꿀 수 없다고 수용하는 태도는, 진화를 두고 아무리 말할 수 있더라도, 심지어 지성의 측면에서 변화를 아무리 높이 평가하더라도, 정지된 자기 개념을 반영한다. 그의 마음속에서 정신 분석은 일단 받으면 모든 일이 한꺼번에 영원히 해결되는 단 한 번뿐인 계시여야 마땅하다. 정신 분석은 우리가 어떤 문제의 뿌리를 찾고 환자의 내면에서 변화가 일어날 수 있을 때까지, 새로운 시각으로 문제에 맞닥뜨려 씨름하고, 새로운 관계를 파헤치고, 새로운 의미를 발견하는 과정이다. 그러나 정신 분석 초기에 체념 유형 환자는 정신 분석도 처음과 끝이 있는 과정이라는 사실을 알아채지 못하며 낯설어하고 도저히 이해하지 못한다.

모든 것을 체념하는 태도는 의식되기도 한다. 그럴 경우에 당사자는 그런 태도를 더 나은 지혜의 일부로 간주한다. 내 경험에 따르면 어떤 사람은 이런 태도를 자각하지 못하지만, 앞에서 말한 측면 가운데 몇몇은 아주 잘 알고 있을 때가 많다. 당장 살펴보겠지만, 그는 체념의 몇몇 측면을 다른 용어로 생각할 수도 있는데, 다른 관점으로 보기 때문이다. 그는 냉담한 태도와 강압을 예민하게 느끼는 민감성敏感性 sensitivity만 자각할 때가 훨씬 더 많다. 그러나 신경증에서 비롯된 필요가 무엇인지 살펴볼 때 늘 그렇듯이, 체념 유형의 개인이 만들어 낸 여러 필요의 본성은 그를 자세히 관찰하면 알아낼 수 있다. 그가 **언제** 좌절하는지, 또 **언제** 무기력해지거나 피곤해지고, **언제** 울화가 치밀거나 공황 상태에 빠지는지, **언제** 원망하거나 원한을 품는지 관찰해야 한다.

기본 특성이 무엇인지 알아 두면 분석가가 전체 그림을 신속하게 판단하고 평가하는 데 아주 유용하다. 이런저런 기본 특성이 주의를 끌 때, 우리는 다른 기본 특성을 반드시 찾아 봐야 한다. 우리는 이성적으로 그런 기본 특성을 찾을 수 있다고 확신한다. 내가 주의를 기울여 지적했듯이, 기본 특성은 서로 무관한 고유한 특성의 연쇄가 아니라 촘촘히 엮어 맞춘 구조를 이루고 있다. 기본 특성들로 짜인 구조는 적어도 기본 구도에서 일관성과 통일성이 아주 큰 그림이어서 마치 한 색상으로 칠한 것처럼 보인다.

이제 앞에서 말한 그림을 보여 주는 정신 역학, 그림의 의미와 역사까지 이해해 보자. 지금까지 체념이 정신 내부에서 일어나는 여러 갈등에서 물러나는 방식으로 갈등을 푸는 주요 해결책이라고만 말했다. 우리는 언뜻 보기에 체념형 사람이 일차로 야망을 포기했다는 인상을 받는다. 야망 포기는 그가 스스로 자주 강조하고 통합체로서 발전하기 위한 실마리로 여기기 쉬운 측면이다. 그가 살아온 역사도 때때로 이런 인상을 굳히는 것처럼 보이는데, 야망이라는 점에서 보면 두드러진 변화를 겪었을 수도 있기 때문이다. 그는 사춘기나 사춘기로 접어들 무렵, 흔히 남다른 기운과 놀라운 재능을 발휘한다. 재주가 비상할 수도 있고, 경제 측면의 악조건을 이겨 내고, 스스로 일자리를 찾기도 한다. 학교에 다닐 때는 야망을 드러내고 의욕이 넘쳐 반에서 일등을 하고 논쟁이나 진보 성향을 띠는 정치 운동에서 두각을 나타낼 수도 있다. 체념형 사람들은 적어도 상대적으로 활기가 넘치고 수많은 일에 관심을 가지고, 자라온 전통에 맞서 반항하면서 장래에 성취할 꿈에 부푸는 시기를 흔히 거친다.

사춘기 이후 체념 유형은 흔히 고뇌distress에 찬 시기를 거친다. 불안과 우울, 반항적 기질 탓에 복잡하게 얽혀 겪은 실패나 불운한 처지에 따른 절망과 자포자기에 빠지는 시기이다. 굴곡이 심한 생활을 거친 다음에 평탄한 삶이 이어지는 것처럼 보인다. 어떤 사람들은 그가 '적응하고adjusted' 안정을 찾았다고 말한다. 그가 젊은 시절에는 태양을 향해 날아올랐으나, 다시 지상으로 내려왔다고 평한다. 그것이 '정상' 경로라고 말한다. 그러나 사려 깊은 사람들은 그를 걱정한다. 왜냐하면 그는 인생을 잘 살아 보겠다는 열의도 없어 보이고 여러 가지 일에 흥미도 잃은 것 같고, 자신의 타고난 재능gifts이나 주어진 기회가 보장하는 수준보다 훨씬 낮은 상황에 안주하는 모습을 보이기 때문이다. 그에게 무슨 일이 일어났을까? 확실히 어떤 사람이 단 날개는 실패에 따른 큰 불행disasters이나 애정 결핍deprivations이 잇따르면 꺾인다. 그러나 우리가 다룬 여러 사례에서 모든 책임을 상황의 탓으로 돌릴 만큼 상황이 불리하지는 않았다. 따라서 체념 유형이 겪는 영혼, 정신, 마음의 고뇌psychic distress가 변화를 결정하는 요인이었음이 분명하다. 하지만 이러한 답변도 역시 만족스럽지 않은 까닭은 내면의 동요動搖 turmoil를 비슷하게 경험했으나 거기서 벗어난 사람들도 얼마든지 있기 때문이다. 실제로 체념 유형이 사춘기를 전후로 겪는 변화는 갈등이 있다거나 갈등의 규모가 커서 생긴 결과가 아니라, 자신과 화해하는 방식에서 비롯된다. 어떤 일이 벌어졌는지 보자. 그는 내면 갈등을 겪고 물러남으로써 갈등을 해결했다. 그는 왜 이런 방식으로 갈등을 해결하려고 했을까? 그는 왜 이렇게 행동할 수밖에 없었는가? 이것은 그가 살아온 이전 역사와 관계가 있을 텐데, 나중에 다루겠다. 우선 물러나는 태도의 본성이 무엇인지 선명한 그림을 그릴 필요가 있다.

먼저 확장 충동expansive drive과 자기 말소 충동self-effacing drive 사이에서 일어나는 중요한 내면 갈등을 살펴보자. 앞서 제8장부터 제9장까지 논의한 확장 유형과 자기 말소 유형에서는 두 가지 충동 가운데 하나가 전면에 나오고, 다른 하나는 억압된다. 그러나 체념이 우세하면, 두 충동 사이에 벌어지는 갈등을 보여 주는 그림의 유형도 달라진다. 확장 경향도 자기 말소 경향도 억압되지 않는 것처럼 보인다. 겉으로 드러나는 뚜렷한 징후manifestations

와 예상되는 결과implications에 익숙해지면, 어느 지점까지 이러한 경향을 관찰하고 자각하는 일은 어렵지 않다. 사실 우리가 모든 신경증을 확장 유형이나 자기 말소 유형으로 분류하자고 고집하면, 체념 유형을 둘 가운데 어느 유형으로 분류할지 결정하기 힘들어 당혹스러울 터이다. 일반적으로 한 유형이나 다른 유형이 더 많이 자각되거나 더 강하게 자각된다는 뜻으로 우세하다고 말할 따름이다. 체념 유형이 속한 전체 집단 내부에서 나타나는 개인차는 일부는 어느 쪽이 우세하냐에 달렸다. 하지만 양쪽이 똑같아져 균형을 이루는 것처럼 보일 때도 있다.

확장 경향은 체념형 사람이 상상 속에서 할 수 있는 위대한 일이나 자신의 일반 속성을 과장하는 공상에 빠질 때 드러난다. 게다가 자주 다른 사람들보다 우월하다는 의식이 뚜렷이 드러나며, 인간으로서 존엄과 품위를 과장하는 행동도 나타난다. 체념 유형이 자신을 둘러싸고 느끼는 감정은 대부분 자랑스러운 나his proud self로 기울기 쉽다. 체념 유형이 자랑스러워하는 속성은 확장 유형과 반대로 체념에 얼마나 기여하느냐와 관계가 있다. 그는 자신의 냉담한 태도detachment, '금욕과 극기stoicism', 자족self-sufficiency, 독립independence, 강압에 느끼는 비호감dislike, 경쟁을 넘어섬being above competition을 자랑스러워한다. 자신의 권리 주장을 아주 또렷이 자각하면서 효과가 큰 방향으로 주장을 펼칠 수도 있다. 그런데 권리 주장은 자신의 상아탑象牙塔 ivory tower을 지켜야 할 필요에서 생겨나므로 내용은 각각 다를 수밖에 없다. 체념 유형은 다른 사람들이 인격이 드러난 개인 생활을 침범하지 못하게 할 권한이 있고, 자신에게 기대를 걸지 못하게 하고 자신을 귀찮고 성가시게 하지 못하게 할 권한이 있고, 생활을 꾸려 나가는 일과 책임과 책무에서 벗어날 권한이 있다고 느낀다. 마지막으로 확장 경향은 체념을 기초로 진화한 자신이 애지중지하는 특권이나 공개적으로 반항하는 태도 같은 이차 발달 단계에서 드러나기도 한다.

그런데 앞에서 말한 확장 경향이 더는 능동적 힘을 발휘하지 못하는 까닭은 체념 유형이 야심 찬 목표를 이루려는 능동적 추구와 목표 달성에 필요한 능동적 노력을 포기한다는 뜻으로 야망을 거두어들였기 때문이다. 체념 유형은 야심 찬 목표를 원하지 않고, 목표를 이루려는 시도조차 하지 않기로 결심한다. 설령 생산적인 일을 할 수 있더라도, 자신을 둘러싼 세상이 원하거나 진가를 인정하는 것에 한껏 경멸감disdain을 드러내거나 도전하고 반항하는 태도로 일관하며 행동할지도 모른다. 이런 태도는 반항하는 집단의 특징이다. 체념 유형은 보복이나 복수의 승리감을 만끽하는 데 필요한, 어떤 능동성도 드러내고 싶어 하지 않고 어떤 공격성도 보이려고 하지 않는다. 말하자면 그는 현실에서 통달하려는 충동을 포기했다는 말이다. 그야말로 냉담한 태도로 일관하는 그에게 지도자가 되고, 사람들에게 영향을 주거나 조종한다는 생각은 어지간히 취미에 맞지도 않고 달갑지도 않다.

다른 한편 자기 말소 경향이 전경에 나오면, 체념형 사람들resigned people은 자신들을 낮게 평가하기 쉽다. 그들은 소심해지고 자신들이 대단치 않다고 느낀다. 그들은 우리가 도저히 자기 말소 유형이라고 인정하기 힘든 몇 가지 태도를 나타내기도 하는데, 우리는 자격을 제대로 갖춘 자기 말소 의존 해결책이 무엇인지 인식하지 못했다면 그런 태도가 자기 말소 유형의 특징이라고 분별하지 못했을 터이다. 그들은 흔히 타인他人 others의 필요에 대단히 민감하며, 실제로 인생을 대부분 남을 돕거나 대의에 봉사하며 산다. 흔히 온갖 부담과 공격에 무방비로 노출되어 타인을 비난하느니 차라리 잘못이나 죄를 스스로 짊어지고 타인의 감정을 상하게 하지 않으려고 지나칠 정도로 노심초사한다. 게다가 순응하려는 경향도 있다. 하지만 이런 순응 경향은 자기 말소 유형과 달리 애정의 필요에 따라 결정되지 않고, 마찰을 피해야 할 필요에 따라 결정된다. 그리고 두려움의 저류底流 undercurrents of fear가 흐르는데, 이는 체념형 사람들이 자기 말소 경향의 잠재력을 두려워한다는 뜻이다. 예컨대 체념 유형은 냉담한 태도aloofness가 아니었다면 타인이 자신을 들쑤시고 휘저었을 것이라며 깜짝 놀라 잘못을 뉘우쳐 깨달을지도 모른다.

확장 경향에 주목해 살펴보았던 것과 비슷하게, 자기 말소 경향은 능동적이고 강력한 충동을 넘어서는 태도이다. 이러한 충동에 열정을 더하는 사랑의 호소력은 나타나지 않는다. 왜냐하면 체념 유형은 타인에게 아무것도 원치 않거나 아무런 기대도 하지 않아 감정 문제로 타인과 얽히지 않겠다고 결심하기 때문이다.

이제 우리는 확장 충동과 자기 말소 충동이 야기하는 내면의 갈등에서 물러나는 회피 행동이 무엇을 뜻하는지 이해할 수 있다. 확장 충동과 자기 말소 충동에서 능동 요소가 제거되면 두 힘 사이에 대립도 사라진다. 따라서 두 충동은 더는 갈등의 원인이 되지 않는다. 어떤 사람은 갈등을 풀기 위한 세 가지 주요 방법을 비교하면서, 갈등을 일으키는 힘 가운데 하나를 **배제하면** 통합에 도달하리라는 희망을 품는다. 말하자면 그는 체념 독립 해결책을 선택해 갈등을 일으키는 두 힘이 **움직이지 못하게** 하려 애쓴다. 그는 영광을 좇는 능동적 추구를 포기했으므로 그럴 수 있다. 그래도 이상을 좇는 나여야 하는데, 이는 이상을 좇는 자기idealized self가 만들어 놓은 여러 당위를 포함한 긍지 체계가 계속 작용한다는 뜻이다. 그러나 그는 이상을 좇는 자기를 실현하려는 능동적 충동, 즉 행동으로 현실에 구현하려는 충동을 버렸다.

비슷하게 나타나는 부동화 경향immobilizing tendency은 체념 유형의 진실한 나에게도 영향을 미친다. 체념 유형은 여전히 자신이기를 원하지만, 주도권과 노력, 생생한 소망과 분투를 저지할뿐더러 자기 실현을 향해 나아가는 자연스러운 충동까지 저지한다. 그리고 이상을 좇는 나idealized self와 진실한 나real self의 성취나 성장이 아니라 존재*存在* being를 강조한다. 사실 체념 유형은 여전히 자신이기를 원하므로, 감정 생활에서 자발성을 잃지 않는다는 점에서 다른 어떤 신경증 유형보다 자신에게서 덜 소외된다고 해도 괜찮다. 그는 종교와 예술, 자연 같은 비인격적인 어떤 것에 강한 인격이 드러난 개인 감정personal feeling을 품을 수 있다. 체념 유형은 자신과 타인 사이에 복잡하게 얽히는 감정을 자주 허용하지 않더라도, 타인과 타인의 고유한 필요를 감정적으로 경험할 수 있다. 체념 유형이 이런 능력을 보유한 사실은 자기 말소 유형과 비교할 때 선명하게 드러난다. 자기 말소 유형도 비슷하게 긍정 감정을 억누르지 않으며, 반대로 긍정 감정을 기르고 가꾼다. 그런데 긍정 감정이 연극처럼 과장되고 왜곡되는 까닭은 사랑하는 데, 말하자면 굴복하는 데 쓸모가 있기 때문이다. 자기 말소 유형은 자신이 기르고 가꾼 감정에 파묻혀 자신을 잃고 싶어 하며, 최종 단계에 이르러 타인과 하나가 되어 일체감을 느끼고자 원한다. 그러나 체념형 사람은 엄격하게 자신의 감정을 자기 가슴속 은밀한 사생활 영역에 간직하고 싶어 한다. 바로 타인과 하나가 된다는 생각이 그에게는 짜증나고 견딜 수 없다. 그는 의미가 모호하고 사실 실감하지 못해 혼란에 빠지더라도, '자기 자신himself'이기를 원한다.

바로 이런 부동화 과정으로 체념은 부정 또는 정지 성격negative or static character을 띠게 된다. 그런데 우리는 여기서 중요한 질문을 던져야 한다. 이렇게 부정 성질negative qualities을 지닌 정지 상태라는 인상은 새로운 관찰로 꾸준히 강해진다. 정지 상태라는 인상은 체념 유형이 나타내는 전체 현상을 정당하게 다루고 평가하는가? 무엇보다 아무도 부정하기만 하며 살 수는 없다. 체념의 의미를 이해할 때 미처 보지 못하고 놓친 것은 없는가? 체념형 사람도 긍정적인 어떤 것을 얻으려고 애쓰지 않는가? 어떤 대가를 치르더라도 평화를 추구하는가? 확실히 그렇지만, 그것도 부정 성질이다. 다른 두 해결책에는 통합해야 할 필요에 더해 동기를 부여하는 힘, 즉 인생에 의미를 부여하는 긍정적인 어떤 것에 강력히 호소하는 힘이 있다. 확장 유형은 통달에 호소하고, 자기 말소 유형은 사랑에 호소한다. 어쩌면 체념 독립 해결책에도 긍정성이 더 많이 드러나는 목표에 맞먹는 호소력을 지닌 어떤 것이 있지 않을까?

정신 분석 작업 도중 이런 질문을 할 때 환자가 스스로 말해야 할 내용에 주목하고 경청하면 도움이 된다. 환자가 우리에게 말했으나 진지하게 받아들이고 해석하지 못할 때가 아주 많다. 여기에서 같은 정신 분석 작업을 할 때, 우리가 도입한 체념 유형으로 환자를 얼마나 잘 살피고 진찰하는지 면밀히 검토해 보자. 우리는 다른 누구라도 그렇듯이 환자가 자신의 필요를 합리화하고 윤색하므로, 모든 필요가 우월감을 드러내는 태도처럼 보인다는 점도 살펴보았다. 그러나 여기서 한 가지는 반드시 구별해야 한다. 때때로 체념형 사람은 분명히 필요에서 덕을 만들어 낸다. 예컨대 무엇을 얻으려고 싸우지 않는 태도는 경쟁하는 삶의 방식을 극복한 자세라고 말하거나, 오랜 습관으로 굳은 타성惰性은 땀투성이가 되어 혹사당하는 힘든 노동을 비웃는 경멸감의 표현이라고 설명한다. 게다가 정신 분석이 진행됨에 따라, 이러한 미화美化 glorification는 으레 줄어들기 마련이고 미화를 언급하는 대화도 많이 하지 않게 된다. 그런데 체념 유형이 쉽게 버리지 못하고 계속 찬미하는 미덕들이 있는데, 그에게는 분명히 진실한 의미a real meaning을 갖기 때문이다. 이러한 미덕은 모두 체념 유형이 독립獨立 independence과 자유自由 freedom에 관해 말하는 내용과 관계가 있다. 사실 우리가 체념 관점에서 중시했던 기본 특성basic characteristics은 대부분 자유 관점에서 보아도 말이 되며 이해할 수 있다. 도를 넘은 강한 애착愛着 attachment은 무엇이든 자유를 빼앗을 법하다. 필요도 역시 자유를 박탈한다. 체념 유형은 이런저런 필요에 의존할 테고, 필요 탓으로 다른 사람들에게 의존하기 마련이다. 자신의 기력을 한 가지 일에 다 쏟으면, 관심이 가는 다른 여러 가지 일을 하는 데서 자유롭지 못할 터이다. 특히 강압을 예민하게 느끼는 성향이 새로운 관점으로 등장한다. 그는 자유롭게 살기를 원하므로, 압력이나 압박을 참아 내려 하지 않는다.

따라서 정신 분석 과정에서 이 주제가 논의할 문제로 떠오를 때, 환자는 격렬하게 방어한다. 인간이 자유를 원하는 것은 당연한 일이 아닌가? 압박을 받으며 일할 때 누구나 열의가 없어지지 않는가? 언제나 기대한 대로 행동하므로, 숙모나 친구는 개성이 없어지거나 생기가 없어지지 않는가? 분석가는 환자를 길들이고, 자신에게 어떤 생활 양식을 강요해 정착촌에 늘어선 구별이 전혀 안 되는 집 가운데 하나처럼 되기를 바라는가? 체념 유형이 동물원에 결코 가지 않는 까닭은, 우리에 갇힌 동물을 차마 보고 서 있을 수 없기 때문이다. 그는 자기가 좋을 때 좋아하는 일을 하고 싶어 한다.

체념 유형이 자신의 주장을 설득하려고 내놓은 논증 가운데 몇 개만 살펴보고, 나머지는 나중에 다루기로 하자. 우리가 몇몇 논증에서 배운 사실에 따르면, 체념 유형에게 자유는 자기가 좋아하는 일을 한다는 뜻이다. 분석가는 여기서 빤히 드러나는 명백한 결점을 관찰한다. 환자는 자신의 소망을 꽁꽁 얼어붙게 하려 최선을 다하기 때문에, 자신이 진정으로 원하는 것이 무엇인지 알지 못한다. 게다가 그 결과 아무 일도, 제구실을 하는 어떤 일도 하지 못하곤 한다. 하지만 이것이 마음을 어지럽히지 않는 까닭은 자유를 일차로 사람이든 제도이든 타자他者 others가 끼어들어 방해하지 않는다는 뜻으로 이해하기 때문이다. 아무 일도 하지 않는 태도가 지나치게 중시되더라도, 이런 태도를 막다른 골목에 이를 때까지 방어할 작정이다. 체념 유형이 품은 자유 관념은 다시 소극성消極性을 띠는 관념, 즉 **무엇을 하려는** 자유freedom for가 아니라 **무엇에서 벗어나려는** 자유freedom from라는 점을 당연하다고 생각해 보자. 여기까지는 다른 신경증 해결책에는 없는 특유의 호소력이 있는 것처럼 보인다. 자기 말소 유형 사람이 적지 않게 자유를 두려워하는 까닭은 애착과 의존이 필요하기 때문이다. 이런저런 통달을 갈망하는 확장 유형은 체념 유형이 추구하는 자유 관념을 비웃는 경향이 있다.

우리는 이렇게 자유에 호소하는 현상을 어떻게 설명할 수 있는가? 이런 현상이 발생하는 내면에 자리한 필연적 요소는 무엇인가? 그것의 의미는 무엇인가? 이런 점들을 조금이라도 이해하려면, 우리는 생애 후기에 모든 문제를 체념으로 해결하는 사람들의 생애 초기에 무슨 일이 있었는지 역사를 알아보러 되돌아가는 수밖에 없다. 생애 초기에 아이가 드러내 놓고 맞서고 반항하지 못하게 속박하며 영향을 크게 미친 사람들이 있었던 경우가 흔한데, 그들은 너무 강한 사람이거나 지나치게 흐리멍덩하고 이해하기 어려운 사람이다. 가정 분위기가 너무 딱딱하고 엄격하거나 감정으로 묶인 집단의 분위기가 지나치게 폐쇄적이어서, 아이가 자기만의 방식으로 행동할 여지가 없었고, 아이를 짓누르고 위협했을 터이다. 다른 한편 아이는 애정을 받았을 수도 있지만, 어떤 면에서 아이를 따스하고 포근하게 감싸 주었다기보다 오히려 불쾌감을 주었을지도 모른다. 예컨대 지나치게 자아 본위여서 아이의 생존에 필요한 것을 제대로 이해하지 못하는 부모를 만났을 수도 있다. 이런 부모는 아이를 이해하거나 아이에게 정서적 지지를 표현하는 일을 대단한 요구로 여긴다. 아니면 감정의 기복이 불규칙하고 변덕스러운 부모를 만났을 수도 있다. 이런 부모는 어떤 때는 야단스럽게 감정을 노골적으로 드러내 애정을 표현하고, 다른 때는 아이가 이해할 수 있는 어떤 이유도 대지 않고 홧김에 아이를 비웃거나 때리기도 한다. 간단히 말해 아이에게 이런저런 방식으로 적응하라고 드러내 놓고 요구하거나 은연중에 요구하는 환경, 아이의 개성을 충분히 존중하지 않을뿐더러 인격의 성장을 격려하지 않고 아이를 삼켜 버릴 듯이 위협하는 환경 속에서 살았다.

그래서 아이는 길든 짧든 애정과 관심을 얻으려는 헛된 시도와 자신을 둘러싼 속박에 분개하는 행동 사이에서 어쩔 줄 모른 채 갈피를 잡지 못한다. 아이는 이러한 생애 초기의 갈등을 타인에게서 물러남으로써 해결한다. 아이는 자신과 타인 사이에 일정한 감정의 거리를 두어, 자신의 갈등이 작동하지 못하게 한다.[4] 더는 타인의 애정을 원하지도 않고, 타인과 싸우기를 원치도 않는다. 따라서 아이는 타인을 만날 때 생기는 모순된 감정 때문에 더는 갈피를 잡지 못하거나 망설이지 않고, 꽤 안정된 상태로 사람들과 그럭저럭 어울려 산다. 더욱이 아이는 자신의 세계 속으로 움츠러들어, 완전히 구속되고 휩쓸려 사라질 위기에 처한 자신만의 개성個性 individuality을 구해 낸다. **따라서 아이가 생애 초기에 선택한 냉담한 태도는 통합에 기여할뿐더러 매우 중요한 긍정 의미가 있다.** 다시 말해 아이의 내면 생활은 손상되지 않고 그대로 남아 있다. 속박束縛 bondage에서 벗어나 쟁취한 자유는 아이에게 내면의 독립을 얻을 가능성도 제공한다. 그러나 아이는 타인을 찾거나 타인에게 맞서 반대하는 감정을 견제하는 수준을 넘어서 행동할 수밖에 없다. 아이는 충족하려면 타인에게 도움을 청해야 하는 소망과 필요도 모두 철회하는 수밖에 없다. 이해하고 이해받을 필요, 경험을 나눌 필요, 애정과 공감을 얻을 필요, 보호받을 필요 같은 자연스럽고 당연한 필요까지 철회한다. 그런데 이런 철회는 광범위한 영향을 미친다. 그것은 아이가 자신의 기쁨과 아픔, 슬픔과 두려움을 혼자서 감당해야 한다는 뜻이다. 예컨대 어둠이나 개를 두려워하는 공포증을 이겨 내려고 애처롭게 필사적으로 노력하지만, 아무도 눈치 채지 못한다. 아이는 자동으로 고통을 드러내지 않으려 할뿐더러 고통을 아예 느끼지 않으려고 자신을 닦달한다. 아이가 공감이나 원조를 원치 않는 까닭은 진정성genuineness을 의심할 만한 이유가 있고 일시적으로 받는 공감이나 도움은 속박의 위협에 노출되었다는 비상 경보alarm signal가 되기 때문이다. 이러한 필요를 단속團束하는 수준을 넘어서, 자신에게 무슨 일이 일어나는지 아무도 모르게 하는 것이 더 안전하다고 느낀다. 그래야만 자신의 소망이 꺾이거나 다른 누구에게 의존하는 수단으로 이용되지 않을 수 있다. 그리하여 체

4 카렌 호나이, 『인간의 내면 갈등』 제5장 회피 행동을 참고.

념 유형이 겪는 발달 과정의 특징으로서 모든 소망을 버리는 전면적 철회가 시작된다. 아이는 여전히 옷과 새끼 고양이, 장난감이 좋을 테지만, 그렇다고 말하지는 않는다. 그러나 서서히 바로 두려움이 커서, 여기서도 소망을 전혀 품지 않는 편이 더 안전하다고 느낀다. 아이가 실제로 소망을 덜 품고 소망 철회로 안전해질수록, 누구도 아이에게 지배권을 행사하기는 점점 더 어려워진다.

지금까지 드러난 그림은 아직 체념이 아니지만, 체념이 자라날 수도 있는 싹이 움트고 있다. 조건이나 상태가 변하지 않더라도, 미래에 자라날 예사롭지 않은 위험이 도사리고 있다. 우리는 다른 인간 존재들과 친밀감을 나눔과 마찰을 빚음 없이 진공 속에서 성장할 수 없다. 그런데 체념이라는 병도 결코 정지 상태로 머물지 않는다. 유리한 상황이 조성되어 병을 낫게 하는 쪽으로 바뀌지 않으면, 체념 과정은 탄력이 붙어서 이미 다른 신경증 진행에서 보았듯이 악순환惡循環 vicious circle에 빠지면서 더욱 빨리 진행된다. 우리는 이미 악순환 가운데 하나를 언급했다. 냉담한 태도detachment를 유지하려면, 당사자는 소망과 애써 얻으려는 노력을 저지할 필요가 있다. 하지만 소망 철회는 양날 칼처럼 두 가지 효과를 낸다. 아이는 소망 철회로 다른 사람에게 의존하지 않고 더욱 독립적인 태도로 살지만, 나약해질 수도 있다. 나무에서 수액을 짜내듯이 활력은 점점 줄어들고, 방향 감각sense of direction에도 결함이 생겨 기능을 제대로 하지 못한다. 아이는 당연히 타인의 소망과 기대에 반감을 덜 품지만, 어떤 영향이나 개입이든 거기에 맞서려고 갑절로 경계할 수밖에 없다. 해리 스택 설리번*Harry Stack Sullivan, 1892~1949의 표현을 빌리면, 아이는 '거리 유지 장치distance machinery를 정

* 미국의 정신 의학자이자 정신 분석학자이고, 신프로이트 학파를 대표한다. 유아의 인격 형성에서 어머니를 비롯한 여러 사람과 맺는 대인 관계를 중시했다.

교하게 다듬지' 않으면 안 된다.

생애 초기의 발달을 좌우하는 주요한 강화强化 reinforcements*는 정신 내부에서 일어나는 과정의 산물이다. 다른 신경증 유형에 속한 사람들이 영광을 좇는 탐색에 나서도록 몰아대는 여러 필요가 여기서도 작용한다. 체념 유형이 생애 초기에 선택한 냉담한 태도를 초지일관 밀고 나갈 때 타인과 얽혀서 생기는 갈등은 사라진다. 그러나 해결책의 신뢰도는 소망 철회에 달렸으며, 생애 초기에 소망을 철회하는 과정은 이리저리 흔들리기 마련이다. 아직 확고한 태도로 굳지 않았다는 말이다. 체념 유형은 여전히 마음의 평화를 얻는 데 좋은 일만이 아니라 인생에서 더 많은 일을 원한다. 예컨대 그는 충분히 마음이 끌리면, 친밀한 관계를 맺기도 한다. 따라서 여전히 다른 사람들과 갈등을 빚기 쉬우므로, 더욱 강한 통합이 필요하다. 그러나 생애 초기의 발달은 그를 분열된 상태로 남겨 둘뿐더러, 자신에게서 소외되어 자신감이 부족하고 현실 생활에 적응할 준비가 되지 않았다고 느낀다. 그는 안전하게 감정의 거리를 유지할 때에만 다른 사람과 겪는 갈등에 대처할 수 있다. 다른 사람과 더 친밀하게 교제할 때에는, 싸워야 할 때 뒷걸음질 쳐서 불리한 상황에 놓일뿐더러 억제를 경험한다. 따라서 체념 유형도 모든 필요를 만족시키는 대답을 자기 이상화self-idealization에서 찾을 수밖에 없다. 야망을 현실에서 실현하려고 노력할 수도 있지만, 내면에 자리한 여러 가지 이유로 곤경에 직면해 이겨내려는 시도를 포기하는 경향을 나타낸다. 체념 유형의 이상에 맞춘 자아상은 대개 계발한 필요들이 미화를 거쳐 아름답게 꾸며진 결과물이다. 자족과 독립, 자족하는 평온, 욕망과 열정에 얽매이지 않는 자유, 금욕, 공

* 특정한 행동에 따른 결과가 행동의 증가를 초래하는 현상이다. '강화를 제공했다'는 말은 특정 행동을 증가시키는 보상이 주어졌다는 뜻이고, '강화를 철회했다'는 말은 이미 제공한 보상을 빼앗거나 더는 제공하지 않는다는 뜻이다.

정 들이 혼합된 모습이다. 그에게 공정公正 fairness은 공격 유형의 '정의正義 justice'처럼 복수심의 미화보다는 비참여와 아무 권리도 침해하지 않는 태도의 이상화이다.

이렇게 이상에 맞춘 자아상에 부응하는 온갖 당위는 체념 유형을 새로운 위험 속으로 몰아넣는다. 그는 원래 외부 세계에 맞서 내면의 자기를 지켜야 했지만, 이제는 그보다 훨씬 더 무서운 내면의 폭정에 맞서 자기를 지키지 않으면 안 된다. 성과는 그가 지금까지 내면의 활기aliveness를 얼마나 보호했느냐에 달렸다. 만약 내면의 활기가 강해서, 이를 테면 어떤 어려움이 닥쳐도 무의식에 보존하게 결정되었다면, 그는 여전히 내면의 활기를 얼마간 유지할 수 있다. 물론 우리가 처음에 논의한 제한을 억지로 받아들이고, 능동적인 생활에서 물러나 체념하고, 자기 실현으로 나아가려는 충동이 저지되는 대가는 치러야 한다.

체념 유형에게 영향을 미치는 내부 명령이 다른 신경증 유형보다 훨씬 더 절박하고 엄격하다는 임상 증거는 없다. 차이는 자유를 쟁취해야 할 필요 때문에, 체념 유형이 내부 명령의 지배 아래서 더욱 애태우고 신경질을 부린다는 데 있다. 체념 유형은 내부 명령의 일부를 외부로 투사해 대처하려고 애쓴다. 그는 공격 성향을 막는 금기 때문에, 수동 방식으로만 외면화에 성공할 수 있다. 이는 타인의 기대, 또는 자신이 타인의 기대라고 느끼는 것이 의문의 여지없이 복종해야 하는 명령으로서 자격을 획득한다는 뜻이다. 더욱이 그는 자신이 사람들의 기대에 순응하지 않으면, 그들이 쌀쌀맞게 등을 돌릴 것이라고 확신한다. 여기서 핵심은 체념 유형이 자신의 당위뿐 아니라 자기 혐오도 외면화를 거쳐 외부로 투사했다는 점이다. 다른 사람들은, 자신의 당위에 부응하지 못한 만큼 매몰차게 등을 돌릴 터이다. 이렇게 다른 사람들이 적대감을 드러내리라는 예상은 외면화이므로, 예상과 반대 경험을 하더라도 치료될 수 없다. 예컨대 환자는 분석가의 인내와 이해를 오랜 시간에 걸쳐 경험하지만, 강박에 사로잡혀 솔직하게 반대하거나 항의하면 분석가가 당장이라도 자신과 관계를 끊을 것처럼 느끼기도 한다.

따라서 체념 유형이 원래 외부 압력에 보이던 민감성sensitivity은 크게 강화된다. 우리는 이제 체념 유형이 왜 외부 환경의 압박이 거의 없어도 계속 외부에서 오는 강압을 경험하는지 이해하게 되었다. 게다가 당위의 외면화는 내면의 긴장을 줄여 주지만, 그의 인생에 새로운 갈등을 끌어들인다. 그는 타인의 기대에 순응해야 하고, 타인의 감정을 상하게 해서는 안 된다. 예상되는 타인의 적대감을 유화 행동으로 달래야 할뿐더러, 자신의 독립도 유지해야 한다. 이러한 갈등은 타인에게 상반된 감정을 가지고 반응하는 양면적 태도에 드러난다. 갈등은 여러 형태로 변형되지만 순응compliance과 도전挑戰defiance이 특이하게 섞여 있다. 예컨대 체념 유형은 공손하게 요구에 응하지만, 잊어버리거나 꾸물거리며 실행에 옮기지 않을 수도 있다. 잊어버리는 정도가 불안감을 야기할 만큼 심해지면 약속이나 해야 할 일을 적어두는 기록장에 의지해야만 일상 생활을 제대로 할 수 있다. 타인의 소원을 들어주는 시늉은 하지만, 전혀 자각하지 못한 채 마음속으로 무시하기도 한다. 예컨대 그는 정신 분석 과정에서 시간을 지킨다거나 마음에 걸리는 생각을 말하기 같은 명백한 규칙은 따르지만, 논의하는 주제는 거의 이해하려 들지 않아서 분석 작업이 수포로 돌아가고 만다.

앞에서 말한 여러 갈등은 타인과 교제할 때 불가피하게 팽팽한 긴장을 초래한다. 체념 유형은 이따금 긴장과 압박을 의식하기도 한다. 그러나 자각하든 못하든, 긴장에 따른 피로는 타인에게서 물러나려는 회피 행동을 강화한다.

체념 유형이 타인의 여러 기대에 맞서는 수동 저항은 외부로 투사되지 않은 당위와 관계할 때도 작용한다. 그는 무엇을 해야 한다는 느낌만으로도 자주 맥이 풀리고 마음이 내키지 않는다. 이런 무의식적 연좌 농성은 사교 모임에 참석하기나 편지 쓰기, 경우에 따라 요금 고지서 납부처럼 자신이 실제로 싫어하는 활동에 국한될 때에는 중대한 문제를 일으키지 않을 터이다. 그러나 인격으로서 바라는 소망을 철저히 제거할수록, 좋든 나쁘든 무관심한 일이든 가리지 않고 모든 일을 점점 더 자신이 해야 하는 일로 마음에 새길 수도 있다. 이를 닦거나 신문을 읽고, 산책을 하거나 직장에서 일을 하고, 밥을 먹거나 여자와 성관계를 하는 일조차 해야 하는 일이 된다. 그러면 모든 일이 조용한 무언의 저항a silent resistance에 부딪쳐서 타성이 몸에 밴다. 그러므로 활동은 최소로 제한되거나 잦아지더라도 긴장 속에서 행동한다. 이리하여 그는 생산성이 떨어지며, 쉽게 지치거나 만성 피로에 시달린다.

이렇게 내면에서 일어나는 과정이 정신 분석으로 명료해질 때, 그 과정에 계속 영향을 주는 두 가지 요인이 드러난다. 환자는 자신의 자발적 기력spontaneous energies을 쓰지 않으면, 당위에 따른 삶의 방식이 낭비일뿐더러 만족스럽지 않다고 충분히 실감하면서도 변화의 가능성은 전혀 보려고 하지 않는다. 왜냐하면 그는 자신이 느끼는 대로 스스로 작정하지 않으면 아무 일도 하려 들지 않기 때문이다. 다른 요인은 타성이 담당한 중요한 기능에 놓여 있다. 그는 마음속으로 정신 마비를 변경할 수 없는 괴로운 병으로 바꾸고, 자책과 자기 비하를 피하는 방편으로 이용하기도 한다.

요컨대 비활동성非活動性 inactivity에 붙는 할증금premium은 다른 원천이 작용해서 더욱 많아진다. 체념 유형은 갈등을 해결하려고 갈등 소지가 있는 활동을 중단하는 것처럼, 당위도 이행하지 않으려고 노력한다. 그는 자신을 괴롭히고 귀찮게 만들 여러 상황을 피하려 노력해서 문제를 해결한다. 바로 여기에 체념 유형이 무엇이든 진지하게 추구하는 일뿐 아니라 타인과 교류도 피하는 다른 이유가 있다. 그는 의식하지 못하지만 아무 일도 하지 않으면 당위와 금기를 어기지도 않을 것이라는 좌우명에 따라 산다. 때때로 그는 이러한 회피 행동을 자신이 추구하는 어떤 일이든 타인의 권리를 침해할 것이라고 하면서 합리화한다.

이렇게 여러 방식으로 정신 내부에서 일어나는 과정이, 원래 선택한 냉담한 태도에 따른 해결책을 계속 강화하고, 서서히 얽히고설킨 복잡한 관계를 만들어 내서 체념의 그림을 그린다. 이러한 상태는 자유의 호소력에 포함된 긍정적인 여러 요소에 적합하지 않다면, 변화의 유인이 미약하므로 치료에 방해가 될 터이다. 자유에 포함된 긍정 요인이 우세한 환자들은 흔히 내부 명령의 해로운 특징을 다른 환자들보다 즉각 이해한다. 여러 조건이 유리하게 조성되면, 환자들은 내부 명령을 재빨리 속박으로 인지하고, 내부 명령에 맞서 명쾌하게 반대하는 입장에 설 수도 있다.[5] 이러한 의식적 태도는 확실히 내부 명령 자체를 쫓아내지는 못하지만, 서서히 극복해 나가는 데 상당히 도움이 된다.

이제 통합을 보존하는 관점에서 체념 유형의 전체 구조를 돌아보면, 관찰된 특정한 사실들이 정렬되면서 중요한 숨은 의미가 드러난다. 우선 진짜로 냉담한 사람들이 이루어 내는 통합은 정신을 바짝 차린 빈틈이 없는 관찰자에게도 언제나 감명을 주었다. 나는 우선 그 점을 언제나 의식했으나, 그것이 체념 유형의 구조에 내재한 핵심 부분이라는 사실은 일찍이 알아채지 못했다. 냉담한 체념 유형 사람들은 영향을 주고받는 일과 친밀한 교제를 꺼리며 저항하고 경계하므로 실천력이 떨어지고 활발하지 않으며 능률이 오르지 않고 다루기 어려울 수도 있다. 그러나 많든 적든 그들의 마음속 깊은 데서 우러난 생각과 감정에는 무엇보다 중요한 성실성sincerity과 순진무구함innocence이 깃들여 권력과 성공, 아첨과 '사랑'의 유혹에 넘어가 매수되거나 타락하지 않는다.

5 「진실한 나 찾기」, 〈미국 정신 분석 학술지〉, 9권(1949), 카렌 호나이가 서문을 쓴 『편지』 참고.

게다가 우리는 내면의 통합을 유지해야 할 필요 안에 기본 특성들을 결정하는 다른 요인이 있음도 인정한다. 먼저 회피와 제한이 통합에 기여했다는 점을 알아냈다. 그때 회피와 제한이 자유의 의미를 아직 정확히 인식하지 못하면서도 자유의 필요에 따라 결정된다는 점도 알아보았다. 이제 우리는 체념 유형 사람들이 내면의 정신 생활을 깨끗하고 맑게 보존하려고, 얽히고설킨 관계나 영향과 압력에서 벗어날 자유, 야망과 경쟁의 족쇄를 차지 않을 자유가 필요하다는 점을 아주 잘 이해할 수 있다.

우리는 체념 유형 환자가 이런 중요한 문제를 두고 말하지 않아서 난감해지기도 한다. 실제로 그는 간접적인 여러 경로로 '자기 자신himself'으로 남기를 원한다고 암시했다. 그는 정신 분석을 받으면서 자신의 '개성을 잃을까봐' 두렵다고, 정신 분석이 자신을 다른 모든 사람과 똑같게 만들 것이라고, 분석가는 고의는 아니겠지만 무심코 특정한 양식에 맞춰 자신의 성격을 바꿔 놓을지도 모른다고 말했다. 그러나 분석가는 환자의 이런 발언에 담긴 의미나 예상되는 결과를 충분히 파악하지 못할 때가 자주 있다. 그런 발언들이 나타났던 맥락은, 환자가 신경증에 걸린 현실의 자기나 이상을 좇는 과장된 자기로 남기를 원한다는 점도 넌지시 보여 준다. 환자는 실제로 자신의 **현 상태**status quo를 방어하려고 했다. 그런데 자기 자신으로 존재하겠다는 환자의 주장은 아직 정의할 수는 없지만 진실한 나의 본래 모습을 보존하려는 걱정과 근심의 표현이기도 하다. 그는 정신 분석 작업을 거쳐야만 자기 자신, 곧 참다운 나를 찾으려면, 자기 자신, 곧 신경증에 사로잡힌 미화된 나를 버려야 한다는 오래된 진리를 배울 수 있다.

지금까지 설명한 기초 과정에서 아주 다른 세 가지 생활 방식이 생겨난다. 첫째 집단은 **끊임없는 체념**으로 사는데, 체념과 체념이 포함할 수밖에 없는 모든 일을 정말 일관되게 끝까지 밀고나간다. 둘째 집단은 자유에 호소하는데,

수동적 저항을 훨씬 능동적인 반항으로 바꾸기 때문에 **반항 집단**이라 부른다. 셋째 집단은 스스로 가치를 떨어뜨리고 열등해지는 과정이 우세해지면서 **피상적인 생활**을 하게 된다.

첫째 집단에 나타나는 개인차는 확장 경향이나 자기 말소 경향 가운데 어느 쪽이 우세한가, 활동을 꺼리고 물러나는 정도가 얼마나 심한가와 관련이 있다. 어떤 사람들은 세련되게 타인과 일정한 감정의 거리를 두면서도, 그들의 가족과 친구, 업무상 교류하는 사람들을 위해 일할 능력을 갖추고 있다. 또 아마도 사심이 없기 때문에, 흔히 남을 돕는 일에서 아주 유능하다. 확장 유형이나 자기 말소 유형과 달리, 보상을 많이 기대하지도 않는다. 그들은 자기 말소 유형과 달리, 타인이 기꺼이 도우려는 자신들의 마음을 사사로운 애정으로 오해하거나, 도움을 원하면 화를 내거나 불쾌하게 생각한다.

첫째 집단에 속한 많은 사람들은 활동에 제한을 받지만, 일상 업무를 수행할 능력은 갖추고 있다. 그렇더라도 내면에 자리 잡은 타성惰性 inertia에 맞서 일상의 업무를 수행하므로 긴장감strain에 시달린다. 타성은 업무가 쌓이고, 주도권을 요구하고, 무엇에 찬성하거나 반대하는 싸움에 휘말리면, 곧바로 훨씬 뚜렷하게 드러난다. 일상의 판에 박힌 업무를 수행할 동기는 으레 뒤섞이기 마련이다. 경제 활동의 필요와 전통에 따라야 하는 당위뿐 아니라, 스스로 물러나고 체념했으면서도 다른 사람들에게 쓸모 있는 사람이 되어야 할 필요도 흔히 동기가 된다. 게다가 일상의 업무는 자력에만 맡길 때 갖는 허무감에서 도망치는 수단이 되기도 한다. 그들은 여가 시간에 무엇을 해야 할지 모르는 때가 많다. 타인과 교제하는 일은 너무 많은 긴장을 초래해서 즐기지 못한다. 그들은 혼자 지내기를 좋아하지만, 아무 것도 생산하지 못한다. 독서조차 내부의 저항에 부딪칠지도 모른다. 그래서 꿈을 꾸고 생각하고 음악을 듣고, 아니면 노력을 기울이지 않고도 찾을 수 있는 자연을 즐긴다. 그들은 대부분 허무를 두려워하는 마음이 숨어 있다는 사실을 자각하지 못한 채, 자유 시간은 거의 남기지 않고 업무를 자동으로 처리하기도 한다.

끝으로 타성과 규칙적인 업무에 동반되는 반감이 우세해질 수도 있다. 체념 유형에 속한 사람들은 재정 수입財政 收入 financial means이 없으면, 필요할 때만 가끔 일자리를 찾거나 기생하는 생활로 주저앉기도 한다. 적당한 재산이 있으면, 오히려 하고 싶은 대로 행동하며 자유를 누리려고 생활에 필요한 것을 최소로 제한한다. 하지만 정작 그들이 하는 일은 대개 취미 활동에 지나지 않는다. 아니면 완전히 타성에 젖기도 한다. 곤차로프*Ivan Aleksandrovich Goncharov, 1912~1991는 결코 잊지 못할 오블로모프Oblomov라는 인물의 타성에 젖은 무력한 삶을 거장다운 방식으로 묘사했는데, 오블로모프는 스스로 신발을 신는 일조차 싫어했다. 그의 친구가 세세한 부분까지 만반의 준비를 갖추고 여행하자고 제안한다. 오블로모프가 파리와 스위스의 산악에 있는 자신을 상상할 때, 우리는 그가 갈지 안 갈지 마음을 졸인다. 물론 그는 주저앉고 만다. 사나운 비바람을 맞으며 돌아다니고, 늘 새로운 인상을 너무 많이 받아야 할지도 모른다는 생각에 지레 겁을 먹는다.

이렇게 극단으로 치닫지 않더라도, 구석구석 스며든 타성은 오블로모프와 그의 하인이 나중에 맞닥뜨린 운명에서 보여 주듯이 악화될 위험을 안고 있다. 여기서 오블로모프의 타성에 젖은 생활은 제3집단의 피상적인 생활로 바뀐다. 이러한 타성은 행동에 맞선 저항을 넘어서 생각과 감정에 맞선 저항으로 확대되므로 위험하다. 그러면 생각과 감정은 둘 다 단순한 반응 수준에 머물기도 한다. 대화와 분석가의 논평에 맞춰 일련의 생각에 시동이 걸릴 수도 있지만, 계속 이어 갈 기력이 없어 생각은 흐지부지된다. 누구의 방문이나

---

* 철저한 사실주의에 입각해서 19세기 경제와 정치 측면에서 서유럽에 뒤쳐진 러시아 사람들의 독특한 생활 양식을 그린 소설을 썼다. 특히 걸작으로 평가받는 『오블로모프』에서 행동력과 결단력이 없고 무기력한 귀족 청년을 등장시켜 성격을 탁월하게 묘사했다. 이 책에서 게으름, 무기력, 허무감, 비활동성을 뜻하는 '오블로모프 기질'이란 용어가 탄생했다.

편지에 자극받아 긍정이든 부정이든 어떤 감정이 생길 수도 있지만, 마찬가지로 곧 희미해진다. 편지가 오면 답장을 하고 싶은 충동이 일어나기도 하지만, 곧장 실행에 옮기지 않으면 잊히고 만다. 생각에 스며든 타성은 정신 분석으로 잘 관찰할 수 있지만, 흔히 분석 작업을 방해하는 커다란 장애이다. 정신을 쓰는 단순한 작업도 힘들어진다. 그러면 한 시간 동안 논의한 내용을 통째로 잊기도 하는데, 특별한 '저항'에 부딪쳐서 그런 것이 아니라 환자가 논의한 내용을 이물질異物質 foreign body처럼 느끼고 자신의 두뇌 속에 놓아 버리기 때문이다. 이따금 그는 어려운 책을 읽거나 어려운 문제를 가지고 토론할 때처럼, 정신 분석 도중에 수많은 자료를 연결하며 느끼는 긴장감이 너무 큰 탓에 무기력해지고 혼란에 빠진다. 어떤 환자는 이렇게 목표가 없고 정처 없이 떠도는 혼란을 꿈으로 표현했는데, 꿈속에서 그는 전 세계 각지를 떠돌았다. 그는 어느 장소든 가겠다고 작정하지 않았고, 어떻게 거기에 갔는지, 거기서 어떻게 다음 장소로 여행을 계속할지도 알지 못했다.

타성에 더 많이 젖어들수록 당사자가 느끼는 감정은 타성의 영향을 더 많이 받는다. 그가 도대체 어떤 반응이든 하려면 훨씬 강한 자극이 필요하다. 공원에 늘어선 아름다운 나무들이 더는 아무 감정도 불러일으키지 못한다. 풍성한 빛깔로 매혹하는 저녁놀이라야 그를 감동시킬 수 있다. 이렇게 감정이 타성에 젖으면 비극의 요소도 함께 자라난다. 이미 살펴보았듯이, 체념 유형은 대체로 감정의 진정성을 해치지 않고 그대로 보존하려고 확장 성향을 제한한다. 그러나 극단으로 치우치면, 바로 보존하려던 활기를 없애 버리는 결과로 이어진다. 감정 생활이 마비됨에 따라 감정이 죽은 상태에 빠져서 다른 유형 환자들보다 훨씬 더 괴로워하는데, 이것은 그가 변화를 바라는 유일한 상태일지도 모른다. 정신 분석이 진행될 때, 그는 이따금 대체로 이전보다 능동적으로 행동하자마자 자신의 감정을 훨씬 생생하게 느끼는 경험을 하기도 한다. 그렇더라도 감정이 죽은 상태가 자신에게 널리 스며든 타성의 표현일 뿐이며, 타성의 영향이 줄어들어야만 감정이 죽은 상태에 변화가 일어날 수 있다는 사실은 한사코 알려고도 하지 않는다.

얼마간 활동을 계속하면서 생활 조건이 적당한 수준으로 유지되면, 이렇게 계속 체념하고 사는 그림이 변하지 않고 고정될 수도 있다. 체념 유형이 지닌 여러 속성, 예컨대 노력과 기대의 저지, 변화와 내면 갈등을 꺼리는 반감, 일을 참고 견디는 능력 같은 속성이 결합되어 나타나는 현상이다. 하지만 한 가지 불안을 야기하는 요소, 즉 그에게 호소력이 있는 자유는 앞에서 말한 모든 속성과 반대로 작용한다. 실제로 체념형 사람은 진압당한 반역자 같은 처지에 놓인다. 지금까지 연구를 통해 우리는 이러한 자질이 내부와 외부에서 가하는 압력에 맞선 수동적 저항으로 어떻게 드러나는지 살펴보았다. 그런데 수동적 저항은 언제든 **능동적 반항**active rebelliousness으로 바뀔 수 있다. 실제로 변화가 일어날지는 확장 경향과 자기 말소 경향 가운데 어느 쪽이 상대적으로 강한가와 체념형 사람이 어떻게든 구해 낸 내면의 활기가 충만한 정도에 달렸다. 확장 경향이 더 강하고 활기가 더 넘칠수록, 자신의 인생에 가하는 제한에 불만을 품기가 더 쉽다. 외부 상황에 품는 불만이 우세할 수도 있는데, 그러면 주로 '**맞서려는 반항**rebellion against'이 나타난다. 또는 자신에게 품는 불만이 우세하면, 주로 '**찾으려는 반항**rebellion for'이 나타난다.

반항 집단에 속한 체념형 사람은 가정이나 업무와 관계가 있는 주변 상황에 불만이 너무 커져서, 기어이 참고 견디는 행동을 더는 하지 못하고 이런저런 반항 행동을 공공연히 하기도 한다. 그는 가정을 떠나거나 직장을 그만두고, 관습과 제도뿐 아니라 교류하던 모든 사람에게 호전성을 드러내며 공세를 취할 수도 있다. 그는 바로 "네가 내게 무엇을 기대하든, 나를 어떻게 생각하든 전혀 개의치 않아"라는 식의 태도로 돌아선다. 이런 태도는 조금 점잖게 표현되거나 다소 공격성을 드러내기도 한다. 이는 사회 관점에서 비롯된 관심이 커서 생겨난다. 만약 이런 반항이 주로 밖으로 향하면, 반항 자체는 진실한 나를 구축하는 단계에 포함되지 않을뿐더러 당사자가 기력을 쓰지만 오히려 자신에게서 더 멀어지는 쪽으로 몰아간다.

하지만 반항은 외부보다 내부로 향하기 더 쉬우며, 주로 내부 폭정에 맞서는 쪽으로 나아간다. 내부로 향할 때만 반항은 자유로워지는 효과를 낼 수 있다. 내부 폭정에 맞설 때 나타나는 반항은 흔히 난폭한 반항이 아니라 점진적 발달, 혁명革命 revolution이 아니라 진화進化 evolution 단계를 밟는다. 그때 어떤 사람은 자신을 구속하는 족쇄들 때문에 점점 더 고통스럽고 괴로워진다. 그는 자신이 얼마나 구속당하는지, 자신이 사는 방식이 얼마나 마음에 들지 않는지, 얼마나 규칙에 따르려고만 하는지, 실제로 주변 사람들을 그들의 생활 수준과 도덕 기준 때문에 얼마나 싫어하는지 깨닫는다. 이전에 말했듯이 그는 항의抗議 protest와 기만과 진정성 같은 요인이 기이하게 뒤섞인 '자신으로 존재하느라' 더욱더 힘을 쏟는다. 심신의 모든 기력이 자유롭게 해방되면, 그는 타고난 재능을 어떤 방식으로든 발휘해 무엇이든 생산하는 사람이 될 수 있다. 서머셋 몸은 『달과 6펜스』에서 스트릭랜드Strickland라는 화가의 성격으로 이러한 진화 과정을 묘사했다. 스트릭랜드가 대략 거울로 삼은 고갱은 다른 예술가들과 마찬가지로 비슷한 진화 과정을 거쳤다. 당연히 창조된 작품의 가치는 이미 가진 재능과 솜씨에 의존한다. 말할 나위도 없겠지만, 이것이 생산하는 인생을 사는 유일한 방식은 아니며, 이전에 억눌려 있던 창조 능력이 자유롭게 표현되는 여러 방식 가운데 하나이다.

그런데 앞에서 든 사례에서 얻은 해방에는 한계가 있다. 해방된 사람들은 여전히 체념을 보여 주는 여러 귀표를 달고 있다. 그들은 여전히 조심스럽게 냉담한 태도를 유지하려 애쓰며 살 수밖에 없다. 여전히 방어자나 투사가 되어 세상과 마주 선다. 그들은 무엇을 생산하는 데 적합한 문제를 제외하면 인격이 드러난 개인 생활에 여전히 무관심하므로, 정신없이 바쁘게 사는 특징을 나타내기도 한다. 이런 모든 사실은 그들이 갈등을 해결하지는 못한 채 실행 가능한 타협안을 찾았다는 사실만 보여 준다.

이렇게 해방되는 과정은 정신 분석 도중에도 일어날 수 있다. 마침내 눈으로 보고 확인할 수 있는 해방이 분명히 일어나므로, 몇몇 분석가들은 이런 해방의 과정을 바람직한 최상의 성과로 여긴다.[6] 하지만 이런 해방이 문제를 일부만 해결할 뿐이라는 사실도 잊어서는 안 된다. 체념의 전체 구조를 꿰뚫어 이해하면, 창조력이 해방될뿐더러 체념 유형 사람이 온전하게 자기 자신이나 다른 사람들과 더 나은 관계를 맺는다.

이론 관점에서 볼 때, 능동적 반항의 성과는 체념이 형성된 구조 내부에서 자유의 호소력이 얼마나 중요한 의미가 있는지 보여줄뿐더러 자율적인 내면 생활의 보존과 어떤 관계가 있는지도 보여준다. 이제 정반대로 셋째 집단에 속한 체념 유형 사람이 자기 자신에게서 더 많이 소외될수록, 행동하는 정도만큼 누리는 자유가 점점 더 무의미해진다는 점을 살펴보려 한다. 내면 갈등을 모른 체하고, 능동적인 생활을 그만두고, 스스로 성장하겠다는 능동적 관심을 더는 갖지 않아서, 개인은 마음속 깊은 데서 우러나는 자신의 감정을 회피할 위험에 빠진다. 그러면 모든 것이 쓸데없고 하찮다고 느끼는 허무감futility, 이미 뿌리박힌 체념에서 비롯된 문제는 정신의 주의가 끊임없이 흐트러지는 무시무시한 공허감emptiness에 휩싸이고 만다. 분투striving와 목표 잡는 활동goal-directed activity이 저지되므로, 방향 감각을 상실하고 여기저기 떠돌며 표류하는 생활이 이어진다. 인생이 고통과 마찰 없이 그저 쉬워야

6 다니엘 슈나이더Daniel Schneider, 「신경증 행동 양식: 창조적 지배와 성 권력에 나타난 왜곡 현상」 참고, 전에 〈뉴욕 의학 협회지〉에서 읽었다.

한다는 주장은, 특히 돈과 성공과 특권의 유혹에 넘어가면 부패와 타락의 요인이 될 수 있다. 끊임없이 이어지는 체념은 제한되고 구속받는 인생을 산다는 뜻이지만, 희망이 전혀 없는 것은 아니다. 왜냐하면 사람들은 여전히 무엇으로 살아가기 때문이다. 그러나 끊임없이 체념하는 사람들이 자기만의 인생이 지닌 깊이와 자율성을 알아보지 못할 때, 체념의 부정적 속성은 그대로 남고 긍정적 속성은 서서히 사라지고 만다. 그럴 때에만 체념은 희망이 없는 구제 불능의 요인으로 작용한다. 그들은 끝장에 이르러 인생의 주변부로 밀려난다. 이는 **피상적인 생활**shallow living을 하는 마지막 집단의 특징이다.

원심력에 따라 자신에게서 멀어지는 사람은 회피 행동을 해서 자신이 느끼는 감정의 깊이depth와 강도intensity를 잃어버린다. 그가 사람들을 만나는 태도에는 아무 차별이 없다. 누구나 '아주 좋은 친구', '아주 좋은 동료', '정말 아름다운 여자'가 될 수 있다. 그러나 눈에서 멀어지면 마음에서도 멀어지기 마련이다. 그는 아주 작은 자극으로도 사람들에게 가졌던 흥미를 잃고, 심지어 무슨 일이 일어나는지 검토하는 수고는 아예 생각조차 하지 않을 수도 있다. 냉담한 태도는 전혀 관계가 없다는 태도로 악화된다.

비슷하게 셋째 집단에 속한 체념 유형은 살면서 누리는 즐거움도 얄팍하고 깊이가 없다. 연애 사건, 먹고 마시는 일, 남의 험담, 놀이나 정치 이야기가 생활의 대부분을 차지한다. 그는 요점을 파악하지 못하고 삶에 필요한 핵심 요소를 잃어버린다. 관심을 갖더라도 피상적인 수준에 머문다. 셋째 집단에 속한 체념 유형 사람은 더는 스스로 판단하거나 확신하지 못하고 시류에 따라 의견을 받아들인다. 대체로 '남들'이 생각한 의견에 위압감을 느낀다. 그래서 그는 자기 자신을 믿지 못하고, 타인을 신뢰하지 못하며, 어떤 가치든 믿는 능력을 상실하고 만다. 마침내 그는 냉소주의자가 된다.

우리는 피상적인 생활을 세 방식으로 구분할 수 있고, 제각기 특정한 측면이 두드러진다는 점에서만 다르다. 첫째 생활 방식은 재미, 좋은 시간을 보내는 데에 강조점을 둔다. 이런 생활 형식은 체념 유형의 한 기본 특성, 곧 아무것도 원치 않음과 반대로 겉으로는 생활에 열의가 있어 보이기도 한다. 그러나 여기서 동기를 부여하는 힘은 향유하고 즐거움을 맛보겠다는 자발적 의지가 아니라, 산만하게 쾌락을 추구해 정신을 갉아 먹는 허무감을 밀어내야 할 필요이다. 다음에 인용할 「팜 스프링스Palm Springs」*이라는 시는 『하퍼』 잡지[7]에서 찾았는데, 유한 계급에서 재미를 찾는 삶의 특징을 잘 묘사했다.

오, 나는 집이 좋다네.
백만장자들이 배회하는 곳
사랑스럽고 작은 매력 넘치는 여자들이 노는 곳
거기에서는 지성으로 이해할 단어는
결코 들을 수 없지.
우리는 온종일 돈을 긁어모은다네.

하지만 재미를 찾는 특징은 유한 계급에만 국한되지 않고, 수입이 적은 사람들이 속한 사회 계급까지 멀리 내려가 자리 잡는다. 고급 나이트 클럽과 칵테일 파티나 극장 시사회 파티에서 찾는 재미, 또는 집에서 함께 모여 먹고 마시거나 카드 놀이를 하고 잡담을 나누면서 찾는 '재미'는 뭐니뭐니해도 돈의 문제일 뿐이다. 재미를 찾는 특징은 우표를 수집하거나 미식가가 되거나 영화를 보러 가는 개인의 취미로 나타나기도 한다. 취미 활동을 통한 재미 추구가 생활을 채우는 유일한 내용이 아니라면 나쁠 것은 없다. 재미 추구는 반

---

* 미국 캘리포니아 주 동부에 자리한 도시의 이름으로 휴양지를 상징한다.

7 클리브랜드 에이모리, 「팜 스프링: 바람, 모래와 별」 중에서.

드시 사회로 확대되지 않고, 추리 소설을 읽거나 라디오에 귀를 기울이거나 텔레비전을 시청하거나 백일몽에 빠져드는 행동으로 표현되기도 한다. 재미가 사회화되면, 두 가지 일을 끝끝내 피하게 된다. 어느 한 순간이라도 혼자서 지내려 하지 않으며, 진지한 대화를 회피한다. 진지한 대화는 오히려 무례로 치부한다. 냉소주의冷笑主義 cynicism는 '관용'이나 '넓은 마음가짐'으로 얇게 포장된다.

둘째 생활 방식은 **특권**prestige이나 **기회주의에 편승한 성공**opportunistic success에 중점을 둔다. 무엇을 얻으려고 분투하거나 노력하지 않는 체념 유형의 특성은 여기서도 약해지지 않는다. 동기는 뒤죽박죽 섞인다. 돈을 벌어서 더 쉽게 살고 싶은 소망이 동기가 되기도 하고, 자존감을 인위적으로 높여야 할 필요가 동기가 되기도 한다. 피상적인 생활을 하는 전체 집단에서 자존감은 거의 영零에 가깝다. 그런데 이렇게 사는 체념 유형은 내면의 자율성을 잃어버린 탓에 타인의 시선으로 자신을 고양시켜야만 행동할 수 있다. 어떤 이는 잘 팔리는 상품이 될지도 모른다고 기대해서 책을 쓰고, 어떤 이는 돈이 필요해서 결혼하고, 어떤 이는 자신에게 이득을 제공할 법한 정당에 합류한다. 사회 생활에서 재미에 중점을 두는 경향은 덜하고, 특정 집단의 일원이 되거나 특정 장소에 갈 수 있는 특권은 더 중요하게 생각한다. 유일한 도덕률은 영리해지고, 그럭저럭 살고, 아무것에도 휘말려들지 않는 것이다. 조지 엘리엇George Eliot 1819~1880은 『로몰라*Romola*』에서 티토Tito라는 인물을 통해 기회만 노리는 사람의 특징을 탁월하게 묘사했다. 우리는 티토가 갈등을 회피하고, 인생이 쉬워야 한다고 주장하고, 현실에 참여하지 않고, 도덕적으로 점점 타락하는 모습을 살펴볼 수 있다. 도덕적 타락은 우연히 발생하지 않고, 도덕심이 점점 약해져 일어날 수밖에 없다.

셋째 생활 방식은 '**잘 적응한**' 자동기계 같은 사람의 삶이다. 이 유형에서 일어나는 진정한 생각과 진정한 감정 상실은, 마퀀드J. P Marquand가 주인공들을 통해 여러 방식으로 탁월하게 묘사했듯이, 인격 전체를 무미건조하게 만든다. 자동기계 같은 사람은 타인에게 자신을 맞추고 타인의 도덕 기준과 타인이 따르는 관습을 넘겨받는다. 그는 자신이 사는 환경에서 기대하거나 옳다고 간주되는 대로 느끼고 생각하고 믿고 행동한다. 여기에서 감정이 죽은 무미건조한 상태는 다른 두 가지 방식에 따라 사는 집단보다 더 크지 않지만 더 분명하게 드러난다.

프롬Erich Fromm은 앞에서 말한 지나친 적응을 잘 묘사하며 지나친 적응이 사회 생활에서 어떤 숨은 의미가 있는지도 간파했다.[8] 우리가 꼭 그래야 하듯이 피상적인 생활의 다른 두 방식을 끼워 넣어 말하면, 그런 숨은 의미는 이런 생활 방식이 자주 나타나므로 더욱더 중요해진다. 프롬은 셋째 방식의 그림이 신경증이 흔히 진행되는 양상과 다르다는 점을 바로 인식했다. 셋째 방식으로 사는 사람들은 신경증 환자가 흔히 그렇듯이 분명히 갈등에 몰리지 않고, 갈등으로 장애를 겪지도 않는다. 그들은 불안과 우울 같은 특이한 '증상symptoms'도 보이지 않을 때가 많다. 그들은 장애를 겪으며 괴로워하지 않지만, 무엇이 부족하고 빠져 있다는 인상을 준다. 프롬은 그들이 신경증에 걸린 것이 아니라 결함이 있는 상태라고 결론을 내린다. 그는 셋째 방식으로 사는 사람들의 결함을 타고난innate 기질 탓으로 보지 않고, 어린 시절 너무 일찍 권위에 짓눌려 나타난 결과로 여겼다. 프롬이 말하는 결함과 내가 말하는 피상적인 생활이 용어의 차이로만 보일 수도 있다. 그러나 늘 그렇듯이 용어의 차이는 현상을 이해하는 의미의 차이에서 유래한다. 실제로 프롬의 주장은 흥미로운 두 가지 질문을 던진다. 피상적인 생활은 신경증과 아무 관계도 없는 상태인가, 아니면 내가 진술한 대로 신경증이 진행된 결과로 생기

8 프롬, 「개인과 사회 차원의 신경증 기원The Individual and Social Origin of Neurosis」, 〈미국 사회학 평론지American Sociological Review〉(1994).

는가? 그리고 피상적인 생활에 탐닉하는 사람들은 실제로 마음의 깊이와 도덕심, 자율성이 없는가?

방금 말한 두 질문은 관련이 깊다. 이제 정신 분석을 통한 관찰로 두 질문에 어떻게 대답할 수 있는지 살펴보자. 셋째 방식에 따라 사는 사람들이 정신 분석을 받으러 오기도 하므로, 관찰 사례는 입수할 수 있다. 피상적인 생활에 완전히 익숙해지면, 당연히 치료받아야겠다고 생각할 유인도 없어진다. 그러나 너무 멀리 가지 않았을 때, 심신 장애를 겪거나 실패를 반복하고, 업무에 차질을 빚거나 허무감이 커져 마음이 어지럽고 불안해지므로 치료받기를 원할 수도 있다. 그들은 내리막길로 접어들었다는 생각에 불안하고 혼란스러울지도 모른다. 정신 분석할 때 받는 첫 인상은 일반인의 호기심을 끄는 관점에서 이미 묘사된 것이다. 입에 발린 설명을 능숙하게 하고, 돈이나 위신과 연결된 외형 문제에만 관심을 쏟는다. 그만큼 우리는 그들의 역사에 복잡한 사정이 숨어 있다고 생각한다. 이전에 체념으로 나아가는 전반적인 운동으로 묘사했듯이, 그들은 어린 시절, 청소년기 전후로 능동적으로 애써 무엇을 얻으려 분투하다가 정신적 피해로 고통을 겪었던 적이 있다. 이는 프롬이 추정한 시기보다 더 나중에 시작되는 상황일뿐더러, 때로는 명백한 신경증에서 비롯된 결과임을 보여 주는 것인지도 모른다.

정신 분석이 진행됨에 따라 피상적인 생활을 하는 환자들이 깨어 있을 때 삶과 잠들었을 때 꾸는 꿈 사이에 당황스럽고 도저히 이해하기 어려운 불일치가 나타난다. 그들이 꾸는 꿈은 감정의 깊이와 격변을 분명하게 보여 준다. 이런 꿈은 깊숙이 묻힌 슬픔, 자기 혐오, 타인 혐오와 자기 연민, 절망, 불안을 드러내며, 흔히 꿈으로만 드러난다. 다시 말해 잔잔한 의식의 수면 아래로 갈등과 열정이 꿈틀거리는 다른 세계가 펼쳐진다. 분석가들은 꿈에 관심을 가지라고 일깨우지만, 환자들은 꿈을 없애는 경향이 있다. 환자들은 완전히 분리된 두 세계에서 사는 것처럼 보인다. 분석가들은 여기에서 피상적인 특징이 아니라 환자들이 마음속 깊은 곳과 떨어져 거리를 두고 싶어 한다는 사실을 점점 명확하게 깨닫는다. 그들은 마음속 깊은 곳을 언뜻 보고 마치 아무 일도 없는 것처럼 꼭꼭 숨겨 버린다. 잠시 후 온갖 감정이 포기해 버린 심층에서 갑자기 뚫고 올라와 깨어 있는 삶에 영향을 미칠 수도 있다. 어떤 기억으로 울부짖기도 하고, 고향을 그리는 향수鄕愁 nostalgia나 종교적 체험이 나타났다가 사라지기도 한다. 이러한 관찰은 나중에 정신 분석을 통해 확증되었는데, 프롬이 말한 결함과 모순될뿐더러 환자들이 내면의 인격이 드러난 개인 생활에서 도피하기로 결심했음을 보여 준다.

피상적인 생활을 신경증에서 비롯된 과정이 빚은 불행한 결과라고 생각하면, 예방과 치료 두 관점에서 덜 비관적인 전망을 할 수 있다. 요즈음 피상적으로 사는 사람들이 너무 많으므로, 피상적인 생활을 장애로 인정하고 발병을 막는 것은 대단히 바람직한 일이다. 피상적인 생활의 예방은 신경증 일반에 효과가 있는 예방 대책과 겹친다. 피상적인 생활에 관해 정신 분석 작업을 많이 했으나, 더 많은 작업이 필요하고, 특히 정신 분석 연구소에서 분명히 해낼 수 있다.

체념 유형 환자들을 치료하는 어떤 일이든 우선 필요한 조건은 환자의 상태를 신경증 장애로 인정하고, 체질이나 문화의 특이성으로 여겨 제쳐 두지 않으려는 태도이다. 체질이나 문화의 특이성 같은 개념은 환자의 상태를 바꿀 수 없거나 정신과 의사가 붙들고 씨름할 문제의 범위에 속하지 않는다는 의미도 함축한다. 체념 유형 환자가 보이는 상태는 아직 다른 신경증 문제보다 덜 알려져 있다. 체념 유형 환자의 문제가 관심을 덜 끄는 이유는 대개 두 가지이다. 이렇게 피상적인 생활에서 발생하는 여러 장애는 어떤 사람의 생활을 방해하더라도 눈에 잘 띄지 않아서 긴급한 치료가 필요하지 않다. 다른 한편 피상적인 생활을 배경으로 발생할 수도 있는 모든 장애는 체념 유형이 밟는 기초 과정과 연관이 없었다. 정신과 의사들이 체념 유형에서 찾은, 처음부터 끝까지 친숙한 유일한 요인은 냉담한 태도이다. 그러나 체념은 훨씬 더 많은 특성을 포괄하는 과정이므로, 치료할 때 구체적이고 특별한 문제와 구체적이고 특별한 곤경에 부딪치기 마련이다. 체념의 정신 역학과 체념의 의미를 충분히 인식해야 비로소 구체적이고 특별한 문제나 구체적이고 특별한 곤경과 맞붙어 싸워 이겨 낼 수 있다.

제12장

•

인간 관계와 신경증 장애

외면화를 극복하라

NEUROTIC DISTURBANCES IN HUMAN RELATIONSHIPS

이 책의 강조점은 정신 내부에서 일어나는 과정이었지만, 우리는 정신 내부 과정을 대인 관계에서 일어나는 과정과 분리해 진술할 수 없었다. 그럴 수 없었던 까닭은 사실 양자 사이에 항상 상호 작용이 일어나기 때문이다. 이 책의 첫 장에서 영광을 좇는 탐색이 무엇인지 소개할 때, 우리는 타인보다 우월해져야 하거나 타인을 밟고 올라가 승리해야 할 필요 같은 여러 요소도 살펴보았다. 이런 요소는 대인 관계interpersonal relations와 직접 관련이 있다. 신경증에 사로잡힌 권리 주장은 내면의 필요에서 자라나지만, 주로 타인 쪽으로 향하기 마련이다. 우리는 신경증에 사로잡힌 자부심이 무엇인지 논할 때 상처를 입기 쉬운 취약성이 인간 관계에 미치는 효과도 무시할 수 없다. 정신 내부의 요인이 하나하나 외부로 투사될 수 있고, 외면화 과정이 우리가 타인을 대하는 태도에 얼마나 큰 변화를 초래하는지도 살펴보았다. 마침내 우리는 내면의 갈등을 푸는 각 해결책에서 인간 관계가 어떤 역할을 하는지 훨씬 구체적인 유형으로 나눠서 논의했다. 이번 장에서는 다시 각론에서 총론으로 돌아가, 긍지 체계pride system가 우리와 타인의 관계에 어떻게 영향을 미치는지 간략하게나마 체계를 세워 개괄하고자 한다.

우선 신경증 환자는 긍지 체계의 영향을 받아 자아 본위로 바뀌고 타인에게서 물러나 거리를 두게 된다. 오해를 피하기 위해, 나는 자아 본위egocentricity를 자기 이익만 고려한다는 뜻인 이기심selfishness이나 이기주의egotism와 다른 의미로 사용한다. 신경증 환자는 무신경한 이기주의자일 수도 있고, 과도한 이타주의자일 수도 있다. 이 점에서 모든 신경증에 적합한 특징은 없다. 그러나 신경증 환자는 언제나 자신에게 몰두하고 자신 안에 갇혀 자아 본위로 느끼고 생각하고 행동한다. 자아 본위가 표층에 드러나야 할 필요는 없다. 말하자면 신경증 환자는 외로운 늑대처럼 살 수도 있고, 또는 타인을 위해 살거나 타인을 통해서 살 수도 있다. 그렇더라도 어쨌든 신경증 환자는 이상에 맞춘 자아상을 자신만의 비밀 종교private religion로 숭배하며 살고, 스스로 만든 당위를 자신만의 법칙으로 지키며 산다. 그는 자부심으로 가시 철조망을 치고 안과 밖에서 닥쳐나오는 위험에 맞서 자신을 보호하는 파수꾼이 된다. 그 결과 감정 측면에서 더욱 고립될 뿐더러, 타인을 고유한 권리가 있는 자신과 다른 개인으로 보기 더욱 힘들어진다. 다른 사람들은 신경증 환자가 제일 중요하게 생각하는 관심사, 바로 신경증 환자 자신에게 복종해야 한다.

지금까지 신경증 환자가 그린 타인의 모습은 흐릿하지만 아직 왜곡되어 있지 않다. 그러나 긍지 체계의 다른 몇 가지 요인이 더 심각한 영향을 미쳐서, 신경증 환자는 타인을 있는 그대로 보지 못하고 타인의 모습에서 긍정 왜곡positive distortions을 만들어 낸다. 우리는 당연히 타인을 판단하는 개념이 우리 자신을 판단하는 개념만큼 흐릿하다고 입심 좋게glibly 주장해, 긍정 왜곡의 문제를 없애 버릴 수 없다. 거칠게 말하면 이런 주장에도 일리는 있으나, 오해를 불러일으키는 잘못된 주장이다. 왜냐하면 타인을 왜곡한 견해와 우리 자신을 왜곡한 견해 사이에 단순한 병행 관계가 있다고 암시하기 때문이다. 왜곡이 생겨나는 긍지 체계에 작용하는 여러 요인을 검토하면, 두 가지 왜곡 현상을 제대로 보여 주는 정확하고 포괄적인 그림도 그릴 수 있다.

현실 왜곡actual distortions은 부분적으로 신경증 환자가 타인을 긍지 체계에 따라 생겨난 **필요에 비추어** 바라보기 때문에 밀려든다. 이렇게 생겨난 여러 필요는 타인 쪽으로 향하거나 타인을 마주하는 태도에 간접적으로 영향을 미치기도 한다. 신경증 환자는 칭찬받아야 할 필요에 비추어 다른 사람들을 자신을 찬미하는 청중으로 바꾼다. 마법 같은 도움을 받아야 할 필요에 비추어 다른 사람들에게 신비한 마법의 능력을 부여한다. 정당해야 할 필요는 다른 사람들에게 흠이 있고 잘못이 있다고 몰아붙인다. 승리해야 할 필요에 비추어 다른 사람들을 추종자와 교활한 적으로 나눈다. 벌을 받지 않은 다른 사람들에게 상처를 주어야 할 필요에 비추어 그들을 신경증 환자로 만든다. 자신을 축소해야 할 필요에 비추어 다른 사람들을 거인으로 바꾼다.

신경증 환자는 마침내 **외면화된 자기 모습에 비추어** 타인을 바라본다. 그는 스스로 만들어 낸 자기 이상화를 체험하지 못하고, 타인을 이상에 맞춰 그려 낸다. 또 자신이 만들어 낸 폭정을 체험하지 못하고, 타인이 폭군이 된다. 여기서 관련이 제일 깊은 외면화는 자기 혐오의 외면화이다. 만약 자기 혐오가 능동 경향으로 우세해지면, 신경증 환자는 타인을 경멸받고 비난받아 마땅한 존재로 격하하기 쉽다. 무엇이든 잘못되면, 그것은 남들이 잘못을 저지른 탓이다. 다른 사람들은 완벽해야 하지만, 다른 사람들을 신뢰해서도 안 된다. 다른 사람들은 변해야 하고 개혁되어야 한다. 다른 사람들은 가난하고 잘못을 저지르며 죽어야 할 불쌍한 존재들이므로, 신경증 환자는 신 같은 존재가 되어 그들을 책임지지 않을 수 없다. 수동 외면화가 우세할 경우, 다른 사람들은 심판대에서 신경증 환자가 잘못을 들추어낼 때까지 기다리며 비난받을 처지에 놓여 있다. 다른 사람들은 신경증 환자를 억압하고 학대하며 강요하고 위협한다. 다른 사람들은 그를 좋아하지도 않고 원하지도 않는다. 신경증 환자는 남들과 잘 지내기 위해 회유 행동을 하고 그들의 기대에 부응할 수밖에 없다.

신경증 환자가 다른 사람들을 바라보는 관점을 왜곡하는 모든 요인 가운데, 외면화外面化 externalization는 십중팔구 효과 측면에서 수위를 차지할 것이다. 외면화는 신경증 환자가 스스로 인정하기 제일 힘들어 하는 요인이다. 왜냐하면 신경증 환자의 경험에 따르면, 다른 사람들은 신경증 환자가 자신을 외부로 투사한 모습에 비추어 드러나는 대로 존재하며, 그는 그저 그들이 행동하는 방식에 반응할 따름이기 때문이다. 신경증 환자는 다른 사람들에게 투사된 자신의 모습에 반응한다는 사실을 전혀 느끼지 못한다.

외면화外面化 externalizations는 흔히 신경증 환자의 필요에 근거하고 필요가 좌절될 때 타인에게 보이는 반응과 뒤섞여 나타나므로 인정하는 일이 더욱 어렵다. 예컨대 남들을 마주할 때 나타나는 모든 초조감과 짜증이 본디 우리 자신에게 드러내는 격분rage의 외면화라는 주장은 지지하기 힘든 일반화일 터이다. 특별한 상황a particular situation을 주의 깊게 분석해야 비로소 당사자가 자신에게 격노하는지, 실제로 권리 주장이 좌절되어 남들에게 화를 내는 것인지, 어느 정도 화가 났는지도 분별할 수 있다. 끝으로 당연히 환자의 초조감과 짜증은 두 원천에서 생겨날 수 있다. 우리는 우리 자신이나 타인의 정신을 분석할 때, 언제나 두 가능성에 불편부당한 주의impartial attention를 기울여야 한다. 말하자면 우리는 어느 한 가지 설명 방식에 배타적으로 치우쳐서는 안 된다. 그럴 때만 우리는 두 가능성이 우리가 타인과 맺는 관계에 어떻게 영향을 미치고 얼마나 영향을 주는지 서서히 알아 보게 된다.

하지만 우리가 다른 사람들과 맺는 관계 속에 그 관계에 속하지 않은 무엇을 끌어들인다고 알아채더라도, 이렇게 알아채서 외면화의 작동을 막지는 못한다. 우리는 스스로 타인과 관계를 '다시 받아들이고' 자신 안에서 특별한 과정으로 체험할 수 있어야만, 외면화를 청산할 수 있다.

우리는 대체로 타인을 바라보는 그림이 외면화 탓으로 왜곡되는 세 방식을 구분할 수 있다. 첫째로 왜곡歪曲 distortions은 아예 없거나 무시해도 좋을 만큼 사소한 특징을 타인에게 부여한 결과로 일어날 수도 있다. 신경증 환자는 타인에게 신 같은 완벽성과 권능을 부여해 완전한 이상 ideal에 도달한 존재인 양 상상하기도 한다. 그는 남들을 경멸받아 마땅한 존재이자 죄인으로 볼 수도 있다. 거인이나 난쟁이로 바꾸기도 한다.

둘째로 어떤 사람은 외면화 탓으로 실제로 지닌 자산이나 결점을 알아보는 눈이 멀기도 한다. 그는 스스로 인정하지 않는 자신의 금기, 즉 남을 나쁘게 이용하거나 거짓말을 해서는 안 된다는 금기를 타인에게 투사할 수도 있다. 그래서 타인이 자신을 나쁘게 이용하고 기만하려는 노골적인 의도를 드러내더라도 알아보지 못한다. 아니면 자신이 느끼는 긍정 감정을 억눌러, 타인에게 분명히 존재하는 호의와 헌신을 인정하지 못할지도 모른다. 그러면 남들을 위선자로 여기기 쉽고, '술책術策 maneuvers'에 넘어가지 않으려고 경계를 늦추지 않을 터이다.

셋째로 신경증 환자는 자신의 외면화 탓으로 타인이 실제로 지닌 특정한 몇몇 경향을 날카롭게 정확히 알아보기도 한다. 어떤 신경증 환자는 마음속으로 그리스도교의 덕을 전부 독차지했지만, 자신 속에 꿈틀대던 포식 동물 같은 명백한 약탈 경향은 알아보지 못했다. 하지만 타인의 위선적 태도, 특히 선과 사랑의 가식을 누구보다 빨리 알아챘다. 어떤 환자는 불충disloyalty과 배신 경향을 공공연히 드러내지 않았지만, 남들이 나타내는 불충과 배신 경향에는 빈틈없이 경계하는 태도를 보였다. 이는 외면화에 왜곡하는 힘이 있다는 주장과 모순되는 것처럼 보인다. 어쩌면 외면화가 두 가지 일을 한다고, 즉 당사자의 눈을 특별히 멀게 하거나 특별히 잘 보이게 할 수 있다고 말하는 것이 훨씬 정확한 주장일까? 나는 그렇다고 믿지 않는다. 신경증 환자가 특정한 몇 가지 속성을 분별할 때 보여 주는 혜안慧眼 perspicacity은, 특정한 속성이 환자에게 어떤 인격적 의미와 가치personal significance를 갖느냐에 따라 손상되기 마련이다. 그렇게 혜안이 손상되면, 특정한 속성은 너무 크고 흐릿하게 보여 그러한 속성을 가진 개인은 거의 사라지고, 외부로 투사된 특별한 경향이나 여러 경향을 나타내는 상징으로 바뀐다. 따라서 전체 인격을 바라보는 관점은 한쪽으로 치우쳐 확실히 왜곡될 수밖에 없다. 방금 말한 외면화를 그대로 인정하는 일은 당연히 제일 어렵다. 왜냐하면 환자는 언제나 어차피 자신의 관찰이 모두 올바르다는 '사실'에서 위안을 찾기 때문이다.

위에서 말한 신경증 환자의 필요와 타인에게 보이는 반응, 외면화 같은 모든 요인이 영향을 미쳐서, 다른 사람들은 언제나 적어도 친밀한 관계에서 신경증 환자를 다루기 어렵다. 신경증 환자는 친밀한 관계를 힘들어하지 않는다. 왜냐하면 신경증 환자의 눈에 자신의 필요나 필요의 결과로 생긴 권리 주장이 의식되더라도 완전히 정당하고, 그가 다른 사람들에게 보이는 반응 역시 마찬가지로 정당하기 때문이다. 신경증 환자의 외면화는 다른 사람들이 나타내는 특정한 태도에 반응한 행동일 뿐이므로, 늘 아무런 곤경도 자각하지 못하고 정말로 쉽게 살아간다고 느낀다. 무엇보다 이해할 만한 현상이지만, 이는 환상일 따름이다.

다른 사람들은 자신들의 곤경을 내버려 두면서까지 흔히 가족 가운데 증세가 심각한 신경증 환자와 평화롭게 살려고 무던히 노력한다. 여기서 다시 신경증 환자의 외면화는 가족의 노력을 수포로 돌려 궁지로 몰아넣는다. 외면화는 본성이 다른 사람들의 실제 행동과 관계가 있더라도 지극히 적으므로, 신경증 환자는 정작 다른 사람들과 대면할 때는 무력하고 속수무책이 되고 만다. 예컨대 다른 사람들은 호전적이고 독선에 빠진 신경증 환자와 잘 지내려고 애쓰면서 그가 드러내는 모순된 태도를 짚어 주지도 비판하지도 않고, 그가 바라는 대로 옷과 음식을 대령한다. 그런데 바로 타인의 계속되는 노력이 신경증 환자에게 자책감self-accusation을 불러일으킨다. 그는 죄의식guilt-feelings을 갖지 않으려고, 정확히 말해 『얼음장수 오다*The Iceman Cometh*』*에 등장하는 힉스 씨 같은 인물과 만나는 기회를 회피하려고 고마워하기는커녕 타인을 증오하기 시작할 수도 있다.

이렇게 일어난 왜곡이 모두 영향을 미쳐서, 신경증 환자가 타인을 만날 때 느끼는 **자신이 없어지는 성향**insecurity은 적지 않게 강화된다. 그는 마음속으로 빈틈없는 관찰자로서 타인의 특징을 잘 알뿐더러 실제로도 타인을 보고 내린 자신의 평가가 언제나 옳다고 확신하지만, 이런 확신은 기껏해야 일면의 진리일 따름이다. **신경증 환자가 타인을 보고서 내면에서 솟아난 확신을 가지면, 관찰된 사실과 지성의 비판력도 아무 소용이 없다. 그는 현실에 맞게 자신을 자신으로, 타인을 타인으로 의식하지만, 강박에 사로잡힌 온갖 필요 탓에 타인을 보고 내린 평가는 흔들리지 않는다.** 신경증에 걸린 사람은 다른 사람들을 만날 때 반신반의하더라도, 타인의 행동을 공정하고 정확하게 묘사할 수 있다. 심지어 지성으로 타인을 관찰하는 훈련만 잘 받으면, 신경증이 발생하는 몇몇 기제機制 mechanism를 정확히 묘사하기도 한다. 그러나 신경증 환자가 앞에서 말한 왜곡으로 자신이 없어지면, 실제로 타인을 만날 때 기존의 자신이 없어지는 성향이 반드시 드러난다. 그때 타인을 관찰하고 판단해서 그린 그림과 평가는 지지력을 잃고 만다. 주관적 요인이 너무 많이 개입되어, 순식간에 태도를 바꾸기도 한다. 깊이 존경하던 사람에게 태연히 등을 돌리거

---

* 유진 오닐Eugene O'Neil이 생애 말년 1939년에 쓴 희곡으로 환상과 현실 사이에서 오지도 가지도 못하는 인생을 그렸다. 힉스는 이 희곡에 나오는 영업 사원으로 환상을 버리고 현실에 직면하면 평화를 얻게 된다고 사람들에게 가르쳤으나, 이런 생각 자체가 환상임을 깨닫고 죽는 인물이다.

나 그에게 흥미를 잃고, 다른 어떤 사람이 존경의 대상으로 불현듯 떠오르기도 한다.

이런 내면의 불확실성uncertainty이 드러나는 여러 방식 가운데 둘은 아주 규칙적으로 나타나며, 특별한 신경증 구조와 거의 관계가 없는 것 같다. 첫째로 개인은 타인과 관계를 맺을 때 자신의 자리가 어디인지, 타인이 그와 관계를 맺을 때 어디에 자리 잡고 있는지 인식하지 못한다. 타인을 친구라고 부르지만, 친구라는 말은 깊은 의미를 잃는다. 그가 친구라 부르던 사람이 말하고, 행동하거나 빠뜨린 어떤 것에 관한 어떤 논증, 어떤 소문, 어떤 잘못된 해석도 일시적으로 의심을 불러일으킬 뿐만 아니라 바로 관계의 토대를 흔든다.

둘째로 타인을 둘러싸고 도처에 나타나는 불확실성은 확신이나 신뢰와 관련이 있다. 이런 불확실성은 남을 지나치게 믿거나 너무 믿지 못하는 데서 드러날뿐더러, 타인이 어느 정도 믿을 만한 가치가 있는지, 자신이 지켜야 하는 한도가 어디까지인지 가슴으로 인식하지 못하는 데서 드러난다. 이런 불확실성이 크고 강렬해지면, 수년간 친밀한 관계를 맺었더라도, 다른 사람이 행동으로 옮길 능력이 있든 전혀 없든, 예의범절에 맞는 행동이든 비열하고 치사한 행동이든 인정사정없이 대한다.

타인을 둘러싼 근본적 불확실성에 시달리는 사람은 일반적으로 의식적이든 무의식적이든 최악을 기대하는 경향이 있는데, 긍지 체계도 사람들에게 느끼는 두려움을 키우기 때문이다. 그는 불확실성으로 괴로워하는데, 자신이 무서워하거나 두려워하는 느낌과 떼려야 뗄 수 없게 얽혀 있다. 왜냐하면 그가 타인에게 위협을 크게 받더라도 타인을 바라보는 그림이 왜곡되지 않으면 두려움은 급상승하지 않기 때문이다. 일반적으로 말해 다른 사람들을 만날 때 엄습하는 무섭거나 두려운 느낌은 그들에게 우리를 해칠 힘이 있는지, 우리가 무력감을 느끼는지에 달렸다. 이 두 요인은 긍지 체계로 크게 강화된다.

어떤 사람은 겉으로 아무리 자기 확신에 차서 엄포를 놓고 뽐내도, 긍지 체계의 고유한 작용으로 허약해진다. 일차로 그런 사람은 자기에게서 소외될뿐더러, 자기 소외에 반드시 뒤따르는 자기 비하와 내면 갈등으로 자신이 자신에게 맞서 싸우도록 분열시킨다. 상처를 받기 쉬운 취약성이 더 뚜렷이 나타나는 이유도 여기에 있다. 그래서 여러모로 상처받기 쉬운 취약한 사람이 된다. 그런 사람의 자존심을 상하게 하고, 죄의식을 갖거나 자기 비하에 빠지게 만드는 데는 시간이 별로 걸리지 않는다. 그 사람의 권리 주장은 이러한 본성 탓에 좌절될 수밖에 없다. 애써 도달한 마음의 평정은 너무 위태로워서 방해받고 동요하기 쉽다. 마침내 외부로 투사한 자기 모습과 외면화뿐 아니라 다른 여러 요인으로 생겨난 타인에게 품은 적개심hostilty이 타인을 실제보다 어마어마하게 무서운 존재로 바꾸어 놓는다. 이렇게 밀려드는 온갖 두려움은 당사자가 왜 타인을 만날 때, 공격성을 더 드러내든 유화 행동을 더 많이 하든, 방어 자세를 잡을 수밖에 없는지 잘 설명해 준다.

지금까지 말한 요인을 모두 개괄하면, 이런 요인들은 적의가 잠재하는 세상에 고립되어 무력하다고 느끼는 근본 불안을 형성하는 요인들과 비슷하다. 이것은 사실 원칙적으로 긍지 체계가 인간 관계에 영향을 미쳐서 생긴 결과이다. 말하자면 **긍지 체계가 근본 불안을 강화한다**. 어른 신경증 환자들을 진료하며 확인한 근본 불안은 아이가 시달리던 원형으로서 근본 불안이 아니라, 수년에 걸쳐 정신 내부에 여러 요인이 쌓여 바뀐 변형이다. 변형된 근본 불안이 타인을 마주하는 복합 태도를 형성했고, 복합 태도는 생애 초기보다 훨씬 복잡한 요인들이 영향을 미쳐 결정된다. 아이가 근본 불안으로 타인에게 맞서 사는 방법을 찾아야 했던 것과 꼭 마찬가지로, 어른 신경증 환자도 자신의 필요에 따라 사는 방법을 찾을 수밖에 없다. 또 그는 앞에서 이미 논의한 주요 신경증 해결책 가운데서 방법을 찾는다. 이러한 주요 해결책은 다시 생애 초기에 형성된, 사람들에게 다가서는 접근 해결책과 사람들에게 맞서는 반항 해결책, 사람들에게서 멀어지는 회피 해결책과 비슷하며, 일부는 초기 해결책에서 뒤따라 나온다. 그렇더라도 실제로 자기 말소, 확장, 체념이라는 새로운 신경증 해결책은 초기 해결책과 구조가 다르다. 새로운 해결책은 초기 해결책과 마찬가지로 인간 관계를 어떻게 형성할지 결정하지만, 원칙적으로 정신 내부의 갈등을 풀려는 해결책이다.

이제 그림을 완성해 보자. 긍지 체계는 근본 불안을 강화하면서 동시에 근본 불안이 만들어내는 여러 필요 탓에 다른 사람들other people에게 지나치게 중요한 의미를 부여한다. 타인others이 신경증 환자에게 지나치게 중요해지거나 실제로 없어서는 안 될 존재가 되는 방식은 다음과 같다. 신경증 환자는 정당한 이유 없이 자신에게 돌린 칭찬admiration, 인정approval, 사랑love 같은 지어낸 가치를 직접 확증하기 위해 타인이 필요하다. 신경증에 걸려 죄의식과 자기 비하에 빠지면, 자신이 지어낸 가치가 옳다고 증명해야 할 필요는 절박해진다. 그런데 신경증 환자는 바로 이러한 필요를 낳은 자기 혐오 탓에 자신의 눈으로 정당한 근거를 거의 찾지 못한다. 그는 타인을 통해서만 정당한 근거도 찾을 수 있다. 자신에게 중요한 것은 무엇이든지 특별한 가치가 있다고 타인에게 입증해야 한다. 타인에게 자신이 얼마나 선한지, 운이 얼마나 좋은지, 얼마나 성공했는지, 능력이 얼마나 뛰어난지, 지성이 얼마나 탁월한지, 영향력이 얼마나 큰지, 자신이 다른 사람들을 위해 또는 그들에게 무엇을 해 줄 수 있는지 보여 주어야 직성이 풀린다.

게다가 그는 영광을 좇는 능동적인 탐색이든 복수든, 활동을 이어가기 위해 다른 사람들에게서 나오는 유인이 많이 필요하고 이끌어 낸다. 이런 현상은 자기 말소 유형에게 가장 두드러지며, 그는 혼자서 아무 일도 하지 못하고 자신의 이익을 위해 거의 아무 일도 할 수 없다. 그런데 훨씬 공격적인 유형은 다른 사람들에게 깊은 인상을 남기고, 그들과 싸우고, 그들에게 패배를 안겨 줄 유인이 없다면 어떻게 능동성을 보이고 기운이 넘치겠는가? 반항적인 유형도 자신의 기운氣運 energies을 자유롭게 펼치려면 여전히 맞서 저항할 다른 사람들이 필요하다.

마지막으로 앞에서 말한 내용 못지않게 중요한 사실이 있다. 신경증 환자는 자기 혐오에 맞서 자신을 방어하기 위해 다른 사람들이 필요하다. 사실 신경증 환자가 이상에 맞춘 자아상을 타인에게 인정받는 확증 절차는 자신의 정당성을 입증할 다른 가능성과 마찬가지로, 자기 혐오에 맞서 자신에게 기운을 돋워 준다. 이밖에도 명백하고 미묘한 여러 방식으로 자기 혐오나 자기 비하에 휩싸일 때 불안을 누그러뜨리려면 다른 사람들이 필요하다. 무엇보다 다른 사람들이 없다면, 자기 방어의 가장 강력한 수단인 외면화를 활용할 수도 없다.

이렇게 긍지 체계 탓으로 신경증 환자가 맺는 인간 관계의 바탕에 부조화不調和 incongruity가 생겨난다. 그는 다른 사람들과 동떨어져 있다고 느끼고, 다른 사람들을 불확실한 존재로 생각하고 두려워하고 적대하지만, 동시에 자신에게 활력을 제공하려면 다른 사람들이 필요하다.

인간 관계를 일반적으로 방해하는 요인은 모두 단기간에 끝나지 않고 이어지는 애정 관계a love relationship에도 어쩔 수 없이 영향을 미친다. 우리 분석가들의 관점에서 보면 자명한데도 이렇게 주장해야 하는 까닭은, 많은 사람들이 상대가 성관계sexual relations에 만족하기만 하면 모든 애정 관계가 좋다는 그릇된 생각에 빠져 있기 때문이다. 실제로 성관계는 잠깐 동안 긴장을 푸는 데 도움이 될 수도 있고, 심지어 본질적으로 신경증이 생겨난 토대에 근거하더라도 애정 관계를 계속 이어가는 데 도움이 되기도 하지만 성관계로 애정 관계가 더욱 건강하게 발전하는 것은 아니다. 그러므로 결혼 생활이나 결혼 생활에 상당하는 관계로 생길 수도 있는 신경증에서 비롯된 여러 곤경에 관해 논의하더라도, 지금까지 제시한 원칙들에 아무 것도 덧붙이지 못할 터이다. 그런데 정신 내부에서 일어나는 과정들도 **사랑과 성이 신경증 환자를 위해 떠맡은 의미와 기능**에 특별한 영향을 미친다. 나는 이번 장을 그 특별한 영향이 무엇인지 보여 주는 일반적 관점을 제시하며 마무리하고 싶다.

사랑이 신경증에 걸린 사람에게 어떤 의미로 드러나고 어떤 숨은 의미와 가치가 있는지는 그가 어떤 해결책을 찾느냐에 따라 너무 다양해서 일반화하기 어렵다. 그러나 한 가지 방해 요인이 규칙적으로 나타나는데, 사랑스럽지 않다는 느낌이 그에게 깊숙이 박혀 있다. 나는 여기서 신경증 환자가 이 사람 또는 저 사람의 사랑을 느끼지 못한다는 말이 아니라, 아무도 자신을 사랑하지 않거나 사랑할 수 없으리라는 믿음을 거론하고 있다. 이런 믿음은 무의식적 확신이 되기도 한다. 신경증 환자는 타인이 자신을 외모나 목소리 때문에, 또는 도움이나 성관계의 만족감 때문에 사랑한다고 믿을 수도 있다. 그런데 타인이 자신을 있는 그대로 사랑하지 않는 까닭은 바로 자신이 사랑스럽지 않은 사람이기 때문이다. 이러한 믿음과 모순되는 것처럼 보이는 증거가 발견되어도, 신경증 환자는 갖가지 근거를 대며 발견된 증거를 제거하려는 경향이 있다. 아마 그런 특별한 사람은 고독하거나, 기댈 사람이 필요하거나, 어떻게든 베푸는 경향이 있을 것이다.

그런데 신경증 환자는 이런 문제를 자각하더라도 붙들고 씨름하지 않고, 막연하기 이를 데 없는 두 방식으로 처리할뿐더러 둘이 모순을 빚는다는 사실조차 알아채지 못한다. 한편으로 그는 특별히 사랑을 얻으려고 애쓰지 않더라도, 때에 맞춰 어디에선가 자신을 사랑해 줄 '꼭 맞는' 사람과 만나게 되리라는 환상에 매달리기 쉽다. 다른 한편으로 자신감에 대해서도 같은 태도로 접근한다. 말하자면 사랑스러움을 실제로 존재하는 호감을 주는 자질 likable qualities과 관계 없는 독립된 속성으로 여긴다. 사랑스러움을 인격이 지닌 자질personal qualities과 분리하므로, 장래에 계발되어 바뀔 가능성은 전혀 보지 못한다. 그러므로 신경증 환자는 운명론을 받아들이는 태도로 살아가며, 사랑스럽지 않은 자신의 모습을 신비롭고 결코 바꿀 수 없는 것으로 여긴다.

자기 말소 유형은 사랑스러운 자질이 있다고 믿지 않는 자신의 모습을 제일 쉽게 자각하며, 이미 살펴보았듯이 호감을 주는 자질을 기르려고 악착같이 노력하거나 적어도 겉으로 그렇게 애쓰는 사람이다. 그런데 사랑에 관심을 두고 마음을 빼앗기면서도, 자발적으로 다음과 같은 질문의 뿌리를 파헤치지 못한다. 정확히 무엇이 사랑스럽지 않다는 확신을 심어주는가?

사랑스럽지 않다는 확신은 세 가지 원천에서 솟아난다. 세 원천 가운데 하나는 신경증 환자가 사랑할 역량capacity이 손상된 탓이다. 사랑할 역량은 우리가 이번 장에서 논의한 요인이 모두 영향을 미쳐서 손상될 수밖에 없다. 신경증 환자는 자신에게 너무 몰두하고, 상처를 너무 쉽게 받고, 사람들을 너무 두려워한다. 사랑스럽다는 느낌과 스스로 사랑할 줄 아는 능력의 관계를 인식한 지성인은 꽤 많지만, 생명과 직결된 깊은 의미까지 파악한 사람은 거의 없다. 사실 우리가 사랑할 역량을 잘 계발하면, 사랑스러우냐는 문제로 속을 태우거나 걱정하지 않아도 된다. 그러면 우리가 실제로 다른 사람들에게 사랑받느냐는 결정적으로 중요한 문제도 아니다.

신경증 환자가 스스로 사랑스럽지 않다고 느끼는 둘째 원천은 자기 혐오와 외면화이다. 신경증 환자가 자신을 스스로 수용할 수 없고 정말로 미움받을 만하거나 경멸받을 만하면, 다른 누가 자신을 사랑할 수 있으리라고는 도저히 믿을 수 없다.

위에서 말한 두 원천은 모두 신경증에 두루 퍼져 영향을 강하게 미치며, 사랑스럽지 않다는 느낌을 왜 정신 분석 치료로 쉽게 제거하기 어려운지 설명해 준다. 우리 분석가들은 환자에게서 그런 느낌을 알아볼 수 있고, 환자의 애정 생활에 어떤 결과를 초래하는지 검토할 수 있다. 그런데 사랑스럽지 않다는 느낌은 두 원천이 영향을 미치는 강도가 줄어들 때만 약해질 수 있다.

셋째 원천은 직접적 원인이 아니지만, 다른 이유로 중요하다. 그것은 신경증 환자가 최대로 줄 수 있는 사랑보다 더 큰 '완벽한 사랑'을 기대하거나 도저히 줄 수 없는 사랑을 기대한다는 데 있다. 예컨대 사랑은 자기 혐오를 줄여 줄 리 없지만 그런 사랑을 기대한다. 신경증 환자는 어떤 사랑을 하든지 기대를 충족할 수 없으므로, '진실로' 사랑받지 못한다고 느끼기 쉽다.

사랑에 거는 특별한 기대는 각양각색이다. 일반적으로 말해 사랑에 거는 기대는 신경증에서 비롯된, 흔히 서로 모순을 빚는 여러 필요를 충족하는 것이다. 자기 말소 유형은 사랑으로 모든 필요를 충족하리라 기대한다. 사랑은 이렇게 신경증에서 비롯된 필요에 이바지하므로 바람직할뿐더러 몹시 필요해진다. 따라서 우리는 애정 생활에서도 일반적인 인간 관계에 실제로 나타나는 부조화를 발견한다. 그러니까 필요는 늘지만 필요에 적합한 역량은 줄어든다.

사랑과 성을 너무 깔끔하게 구분하는 것은 프로이트처럼 양자를 너무 긴밀하게 묶은 견해만큼이나 부정확할 개연성이 높다. 하지만 모든 신경증에서 성적 흥분이나 욕망을 사랑의 느낌과 분리하지 않을 때가 더 많으므로 **성별 특징**sexuality이 신경증에서 하는 역할이 무엇인지 특별한 논평을 약간 하고 넘어가겠다. 신경증에 걸렸을 때, 성별 특징은 자연스럽게 신체에 만족감을 주는 수단이자 친밀한 인간 관계를 맺는 수단으로 기능한다. 성기능이 양호하면 여러 방식으로 자신감을 더하는 효과가 있다. 그런데 신경증에 걸리면 이런 모든 기능이 확대되고 다른 색채를 띤다. 성행위sexual activity는 성욕으로 생긴 긴장을 줄이는 기능뿐 아니라 성욕과 관계가 없는 다양한 심리적 긴장도 해소한다. 성행위는 피학 행동에서 나타나듯이 자기 비하를 배출하는 매개가 되거나, 가학 행동처럼 다른 사람에게 성적 모멸감을 주거나 학대해서 자학을 행동으로 옮기는 수단이 될 수 있다. 성행위는 불안을 잠재울 때 가장 자주 쓰는 방법 가운데 하나이다. 그러나 성행위를 하는 사람들은 이런 연관성을 자각하지 못한다. 그들은 특정한 긴장감의 지배를 받거나 불안에 시달린다는 사실조차 자각하지 못하고, 그저 성적 흥분이나 성욕이 증가한다고 경험할 따름이다. 그런데 우리는 정신 분석을 하는 과정에서 성행위와 불안의 연관성을 정확히 관찰할 수 있다. 예컨대 어떤 환자는 자기 혐오에 빠지기 직전 불현듯 잘 모르는 여자와 자려는 계획이나 공상을 떠올렸다. 또는 자신이 마음속 깊이 경멸하는 약점을 들추어내 말하거나 자신보다 더 약한 누구를 지독하게 괴롭히는 가학 환상에 빠지기도 한다.

인간이 신체 접촉으로 친밀하게 교제하는 자연스러운 성기능도 더 큰 몫을 담당한다. 이것은 성별 특징이 타인과 만나는 유일한 통로일 수도 있는 냉담형 사람들에게 잘 알려진 사실이지만, 성별 특징은 인간의 친밀한 관계를 명백하게 대체하는 것에 그치지 않는다. 사람들이 서로 공통점을 찾아볼 기회나 좋아하고 이해할 기회도 없이 성급하게 성관계에 달려들며 허둥대는 모습으로 나타나기도 한다. 당연히 감정이 오가는 관계는 나중에 생겨날 수 있다. 그러나 감정이 오가는 관계로 발전하지 않을 때가 훨씬 더 많다. 왜냐하면 으레 처음부터 성관계에 달려드는 행동은 냉담형 사람들이 너무 억제되어 좋은 인간 관계를 발전시키기 어렵다는 표시이기 때문이다.

마지막으로 성별 특징과 자신감의 정상적인 관계는 성별 특징과 자부심의 관계로 바뀐다. 성기능, 성적 매력이나 성적 호감의 발산, 상대의 선택, 성경험의 양이나 다양성은 모두 소망과 즐김의 문제가 아니라 자부심의 문제가 된다. 연애 관계에서 인격에서 우러난 요인의 역할이 줄어들고 순전히 성욕과 연관된 요인의 영향이 커질수록, 사랑스러운 사람이 되려는 무의식적 관

심은 점점 더 성적 매력이 넘치는 사람이 되려는 의식적 관심으로 바뀐다.[1]

이렇게 성별 특징이 신경증에서 담당하는 기능이 늘어나도, 반드시 상대적으로 건강한 사람보다 성행위의 빈도가 더 늘어나는 것은 아니다. 그럴 수도 있겠지만, 억제抑制 inhibitions가 더 많아진 탓일 수도 있다. 어쨌든 건강한 개인과 비교하기 어려운 까닭은, '정상' 범위 안에서도 성적 흥분과 성욕의 강도와 빈도수, 성욕 표현 방식이 천차만별로 나타나기 때문이다. 하지만 중요한 차이점이 하나 있다. 상상력에 주목해 논의했던 내용과 비슷하게[2], 성별 특징은 신경증에서 비롯된 필요를 충족시키는 데 기여한다. 이러한 이유로 성별 특징은 성욕과 무관한 원천에서 비롯된 과도하게 중요한 기능을 떠맡는다. 게다가 같은 이유로 성기능은 방해받기 쉽다. 거기에는 두려움, 수많은 억제, 복잡한 동성애 문제, 성도착이 얽혀 있다. 마침내 수음手淫 masturbation이나 성욕 환상을 포함한 성행위와 개인의 특별한 성행위는, 적어도 일부는 신경증에서 생겨난 필요나 금기에 따라 결정되므로 자주 강박에 사로잡힌다. 이러한 요인은 모두 신경증 환자가 성관계를 맺는 데로 귀착될 수도 있는데, 이는 그가 성관계를 원하기 때문이 아니라 상대를 기쁘게 해야 하고, 상대가 자신을 원하거나 상대의 사랑을 받고 있다는 표시가 꼭 있어야 하고, 알 수 없는 불안을 잠재워야 하며, 자신의 지배력과 성기능이 뛰어남을 입증해야 하기 때문이다. 달리 말하면 신경증 환자의 성관계는 자신의 실제 소망과 감정에 따라 결정되지 않고 강박에 사로잡힌 필요를 만족시키려는 충동에 따라 결정된다. 상대에게 성적 모멸감을 주려는 의도가 없을 때에도, 상대는 더는 독립된 개인이 아닐뿐더러 프로이트의 견해에서 나타나듯이 성욕을 만족시키기 위한 '물건'으로 전락한다.[3]

---

1 제5장의 자기 비하 관련 논의 참고.

2 제1장 참고.

신경증 환자가 앞에서 말한 여러 문제를 세세하게 다루는 방식은 넓은 범위에 걸쳐서 각양각색으로 나타나므로, 여기서 다양한 변이 가능성을 그려보려는 시도조차 할 수 없다. 사랑과 성에 접근할 때 실제로 부딪치는 특수한 곤경은 어차피 신경증 환자의 총체적 장애를 드러내는 한 표현일 따름이다. 더욱이 변이 형태가 너무 다양한 까닭은, 변이의 성질이 신경증에 걸린 개인의 성격 구조뿐 아니라 환자가 만났거나 여전히 만나는 특별한 상대particular partner에 따라 달라지기 때문이다.

이렇게 단서를 붙인 진술이 불필요한 군더더기처럼 보일 수도 있다. 왜냐하면 정신 분석 과정에서 얻은 지식 덕분에 상대를 무의식적으로 선택하는 일이 생각보다 더 흔하다는 점을 배웠기 때문이다. 이런 개념의 타당성은 사실 몇 번이고 보여 줄 수 있다. 그런데 우리는 다른 극단에 치우치는 경향이 있어 어느 상대이든 개인이 선택한다고 가정한다. 이렇게 일반화를 거친 진술도 역시 타당하지 않다. 이런 진술은 두 가지 방향에서 단서를 붙일 필요가 있다. 우선 누가 '선택하는지' 질문을 던지지 않으면 안 된다. 제대로 말하자면 '선택選擇 choice'이라는 말은 선택하는 능력과 선택된 사람이 누구인지 인식하는 능력을 전제한다. 신경증 환자는 두 능력이 모두 뒤떨어진다. 그는 타인을 바라보는 그림이 앞에서 논의한 여러 요인 탓으로 왜곡되지 않으면 선택 능력을 제대로 발휘할 수 있다. 그러나 이렇게 엄격한 의미로 이름에 걸맞은 선택은 아예 하지 못하거나 적어도 거의 하지 못한다. 신경증 환자가 '상대를 선택한다'는 말은 자신의 신경증에서 비롯된 뚜렷한 필요에 휘둘려 끌리는 감정을 의미한다. 예컨대 자부심, 상대를 지배하거나 나쁘게 이용해야 할 필요, 포기해야 할 필요에 이끌려 선택하는 것이다.

---

3 성 도덕의 관점에서 이 주제에 접근한, 영국 철학자 존 맥머레이John Macmurray는 『이성과 감정*Reason and Emotion*』(파버사, 런던, 1935)에서 감정의 성실성sincerity을 성관계의 가치를 측정하는 판단 기준으로 삼는다.

하지만 이렇게 단서가 붙은 의미로 신경증 환자는 상대를 선택할 기회가 많지 않다. 신경증 환자는 해야 할 일이기에 결혼할 수도 있다. 자기 자신에게서 너무 멀어지고 타인과도 떨어져 살아서, 우연히 조금 더 잘 알게 된 사람이나 자신과 결혼하고 싶어 하는 아무하고나 우연히 만나 결혼하기도 한다. 신경증 환자가 자신을 너무 낮게 평가하는 까닭은 자기 비하가 심해서 관심을 끄는 이성을 만나도 신경증에서 비롯된 이유 탓으로 접근할 도리가 없기 때문이다. 이러한 심리에 따른 단서에다 신경증 환자가 자주 상대를 너무 적게 만날 수밖에 없는 현실적 제한을 추가하면, 우리는 자연스럽게 따라 나오는 상황이 얼마나 많을지 짐작하고도 남는다.

이렇게 얽힌 수많은 요인의 결과로 나타나는 성애 경험erotic experiences과 성경험sexual experiences의 끝없는 변이 형태를 일일이 다 평가하지 않고, 신경증 환자가 사랑과 성에 접근하는 태도에 영향을 주는 특정한 일반 경향만 짚고 넘어가겠다. **신경증 환자는 자신의 인생에서 사랑을 배제하려는 경향을 나타낼 수도 있다.** 그는 사랑의 숨은 의미나 사랑의 존재 자체를 축소하거나 부정하기도 한다. 그러면 사랑은 바람직한 욕구의 대상이 아니라 오히려 회피의 대상이 되거나 자기 기만적인 나약성을 드러내는 만큼 경멸의 대상이 되어 버린다.

이렇게 사랑을 배제하는 경향은 냉담한 체념 유형에게 조용하지만 결연한 형태로 나타난다. 이 유형에게 나타나는 개인차는 대개 성별 특징에 접근하는 태도와 관계가 있다. 체념 유형은 여태껏 인격이 드러난 개인 생활personal life에서 마치 사랑과 성이 실존하지 않았거나 자신의 인생에 아무 의미가 없었던 듯 사랑뿐 아니라 성의 실제 가능성까지 지워버릴 수도 있다. 체념 유형은 다른 사람들의 성경험에 다가설 때는 부러워하지도 못마땅해하지도 않으며, 그들이 곤란을 겪거나 고민에 빠지면 상당히 이해하는 태도를 보이기도 한다.

체념 유형에 속한 다른 사람들은 젊은 시절에 성관계를 조금 경험했을 수도 있다. 그런데 몇 번의 성경험은 냉담한 태도로 무장한 그들의 갑옷을 꿰뚫지 못한 데다 별로 의미가 없어서, 성경험을 더 하고 싶다는 바람도 남기지 않는 채 서서히 기억 속에서 사라졌다.

다른 냉담형 사람은 성경험을 중요하게 생각하고 즐긴다. 그는 다양한 사람들과 성경험을 했을 수도 있지만, 언제나 의식적으로든 무의식적으로든 집착하지 않으려 경계를 늦추지 않았다. 이렇게 잠시 스쳐가는 성접촉의 본성은 여러 요인에 달렸다. 여러 요인 가운데 특히 확장 경향이나 자기 말소 경향의 지배가 두드러진다. 냉담형 사람이 자신을 낮게 평가할수록, 그렇게 스쳐지나가는 성접촉은 점점 더 자신의 사회적 지위나 문화 수준보다 낮은 사람들, 예컨대 창녀들에 국한될지도 모른다.

체념형 사람들 가운데 우연히 결혼하고 배우자도 냉담형이라면, 일정한 거리를 둔 관계이기는 해도 남부럽지 않은 결혼 생활을 유지할 수도 있다. 체념형 사람이 공통점이 많지 않은 사람과 결혼하면, 그는 성격대로 상황을 참고 견디며 남편과 아버지로서 의무를 다하려고 무던히 애쓸지도 모른다. 배우자가 지나치게 공격성이나 폭력성, 또는 가학성을 드러내서 냉담형 사람이 내면으로 물러날 때, 냉담형 사람은 관계를 회피하려고 애쓰거나 관계를 유지하려다가 몸과 마음이 산산이 부서지고 만다.

오만한 복수 유형은 훨씬 호전성과 파괴 성향이 드러나는 방식으로 사랑을 배제한다. 이 유형이 사랑에 접근하는 일반적 태도는 무시하고 폭로하는 형태로 나타난다. 오만한 복수 유형 사람이 그의 성생활his sexual life에서 나타낼 주요 가능성은 두 방향인 것 같다. 우선 성생활이 두드러지게 빈곤할 가능성이 있는데, 그는 주로 신체나 정신의 긴장을 풀려는 목적으로 이따금 성접촉을 할 따름이다. 또는 가학 충동을 그대로 두면 성관계가 중요해질 수 있다. 이때 그는 자신을 가장 흥분시키고 만족시키는 가학적 성행위에 가담하거나, 성관계를 맺을 때 죽마에 탄 것처럼 부자연스럽거나 지나치게 통제하지만 전반적으로 상대를 가학 방식으로 다룬다.

사랑과 성에 관한 다른 일반적 경향은 실제 생활에서 사랑을 배제하고 때로는 성까지도 배제하지만, 상상 속에서 사랑이 두드러진 자리를 차지하는 방향으로 나타날 수도 있다. 그러면 사랑은 너무 고양되어 천상의 아름다운 감정으로 승화되므로, 현실에서 성취한 어떤 사랑이라도 천상의 사랑에 비하면 천박하고 정말로 비천할 따름이다. 『호프만의 이야기』에서 그런 고귀한 사랑의 측면을 거장답게 묘사한 호프만에 따르면, 사랑은 '우리를 천상과 결합시키는 무한의 경지에 도달하려는 열망'이다. '대대손손 인간을 괴롭히는 적이 꾸민 간계로…… 또 사랑으로, 육신의 쾌락으로 천상에서나 가능한 약속으로서만 우리의 가슴속에 엄존하는 사랑을 지상에서 성취할 수 있다는 기대는' 우리의 영혼에 이식된 망상이다. 그러므로 사랑은 환상 속에서만 실현될 수 있다. 돈 후안의 해석에 따르면, 여자들을 파멸로 이끈 이유는 이러하다. "사랑받는 신부가 배신할 때마다, 연인에게 받은 크나큰 상처로 사랑의 기쁨이 파괴될 때마다…… 적개심에 불타는 괴물을 이겨 낸 의기양양한 승리감을 맛보고, 사랑의 유혹자는 우리의 좁은 인생을 넘어, 자연을 넘어, 조물주까지도 넘어서 영원까지 올라간다."

여기서 셋째로 언급할 마지막 가능성은 **현실 생활에서 사랑과 성을 지나치게 강조하는 태도**이다. 그러면 사랑과 성은 인생에서 중요한 가치로 격상되고 아름답게 꾸며진다. 우리는 여기서 거칠게나마 사랑을 정복하는 행동과 사랑에 굴복하는 행동을 구별할 수 있다. 사랑에 굴복하는 행동은 자기 말소 의존 해결책에서 논리적으로 따라 나오며, 그런 맥락에서 설명할 수 있다. 사랑을 정복하는 행동은 특별한 이유로 통달하고 싶다는 충동이 사랑에 꽂히면 자기 도취 유형에게 나타난다. 그때 자기 도취 유형은 이상에 맞춘 완벽한 연인이 되고, 매력이 넘쳐서 거부할 수 없는 연인이 되는 데서 자부심을 느낀다.

쉽게 손아귀에 들어오는 여자들은 그에게 더는 매력이 없고 관심도 끌지 못한다. 그는 어떤 이유로든 손에 넣기 힘든 사람들을 정복함으로써 자신이 통달했다고 입증해야 한다. 정복은 성행위를 마치는 데서 완료될 수도 있고, 감정 측면에서 완전한 굴복을 목표로 삼을 수도 있다. 이러한 목표를 이루는 순간, 그는 상대에게 더는 관심을 갖지 않고 서서히 멀어진다.

이렇게 몇 쪽으로 압축한 짤막한 진술로, 정신 내부에서 일어나는 과정이 인간 관계에 영향을 미치는 범위와 강도가 전달되었을지 확실치 않다. 그러나 우리는 정신 내부에서 일어나는 과정이 인간 관계에 미치는 충격과 영향을 충분히 깨닫는 순간, 인간 관계가 좋아지면 신경증이나 넓은 의미에서 인간다운 성장과 발전에도 이로우리라고 흔히 품는 몇 가지 기대를 고쳐 생각할 수밖에 없다. 그러한 기대는 인간이 살아가는 환경의 변화, 즉 결혼이나 연애 경험, 또는 공동체, 종교 단체, 전문가 단체 같은 모든 단체 활동 참여가 어떤 사람이 신경증에서 비롯된 곤경에서 벗어나게 도와 주리라는 예상으로 나타난다. 이런 기대는 정신 분석 치료에서 어린 시절 유해한 여러 요인의 영향을 받지 않은 분석가와 환자가 만나서 좋은 관계를 맺는 것이 중요한 치료 요인이라는 믿음으로 표현된다.[4] 이런 믿음은 몇몇 분석가들이 내세운 전제에서 뒤따라 나온다. 그들의 전제에 따르면, 신경증은 일차로 인간 관계에서 생기는 장애이고 잔존하므로, 좋은 인간 관계를 경험해야 치유될 수 있다. 언

---

4 재닛 리오크Janet M. Rioch, 「정신 분석 치료에서 전이 현상The Transference Phenomenon in Psychoanalytic Therapy」, 〈정신 의학지Psychiatry〉(1943). "정신 분석 과정에서 나타나는 치유력은 환자가 최초로 경험하는 순간에 억압될 수밖에 없었던 자기 자신의 일부를 발견하는 데 있다. 환자는 이러한 재발견에 적합한 역할을 하는 분석가와 서로 인격 관계를 맺을 때에만 그럴 수 있다. 분석가와 환자가 맺는 인격 관계 속에서 현실은 점점 '왜곡이 없는' 상태로 돌아오고, 자기를 다시 발견한다."

급할 가치가 있는 또 다른 기대는 앞에서 말한 경우만큼 정확한 전제에 근거하지 않고, 인간 관계가 우리의 일생에 걸쳐 결정적으로 중요한 요인이라는 깨달음에 근거한다. 이러한 깨달음 자체는 올바르다.

앞서 말한 모든 기대는 아이나 청소년에 주목하면 정당하다. 아이나 청소년은 자신을 바라보는 과장된 견해와 유별난 특권을 바라는 권리 주장, 학대당했다고 느끼기 쉬운 감정들을 명확하게 드러내더라도, 인간답고 유리한 환경에서 살면 충분히 유연하게 반응할 수도 있다. 그러면 걱정도 덜 하고 적개심도 덜 품고 남을 더 믿을 수 있다. 게다가 신경증이 심해지도록 몰아붙이는 악순환 과정을 역전할 힘까지 얻을지도 모른다. 물론 여기서 '더 또는 덜'이라는 단서를 덧붙일 수밖에 없는 까닭은, 개인에 따라 장애의 정도와 인간답고 좋은 영향에 노출되는 기간과 질이나 강도가 다르기 때문이다.

이렇게 인간답고 좋은 환경이 사람의 내면에서 일어나는 성장에 미치는 이로운 효과는 성인들에게도 나타날 수 있다. 긍지 체계와 긍지 체계의 귀결이 너무 뿌리 깊이 몸에 배어들지 않았거나, 긍정적으로 말하면 어떤 용어를 사용하든 자기 실현self-realization이 여전히 의미와 생명력을 간직하면, 성인에게도 인간답고 좋은 환경은 내면의 성장에 이롭게 작용한다. 예컨대 우리는 결혼 생활 중에 한 배우자가 정신 분석을 받으면서 더 좋은 방향으로 바뀌면, 다른 배우자도 덩달아 성큼 성장하는 경우를 자주 관찰했다. 이때 몇몇 요인이 작용한다. 정신 분석을 받는 배우자는 으레 자신이 무엇을 통찰했는지 말할 테고, 다른 배우자는 자신에게 가치가 있는 정보를 들어서 알게 된다. 그 배우자는 실제 변화가 가능하다는 사실을 눈으로 확인하면서 자신을 위해 무슨 일이든 할 힘이 솟을 터이다. 관계가 더 좋아질 가능성을 확인하면서 자신의 고생을 이겨내고 성장할 유인도 찾아낼 터이다. 정신 분석이 아무 역할도 하지 않는 경우, 어떤 신경증 환자가 비교적 건강한 사람들과 가깝고 오래 교제를 지속할 때에도 비슷한 변화가 일어난다. 여기서 다시 한 번 다양한 요인이 환자의 성장을 자극할 수도 있다. 예컨대 가치관 새로 세우기, 소속감과 받아들일 수 있다는 느낌, 외면화가 줄어들어 자신이 빠진 곤경에 직면할 가능성, 진지하고 건설적인 비판을 수용하고 거기서 이득을 얻을 가능성이 성장을 자극할 것이다.

그런데 이런 가능성은 평소 생각보다 훨씬 더 좁아진다. 어떤 분석가의 경험이 일차로 이런 희망이 구체적으로 드러나지 않았던 사례들을 살피는 것으로 국한되면, 나는 과감하게 이론적 근거를 제시해 그럴 가능성이 너무 적어서 어떤 식으로든 맹목적 신념을 정당화하지 못한다고 주장하겠다. 우리는 몇 번이고 반복해 다음과 같은 사실을 관찰한다. 내면 갈등에서 벗어나려고 특별한 해결책을 세운 신경증 환자는 자신의 엄격한 권리 주장과 당위 체계, 유별난 의로움과 상처받기 쉬운 취약성, 자기 혐오와 외면화, 통달하거나 굴복하거나 자유로워야 할 필요와 관계를 맺기 시작한다. 따라서 신경증 환자가 맺는 관계는 두 사람이 서로 즐기고 성장할 수 있는 매개가 아니라, 자신의 신경증에서 비롯된 필요를 만족시키는 수단이 된다. 이러한 관계는 신경증 환자에게 일차로 자신의 필요를 만족시키거나 좌절시켜, 내면의 긴장을 줄이거나 늘리는 효과를 낸다. 예컨대 확장 유형은 상황을 지휘하거나 찬미하는 제자들에게 둘러싸여 있을 때, 기분이 더 좋다고 느끼고 기능도 더 잘 수행할 수 있다. 자기 말소 유형은 덜 고립되어 남들에게 필요하고 남들이 원한다고 느낄 때, 활짝 피어날 수 있다. 신경증에서 비롯된 고통과 괴로움을 아는 사람이라면 누구든 앞의 사례에 나타난 호전의 주관적 가치를 확실히 높게 평가할 것이다. 그런데 호전이 당사자의 내면이 성장했다는 사실을 필연적으로 보여 주는 표시는 아니다. 호전은 당사자가 신경증이 전혀 나아지지 않았는데도, 오히려 인간답고 적합한 환경으로 비교적 편안하게 느낄 수 있다는 점만 보여 줄 때가 더 많다.

같은 관점을 제도와 경제 여건, 정치 체제의 변화에 근거한 한층 비인격적인 범주에 거는 기대에도 적용해 보자. 확실히 전체주의 정권은 개인의 성장을 막는 데서 성공을 거둘 수 있으며, 바로 그 정권의 본질에 따라 개인의 성장을 방해할 수밖에 없다. 당연한 말이지만 가능하면 더 많은 개인에게 자기를 실현하기 위해 분투할 자유가 허용되는 정치 체제만이 우리가 노력해 세울 만한 가치가 있다. 그런데 외부 상황이 최선으로 바뀌는 변화가 곧바로 개인의 성장으로 이어지지는 않는다. 이러한 변화는 성장에 필요한 더 좋은 환경을 제공하는 역할 이상은 하지 못한다.

앞에서 말한 모든 기대와 얽힌 오류는 인간 관계human relations가 중요하다고 과대평가하는 데 놓여 있지 않고, 정신 내부에서 영향을 미치는 여러 요인의 힘을 과소평가하는 데서 발생한다. 인간 관계는 내면 조건을 보여 주는 신호로 중요하지만, 어떤 사람이 진실한 나와 소통할 기회를 제한하는, 내면에 굳건히 뿌리 내린 긍지 체계를 근절할 만한 힘은 없다. 이런 중차대한 문제에서 긍지 체계는 다시 우리의 성장을 막는 적이라는 사실이 드러난다.

자기 실현의 목표는 오직 어떤 사람의 특별한 재능을 계발하는 데만 있지 않으며, 재능 계발이 일차 목표도 아니다. 자기 실현 과정에서 중심은 우리가 인간다운 존재로서 지닌 잠재력을 실현해 나가는 진화이다. 따라서 우리는 중심부에 자리한 진실한 내가 좋은 인간 관계를 맺을 역량도 계발해야 한다.

제13장

일과 신경증 장애[1]

일에서 발생하는 신경증 장애를 극복하라

NEUROTIC DISTURBANCES IN WORK

우리가 일하며 살아서 겪는 장애는 여러 원천에서 발생한다. 수많은 장애는 경제와 정치 상황에서 받는 압력, 마음의 평화와 고독 결핍이나 시간 부족, 현대 사회에서 한층 빈번한 사례를 들면 새로운 언어로 표현하는 법을 배워야 하는 작가가 부딪치는 곤경처럼 외부 조건에서 기인할 수도 있다. 인간이 실제로 필요한 수준을 넘어 수입 능력을 더 끌어 올리라고 몰아붙이는 여론의 압력처럼 문화 조건에서 생겨나는 곤경도 있다. 도시에 거주하는 회사원들이 바로 이런 문화 조건의 영향을 받는 좋은 사례이다. 다른 한편 이런 태도를 멕시코 원주민 부족은 전혀 이해할 수 없다.

하지만 나는 이번 장에서 외부 조건 탓으로 생기는 곤경이 아니라, 외부 조건에 따라 생기는 곤경이 직장에서 업무를 처리하거나 일할 때 일으키는 신경증 장애에 관해 논의하려 한다. 주제를 좁혀서 표현하면 다음과 같다. 직장

1 이번 장의 몇 구절은 같은 주제를 다룬 논문에서 가져다 썼다. 〈미국 정신 분석 학술지〉(1948), 「일에서 생기는 억제」

에서 업무를 처리할 때 나타나는 신경증과 결부된 여러 기능 장애impairment는 다른 사람들, 직장 상사와 부하 직원, 직급이 같은 동료를 상대하는 우리의 태도와 연계되어 있다. 사실 업무를 처리하거나 일할 때 자연스럽게 생기는 곤란한 문제와 신경증과 결부된 곤경을 정연하게 구분할 수 없지만, 여기서는 업무나 일 자체와 얽힌 곤경은 가급적 생략하겠다. 그 대신 개인이 업무나 일을 처리할 때 정신 내부에서 발생하는 요인이 어떤 영향을 미치고, 개인이 어떤 태도를 나타내는지에 집중할 작정이다. 마지막으로 신경증 장애neurotic disturbances는 판에 박힌 일상 업무를 처리할 때는 비교적 중요하지 않다. 그런데 신경증 장애는 업무나 일이 개인의 주도력과 통찰력, 책임감과 자립심, 창의력을 요구하는 정도에 비례해 증가한다. 그러므로 나는 인격이 지닌 재간才幹personal resources을 동원할 수밖에 없는 업무나 일, 넓은 의미에서 창조력이 필요한 업무나 일에 국한해 논평하려 한다. 예술 작품이나 과학 저술에서 끌어온 예시에 근거한 주장은 선생이나 주부 또는 어머니, 회사원, 법률가, 의사, 조합 조직책a union organizer의 업무에도 마찬가지로 적용된다.

업무나 일에서 발생하는 신경증 장애의 범위는 굉장히 넓다. 당장 보겠지만, 업무와 관계가 있는 신경증 장애가 모두 의식되지는 않는다. 여러 신경증 장애는 의식되지 않지만 수행한 업무의 질이나 업무의 생산성 부족으로 나타난다. 수많은 신경증 장애는 업무나 일과 연결되어 영혼, 정신, 마음에 생기는 여러 가지 고충과 고뇌distress로 드러난다. 예컨대 과도한 긴장과 피로, 기진맥진 상태, 두려움과 공황, 초조감과 짜증, 억제와 금지로 고통과 괴로움에 시달린다. 여기서 모든 신경증에 공통된 일반적이고 명백한 요인은 몇 가지밖에 없다. 특별한 업무나 일에 자연스럽게 뒤따르는 수준을 넘어서 겪는 고충과 고뇌 같은 곤경은 명백하게 드러나지 않더라도 결코 사라지지 않는다.

어떤 사람의 태도가 아무리 당당해 보이고 현실에 아무리 더 가까워 보이더라도, 십중팔구 창조성을 요구하는 업무나 일에 가장 필요한 결정적 조건인 자신감은 늘 기반이 튼튼하지 않아서 흔들리기 마련이다.

특별한 직무에 반드시 뒤따르는 일이 무엇인지 적절하게 평가하는 경우는 거의 없고, 직무에 따라 생기는 곤경을 도리어 과소평가하거나 과대평가한다. 일반적으로 성취한 작업의 가치를 알맞게 평가하지도 못한다.

업무를 수행하는 조건은 대개 지나치게 경직되어 융통성이 없다. 업무 조건은 사람들이 흔히 익힌 작업 습관보다 종류의 측면에서 훨씬 특이하고, 정도의 측면에서 훨씬 경직된다. 내면과 업무나 일 자체의 연결은 신경증 환자의 자아 본위 경향 탓에 극히 미약하다. 어떻게 업무를 이행했는지, 또 어떻게 업무를 수행해야 하는지를 둘러싼 문제는 업무 자체보다 더 큰 관심사가 된다.

마음에 드는 업무나 일에서 찾을 수 있는 기쁨이나 만족감은, 흔히 해당 업무가 너무 강제성을 띠거나 갈등과 두려움이 너무 많이 밀려들거나, 주관적 측면에서 지나치게 가치가 낮아서 눈에 띄게 줄어든다.

이러한 일반 현상을 제쳐두고 각론으로 들어가 업무나 일에서 발생하는 장애가 어떻게 드러나는지 살펴보면, 곧 비슷한 점보다 신경증 유형에 따라 다른 점에 더욱 주목할 수밖에 없다. 나는 엄존하는 여러 곤경을 자각하는 정도, 곤경에 따라 느끼는 고통과 괴로움의 다양한 차이를 이미 거론했다. 그런데 업무 수행을 가능하게 만들거나 불가능하게 만드는 구체적이고 특별한 조건도 역시 각양각색이다. 그래서 꾸준히 노력하고, 위험을 감수하고, 계획을 세우고, 도움을 수용하고, 타인에게 업무를 넘겨 주는 역량力量 capacity이 저마다 다르다. 이러한 차이는 어떤 사람이 자신의 정신 내부에서 겪는 갈등을 풀려고 찾은 주요 해결책에 따라 결정된다. 이제 각 유형이 속한 집단을 따로 분리해 논의하겠다.

확장 유형expansive types은 유별난 특징과 무관하게 자신의 역량과 특별한 재능special gifts을 과대평가하는 경향이 있다. 또한 확장 유형 사람들은 수행하는 특별한 업무나 일이 유일무이하고 독특한 의미가 있다고 생각해서 업무나 일의 질을 과대평가하기 쉽다. 스스로 과대평가하지 않는 사람들은, 과대평가하는 데 재미를 붙인 확장 유형 사람들을 마치 돼지 앞에 진주를 던져 놓았다는 듯 이해하지 못하거나, 질투해서 정당하게 평가하지 못하는 것처럼 보인다. 확장 유형 사람들은 어떤 비판도, 아무리 진지하고 양심에 따르더라도, 바로 비판이라서 적대적인 공격으로 느낀다. 또 자신들을 둘러싼 어떤 의심도 막아야 할 필요 탓에 비판의 타당성을 검토하지 않고, 일차로 이런저런 꼼수를 써서 비판을 받아넘기거나 피하려고만 한다. 같은 이유로 업무나 일에서 인정받아야 할 필요는 어떤 형태이든 충족되는 법이 없다. 그들은 인정받을 권한과 인정이 곧 따르지 않으면 분개할 권한이 있다고 느끼는 경향이 있다.

이러한 경향에 뒤따라 확장 유형 사람이 타인을 신용하는 능력은 지극히 제한되기 마련이어서, 적어도 자신이 일하는 분야와 자신이 속한 연령 집단에 국한된다. 그는 플라톤 같은 고대 철학자와 베토벤 같은 고전주의 시대 음악가를 솔직하게 찬미하고 숭배할 수 있겠지만, 동시대에 활동하는 철학자나 작곡가를 두고 평가하는 일은 어려워할 수도 있다. 이렇게 타인을 신용하는 능력이 제한을 많이 받을수록, 확장 유형 사람은 자신만이 지닌 유일하고 독특한 의미가 위협받는 것처럼 느끼기 쉽다. 확장 유형 사람들은 면전에서 다른 사람의 업적을 칭찬하면 신경 과민 반응을 보이기도 한다.

끝으로 이 집단에 특이하게 나타나는 통달의 호소력은 확장 유형 사람들이 자신들의 의지력이나 우월한 능력으로 극복하지 못할 장애는 아무 데도 없다는 단순한 믿음을 암암리에 포함할 수밖에 없다. 짐작컨대 미국의 사무실에 걸린 "어려운 일은 당장 한다. 잠시 후에는 불가능하다"는 표어를 처음 고안한 사람은 틀림없이 확장 유형일 것이다. 어쨌든 그는 그 표어를 문자 그대로 받아들이는 사람일 터이다. 확장 유형은 자신이 통달한 사람이라는 사실을 증명해야 할 필요에 몰려, 흔히 기지가 넘칠뿐더러 다른 사람들이 꺼리는 과제라도 떠맡는다. 확장 유형에게 재빨리 성사시키지 못할 사업상 거래는 결코 없으며, 첫눈에 진단하지 못할 병도 없다. 촉박한 공지에도 시간에 맞춰 쓰지 못할 논문은 없으며, 하지 못할 강연도 없다. 자동차에 고장이 생기면 어느 정비사보다 더 잘 고칠 수 있다.

이렇게 확장 유형이 자신의 업무 역량과 업무의 질을 과대평가하고 타인과 당면한 곤경을 과소평가하며 상대적으로 비판에 영향받지 않는 둔감한 성향 같은 요인은 모두 업무 처리할 때 엄존하는 장애를 자주 알아차리지 못하는 현상도 설명해 준다. 업무나 일에서 발생하는 장애는 자기 도취 경향, 완벽주의 경향, 오만한 복수 경향 가운데 어느 경향이 우세한가에 따라 다르게 나타난다.

자기 도취 유형narcissistic type은 상상력에 흔들리고 동요하기 가장 쉬운데, 위에서 말한 모든 판단 기준에 딱 들어맞는다. 거의 같은 재능을 타고났다면, 자기 도취 유형은 확장 유형 가운데 생산성이 가장 탁월하다. 그러나 여러 가지 곤경에 부딪쳐 시달리기도 한다. 곤경 가운데 하나는 관심과 기력이 여러 방향으로 분산된다는 점이다. 예컨대 완벽한 여주인이자 완벽한 주부, 완벽한 어머니여야 하는 여자가 있다. 그녀는 옷을 제일 멋지게 입어야 하고 학부모 위원회에서 활동하고 정계에도 손을 뻗쳐야 한다. 게다가 위대한 작가도 되어야 한다. 또는 온갖 사업에 손을 대서 왕성하게 활동하는 것과 별도로, 정치나 사회 활동까지 영역을 확장하려는 사업가도 있다. 이런 사람은 오래 달려간 끝에 확실하다고 생각한 일을 결코 해내지 못하는 현실을 자각하면,

으레 자신에게 재능이 많은 탓으로 돌린다. 오만한 태도를 드러내면서, 재능이 하나뿐인 행운이 덜 따라 준 동료들을 부러워하기도 한다. 실제로 다재다능할 수 있지만, 그것이 여러 곤경의 원천은 아니다. 자기 도취 유형이 곤경에 부딪치는 배경은 자신이 성취할 수 있는 일에 한계가 있음을 인정하지 않고 끝까지 거부한다는 데 있다. 따라서 자기 도취 유형은 자신의 산만한 활동을 제한하겠다고 잠시 결심하더라도, 오래 가는 법이 없다. 모든 반대 증거에 맞서, 다른 사람들은 많은 일을 할 수 없을지 몰라도, 자신은 할 수 있고 완벽하게 해낼 수 있다는 확신으로 되돌아간다. 활동을 제한하겠다는 결심은 그에게 패배와 경멸할 만한 나약함으로 비춰질 따름이다. 다른 사람들과 비슷한 인간이 되고 비슷한 한계가 있다는 생각만으로도 스스로 지위와 품위를 낮추는 타락으로 여겨 참고 견딜 수 없다.

다른 자기 도취 유형 사람들은 너무 많은 활동을 동시에 해서 기력을 낭비하지 않고, 한 가지 일을 하고나서 다른 일을 연속으로 시작하고 그만두어서 기력을 낭비할 수도 있다. 재능이 뛰어난 젊은이들에게 이런 기력 낭비는 그저 자신들이 어디에 제일 관심이 있는지 찾으려 시간을 내서 실험하는 과정처럼 보일지도 모른다. 그런데 그들의 전체 인격을 자세히 검토해야 비로소 이런 단순한 설명이 타당한지 보여 줄 수 있다. 예컨대 젊은이들은 무대 생활에 열정과 관심을 쏟고 연기나 연출을 배우며, 전도유망한 출발을 하지만, 얼마 되지 않아 포기한다. 곧이어 시를 쓰거나 농사짓는 일에서 같은 과정을 반복할 수도 있다. 다음으로 간호하는 일이나 의학 공부가 좋아질 수도 있으나, 열광하다가 흥미를 잃는 과정은 마찬가지로 가파른 곡선을 그린다.

어른들도 동일한 과정을 밟는다. 어른들은 대단한 책을 쓰겠다고 개요를 작성하고, 어떤 단체를 조직하고, 어마어마한 사업 계획을 세우고, 무엇을 발명하려고 열심히 일할 수도 있다. 그러나 관심과 흥미는 무엇이든 성취하기도 전에 흐지부지되는 일이 몇 번이고 반복된다. 상상력은 신속하고 매력 넘치는 성취를 담은 반짝이는 그림을 그려 냈다. 그러나 현실에서 처음 곤경과 마주치는 순간, 너무도 쉽게 관심을 접고 흥미도 잃고 만다. 자기 도취 유형 어른들은 그래도 자존심이 있어서 곤경을 회피하고 있음을 쉽사리 인정하지 않는다. 그러므로 관심과 흥미 상실은 체면을 세우는 책략策略에 지나지 않는다.

자기 도취 유형은 두 요인이 영향을 미쳐서 일반적으로 눈코 뜰 새 없이 흔들리는 삶을 산다. 하나는 업무나 일의 세부 내용으로 들어가는 것을 싫어하는 성향이고, 다른 하나는 꾸준하고 일관된 노력을 회피하는 성향이다. 전자의 태도는 신경증에 걸린 학생들에게 벌써 두드러지게 나타난다. 예컨대 신경증에 걸린 학생들은 작문에 적합한 상상력 돋보이는 착상을 많이 떠올리지만, 깔끔한 글쓰기나 정확한 철자법에 무의식적으로 완강하게 저항한다. 신경증에 걸린 학생들과 똑같은 엉성한 태도가 신경증에 걸린 어른들이 수행하는 업무의 질도 떨어뜨릴 수 있다. 어른 신경증 환자들은 기발한 착상이나 계획을 떠올리는 일에 의무감을 느낄 수도 있지만, '세부 작업detail work'은 평범한 사람들이나 하는 일로 생각한다. 어른 신경증 환자들은 할 수만 있으면 타인에게 작업을 위임할 때 전혀 곤란해 하지 않는다. 자신들의 착상을 행동으로 옮겨줄 능력이 출중한 피고용인이나 동업자가 있으면, 만사형통일 수도 있다. 자기 도취 유형 사람들이 논문을 쓰고, 여성용 예복의 도안을 그리고designing a dress, 법정 서류를 작성하는 작업을 직접 해야 하는 상황에 놓인다고 하자. 이때 그들은 착상을 두고 곰곰이 생각하고 점검하고 재점검하고 체계적으로 준비하는 진짜 작업real work을 시작하기도 전에, 일은 벌써 자신이 최고로 만족하는 수준까지 완성된 것처럼 평가할 수도 있다. 똑같은 일이 정신 분석을 받는 환자에게 일어나기도 한다. 여기서 우리는 일반적으로 과장하는 성향 말고도 다른 결정 요인, 즉 자신들을 구체적이고 세세한 부분까지 살피는 작업에 느끼는 두려움도 있음을 알아본다.

자기 도취 유형 사람들이 꾸준하고 일관되게 노력해야 하는 일에 직면할 때 드러나는 무능incapacity도 같은 뿌리에서 생긴다. 그들이 자부심을 느끼는 특별 상표는 '노력하지 않는 데서 얻는 우월감'이다. 그들은 상상력을 사로잡는 연극 같은 과장과 특이하고 색다른 특징을 자랑스러워하고 영예로 여기지만, 일상 생활에서 처리해야 하는 소소한 과제를 굴욕적이고 창피스러운 일로 여겨 분개한다. 반대로 그들은 드문드문 노력하고, 문제가 발생하는 비상시에는 정력을 쏟고 용의주도하게 처신하며, 대규모 연회를 베풀고, 몇 달 동안 쌓아 두었던 편지를 기운차게 후다닥 써 내려갈 수 있다. 이런 산발적인 노력은 자부심을 만족시키지만, 꾸준한 노력은 자부심을 해친다. 평범한 사람이 끈기 있게 일한다고 해서 성공할 수 있겠는가! 더욱이 노력을 하지 않을 때만, 자기 도취 유형 사람들은 실제로 노력했더라면 위대한 업적을 남겼으리라는 유보 조항을 언제나 붙일 수 있다. 꾸준한 노력을 아주 싫어하는 태도에 숨은 비밀은 무한한 권력을 가졌다는 환상이 깨질까 봐 두려워하는 데 있다. 자기 도취 유형인 어떤 사람이 정원을 가꾸고 싶다고 가정해 보자. 원하든 원치 않든, 곧바로 정원이 하룻밤 사이에 꽃이 만발한 낙원으로 변하지 않는 현실을 자각하게 될 터이다. 정원은 꼭 일한 만큼만 바뀐다. 자기 도취 유형은 보고서를 작성하거나 논문을 쓰려고 꾸준히 일할 때, 홍보 일이나 가르치는 일을 할 때도 정신이 번쩍 드는 체험을 했으리라. 사실 시간과 기력에는 한도가 있으며 이런 한도 안에서 성취할 수 있는 업적에도 한계가 있다. 자기 도취 유형이 기력에 한계가 없고 성취에도 한계가 없다는 환상에 매달리면, 환상에서 깨어나는 체험을 경계할 수밖에 없다. 아니면 환상에서 깨어나 스스로 볼품 없고 격이 떨어지는 멍에를 쓴 것처럼 애태우고 짜증부리지 않을 수 없다. 이런 분개로 지칠 데로 지쳐 기진맥진해지리라.

요약하면 자기 도취 유형은 훌륭한 자격을 갖추었는데도 자주 실제로 해낸 업무의 질이 실망스러울 정도로 떨어진다. 왜냐하면 신경증 구조에 따른 장애 탓에 업무를 어떻게 처리해야 할지 알지 못하기 때문이다. **완벽주의 유형**perfectionistic type이 빠지는 곤경은 몇 가지 점에서 자기 도취 유형과 정반대 특징을 나타낸다. 완벽주의 유형은 체계적으로 일하고 오히려 너무 꼼꼼하게 세부 내용까지 주의를 기울인다. 그런데 무엇을 해야 하고 어떻게 해야 하는지에만 너무 구속받아서, 독창성과 자발성이 발휘될 여지가 없다. 그러므로 완벽주의 유형은 일을 처리하는 속도가 느리고 생산성이 떨어진다. 스스로 정확성을 요구하므로, 완벽주의 유형 주부에게 잘 알려져 있듯이, 지나치게 많이 일해서 녹초가 되기 쉽고, 기어코 다른 사람들에게도 고통을 안겨 준다. 완벽주의 유형은 자신뿐 아니라 타인에게도 정확성을 요구해서, 도리어 타인의 능력 발휘를 자주 방해하며, 특히 경영진이나 집행부의 주요 직책을 맡으면 더욱 심각하다.

오만한 복수 유형arrogant-vindictive type도 자신만의 자산assets과 부채liabilties를 안고 살아간다. 신경증에 걸린 사람들 가운데 오만한 복수 유형은 놀랍고도 엄청난 성과를 내는 일꾼worker이다. 감정의 측면에서는 차가운 사람도 열정을 가진다는 말이 틀리지 않는다면, 오만한 복수 유형은 업무나 일에 쏟는 열정이 넘친다고 말할 수 있다. 그는 야망을 실현하려 거침없이 전진하고 업무나 일을 빼면 삶이 거의 텅 비어 있으므로, 일하지 않고 보내는 시간은 낭비라고 생각한다. 그렇다고 일을 즐긴다고 할 수도 없는데, 대체로 무엇이든 즐기는 데는 무능한 사람이기 때문이다. 일 때문에 지치지도 않는다. 사실 그는 기름을 잘 친 기계 장치처럼 도무지 지칠 줄 모르는 것 같다. 재간이 뛰어나고, 능률도 높아 보이고, 흔히 예리한 지성을 발휘하는데도, 업무 성과에서 독창성과 개성이 부족하기 십상이다. 나는 여기서 오만한 복수 유형이 나쁜 쪽으로 변질된 경우, 예컨대 기회주의자가 되어 비누를 생산하든 초상화를 그리든 과학 논문을 쓰든, 성공이나 특권이나 승리 같은 외부로 드러난 일의 결과에만 관심을 쏟는 사람을 생각하고 있지 않다. 그런데 오만한 복수 유형은 자신의 영광을 추구하면서 업무나 일 자체에 관심을 쏟더라도, 흔히 자신이 일하는 분야의 주변부에 머물며 문제의 핵심을 파고들지 않으려 한다. 예컨대 그는 교사나 사회 복지사로 일할 때, 학생이나 의뢰인이 아니라 교수법이나 사회 복지 방법에 관심을 가질 터이다. 자신의 사상을 담은 글은 기고하지 않고 비평을 쓰기도 한다. 자신과 직접 관계가 없는 문제에도 최종 결정권을 가지려고, 일어날지도 모르는 가능한 모든 문제를 완벽하게 망라하고 싶어 할 수도 있다. 간단히 말해 그는 특별한 주제를 풍성하게 다듬고 참여하는 데는 관심이 없고, 주제에 통달하고 지배하는 데만 몰두하는 듯하다.

오만한 복수 유형은 거만한 태도로 남을 신용하지 않고, 스스로 생산하는 능력이 떨어지므로, 자각하지 못하지만 다른 사람들의 사상이나 착상을 도용하기 쉽다. 하지만 도용한 사상이나 착상도 그의 손을 거치면 기계적이고 생명이 없어진다.

오만한 복수 유형은 대다수 신경증 환자들과 아주 달라서 세심하게 신경을 쓰고 주의력이 뛰어나고 세세한 계획을 세우는 데 적합한 능력이 있다. 또 장래에 상황이 어떻게 전개될지 공정하게 꿰뚫어 볼 수도 있다. 하여간 마음속으로 예측할 때 언제나 올바르다. 그러므로 오만한 복수 유형 사람은 훌륭한 조직자이자 주최자일 수도 있다. 하지만 이러한 능력을 손상시키는 몇 가지 요인이 있다. 우선 오만한 태도로 다른 사람들을 경멸하므로, 일을 제대로 처리할 사람은 자신밖에 없다고 확신한다. 다음으로 일을 남에게 위임할 때 곤란을 겪는다. 조직을 운영할 때 독재자가 쓰는 방법을 사용하고, 자극하기보다는 겁을 주고 남을 이용하거나 착취하며, 열정을 끌어내기보다 유인과 기쁨을 없애는 경향이 있다.

오만한 복수 유형은 장기 계획을 세우므로 잠깐 동안 겪는 좌절이나 일에서 빚는 차질을 상대적으로 잘 견뎌낼 줄 안다. 하지만 시험이나 검사 같은 심각한 상황에서는 공황 상태에 빠져 전전긍긍하곤 한다. 누구나 다 승리와 패배를 경험하며 살지만, 패배할 가능성은 언제나 두렵고 무서운 법이다. 그런데 오만한 복수 유형은 공포심을 초월해야 하므로, 두려워하는 자신에게 화를 내며 난폭성을 드러낸다. 게다가 시험을 보거나 검사나 진찰을 받는 상황에서, 자신을 지켜보고 판단하는 자리에 있는 사람들에게 마구 화를 낸다. 이렇게 생기는 감정은 모두 억압될 때가 더 많고, 내면에서 격변upheaval이 일어나 두통과 위장 경련, 심장 두근거림 같은 심신 상관 증상psychosomatic symptoms이 나타나기도 한다.

자기 말소 유형self-effacing type이 업무나 일을 처리할 때 부딪치는 곤경은 하나같이 확장 유형과 정반대 특징을 나타낸다. 첫째로 자기 말소 유형은 목표를 너무 낮게 잡고, 자신의 재능뿐 아니라 자신이 담당한 업무나 일의 중요도와 가치를 과소평가하는 경향이 있다. 그는 의심과 자책하는 비판으로 괴로워하며 시달린다. 불가능한 일을 할 수 있다고 결코 믿지 않으므로, "나는 할 수 없어"라는 감정에 압도당하기 쉽다. 담당한 업무나 일의 질은 반드시 나빠지지 않지만, 늘 괴로워한다.

자기 말소 유형 사람들은 마음이 꽤 편하다고 느끼고, 사실 남을 돌보는 때에는 일을 잘하는 편이다. 예컨대 주부나 가정부, 비서, 사회 복지사나 교사, 간호사, 존경받는 스승을 모시는 제자로서 업무는 잘 수행할 수 있다. 이런 사례에서 자주 관찰되는 두 사람의 특색 가운데 어느 한쪽은 이미 존재하는 장애를 가리켜 보여줄지도 모른다. 그들은 혼자서 일할 때와 다른 사람과 함께 일할 때 전혀 다르게 행동하기도 한다. 예컨대 현장에서 일하는 인류학자로서 원주민과 접촉하는 데서 뛰어난 재간을 발휘하지만, 막상 발견한 사실을 체계적으로 진술할 때 길을 잃고 헤맨다. 사회 복지사로서 의뢰인을 만나 상담하는 일에서 유능하고, 관리인이나 감독관으로서도 유능할 수 있지만, 막상 보고서를 작성하거나 가치를 평가하는 작업에 들어가면 공황 상태에 빠져 쩔쩔맨다. 그들은 예술을 전공하는 학생으로서 교수가 있는 자리에서 그림을 제법 잘 그리지만, 혼자서 그릴 때 배운 내용을 전부 까먹곤 한다. 둘째로 자기 말소 유형 사람들은 자신들이 실제로 지닌 능력보다 못한 직업에 머물 수도 있다. 그들에게 자신들이 재능을 땅속에 숨겨 놓았을 수도 있다는 생각이 결코 떠오르지 않을지도 모른다.

하지만 다양한 이유가 영향을 미쳐서, 그들도 혼자 힘으로 어떤 일을 하기 시작할 수도 있다. 문서 작성이나 공개 연설이 필요한 직위로 승진하기도 하고, 공언하지 않은 야망이 그들을 밀어붙여 더욱 독립적인 활동을 하기도 한다. 마지막으로 앞에서 말한 이유만큼 중요하고, 모든 이유 가운데 제일 건강하고 저항할 수 없는 이유는 다음과 같다. 자기 말소 유형 사람들이 마침내 자신들의 기존 재능에 자극받아서 적절하게 표현할 수도 있다. 자신들의 신경증 구조 안에서 일어나는 '위축 과정shrinking process'으로 정해진 좁은 범위를 넘어서 밖으로 벗어나려 애쓰는 순간 진짜 고생real troubles도 시작된다.

한편으로 자기 말소 유형이 완벽해지려고 내세우는 요구는 확장 유형의 요구만큼 드높다. 그런데 확장 유형이 탁월하다고 인정받으면 젠체하며 만족하지만, 자기 질책에 사로잡히는 경향으로 편안할 날이 없는 자기 말소 유형은 언제나 업무나 일에 결함이 있지 않을까 노심초사한다. 연회나 강연 개최 같은 일을 훌륭하게 수행한 다음에도, 여전히 이런저런 사항을 잊었고, 의도를 명료하게 강조하지 못했고, 너무 저자세였거나 지나치게 공격성을 드러냈다는 따위의 사실을 강조하려 한다. 따라서 자기 말소 유형 사람들은 이길 가망이 거의 없는 전투에 투입된 병사 신세로, 완벽해지려고 분투하면서 동시에 자신들을 쳐서 넘어뜨리고 억누른다. 게다가 자기 말소 유형에게 탁월해야 한다는 요구는 고유한 원천에서 생겨나므로 강화된다. 야망과 자부심을 싫어하고 피하는 금기禁忌 taboos 탓에 인격에서 우러난 업적을 성취해도 '유죄guilty'라고 느끼며, 최후에 얻을 궁극의 성취만이 이러한 죄의식에서 빠져 나오는 구제책이다. "완벽한 음악가가 못 될 바에는 바닥 청소나 하는 게 낫다."

다른 한편으로 앞에서 말한 금기를 어기거나 적어도 어긴다고 자각하면, 자기 말소 유형 사람들은 자기 파괴 성향을 드러낸다. 이러한 현상은 내가 이전에 경쟁이 심한 경기를 두고 묘사한 과정과 동일하다. 자기 말소 유형은 승리를 예감하자마자 더는 경기를 할 수 없다. 따라서 그는 끊임없이 악마와 심해 사이, 즉 최고봉에 오르려는 충동과 자신을 심연으로 내리 누르려는 충동 사이에서 오락가락한다.

올라갈 수도 내려갈 수도 없는 진퇴양난에 빠지는 상황은 확장 충동과 자기 말소 충동이 빚는 갈등이 의식의 수면 위로 떠오를 때 뚜렷하게 드러난다. 예컨대 자기 말소 유형인 어떤 화가는 특정한 물체의 아름다움에 감동해 마음속으로 멋진 구도를 그려 본다. 화포畵布 canvas 위에 처음 표현한 결과는 최고로 보인다. 그는 뿌듯하고 의기양양해진다. 하지만 그때 이런 시작이 스스로 감당하기에는 질이 너무 높지 않은지, 완벽한 첫 인상을 잘 표현한 것인지 갈등하며 의혹에 사로잡힌다. 화포에 그린 형상을 더 낫게 고치려고 노력하지만, 그림은 나아지기는커녕 더 나빠진다. 이때 그는 발광하기 직전에 이르러 발버둥을 친다. 계속 '더 낫게 고치려' 하지만, 색채는 더욱 칙칙하고 생기가 없어진다. 그러다가 그림은 삽시간에 망가진다. 그는 처절한 절망 속에서 그림을 포기한다. 잠시 후에 또 그림을 그리기 시작하지만, 똑같이 악전고투를 거듭할 따름이다.

비슷하게 자기 말소 유형인 어떤 작가는 일이 정말 잘 풀렸다고 자각하기 전까지 잠시 동안 글을 술술 써 내려 갈지도 모른다. 그는 일이 잘 풀렸다고 자각하는 순간 자신의 만족감이 바로 위험 표시라는 사실을 알지 못한 채 흠을 잡고 결점을 찾아내는 일에 몰두한다. 어쩌면 실제로 자신의 주인공이 특정 상황에서 어떻게 행동해야 하는지를 두고 곤경에 빠졌을 수 있다. 그렇더라도 어쩌면 그가 빠진 곤경은 이미 파괴 성향을 띤 자기 비하로 어지럽혀졌으므로, 겉으로만 심각해 보였을지도 모른다. 어쨌든 그는 열의를 잃고 일할 마음이 내키지 않아서 며칠 동안 일에 손도 대지 못하다 격분rage에 휩싸여 마지막 쪽까지 발기발기 찢어 버린다. 그는 자신을 죽이려는 미치광이와 한 방에 갇힌 악몽을 꾸기도 하는데, 이는 다름 아니라 자신을 죽이려 드는 격분이 드러난 꿈이다.[2]

방금 말한 쉽게 중복될 수 있는 두 사례에서 우리는 두 가지 독특한 행동을 본다. 하나는 전진하며 창조하는 기색氣色mood이고, 다른 하나는 자기 파괴 행동이다. 이제 확장 충동은 억압되고 자기 말소 충동이 우세한 사람들에게 주의를 돌려보자. 그들은 명백한 전진 행동을 하는 때는 아주 드물며, 자기 파괴 운동도 난폭성과 연극 같은 과장이 덜하다. 숨은 갈등이 많아지고, 업무를 처리하고 일하는 동안 내면에서 죽 이어지는 과정은 만성慢性이 되어 더욱 복잡해진다. 그래서 복잡하게 얽힌 여러 요인을 풀어내는 일은 훨씬 어려워진다. 이때 업무를 처리하고 일할 때 발생하는 여러 장애는 두드러진 불평불만의 대상이 되어도, 곧바로 쉽게 이해되지 않을 수도 있다. 이런 장애의 특징은 전체 신경증 구조가 느슨해진 다음에야 비로소 서서히 분명하게 드러난다.

자기 말소 유형은 창작하는 동안 집중력이 부족하다는 사실을 알아챈다. 그는 생각하다 방향을 잃거나 마음이 텅 비어 멍한 상태에 빠지기 쉽다. 생각은 일상에서 벌어지는 잡다한 사건을 따라 이리저리 떠돈다. 그는 안절부절못하고 들떠 있으며, 딴 생각을 하며 낙서하고, 혼자 놀고, 기다릴 수 있는 전

2 나는 '업무나 일에서 생기는 억제'에서 이런 두 사례를 인용했을 때, 기대하던 탁월한 수준에 이르지 못해서 나타나는 반응만 언급했다.

화인데도 안달이 나서 걸고, 손톱을 줄로 갈고, 지루해서 하품을 하며 파리를 잡곤 한다. 자신이 역겨워져서 일을 하려고 영웅처럼 노력하지만, 조금 있으면 지치고 지루해 죽을 지경이 되어 일을 포기할 수밖에 없다.

자기 말소 유형은 자각하지 못하지만 만성慢性으로 굳은 두 악조건chronic handicaps, 즉 자기 축소 경향self-minimizing과 주제를 붙들고 씨름하지 못해 떠안은 비능률非能率 inefficiency에 봉착한다. 이미 알고 있듯이, 자기를 축소하는 경향은 대체로 '주제넘은presumptuous' 어떤 일이든 하지 말라는 금기를 어기지 않으려 자신을 낮추고 억압해야 할 필요에서 생긴다. 그러한 필요 탓에 자신도 모르는 사이에 정신 건강을 해치고, 자신을 질책하고 의심해서 기운이 없어지고 활력도 사라진다. 어떤 환자는 자신을 못생기고 사악한 두 난쟁이가 양쪽 어깨 위에서 등을 구부리고 앉아 쉴 새 없이 잔소리를 늘어놓으며 욕 하는 모습으로 그렸다. 그는 자신이 무엇을 읽고, 관찰하고, 생각했는지 잊기도 하고, 이전에 어떤 주제로 글을 썼는지 잊을 때도 있다. 무엇에 관해 쓰려고 했는지 까먹기도 한다. 논문을 쓰는 데 필요한 자료는 전부 있지만, 더듬더듬 어설프게 작업을 마친 다음에야 다시 나타나고, 필요한 순간에는 손에 닿지 않는 곳에 숨기 일쑤이다. 비슷하게 토론에 참석해 발언해 달라는 요청을 받았을 때 발언할 주장이 하나도 없어 참담한 느낌에 사로잡히다가, 아주 조금씩 서서히 토론에 적합한 여러 가지 논평을 할 수 있을 터이다.

달리 말해 자기 말소 유형은 자신을 낮추고 억압해야 할 필요 탓에 재간을 발휘하지 못한다. 그 결과 무능하고 무의미한 존재라는 답답하고 억압된 느낌에 시달리며 일한다. 확장 유형은 자신이 하는 모든 일이 객관적으로 무시해도 좋을 만큼 가치가 떨어지는데도, 전반적으로 중요하다고 가정한다. 반대로 자기 말소 유형은 자신의 업무나 일이 객관적으로 훨씬 중요한 가치가 있는데도, 오히려 미안하다고 변명한다. 성격에 따라 그는 단지 '일해야 한다고' 말할 것이다. 자기 말소 유형의 경우에 이는 체념 유형의 경우에 그렇듯 강압에 과민함의 표현이 아니다. 그러나 자기 말소 유형은 자신이 무엇을 성취하겠다는 소망을 품었다고 인정하면, 늘 너무 주제넘고 야심만만하다고 느낀다. 심지어 일을 훌륭하게 잘 하고자 원한다고 느낄 수조차 없다. 왜냐하면 사실 완벽에 이르기 위해 힘들고 까다로운 요구에 몰리지만, 동시에 완벽해지려는 의도를 자인하는 것을 운명에 맞선 오만하고 부주의한 도전처럼 여기기 때문이다.

자기 말소 유형이 주제를 붙들고 씨름할 때 드러나는 비능률非能率 inefficiency은 주로 주장과 공격, 통달을 암시하는 모든 것을 꺼리는 금기 탓이다. 일반적으로 공격을 싫어하고 피하는 금기를 두고 말할 때, 우리는 자기 말소 유형이 타인을 만나면서 아무것도 요구하지 않고, 아무도 조종하지 않고, 아무도 지배하지 않는다고 생각한다. 그런데 생명이 없는 물체나 심리 문제를 대할 때도 동일한 태도가 우세하게 나타난다. 자기 말소 유형은 공기가 빠진 자동차 바퀴, 걸려서 꼼짝도 하지 않는 지퍼 때문에 무력하다고 느끼는 것과 꼭 마찬가지로, 자신의 머릿속에 떠오르는 관념이나 생각을 마주할 때도 무력하다고 느낀다. 그가 빠진 곤경은 생산성이 낮다는 데 있지 않다. 그는 독창성이 빛나는 좋은 착상이 떠오르지만, 착상들을 움켜잡고, 붙들고 씨름하고, 해결하려고 고심하고, 맞붙어 싸우고, 점검하고, 꼴을 만들고, 체계적으로 조직하는 데서 기를 펴지 못하고 억제된다. 방금 표현한 언어가 주장이나 공격을 암시하지만, 우리는 으레 이런 정신 작용을 주장하거나 공격하는 행동으로 의식하지 않는다. 우리는 이런 사실을 앞에서 말한 정신 작용이 공격성에 따라붙는 몸에 밴 견제로 억제될 때만 실감할지도 모른다. 자기 말소 유형은 애초에 의견을 충분히 형성할 때 언제나 표현할 용기가 없어지는 것이 아닐 수도 있다. 금지와 억제는 으레 의견을 형성하기 이전 시점, 즉 자신만의 결론에 도달했거나 의견이 생겼다고 뱃심 좋게 실감하지 못할 때 일어난다.

앞에서 말한 악조건handicaps이 바로 느린 일처리와 시간 낭비, 작업의 비능률을 야기하는 원인이자 도무지 아무것도 성취하지 못하는 원인이다. 이 맥락에서 우리는 스스로 작아져 아무것도 이루지 못한다는 에머슨*Ralph Waldo Emerson, 1803~1882의 명언을 기억해도 좋으리라. 일이나 업무 처리에 얽힌 성화成火 torment뿐 아니라 해당 문제에 적합한 어떤 일을 성취할 가능성도 당사자가 동시에 더할 나위 없이 완벽하게 업무를 처리하고 일해야 할 필요에 내몰리기 때문에 생긴다. 해낸 일이나 업무의 질이 힘들고 까다로운 요구를 만족시켜야 할 뿐만 아니라 일하고 업무를 처리하는 방법도 완벽해야 한다. 예컨대 음악을 전공하는 어떤 학생이 체계적으로 공부하느냐고 질문을 받았다고 하자. 그녀는 당혹스러워하며 "잘 모르겠어요."라고 대답한다. 그녀에게 체계적인 공부는 8시간 동안 피아노 앞에 부동 자세로 앉아 줄곧 열심히 피아노 연주에 집중하느라 점심 먹을 시간조차 내지 못한다는 뜻이다. 그녀는 이렇게 결연한 집중력과 부단한 주의력을 최대로 발휘할 수 없어, 자신에게 등을 돌리고 결코 연주자로서 성공을 꿈꾸지 않으며 음악 애호가愛好家 a dilettante로 자처한다. 사실 그녀는 음악 작품을 열심히 공부하고, 악보 읽는 법을 배우고, 오른손과 왼손 동작을 익힌다. 달리 말해 그녀는 진지하게 일하는 것으로 한결같이 만족한다고 해도 무리가 아니다. 이처럼 터무니없고 거창한 당위를 마음속에 간직한 자기 말소 유형 사람이, 작업 방식의 비효율로 만들어 내는 자기 비하가 얼마나 클지 상상하고도 남는다. 마지막으로 자기 말소 유형이 빠지는 곤경을 보여 주는 그림을 완성해 보자. 그는 일을 잘하고, 가치가 있고 보람찬 일을 해냈을지라도, 바로 그 사실을 자각해서는 안 된다. 말하자면 오른 손이 하는 일을 왼손이 결코 알아서

* 미국의 수필가이자 시인, 낭만주의 경향을 수용한 초절주의超絶主義 transcendentalism 사상을 대표하며, 기존 종교 제도와 거리를 두면서 영성靈性 spirituality이 인생에서 중요한 가치가 있다고 가르쳤다. 대표작으로 『자연』, 『연설』, 『명상록』이 있다.

는 안 된다.

자기 말소 유형은 논문을 쓰기 시작하는 때처럼 어떤 종류의 창작에 착수하면 특히 속수무책이고 무력하다. 그는 어떤 주제를 붙들고 통달할 때까지 파고드는 일을 아주 싫어하므로, 미리 철저하게 계획을 짜지 못한다. 따라서 먼저 개요를 작성하거나 머릿속에 떠도는 자료를 충분히 정리하지 않고, 무작정 쓰기 시작한다. 이것은 사실 다른 유형 사람들도 선택할 법한 방식이다. 예컨대 확장 유형은 한 치도 망설이지 않고 쓰기 시작할지도 모른다. 그렇게 쓴 초고는 경이로울 정도로 멋지다는 인상을 줄 수 있으나, 퇴고를 거쳐 마무리하지 못한다. 그런데 자기 말소 유형은 사상과 문체 형성, 줄거리를 짜는 단계에서 피할 수 없는 온갖 부족한 점에 얽매여 초고를 쓰는 일조차 아예 하지 못한다. 그는 예리하게 어색한 곳, 명료하지 않거나 연결이 자연스럽지 않은 곳이라면 무엇이든 빠짐없이 잡아낸다. 자신이 비판한 내용은 적합할지 모르지만, 비판으로 되살아난 무의식적 자기 비하 탓에 심신이 산란해져서 일을 계속 할 수 없다. 그는 이렇게 혼잣말을 할지도 모른다. "이제, 제발 그만둬. 언제든 나중에 끝낼 수 있어." 그러나 아무 소용 없는 말이다. 그는 산뜻하게 시작해, 한두 문장을 쓰고, 주제에 입각해 느슨한 생각을 몇 줄 적기도 한다. 노력과 시간을 많이 낭비한 다음에야, 마침내 스스로 자문한다. "네가 정말로 쓰고 싶은 게 뭐니?" 그때 비로소 거칠게나마 개요를 작성할 테고, 둘째로 세부 내용을 더 찾아보고, 셋째로 뭘 하고, 넷째로 할 일도 찾을 터이다. 각 단계를 밟을 때마다 내면 갈등에서 기인하는 억눌린 불안은 조금씩 진정된다. 그러나 논문을 최종 완성해 전달하거나 인쇄를 준비할 때, 논문에 결점이 없어야 하므로 불안이 다시 증가할 수 있다.

이렇게 고통을 겪으며 나타난 급성急性 불안acute anxiety은 정반대되는 두 가지 이유로 생길 수 있다. 우선 자기 말소 유형은 일이 턱없이 어렵고 힘들어질 때 심신心身이 흐트러진다. 다음으로 일이 술술 풀릴 때도 심신이 흐트러진다. 자기 말소 유형은 곤란한 문제에 부딪치면, 충격받고, 기절하고, 구역질하고, 마비 증세를 보일 수도 있다. 다른 한편 일이 잘 풀리면, 일의 속도와 노력이 평소보다 급격하게 느려질 수도 있다. 억제의 영향이 약해지기 시작한 어떤 환자를 예로 들어 반발反撥 repercussion이 얼마나 파괴성을 띠는지 설명해 보겠다. 논문을 마무리할 즈음, 몇몇 구절이 어쩐지 익숙하다고 느꼈고, 불현듯 자신이 벌써 썼던 기억이 떠올랐다. 책상을 다 뒤진 끝에 바로 전날 썼던 익숙한 구절이 여기저기 들어간 완벽하고 훌륭한 초고를 정말로 찾아냈다. 멋모르는 사이 이미 정리한 생각을 다시 정리하느라 거의 두 시간이나 낭비했다. 이렇게 '잊은'것에 화들짝 놀라서 이유를 곰곰이 생각한 끝에, 자신이 까먹은 구절들을 술술 써 내려갔으며 자신을 괴롭히던 억제를 이제 극복하고 단기간에 특별한 논문이 완성되리라는 희망에 찬 표지로 받아들였음이 떠올랐다. 이런 생각은 분명히 현실에 근거했지만, 스스로 감당할 수 없었으므로 자기 태만自己怠慢으로 대응했을 터이다.

우리가 자기 말소 유형이 일하며 맞서야 하는 무시무시한 역경을 알아챌 때, 그가 일할 때 드러내는 몇 가지 기벽奇癖 peculiarity도 분명해진다. 그 가운데 하나는 어려운 일을 시작하기도 전에, 걱정과 불안에 시달리거나 심지어 공황 상태에 빠진다는 점이다. 얽힌 갈등에 비추어 볼 때, 어려운 일은 그에게 실현 불가능한 과제로 보인다. 예컨대 어떤 환자는 강연을 하거나 회의에 참석하기 전에 꼭 감기에 걸렸고, 어떤 환자는 첫 번째 무대 공연을 하기 전에 토했고, 어떤 환자는 크리스마스 선물을 사러 나가기도 전에 완전히 녹초가 되곤 했다.

우리는 자기 말소 유형이 왜 으레 몇 번으로 나눠야 일할 수 있는지도 이해하게 된다. 일할 때 느끼는 내면의 긴장이 너무 크고, 일하는 동안에 점점 커지기 쉬워서 오랫동안 참고 견뎌 낼 수가 없다. 이는 정신을 쓰는 노동에 적용될뿐더러, 혼자서 하는 다른 어떤 일에서든 나타날지도 모른다. 그는 서랍을 하나 정리하고 다른 서랍 정리는 다음 날로 미룬다. 정원에서 잠깐 잡초를 뽑거나 땅을 파헤치다가 그만두기도 한다. 반 시간이나 한 시간 동안 글을 쓰다가 그만둘 수밖에 없다. 하지만 자기 말소 유형이 다른 사람들을 위해 일하거나 다른 사람들과 함께 일할 때면, 꾸준하고 착실하게 일하기도 한다.

마침내 우리는 자기 말소 유형이 왜 그렇게 쉽게 자기 일을 제대로 하지 못하는지 이해한다. 자기 말소 유형은 자기 일에 진실로 관심을 갖지 않아서 흔히 자책하곤 하는데, 이는 강압에 못 이겨 공부하느라 골이 잔뜩 난 학생처럼 행동하므로 충분히 이해할 만하다. 실제로 그는 진심을 담아 진지하게 관심을 쏟을 수도 있지만, 일하는 과정에서 자신이 알아채는 것보다 훨씬 더 분통이 터지거나 화가 난다. 나는 이미 전화 걸기나 편지 쓰기 같은 작은 주의 산만注意散漫 minor distractions을 거론했다. 더욱이 남의 마음에 들거나 남의 애정을 얻어야 할 필요에 따라 가족과 친구의 요구를 지나치게 잘 들어준다. 그 결과 자기 말소 유형도 때로는 자기 도취 유형과 전혀 다른 이유로, 너무 여러 방향으로 기력을 낭비하곤 한다. 마지막으로 특히 젊은 시절 사랑과 성은 자기 말소 유형에게 거부할 수 없는 강력한 호소력이 있다. 연애 관계는 늘 행복한 삶을 보장해 주지 않지만, 모든 필요가 충족될 것이라고 약속한다. 그렇다면 흔히 일에서 부딪치는 곤경이 참기 어려우면 연애에 뛰어드는 일이 조금도 이상하지 않다. 때때로 그는 반복 주기에 맞춰 산다. 한동안 일하면서 무엇을 성취한다. 다음에는 이따금 의존 유형과 연애 관계에 푹 빠져 지낸다. 그러면 일은 뒷전이 되거나 아예 할 수 없게 된다. 그는 연애 관계에서 빠져 나오려고 분투하며, 다시 일을 시작한다. 그리고 똑같은 일이 되풀이된다.

요약하면 자기 말소 유형은 혼자 창작할 때 언제나 극복할 수 없는 역경에 부딪친다. 꽤 오래 지속되는 악조건handicaps을 견디며 일할뿐더러 불안으로 압박을 심하게 받으면서 일하곤 한다. 이러한 창작 과정과 연결된 괴로움과 고통은 물론 천차만별이다. 그런데 거기에서 창작 과정이 빠진 짧은 주기만 반복될 따름이다. 그는 처음 계획을 짜는 순간만 즐길 수도 있다. 말하자면 계획과 얽힌 착상들만 가지고 유희할지도 모른다. 그 순간에는 아직 모순된 내부 명령들이 밀고 당겨서 생기는 갈등은 겪지 않는다. 특정 업무를 끝내기 직전 찬란하게 빛나는 짧은 순간의 만족감에 취하기도 한다. 하지만 나중에 일을 해냈다는 만족감뿐 아니라 외면에 드러난 성공이나 찬사와 무관하게 일을 해낸 사람이 바로 자신이라는 느낌까지 상실한다. 자신이 성취한 업적을 생각하거나 바라보는 일은 창피하고 굴욕일 따름이다. 왜냐하면 내면 갈등을 겪어 내며 업무를 끝냈다고 인정하지 못하기 때문이다. 내면 갈등에서 생긴 곤경에 빠진 사실을 기억하는 일이 그에게는 바로 굴욕이다.

당연히 이렇게 성가시고 애가 터지는 온갖 곤경 탓에 아무것도 성취하지 못할 위험은 엄청나게 크다. 자기 말소 유형은 애당초 혼자서는 감히 어떤 일을 시작하지 못할 수도 있고 일하는 도중에 포기할 수도 있다. 일이나 업무의 질 자체가 그가 짊어진 악조건의 영향을 받기도 한다. 그러나 재능과 정력stamina이 충분하면, 자기 말소 유형이 엄청난 비능률 속에서도 꾸준히 온갖 노력을 기울여 일한 끝에 훌륭한 사람으로 우뚝 설 가능성도 있다.

체념 유형resigned type이 일하거나 업무를 처리할 때 구속하는 족쇄의 본성은 확장 유형이나 자기 말소 유형과 확연히 다르다. 끊임없이 체념하는 집단에 속한 개인은 자신의 능력이 보장하는 것보다 못한 수준에 만족하고 안주할 수도 있다. 이 점은 자기 말소 유형과 비슷하다. 그러나 자기 말소 유형이 자신의 능력을 실제보다 낮추는 까닭은, 누구에게 기댈 수 있는 업무 환경 속에서 더 안전하다고 느끼고, 자부심과 공격성에 맞선 금기를 따르고, 남이 자신을 좋아하고 필요하다고 느끼기 때문이다. 체념 유형이 자신의 실제 능력보다 낮은 수준에 안주하는 까닭은, 활동적인 삶에서 물러나려는 일반적인 성향의 한 측면이기 때문이다. 체념 유형이 생산적으로 일하는 조건이나 환경도 자기 말소 유형과 정반대이다. 그는 냉담한 태도가 몸에 배어 혼자 있을 때 일을 더 잘할 수 있다. 또 강압에 민감하므로 상사를 모시고 일하거나 명확한 규칙이나 규정에 몰리는 조직 안에서 일하기 어렵다. 하지만 체념 유형은 자진하여 이런 상황에 '적응'할 수도 있다. 자신의 소망과 포부를 접어두었거나 변화를 아주 싫어해서 취미에 맞지 않는 조건을 참고 견딜지도 모른다. 더욱이 경쟁심이 없는데다 마찰을 되도록 피하고 싶어 해서 동떨어져 있다고 느끼면서도 대다수 사람들과 그럭저럭 잘 지낼 수도 있다. 그렇지만 행복하지도 않고 일이나 업무에서 생산성이 높지도 않다.

체념 유형은 꼭 일해야 하는 처지라면, 기꺼이 자유 계약 노동자가 될 터이다. 자유 계약직으로 일할 때도 타인의 기대를 강압으로 느끼기 쉽다. 예컨대 출판 마감 기일이나 예복 완성 기일이 자기 말소 유형에게는 환영할 일이 되기도 하는데, 외부에서 주는 압박이 내면에서 받는 압박을 줄여주기 때문이다. 자기 말소 유형은 마감 기일이 없으면 자신의 생산물을 무한정 좋게 고쳐야만 한다고 느낄지도 모른다. 마감 기일이 있어 힘이 덜 들고, 무엇을 성취하거나 해내려던 자신의 소망을 자신에게 기대하는 타인을 위해 일한다는 근거로 이룬 척할 수 있다. 그러나 체념 유형은 마감 기일을 강압으로 느껴서 노골적으로 분개하고, 무의식적 반감을 불러일으켜 마음이 내키지 않고 활동성이 둔해질 수도 있다.

여기서 체념 유형이 나타내는 태도는 강압에 맞설 때 일반적으로 보이는 신경 과민 반응의 한 사례일 따름이다. 그는 자신에게 암시하고 기대하고 요구하거나 요청하는 어떤 것이든, 또는 무엇을 성취하려면 일해야 한다는 것처럼 자신이 직면할 수밖에 없는 어떤 필연必然 necessity이든 강압으로 여긴다.

체념 유형이 안고 사는 최대 악조건은 십중팔구 타성惰性 inertia인데, 우리는 타성이 어떤 의미가 있고 어떤 양상으로 드러나는지 이미 살펴보았다.[3] 타성이 넓게 영향을 미칠수록, 상상으로만 일하려는 경향이 점점 더 강해진다. 타성에서 기인하는 작업의 비효율非效率 ineffectualness은 결정 요인뿐 아니라 드러나는 양상에서도 자기 말소 유형의 경우와 다르다. 모순을 빚는 당위들에 따라 이리저리 움직이는 자기 말소 유형은 새장에 갇힌 새처럼 답답하게 파닥거린다. 반면에 체념 유형은 일하려는 열의도 없고, 진취성도 없으며, 신체 행동이나 정신 활동도 느려 보인다. 일을 질질 끌며 늑장을 부리거나, 잊지 않으려고 해야 할 일을 모두 기록장에 적어 두어야 하는 경우도 있다. 그러나 이런 상황은 자기 말소 유형과 정반대로 체념 유형이 혼자서 일하게 되자마자 역전된다.

예컨대 어떤 의사는 병원에서는 기록장의 도움을 받아야 비로소 직무를 처리할 수 있었다. 그는 검진한 환자, 참석한 회의, 편지나 보고서, 처방한 약을 하나도 빠짐없이 기록하지 않으면 제대로 일하지 못했다. 그런데 자유 시간에 누구보다 능동적인 활동가가 되어 흥미로운 책을 읽고, 피아노를 치고, 철학 주제로 글을 썼다. 이런 일을 모두 활기차고 재미있게 하고 즐길 수 있었다. 그는 인격이 드러난 개인 생활이 보장되는, 자신이 머무는 방에서는 자기 자신이 될 수 있었으며 그렇게 느꼈다. 사실 그는 진실한 나의 통합 능력이 상당히 뛰어났지만, 자신을 둘러싼 세상과 진실한 나의 접촉을 끊어서 통합할 수 있었다. 자유 시간에 즐기는 활동도 마찬가지였다. 그는 기량이 뛰어난 피아노 연주자가 되리라 기대하지도 않았고, 저술을 출판할 계획도 전혀 없었다.

이런 체념 유형은 온갖 기대에 맞서 반항할수록 사람들과 함께 일하거나 사람들을 위해서 하는 어떤 작업이든, 정규 일정에 따르는 어떤 일이든 잘라

3 제11장 체념 독립 해결책: 자유의 호소력 참고.

버리려는 경향도 강해진다. 그는 차라리 자신이 좋아하는 일을 하며 살려고 생활 수준을 최소한으로 제한한다. 이러한 변화로 자신의 인격을 구축할 가능성도 있는데, 더 자유로운 상황에서 진실한 자기가 생기를 충분히 찾아 성장할 수 있다. 그러면 창조성이 넘치는 표현이 쏟아져 나올 가능성도 열린다. 하지만 이런 가능성이 실현되느냐는 타고난 재능에 달렸을 터이다. 가족과 인연을 끊고 남쪽 바다로 떠난 사람이 모두 고갱이 될 리는 없지 않은가. 내면 조건이 유리하게 돌아가지 않으면, 단호한 개인주의자가 되어 예상 밖으로 행동하거나 보통 사람과 다른 방식으로 자기만의 기쁨을 맛보며 살아갈 위험도 있다.

피상적인 생활shallow living을 하는 집단에 속한 사람에게 일이나 업무는 아무 문제도 일으키지 않는다. 일이나 업무는 전반적으로 이어지는 점점 나빠지는 과정의 일면이다. 자기를 실현하려는 노력과 이상을 좇는 나를 실현하려는 충동은 모두 견제될뿐더러 포기해 버린다. 따라서 일이든 업무이든 무의미해진다. 왜냐하면 그에게 자신의 잠재력을 계발할 유인도 없고, 높은 목표를 추구할 유인도 없기 때문이다. 일은 '재미를 즐기는 시간'에 방해가 되는 필요악이다. 일이나 업무는 예정되어 있어 해낼 수 있지만, 인격으로서 어떤 관여도 하지 않는다. 그것은 돈이나 특권을 구하는 한낱 수단으로 전락할 수도 있다.

프로이트는 일하거나 업무를 처리할 때 나타나는 신경증 장애의 빈도를 조사하고, 일과 업무 역량을 정신 분석 치료의 목표 가운데 하나로 삼아 중요한 의미를 밝혀냈다. 그런데 프로이트는 이러한 역량을 일의 동기와 목표, 일에 접근하는 태도와 분리해 고찰했다. 말하자면 일을 해낼 수 있는 조건과 해낸 업무의 질을 분리했다. 따라서 일이나 업무 처리를 방해하는 명백한 간섭 요인들만 인정했다. 여기서 논의한 내용에서 끌어낸 일반적인 결론 가운데 하나는 일하거나 업무를 처리할 때 부딪치는 곤경을 이렇게 바라보는 방식이 지나치게 형식에 사로잡혀 표면에 머문다는 것이다. 우리는 모든 요인을 고려할 때만 넓은 범위에 걸쳐 존재하는 장애를 제대로 파악할 수 있다. 이것은 일하거나 업무를 처리할 때 나타나는 기벽이 전체 인격이 드러난 표현이고 그럴 수밖에 없다고 주장하는 다른 방식일 따름이다.

일이나 업무에 얽힌 요인을 모두 상세히 살펴보면 아직 남은 다른 요인도 선명하게 드러난다. 일하거나 업무를 처리할 때 나타나는 신경증 장애를 일반적으로 신경증 자체에서 발생하는 장애라고 생각하는 것은 타당하지 않다. 처음에 언급했듯이 경고와 유보 조건, 단서를 달더라도, 모든 신경증에 적용되는 일반 진술은 거의 하기 어렵다. 우리는 서로 다른 신경증 구조를 기초로 생기는 곤경이 어떤 것인지 분별할 때에만 특별한 장애에 맞는 정확한 그림을 그릴 수 있다. 각 신경증 구조는 고유한 자산을 만들어낼뿐더러 일과 업무 처리에서 곤경에 부딪치게 만든다. 이 관계는 너무 명백해서, 특별한 신경증 구조를 인식하면 어떤 장애가 나타날 개연성이 높은지 거의 정확히 예측할 수 있다. 정신 분석 치료 중에 우리는 특별한 신경증 구조를 드러내는 '그' 신경증 환자가 아니라 특별한 신경증에 걸린 개인을 상대하므로, 이런 정확성은 특별한 곤경을 더 빨리 알아맞히는 데 유용할뿐더러 곤경을 더욱 철저히 이해하는 데도 유효하다.

일하거나 업무를 처리할 때 발생하는 수많은 장애가 얼마나 큰 고통과 괴로움을 야기하는지 제대로 전달하기는 어렵다. 그렇지만 일과 업무 처리에서 발생하는 장애로 겪는 고통과 괴로움이 늘 의식되는 것은 아니다. 많은 사람들이 심지어 일하거나 업무를 처리할 때 발생하는 곤경을 자각하지도 못한다. 이런 장애에는 일정 불변하게 인간다운 성장에 쓰일 좋은 기력의 낭비가 반드시 뒤따른다. 일하거나 업무를 처리하는 과정에서 기력氣力 energies이 낭비되고, 실제로 지닌 기량器量 existing abilities에 어울리는 일을 뱃심 좋게 하지 못해 기력을 낭비한다. 실제로 지닌 재간才幹 resources을 발휘하지 못해 기력을 낭비하고, 해낸 일이나 업무의 질을 떨어뜨려 기력을 낭비한다. 개인에게 이런 기력 낭비는 인생의 핵심 영역에서 자기를 실현할 수 없다는 뜻이다. 이렇게 개인의 손실이 수천으로 불어나면, 일과 업무 처리에서 발생하는 여러 장애는 인류에게도 손실이 될 터이다.

이러한 손실 발생이 논란의 여지가 없는 사실인데도, 예술과 신경증의 관계, 정확히 말하면 예술가의 창작 능력과 신경증의 관계를 두고 논쟁하는 사람들이 제법 많다. 그들은 이렇게 반문하곤 한다. "신경증은 일반적으로 고통과 괴로움을 야기하고, 특별히 작업할 때 악조건을 형성하지만, 예술 창작에 불가결한 조건이 아닌가? 예술가들은 대부분 신경증 환자가 아닌가? 역으로 예술가가 정신 분석 치료를 받으면, 창작력이 떨어지고 심지어 파괴되지 않는가?" 우리는 이런 질문을 따로 떼어내 각 질문에 얽힌 요소를 검토하면, 적어도 몇 가지 사실은 명료하게 이해할 수 있다.

우선 실제로 지닌 재능이 신경증과 의존 관계가 없다는 사실을 의심하는 사람은 있다손 치더라도 거의 없다. 최근 과감한 교육 사업에서 드러났듯이 대다수 사람들이 적당한 격려를 받을 때 화가로 성장하지만, 그렇다고 모든 사람이 렘브란트Rembrandt Harmenszoon van Rijn, 1606~1669나 르누아르Pierre Auguste Renoir, 1841~1919가 될 리는 없다. 이는 재능이 충분히 뛰어나면 언제나 발휘되기 마련이라는 뜻이 아니다. 앞에서 말한 교육 실험이 증명해 주었듯이, 신경증이 재능의 발휘를 막는 데 상당히 영향을 준다는 사실은 의문의 여지가 없다. 어떤 사람이 자의식이 덜 강하고, 주눅이 덜 들고, 남의 기대에 부응하려고 덜 애쓰고, 정의롭거나 완벽해져야 할 필요에 덜 영향 받을수록, 자신이 지닌 재능을 더 잘 발휘할 수 있다. 정신 분석 경험은 창작을 방해하는 여러 신경증 요인이 무엇인지 훨씬 자세히 보여 준다.

지금까지 예술가의 창작력을 둘러싼 우려에는 명료하지 않은 생각이 끼어들어 있을뿐더러 엄존하는 재능gifts, 예컨대 예술을 특별한 매체로 표현하는 능력의 무게와 힘을 과소평가한다. 하지만 여기서 둘째 질문을 던져 보자. 재능이 신경증과 의존 관계가 없다면, 창작하는 예술가의 능력은 특별한 신경증 조건과 아무 관계도 없는가? 답변의 방향은 어떤 신경증 조건이 예술 작업에 유리하게 작용할 수도 있는지 명료하고 정확하게 분별하는 데 달렸다. 자기 말소 경향이 우세하면 확실히 불리하다. 사실 예술을 둘러싸고 우려하는 사람들 가운데 자기 말소 경향이 우세한 사람들은 없다. 자기 말소 유형 사람들은 앓고 있는 신경증이 자신의 기를 꺾고, 스스로 표현할 용기도 빼앗는다는 사실을 뼛속까지 너무 잘 안다. 확장 충동이 우세한 사람들과 체념 유형이면서 반항하는 집단에 속한 사람들만 정신 분석 도중 내내 창작 능력을 잃을까 봐 두려워한다.

방금 말한 사람들은 실제로 무엇을 두려워하는가? 나의 용어법으로 표현하면, 확장 충동이 우세한 사람들은 통달해야 할 필요가 신경증에서 기인하더라도, 창작할 용기를 북돋우고 창작의 기운이 끓어 넘치게 만들뿐더러 창작할 때 부딪치는 곤경을 모두 극복할 수 있는 원동력原動力 driving force이자 추진력推進力이라고 느낀다. 체념 유형 사람들은 타인을 묶는 어떤 끈이든 단호히 끊어내고, 타인의 기대에 시달리지 않을 때만 창작할 수 있다고 느낀다. 그들은 무의식적으로 신처럼 통달한 느낌에서 조금이라도 비껴나면 자기 회의가 밀려들어 자기 비하의 늪에 빠질까 봐 두려워한다. 또는 체념 유형 가운데 반항 집단에 속한 사람들은 자기 회의에 굴복하면 규칙에 순응하는 자동 기계 같은 사람이 되어서 창작 능력을 잃는다고 느낄 터이다.

이런 두려움은 이해할 만하다. 왜냐하면 그들이 두려워하는 극단 성향이 바로 자신들 안에 현실로 나타날 가능성으로 존재하기 때문이다. 그렇더라도 그 두려움은 잘못된 추리의 결과이다. 우리는 여러 환자들이 아직 신경증에서 비롯된 갈등에 사로잡혀 '이분법'으로 나눠 생각하고 진실한 갈등 해결책을 찾을 수 없을 때, 양극단 사이에서 오락가락하는 모습을 관찰한다. 정신 분석이 적당히 진행되어 방황하는 환자들에게 이로운 영향을 주면, 그들은 자기 비하나 순응 경향을 알아보고 체험할 테고, 영원히 이러한 태도에 머물지는 않을 터이다. 환자들은 양극단의 강박에 사로잡힌 요소를 극복하곤 한다.

이 논점을 드러내는 논증이 하나 더 있는데, 다른 논증보다 더 생각이 깊고 관련성도 더 많다. 가령 정신 분석으로 신경증에서 생긴 갈등을 해결할 수 있고 어떤 사람이 더 행복해질 수 있다면, 그 사람이 그저 존재being에 만족하고 내면의 창작 충동을 잃는 만큼, 정신 분석은 내면의 긴장을 제거하지 않는가? 이 논증은 두 가지 의미로 해석할 수 있는데, 어느 쪽도 가볍게 넘길 수 없다. 위 논증은 예술가가 창작 충동을 유도하려면 내면의 긴장inner tension이나 심지어 고뇌distress가 필요하다는 일반 주장을 담고 있다. 이 주장이 일반적으로 참인지 모르겠지만, 참이더라도 모든 고뇌가 반드시 신경증으로 생긴 갈등에서 유래한다고 해야 하는가? 신경증으로 생긴 갈등이 없어도 인생에는 고뇌할 일이 너무 많아 보인다. 특히 예술가는 미와 조화뿐 아니라 불협화음discord, 고통과 괴로움suffering도 보통 사람들보다 더 민감하게 느끼며, 감정을 나누는 능력도 뛰어나다.

더욱이 방금 말한 논증은 신경증으로 생기는 갈등이 생산력productive power의 원인일 수 있다는 특별한 주장을 포함하고 있다. 이 주장을 진지하게 받아들이는 이유는 우리가 꿈을 꾸는 경험과 관련이 있다. 우리는 꿈속에서 상상력이 어떻게 무의식적으로, 한동안 우리의 의식을 휘저은 내면 갈등에 적합한 해결책을 창안할 수 있는지 알고 있다. 꿈속에 나타나는 심상心象image은 핵심核心 essential을 잘 압축하고, 핵심에 근접하고, 핵심을 간결하게 표현해서 예술 창작과 흡사하다. 그러므로 재능이 뛰어난 예술가는 표현 형식의 매체를 자유자재로 선택하며 필요한 작업을 할 수 있는데, 왜 꿈속에서라고 시를 짓고, 그림을 그리고, 음악을 작곡해서는 안 되는가? 사견을 말하면, 나는 꿈속에서도 창작할 가능성이 있다고 믿는 쪽이다.

그래도 우리는 꿈속에서 창작할 수 있다고 가정하는 관점이 타당한지 살펴보아야 한다. 어떤 사람은 여러 번 꿈을 꾸고 꿈마다 다른 해결책이 나타날 수 있다. 꿈에는 구축하는 해결책이 나타날 수도 있고 신경증 해결책이 나타날 수도 있는데, 둘 사이에 다양한 가능성이 존재한다. 이런 사실은 예술 창작의 가치와 무관하지 않다. 어떤 예술가가 자신의 특별한 신경증 해결책만 잘 보여주더라도, 동일한 해결책으로 나아가는 수많은 타인이 있을 터이니 여전히 공명하는 강력한 힘을 얻으리라. 예컨대 달리Salvador Dali, 1904~1986의 그림이나 사르트르Jean-Paul Sartre, 1905~1980의 소설은 예술 감각이 빛나는 멋진 솜씨와 빈틈없고 예리한 심리 이해를 보여 주더라도, 주장하는 내용의 일반적 타당성이 줄어들지 않을까? 오해를 피하기 위해 말하면, 나는 희곡이나 소설이 신경증 문제를 드러내서는 안 된다는 뜻이 아니다. 반대로 사람들은 대부분 신경증 문제로 고통스럽고 괴로울 때, 예술 표현물 덕분에 신경증 문제의 존재와 숨은 의미를 깨우치고 마음속으로 분명히 파악한다. 당연히 심리 문제를 다루는 희곡이나 소설이 행복한 결말로 끝나야 한다는 뜻도 아니다. 예컨대 아서 밀러의 『어떤 영업 사원의 죽음*Death of an Salesman*』은 행복한 결말로 끝나지 않는다. **그런데 이 희곡은 우리를 어리둥절하고 아리송한 상황 속에 남겨두지 않는다.** 어떤 사회와 생활 방식에 내재한 폐단을 보여줄뿐더러, 자신의 문제에 직면하고 스스로 책임지지 않고서 상상력에 휘둘려 시들어 가는 사람이 논리적으로 겪을 수 있는 일이 명료하게 드러난다. 여기서 상상력은 자기 도취에 빠진 해결책이라는 뜻으로 사용했다. 우리가 저자의 입장이 무엇인지 이해하지 못하거나 저자가 신경증 해결책을 유일한 해결인 양 보여 주거나 옹호하면, 예술 작품은 우리를 어리둥절하고 아리송한 상황 속에 남겨 두고 만다.

어쩌면 방금 살펴본 내용 속에 다른 문제의 답이 있을지도 모른다. 신경증으로 생긴 갈등이나 갈등을 푸는 신경증 해결책이 예술가의 창작력을 얼어붙게 하거나 약하게 할 수도 있으므로, 아무 단서도 달지 않고 신경증 갈등과 신경증 해결책이 예술 창작을 유도한다고 확실하게 말할 수 없다. 지금까지 이러한 갈등과 해결책은 대부분 예술가의 작품에 부작용을 일으킬 개연성이 높다. 그런데 창작을 자극하고 구축하는 추진력推進力 impetus을 제공할 수 있는 갈등과 예술가의 창작 능력을 억압하거나 축소해 작품 생산의 가치를 떨어뜨리는 갈등을 구별하는 선은 어디에 그어야 하는가? 경계선은 양에 얽힌 요인으로만 정해지는가? 예술가가 갈등을 심하게 겪을수록 예술 작품의 질도 더욱 높아진다는 말은 가당치 않다. 갈등을 조금 겪으면 좋고, 갈등을 너무 많이 겪으면 나쁜가? 그렇다면 '조금'과 '너무 많이'를 나누는 선은 어디에 그어야 하는가?

분명히 양의 관계로 생각하면, 우리는 공중에서 맴돌 수밖에 없다. 구축 해결책과 신경증 해결책, 거기에서 예상되는 결과가 무엇인지를 둘러싼 고찰은 다른 방향을 가리킨다. 예술가가 겪는 갈등의 본성이 무엇이든 그는 갈등 속에서 길을 잃고 헤매서는 안 된다. 예술가의 중심에 자리한 어떤 것이 갈등에서 빠져나오겠다는 소망을 품도록 영감을 불어넣고 갈등에 다가서는 입장과 태도를 밝힐 만큼 충분히 구축하는 힘을 낸다. 이는 예술가의 진실한 자기real self가 갈등에 맞설 만큼 충분히 살아서 움직인다는 말과 같다.

이러한 고찰에서 자주 표현되듯 신경증이 예술가의 창작 능력에 가치가 있다는 신념은 근거가 없음이 밝혀진다. 아직 남은 한 가지 분명한 가능성은 예술가의 신경증으로 생기는 갈등이 창작 활동을 자극하는 유인으로 일조할 수도 있다는 것이다. 예술가가 겪는 갈등과 갈등에서 벗어나려고 출구를 탐색하는 과정이 작품의 주제가 될 수도 있다. 예컨대 화가는 산 풍경을 바라본 인격이 드러난 개인 경험personal experience을 화폭에 담아내듯이, 내면 갈등으로 겪은 인격이 드러난 개인 경험을 그려낼 수 있다. 그런데 예술가는 진실한 자기가 살아 움직임에 따라 이렇게 인격이 드러난 개인 경험에 깊이를 더할 수 있는 역량도 키운다. 인격 경험을 자발적으로 느끼고 표현할 수 있는 기량도 갈고 닦을 때만 창조하고 창작할 수 있다. 하지만 신경증에 걸리면 진실한 나에게서 멀어져 바로 이런 구축하는 능력이 위축될 위험에 빠진다.

여기서 우리는 신경증으로 생기는 갈등이 예술가의 창작에 불가결한 동력動力 moving force이라는 주장에 결함이 있음을 알 수 있다. 신경증으로 생기는 갈등은 고작 일시적 동기나 유인이 될 따름이다. 창조하려는 충동 자체와 창조력은 자기 실현 욕구와 자기 실현에 이바지하는 기력氣力 energies을 모으고 쏟아야 비로소 솟아날 수 있다. 이렇게 모은 기력과 기운을 단순하고 직접적인 인생 **경험**에 쓰지 않고 현실에 존재하지 않는 어떤 것을 **증명**하는 데 쓰면, 예술가의 창작 능력은 약해질 수밖에 없다. 반대로 예술가는 정신 분석으로 자기 실현 욕구와 자기 실현으로 나아가려는 충동을 살려내 자유로워지면 작품 생산 능력도 되찾을 수 있다. 자기 실현으로 나아가려는 충동이 지닌 위력을 인정하지 않았다면, 애초에 신경증이 예술가에게 가치가 있다는 전체 논증도 내놓지 않았을 터이다. 그렇다면 **예술가는 신경증에 걸렸기 때문이 아니라 신경증에 결렸는데도 창작한다.** "예술의 자발성은 인격을 드러낸 개인의 창조성personal creativeness이자 자기 표현self-expressions이다."[4]

4 존 맥머레이John Macmurray, 『이성과 감정*Reason and Emotion*』(파버사, 런던, 1935)

제14장

●

정신 분석 치료법

진실한 나를 찾아 통합하고, 좋은 인간 관계를 맺으라

THE ROAD OF PSYCHOANALYTIC THERAPY

신경증은 급성 장애로 진행되기도 하고 정지 상태로 꽤 오래 머물기도 하지만, 본래 급성 장애도 아니고 정지 상태도 아니다. 그것은 자체의 운동량momentum에 따라 변화를 겪는 **과정**過程 process으로 자체의 무정한 논리ruthless logic에 따라 가차 없이 인격의 넓은 영역을 점점 집어삼킨다. 갈등을 야기할뿐더러 갈등을 해결해야 할 필요를 낳는 과정이기도 하다. 그런데 개인이 찾아낸 해결책은 인위적인 수단이므로 다시 새로운 해결책을 요구하는 갈등이 자꾸 생겨나기 마련이다. 개인은 새로운 해결책 덕분에 쉽고 평탄하게 기능을 발휘하기도 한다. 그러나 신경증은 개인을 진실한 나에게서 멀리 아주 멀리 떨어뜨려서 인격이 드러나는 개인의 성장personal growth이 위태로워지는 과정이다.

우리는 빠르고 쉬운 치료를 미리 마음속으로 그리는 잘못된 낙관주의에 맞서려면 복잡하게 얽힌 문제의 심각성을 명확하게 밝혀야 한다. 사실 '치료治療 cure'라는 말은 공포증이나 불면증 같은 증상을 완화한다는 뜻에서만 적합하며, 알다시피 치료는 여러 가지 방법으로 할 수 있다. 그러나 어떤 사람의 인격이 발달하는 과정에서 밟은 잘못된 경로를 '치료'할 수는 없는 노릇이다. 우리는 분석가로서 잘못된 경로를 밟은 사람이 곤경을 서서히 이겨내고 인격의 구축에 더 많이 기여하는 경로로 방향을 바꾸도록 도와줄 따름이다. 여기서 정신 분석 치료의 목표가 정해지는 여러 가지 방법을 다 논의할 수는 없다. 당연히 어떤 분석가든 자신의 신념에 따라 신경증의 핵심이라고 생각한 것에서 정신 분석 치료의 목표도 이끌어 낸다. 예컨대 인간 관계에 나타나는 장애가 신경증을 앓는 결정적 요인이라고 믿으면, 정신 분석 치료의 목표는 환자가 타인과 좋은 관계를 맺게 돕는 일이 될 터이다. 정신 내부에서 일어나는 과정의 특징과 중요한 숨은 의미를 살펴보았으므로, 우리는 이제 좀 더 포괄적인 방면에서 목표를 정하는 쪽으로 기운다. 우리는 환자가 자기 자신을 찾고, 자기 실현을 위해 노력할 가능성도 발견하도록 도우려 한다. 환자가 좋은 인간 관계를 맺는 능력은 자기 실현 과정의 본질을 이루는 부분essential part인데, 창조 작업에 적합한 능력과 스스로 책임지는 능력도 포함한다. 분석가는 정신 분석 작업의 목표를 첫 상담부터 마지막 상담까지 명심해야 한다. 바로 그 목표에 따라 정신 분석 작업을 어떻게 할지, 어떤 정신으로 상담에 임할지 결정되는 까닭이다.

정신 분석 치료 과정에서 부딪치는 여러 곤경을 거칠게나마 평가하려면, 치료 과정이 환자에게 어떤 영향을 미치는지도 살펴보아야 한다. 간단히 말해 환자는 자신의 성장을 방해하는 필요와 충동, 태도를 모두 극복하지 않으면 안 된다. 환자는 자신을 둘러싼 환상과 환상에 사로잡힌 목표를 버려야 비로소 진실한 잠재력real potentialities을 찾아서 계발할 기회도 얻는다. 그는 가짜 자존심과 자부심을 포기할 때만 자신을 덜 적대하고 확고한 자신감도 서서히 찾을 수 있다. 당위가 강제력을 상실해야 비로소, 자신의 진실한 감정과 소망, 진정한 신념과 이상도 발견할 수 있다. 자신을 괴롭히는 엄존하는 갈등에 직면해야 비로소 진실한 통합에 이를 기회뿐 아니라 다른 기회도 얻는다.

분석가는 이런 사실을 부정할 수 없는 진리로 받아들이지만, 환자는 그렇다고 느끼지 않는다. 환자는 자신의 생활 방식과 해결책이 옳고, 자기만의 방식으로 평화를 찾고 성취감을 맛볼 수 있다고 확신한다. 그는 자부심이 내면을 강인하게 만들고 내면에 가치를 부여하며, 당위가 없다면 인생이 혼란에 빠질 것이라고 느낀다. 객관성을 유지하는 관점에서 바라보면, 환자가 중시하는 모든 가치가 겉으로만 그럴싸해 보이는 가짜라고 말하기 쉽다. 그러나 환자는 중요하게 생각하는 유일한 가치라고 느껴서 집착할 수밖에 없다.

더욱이 환자가 주관적 가치에 매달리는 까닭은, 매달리지 않으면 영혼, 정신, 마음의 생존psychic existence 전체가 위태로워지기 때문이다. 환자가 자신의 내면에 생긴 갈등을 풀기 위해 찾은 해결책, 즉 '통달mastery'과 '사랑love', '자유freedom'로 간추린 해결책은 자신에게 옳고 현명하고 바람직한 방법일뿐더러 유일하게 안전한 방법처럼 보인다. 이런 해결책은 환자에게 일체감a feeling of unity을 선사한다. 이는 갈등에 직면할 때마다 자신이 분열되는 끔찍한 전망을 피할 수 없다는 말과도 통한다. 자부심은 환자에게 가치가 있거나 숨은 의미가 있는 존재라는 느낌을 줄뿐더러, 자기 혐오와 자기 비하에 빠지는 똑같이 끔찍한 위험에 맞서 안전하게 지켜 준다.

환자는 정신 분석을 받는 도중에 갈등이나 자기 혐오에 시달리고 있음을 실감하지 않으려고, 전체 신경증 구조에 맞춰 특별한 수단을 찾아낼 수 있다. 확장 유형은 두려움, 무력감, 애정의 필요, 보살핌, 도움, 공감을 실감하지 않으려고 회피한다. 자기 말소 유형은 대부분 자부심이나 자신의 이익을 노리는 행동을 애써 외면한다. 체념 유형은 갈등의 출현을 막으려고 공손하고 예의 바른 무관심과 타성에 따라 차분한 겉모습을 보여 주기도 한다. 모든 환자에게 나타나는 갈등 회피는 이중 구조를 지닌다. 환자들은 갈등을 빚는 경향을 의식의 표층으로 떠올리지도 않고 그런 경향을 꿰뚫는 어떤 통찰도 의식의 심층으로 가라앉히지 않는다. 어떤 환자들은 지성의 역할을 부각시키거나 정신을 여러 구획으로 나누어 갈등을 이해하지 않고 회피한다. 다른 환자들에게 나타나는 방어는 훨씬 널리 퍼져 있으며, 무엇이든지 명료하게 곰곰이 생각하는 것에 무의식적으로 저항하거나 가치를 부정하는 무의식적 냉소주의를 고수한다. 두 경우에 각각 나타나는 갈피를 잡지 못하는 사고와 냉소적인 태도 탓에 갈등에서 흘러나온 문제가 흐릿해져, 환자들은 사실 갈등을 알아볼 수 없다.

환자가 자기 혐오나 자기 비하를 경험하지 않으려는 시도에 드러난 중심 문제는 이행되지 않은 당위가 있음을 인정하지 않고 회피한다는 점이다. 그러므로 환자는 정신 분석 도중에 내부 명령에 따라 용서할 수 없는 죄가 되는 이런 결함을 꿰뚫어 보는 어떤 통찰도 의식하지 않고 몰아낼 수밖에 없다. 결함의 암시는 어떤 것이라도 불공정한 비난an unfair accusation으로 느껴져서 방어 자세防禦姿勢 the defensive를 잡는다. 결과는 방어防禦 defense할 때 호전성을 드러내든 유화 행동을 하든 마찬가지이다. 그러니까 환자는 맑은 정신으로 진상眞相 the truth을 검토하지 못한다.

이렇게 환자가 자신의 주관적 가치를 방어하고 주관적인 불안감과 공포심 같은 위험을 막아야 할 절박한 필요가 모두 좋은 의도를 의식하면서도 분석가와 협조하는 능력이 떨어지는 원인이다. 이런 절박한 필요 탓에 환자는 방어 자세를 잡을 수밖에 없다.

지금까지 환자의 방어 자세는 바로 **현 상태**status quo의 유지라는 목표를 겨냥한다.[1] 정신 분석 작업이 진행되는 기간 거의 내내 현 상태를 유지하려는 특징이 뚜렷하게 나타난다. 예컨대 체념 유형과 작업하는 초기 단계에는 냉

---

1 현 상태 유지가 바로 『자기 분석』(노턴, 1939) 제10장 저항에서 내가 제안한 '저항'의 정의이다.

담한 태도detachment와 자유freedom, 아무도 원치 않고 누구와도 싸우지 않는다는 방침을 털끝 하나라도 건드리지 않고 보존해야 할 필요가 정신 분석에 접근하는 환자의 태도를 완전히 결정한다. 그런데 확장 유형과 자기 말소 유형과 작업할 때는 특히 초기에 정신 분석 진행을 방해하는 다른 힘이 작용한다. 그들은 인생에서 통달과 승리, 또는 사랑의 절대 경지라는 적극적 목표positive goals에 도달하려고 애쓰는 것과 꼭 마찬가지로, 정신 분석으로 바로 이런 목표를 달성하려고 애쓴다. 그들이 생각할 때, 정신 분석은 거침없는 승리, 결코 실패하지 않는 마법 같은 의지력, 저항할 수 없는 매력, 평온한 성자다움 들에 걸림돌이 되는 모든 장애를 제거해야 한다. 따라서 환자가 방어 자세를 잡는 문제뿐 아니라 환자와 분석가가 확연히 다른 목표를 지향하는 문제가 발생한다. 환자와 분석가는 똑같이 진화와 성장, 발전이라는 용어를 써서 대화를 나누지만, 각자 사용하는 용어의 의미는 전혀 다르다. 분석가는 진실한 나real self의 성장을 마음에 두지만, 환자는 이상을 좇는 나idealized self를 완벽하게 치장하는 생각에만 몰두할 수 있다.

이렇게 정신 분석 작업을 방해하는 힘은 모두 정신 분석으로 도움을 받으려는 환자의 동기에 벌써 영향을 미치고 있다. 사람들은 공포증과 우울증, 두통, 업무 차질, 성관계 장애, 어떤 일을 하든 반복되는 실패 때문에 정신 분석을 받고 싶어 한다. 환자들은 결혼한 배우자의 외도나 가출 같은 괴롭고 딱한 상황에 대처할 수 없어 정신 분석을 받으러 온다. 사람들은 막연하게 전반에 걸쳐 발전하지 못하고 있다고 느껴서 오기도 한다. 이런 장애는 모두 정신 분석을 고려할 충분한 이유로 보이고 더 나아가 검토할 필요도 없어 보인다. 그러나 당장 언급해야 하는 이유로, 이렇게 묻는 편이 좋다. **누가** 장애를 겪는가? 행복하고 성장하고 싶다고 진실한 소망을 품은 그 사람 자신인가, 아니면 그 사람의 자부심인가?

우리는 확실히 양자를 아주 깔끔하게 구분할 수 없지만, 기존의 몇 가지 고뇌가 참고 견디기 어려워질 때 자부심의 역할이 압도적으로 크다는 점을 반드시 인지해야 한다. 예컨대 광장 공포증에 시달리는 환자는 모든 상황에 통달해 있다는 자부심을 해치므로, 거리에서 만난 어떤 사람을 참고 견디지 못하리라. 남편에게 버림받은 상황이 신경증에 사로잡혀 공정한 대우를 요구하는 권리 주장의 좌절을 뜻하면, 대재앙이 벌어진다. "나는 정말 좋은 아내였으니까 남편의 헌신적 사랑을 계속 받을 권한이 있어." 부부 관계에서 한 사람은 전혀 걱정하지 않고 조바심도 내지 않는 성관계 장애가 '정상 상태'를 최대한 유지해야 하는 환자에게는 도저히 견딜 수 없는 일이다. 어떤 사람이 발전하지 못하는 상태로 있으면 괴롭고 지치는 까닭은 아무런 노력없이 우월감을 내세우는 권리 주장이 아무짝에도 쓸모가 없어 보이기 때문이다. 자부심의 역할은 어떤 사람이 자존심을 상하게 만드는 얼굴 빨개짐이나 발표 불안이나 손 떨림 같은 사소한 장애로 도움을 청하지만, 훨씬 심각한 악조건을 형성하는 장애는 가볍게 넘긴다는 사실에서 드러난다. 사실 환자의 자부심은 정신 분석을 받기로 결심할 때는 역할이 모호하다.

다른 한편 도움이 필요하고 도움을 받을 수 있는 사람들이 자존심과 자부심 때문에 분석가를 찾아가지 못할 수도 있다. 자족自足 self-sufficiency과 '독립獨立 independence'을 성취했다는 자부심이 강해서 어떤 도움이든 예상하는 것만으로도 창피스럽고 굴욕을 느낄지도 모른다. 누구에게 도움을 청하는 일은 허락할 수 없는 '방종放縱 indulgence'일 터이다. 그들은 자신들이 겪는 모든 장애에 스스로 대처해야 한다. 또는 극기克己 self-mastery를 해냈다는 자부심이 커서 심지어 신경증과 결부된 골칫거리와 고생苦生 troubles을 하나도 인정하지 않을지도 모른다. 그들은 기껏해야 친구나 친척의 신경증 문제를 의논하려고 분석받으러 온다. 분석가는 이런 사례를 살펴볼 때 친구나 친척을 핑계로 분석받는 것이 환자들이 자신의 곤경을 에둘러 말하는 유일한 방식일 가능성에도 주의해야 한다. 따라서 환자들의 자존심과 자부심 탓에 그들이 실제로 어떤 곤경에 빠졌는지 제대로 평가하기 어려울뿐더러 적합한 방식으로 도와주지 못할 수도 있다. 물론 정신 분석을 받을지 고려할 때 억제하는 요인이 반드시 특별한 자존심과 자부심은 아니다. 환자들은 내면 갈등을 푸는 해결책에서 비롯된 어떤 요인으로도 억제당할 수 있다. 예컨대 체념 경향이 강한 환자들은 도리어 자신들이 겪는 장애와 화해하고 "나는 이런 사람이야"라는 태도를 나타낼 수도 있다. 자기 말소 경향이 강한 환자들은 자기 이익 추구도 '이기적' 행동으로 여겨 억제하리라.

정신 분석을 방해하는 힘은 환자가 정신 분석으로 은밀하게 기대하는 것에도 작용한다. 이 점은 정신 분석 작업에서 부딪치는 일반적인 곤경이 무엇인지 논의할 때 이미 언급했다. 반복해 말하면, 환자는 정신 분석으로 자신의 신경증 구조는 전혀 바꾸지 않고, 장애를 일으키는 요인들만 제거할 수 있으리라고 얼마간 기대한다. 이상을 좇는 나의 무한한 능력이 실현되리라는 기대도 얼마간 품는다. 게다가 환자의 기대는 정신 분석의 목표뿐 아니라 목표를 이루려면 선택해야 하는 방법에도 중요하다. 끝난 분석 작업의 진가를 맑은 정신으로 냉철하게 인정하고 평가하는 경우는 있더라도 아주 드물다. 여기에는 몇 가지 요인이 얽혀 있다. 단지 책을 읽어서, 이따금 타인이나 자신을 분석하는 시도로 정신 분석을 알게 된 평범한 사람이 분석 작업의 진가를 인정하고 평가하기는 어렵다. 그러나 다른 모든 새로운 분석 작업과 마찬가지로, 환자는 이윽고 자부심이 방해하지 않으면 필연적으로 일어나는 결과가 무엇인지 배울 터이다. 확장 유형은 자신이 부딪친 곤경을 과소평가하고, 극복할 수 있는 능력을 과대평가한다. 그는 주인 정신과 전능한 의지력으로 모든 갈등을 삽시간에 해결할 수 있어야 한다. 주도권 싸움에 끼어들지 않고 타성에 젖어 마비된 상태나 다름이 없는 체념 유형은, 분석가가 기적의 실마리를 제공하리라 기대하지 않고, 끈덕지게 분석가를 흥미롭게 지켜보는 방관자로 여긴다. 자기 말소 경향이 우세한 환자는 너무 고통스럽고 괴로워 도움이 절실히 필요하므로, 분석가가 마법의 지팡이를 흔들어 해결해 주리라 기대할 법하다.

각 신경증 유형에 따른 기대가 정신 분석 작업의 진행을 지연하는 효과는 아주 명백하다. 분석가가 지닌 마법의 힘이 바라던 결과를 내리라 기대하든, 자신이 지닌 마법의 힘이 그러리라고 기대하든, 환자가 분석 작업에 필요한 기력을 스스로 모으려는 유인이 약해져, 정신 분석은 차라리 신비스러운 과정이 되어 버린다. 말할 필요도 없이 자기 합리화에 지나지 않는 설명은 아무 효과도 내지 못한다. 왜냐하면 배후에 도사린 당위와 권리 주장을 내면에서 결정하는 온갖 필요는 하나도 건드리지 않기 때문이다. 이런 경향이 영향을 미치면 단기 치료법의 호소력은 엄청나다. 환자들은 단기 치료법을 다룬 출판물이 증상의 변화만을 거론할 뿐이라는 사실은 간과하고, 쉽고 빠른 도약을 건강하고 완벽해진 상태로 오인한 착각에 매료된다.

이렇게 방해하는 힘이 분석 작업 도중에 드러나는 형태는 천차만별이다. 분석가가 재빨리 알아채려면 그런 형태를 제대로 파악해야 하지만, 몇 가지만 말하고 넘어가겠다. 길게 논할 생각도 없다. 여기서는 정신 분석 기법 techniques이 아니라 치료 과정에 불가결한 핵심이 무엇인지에 관심을 두는 까닭이다.

먼저 따지기 좋아해서 시비를 걸고, 빈정대거나 비꼬고 비아냥거리며, 공격성을 드러내는 환자가 있다. 다음으로 공손히 순응하는 겉모습 뒤에 숨는 환자, 분석이 필요한 주제를 회피하거나 빼먹고, 아예 잊어버리는 환자도 있다. 주제가 자신과 아무 상관도 없는 양 아무 도움도 되지 않는 이야기를 늘어놓는 환자도 있다. 아니면 자기 혐오나 자기 비하의 주문에 걸려 분석을 더 진행하기는 어렵다고 경고하는 환자를 비롯해 다양한 환자들이 있다. 이런 온갖 곤경은 환자가 안고 있는 문제를 직접 분석할 때나 환자가 분석가와 정신 분석 관계를 맺을 때 드러난다. 다른 인간 관계와 비교하면, 정신 분석 관계는 한 가지 점에서 환자에게 더 쉬울 수 있다. 분석가는 환자가 안고 있는 문제가 무엇인지 이해하려고 집중하므로, 환자에게 반응하는 빈도가 비교적 낮다. 다른 점에서 더 어려울 수 있는 까닭은 환자가 겪는 갈등과 불안이 각성되어 드러나기 때문이다. 그래도 인간과 인간의 관계인지라, 환자가 다른 사람들과 만나면서 겪는 온갖 곤경이 여기서도 나타난다. 눈에 띄는 곤경을 몇 가지만 말해 보자. 정신 분석 관계의 진로는 대체로 통달과 사랑, 자유를 좇을 수밖에 없는 강박에 사로잡힌 환자의 필요에 따라 결정되고, 그런 필요 탓에 환자는 지도指導 guidance와 거부拒否 rejection, 강압强壓 coercion에 각각 신경 과민 반응을 나타낸다. 환자는 분석가와 정신 분석 관계를 맺을 때 자존심이 상할 수밖에 없으므로, 굴욕을 느끼거나 창피하다고 생각하기 쉽다. 또는 자신만의 기대와 권리 주장 탓에 흔히 좌절하고 학대당했다고 느낀다. 아니면 자기 파괴적인 격분에 사로잡혀 갑자기 분석가에게 독설을 퍼붓고 입에 담기조차 어려운 욕을 하거나 모욕하려 든다.

마지막으로 환자들은 주기적으로 분석가의 역할에 부여하는 가치와 의미를 과장한다. 그들이 보기에 분석가는 훈련과 자기 인식을 거듭한 덕분에 자신을 돕는 그저 그런 인간이 아니다. 아무리 세련된 사람이더라도 상관없이, 환자들은 은밀하게 분석가가 초인적인 선악을 분별하는 능력을 타고난 치료 주술사an medicine man라고 생각한다. 그들의 두려움과 기대가 결합해 이런 태도가 생긴다. 분석가는 자신들을 해치고 자존심을 깔아뭉개고 자기 비하로 몰아넣을 뿐만 아니라, 마법의 치유 능력을 지닌 존재이다. 간단히 말해 분석가는 환자들을 지옥으로 밀어 넣을 수도 있고 천국까지 끌어 올릴 수도 있는 권능을 지닌 마법사이다.

우리는 이런 방어의 숨은 의미를 몇 가지 관점에서 평가할 수 있다. 분석가들은 어떤 환자와 분석 작업을 할 때 방어가 분석 과정에 미치는 지연 효과에 주목한다. 이런 방어 탓에 환자는 스스로 자신을 검토하고 이해하고 바꾸기 어려울뿐더러, 때로는 아예 불가능하다. 다른 한편 프로이트가 '저항抵抗 resistance'에 대해 말하며 인정했듯이, 방어는 우리의 탐구 방향을 가리키는 도로 표지판이기도 하다. 우리는 환자가 지키거나 드높여야 할 필요가 있는 주관적 가치와 밀어 내는 위험을 서서히 이해하는 만큼 환자의 내면에서 작용하는 방어하는 힘의 숨은 의미도 터득할 수 있다.

더욱이 환자의 방어는 정신 분석 치료에 복잡하고 당혹스러운 문제를 다양하게 일으키며, 소박하게 말해 분석가는 때때로 방어가 덜 나타났으면 좋겠다고 생각한다. 하지만 치료 절차는 환자가 방어를 드러내지 않을 때보다 나타낼 때 오히려 위기에 빠질 가능성이 줄어든다. 분석가는 섣부른 해석을 피하려고 노력하지만 신처럼 모든 것을 알 수 없으므로, 자신의 대처 능력을 넘어선 불안 요인이 때때로 환자에게 나타나는 것까지 어찌할 도리는 없다. 분석가는 환자의 기분이 상하지 않도록 배려하며 방어에 관해 논평할 수도 있지만, 환자는 분석가의 논평論評 comments을 불안한 경고로 해석할 터이다. 아니면 분석가가 논평하지 않더라도 환자는 자유 연상이나 꿈속에서 아직 분명히 알지 못하지만 두려운 장면을 그려내기도 한다. 따라서 환자가 나타내는 방어는, 정신 분석 작업을 아무리 방해하더라도 직관에 따른 자기 방어를 표현하는 만큼 긍정 요인도 반드시 들어 있다. 방어는 긍지 체계가 조성한 위태로운 내면 조건 때문에 일어날 수밖에 없다.

정신 분석 치료 기간에 발생하는 어떤 불안이든 환자에게 으레 경고로 의식되는 까닭은, 불안을 장애의 조짐sign으로 여기는 경향이 있기 때문이다. 그러나 대체로 불안은 장애의 조짐이 아니다. 불안에 숨은 중요한 의미와 가치는 맥락 속에서만 평가할 수 있다. 분석 도중에 생기는 불안은 환자가 특정한 시간에 느끼는 마음 상태가 아니라, 자신의 갈등이나 자기 혐오에 더 가까이 다가갔다는 뜻이기도 하다. 그때 불안을 누그러뜨리던 습관에 따라 대처하기 마련이다. 뚫릴 것 같던 길은 다시 막힌다. 말하자면 환자는 정신 분석을 받는 경험에서 아무 혜택도 얻지 못한다. 다른 한편 뜻밖에 의식의 표층으로 떠오른 불안은 긍정 방향으로 큰 의미를 지닐 수 있다. 왜냐하면 불시에 나타난 불안은 환자가 이제 자신의 문제와 똑바로 마주하는 위험을 감수할 만큼 충분히 강해졌다는 점을 보여 줄 수도 있기 때문이다.

정신 분석 치료법은 인간의 역사가 시작된 이래 내내 몇 번이고 되풀이해 주창된 유서 깊은 방법이다. 특히 소크라테스Socrates, 기원전 470~399와 힌두교Hindu philosophy의 용어로 표현하면, **자기 인식을 거쳐서 일어나는 방향 전환법**road to reorientation through self-knowledge이다. 여기서 새롭고 특별한 점은 자기 인식에 도달하는 방법인데, 프로이트라는 천재의 덕분으로 돌려야 마땅하다. 분석가는 환자가 환자 자신 안에 작용하는 방해하는 힘과 구축하는 힘을 모두 자각하도록, 방해하는 힘과 싸우고 구축하는 힘을 발휘하도록 돕는다. 방해하는 힘의 기운을 꺾는 일이 구축하는 힘을 끌어내는 일과 동시에 일어나지만, 나는 두 힘을 개념상 분리해서 논의하겠다.

이 책에서 다룬 주제로 연속 강의[2]를 한 적이 있었는데, 치료 문제를 둘러싸고 최종 논의한 아홉 번째 강의가 끝나고 청중에게 질문을 받았다. 나는 모든 주장이 치료와 관련이 있다고 답변했다. 영혼, 정신, 마음에 얽혀 일어날 수 있는 복잡한 관계를 알려 주는 모든 정보는, 누구에게나 자신의 골칫거리와 고생troubles을 찾아낼 기회도 제공한다. 비슷하게 여기서 환자가 자신의 긍지 체계와 거기서 생길 수밖에 없는 모든 필요를 근절하려면 무엇을 분명히 자각해야 하는지 물으면, 그저 이 책에서 논의한 각 양상을 하나하나 빠짐없이 자각해야 한다고 말할 따름이다. 환자는 자신의 영광을 좇는 탐색, 권리 주장, 당위, 자부심, 자기 혐오, 자기 소외, 갈등, 특별한 해결책을 자각해야

---

2 신 사회 연구소에서 1947년과 1948년에 강의했다.

할뿐더러 이런 모든 요인이 자신의 인간 관계와 창조적으로 일할 수 있는 역량에 미치는 효과도 자각해야 한다.

더욱이 환자는 이렇게 각기 다른 요인individual factors뿐 아니라, 각기 다른 요인이 어떻게 관계를 맺고 상호 작용하는지도 자각해야 한다. 이 점과 관련이 가장 깊은 사실은 자기 혐오가 자부심과 떼려야 뗄 수 없는 짝이며, 다른 것 없이 어느 하나도 존재할 수 없다고 인정하는 것이다. 모든 요인을 하나하나 다 전체 신경증 구조의 맥락 속에서 살펴볼 필요도 있다. 예컨대 환자는 자신의 당위가 자부심의 종류에 따라 결정되고, 당위의 불이행이 자책을 불러오고, 다음으로 이런 현상이 자책의 엄습에서 자신을 보호해야 할 필요까지 설명해 준다는 점도 깨달아야 한다.

이런 모든 요인을 자각함은 그것들에 관한 정보를 가짐이 아니라 지식을 얻는 것을 의미한다. 존 맥머레이John Macmurray는 이렇게 말한다. "객체客體 the object에 집중하고, 관계를 맺는 사람들에게 관심을 두지 않는 것이 '정보 중심' 태도의 특징이며, 흔히 객관성objectivity이라고 부른다. 객관성은 실제로 사람을 배제하는 비인격성impersonality일 따름이다. 정보는 언제나 무엇을 둘러싼 정보일 뿐, 정보를 가진다고 해서 무엇을 구체적으로 아는 것은 아니다. 과학은 당신의 애완견을 아는 데 어떤 도움도 줄 수 없다. 말하자면 과학은 개에 관한 일반적인 정보만 제공할 뿐이다. 당신은 병에 걸리면 보살피고, 집 안에서 어떻게 행동할지 가르치고, 함께 공놀이를 해야 비로소 애완견을 실제로 알 수 있다. 물론 당신의 애완견을 더 잘 알기 위해, 과학이 개에 관해 일반적으로in general 제공하는 정보를 이용할 수 있지만, 그것은 다른 문제이다. 과학은 일반적인 것, 더하든 덜하든 사물이 일반적으로 갖는 보편적 특성에 관심을 쏟으며, 아무것에도 특별하게 관심을 두지 않는다. 그리고 현실적인 것은 무엇이든지 언제나 특별한 것이다. 사물事物 things은 인식될 때 다소 기묘한 방식으로 우리의 인격이 드러난 개인 관심personal interest에 의존한다."[3]

그런데 환자의 자기 인식自己認識 a knowledge of self에는 두 가지 의미가 담겨 있다. 그릇된 자부심을 얼마나 많이 가졌는지, 비판이나 실패에 얼마나 과민한지, 자책하는 경향이 얼마나 강한지, 갈등이 얼마나 많은지 설명하는 일반 관념a general idea은 환자에게 아무 도움도 되지 않는다. 중요한 점은 앞에서 말한 여러 요인이 환자의 내면에서 작용하는 **구체적이고 특별한** 방식specific ways을 자각하고, 과거에 살았고 현재 살고 있는 환자의 **특별한** 인생particular life에 어떻게 **구체적이고 상세하게**in concrete detail 나타나는지 자각하는 것이다. 이제 다음과 같은 사실이 자명해 보인다. 당위shoulds를 일반적으로in general 알고, 당위가 환자의 내면에서 작용한다는 일반 사실general fact을 아는 것만으로는 아무도 돕지 못한다. 그래서 환자는 당위에 담긴 특별한 내용particular content, 당위를 필연으로 만드는 특별한 요인particular factor, 당위가 특별한 인생particular life에 미친 특별한 효과particular effect를 알아내야 한다. 구체성과 특별함을 강조할 수밖에 없는 까닭은, 환자가 진실한 나에게서 멀어지는 소외나 무의식적인 가식을 위장해야 할 필요 같은 여러 가지 이유로 애매모호하거나 인격을 드러내지 않는 상태에 머물려는 경향이 있기 때문이다.

더욱이 환자의 자기 인식은 지성으로 아는 데 그쳐서는 안 된다. 자기 인식은 지성에서 시작할 수도 있지만, **감정이 묻어나는 경험**emotional experience이 되어야 한다. 이렇게 지성과 감정이라는 두 요인이 밀접하게 뒤섞이는 까닭은, 아무도 자부심을 일반적으로 경험할 수 없기 때문이다. 말하자면 환자는 자신의 특별한 자부심만 명확하게 경험할 따름이다.[4]

---

3 존 맥머레이, 『이성과 감정』(파버사, 런던, 1935), 151쪽.

그러면 환자가 자신의 내면에 작용하는 힘을 생각하고 느끼는 작용은 왜 중요한가? 지성의 깨달음realization만으로는 엄밀한 의미에서 전혀 '깨달음'에 이르지 못하는 까닭이다.[5] 지성만의 깨달음은 환자에게 진실일 수 없고, 환자의 인격에 속한 성질일 수도 없다. 말하자면 환자의 내면에 뿌리를 내리지 못한다. 특히 환자가 자신의 지성으로 알아낸 것은 정확할 수도 있다. 하지만 광선을 흡수하지 못하고 반사하는 거울처럼, 그는 지성으로 깨달은 '통찰insights'을 자신에게 적용하지 않고 남들에게만 적용할지도 모른다. 또는 지성에 자부심을 느끼는 환자는 몇 가지 방식으로 재빨리 통찰을 이어받을 수도 있다. 첫째로 남들이 피하고 꺼리는 발견을 해냈다고 자랑스러워한다. 둘째로 특별한 문제를 조작하기 시작해 방향을 바꾸고 왜곡한 끝에, 예컨대 자신의 복수심과 학대 감정이 완전히 합리적 반응으로 바뀐다. 마침내 지성의 힘만으로 문제를 충분히 해결할 수 있는 것처럼 보인다. 말하자면 보는 것이 해결하는 것이다.

더욱이 이제까지 의식되지 않았거나 반만 의식된 감정이나 충동이 지닌 비합리성의 충격과 영향impact을 충분히 경험해야 비로소, 우리는 자신의 내

---

4 정신 분석의 초기 역사에서, 지성의 인식은 치료 효능이 있는 작용이었던 듯하다. 당시에 지성의 인식은 유년기의 기억들이 의식의 표층으로 떠오르는 작용을 의미했다. 지성의 통달을 과대평가하는 태도는 당시 어떤 경향의 비합리성을 인지하는 것만으로도 일을 충분히 바로잡을 수 있으리라는 기대에도 드러났다. 다음에 무게 중심은 다른 극단으로 이동했다. 어떤 요인을 감정으로 경험하는 작용이 제일 중요해졌고, 이후 다양한 방식으로 강조되었다. 사실 이러한 강조점의 이동은 분석가들이 대부분 진보하는 과정에서 보이는 특징인 것처럼 보인다. 저마다 스스로 감정의 경험이 지닌 중요한 의미를 다시 발견할 필요가 있는 것 같다. 오토 랑케Otto Ranke와 산도르 페렌치Sandor Ferenczi의 『정신 분석의 발전사*The Development of Psychoanalysis*』(신경 정신 질환 출판부, 40호, 워싱턴, 1925). 테오도르 라이크Theodore Reik의 『놀람과 정신 분석가*Surprise and the Psychoanalyst*』(케간 폴, 런던, 1936). 아우어바흐J. G. Auerbach, 「정신요법을 통한 가치 변화Change of Values through Psychotherapy」(〈인격지Personality〉, 1권, 1950) 참고.

5 웹스터 사전의 풀이에 따르면, "깨달음은 진정한 존재가 되어가는 행동이자 과정이다."

부에서 꿈틀거리는 무의식의 힘이 지닌 강도와 강박에 사로잡히는 특징을 서서히 알 수 있다. 어떤 환자가 짝사랑에서 느낀 절망감이, 사실 저항할 수 없는 매력이 있다는 자부심이나 상대방의 육체와 영혼을 소유할 자격이 있다는 자존심에 상처를 입어서 생긴 굴욕감일 개연성이 높다고 인정하는 데서 그쳐서는 안 된다. 그는 굴욕을 **느껴야** 하고, 나중에 자부심이 자신을 붙잡고 뒤흔든 지배력을 느껴야 한다. 자신의 분노나 자책이 상황에 맞지 않고 더 컸을 개연성이 높다고 막연하게 아는 것으로는 충분하지 않다. 그는 격분이 뿜어내는 충격과 영향을 **느껴야** 하고, 자책이 일어나는 밑바닥까지 내려가 그 심각성을 **느껴야** 한다. 그때에만 무의식 과정unconscious process과 무의식을 지배하는 비합리성의 위력이 자신의 면전에 드러난다. 그럴 때만 자기 자신을 더욱더 찾아야 할 유인도 생긴다.

감정이 생기는 고유한 맥락proper context에서 감정을 느끼고, 알아보았으나 아직 느끼지 못한 감정이나 충동을 체험하려는 시도 역시 중요하다. 산의 정상까지 오를 수 없었던 때에 개를 보고 두려움을 느꼈던 여자의 사례로 돌아가면, 두려움 자체는 충분한 강도로 느꼈다. 그 여자가 특별한 두려움을 이겨낼 수 있었던 마음의 작용은 두려움이 바로 자기 비하에서 비롯되었다는 깨달음이었다. 그녀는 가까스로 그런 깨달음을 얻었지만, 그녀의 발견은 동시에 고유한 맥락에서 두려움을 느꼈다는 뜻이었다. 그러나 여자 환자가 자기 비하의 심층을 느끼지 못하는 한, 다른 두려움이 계속 발생했다. 결국 자기 비하를 경험하는 것은, 그녀가 모든 곤경에 통달하라고 자신에게 비합리적으로 요구한 맥락에서 자기 비하를 느낄 때만 도움이 되었다.

이제까지 다룬 몇몇 무의식적 감정이나 충동에 대한 정서적 경험emotional experiencing은 갑자기 발생해서 계시 같은 인상을 받을지도 모른다. 이와 같은 정서적 경험은 어떤 문제를 두고 진지하게 분석 작업을 하는 과정에서 서서히 발생할 때가 더 많다. 예컨대 어떤 환자는 처음으로 복수심과 실제로 얽힌 초조감과 짜증을 알아챈다. 이렇게 초조감과 짜증이 일어나는 상태와 자존심 손상 사이에 무슨 관계가 있는지도 알아낸다. 그런데 어느 순간 자신의 상한 감정이 있는 그대로 드러나는 강렬한 느낌과 복수심이 일으키는 감정의 충격을 스스로 체험하지 않을 수 없다. 처음에 환자는 발생한 경험이 정당하다는 느낌보다 오히려 분개의 감정이나 모욕감을 알아챌 수도 있다. 이런 감정이 어떤 기대에 어긋나서 생긴 실망감에 따른 반응이었다고 환자는 인정하게 된다. 이런 감정들은 합당하지 않을 수도 있는데, 환자가 온전히 정당한 것으로 여긴다는 분석가의 제안을 환자는 받아들인다. 환자는 점점 자신에게도 합당해 보이지 않는 기대를 알아챈다. 나중에 환자는 자신이 걸었던 기대가 무해한 소망이 아니라 도리어 융통성이 없는 오만한 권리 주장임을 깨닫는다. 이윽고 자신이 얼마나 많이 기대하는지, 그런 기대가 얼마나 환상에 사로잡혀 있는지도 훤히 들여다볼 수 있다. 그러면 환자는 기대가 어긋나 좌절할 때 자신이 얼마나 산산이 부서지고 얼마나 미쳐 날뛰며 분개하는지도 체험한다. 마침내 불합리한 기대가 지닌 위력이 환자에게 훤히 드러난다. 그런데 이렇게 모두 알아채더라도, 환자가 기대를 버리고 사느니 차라리 죽는 게 낫다고 느끼는 감정과 아직 격차가 있다.

마지막으로 예시를 하나 들어 보자. 어떤 환자는 자신이 '빠져나가는get by' 행동을 최고로 바람직한 일로 여기며, 이따금 남을 바보 취급하거나 속인다고 알아챌 수 있다. 이렇게 더 많이 자각할수록, 자신보다 더 좋은 방법으로 '빠져나가는' 타인을 자신이 얼마나 부러워하는지, 자신이 남에게 바보로 취급 받거나 속을 때 얼마나 화가 치미는지 실감한다. 자신이 실제로 남을 속이거나 허세부리는 능력을 얼마나 자랑스러워하는지도 점점 많이 인정한다. 어느 순간 그것이 실제로 마음을 빼앗은 울화passion임을 뼛속까지 느낄 수밖에 없다.

그렇지만 환자가 감정emotions, 충동urges, 열망longings을 비롯해 아무것도 느끼지 못하면 어찌 하는가? 어차피 느낌은 억지로 꾸며 낼 수 없다. 하지만 환자와 분석가는 모두 어떤 느낌이든 의식의 표층으로 떠오르게 놓아 두고, 느낌의 강렬함도 떠오르게 놓아 두는 것이 바람직하다는 확신이 조금은 힘이 된다. 이것은 두 사람에게 단지 머리로 분석하는 작업과 감정이 오가는 참여로서 정신 분석 작업이 어떻게 다른지 주목하라고 경고할 수 있다. 게다가 감정이 묻어나는 경험을 방해하는 요인이 무엇인지 분석하는 일에도 관심을 일깨울 터이다. 방해 요인은 범위extent와 강도intensity, 종류kind에 따라 각양각색이다. 방해 요인이 모든 느낌을 막는지 특별한 느낌만 막는지 분별하는 일은 분석가에게 중요하다. 두드러진 방해 요인은 환자가 판단 중지suspended judgment로 어떤 것이든 경험할 때 나타내는 무능이나 빈약한 능력이다. 최고로 배려한다고 자부하는 어떤 환자는 자신이 심술궂게 위세를 부릴 수 있다는 사실도 이해하기 시작했다. 그때 서둘러 이런 태도가 잘못되었고, 그런 행동이 중단되어야 한다는 가치 판단도 내렸다.

이런 반응은 신경증 경향에 정면으로 맞서 반대하며 바꾸고 싶어 하는 것처럼 보인다. 실제로 이런 여러 사례를 관찰해 보면, 환자들은 한 쪽에 자부심pride과 다른 쪽에 자책self-condemnation의 두려움이 움직이는 두 바퀴에 끼어 괴로워한다. 그래서 특별한 신경증 경향을 알아채고 강렬하게 체험하기 전 서둘러 지워 없애려 한다. 타인에게서 이익을 얻거나 타인을 이용해서는 안 된다는 금기를 지켰던 또 다른 환자는 지나친 겸손의 이면에 자신의 이익을 챙겨야 할 필요가 묻혀 있음을 발견했다. 사실 그는 어떤 상황에서 아무것도 얻지 못하면 격노했고, 자신에게 중요한 여러 가지 점에서 자신보다 더 잘 나가는 사람들과 한자리에 있을 때면 언제나 배가 아팠다. 그러면 다시 번개처럼 재빨리 자신이 완전히 밉살스럽고 비난받아 마땅하다는 결론으로 비약한다. 그렇게 함으로써 억압된 공격 경향에 대해 가능한 경험과 후속 이해의 싹을 잘라 버렸다. 강박에 사로잡힌 '이타심利他心 unselfishness'과 똑같이 갈망에 사로잡힌 욕심慾心 acquisitiveness 사이에서 벌어지는 엄존하는 갈등을 깨닫는 순간 문이 닫혔다.

스스로 곰곰이 생각하고 내면에서 일어나는 문제와 갈등을 적지 않게 파악한 사람들은 흔히 이렇게 말한다. "나를 속속들이 알아서, 스스로 잘 통제할 수 있었어요. 그런데 속마음은 아직 자신이 없고 비참한 기분이 들어요." 이런 사례를 관찰한 결과에 따르면, 흔히 사람들의 통찰은 너무 한쪽으로 치우치거나 피상적인 수준에 머문다는 점이 드러난다. 말하자면 방금 드러낸 깊고 포괄적인 의미로 자각한 것은 아니었다. 그런데 어떤 사람이 정말로 자신 안에 작용하는 중요한 힘을 체험하고, 자신의 삶에 미치는 효과를 알아보았다고 가정하면, 그 사람은 이러한 통찰로 어떻게, 어디까지 자신을 해방하는가? 그는 물론 통찰함으로써 속이 뒤집혀 혼란에 빠질 때도 있고 고통과 괴로움에서 벗어날 때도 있는데, 어떻게 한 인격에 실제 변화가 일어나는가? 즉석에서 답하면, 이 질문은 범위가 너무 넓어 만족스러운 답변을 기대하기 어려워 보인다. 그러나 우리는 모두 통찰의 치유 효과를 과대평가하는 경향이 있지 않은가. 우리는 치료의 동인therapeutic agents이 정확히 무엇인지 명확하게 드러내야 하므로, 이런 깨달음으로 일어난 변화, 즉 변화의 가능성과 한계를 검토해 보자.

내면에서 일어나는 방향 전환 없이, 아무도 자신의 긍지 체계와 해결책이 무엇인지 알 수 없다. 방향 전환을 거친 사람은 자신의 특별한 자아상이 환상에 사로잡혔음을 실감하기 시작한다. 자신에게 내세운 요구가 어쩌면 인간으로서 도달할 수 없는 허무맹랑한 환상은 아닌지, 타인에게 내세운 권리 주장이 부실한 토대 위에 세운 건물처럼 위태로운 근거를 가질뿐더러 절대 실현할 수 없는 이상은 아닌지도 의심하기 시작한다.

그는 엉뚱하게도 자신에게 없거나, 적어도 스스로 믿는 만큼 소유하지 않은 특별한 속성에 자부심을 느꼈음을 알아보기 시작한다. 예컨대 너무나 자랑스러워하는 독립은 진정한 내면의 자유가 아니라 강압에 민감한 특징에 지나지 않는다. 사실 무의식적인 가식으로 꽉 차 있어 스스로 생각하는 만큼 얼룩 하나 없이 완벽하게 정직하지 않으며, 통달했다고 자부하지만 자기 집에서도 주인 노릇을 하지 못한다. 게다가 자신을 그토록 경이로운 존재로 만드는 대단한 박애 정신도 남의 호감을 사거나 숭배의 대상이 되어야 할 필요에서 생겨난다.

마침내 그는 자신의 가치관과 삶의 목표가 타당한지 의문을 던지기 시작한다. 자책은 어쩌면 그저 도덕적 감수성을 드러내는 표시가 아닐까? 냉소는 어쩌면 일반인의 비속한 편견을 넘어섰다는 표시가 아니라 그저 자신의 신념과 화해하지 않으려는 방편에 불과한 것이 아닐까? 자신만 빼고 모든 사람을 사기꾼으로 간주하는 태도 역시 그냥 처세술은 아닐까? 냉담한 태도로 살면 많은 것을 잃지 않을까? 어쩌면 통달이나 사랑이 모든 문제에 맞는 궁극의 해답은 아닐까?

이러한 변화는 모두 현실 검사와 가치 검사를 포함한 단계별 분석 작업으로 나타낼 수 있다. 이렇게 여러 단계를 거치면서 긍지 체계의 기반은 점점 약해진다. 각 단계는 모두 정신 분석 치료의 목표, 즉 방향 전환에 이르려면 필요한 조건이다. 그런데 지금까지 밟은 여러 단계는 모두 **환상을 제거하는 과정** disillusioning process이다. 구축하는 운동이 동시에 일어나지 않으면, 정신 분석의 여러 단계를 밟는 것만으로는 철저하고 지속하는 해방 효과를 낼 수 없고 내지도 못하리라.

정신 분석의 역사가 시작된 초기 정신 의학자들이 정신 분석을 정신 치료의 가능한 형태로 생각하기 시작했을 무렵, 분석에 뒤따라서 종합이 일어날 것이라는 관점을 지지하는 사람들이 있었다. 말하자면 그들은 무엇을 허물고 해체해야 할 필요를 당연히 인정했다. 그러나 해체한 다음, 치료자는 자신의 환자에게 긍정적인 무언가를 주어야 하고, 환자는 긍정적인 무언가로 살고 그것을 믿고 이를 위해 일할 수 있다. 이와 같은 제안은 정신 분석을 오해한 데서 생겨났고 많은 오류를 포함했지만, 그렇더라도 좋은 직관적 감정들을 불러일으켰다. 실제로 이런 제안은 프로이트의 분석 사고보다 우리 새로운 학파의 분석 사고에 더 적합하다. 왜냐하면 프로이트는 치료 과정을 우리 학파처럼 보지 않았기 때문이다. 우리는 치유 과정이 성장할 가능성에 구축하는 힘을 주려면 방해하는 힘을 줄여야 한다는 점과 관계가 있다고 본다. 낡은 제안에 나타나는 주요 오류는 치료자에게 돌린 역할에 있다. 환자 자신의 구축력을 신뢰하지 않고, 치료자들은 부자연스럽게 억지로, 마치 기계 장치로 나타난 신deus ex machina*처럼 더욱 긍정적인 삶의 방식을 제공해야 한다고 느꼈다.

우리는 고대 의학이 전하는 지혜, 즉 치유력curative forces이 신체뿐 아니라 정신에도 내재하고, 신체와 정신에 장애가 발생할 경우 의사는 그저 손상된 부분을 제거하고 치유력을 뒷받침하려 도움의 손길을 내밀 뿐이라는 지혜로 다시 돌아갔다. **치료의 측면에서 환상을 제거하는 과정이 지닌 가치는 방해하는 힘이 약해지면서 동시에 진실한 나의 구축력이 성장할 기회를 잡을 수 있느냐에 달렸다.**

이러한 과정을 뒷받침할 때 분석가가 수행하는 과제는 긍지 체계를 분석할 때와 아주 다르다. 이런 작업에서는 전문적인 기술 훈련 말고도 무의식에서 일어날 수 있는 복잡한 힘이 무엇인지 알아보는 방대한 지식과 인격의 독

* 그리스 연극에서 극의 복잡한 문제를 해결하기 위해 기계 장치로 갑자기 등장하는 신을 가리킨다. 또 희곡이나 소설에서 줄거리의 난해하고 복잡한 면을 해결하는 억지스럽고 부자연스러운 결말을 가리키기도 한다.

창력을 발견하고 이해하고 연결하려는 노력도 필요하다. 환자가 자기 자신을 찾게 도우려면, 분석가도 꿈을 비롯해 다른 경로로 진실한 자기real self가 드러나는 여러 방식을 체험해서 얻은 지식이 필요하다. 체험으로 얻은 지식이 바람직한 까닭은, 진실한 자기가 드러나는 방식이 눈에 잘 띄는 길을 찾는 것과 확연히 다르기 때문이다. 분석가는 환자에게 언제, 어떻게 진실한 나를 찾는 과정에 의식적으로 참여하라고 요청할지도 알아야 한다. 무엇보다 중요한 요인은 분석가가 스스로 구축하는 사람이 되고, 자신의 궁극 목표는 환자가 진실한 나를 찾게 돕는 일이라고 분명히 통찰하는 것이다.

환자 안에는 처음부터 치유력healing forces이 작용하고 있다. 그런데 정신 분석을 시작할 때는 치유력의 활기가 부족하기 마련이므로, 긍지 체계와 맞서 싸울 때 진짜 도우려면 힘을 끌어모으지 않으면 안 된다. 따라서 처음에 분석가는 그저 선의와 적극적인 관심을 보이며 쓸모 있는 정신 분석 작업을 하는 수밖에 없다. 어쨌든 환자는 특별한 장애를 없애는 데 관심이 있다. 그는 으레 어떤 이유로든 이런저런 장애가 호전되기를 원한다. 이를테면 결혼 생활, 자녀와 관계, 성기능, 독서 능력, 정신의 집중력, 사회 생활을 쉽고 편하게 하는 능력, 돈벌이 능력이 좋아지를 바란다. 환자는 정신 분석에 관해, 자신에 대해 지성인다운 호기심을 드러내기도 한다. 말하자면 분석가에게 자신의 정신이 얼마나 독창성을 발휘하는지, 자신이 얼마나 빠르게 통찰하는지 보여주기를 바란다. 비위를 맞추려 하거나 완벽한 환자가 되고 싶어 하는 환자도 있다. 아니면 환자는 처음에 자신이나 분석가에게 마법의 치유력이 있다는 기대에 부풀어, 분석 작업에 기꺼이 협조하거나 심지어 열성을 보일 수도 있다. 예컨대 환자는 단지 자신에게 기울인 어떤 주목에든 자신이 고분고분 순응하거나 무척 고마워한다는 사실을 알아채고는, 그것으로 당장 '치료되었다'고 느낀다. 환자가 이런 여러 유인으로 정신 분석 작업을 하는 기간 내내 분석을 망쳐 놓지 않을 테고, 초기에는 충분히 그럴 수 있지만 어쨌든 대부분 너무 어려운 상황으로 이어지지는 않는다. 그럭저럭 하는 사이 환자는 자신에 관해 조금 배우고 더 굳은 땅 위에 서서 관심을 드러낸다. 분석가는 이런 여러 동기를 활용할 필요가 있는데, 동기의 본성을 분명하게 밝히고, 신뢰할 수 없는 유인이 분석의 대상이 되는 시기도 결정해야 한다.

정신 분석 작업에서 일찌감치 진실한 나를 찾는 데 필요한 기력을 끌어모으는 편이 가장 바람직해 보일 터이다. 그러나 초기의 시도가 실행 가능하고 의미가 있을지는 모든 일이 그렇듯이 환자의 관심에 달렸다. 환자가 기력을 자기 이상화에 쏟아서 진실한 나를 억누르느라 여념이 없으면, 진실한 나를 찾으려는 초기의 시도는 아무 효과도 내지 못하기 쉽다. 그렇지만 우리가 이런 점을 다루고 경험하는 기간은 짧고 접근하는 길은 상상하는 것보다 더 여러 갈래로 뻗어 있을지도 모른다. 환자의 꿈은 정신 분석 작업 후기와 마찬가지로 초기에도 분석에 가장 요긴한 자료이다. 나는 여기서 꿈 이론을 세울 생각은 없다. 꿈을 다룰 기본 교의만 몇 가지 간단히 말하면 충분하다. 첫째로 우리는 꿈속에서 자신의 현실眞實 reality에 더 가까이 접근한다. 둘째로 꿈은 신경증에서 비롯된 방식이든 건강한 방식이든 우리가 겪는 갈등을 해결하려는 시도를 보여준다. 꿈속에서 구축력이 활동할 수 있는데, 활동이 거의 눈에 띄지 않을 때도 작용할 수 있다.

환자는 정신 분석 초기 단계에도 구축하는 요소와 일치하는 꿈을 통해, 환상의 세계가 아니라 고유한 자신의 느낌에 충실한 내면 세계를 어렴풋이나마 볼 수 있다. 환자가 자신에게 하는 일이므로 스스로 느끼는 공감을 상징으로 표현하는 꿈이 있다. 슬픔과 향수와 열망의 깊은 샘을 드러내는 꿈도 있고, 활기를 찾아 살려고 투쟁하는 꿈도 있다. 감옥에 갇혔음을 알아채고 밖으로 나오고 싶어 하는 꿈도 있다. 자라는 식물을 부드러운 손길로 가꾸거나, 자기 집에서 전에 전혀 몰랐던 방을 발견하는 꿈도 있다. 물론 분석가는 환자를 도와서 상징 언어로 표현된 꿈의 의미를 이해하려고 한다. 더구나 분석가는 환자가 꿈속에서 자신이 깨어서 생활할 때 감히 느끼지 못하는 감정이나 열망을 표현하는 심상의 의미를 강조하기도 한다. 분석가는 예컨대 슬픔이라는 느낌이 환자가 의식적으로 드러낸 낙관주의 태도만큼 자신에 관해 느낀 것을 참되게 드러내지 않는지 질문을 던질 수도 있다.

때에 따라 다른 방식으로 접근할 수 있다. 환자는 불현듯 자신의 감정과 소망, 신념을 둘러싸고 얼마나 조금 알고 있는지 의아스러워할 수도 있다. 그때 분석가는 이런 당혹스러운 감정을 북돋우려고 한다. 분석가가 어떤 식으로 북돋우든, '자연스럽다'는 말은 너무 오용하거나 남용한 사례일 듯하다. 왜냐하면 실로 인간이 자신의 감정을 느끼고, 자신의 소망이나 신념을 아는 일은 자연스럽기 때문이다. 이렇게 자연스러운 역량이 제대로 발휘되지 않을 때 놀라는 데는 이유가 있다. 만약 환자가 자발적으로 놀라지 않으면, 분석가가 적당한 시점에 그것에 관해 질문을 던질 수도 있다.

앞에서 말한 내용이 모두 하찮아 보일지도 모른다. 그러나 여기서 놀라움이 지혜의 시작이라는 일반 진리general truth만 얻는 것은 아니다.* 구체적으로 말하면 환자가 진실한 나를 잊지 않고 자신에게서 동떨어져 있다고 알아채는 깨달음이 중요하다. 깨달음의 효과는 독재 정권의 압제 속에서 성장한 젊은이가 민주주의에 따른 삶의 방식을 배우는 순간과 비교될 만하다. 민주주의가 전하는 뜻은 즉각 간파할 수도 있고, 여러 민주주의 국가의 평판이 땅에 떨어졌으므로 회의를 품고 받아들일 수도 있다. 회의를 품더라도 바람직한 점을 놓치고 있다는 사실은 날이 밝아 오듯 서서히 이해할 수 있다.

얼마 동안 분석가는 이따금 논평하는 것이 정신 분석 작업에 필요한 전부가 되는 상황에 놓인다. 환자가 "나는 누구지?Who am I?"라는 질문에 관심을 가지게 되었을 때만, 자신의 진짜 감정, 소망, 신념을 얼마나 조금 아는지, 얼

* 고대 그리스 철학자 아리스토텔레스Aristoteles, 기원전 384~322는 『형이상학』에서 지혜는 놀람에서 시작된다고 말했다.

마나 신경 쓰지 않는지를 환자가 자각하도록 도우려고 분석가는 더 긍정적으로 노력할 것이다. 실례를 들어 보자. 어떤 환자는 작고 가벼운 갈등minor conflict을 하나라도 알아채는 순간 소스라치게 놀란다. 그는 정신이 둘로 나뉘고 미칠까 봐 두려워한다. 이 문제는 몇 가지 각도角度 angles에서 붙잡고 따져보았다. 예컨대 모든 일이 이성으로 통제될 때 비로소 안전하다고 느끼는 각도, 작고 가벼운 갈등도 자신에게 적대적인 바깥 세상에 맞서 싸울 때 약해질까 봐 두려워하는 각도에서 검토했다. 분석가는 진실한 나real self에 집중해서 어떤 갈등을 크기나 무게 때문에 두려워할 수도 있고, 진실한 나가 너무 약해서 작고 가벼운 갈등에도 대처하지 못하기 때문에 두려워할 수도 있다고 짚어 줄 수 있다.

다른 한편 어떤 남자 환자가 두 여자 사이에서 결정하지 못하고 오지도 가지도 못하는 상황에 놓여 있다고 가정해 보자. 정신 분석이 진행됨에 따라, 환자가 여자 문제든 직장 상사 문제든 일자리 문제든 주거 문제든, 어떤 상황에서든지 입장이나 태도를 정할 때 너무 힘들어하고 곤경에 빠진다는 사실이 서서히 분명하게 드러난다. 분석가는 다각도에서 해당 문제에 접근할 수 있다. 우선 일반적 곤경이 겉으로 분명하게 드러나지 않으면, 분석가는 특별한 결정을 내려야 하는 상황에서 무엇이 문제인지 찾아내야 한다. 여기저기서 결정을 내리지 못하고 우유부단하게 망설일 때, 분석가는 다음과 같은 사실을 알아낼 수도 있다. 환자는 두 마리 토끼를 다 잡으려고 뒤쫓듯이to have his cake and eat it too, 모든 것을 독차지하려고 조종할 때 자부심을 느낀다. 어느 쪽이든 선택할 수밖에 없는 상황을 불명예스럽고 창피한 몰락으로 느낀다. 다른 한편 진실한 나를 인정하는 관점에서, 분석가는 환자가 자기에게서 너무 동떨어져 있어 자신이 무엇을 좋아하고 어떤 방향으로 나아가고자 하는지도 몰라서, 입장이나 태도를 스스로 정하지 못한다고 넌지시 짚어 준다.

반면에 어떤 환자는 자신의 순응하는 태도에 관해 불평을 늘어놓는다. 날이면 날마다 좋아하지도 않는 일을 그저 남들이 원하거나 기대하므로 하겠다고 약속하거나 행동으로 옮긴다. 여기서도 특정한 시점에 주어진 맥락에 따라 해당 문제는 여러 유리한 관점에서 붙잡고 따져 볼 수 있다. 말하자면 환자는 마찰을 피하려 하고, 자신의 시간에 가치를 두고, 모든 일을 처리할 수 있다는 데서 자부심을 느낀다. 하지만 분석가는 그저 이렇게 질문을 던질 따름이다. "당신은 자신이 무엇을 원하는지, 어떤 행동이 옳은지. 자신에게 물어본 적이 한 번도 없었습니까?" 분석가는 간접적인 방식으로 진실한 나를 끌어내려고 노력할뿐더러, 환자가 더 많이 독립하려는 어떤 표시든 격려할 기회도 놓치지 않으려 한다. 예컨대 환자가 스스로 생각하거나 느끼거나 책임지고, 진실한 자기 모습에 관심을 더 갖고, 진실에서 멀어지게 만드는 가식과 당위와 외면화를 혼자서 이해하려고 할 때 용기를 북돋워 준다. 여기에는 정신 분석을 받는 시간 사이사이에 환자가 스스로 자기를 분석하는 온갖 시도를 격려하는 일도 포함된다. 더욱이 분석가는 환자가 거치는 여러 단계가 인간 관계에 미친 특별한 영향을 보여주거나 강조하려 한다. 예컨대 환자가 타인을 덜 두려워하고, 타인에게 덜 의존하면서, 타인에게 우호 감정을 더 많이 느끼고 타인과 공감을 더 잘할 수 있게 되었다고 힘주어 격려한다.

환자는 여하튼 자유롭게 느끼고 활기가 넘쳐서 격려가 필요하지 않을 때도 있다. 가끔 정신 분석을 위해 밟는 여러 단계가 지닌 중요한 역할을 축소하는 경향도 있다. 정신 분석할 때 밟아야 하는 여러 단계를 가볍게 여기는 경향은 분석되어야 한다. 왜냐하면 그런 경향은 진실한 나의 출현과 관계가 있는 두려움을 드러낸 것일 수도 있기 때문이다. 덧붙여 분석가는 이때 무엇이 자발성을 더 드러내고 결정하고 자신의 이익을 위해 능동성을 발휘할 수 있느냐고 질문을 던진다. 이런 질문으로 환자가 자기 자신이 되려는 동기와 관계가 있는 여러 요인을 이해하는 문이 열리기도 한다.

환자는 조금 굳은 땅 위에 설 때, 자신을 괴롭히는 갈등과 맞붙어 싸울 능력도 더 많이 키운다. 이는 환자가 자신의 갈등을 이제 비로소 알아볼 수 있게 되었다는 뜻이 아니다. 분석가는 오래 전에 환자의 이런저런 갈등을 알아보았고, 환자도 갈등의 조짐兆朕 signs을 알아챘다. 신경증에서 비롯된 다른 문제도 마찬가지이다. 신경증 문제를 자각하는 과정은 포함할 수밖에 없는 모든 단계를 밟아 서서히 진행되며, 그 과정에서 일어나는 효과는 분석받는 기간 내내 이어진다. 그러나 자기에게서 소외되는 정도가 줄어들지 않으면, 환자는 갈등을 자신의 갈등으로 도저히 체험할 수 없을뿐더러 붙들고 따져 볼 수도 없다. 이미 살펴보았듯이 갈등을 알아채는 단계를 분열 체험으로 만드는 요인은 많다. 여러 요인 가운데 자기 소외가 두드러진다. 이런 연관성을 이해하는 가장 간단한 방법은, 갈등 하나를 대인 관계 측면에서 마음속으로 그려 보는 것이다. 어떤 사람이 아버지와 어머니, 아니면 두 여자와 친밀한 관계를 유지하는 가운데 양쪽에서 자신을 반대 방향으로 끌어당긴다고 가정해 보자. 당사자가 자신의 감정과 신념을 조금 알수록, 이쪽저쪽으로 흔들리기 쉬울뿐더러 흔들리며 몸과 마음이 산산이 부서져 상처투성이가 될 수도 있다. 반대로 당사자가 자기 자신 안에 확고하게 뿌리 내릴수록, 반대 방향으로 끌어당기는 상황에서 괴로움과 고통을 겪더라도 마음이 덜 지치고 가슴도 덜 찢어지리라.

환자들이 자신들을 괴롭히는 이런저런 갈등을 서서히 자각하는 방식은 아주 다양하다. 갈등은 특별한 상황particular situations에서 생기는 분열 감정, 가령 부모나 배우자를 대하는 양가 감정ambivalent feelings으로 자각될 수도 있다. 또는 성행위나 학설schools of thought에 관심을 갖고 평가할 때 드러나는 모순된 태도로 자각되기도 한다. 예컨대 어떤 환자는 어머니를 미워하면서도 열렬히 사랑한다고 자각할 수 있다. 환자는 특별한 사람에게 주목한 것이더라도 어떤 갈등을 자각한 것처럼 보인다. 그런데 실제로 이것은 그가 갈등을 시각화視覺化 visualization해서 마음속에 그리는 방식이다. 한편으로 그는 순교자 유형 어머니가 언제나 불행하므로 안타깝고 애처롭다고 느낀다. 다른 한편 오로지 헌신만을 바라는 숨이 막히는 요구에 화가 치민다. 이런 두 반응은 모두 당사자에게는 지극히 이해할 만한 행동일 터이다. 다음으로 사랑이나 공감으로 생각했던 감정은 더 분명하게 드러난다. 그는 더할 나위 없이 완벽한 이상理想적인 아들the ideal son이 되어, 어머니에게 행복과 만족을 줄 수 있어야 한다. 그는 그럴 수 없어서 '죄책감'을 느끼며 몇 배로 주의하고 세심하게 신경쓴다. 다음에 나타나듯이, 이것은 방금 말한 한 가지 상황에 국한되지 않는다. 말하자면 그는 모든 상황에서 완벽한 **절대 경지**에 도달해야 한다. 그때 환자가 갈등을 겪게 만든 다른 요인이 떠오른다. 그는 지극히 냉담한 사람이기도 해서, 아무도 자신을 귀찮게 해서는 안 될뿐더러 아무도 자신에게 무엇을 기대하면 안 된다는 권리 주장을 마음속에 품고, 그런 사람을 모두 미워한다. **여기서 그는 자신의 모순된 감정을 어머니의 성격 같은 외부 상황 탓으로 돌리는 데서 시작해, 자신의 갈등을 특별한 관계particular relationship에서 실감하고, 마침내 자신의 내면에 자리한 크고 무거운 갈등major conflict을 인식하는 데로 나아갔다.** 마지막에 발견한 갈등은 내면에 있으므로 삶 전체에 걸쳐 모든 영역에 영향을 미친다.

어떤 환자들은 처음에 자신들이 소중히 여기는 인생관philosophy of life에서 모순점을 얼핏 볼 따름이다. 예컨대 자기 말소 유형 환자는 마음속으로 대중을 끔찍하게 경멸하고 있다는 점이나, 다른 사람들을 '기분 좋게' 대하는 태도에 저항감을 느낀다는 점을 불현듯 알아챈다. 아니면 그는 예외로 취급되는 특권特權 special privilege에 어울리는 과도한 권리 주장을 내세우고 있다고 아주 잠깐 스치듯 알아채기도 한다. 이렇게 알아채더라도 처음에 갈등은 말할 것도 없고 모순으로 자각되지도 않지만, 서서히 경멸감이나 저항감, 과도한 권리 주장이 자신의 지나치게 겸손한 태도나 만인을 좋아하는 태도와 정말로 모순된다고 깨닫는다. 그러면 강박에 사로잡혀 유용한 사람이 되려고 노력했는데도 '사랑'이 돌아오지 않을 때, 남에게 이용이나 당하는 '봉sucker'이 되어 버린 느낌에 벌컥 화가 나는 것처럼 갈등을 잠시 경험할 수도 있다. 그는 망연자실해서, 그런 불쾌한 경험은 의식의 심층으로 가라앉는다. 다음으로 자부심과 이익에 관한 환자의 금기는 분명한 안도감을 주고 너무 경직되고 비합리적일 수도 있어서 환자는 이를 궁금해하기 시작한다. 선한 품성과 성자다운 태도를 갖추었다는 자부심이 훼손될 때, 환자는 타인에 대한 부러움과 시새움을 인정하고, 자기 이득을 계산하는 어떤 탐욕이나 주기를 아까워하는 태도를 보기 시작할 수도 있다. 환자의 내면에서 일어나는 과정의 일부는 자신 안에 있는 모순된 경향에 익숙해지는 절차로 묘사할 수 있다. 이렇게 묘사해야 비로소 모순된 경향을 알아보고 받는 충격이 서서히 누그러지는 노정도 드러난다. 정신 역학dynamics의 측면에서 보면 정신 분석 작업의 여러 단계를 모두 거쳐 마음의 힘이 훨씬 강해진다는 점이 더욱 중요하다. 환자는 서서히 근본이 흔들리지 않으면서 모순된 경향에 직면할 수 있고, 따라서 문제를 해결하려 노력할 수도 있다.

다른 환자들은 내면에서 일어나는 갈등을 인지하지만, 윤곽이 너무 흐릿하고 의미가 확실치 않아 처음에 이해할 수 없는 상태로 남아 있다. 이런 환자들은 이성과 감정 사이, 사랑과 일 사이에서 갈등을 겪는다고 말하기도 한다. 이런 형태로 갈등에 접근하기 힘든 까닭은, 사랑이 일과 양립 불가능하지도 않고 이성이 감정과 양립 불가능한 것도 아니기 때문이다. 어쨌든 분석가는 그런 갈등을 직접 붙들고 따져 볼 수 없다. 그저 어떤 갈등이 이런 영역에서 분명히 일어난다고 인지할 따름이다. 분석가는 이 점을 명심하고 특별한 환자가 어떻게 말려들어 있는지 이해하려고 애쓴다. 게다가 환자들은 처음에 그런 갈등을 인격 갈등으로 느끼지 않고 기존 상황과 연결할지도 모른다. 예컨대 여자들은 사랑과 일의 갈등을 문화 조건에 기초하여 평가할 수도 있다. 그들은 한 여자가 직장 생활도 잘하고 아내와 어머니 노릇도 잘하기는 사실 어렵다고 짚어 주기도 한다. 그러나 서서히 자신들이 인격 갈등personal conflict을 겪고 있으며, 사랑과 일 사이에서 겪는 갈등이 외부에 존재하는 곤경보다 인격 갈등과 더 관계가 깊다는 점을 뼈저리게 느낀다. 긴 이야기를 짧게 해 보자. 여자들은 애정 생활에서 병든 의존 성향을 보이지만, 직장 생활에서는 신경증에서 비롯된 야망과 승리해야 할 필요라는 분명한 특징을 나타낸다. 후자의 경향은 흔히 억압되지만, 생산성이나 적어도 성공의 척도를 받아들일 때 충분히 영향을 미친다. 이론 용어로 말하면, 여자들은 자기 말소 경향을 애정 생활로, 확장 경향을 직장 생활로 옮겨놓았다. 실제로는 깔끔하게 나뉘지 않는다. 또 대체로 직장 생활에서 자기를 부정하는 경향이 영향을 미치듯이 통달하려는 충동이 애정 관계에도 작용해, 여자들은 점점 불행해진다. 이 점은 정신 분석으로 분명하게 드러난다.

환자들은 자신들의 생활 방식이나 가치관에 훤히 드러난 모순점을 분석가에게 들키면 솔직하게 보여 주기도 한다. 그들은 처음에 상냥하고 밝고 지나치게 순응하고 심지어 비루鄙陋한 면을 보여 준다. 그때 권력과 위신을 좇으려는 충동이 두드러질 수 있는데, 가학 성향加虐性向 sadism과 무신경無神經 callousness이 저류로 분명히 흐르는 가운데 예컨대 여러 여자를 정복하거나 사회 위신을 추구하는 갈망으로 나타난다. 때로는 원한을 품을 수 없다는 신념을 드러내기도 하고, 때로는 모순에 동요하지 않고 도리어 복수심에 불타는 격분에 휩싸여 저주를 퍼붓기도 한다. 한편으로는 정신 분석으로 어떤 감정에도 흔들리지 않으며 복수할 수 있는 능력을 기르고 싶어 하고, 다른 한편으로는 은둔자가 지닌 성자다운 냉담한 태도를 배우고 싶어 한다. 그런데 환자들은 이런 태도, 충동, 신념들이 어떤 것이라도 갈등을 일으키는 원인이라는 점은 전혀 이해하지 못한다. 이해하기는커녕 '덕에 이르는 좁은 길'을 따라 가는 사람들보다 더 많이 느끼고 믿는다고 자랑스러워한다. 정신의 구획화compartmentalization는 극단으로 치닫는다. 그러나 분석가는 정신의 구획화 문제를 직접 붙들고 따져 볼 수 없다. 왜냐하면 정신의 구획화가 유지되어야 할 필요는 진리와 가치 감각the sense of truth and value을 무디게 하고, 현실에 기초한 증거를 폐기하고, 스스로 져야 할 모든 책임을 회피하는 결과로 이어지기 때문이다. 여기에서도 확장 충동과 자기 말소 충동의 의미와 위력이 서서히 선명하게 드러난다. 그런데 환자들의 회피 성향과 무의식적인 부정직dishonesty을 끌어내 철저히 분석하지 않으면, 아무 소용도 없다. 분석할 때는 으레 폭 넓고 끈질긴 외면화와 상상 속에서만 당위를 이행하는 행동, 자책에 맞선 방어로 엉성하고 속 보이는 변명을 찾아내 믿어 버리는 기발한 재주도 다루기 마련이다. 예컨대 환자들은 이렇게 변명을 늘어놓곤 한다. "정말 열심히 노력했어요, 아파요, 골칫거리가 많아 시달렸어요, 나도 모르겠어요, 무력감에 빠져요, 이미 훨씬 좋아진 걸요." 앞에서 말한 모든 대책은 환자들에게 내면의 평화를 주지만, 그런 생활이 이어져 도덕심은 약화되고, 자기 혐오와 갈등에 직면하는 능력이 더욱 약해진다. 이런 문제를 해결하려면 오랜 정신 분석 작업이 필요하며, 끈질긴 분석으로 환자들은 서서히 용기를 내어 자신들이 겪는 여러 갈등을 스스로 체험하고 붙들고 따지며 해결할 만큼 속이 꽉 차고 다부진 사람으로 성장할 수 있다.

요약하면 갈등은 분열과 혼란이 뒤따르는 본성 때문에 정신 분석 작업 초기에는 잘 드러나지 않는다. 적어도 갈등이 드러나면, 단지 구체적인 상황과 연결되어 있을 뿐이거나 아주 모호하고 일반적인 형태로 드러나기도 한다. 갈등은 번개처럼 스치듯 의식의 표층에 떠올라 너무 짧은 시간 동안 자각되므로, 의미를 새로 부여할 수도 없다. 갈등은 따로따로 구분되기도 한다. 갈등에 직면한 환자들은 이런 방향으로 변화를 겪는다. 우선 환자들은 갈등을 **자신들의** 갈등으로 사무치게 느낀다. 다음에 갈등을 일으킨 핵심에 이른다. 마침내 환자들은 멀리 떨어져 나타나는 징후manifestations만 보지 않고 자기

들이 겪는 갈등의 원인이 무엇인지 정확히 알아보기 시작한다.

이렇게 힘들고 속이 상하고 마음이 흔들리는 정신 분석 작업은 해방되는 과정이기도 하다. 고정된 해결책이 있기는커녕 이제 정신 분석 작업으로 접근해야 할 갈등이 꼬리를 물고 나타난다. 특별한 주요 해결책은 기어이 통화 수축 과정이 이어지다가 가격이 폭락하듯이 허탈하게도 와해瓦解되고 만다. 게다가 인격의 일부로서 친숙하지 않았거나 거의 발달하지 않은 측면이 드러나 발달할 기회가 생겼다. 확실히 처음 의식의 표층에 떠오른 충동은 신경증에 훨씬 더 많이 사로잡혀 있다. 그러나 이렇게 드러난 충동이 유용한 까닭은, 자기 말소 유형 사람이 건강한 주장healthy assertiveness을 하려면, 먼저 자기 이익 추구에 적합한 자아 본위를 반드시 체험해야 하기 때문이다. 그는 진실한 자기 존중a real self-respect에 가까워지려면, 먼저 신경증에 사로잡힌 자부심부터 체험해야 한다. 반대로 확장 유형은 진짜 겸손과 부드럽고 따스한 감정을 발달시키려면, 먼저 자신의 비루한 면과 사람들이 자신에게도 필요하다는 점을 반드시 알아 보아야 한다.

이렇게 정신 분석 작업이 착착 진행되면, 환자는 이제 모든 갈등 가운데 포괄성이 제일 큰 갈등을 똑바로 붙들고 따져 볼 수 있다. 자부심과 진실한 나 사이, 곧 이상을 좇는 나를 완벽하게 만들려는 충동과 인간다운 존재로서 지닌 특정한 잠재력을 발달시키려는 욕구 사이에서 일어나는 갈등을 정면으로 응시한다. 환자는 이러한 힘이 하나씩 서서히 등장하면서 중심이 되는 내면 갈등을 또렷이 보고, 중심에서 일어나는 내면 갈등도 알아본다. 분석가는 그 다음 이어지는 정신 분석 작업에서 예리한 눈으로 주목하고 집중하는 일에 제일 신경써야 한다. 왜냐하면 환자가 스스로 중심에서 일어나는 내면 갈등을 자칫 보지 못할 수 있기 때문이다. 정신 분석 작업은 이렇게 갈등을 일으키는 주요한 힘이 드러나면서 성과도 크지만 격동도 심한 험난한 시기로 접어드는데, 격동이 일어나는 정도와 기간은 각양각색이다. 이러한 격동으로 내면에 몰아닥치는 싸움이 얼마나 난폭한지 드러난다. 또 걸려 있는 문제가 근본적으로 중요한지에 따라 격동이 더할 수도 있고 덜할 수도 있다. 배후에는 다음과 같은 문제가 놓여 있다. 환자는 자신의 환상, 권리 주장, 가짜 자존심과 가짜 자부심이 뿜어내는 웅장하고 황홀한 매력을 여전히 간직하고 싶어 하는가? 아니면 자신을 인간다운 존재로 받아들이고, 이때 예상되는 일반적 한계와 자신에게 닥치는 구체적이고 특별한 곤경뿐 아니라 자신이 성장할 가능성도 인정하는가? 헤아려 보건대, 우리가 인생에서 마주하는 상황 가운데 이보다 더 중요한 기로岐路 crossroad는 없다.

이 시기에 정신 분석은 기복起伏 ups and downs이 심하고 진행 속도 역시 빠르다. 때에 맞춰 환자는 전진 행동에 참여하는데, 아주 다양한 방식으로 나타난다. 첫째로 환자는 더욱 생생하게 느낀다. 그는 더 자연스럽고 솔직해질 수 있다. 또 구축하는 일이 무엇인지 생각할 줄 알고, 타인에게 우호 감정을 더 많이 느끼고 많이 공감할 수 있다. 둘째로 그는 자기 소외의 여러 측면에 더 많이 주의를 기울여 혼자 힘으로 파악한다. 예컨대 환자는 자신이 언제 어떤 상황 '속에' 있지 않은지, 언제 자신 안에서 일어나는 갈등에 직면하지 않고 남을 비난하는지 재빨리 알아챌 수 있다. 실제로 자신의 이익을 위한 행동을 얼마나 적게 하는지 깨닫기도 한다. 과거로 돌아가 암담하고 침울한 판단과 유감 때문에 부정직하거나 잔혹하게 처신하면서도 죄책감을 느끼지 않았던 사건을 기억해낼 수도 있다. 마침내 환자는 자신 안에서 장점을 알아보고, 이미 갖춘 일정한 자산을 의식하기 시작한다. 그때 멈추지 않고 분투한 끈기를 당연히 자신의 공로라고 인정할 수 있다.

이렇게 현실에 가까운 자기 평가는 환자가 꾸는 꿈으로 나타나기도 한다. 환자는 어떤 꿈에서 여름 휴양지에 지어진 별장 같은 상징象徵 symbol으로 나타났는데, 오랫동안 아무도 찾지 않아 폐가처럼 변했으나 좋은 자재로 지은 건물이었다. 어떤 꿈에서는 스스로 져야 할 책임을 회피하려는 시도 끝에 결국 솔직 담백하게 자신의 책임을 인정했다. 꿈에서 환자는 사춘기 소년으로 등장해서는 재미 삼아 어떤 소년을 여행 가방에 집어넣었다. 그 소년을 해칠 의도가 전혀 없었고, 아무 적개심도 품지 않았지만, 여행 가방 속 소년을 까맣게 잊었고, 소년은 죽고 말았다. 꿈을 꾸는 환자는 내키지 않는 마음으로 도망치려 했으나, 어떤 공무원이 그에게 말을 걸고 인간미가 넘치는 태도로 명백한 사실과 결과를 설명해 주었다.

이렇게 구축하는 시기는 **반발**反撥 repercussion에 뒤따라서 찾아오는데, 반발이 일어날 때 자기 혐오와 자기 비하의 돌격이 재개되기 마련이다. 이런 자기 파괴 감정은 그대로 경험되거나 외면화를 거쳐 외부로 투사되어 앙심이나 복수심으로 나타나기도 한다. 외부로 투사될 때에는 학대를 당했다고 느끼거나 가학 환상, 피학 환상을 품는다. 아니면 환자는 자기 혐오를 그저 막연하게 인지하지만, 자기 파괴 충동에 반응하는 불안은 예리하게 느낄 수도 있다. 끝으로 불안조차 그대로 경험되지 않고, 가령 음주와 성행위, 이야기 상대를 찾는 강박에 가까운 필요, 자신을 과장하거나 거만한 행동 같은 불안에 맞선 방어 습관이 되살아나기도 한다.

이렇게 마음이 뒤집어지는 혼란을 모두 겪은 다음 더 좋아지는 진짜 변화가 시작되지만, 변화의 가치를 정확히 평가하려면 호전이 얼마나 견고한지, 재발再發 relapses의 위기로 몰아 넣은 요인이 무엇인지 살펴보아야 한다. 환자가 자신의 건강이 좋아졌다고 과대평가할 가능성도 있다. 말하자면 로마가 하루아침에 건국되지 않았다는 사실을 망각한다. 환자는 내가 농담으로 '건강 잔치a binge of health'라고 부르는 행동을 계속한다. 그는 전에 하지 못하던 일을 많이 할 수 있으므로, 완벽하게 적응한 표본이자 완벽하게 건강한 표본이 되어야 하고, 자신의 상상 속에서는 바로 완벽한 표본이다. 한편으로 자기 자신이 될 준비를 많이 했지만, 호전된 상황을 바로 이상을 좇는 자기가 완벽한 건강으로 빛나는 영광 속에 실현될 마지막 기회인 양 붙잡는다. 또 이런 목표의 호소력은 아직도 환자가 잠시 통제 불능 상태에 빠질 정도로 강력하다. 가벼운 의기양양意氣揚揚 elation* 상태에 빠진 환자는 잠시나마 상존하는 모든 곤경을 지배하고, 이제 자신의 모든 골칫거리와 고생에서 풀려나 회복되었다고 한층 더 확신한다. 그러나 자신의 거의 모든 면을 이전보다 더 많이 자각했으므로, 의기양양한 상태는 도저히 오래갈 수 없다. 환자는 실제로 여러 상황을 더 잘 처리하더라도, 오래 전부터 괴롭히던 곤경이 아직도 수두룩하게 남아 있다는 사실을 인정할 수밖에 없다. 또 환자는 스스로 정점에 도달했다고 믿었으므로, 그만큼 자신에게 맞서 더욱더 열심히 새로운 길을 모색한다.

어떤 환자들은 건강이 좋아졌다고 자신들과 분석가에게 인정할 때 맑은 정신으로 주의를 기울여 살피는 것처럼 보인다. 그들은 오히려 호전된 상황을 축소하는 경향이 있는데, 흔히 아주 미묘한 경로를 밟는다. 그런데 이런 환자들이 자신의 문제에 직면할 때나 대처할 수 없는 외부 상황에 직면할 때, 비슷하게 '재발relapse'할 수도 있다. 여기에서도 첫째 환자 집단과 비슷한 과정을 밟지만, 상상력으로 미화하는 행동이 나타나지는 않는다. 두 환자 집단은 모두 곤경과 한계를 스스로 받아들일 준비가 아직 되어 있지 않거나 비범한 자산이 없다. 두 집단에 속한 환자들이 마음 내키지 않고 싫어하는 특징은 외면화로 나타날 수도 있다. 예컨대 이렇게 말하는 환자들이 있다. "나 자신을 있는 그대로 받아들일 준비는 되었지만, 내가 완벽하지 않으면 사람들이 싫어할 겁니다. 그들은 내가 지극히 관대하고 생산성이 아주 뛰어날 때만 나를 좋아하거든요."

지금까지 급성 기능 장애acute impairment로 몰아넣은 요인은 환자가 아직

* 뜻한 바를 이루어 얼굴에 만족한 마음이 가득 나타난 모습을 나타내는 고사성어다. 정신 분석학에서는 비정상으로 고양된 기분으로 조증과 경조증에 나타난 감정 상태를 가리키며, 부정이라는 방어와 관련이 있고 신체와 정신의 활동이 고양되는 경향을 보인다.

대처할 수 없는 곤경이다. 마지막 반발 유형이 나타나는 요인은 곤경도 아니고 곤경에서 벗어나지 못함도 아니다. 반대로 구축하는 방향으로 나아가는 명확한 행동이 반발을 일으키는 요인이다. 전진 행동은 반드시 화려하고 볼만한 행동일 필요는 없다. 환자는 그냥 자신에게 공감하고 난생 처음으로 자신을 특별히 경이롭거나 비루한 존재가 아니라, 살기 위해 싸우고 시달리며 현실에 존재하는 인간다운 존재로 경험할 따름이다. '이러한 자기를 끔찍하게 여기는 자기 혐오self-loathing는 자존심과 자부심이 억지로 만들어 낸 부산물'에 지나지 않는다는 점, 어떤 자부심이든 지니기 위해 꼭 유일무이한 영웅이나 천재가 될 필요는 없다는 점이 환자에게 날이 밝아 오듯 이해되기 시작했다. 비슷한 태도 변화가 꿈에서도 일어난다. 어떤 환자는 순종 말이 이제 다리를 절고 흠뻑 젖어 더러워진 꿈을 꾸었다. 그는 이렇게 생각했다. "나는 이래도 말을 사랑할 수 있어." 그런데 환자는 이런 꿈을 꾼 다음 어쩐지 풀이 죽고, 일이 손에 잡히지 않으며, 모든 일에 용기를 잃고 낙담할지도 모른다. 환자의 자부심이 저항해서 주도권을 쥐었다는 뜻이다. 그는 급성 자기 비하의 주문에 걸려 괴로워했고, '자신의 목표가 낮아져 자기 연민'에 빠진 상황을 비루하다고 원망했다.

앞에서 말한 반발은 흔히 환자가 잘 생각해서 결정하고, 자신의 이익을 위해 구축하는 행동을 한 다음에 발생한다. 예컨대 어떤 환자에게 짜증과 초조감, 죄책감을 느끼지 않으며 여유롭게 요청을 거절한 경험은 진일보를 의미했는데, 그 까닭은 자신이 하고 있던 일이 더 중요하다고 생각했기 때문이다. 어떤 여자 환자는 연애 관계를 끝낼 수 있었다. 연애 관계는 주로 그녀 자신과 연인에게 영향을 미치는 신경증에서 생겨난 필요에 따라 형성되어, 그녀에게 아무 의미가 없을뿐더러 장래를 전혀 보장하지 않는다는 사실을 똑바로 알고 받아들인 까닭이다. 그녀는 이런 결정을 단호하게 이행했으며, 상대가 되도록 상처를 덜 받게 배려했다. 앞에서 든 두 사례에서 환자들은 먼저 특별한 상황에 대처하는 능력을 갖추어 기분이 좋았으나, 머지않아 공황 상태에 빠졌다. 그들은 독립이 무서웠고, 비호감이나 공격성이 드러날지도 몰라 두려웠고, '자기밖에 모르는 야수'라고 스스로 꾸짖었고, 잠시 동안 자기를 부정하는 지나친 겸손으로 둘러싼 안전한 울타리 안에 다시 피신하려고 기꺼이 몸을 내맡겼다.

마지막으로 살펴볼 사례는 다른 사례보다 더 앞으로 나간 긍정 단계를 포함하므로, 충분히 다루어야 한다. 이 사례에서 환자는 아버지에게서 물려받아 승승장구한 회사에서 꽤 나이가 많은 형과 함께 일했다. 형은 유능하고 독선적이고 위압하는 태도로 오만한 복수 유형에 속한 여러 경향을 드러냈다. 나에게 분석을 받은 환자는 언제나 자기 형의 그늘 아래서 보호받고, 형 때문에 겁을 먹고, 형을 맹목적으로 숭배했지만, 그런 사실은 알지 못한 채 유화 행동을 하려고 비상한 노력을 기울였다. 정신 분석이 진행되는 동안, 환자가 겪는 갈등의 이면이 전경에 드러났다. 그는 형을 비판하게 되었고, 공공연히 경쟁심을 드러냈으며, 때로는 싸움까지 할 정도로 적개심도 드러냈다. 형은 똑같이 응수했다. 한 반응에 더 강한 반응이 뒤따랐고, 급기야 말도 하지 않게 되었다. 사무실 안에는 긴장이 감돌았다. 직장 동료들과 종업원들은 이편을 들거나 저편을 들었다. 내 환자는 처음에 자신이 마침내 형에게 맞서 자신의 주장을 할 수 있어 기뻐했지만, 복수심에 사로잡혀 기분을 바꾸려고 애썼다는 사실을 서서히 인정했다. 서너 달에 걸쳐 자신의 갈등을 분석한 작업이 결실을 보게 되어, 드디어 전체 상황을 조망하는 더 넓은 관점에서 바라보면서, 인신 공격성 다툼과 억울한 감정보다 더 큰 문제에 성패가 달려 있다고 깨달을 수 있었다. 그는 전반에 걸친 긴장 관계에서 자신이 담당한 몫을 알아보았을뿐더러, 더 눈에 띄는 점으로는 능동성을 발휘해 책임질 준비가 되었다. 그는 형과 대화를 나눠 보기로 결심했고, 대화가 쉽지 않으리라는 점도 아주 잘 알았다. 이어진 대화에서 그는 겁을 먹거나 복수심에 사로잡히지 않고, 자신의 입장을 고수했다. 그렇게 해서 그는 이전보다 더 건강한 기반 위에서 향후 협력할 가능성을 열었다.

환자는 자신이 행동을 잘했다고 인식했고, 자신의 행동을 기특하게 여기며 기뻐했다. 그런데 바로 같은 날 오후에 공황 상태에 빠졌고, 속이 매스껍고 어지러워서 집에 돌아가 드러누워야 했다. 정확히 자살 충동을 느끼지는 않았으나, 마음속으로 사람들이 왜 자살을 시도하는지 이해할 수 있다는 생각이 퍼뜩 스쳤다. 이런 상태를 이해하려고 애쓰며 대화를 시도한 자신의 동기와 대화 도중에 한 행동을 재검토했으나, 불쾌한 일은 하나도 찾지 못했다. 그는 당혹스러워져 갈피를 잡지 못했다. 그런데도 잠을 잘 수 있었고 다음 날 아침에는 훨씬 더 차분해졌다. 그런데 자신의 형 때문에 괴로웠던 온갖 모욕을 기억하며 잠에서 깨어났고, 형에 대한 원망도 되살아났다. 우리는 속이 뒤집어지는 혼란the upset을 분석할 때, 환자가 두 갈래 길에 이르렀다는 점도 알아보았다.

환자가 형에게 대화를 요청하고 끝까지 대화하도록 이끈 기백氣魄 spirit은 자신이 이제까지 살아온 무의식적인 모든 가치와 정반대였다. 그는 확장 충동의 견지에서 **복수심에 사로잡혔어야 했고**, 복수의 승리감을 만끽했어야 했다. 이래서 그는 타협하고 상황을 참고 받아들인 자신에게 통렬한 비난을 퍼부었다. 다른 한편 잔존하는 자기 말소 경향의 견지에서, 그는 **온순했어야 했고** 자기를 아래에 두었어야 했다. 이래서 그는 자신을 조롱하며 공격했다. "동생이 큰 형님big brother보다 우월해지려고 하다니!" 만약 그가 실제로 오만하거나 유화 행동을 했다면, 정도가 덜하더라도 나중에 혼란을 겪었을 테지만, 영문을 몰라 곤혹스러워하지는 않았을 터이다. 왜냐하면 바로 이런 갈등을 해결하려고 발버둥치는 어떤 사람이든 복수하려는 경향이나 자기를 없애 버리려는 경향의 잔재에 대단히 민감할 테고, 느낄 수만 있다면 자책할 법하기 때문이다.

여기서 명백히 밝혀야 할 논점은 복수심이 드러나거나 유화宥和 행동을 **하지 않고서도** 자책이 일어났다는 점이다. 그런데 환자는 두 경향에서 벗어나서 결연히 긍정 단계를 밟았다. 그는 현실에 맞게 행동했을뿐더러 자기 자신과 자기 인생의 '전후사정context'이 지닌 진정한 의미도 파악했다. 말하자면 그는 자신이 직면한 어려운 상황 속에서 스스로 져야 할 책임을 부담이나 압력이 아니라 개인이 살아 내는 삶의 양식에서 통합을 이루어 내는 부분으로 알아보고 **느꼈다**. 거기에 그도 존재하고 상황도 존재했으며, 그는 정직하게 상황에 대처했다. 그는 세상에서 자신이 차지한 위치를 받아들였고, 마땅히 져야 할 책임도 감수했다.

당시에 환자는 벌써 자기 실현으로 나아가는 발걸음을 실제로 내디딜 만큼 충분히 힘과 기운을 모았지만, 진실한 나와 긍지 체계 사이에 벌어지는 갈등과 정면으로 맞서지 못했다. 이런 갈등이 일어나는 단계는 불가피하다. 환자가 갑자기 빠져든 갈등이 빚은 혹독한 경험이 전날에 강력한 반발이 엄습한 원인이었다.

환자는 반발에 휘말려들 때 당연히 무슨 일이 일어나는지 알지 못한다. 그저 잘못되어 가고 있다고 느낄 뿐이다. 절망을 느끼고 다시 자포자기에 빠질지도 모른다. 어쩌면 환자의 건강이 호전되었다고 착각했던 것일까? 환자가 너무 멀리 가서 도움을 받지 못하게 된 것일까? 이전에 속이 상하고 혼란스러웠던 때조차 환자가 한 번도 생각한 적이 없지만, 정신 분석을 중단하려는 충동impulse이 언뜻 스칠 수도 있다. 그는 당황하고 실망하고 낙담한다.

모든 사례에서 나타나는 이런 행동은 환자가 자기 이상화와 자기 실현 사이에서 결단하려고 맞붙어 싸우며 구축하는 조짐signs이다. 어쩌면 이렇게 몰아대는 두 충동drive은, 반발이 일어나는 동안 이어지는 내면 갈등과 반발을 촉발하는 구축 운동의 기백처럼, 양립할 수 없다는 점 말고는 아무것도 분명하게 드러내지 못할지도 모른다. 반발은 환자가 자신을 현실에 가깝게 바라보기 때문에 일어나지 않고, 자신의 한계를 받아들이기 때문에 발생한다. 환자가 결단을 내리고 자신의 이익을 위해 무슨 일을 하기 때문이 아니라, 그가 자신의 진짜 관심에 기꺼이 주의를 기울이고 스스로 책임지려 하기 때문에 생긴다. 환자가 사실에 입각해 스스로 주장하기 때문이 아니라, 세상에 자신의 자리가 있다고 기꺼이 가정하기 때문에 발생한다. 간단히 말해 **반발이 고통을 키운다.**

그런데 환자가 자신의 구축 운동이 지닌 숨은 의미와 가치significance를 자각할 때만, 반발은 충분히 이로울 수 있다. 따라서 분석가는 겉으로 드러난 재발에 당황하지 말고, 반발에서 생기는 진자 운동의 특징을 인정하며 그것을 환자가 알아보도록 도와주는 일이 그만큼 더 중요하다. 반발은 자주 규칙적으로 찾아와서 예측할 수 있으므로, 두서너 번 일어난 다음에는 환자가 상승 운동 중일 때 미리 알려 주는 것이 좋다고 권할 만해 보인다. 닥쳐오는 반발을 미연에 방지하지 못하더라도, 특정한 때에 작용하는 힘을 예측하면 지나치게 무력감을 느끼지 않을 수 있다. 작용하는 힘을 더욱 객관적으로 살피는 일은 환자에게 중요하다. 위기에 빠진 진실한 나의 확실한 협력자가 되는 일은 분석가에게 다른 어느 때보다 중요한 의미가 있다. 분석가는 시각과 입장이 명확하면, 이렇게 괴롭고 힘든 때에 환자들에게 간절히 필요한 지원을 해 줄 수 있다. 분석가는 대개 일반적인 확언이나 장담이 아니라, 최후의 전투에 임하고 있음을 환자에게 전달하고, 싸움에서 이길 공산이 얼마나 되고 싸우는 목표가 무엇인지 보여 주는 방식으로 지원한다.

환자는 반발이 지닌 의미를 이해할 때마다 이전보다 더욱더 강해진다. 반발 주기는 서서히 더 짧아지고 강도는 점점 더 약해진다. 반대로 즐겁고 기쁘고 좋은 주기가 늘어나면서 점점 더 명확하게 구축 운동이 일어난다. 환자가 바뀌고 자라날 전망은 자신의 손이 닿을 곳에 있는 확실한 가능성이 된다.

여전히 해야 할 분석 작업은 많이 남아 있을 테지만, 환자가 혼자 힘으로 분석할 수 있는 순간이 손에 닿을 만큼 가까이 왔다. 환자를 신경증 속으로 더욱더 깊이 밀어 넣고 얽어매던 악순환vicious circle은 이제 역방향으로 작용한다. 예컨대 만약 환자가 절대 완벽성에 맞춘 기준을 낮추면, 환자의 자책도 줄어든다. 따라서 환자는 자신을 둘러싸고 더욱 진실해질 수 있는 여지가 생겨 두려워하지 않고 자신을 검토할 수 있다. 이렇게 여유를 가진 다음, 환자는 분석가에게 덜 의존하면서 자신만의 재간이 있다고 확신한다. 동시에 자책을 외부로 돌리는 외면화의 필요도 역시 감소한다. 그래서 환자는 타인에게 위협을 덜 느낄뿐더러 적개심도 덜 품게 되어, 타인에게 우호 감정friendly feelings도 느낄 수 있다.

게다가 환자가 스스로 능력을 발휘해 자신의 발전에 책임지려는 용기와 자신감은 서서히 증가한다. 반발을 다루는 논의에서, 우리는 내면 갈등에서 기인한 오싹하고 끔찍스러운 공포terror에 집중했다. 이런 공포는 환자가 스스로 살고자 원하는 인생의 방향이 명확해짐에 따라 약해진다. 방향 감각만으로도 환자는 일체감을 더 많이 느끼고 정신력과 체력도 더 커졌다고 느낀다. 그런데 환자의 전진 행동에 따라 붙는 두려움이 하나 남아 있으며, 아직 충분히 평가되지 않았다. 이것은 환자가 신경증에 사로잡힌 찬사讚辭 props가 없으면 인생에 대처할 수 없으리라고 느끼는 현실적인 두려움이다. 신경증 환자는 아무튼 마법의 힘으로 살아가는 마법사와 다름 없다. 반대로 자기실현으로 나아가는 어떤 운동이든 마법의 힘을 버리고 자신이 실제로 지닌 재간으로 살아간다는 뜻이다. 그런데 신경증 환자는 사실 마법 같은 환상이 없어도 살 수 있고 심지어 더 잘 살 수 있다고 깨달을 때, 자기 자신을 있는 그대로 신뢰한다.

더욱이 자기 자신으로 존재하는 방향으로 나아가는 어떤 행동이든, 환자가 이전에 알았던 어떤 것과도 비교할 수 없는 색다른 충족감a sense of fulfillment을 준다. 이런 경험은 처음에 수명이 짧지만, 이윽고 점점 자주 반복되다가 지속하는 주기가 더 길어진다. 처음이라도 충족감은 환자에게 자신이 생각할 수 있거나 분석가가 주장할 수 있는 다른 어떤 길보다 옳은 길right path로 접어들었다는 확신을 더 많이 심어 준다. 환자가 자기 자신과 생명에 일치한다고 느낄 가능성을 보여 주는 까닭이다. 이런 경험은 십중팔구 환자가 스스로 성장하려 노력하고 한층 더 자기를 실현하는 쪽으로 나아가라고 자극하는 최대 유인誘因 incentive이다.

치료 과정은 환자가 앞에서 기술한 단계에 이르지 못하게 되는 다양한 종류의 곤경으로 가득하다. 성공적으로 헤쳐 나갈 때, 물론 치료 과정을 통해 환자가 자기 자신, 타인, 일과 맺는 관계에서 호전된 모습을 관찰할 수 있다. 그렇지만 이러한 호전이 정기적인 정신 분석 작업을 그만두어도 된다는 판단 기준은 아니다. 왜냐하면 호전은 심층 변화가 시작되었다는 구체적인 표현일 뿐이기 때문이다. 오로지 분석가와 환자만이 이런 변화, 즉 가치관의 변화, 방향 전환, 목표의 변화가 시작되었음을 알아챈다. 환자가 신경증에 걸려 꾸며낸 자부심과 통달, 복종, 자유의 유령 같은 허구 가치는 매료하는 힘을 거의 잃었고, 환자는 자신이 타고난 잠재력을 실현하는 데 더욱더 힘을 쏟는다. 그는 앞으로도 아직 드러나지 않은 자부심, 권리 주장, 가식, 외면화의 면면을 분석해야 한다. 그러나 자기 자신 안에 훨씬 단단히 뿌리 내린 환자는 숨은 요인의 본질이 무엇인지 알 수 있다. 따라서 그는 숨은 요인을 기꺼이 찾아내 이웃고 극복하려고 노력한다. 이렇게 기꺼이 행동하려는 의향意向 willingness은 이제 불완전한 결점을 마법으로 한꺼번에 제거하려고 미친 듯이 서두르는 조바심이 아니다. 적어도 신경증에 걸린 조바심은 훨씬 줄어든다.

해야 할 정신 분석 작업은 긍정적 용어로 말하면, 자기 실현에 말려든 모든 것과 관련된다. 자기 자신과 관련해 정신 분석 작업은 환자가 자신의 감정, 소망, 신념을 더 명확하고 깊게 체험하고, 자신의 재간을 끌어내 구축하려는 목적에 맞춰 활용하고, 스스로 책임지고 결정하면서 자신의 인생 방향을 더 분명하게 지각하려는 분투를 의미한다. 타인과 관련해 정신 분석 작업은 환자가 자신의 진짜 감정을 느끼면서 타인과 관계를 맺고, 타인들을 그들만의 권리와 특이한 점을 지닌 개인들로 존경하고, (타인을 어떤 목적을 이루기 위한 수단으로 이용하지 않고) 상호존중의 정신을 계발하려는 분투를 의미한다. 일이나 업무와 관련해 정신 분석 작업은 일이나 업무가 환자 자신의 자부심이나 허영심보다 더 중요해지고, 환자가 자신의 재능을 실현하고 계발하며 더 많이 생산하려고 마음먹게 될 것임을 의미한다.

이러한 길을 따라 진화를 거듭하는 가운데, 환자는 머지않아 단지 자신의 인격에 국한된 관심을 넘어 더 높은 단계로 접어들 것이다. 신경증에 사로잡힌 자아 본위를 이겨 낸 환자는, 자신의 특별한 인생과 세상 전체가 복잡하게 얽힌 더욱 넓은 문제를 더 잘 의식한다. 자신을 마음속으로 유일무이하게 중요한 의미가 있는 예외라고 여기던 환자는, 서서히 자신을 더 큰 세상의 일부로 경험한다. 또 세상 안에서 스스로 책임져야 할 몫을 기꺼이 받아들이고 수용할 수 있을뿐더러 어떤 식으로든 능력을 최대한 발휘해 구축하는 쪽으로 세상에 기여할 것이다. 이것은 젊은 사업가의 사례에서 보듯이, 그가 일하고 있는 전체 조직 내의 일반 문제를 의식하는 일과 관련이 깊다. 가족과 공동체 안에서, 또는 정치 상황 속에서 차지하는 자신의 자리와 관련될 수도 있다. 이런 단계는 인격의 지평personal horizen을 넓힐뿐더러 세상 안에서 자신의 자리를 찾고 받아들이는 일이 내면에서 우러난 확실성inner certainty을 환자에게 제공하기 때문에 중요하다. 내면에서 우러난 확실성은 능동적으로 참여할 때 느끼는 소속감에서 생겨난다.

제15장

●

이론 고찰

프로이트의 본능 이론에서 인간 관계와 진실한 나의 정신역학으로, 비관주의에서 낙관주의로 나아가다

THEORETICAL CONSIDERATIONS

이 책에서 말하는 신경증 이론은 이전 출판물에서 논의한 여러 개념에서 서서히 진화했다. 이런 진화가 정신 분석 치료에 지닌 함축이 무엇인지는 앞 장에서 다루었다. 나의 생각이 신경증을 바라보는 전체 관점뿐 아니라 각기 다른 개념을 이해할 때 이론에 어떤 변화가 일어났는지 자세히 검토하는 과제가 아직 남아 있다.

나는 우선 프로이트의 본능 이론을 버린 다른 여러 정신 분석가들[1]과 함께 신경증의 핵심이 인간 관계에 있다고 보았다. 내가 지적했듯이 일반적으로 인간 관계는 문화 조건cultural conditions에 따라 형성되었다. 구체적으로 아이의 구속받지 않는 영혼, 정신, 마음의 성장을 방해하는 환경 요인이 영향을 미쳤다. 아이는 자기와 타인에게 근본 확신basic confidence을 형성하지 못한 채 근본 불안basic anxiety을 느끼기 시작했다. 나는 1장에서 근본 불안을 적의가 잠재하는 세상 속에 고립되어 무력하다고 느끼는 감정으로 정의했다.

1 에리히 프롬, 아돌프 마이어, 제임스 플랜트, 설리번 같은 인물을 가리킨다.

이런 근본 불안을 최소로 유지하려 타인에게 접근하거나 반항하고, 타인을 회피하는 자발적 행동은 강박에 사로잡혔다. 자발적 행동들은 서로 양립하고 한 행동은 나머지 다른 행동들과 양립했지만, 강박에 사로잡힌 행동들은 서로 충돌했다. 나는 이렇게 발생한 갈등을 근본 갈등이라고 불렀다. 근본 갈등은 다른 사람들을 만나야 할 필요가 갈등을 빚고 그들을 만나는 태도에서 갈등이 일어난 결과로 생긴다. 이런 근본 갈등을 해결하려는 첫 시도는 대체로 갈등을 빚는 필요와 갈등이 일어나는 태도 가운데, 어떤 필요와 태도에 완전히 몸을 맡기고 다른 필요와 태도들을 억압해서 통합하려는 시도였다.

이것은 다소 능률화에 치우친 요약이다. 왜냐하면 정신 내부에서 일어나는 과정이 대인 관계에서 일어나는 과정과 떼려야 뗄 수 없게 얽혀 있는데도, 정신 내부에서 일어나는 과정은 전부 다루지 않고 그대로 두었기 때문이다. 하지만 여러 곳에서 건드리기는 했는데, 몇 가지만 말해 보자. 나는 신경증 환자가 애정을 얻어야 할 필요나 타인에게 속한 애정에 상응하는 것을 얻어야 할 필요에 관해 논할 때, 그가 이러한 필요의 충족에 쓰려고 자신의 내면에 길러 낸 자질과 태도를 고려하지 않을 수 없었다. 게다가 내가 『자기 분석*Self-Analysis*』에서 열거했던 '신경증 경향' 가운데 정신 내부에서 일어나는 과정을 뜻하는 몇 가지 사례가 있다. 예컨대 의지력이나 이성으로 통제해야 할 강박에 사로잡힌 필요, 또는 완벽성에 도달해야 할 강박에 사로잡힌 필요가 있다. 그 문제는 『자기 분석』에서 병든 의존성에 대한 클레어의 분석을 논의할 때도 이 책과 같은 맥락에서 드러난 여러 정신 내부 요인을 압축해 다루었다. 그렇더라도 논의는 단연 대인 관계에 영향을 미치는 요인에 집중되었다. 내가 보기에 신경증은 본질적으로 여전히 인간 관계에서 생기는 장애였다.

타인을 만나며 겪는 갈등을 자기 이상화로 해결할 수 있다는 주장은 이런 정의를 분명히 넘어선 첫 단계였다. 내가 『인간의 내면 갈등』에서 이상에 맞춘 자아상이라는 개념을 제안했을 때, 그 개념에 숨은 가치와 의미를 아직 충분히 알지 못했다. 당시 나는 그저 내면 갈등을 해결하려는 또 다른 시도라고만 생각했다. 또 이상에 맞춘 자아상이 바로 통합하는 기능을 담당하기 때문에 사람들은 그것에 집착했다. 그런데 몇 년이 지나고 이상에 맞춘 자아상 개념은 새로운 통찰이 진화하는 중심 문제가 되었다. 그 개념은 실제로 이 책에서 말하는 정신 내부에서 일어나는 과정이 속한 전체 영역으로 통하는 관문이었다. 나는 프로이트의 여러 개념을 과학적으로 다듬어 나가며 정신 내부 영역이 실제로 존재한다고 자각하게 되었다. 그런데 정신 내부에서 일어나는 과정을 이해하는 프로이트의 해석이, 내게는 듬성듬성 이해될 뿐이어서 이상한 영역으로 남아 있었다.

나는 그때 신경증 환자가 이상에 맞춰 계발한 자아상이 단지 자신의 숨은 가치와 의미를 거짓으로 꾸며 내 믿은 것이 아니었음도 서서히 알아 보았다. 이상에 맞춘 자아상은 오히려 프랑켄슈타인이 창조한 괴물처럼 조만간 신경증 환자에게서 최선의 기력을 빼앗았다. 마침내 스스로 성장하고 자신의 타고난 잠재력을 실현하려는 충동마저 빼앗아 버렸다. 이것은 신경증 환자가 현실에 가깝게realistically 자신의 곤경과 맞붙어 싸워 이겨내면서 자신의 타고난 잠재력his given potentialities을 실현하는 데 더는 관심을 두지 않고, 이상을 좇는 나의 현실화에 온 힘을 쏟았다는 뜻이다. 이러한 기력의 전환은 성공과 권력, 승리로 세속의 영광을 차지하려는 강박에 사로잡힌 충동drive을 불러일으킬 수밖에 없다. 또 스스로 신 같은 존재가 되려는 내면 체계의 횡포가 반드시 뒤따르기 마련이다. 신경증에 사로잡힌 권리 주장이 반드시 생겨나고, 신경증에 사로잡힌 자부심이 발달할 수밖에 없다.

이상에 맞춘 자아상idealized image이라는 원형 개념을 세련되게 다듬는 과정에서 문제가 하나 더 생겼다. 나는 자기에게 접근하는 태도에 집중하면서 사람들이 스스로 이상에 맞춰 그려 낸 자신들을 똑같이 강렬하고 똑같이 비합리적인 태도로 혐오하고 비하했다는 점도 분명히 파악했다. 이렇게 대립하는 양 극단은 잠시 내 마음속에서 분리된 채 남아 있었다. 그러나 마침내 극단에 치우친 두 모습이 떼려야 뗄 수 없게 얽혀 있을뿐더러, 사실 하나의 과정에서 드러난 두 측면이었음을 알아보았다. 이것이 이 책의 중요한 주제였고, 초안을 구상할 당시 이렇게 적어 두었다. **신 같은 존재가 되려면 현실의 존재를 증오할 수밖에 없다.** 이런 과정을 하나의 집합체로 인정하면서 양 극단은 정신 분석 치료에 이용하기가 더 쉬워졌다. 신경증의 정의도 다음과 같이 바뀌었다. **이제 신경증은 어떤 사람이 자기와 관계하고 타자와 관계할 때 생기는 장애이다.**

앞에서 다룬 논제는 아직 어느 정도 중요한 주장으로 남지만, 최근 몇 년 동안 두 방향으로 가지를 뻗어 발전했다. 진실한 자기는 다른 여러 사람들과 마찬가지로 나에게도 당혹스럽기 그지없는 문제로 사상의 전면에 드러났고, 나는 자기 이상화에서 시작되어 내면에 일어나는 정신 과정 전체를 자기 소외가 커지는 과정으로 바라보게 되었다. 내가 최근 정신 분석에서 자기 혐오가 진실한 나와 반대 방향으로 움직인다고 깨달은 점은 더욱 중요하다. 나는 긍지 체계와 진실한 나 사이에 일어나는 갈등을 중심에서 일어나는 내면 갈등이라고 불렀다. 이것은 신경증에서 비롯된 갈등이라는 개념의 외연을 넓혔다. 나는 신경증에서 비롯된 갈등을 양립 불가능한 강박에 사로잡힌 두 충동 사이에서 벌어지는 갈등으로 정의했다. 이런 개념이 그대로 유지되지만, 나는 강박에 사로잡힌 두 충동 사이에 벌어지는 갈등이 신경증에서 비롯된 갈등을 보여 주는 유일한 정의가 아니라는 점도 알아채기 시작했다. 중심에서 일어나는 내면 갈등은 진실한 나의 구축하는 힘과 긍지 체계의 방해하는 힘 사이, 곧 건강한 성장과 현실에서 이상을 좇는 나의 완벽성을 증명하려는 충동 사이에서 벌어지는 갈등이다. 그러므로 정신 분석 치료는 자기 실현으로 나아가는 데 도움이 되었다. 우리 정신 분석 연구소 전체 조직이 임상 정신 분석 작업을 하면서, 위에서 묘사한 정신 내부 과정이 실제로 존재한다는 주장의 타당성은 우리의 마음속에 점점 더 분명하게 확립되었다.

더욱이 일반적인 문제부터 더욱 구체적인 문제까지 정신 분석 작업을 한 덕분에, 정신 내부에서 일어나는 과정을 보여 주는 지식의 양도 늘었다. 나는 신경증이나 신경증에 걸린 인격이 색다른 '종류'로 나타난 변종variations에 관심을 기울였다. 처음에 이런 변종은 내면 과정의 한 측면이나 다른 측면을 자각하는 정도나 그런 측면에 접근할 수 있는 가능성의 차이처럼 보였다. 하지만 나는 이런 변종이 정신 내부의 갈등을 풀려는 갖가지 가짜 해결책에서 생겨났음도 서서히 실감했다. 이런 가짜 해결책은 잠정적이기는 했으나 신경증에 걸린 인격 유형을 확립하는 새로운 기초를 제공했다.

누구나 일정한 이론을 공식적으로 주장하고 나면, 같은 분야에 종사하는 다른 여러 학자의 이론과 비교하고 싶은 바람이 생긴다. 다른 사람들은 이러한 문제를 어떻게 다루었을까? 시간과 기력은 유한하므로 생산하는 작업과 성실한 독서를 모두 할 수 없다는 단순하지만 냉혹한 이유로, 나는 여기서 프로이트의 개념과 비교하며 유사점과 차이점을 몇 가지만 짚고 넘어가겠다. 이렇게 제한할 때에도 큰 난관에 빠지는 과제가 있다. 각 개념을 비교할 때 프로이트가 특정한 이론에 도달한 사고의 미묘하고 치밀한 요소까지 정당하게 다루는 일은 거의 불가능하다. 더욱이 전체를 통찰하는 철학 관점에서 보면, 여러 개념을 문맥에서 떼어 내 비교하는 일도 용납하기 어렵다. 따라서 세부 사항에 얽힌 해석의 차이는 놀라울 정도로 뚜렷하지만, 각론으로 들어가는 것은 유용하지 않다.

나는 영광을 좇는 탐색에 얽힌 여러 요인을 검토할 때, 상대적으로 새로운 지역을 항해할 때와 똑같은 경험을 하게 된다. 말하자면 나는 프로이트의 뛰어난 관찰 능력에 감명을 받는다. 프로이트가 과학의 힘이 미치지 않은 영역에서 개척자로서 연구하고, 이론을 뒷받침하는 전제들이 받아들여지지 않는 역경에 맞서 연구했으므로 한층 더 깊은 인상을 받는다. 영광을 좇는 탐색과 관계가 있는 측면들 가운데, 프로이트가 전혀 알아내지 못했거나 중요한 것으로 살펴보지 않았던 측면은 얼마 되지 않는다. 얼마 되지 않는 일부는 내가 권리 주장으로 묘사한 측면이다.[2] 수많은 신경증 환자들이 타인에게 무리한 기대를 걸기 쉽다는 점은 프로이트도 당연히 알고 있었다. 그는 신경증 환자의 기대가 절박한 요구일 수 있다고도 짐작했다. 그런데 프로이트는 신경증 환자가 거는 여러 기대가 구강기 리비도oral libido*를 표현한다고 여겨서, 이러한 기대에 '권리 주장', 어떤 사람이 충족시킬 권한이 있다고 느끼는 요구라는 구체적 특징이 있음은 분명히 파악하지 못했다.[3] 그 결과 신경증에서 권리 주장이 담당하는 핵심 역할도 실감하지 못했다. 프로이트는 몇 군데 문맥에서 '자부심' 같은 용어를 쓰지만, 신경증에 사로잡힌 자부심에 나타난 구체적인 속성과 예상되는 결과를 알지 못했다. 그러나 프로이트는 마법의 힘과 전능의 환상에 빠지는 믿음을 관찰했다. 자기 자신이나 어떤 사람의 자아 이상, 곧 자기 과장, 억제의 미화 등에 심취하는 경향, 강박에 사로잡힌 경쟁심과 야망, 권력을 얻고 완벽성에 이르거나 숭배와 인정을 받아야 할 필요를

---

2 슐츠 헨케는 신경증에서 권리 주장에 숨은 의미와 가치를 인정한 최초의 인물이다. 슐츠 헨케에 따르면 사람은 자신의 두려움과 무력감 때문에 무의식적으로 권리 주장을 계발한다. 권리 주장은 다음에 광범위한 억제에 큰 영향을 미친다. 슐츠 헨케, 『운명과 신경증』(구스타프 피셔, 예나, 1931).

3 프로이트가 막연하지만 권리 주장과 유사한 것을 알아낸 유일한 곳은 이른바 질병에서 얻은 이차 이득의 문맥이며, 원래 상당히 의심스러운 개념이다.

* 리비도libido는 프로이트가 성 충동을 비롯한 인간의 본능에 속한 모든 생리 기력과 심리 기력을 다 가리키기 위해 만든 개념이다. 그는 사랑 본능eros과 죽음 본능thanatos의 상호 작용으로 인간의 모든 행동 변화를 설명하는데, 리비도는 두 본능을 추동하는 원기 같은 것이다. 프로이트는 리비도의 발현 단계를 항문기, 구강기, 성기기로 나눴다. 항문기와 구강기는 유아기에 해당하고 성기기는 청소년기 이후 시기에 해당한다. 리비도와 비슷하지만 다른 개념으로 원초 본능id은 리비도가 지배하는 성욕과 공격 욕구 같은 육체의 본능을 비롯해 유전되거나 타고난 모든 심리 요소와 각종 충동이 꿈틀거리는 무의식의 영역을 가리킨다.

살펴보았다.

앞에서 프로이트가 관찰한 여러 가지 요인은 서로 관계를 맺지 못하고 따로 흩어져 있었다. 그는 여러 가지 요인이 하나의 강력한 흐름을 보여 주는 표현이라는 점을 알아내지 못했다. 달리 말해 다양한 모습에 숨은 통일성unity을 보지 못했다.

프로이트가 신경증의 진행 과정에서 영광을 좇는 충동의 영향을 비롯해 그것에 숨은 가치와 의미를 인식하지 못한 데는 세 가지 중요한 이유가 결합되었다. 우선 프로이트는 인간의 성격을 형성하는 데 문화 조건이 미치는 힘을 알지 못했다. 문화 조건에 대한 인식 부족은 당대 유럽 학자들이 대부분 안고 있는 문제였다.[4] 이 문맥에 담긴 흥미로운 함축을 간단히 말하면, 프로이트는 자신의 주위에서 보았던 위신威信 prestige과 성공成功 success의 갈망을 인간의 보편적 속성으로 오인했다. 따라서 최고, 지배, 승리에 사로잡힌 강박 충동은 이런 야망이 '정상'으로 보이는 특정한 양식과 맞아떨어지지 않을 때를 제외하면, 검토할 가치가 있는 문제로 떠오를 수 없었고, 떠오르지도 않았다. 프로이트는 야망이 불안을 야기할 만큼 커졌을 때나 여자들에게 생겨 '여성다움'으로 정해진 규약에 어긋났을 때만 문제가 된다고 생각했다.

둘째로 프로이트는 신경증에 사로잡힌 충동을 리비도libido와 관계가 있는 현상으로 설명하려는 경향이 강하다. 따라서 자기 미화는 리비도가 자기에게 빠져드는 열병의 표현이었다. 우리는 어떤 '사랑의 대상'을 과대평가할 수 있듯이 자기 자신을 과대평가한다. 야망에 불타는 여자는 '진실로really' '남근 선망'으로 괴로워한다. 숭배받아야 할 필요는 '자기 도취의 충족에 적합한 공급 물자'를 제공해야 할 필요이다. 그 결과로 정신 분석 이론과 정신 분석 치료법에서 탐구는 과거와 현재 애정 생활의 자세한 내용, 예컨대 자기

4 카렌 호나이, 『정신 분석의 새로운 길』(노턴, 1939) 제10장 문화와 신경증 참고.

와 타인의 리비도가 결부된 관계로 방향을 틀었고, 자기 미화와 야망 등의 구체적인 성질과 기능, 효과를 다루지 못했다.

셋째로 프로이트는 진화론과 기계론을 결합시켜 생각했다. "프로이트의 사고는 현재 드러나는 정신 현상이 과거 경험에 따라 제약받을뿐더러 과거 말고는 아무것도 포함하고 있지 않다고 암시한다. 발달 과정에서 진실로 새로운 어떤 일도 일어나지 않는다. 우리가 오늘 보는 현상은 모습을 바꾼 과거일 따름이다."[5] 윌리엄 제임스에 따르면, "현재 드러나는 정신 현상은 정말로 원래 있던 변하지 않는 재료들이 다시 배열된 결과에 지나지 않는다." 이런 철학 전제에 근거하면, 지나친 경쟁심은 해결되지 않은 오이디푸스 강박 관념Oedipus complex*, 또는 형제간 경쟁sibling-rivalry이 드러난 결과로 만족스럽게 설명할 수 있다. 전능의 환상은 유아기 수준의 '제1기 자기 도취'에 머무는 고착이나 그런 상태로 돌아가려는 퇴행으로 여긴다. 프로이트의 관점에 따르면 유아기 리비도 경험과 결합한 해석만이 의식의 '심층을 드러내고' 만족스럽게 정신 현상을 설명할 수 있다.

나의 관점에서 보면 이러한 해석이 내는 치료 효과는 중요한 통찰을 분명히 방해하지 않더라도 한계가 있다. 예컨대 어떤 환자가 분석가에게 너무 쉽게 굴욕과 창피를 느낀다는 점을 자각했다고 가정해 보자. 환자는 여자들에게 다가설 때는 항상 굴욕을 당할까 봐 두려워한다는 사실도 알아차린다. 그는 다른 남자들만큼 사내답다거나 매력이 넘친다고 느끼지 않는다. 아버지에게 굴욕당했던 장면을 기억할 수도 있는데, 아마 성행위와 관계가 있을 터

---

5 카렌 호나이, 『정신 분석의 새로운 길』 제2장 프로이트 사고의 몇 가지 일반 전제에서 인용.

* 흔히 오이디푸스 콤플렉스로 통하는 프로이트의 정신 분석학 용어이다. 고대 그리스 비극의 주인공 오이디푸스 왕의 이야기에서 영감을 얻어 만든 개념이다. 아들이 어머니를 독차지하고 싶은 욕망에 사로잡혀 아버지를 질투하지만, 아버지를 이길 수 없어서 생기는 복잡한 감정을 포함하는 일종의 강박 관념이나 고정 관념이다.

이다. 이처럼 현재부터 과거에 이르기까지 자세하게 기록한 많은 날짜와 꿈을 근거로 시도한 해석은 다음 방침에 따른다. 환자에게 분석가는 권위 있는 다른 인물과 마찬가지로 아버지의 대리자이고, 굴욕감이나 두려움을 느낄 때 환자는 아직도 해결되지 않은 유아기 오이디푸스 강박 관념에 사로잡혀 반응한다.

이런 정신 분석 작업의 결과로, 환자는 증상이 완화되었다고 느끼고 굴욕감이 약해지기도 한다. 사실 환자는 이러한 정신 분석 작업에서 얼마간 이익을 얻는다. 자기 자신에 관해 조금 배우고, 자신이 느끼는 굴욕감이 불합리하다는 사실도 알아챘다. 그러나 환자가 자부심을 붙들고 따져 보지 않으면, 마음 구석구석까지 미치는 변화는 도저히 일어날 수 없다. 반대로 환자가 자부심에 입각해 비합리적인 존재가 되고 특히 '유치한' 존재가 되는 일을 참아 내려고 하지 않아서, 의식의 표층에는 대체로 호전된 모습이 나타날 수 있다. 이것은 환자가 새로운 당위를 계발했음을 뜻할 뿐이다. 그는 유치하게 행동해서는 안 되며 성숙한 사람이어야 한다. 굴욕을 느껴서는 안 되는 까닭은 유치한 행동이기 때문이다. 그래서 굴욕을 더는 느끼지 않는다. 이렇게 겉으로 드러난 진보seeming progress는 진실 측면에서 환자의 성장을 방해할 수 있다. 굴욕감이 의식의 심층으로 숨어들어 환자가 스스로 제대로 보고 바로잡을 가능성이 적지 않게 줄어든다. 따라서 정신 분석 치료는 환자의 자부심에 얽힌 문제를 해결하지 않고 오히려 환자의 자부심을 이용했다.

방금 말한 이론상 근거가 모두 영향을 미쳐, 프로이트는 영광을 좇는 탐색의 충격과 영향impact을 도저히 알아볼 수 없었다. 프로이트가 확장 충동에서 관찰한 영광을 좇는 탐색이라는 요인은 보이는 것과 달리 '진실로' 유아기 리비도 충동에서 비롯된 파생물이 아니었다. 프로이트식 사고 방식은 확장 충동이 고유한 영향력을 발휘하며 고유한 결과를 내는 힘이라고 제대로 평가하지 못했다.

이런 진술은 프로이트와 아들러를 비교하면 더욱 명확해진다. 신경증이 발병하고 진행될 때 권력과 우월감을 얻으려는 충동이 얼마나 중요한지 분명히 파악한 것은 아들러의 위대한 공헌이었다. 그렇지만 아들러는 권력을 어떻게 얻고 우월감을 어떻게 주장할지 찾는 방책에 몰두하여, 개인에게 뒤따를 수밖에 없는 고뇌가 얼마나 깊은지 알아채지 못했다. 따라서 얽혀든 문제의 표층에 너무 오래 머물렀다.

무심코 보더라도 내가 제안한 자기 혐오와 프로이트가 가정한 자기 파괴 본능, 곧 죽음 본능 사이에 비슷한 점이 훨씬 더 많다는 생각이 든다. 여기에서 우리는 적어도 자기 파괴 충동이 얼마나 강렬하고 어떤 가치와 의미가 숨어 있는지 평가할 때 비슷하다는 점을 발견한다. 내부 금기, 자책과 그것의 결과로 생긴 죄책감이 지닌 자기 파괴 특징 같은 특정한 세부 내용도 비슷하게 바라본다. 그렇더라도 여기에는 중요한 차이점도 있다. 프로이트는 자기 파괴 충동이 본능이라고 가정해서 거기에 바꿀 수 없는 최후 상태라고 낙인을 찍는다. 본능으로 낙인 찍은 자기 파괴 충동은 명확한 심리 조건에서 발생하지 않아서 심리 조건을 바꿔 극복할 수도 없다. 그러면 자기 파괴 충동의 실존과 작용이 인간의 본성을 이루는 한 속성이 되어 버린다. 그러므로 인간은 근본적으로 자신을 괴롭히고 파괴하는 것과 남을 괴롭히고 파괴하는 것 가운데 하나만 선택할 따름이다. 이런 자기 파괴 충동은 완화하거나 통제할 수 있으나, 궁극적으로 바꿀 수 없다. 더욱이 우리가 프로이트에게 찬성해 자기 무화, 자기 파괴, 죽음으로 나아가려는 충동을 본능이라고 가정한다고 치자. 그때는 자기 혐오와 그것에서 예상되는 여러 결과를 그저 본능적 충동이 드러난 것으로 여길 수밖에 없다. 어떤 사람이 있는 그대로 존재하는 자신을 혐오하거나 비하한다는 생각은 실제로 프로이트의 사고 방식과 맞지 않고 낯설다.

프로이트도 자신의 기본 전제를 공유한 다른 정신 분석가들과 마찬가지로 자기 혐오가 일어나는 현상을 관찰했지만, 자기 혐오가 드러내는 겹겹이 숨은 형태와 효과는 결코 알지 못했다. 프로이트의 해석에 따르면, 자기 혐오처럼 보이는 현상은 '진실로really' 다른 무엇을 표현한다. 자기 혐오는 다른 누구에게 품은 무의식적 혐오일 수도 있다. 우울증 환자는 정말로 '자기 도취에 알맞은 공급품'이 필요할 때, 좌절감을 안겨 주어 무의식적으로 미워하는 어떤 다른 사람에게 받은 가해 행동 때문에 자책하기도 한다. 이런 일은 규칙적으로 발생하지 않지만, 프로이트의 우울증 이론에 따른 임상 치료의 근간이 되었다.[6] 간단히 말해 우울증 환자는 의식에서는 자신을 혐오하고 자책하지만, 사실 **무의식에서는** 내부로 투사된 적을 증오하고 책망한다. "좌절감을 안겨 준 대상에게 드러낸 적개심이 어떤 사람의 자아ego에게 드러낸 적개심으로 바뀌었다."[7] 또는 자기 혐오**처럼 보이는** 현상은 '**진실로**really' 초자아super ego의 처벌 과정이고, 초자아는 내면화를 거쳐 자신의 것이 된 권위이다. 마지막으로 자기 혐오는 초자아의 권위 탓으로 생긴 가학증으로 여기는데, 유아기 리비도의 항문기 가학 단계로 퇴행해서 생긴다. 따라서 자기 혐오는 나의 견해와 전혀 다르게 설명될뿐더러 자기 혐오 현상 자체가 완전히 다른 양상으로 나타난다.[8]

많은 분석가들은 다른 모든 점에서 프로이트의 사유 노선을 따르면서도, 내가 타당하다고 생각한 근거에 입각해 죽음 본능을 거부했다.[9] 그런데 자기 파괴 성향에서 본능이라는 천성을 제거하면, 어쨌든 프로이트가 제안한 이론 골격framework 안에서 자기 파괴 성향이 무엇인지 설명하기 힘들어진다. 이 점을 보여 주는 다른 설명이 불충분하다고 느껴서 프로이트가 자기 파괴

---

6 프로이트, 『애도와 우울증*Mourning and Melancholia*』 프로이트 전집 4권 참고

7 오토 페니첼, 『신경증 정신 분석 이론』(1948)에서 인용.

8 제5장 자기 혐오와 자기 비하 참고.

9 하나만 언급하자면, 오토 페니첼Otto Fenichel의 『신경증 정신 분석 이론』(노턴, 1945)에서 찾아 볼 수 있다.

본능을 제안하지 않았을까 생각한다.

프로이트가 초자아에 돌린 요구나 금기와 내가 당위의 폭정으로 묘사한 것 사이에도 비슷한 점이 뚜렷이 나타난다. 그런데 방금 말한 용어의 의미를 고려하자마자 갈림길로 접어든다. 우선 프로이트에게 초자아는 양심과 도덕성을 표상하는 정상적인 현상이다. 특별히 잔혹하거나 가학성을 드러낼 때에만 초자아는 신경증을 일으키는 원인이 된다. 나에게 초자아에 상응하는 당위와 금기는 어떤 종류든 어느 정도든 모두 도덕성과 양심으로 가장하고 신경증을 일으키는 힘이다. 프로이트에 따르면 초자아의 일부는 오이디푸스 강박 관념의 파생물이고, 다른 일부는 본능적으로 파괴 성향과 가학 성향을 띠는 힘들의 파생물이다. 나의 견해에 따르면 내부 명령은 개인이 자신이 아닌 신 같은 완벽한 존재로 변신하려는 무의식적 충동의 표현인데, 그렇게 할 수 없어 자신을 혐오한다. 앞에서 말한 차이점에서 뒤따를 수밖에 없는 예상되는 여러 결과implications 가운데 하나만 말해 보자. 당위와 금기를 특별한 자부심에서 필연적으로 따라 나오는 결과로 보면, 동일한 일이 왜 어떤 성격 구조에서는 격렬하게 필요하고 어떤 성격 구조에서는 금지되는지 훨씬 더 정확하게 이해할 수 있다. 개인이 초자아의 요구나 내부 명령과 마주할 때 나타내는 다양한 태도 역시 훨씬 정확히 이해할 수 있는데, 몇몇 태도는 프로이트의 영향을 받은 문헌에 나와 있다.[10] 예컨대 유화 행동, 복종, 뇌물 수수, 반항 같은 태도가 나타난다. 이런 태도는 알렉산더처럼 모든 신경증에 적합한 것으로 일반화되거나 우울 신경증이나 강박 신경증처럼 공명하는 특정한 그림과 연결될 따름이다. 다른 한편 내가 제안한 신경증 이론의 골격 안에서 다양한 태도가 지닌 성질은 엄밀히 말해 특별한 전체 성격 구조에 따라 결정

10 오토 페니첼의 앞의 책, 프란츠 알렉산더, 『전체 인격의 정신 분석』(신경 정신 질병 출판사, 1930) 참고.

된다. 이런 차이에서 정신 분석 치료의 목표도 달라진다는 결론이 따라 나온다. 프로이트의 목표는 단지 초자아의 가혹한 처사를 줄이는 데서 그치지만, 나의 목표는 개인이 내부 명령을 받지 않더라도 자신의 참된 소망과 신념에 따라 스스로 인생의 방향을 잡아 나아갈 수 있게 돕는 것이다. 이런 후자의 가능성은 프로이트의 사고에서 전혀 찾을 수 없다.

지금까지 논의한 내용을 요약해 보자. 우리는 특정한 개별 현상이 두 접근 방식에 따라 비슷하게 관찰되고 기술된다고 말할 수 있다. 그런데 개별 현상이 보이는 역학 관계와 의미를 해석할 때 완전히 달라진다. 이제 개별 측면을 떠나 이 책에서 말한 대로 개별 현상이 서로 관계 맺는 복잡한 전체 상황을 살펴보면, 비교 가능한 관계들은 철저히 규명된다.

무한한 완벽성과 권력을 좇는 탐색과 자기 혐오의 상호 관계는 가장 중요한 의미가 있다. 두 현상이 분리될 수 없다는 깨달음은 고대에서 유래한 유서 깊은 통찰이다. 내 생각으로는 악마와 맺은 계약을 주제로 전하는 이야기야말로 그런 깨달음을 쉽게 보여 주는 최고의 상징인데, 이야기의 핵심은 늘 똑같아 보인다. 이야기에는 영혼과 정신이 고뇌로 시달리는 지극히 인간다운

---

11 때로는 외부 환경에 따른 불행이 영혼 또는 정신의 고통을 상징하기도 하는데, 스티븐 빈센트 베네*Stephen Vincent Benet, 1898~1943의 『악마와 다니엘 웹스터*The Devil and Daniel Webster*』는 그렇게 묘사한다. 때로는 성경에 나오는 그리스도의 유혹 이야기에서 나타나듯이 그저 영혼의 고통을 암시만 한다. 때로는 고대 파우스트 책과 크리스토퍼 말로의 『파우스트 박사』에 묘사된 방식으로 어떤 사람이 마력으로 영광을 얻으려는 갈망에 미혹되었다고만 표현하고 어떤 정신의 고통도 묘사하지 않는 것처럼 보인다. 어쨌든 우리는 영혼의 장애로 혼란을 겪고 불안한 사람만이 이러한 갈망에 사로잡힌다는 사실을 인식한다. 안데르센의 『눈의 여왕』에서 짓궂게 거울을 깨뜨려 조각들이 인간의 심장에 박히게 만들어서 최초로 장애를 창조한 존재는 악마이다.

* 미국의 시인이자 작가로 남북전쟁을 다룬 긴 서사체 시 「존 브라운의 유해John Brown's Body」로 유명하며, 독일의 민담 파우스트 박사 이야기를 미국의 뉴햄프셔를 배경으로 바꾸어 쓴 단편 소설 『악마와 다니엘 웹스터』는 오페라와 희곡, 영화로 각색되었다.

존재a human being가 등장한다.[11] 거기에는 악의 원리를 상징하는 유혹도 있다. 악마devil, 마법사, 마녀, 성경 속 아담과 이브의 이야기에 나오는 뱀, 발자크의 『나귀 가죽*La Peau de chagrin*』*에 나오는 고대의 상인, 오스카 와일드의 『도리언 그레이의 초상』에 나오는 헨리 왓슨 경이 악의 원리를 상징한다. 다음에는 기적처럼 고뇌에서 벗어날뿐더러 무한에 가까운 권력을 주겠다는 약속이 있다. 그리스도의 유혹 이야기가 보여 주듯이 어떤 사람은 유혹에 저항하는 순간 참으로 위대하다는 증거로 우뚝 선다. 끝으로 치러야 할 대가가 있는데, 다양한 형태로 표현되어 영혼을 잃거나 악의 세력에 굴복한다. 아담과 이브는 순진무구한 감정을 잃었다. 악마Satan는 "그대가 엎드려 나를 숭배하면, 나는 그대에게 이 세상을 전부 주겠노라"고 그리스도에게 말한다. 치러야 할 대가는 『나귀 가죽』에서 주인공의 삶이 보여 주듯이 이승에서 살면서 겪는 영혼, 정신, 마음의 번뇌일 수도 있고, 지옥의 극심한 고통일 수도 있다. 『악마와 다니엘 웹스터』에서 베네는 악마에게 수집되어 움츠러드는 영혼의 상징을 아름답고 실감나게 그려 낸다.

다양한 상징으로 표현되었으나 숨은 의미와 가치를 드러낸 해석은 한결같은 동일 주제가 민속학, 신화학, 신학에 되풀이하여 등장했다. 어떤 형태든 선과 악을 나누는 근본 이원론이 환대받았다. 따라서 동일한 주제가 오랜 시간에 걸쳐 대중의 의식 속에 깃들였다. 정신 의학이 발전할 만큼 시간이 충분히 흘러서 심리 이해에 필요한 지혜를 터득할 수도 있다. 확실히 이 책에서 기술한 신경증의 진행과 나란히 짝을 이루는 병행은 이목을 끈다. 영혼, 정신,

---

* 1831년 '철학 소설'이라는 부제를 달아 출간한 작품으로, 한 인간이 욕망에 사로잡혀 살아가는 행로를 구체적으로 묘사하고, 욕망을 좇아 사는 인간이 대가를 치를 수밖에 없는 현실을 적나라하게 보여준다. 『나귀 가죽』의 주인공 라파엘은 원하는 것은 무엇이든 이루어주는 마법의 나귀 가죽을 손에 넣는다. 그러나 소원이 이루어질 때마다 나귀 가죽은 줄어들고, 그만큼 라파엘의 생명도 단축된다.

마음의 고뇌에 시달리는 개인은 정당한 이유 없이 자신에게 무한한 권력을 부여하고, 자신의 영혼soul을 잃고 자기 혐오에 빠져 지옥에 떨어진듯 극심한 고통을 겪으며 괴로워한다.

완벽성 추구와 자기 혐오 문제를 길게 은유적으로 말했는데, 이제 프로이트로 돌아가 보자. 프로이트는 그 문제를 알아보지 못했고, 우리는 그가 왜 그럴 수 없었는지 더욱 분명하게 이해할 수 있다. 프로이트는 영광을 좇는 탐색을 내가 기술한 대로 복잡하게 얽힌 충동이 혼합되어 일어나는 현상으로 인식하지 못해서 그런 현상의 강력한 힘도 알아챌 수 없었다. 그는 자기 파괴 성향의 지옥을 충분하고 분명하게 알아보았다. 그러나 자기 파괴 성향을 자동으로 움직이는 충동의 표현으로 여겨 맥락에서 떼어 놓고 말았다.

다른 관점에서 보면 이 책에서 말하는 신경증 과정은 자기自己 self가 일으키는 문제이다. 신경증은 진실한 나를 포기하고 이상을 좇는 나에게 사로잡혀 끌려가는 과정이자, 인간다운 존재로서 우리가 타고난 잠재력을 내팽개치고 이상을 좇는 가짜 나를 현실에 구현하려는 과정이다. 다음 단계에서 두 나 사이에서 파괴적인 싸움이 벌어진다. 여기서 우리가 할 수 있는 최선 또는 어쨌든 유일한 방법은 이런 싸움을 진정시키고 파괴를 줄이는 일이다. 또 최종적으로 구축력을 생활이나 치료에 결집해 우리의 진실한 나를 찾으려 한다. 이러한 의미에서 자기에 관한 문제는 프로이트에게 어떤 의미도 지닐 수 없다. 프로이트는 자신의 '자아ego' 개념 안에서 신경증 환자의 '자기self'를 그려 낸다. 신경증 환자는 자신의 자발적 기력과 진실한 소망에서 소외된 사람이며, 스스로 아무 결정도 내리지 못하고 스스로 책임지지도 못하며, 오로지 자신이 놓인 환경과 너무 심하게 충돌하지 않는 데만 신경을 쓰고 주의하

---

* 정신병psychosis은 신경증neurosis과 다르게 현실 평가reality-testing 능력을 상실한 정신 질환이다. 그러니까 신경증 환자는 정신병을 앓는 환자와 달리 현실 평가를 할 수 있다.

는 사람이다. 말하자면 '현실 평가reality-testing'*에만 몰두한다. 이렇게 신경증에 걸린 자기를 건강하고 활기 넘치는 자기로 오인하면, 키르케고르와 윌리엄 제임스가 보았던 진실한 나와 얽힌 복잡한 모든 문제는 일어날 수 없다.

끝으로 우리는 도덕 가치나 영성 가치의 관점에서 신경증의 진행을 바라볼 수 있다. 이렇게 보면 신경증의 진행에는 인간의 진짜 비극을 만드는 요소가 모두 들어 있다. 하지만 인간이 파괴 성향을 나타낼 가능성이 아무리 크더라도, 인류의 역사는 인간이 자신과 주변 세상에 보탬이 되는 위대한 지식, 더욱 깊은 종교 체험, 더욱 뛰어난 영성 능력과 도덕성이 더욱 돋보이는 용기의 계발, 온갖 분야에서 더 앞서 나가는 성취, 더 나은 삶의 방식에 이르려고 분투하는 활기차고 지칠 줄 모르는 노력으로 가득하다. 게다가 인간에게 잠재하는 최선의 기력이 이렇게 분투하는 노력 속으로 흘러들어 간다. 인간은 지성과 상상력 덕분에, 아직 존재하지 않는 사물까지 시각화해 그려 낼 수 있다. 인간은 특정한 시기에 존재하는 자신, 또는 자신이 할 수 있는 일을 뛰어넘어 거침없이 나아간다. 인간도 다른 모든 유한자와 마찬가지로 한계를 지니지만, 인간의 한계는 고정되어 있지도 않고 마지막 지점으로 주어져 있지도 않다. 인간은 으레 자신의 안과 밖에서 성취하고자 원하는 수준보다 뒤처지기 마련이다. 이런 상황 자체가 비극은 아니다. 그런데 건강하고 인간다운 분투에 맞먹는, 신경증에서 비롯된 내면의 정신 과정은 비극이 아닐 수 없다. 인간은 내면의 고뇌가 주는 압박에 시달리면 궁극 존재와 무한자를 향해 손을 뻗친다. 인간의 한계가 고정되어 있지는 않더라도 인간은 그런 경지에 도달할 수 없다. 인간은 바로 이런 과정에서 자기 자신을 파괴하는데, 자기를 실현하려는 최선의 충동을 이상에 맞춘 자아상의 현실화로 돌려 자신이 실제로 지닌 잠재력마저 날려 버린다.

프로이트는 인간의 본성을 바라보는 비관주의悲觀主義 전망을 내놓았는데, 그가 제시한 전제에 근거하면 그럴 수밖에 없었다. 프로이트가 살펴보았듯이, 인간은 어느 길로 돌아가든 불만에 사로잡혀 사는 운명에서 벗어나지 못한다. 인간은 자신의 원초 본능id에 따른 충동들 탓에 인간 자신과 문명을 결딴내지 않고서는 최후까지 살아남을 수 없다. 인간은 혼자서 행복할 수도 없고 다른 사람과 행복하게 지낼 수도 없다. 이러한 방식으로 사물을 바라보면, 프로이트에게 돌릴 수 있는 명예는 그럴듯해 보이지만 깊이 없는 해결책과 타협하지 않았다는 것이 전부이다. 실제로 프로이트가 제안한 사고의 골격 안에는 대안으로 나온 두 가지 악 가운데 하나에서 벗어날 탈출구가 전혀 없다. 기껏해야 힘들을 덜 불리하게 분배하고, 더 잘 통제하고 '승화*昇華 sublimation'시킬 수 있을 뿐이다.

프로이트는 비관주의자여서 인간의 비극을 신경증 안에서 살피지 못했다. 우리는 구축하고 창조하려고 분투하는 노력이 방해하고 파괴하는 힘으로 결딴날 때에만 인간의 경험 속에서 비극의 씨앗이 되는 기력의 낭비를 목격한다. 프로이트는 인간에게 내재한 구축하는 힘을 통찰하지 못했을뿐더러 구축력이 존재한다고 믿을 만한 특징도 부정했다. 왜냐하면 프로이트의 사유 체계 안에는 파괴 성향을 띤 리비도에 따른 힘과 거기서 나온 파생물, 양자의 결합물만 존재하기 때문이다. 프로이트에게 창조력과 사랑love or eros은 리비도에 따른 충동이 승화된 형태이다. 일반적으로 말하면, 우리가 자기를 실현하려고 분투하는 건강한 노력으로 여기는 상태가 프로이트에게는 자기 도취에 빠진 리비도의 표현일 뿐이다.

알베르트 슈바이처**Albert Schweizer, 1875~1965는 '낙관주의樂觀主義 optimism'와 '비관주의悲觀主義 pessimism'를 각각 '세계와 생명을 긍정하는

---

* 프로이트의 정신 분석학에서 리비도에 따른 충동을 자아와 사회 가치가 승인하는 학문이나 예술 같은 일로 바꾸는 정신 활동을 가리킨다.

** 독일 출신 신학자, 의사, 철학자, 오르간 연주자로서 일평생 박애 정신을 실천하고 생명 외경과 생명 존중 사상을 가르친 평화주의자다.

견해'와 '세계와 생명을 부정하는 견해'라는 뜻으로 사용했다. 이러한 깊은 의미에서 볼 때, 프로이트의 철학은 비관주의이다. 우리는 신경증 안에 들어 있는 비극의 요소를 모두 알지만, 낙관주의 철학을 선택한다.

● 참고 문헌

● 제1장

골드슈타인Kurt Goldstein, 『인간 본성*Human Nature*』, 하버드 대학교 출판부, 1940.

라다크리슈난S. Radhakrishnan, 『동양 종교와 서양 사상*Eastern Religions and Western Thought*』, 옥스퍼드 대학교 출판부, 1939.

뮤리얼 아이비미Muriel Ivimey, 「근본 불안Basic Anxiety」, 〈미국 정신 분석 학술지American Journal of Psychoanalysis〉, 1946.

매슬로우A. H. Maslow, 「행동 표현 요소The Expressive Component of Behaviour」, 〈심리학 평론지Psychological Review〉, 1949.

헤롤드 켈먼Harold Kelman, 「상징화 과정The Process of Symbolization」, 〈미국 정신 분석 학술지〉, 1949.

● 제5장

마이어슨A. Myerson, 「쾌감 상실Anhedonia」, 단행본 총서, 〈신경-정신병Neurotic and Mental Diseases〉 52권, 1930.

에리히 프롬Erich Fromm, 『자신을 찾는 인간*Man for Himself*』, 라인하르트, 1947.

뮤리얼 아이비미Muriel Ivimey, 「신경증에서 비롯된 죄책감과 건강한 도덕 판단Neurotic Guilt and Healthy Moral Judgement」, 〈미국 정신 분석 학술지〉, 1949.

엘리자베스 킬패트릭Elizabeth Kilpatrick, 「정신 분석에 근거한 자살 이해A Psychoanalytic Understanding of Suicide」, 〈미국 정신 분석 학술지〉, 1946.

● 제7장

게르트루드 레더러 에크하르트Gertrude Lederer-Eckhardt, 「체육과 인격Gymnastic and Personality」, 〈미국 정신 분석 학술지〉, 1947.

● **제8장**

헤롤드 켈먼Herold Kelman, 「외상 증후군The Traumatic Syndrome」, 〈미국 정신 분석 학술지〉, 1946.

뮤리얼 아이비미, 「강박 공격 성향Compulsive Assaultiveness」, 〈미국 정신 분석 학술지〉, 1947.

● **제9장**

헤롤드 라스웰Harold D. Lasswell, 『여론과 민주 정치*Democracy Through Public Opinion*』, 메나샤, 위스콘신, 조지 반타 출판사.

● **제10장**

해리 티바우트Harry M. Tiebout, 「치료 과정에 나타나는 포기 행동The Act of Surrender in the Therapeutic Process」, 〈술 연구 계간지Quarterly Journal of Studies on Alchohl〉, 1949.

● **제11장**

헤롤드 켈먼, 『정신 분석 과정: 지침서*The Psychoanalysis: A Manual*』

마리 레시Marie Rasey, 『지나가는 것*Something to Go By*』, 모트로즈 출판부, 1948.

● **제13장**

알렉산더 마틴Alexander R. Martin, 「진실한 노력On Making Real Efforts」. 정신 분석 진흥 협회Association for the Advancement of Psychoanalysis에서 발표한 논문, 1943.

● **제14장**

지두 크리슈나무르티Jiddu Krishnamurti, 『오크 그로브 대화집*Oak Grove Talks*』, 오하이오, 캘리포니아, 크리슈나무르티 저작 사, 1943.

폴 베제르Paul Bjerre, 『정신을 치유하는 꿈꾸기*Das Träumen als ein Heilungsweg der Seele*』, 츄리히, 라셔, 1926.

헤롤드 켈먼, 「새로운 꿈 해석 접근법A New Approach to the Interpretation of Dreams」, 〈미국 정신 분석 학술지〉, 1947.

프레더릭 바이스Frederick Weiss, 「꿈의 구축력Constructive Forces in Dreams」 〈미국 정신 분석 학술지〉, 1946.

【ㄱ】

【ㄴ】

【ㄹ】

【ㅁ】

【ㅅ】

【ㅇ】

【ㅈ】

【ㅊ】

【ㅋ】

【ㅌ】

【ㅍ】

【ㅎ】